suhrkamp taschenbuch 3716

W0053448

Der gewagteste russische Roman des 20. Jahrhunderts erschien 2001 zum ersten Mal in seiner ungekürzten Urfassung auf deutsch: Andrej Belyjs *Petersburg*, entstanden zwischen 1911 und 1913, erzählt von einem Mordanschlag, der 1905, am Vorabend der Revolution, in Petersburg vorbereitet wird. Er gilt dem Senator Apollon Apollonowitsch Ableuchow, einem jener fortschrittsgläubigen Verwaltungsbeamten, die den gewaltigen Ausdehnungen des russischen Reiches mit Tintenlöschern und Aktenzeichen zu Leibe rücken. Ausgerechnet dessen Sohn Nikolaj, ein grüblerischer junger Mensch, erhält von den Verschwörern den Auftrag, die Bombe im Arbeitszimmer seines Vaters zu deponieren.

Puschkin, Gogol und andere Baumeister des Petersburg-Mythos haben ihren Anteil an Belyjs polyphonem, von Groteske und Parodie durchzogenem Sprach- und Gedächtniskunstwerk, das Vladimir Nabokov zusammen mit Joyces *Ulysses* und Kafkas *Prozeß* zu den drei größten Meisterwerken der Prosaliteratur des 20. Jahrhunderts zählte und das die heutige Kritik als »Meilenstein des modernen Romans« (*Frankfurter Allgemeine Zeitung*) rühmt.

Andrej Belyj, geboren 1880, gilt als der bedeutendste Prosaautor des russischen Symbolismus. Er emigrierte 1921 nach Berlin und kehrte 1923 nach Rußland zurück; 1934 starb er in Moskau. *Petersburg* erschien erstmals 1912. Den bisherigen Übersetzungen liegen die vom Autor revidierten bzw. um ein Drittel gekürzten Ausgaben von 1916, 1922 und 1928 zugrunde.

Andrej Belyj
Petersburg

Roman in acht Kapiteln
mit Prolog und Epilog

Aus dem Russischen
von Gabriele Leupold

Mit einem Nachwort
von Ilma Rakusa

Suhrkamp

Der Übersetzung liegt die ungekürzte Fassung des Romans
Peterburg
aus den Jahren 1912/13 zugrunde, die 2001 erstmals auf deutsch erschien.
Sie folgt der 1981 im Verlag Nauka, Moskau
erschienenen Edition von L. K. Dolgopolow.
Die Übersetzung wurde gefördert vom Literarischen Colloquium Berlin
mit Mitteln des Auswärtigen Amtes und der Senatsverwaltung
für Wissenschaft, Forschung und Kultur Berlin.
Die Übersetzerin bedankt sich für die großzügige Unterstützung
ihrer Arbeit durch die Dialogwerkstatt Zug.

Umschlagfoto: Jakov Kaplun

suhrkamp taschenbuch 3716
Erste Auflage 2005
© der deutschen Übersetzung
Insel Verlag Frankfurt am Main und Leipzig 2001
Suhrkamp Taschenbuch Verlag
Alle Rechte vorbehalten, insbesondere das
der Übersetzung, des öffentlichen Vortrags sowie der Übertragung
durch Rundfunk und Fernsehen, auch einzelner Teile.
Kein Teil des Werkes darf in irgendeiner Form
(durch Fotografie, Mikrofilm oder andere Verfahren)
ohne schriftliche Genehmigung des Verlages reproduziert
oder unter Verwendung elektronischer Systeme
verarbeitet, vervielfältigt oder verbreitet werden.
Druck: Ebner & Spiegel, Ulm
Printed in Germany
Umschlag: Göllner, Michels, Zegarzewski
ISBN 3-518-45716-0

1 2 3 4 5 6 – 10 09 08 07 06 05

Petersburg

PROLOG

Euer Exzellenzen, Hochgeboren, Wohlgeboren, Bürger!

. . . .

Was ist unser Russisches Reich?

Unser Russisches Reich ist eine geographische Einheit, was bedeutet: Teil eines gewissen Planeten. Und das Russische Reich umfaßt: erstens – Groß-, Klein-, Weiß- und Rotrußland; zweitens – die Zartümer Georgien, Polen, Kasan und Astrachan; drittens umfaßt es . . . Doch – et cetera, et cetera, et cetera.

Unser Russisches Reich besteht aus einer Vielzahl von Städten: Haupt-, Gouvernements-, Kreis- und Nichtkreisstädten; und weiter: aus der Ersten Residenzstadt und der Mutter der russischen Städte.

Die Erste Residenzstadt ist Moskau; und die Mutter der russischen Städte ist Kiew.

Petersburg, oder Sankt-Petersburg, oder Piter (was dasselbe ist), gehört ursprünglich zum Russischen Reich. Zargrad dagegen, Konstantinograd (oder, wie man sagt, Konstantinopel), gehört dazu gemäß dem Erbrecht. Und darüber werden wir uns nicht verbreiten.

Wir verbreiten uns mehr über Petersburg: Petersburg, oder Sankt-Petersburg, oder Piter (was dasselbe ist) – existiert. Und aufgrund desselben Urteils ist der Newskij Prospekt ein Petersburger Prospekt.

Der Newskij Prospekt hat eine verblüffende Eigenschaft: er besteht aus Raum für das Zirkulieren des Publikums; numerierte Häuser begrenzen ihn; die Numerierung folgt der Abfolge der Häuser – was das Auffinden eines Hauses überaus erleichtert. Der Newskij Prospekt, wie jeder andere Prospekt, ist ein öffentlicher Prospekt; das heißt: ein Prospekt für das Zirkulieren des Publikums (nicht der Luft, zum Beispiel); die ihn seitlich begrenzenden Häuser sind – hm . . . ja: . . . maisons publics. Der Newskij Prospekt wird am Abend elektrisch beleuchtet. Tagsüber aber bedarf der Newskij Prospekt keiner Beleuchtung.

Der Newskij Prospekt ist geradlinig (unter uns gesagt), weil er ein europäischer Prospekt ist; jeder europäische Prospekt aber ist nicht einfach ein Prospekt, sondern (wie ich schon sagte) ein europäischer Prospekt, weil . . . ja . . .

Weil der Newskij Prospekt ein geradliniger Prospekt ist.

Der Newskij Prospekt ist ein nicht unbedeutender Prospekt in jener unrussischen und Haupt-Stadt. Die übrigen russischen Städte stellen einen Haufen Holzhütten dar.

Und verblüffend von ihnen allen unterscheidet sich Petersburg.

Wenn Sie aber weiterhin auf einer höchst absurden Legende beharren – der Existenz von anderthalbmillionen Moskauer Einwohnerschaft – dann müssen Sie eingestehen, daß die Hauptstadt Moskau sein wird, denn nur Hauptstädte haben eine Einwohnerschaft von anderthalbmillionen; Gouvernementsstädte dagegen haben keine anderthalbmillionen Einwohnerschaft, hatten sie nie, werden sie nie haben. Und einer absurden Legende zufolge wird sich erweisen, daß die Hauptstadt nicht Petersburg ist.

Wenn aber Petersburg nicht Hauptstadt ist – dann gibt es Petersburg nicht. Es scheint nur so, als existiere es.

Wie dem auch sei, Petersburg scheint uns nicht nur, sondern erscheint auch – auf den Landkarten: in Gestalt zweier ineinander sitzender Kreise mit einem schwarzen Punkt im Zentrum; und aus genau diesem mathematischen Punkt, der keine Dimension hat, kündet es energisch davon, daß es existiert: von dort, aus genau diesem Punkt, schießt der Schwarm des gedruckten Buches; es schießt aus diesem unsichtbaren Punkt entschlossen ein Zirkular.

ERSTES KAPITEL,
in dem von einer ehrbaren Person erzählt wird, ihren geistigen
Spielereien sowie dem Ephemeren der Existenz

Die Stadt ein schweres Unglück traf,
Es lebt noch zitternd im Gedenken...
Davon will ich erzählen schlicht
Den Freunden, die mir Liebe schenken.
Gar kummervoll ist mein Bericht.
A. Puschkin

Apollon Apollonowitsch Ableuchow

Apollon Apollonowitsch Ableuchow war von höchst achtbarem
Geschlecht: zum Vorfahren hatte er Adam. Und das ist nicht das
Bedeutsamste: ungleich wichtiger ist hier, daß sein wohlgebo-
rener Vorfahre Sem war, das heißt der Urvater selbst der semi-
tischen, chamitischen und rothäutigen Völkerschaften.
Hier machen wir einen Übergang zu den Vorfahren einer nicht
ganz so entfernten Epoche.
Diese Vorfahren (so scheint es) lebten in der kirgis-kaisachi-
schen Horde, aus der unter Zarin Anna Ioannowna kühn in
russische Dienste trat der Mirsa Ab-Laj, Ururahn des Senators,
der bei der christlichen Taufe den Rufnamen Andrej und den
Beinamen Uchow erhielt. So verbreitet sich über den Ab-
kömmling des Mongolenstamms das *Wappenbuch des Russischen Reiches.* Der Kürze halber wurde später Ab-Laj-Uchow
verwandelt in einfach Ableuchow.
Dieser Ururahn, wie es heißt, wurde zum Ursprung des Geschlechts.
. . . .
Ein grauer, goldbetreßter Lakai wedelte mit dem Federbusch
den Staub vom Schreibtisch; durch die offene Tür sah die
Haube des Kochs herein.
– »Der Herr, schau an, ist schon auf...«
– »Er reibt sich mit Eau de Cologne ab, wird sich gleich zum
Kaffee bemühen...«

9

– »Heute früh hat der Postbote gesagt, für den Herrn wäre ein Briefchen da aus Hispanien: mit hispanischer Marke.«

– »Ich rate Ihnen eins: Sie sollten Ihre Nase weniger in die Briefe stecken...«

– »Offenbar: ist Anna Petrowna...«

– »Nun – offenbar...«

– »Ich meine nur... Ich – was habe ich: nichts...«

Der Kopf des Kochs war plötzlich verschwunden. Apollon Apollonowitsch Ableuchow schritt in sein Arbeitszimmer.

. . . .

Ein auf dem Tisch liegender Bleistift erregte die Aufmerksamkeit Apollon Apollonowitschs. Apollon Apollonowitsch faßte den Vorsatz: der Bleistiftspitze Schärfe der Form zu verleihen. Schnell trat er zum Schreibtisch und nahm... den Tintenlöscher, den er lange drehte in tiefer Versunkenheit, bis ihm auffiel, daß er in Händen den Tintenlöscher, nicht den Bleistift hielt.

Die Zerstreutheit rührte daher, daß im selben Moment ihm ein kluger Einfall kam; und sofort, ganz zur Unzeit, entfaltete er sich zum fortlaufenden Gedankengang (Apollon Apollonowitsch mußte in die *Behörde*). Das »*Journal*«, das im Jahr seines Todes in den Zeitschriften erscheinen sollte, war wieder ein Stückchen gewachsen.

Den sich entfaltenden Gedankengang schrieb Apollon Apollonowitsch schnell nieder: als er ihn niedergeschrieben hatte, dachte er: »Und jetzt rasch in den Dienst.« Und ging ins Speisezimmer, um seinen Kaffee zu nehmen.

Zuvor noch forschte er mit einer unangenehmen Nachdrücklichkeit den alten Kammerdiener aus:

– »Nikolaj Apollonowitsch ist schon auf?«

– »Nein: der junge Herr ist noch nicht aufgestanden...«

Apollon Apollonowitsch rieb sich unzufrieden die Nasenwurzel:

– »Äh... Sagen Sie: wann denn – sagen Sie – steht Nikolaj Apollonowitsch, sozusagen...«

– »Der junge Herr steht recht spät auf...«

– »Nun, wie recht spät?«

Und sofort, ohne die Antwort abzuwarten, mit Blick auf die Uhr, schritt er zum Kaffee.

Es war Punkt halb zehn.

Um zehn Uhr fuhr er, der Greis, in die Behörde. Nikolaj Apollonowitsch, der Jüngling, stieg aus dem Bett – zwei Stunden später. Jeden Morgen erkundigte sich der Senator nach der Stunde seines Erwachens. Und jeden Morgen verzog der Senator das Gesicht.

Nikolaj Apollonowitsch war sein Sohn.

Kurz, er war der Chef der Behörde ...

Apollon Apollonowitsch Ableuchow tat sich durch Akte der Kühnheit hervor; mehr als ein Ordensstern war niedergefallen auf seine goldbestickte Brust: der Stanislaw- und der Annen-orden, und sogar: sogar der Weiße Adler.

Das Band, das er trug, war ein dunkelblaues Band.

Und kürzlich fielen aus roter Lackschatulle auf den Hort patriotischer Gefühle die Strahlen brillantener Ehrenzeichen, das heißt: der Alexander-Newskij-Orden.

Wie aber war der gesellschaftliche Rang der hier aus dem Nichts erstandenen Person?

Ich glaube, die Frage ist ziemlich unangebracht: Ableuchow kannte ganz Rußland dank der ausnehmenden Weitschweifig-keit seiner Reden; diese Reden platzten nicht los, sie funkelten und verströmten ohne Grollen ihr Gift auf die feindliche Partei, worauf der Antrag der Partei an zuständiger Stelle abgelehnt wurde. Seit der Einsetzung Ableuchows auf den verantwortli-chen Posten war das neunte Departement untätig. Mit diesem Departement führte Apollon Apollonowitsch einen erbitterten Krieg in Schriftstücken und, wo nötig, mit Reden, die die Einfuhr amerikanischer Selbstbinder nach Rußland unterstütz-ten (das neunte Departement war nicht für die Einfuhr). Die Reden des Senators erreichten sämtliche Gebiete und Gouver-nements, von denen manche in räumlicher Hinsicht nicht hinter Deutschland zurückstanden.

Apollon Apollonowitsch war der Chef der Behörde: nun, *jener*... wie war noch...?

Kurz, er war der Chef der Behörde, die Ihnen, selbstverständlich, bekannt ist.

Verglich man das abgezehrte, gänzlich unansehnliche Figürchen meines achtbaren Staatsmanns mit der unermeßlichen Größe der von ihm gelenkten Mechanismen, man könnte sich wohl lange naivem Staunen hingeben; und wirklich – es staunten absolut alle über den Ausbruch von Geisteskräften, die dieser Hirnschale entströmten ganz Rußland zuwider, der Mehrzahl der Departements zuwider, mit Ausnahme eines einzigen: doch der Chef jenes Departements, nun werden es bald zwei Jahre, war nach dem Willen des Schicksals unter dem Quaderstein des Grabs verstummt.

Mein Senator war gerade achtundsechzig geworden; und sein Gesicht, das blasse, erinnerte an einen grauen Tintenlöscher (in feierlichen Momenten) oder – an Papp-Maché (in Stunden der Muße); die steinernen Augen des Senators, umschlossen von schwarz-grünen Höhlen, wirkten in Momenten der Müdigkeit dunkler und riesiger.

Wir unsererseits sagen noch: Apollon Apollonowitsch regte sich nicht im mindesten auf beim Betrachten seiner gänzlich grünen und ins Riesenhafte vergrößerten Ohren vor dem blutroten Grund des brennenden Rußland. So hatte man ihn kürzlich dargestellt: auf der Titelseite eines humoristischen Blättchens, eines jener »*Juden*«-Blättchen, deren blutrote Umschläge sich auf den menschenwimmelnden Prospekten in jenen Tagen in verblüffendem Tempo vermehrten...

Nordost

Im eichenen Speisezimmer ertönte das Krächzen der Uhr; sich verneigend und rasselnd kuckuckte ein grauer Kuckuck; auf das Zeichen des alten Kuckucks nahm Apollon Apollonowitsch vor einer Porzellantasse Platz und brach warme Krusten vom Weißbrot. Beim Kaffee nun gedachte Apollon Apollonowitsch

seiner früheren Jahre; und beim Kaffee pflegte er – sogar, so-
gar – zu scherzen:
– »Wer wird, Semjonytsch, am meisten geachtet?«
– »Ich vermute, Apollon Apollonowitsch, am meisten geachtet
wird der Wirkliche Geheimrat.«
Apollon Apollonowitsch lächelte nur mit den Lippen:
– »Und Sie vermuten falsch: am meisten achtet man den
Kaminfeger...«
Der Kammerdiener kannte das Ende des Kalauers schon: doch
davon aus Achtung – kein Wort.
– »Warum denn, gnädiger Herr, wenn ich fragen darf, solch
eine Ehre dem Kaminfeger?«
– »Dem Wirklichen Geheimrat, Semjonytsch, macht man
Platz...«
– »Ich nehme an, so ist es, 'zzellenz...«
– »Der Kaminfeger... Ihm macht selbst der Wirkliche Ge-
heimrat Platz, denn: er besudelt, der Kaminfeger.«
– »Ach so ist das«, versetzte ehrfurchtsvoll der Kammerdie-
ner...
– »Nun also: bloß gibt es ein noch geachteteres Amt...«
Und gleich fügte er hinzu:
– »Das des Waterklosettwärters...«
– »Pff!..«
– »Sogar der Kaminfeger macht ihm Platz, nicht nur der
Wirkliche Geheimrat...«
Und – einen Schluck Kaffee. Doch wir merken an: Apollon
Apollonowitsch war ja selbst Wirklicher Geheimrat.
– »Ja, Apollon Apollonowitsch, manchmal: Anna Petrowna
hat mir erzählt...«
Doch bei den Worten »Anna Petrowna« stockte der ergraute
Kammerdiener.

. . . .

– »Den grauen Mantel?«
– »Den grauen Mantel...«
– »Dann, vermute ich, auch die grauen Handschuhe?«
– »Nein, geben Sie mir die Wildlederhandschuhe...«
– »Haben die Güte, Hohe Exzellenz, einen Augenblick zu

warten: denn die Handschuhe haben wir in der Kommode: Fach b – Nordwest.«

Apollon Apollonowitsch hatte sich nur ein einziges Mal in die Kleinigkeiten des Alltags begeben: einmal machte er eine Revision seines Inventars: das Inventar wurde Stück für Stück registriert und ein Verzeichnis aller großen und kleinen Fächer erstellt: die Fächer hießen nun nach den Buchstaben a, b, c; und die vier Seiten der Fächer erhielten die Namen der vier Weltgegenden.

Nachdem er die Brille weggelegt hatte, vermerkte Apollon Apollonowitsch in seinem Register in winziger, zierlicher Handschrift: Brille, Fach b und SO, das heißt Südost; eine Kopie des Registers ging an den Kammerdiener, der die Richtungen der Utensilien der kostbaren Toilette auch memorierte; diese Richtungen skandierte er manchmal in schlaflosen Stunden fehlerlos auswendig vor sich hin.

. . . .

Im lackierten Haus nahmen die Unwetter des Lebens geräuschlos ihren Lauf; trotzdem nahmen die Unwetter des Lebens hier verderblichen Ausgang: sie grollten nicht mit Ereignissen; sie fuhren nicht läuternd in die Herzen mit Blitzespfeilen; doch aus heiserer Kehle, als Strahl von giftigen Fluiden, durchgruben sie die Luft: und im Bewußtsein seiner Bewohner trudelten irgendwelche Hirnspiele, wie dicke Dämpfe in luftdicht verschlossenen Kesseln.

Der Tenno, die Tenne

Auf dem Tisch ragte eine kalte langbeinige Bronzeplastik; der Lampenschirm, im violett-rosa Ton seiner feinen Bemalung, schimmerte stumpf: das Geheimnis dieser Farbe war im neunzehnten Jahrhundert verlorengegangen; das Glas war gedunkelt von der Zeit; die feine Bemalung war von der Zeit gleichfalls gedunkelt.

Goldene Pfeilerspiegel an den Fenstern schluckten von überall den Salon in ihren grünlichen Spiegelflächen; den einen –

schmückte der Flügel einer goldwangigen Putte; am anderen –
durchbohrten den goldenen Kranz aus Lorbeer und Rosenblüten schwere flammende Fackeln. Zwischen den Spiegeln
funkelte von überall ein Perlmutt-Tischchen.

Apollon Apollonowitsch, die geschliffene Kristallklinke drük-
kend, öffnete rasch die Tür; auf der blinkenden Täfelung des
Parketts stampfte sein Schritt; von überall stürzten auf ihn ein
Vitrinen voll Porzellanfigürchen; die Figürchen hatten sie aus
Venedig mitgebracht, er und Anna Petrowna, vor nun – dreißig
Jahren. Erinnerungen an die neblige Lagune, die Gondel und
eine Arie, die in der Ferne schluchzte, blitzten so zur Unzeit auf
im Kopf des Senators...

Sogleich fiel sein Blick auf den Flügel.

Vom gelblackierten Deckel dort blinkten die Plättchen der
Bronzeintarsien; und wieder (zudringliches Gedächtnis!) erinnerte sich Apollon Apollonowitsch: eine weiße Petersburger
Nacht; vor den Fenstern strömte der breite Fluß; der Mond
stand am Himmel; es erschallte ein Lauf von Chopin: er
erinnert sich – sie spielte Chopin (nicht Schumann), Anna
Petrowna...

Hell blinkten die Plättchen der Intarsien – Perlmutt und
Bronze – auf Konsolen und Simsen, die aus der Wand traten.
Apollon Apollonowitsch ließ sich in einen Empiresessel nieder,
wo auf dem blaßblauen Atlas des Sitzes Kränzchen sich wanden, und von einem kleinen chinesischen Tablett ergriff seine
Hand ein Päckchen unentsiegelter Briefe; sein kahler Kopf
beugte sich über die Kuverts. In Erwartung des Lakaien mit
dem obligaten »es ist angespannt« vertiefte er sich hier, vor der
Abfahrt zum Dienst, allmorgendlich in die Lektüre der Korrespondenz.

Genauso verfuhr er auch heute.

Und die Kuverts wurden aufgerissen; Kuvert um Kuvert; ein
gewöhnliches, mit der Post – die Marke schief geklebt, un-
leserliche Schrift.

– »Mm... So, so, so: sehr gut...«

Und das Kuvert wurde sorgsam eingesteckt.

– »Mm... ein Gesuch...«

– »Gesuche, Gesuche...«
Die Kuverts wurden nachlässig aufgerissen; das würde er – mit
der Zeit, später: irgendwie...
Ein Kuvert aus dickem grauem Papier – versiegelt, mit Mono-
gramm, ohne Marke und mit Petschaft.
– »Mm... Graf W. ... Was ist los?.. Bittet um Empfang in
der Behörde... In persönlicher Angelegenheit...«
– »Mmm... M-hm!..«
Graf W., der Leiter des neunten Departements, war ein Feind
des Senators und Gegner der Einzelhofwirtschaft.
Weiter... Ein blaßrosa Miniaturkuvert; die Hand des Senators
begann zu zittern; er erkannte diese Schrift – die Schrift von
Anna Petrowna; er besah sich die spanische Briefmarke, doch
das Kuvert entsiegelte er nicht:
– »Mm... Geld...«
– »Geld war doch abgeschickt?«
– »Geld wird abgeschickt werden!!.«
– »Hm... Notieren...«
Apollon Apollonowitsch, im Glauben, es sei ein Bleistift, zog
ein Hornbürstchen für die Nägel aus der Weste und wollte eben
damit vermerken »*zurück an Absender*«, als...
– »?..«
– »Es ist angespannt...«
Apollon Apollonowitsch hob den kahlen Kopf und schritt
hinaus aus dem Zimmer.
. . . .
An den Wänden hingen Gemälde, schillernd im Ölglanz; nur
mit Mühe waren durch den Glanz Französinnen zu erkennen,
die wie Griechinnen aussahen, in den schmalen Tuniken der
alten Direktoriumszeiten und mit aufgetürmten Frisuren.
Über dem Flügel hing eine verkleinerte Kopie von Davids
Gemälde »Distribution des aigles par Napoléon premier«.
Das Gemälde zeigte den großen Kaiser mit Lorbeerkranz
und im Hermelinpurpur; mit der Hand wies Kaiser Napoleon
auf die federgeschmückte Marschallversammlung; seine andere
Hand drückte ein metallenes Zepter; auf der Spitze des Zepters
saß ein schwerfälliger Adler.

Kalt war die Pracht des Salons durch das völlige Fehlen von Teppichen: die Parkettafeln blinkten; würde die Sonne sie einen Augenblick bescheinen, müßte man unwillkürlich blinzeln. Kalt war die Gastlichkeit des Salons.

Von Senator Ableuchow aber wurde sie zum Prinzip erhoben.

Sie prägte sich ein: dem Hausherrn, den Statuen, der Dienerschaft, selbst der dunklen getigerten Bulldogge, deren Platz irgendwo bei der Küche war; in diesem Haus waren alle verlegen und überließen das Feld dem Parkett, den Gemälden und Statuen, lächelnd, verlegen und die Worte verschluckend: man dienerte und verbeugte sich, und stürzte sich aufeinander – auf der hallenden Täfelung des Parketts; man rang die kalten Finger in Anfällen fruchtloser Artigkeiten.

Seit Anna Petrownas Abreise: schwieg der Salon, blieb der Deckel des Flügels zugeklappt: kein Lauf erschallte.

Ja – was Anna Petrowna betrifft, oder (einfacher gesagt) den Brief aus Spanien: kaum war Apollon Apollonowitsch vorübergeschritten, da schnatterten zwei flinke Lakaien schnell los:

– »Er hat den Brief nicht gelesen . . .«
– »Von wegen: lesen . . .«
– »Er schickt ihn zurück?«
– »Offensichtlich doch . . .«
– »Gütiger Gott, solch ein Stein . . .«
– »Sie sollten doch, sage ich Ihnen: sprachliches Feingefühl wahren.«

. . . .

Als Apollon Apollonowitsch sich hinunter zur Diele begab, schaute sein grauer Kammerdiener, der sich ebenfalls hinunter zur Diele begab, von unten zu den achtbaren Ohren auf, in der Hand seine Tabaksdose drückend – ein Geschenk des Ministers.

Apollon Apollonowitsch blieb auf der Treppe stehen und suchte nach einem Wort.

– »Mm . . . Hören Sie doch . . .«
– »Hohe Exzellenz?«

Apollon Apollonowitsch suchte nach dem passenden Wort:

– »Was überhaupt... – ja – treibt... treibt...«
– »?«
– »Nikolaj Apollonowitsch.«
– »Der junge Herr, Apollon Apollonowitsch, befindet sich wohl...«
– »Und weiter?«
– »Wie bisher: geruht sich einzuschließen, Bücher zu lesen.«
– »Bücher zu lesen?«
– »Dann spaziert er noch durch die Zimmer...«
– »Spaziert – ja, ja... Und... Und? Wie?«
– »Er spaziert... Im Schlafrock!..«
– »Liest, spaziert... So... Und?«
– »Gestern erwartete der junge Herr bei sich...«
– »Erwartete wen?«
– »Den Kostumeur...«
– »Was denn für ein Kostumeur?«
– »Ein Kostumeur...«
– »Hm-hm... Wozu denn das?«
– »Wie ich vermute, fährt der junge Herr auf einen Ball...«
. . . .
– »M-hm – so-so: fährt auf einen Ball...«
Apollon Apollonowitsch rieb sich die Nasenwurzel: ein Lächeln erhellte sein Gesicht, es wurde plötzlich greisenhaft:
– »Sie sind bäuerlicher Abkunft?«
– »So ist es, Herr.«
– »Nun, dann sind Sie, wissen Sie, ein Tenno.«
– »?«
– »Sie haben doch sicher eine Tenne?«
– »Mein Vater hatte eine Tenne.«
– »Na, sehen Sie, und da sagen Sie noch...«
Apollon Apollonowitsch nahm seinen Zylinder und schritt durch die offene Tür.

Sprühregen besprengte Straßen und Prospekte, Trottoirs und Dächer; schoß in kalten Rinnsalen aus Blechrinnen.

Sprühregen besprengte die Passanten: beschenkte sie mit einer Grippe; mit dem feinen Staub des Regens krochen Influenza und Grippe unter den hochgeschlagenen Kragen: des Gymnasiasten, des Studenten, des Beamten, des Offiziers, des Subjekts; und das Subjekt (sozusagen der Bürger) blickte sich beklommen um; und schaute auf den Prospekt mit verwischt-grauem Gesicht; es zirkulierte in die Unendlichkeit der Prospekte, überwand die Unendlichkeit, ohne jedes Murren – im unendlichen Strom von seinesgleichen, – inmitten von Fliegen, Tosen, Beben, Droschken, von weitem den melodischen Läufen der Automobilhupen lauschend und dem zunehmenden Grollen der gelbroten Straßenbahnen (einem dann wieder abnehmenden Grollen), unter ununterbrochenem Zuruf der stimmgewaltigen Zeitungsverkäufer.

Aus der einen Unendlichkeit floh es in die andere; und blieb dann an der Uferpromenade hängen; hier endete alles; der melodische Lauf der Automobilhupe, die gelbrote Straßenbahn und jedes mögliche Subjekt: hier war der Rand der Welt und zugleich das Ende der Unendlichkeit.

Dort aber, dort: Tiefe, grünliche Trübe: von fern, fern, wie ferner, als sie sollten, hatten erschrocken sich niedergelassen und duckten sich die Inseln: es duckte sich die Erde; es duckten sich auch die Häuser; es war – als sänken die Wasser, und als ergössen sich auf sie in diesem Moment: Tiefe, grünliche Trübe; und über dieser grünlichen Trübe dröhnte und zitterte, davonstürzend im Nebel, die schwarze, so schwarze Nikolaj-Brücke.

An diesem trüben Petersburger Morgen öffneten sich die schweren Türen eines prunkvollen gelben Hauses: die Fenster des gelben Hauses gingen zur Newa hinaus. Ein rasierter Lakai mit goldbetreßten Manschetten stürmte aus der Diele und gab dem Kutscher Zeichen. Graue Apfelschimmel preschten zur Auffahrt; sie zogen die Kutsche, auf der ein altes Adelswappen prangte: ein Einhorn, das einen Ritter durchbohrt.

Der kecke Quartalaufseher, der an der Treppe vorüberging, wurde dumm und stand stramm, als Apollon Apollonowitsch Ableuchow in grauem Mantel und hohem schwarzen Zylinder, mit steinernem Gesicht, das an einen Tintenlöscher erinnerte, schnell aus der Auffahrt lief und noch schneller aufs Trittbrett der Kutsche sprang, wobei er einen schwarzen Wildlederhandschuh überstreifte.

Apollon Apollonowitsch Ableuchow warf einen kurzen, verlorenen Blick auf den Quartalaufseher, auf die Kutsche, auf den Kutscher, auf die große schwarze Brücke, auf die Weiten der Newa, wo so fahl sich neblige, vielschlotige Fernen abzeichneten und woher erschrocken die Wassilij-Insel blickte.

Der graue Lakai klappte eilig mit der Kutschentür. Die Kutsche flog entschlossen in den Nebel; und der zufällige Quartalaufseher, erschüttert von allem Gesehenen, schaute lange, lange über die Schulter in den schmutzigen Nebel – dorthin, wohin entschlossen die Kutsche flog; und er seufzte, und ging weiter; bald verschwand im Nebel auch die Schulter des Quartalaufsehers, wie im Nebel alle Schultern, alle Rücken, alle grauen Gesichter und alle schwarzen, nassen Schirme verschwanden.

Es schaute dorthin auch der achtbare Lakai, er schaute nach rechts, nach links, zur Brücke, auf die Weiten der Newa, wo so fahl sich neblige, vielschlotige Fernen abzeichneten und woher erschrocken die Wassilij-Insel blickte.

Hier, ganz am Anfang, muß ich den Faden meiner Erzählung unterbrechen, um dem Leser den Schauplatz eines Dramas vorzustellen. Vorbereitend muß ich eine Ungenauigkeit korrigieren, die sich eingeschlichen hat; schuld daran ist nicht der Autor, sondern seine Feder: zu jener Zeit eilte die Straßenbahn noch nicht durch die Stadt: es war das Jahr neunzehnhundertfünf.

– »He, he...«

So schrie der Kutscher...

Und die Kutsche verspritzte nach allen Seiten Schmutz.

Dort, wo allein nur neblige Nässe hing, zeigte sich zuerst matt und senkte sich dann vom Himmel auf die Erde – der leicht schmutzige, schwärzlich-graue Isaak; zeichnete sich ab und zeigte sich schließlich ganz: das Reiterstandbild Kaiser Niko-lajs; der metallene Kaiser trug die Uniform der Leibgarde; an seinem Fuß streckte sich aus dem Nebel und verschwand in den Nebel zurück die Fellmütze eines nikolaischen Grena-diers.

Die Kutsche aber flog auf den Newskij.

Apollon Apollonowitsch Ableuchow schaukelte auf den Atlas-polstern des Sitzes; vom Straßengesindel trennten ihn vier senkrechte Wände; so war er geschützt vor den vorüberfluten-den Menschenmengen und den trübsinnig durchweichten roten Umschlägen jener Blättchen, die da hinter der Kreuzung verkauft wurden.

Gleichmaß und Symmetrie beruhigten die Nerven des Sena-tors, die aufgereizt waren von der Unebenheit seines häuslichen Lebens wie auch vom hilflosen Kreisen unseres Staatsrads.

Harmonische Einfachheit kennzeichnete seinen Geschmack.

Mehr als alles liebte er den geradlinigen Prospekt; dieser Pro-spekt erinnerte ihn an das Fließen der Zeit zwischen den beiden Punkten des Lebens; und noch an eins: alle anderen Städte stellen einen Haufen Holzhütten dar, und verblüffend von ihnen allen unterscheidet sich Petersburg.

Der nasse, schlüpfrige Prospekt: dort verschmolzen die Haus-kuben zu einer gleichmäßigen fünfstöckigen Reihe; diese Reihe unterschied sich von der Lebenslinie nur in einer Hinsicht: diese Reihe hatte nicht Ende noch Anfang; die Mitte der Lebensreise des Trägers brillantener Orden erwies sich hier für so manchen Würdenträger als Ende seines Lebenswegs.

Jedesmal frohlockte die Seele des Senators, wenn wie ein Pfeil sein lackierter Kubus die Linie des Newskij durchschnitt: dort, aus den Fenstern, sah man die Hausnumerierung; und es lief die Zirkulation; dort, von dort – funkelten an klaren Tagen blendend von fern, fern: die goldene Nadel, die Wolken, ein Strahl des purpurnen Abendrots; und dort, von dort, an nebligen Tagen – nichts, niemand.

Und dort waren – die Linien: die Newa, die Inseln. Wohl in jenen fernen Tagen, als aus bemoosten Sümpfen sich die hohen Dächer, und die Masten, und die Turmspitzen erhoben, und mit ihren Zacken den nassen, grünlichen Nebel durchstießen –

– flog von dort auf seinen Schattensegeln gen Petersburg der Fliegende Holländer aus den bleigrauen Weiten der Ost- und Nordsee, um hier als Blendwerk sein nebliges Reich zu errichten und Inseln zu nennen die Woge andrängender Wolken; die Höllenlichter der Schenken entzündete zweihundert Jahre von hier der Holländer, und das rechtgläubige Volk drängte und drängte in diese Höllenschenken und verbreitete üble Seuchen...

Nach und nach stachen die dunklen Schatten in See. Die Höllenschenken aber blieben. Mit dem Trugbild zechte hier lange Jahre das rechtgläubige Volk: ein Geschlecht von Bastards kam von den Inseln – nicht Menschen, noch Schatten – und ließ sich nieder an der Grenze zweier sich fremder Welten.

Apollon Apollonowitsch liebte die Inseln nicht: die Menschen dort sind Fabrikvolk, ungeschliffen; ein vieltausendköpfiger Menschenschwarm schleppt sich dort früh zu den vielschlotigen Fabriken; und nun wußte er auch, daß dort ein Browning zirkuliert; und noch dies und das. Apollon Apollonowitsch dachte: die Bewohner der Inseln zählen zur Bevölkerung des Russischen Reiches; die Volkszählung wird auch hier durchgeführt; sie haben numerierte Häuser, Polizeireviere, staatliche Institutionen; der Inselbewohner ist Advokat, Schriftsteller, Arbeiter, Polizeibeamter; er betrachtet sich als Petersburger, doch er, der Bewohner des Chaos, droht der Hauptstadt des Reiches in einer andrängenden Wolke...

Apollon Apollonowitsch wollte nicht weiter denken: die ruhelosen Inseln – zerquetschen, zerquetschen! Sie an die Erde schmieden mit dem Eisen der riesigen Brücke und in allen Richtungen mit Prospektpfeilen durchschießen...

Und hier, mit träumerischem Blick in diese Grenzenlosigkeit der Nebel, wuchs der Staatsmann plötzlich nach allen Seiten über den schwarzen Kubus der Kutsche hinaus und schwang sich über sie empor; und er wünschte, daß die Kutsche vorwärts flöge, daß die Prospekte ihr entgegenflögen – Prospekt um Prospekt, daß die gesamte sphärische Oberfläche des Planeten umfangen wäre, wie mit Schlangenringen, von schwärzlich-grauen Hauskuben; daß die ganze, von Prospekten zusammengeschnürte Erde im linearen kosmischen Lauf die Unermeß-lichkeit mit einem geradlinigen Gesetz durchschnitte; daß das Netz paralleler Prospekte, durchschnitten von einem Netz von Prospekten, sich zu kosmischen Abgründen auswachse aus den Flächen von Quadraten und Kuben: ein Quadrat pro Bewohner, daß... daß...

Nach der Linie aller Symmetrien beruhigte ihn eine Figur – das Quadrat.

Er ergab sich manchmal lange der gedankenlosen Betrachtung: von Pyramiden, Dreiecken, Parallelepipeden, Kuben, Trapezen. Unruhe packte ihn nur beim Betrachten des Kegelstumpfs.

Die Zickzacklinie aber ertrug er nicht.

Hier, in der Kutsche, ergötzte sich Apollon Apollonowitsch lange gedankenverloren an den viereckigen Wänden, im Zentrum des schwarzen, vollkommenen und mit Atlas bespannten Kubus verweilend: Apollon Apollonowitsch war geboren für den einsamen Rückzug; nur die Liebe zur staatlichen Planimetrie hüllte ihn in die Vielseitigkeit eines hohen Postens.

. . . .

Der nasse, schlüpfrige Prospekt schnitt den nassen Prospekt unter einem rechten, einem Winkel von neunzig Grad; auf dem Schnittpunkt beider Linien stand ein Schutzmann...

Und genau dieselben Häuser ragten dort empor, und dieselben grauen Menschenströme zogen dort vorüber, und derselbe grüngelbe Nebel hing dort in der Luft. Konzentriert liefen dort Gesichter vorüber; die Trottoirs flüsterten und schlurften;

wurden zerrieben von Galoschen; triumphierend segelte eine Bürgernase dahin. Nasen strömten in Mengen vorüber; Adler-, Enten-, Hahnennasen, grünliche und weiße; hier strömte auch vorüber die Abwesenheit jeglicher Nase. Hier strömten Einzelne, und Paare, und Dreier- und Vierergruppen; und Melone um Melone; Melonen, Federn, Schirmmützen; Schirmmützen, Schirmmützen, Federn; Dreispitz, Zylinder, Schirmmütze; Kopftuch, Regenschirm, Feder.

Doch parallel zum laufenden Prospekt lag ein laufender Prospekt mit ganz derselben Reihe von Kästen, von Numerierung, von Wolken; und mit demselben Beamten.

Es gibt die Unendlichkeit der in der Unendlichkeit laufenden Prospekte und die Unendlichkeit der in die Unendlichkeit laufenden einander schneidenden Schatten. Ganz Petersburg ist die Unendlichkeit des in die n-te Dimension erhobenen Prospekts.

Hinter Petersburg jedoch ist nichts.

Die Bewohner der Inseln verblüffen euch

Die Bewohner der Inseln verblüffen euch mit manchen Gaunermanieren; ihre Gesichter sind grüner und blasser als die aller Erdenwesen; durchs Schlüsselloch eindringen wird der Inselbewohner – irgendein Rasnotschinze: vielleicht mit einem Schnurrbärtchen; und ehe du dich versiehst, bettelt er – für die Bewaffnung der Fabrikarbeiter; er beginnt zu schwatzen, zu tuscheln, zu kichern: ihr gebt; und ihr werdet des Nachts nicht mehr schlafen; es beginnt euer Zimmer zu schwatzen, zu tuscheln, zu kichern: das ist er, der Inselbewohner – ein Unbekannter mit schwarzem Schnurrbärtchen, ungreifbar, unsichtbar und – spurlos verschwunden; er ist schon im Gouvernement; und ehe du dich versiehst – beginnen zu schwatzen, zu tuscheln dort, im Raum, die Weiten der Provinzen; es beginnt zu dröhnen, zu schwatzen dort in der Weite der Provinzen – Rußland.

Es war der letzte Tag im September.

Auf der Wassilij-Insel, weit hinten auf der Siebzehnten Linie blickte aus dem Nebel ein riesiges und graues Haus; vom Hof ins Haus führte eine ziemlich schmutzige Hintertreppe: und – Türen über Türen; eine von ihnen öffnete sich.

Ein Unbekannter mit schwarzem Schnurrbärtchen erschien auf der Schwelle.

Dann, nachdem er die Tür geschlossen hatte, begann der Unbekannte langsam hinunterzusteigen; er kam von der Höhe der fünften Etage, vorsichtig über die Stufen tretend; in seiner Hand schaukelte gleichmäßig ein nicht gerade kleines, doch auch nicht allzu großes Bündel, eingewickelt in eine schmutzige Serviette mit roten Bordüren aus verblichenen Fasanen.

Mein Unbekannter war von ausnehmender Behutsamkeit im Umgang mit dem Bündel.

Die Treppe war, selbstverständlich, die Hintertreppe, übersät mit Gurkenschalen und vielmals mit dem Fuß zertretenen Kohlblättern. Der Unbekannte mit dem schwarzen Schnurrbärtchen rutschte darauf aus.

Da hielt er sich mit der einen Hand am Treppengeländer, und die andere Hand (mit dem Bündel) beschrieb verloren in der Luft ein nervöses Zickzack; doch das Beschreiben des Zickzacks betraf, im Grunde, nur den Ellbogen: mein Unbekannter wollte offensichtlich das Bündel vor einem ärgerlichen Zufall bewahren – vor dem schwungvollen Aufprall auf die steinerne Stufe, denn in der Bewegung des Ellbogens verriet sich ein wahrhaft kunstvolles Akrobatenstück: die delikate Gewandtheit der Bewegung diktierte ihm ein gewisser Instinkt.

Und später bei der Begegnung mit dem Hausknecht, der die Treppe hinaufstieg, eine Tracht Espenholz auf der Schulter, und den Weg versperrte, zeigte der Unbekannte mit dem schwarzen Schnurrbärtchen wieder verstärkt die delikate Sorge um das Schicksal seines Bündels, das an einem der Scheite anhaken konnte; die Gegenstände, die im Bündel lagen, mußten besonders fragile Gegenstände sein.

Sonst wäre das Verhalten meines Unbekannten unverständlich gewesen.

Als der bedeutsame Unbekannte vorsichtig an der Hoftür anlangte, fauchte eine schwarze Katze, die ihm um die Füße strich; sie kreuzte mit eingezogenem Schwanz seinen Weg und ließ vor die Füße des Unbekannten Hühnergekröse fallen; das Gesicht meines Unbekannten verzerrrte ein Krampf; der Kopf aber fuhr nervös zurück und entblößte einen zarten Hals.

Diese Bewegungen waren den Fräulein einer guten Zeit eigen, als die Fräulein dieser Zeit einen Drang entwickelten: durch einen erstaunlichen Schritt die interessante Blässe des Gesichts zu unterstützen, die das Trinken von Essig verleiht und das Lutschen von Zitronen.

Und genau dieselben Bewegungen kennzeichnen manchmal junge, von Schlaflosigkeit erschöpfte Zeitgenossen. Der Unbekannte litt an solcher Schlaflosigkeit: das Verräucherte seiner Behausung deutete darauf hin; und dasselbe bezeugte der bläuliche Schimmer der zarten Gesichtshaut – einer so zarten Haut, daß, wäre mein Unbekannter nicht Besitzer eines Schnurrbärtchens, ihr ihn wohl für ein verkleidetes Fräulein hieltet.

Und nun stand der Unbekannte im winzigen Hof, einem Viereck, ganz mit Asphalt bedeckt und von allen Seiten zusammengepreßt von den fünf Etagen des vielfenstrigen Kolosses. In der Mitte des Hofs lagen gestapelt durchfeuchtete Klafter Espenholz; und auch von hier aus sah man ein Stück der Siebzehnten Linie, umpfiffen vom Wind.

Ihr Linien!

Nur in euch hat sich die Erinnerung an das petrinische Petersburg erhalten.

Die parallelen Linien durch die Sümpfe zog einst Peter; diese Linien bewuchsen mal mit Granit, mal mit steinernen, mal auch hölzernen Umfriedungen; von den petrinischen regelmäßigen Linien blieb in Petersburg keine Spur; Peters Linie verwandelte sich in die Linie einer späteren Epoche: in die katharinische gerundete Linie, in die alexandrinische Ordnung weißsteinerner Kolonnaden.

Nur hier noch, zwischen den Häuserkolossen, stehen Häuschen aus Peters Zeit; dort hinten ein Blockhaus; da ein grünes, hier ein blaues einstöckiges Häuschen mit grellrotem Ladenschild »Gastwirtschaft«. Genau solche Häuschen standen überall hier in längst vergangenen Zeiten. Hier steigen uns noch direkt in die Nase die vielfältigsten Gerüche: es riecht nach Meersalz, Hering und Schiffstauen, nach Lederjacke und Pfeife, und nach geteertem Segeltuch.

Die Linien!

Wie sie sich verändert haben: wie sie verändert haben diese harten Tage!

Der Unbekannte entsann sich: da im Fenster dieses glänzenden Häuschens mümmelte an einem Sommerabend im Juni eine alte Frau mit den Lippen; ab August blieb das Fenster geschlossen; im September brachten sie den brokatgefütterten Sarg.

Er dachte, daß das Leben teurer wird und das Arbeitervolk bald – nichts mehr zu essen hat; daß von dort, von der Brücke her, Petersburg eindringt mit seinen Prospektpfeilen und der Rotte von steinernen Riesen; jene Rotte von Riesen wird unverschämt und brutal schon bald in Speicher und Keller sperren das ganze arme Inselvolk.

Mein Unbekannter von der Insel haßte Petersburg seit langem: dort, von dort erhob sich Petersburg in einer Woge von Wolken; dort schwebten die Häuser; und dort über den Häusern, so schien es, schwebte jemand Böses und Dunkles, und sein Atem schmiedete mit dem Eis der Granite und Steine die ehemals grünen und üppigen Inseln fest; jemand Dunkles, Drohendes, Kaltes starrte von dort, aus dem heulenden Chaos, mit steinernem Blick, schlug in irrem Schweben mit Fledermaus-Flügeln; und peitschte das arme Inselvolk mit seinem gewichtigen Wort, auftauchend im Nebel: mit Schädel und Ohren; so wurde kürzlich jemand dargestellt auf dem Umschlag eines Blättchens.

Der Unbekannte dachte daran und ballte in der Tasche die Faust; er erinnerte sich an ein Zirkular und erinnerte sich, daß die Blätter fielen: mein Unbekannter wußte alles genau. Die gefallenen Blätter waren für so manchen die letzten Blätter: mein Unbekannter wurde zum bläulichen Schatten.

. . . .

Wir unsrerseits aber sagen: oh, ihr Russen, ihr Russen! Laßt die

27

Scharen huschender Schatten von den Inseln nicht zu euch! Fürchtet die Inselbewohner! Sie haben das Recht sich frei anzusiedeln im Reich: wohl dazu wurden über die Lethe-Fluten zu den Inseln schwarze und graue Brücken geschlagen. Trennte man sie ...

Zu spät ...

Die Polizei gedachte keinesfalls, die Nikolaj-Brücke hochzuziehen; dunkle Schatten schoben sich über die Brücke; unter diesen Schatten schob sich über die Brücke auch der dunkle Schatten des Unbekannten. In seiner Hand schaukelte gleichmäßig ein nicht gerade kleines, doch auch nicht allzu großes Bündel.

Und bei seinem Anblick wurden sie weit,
begannen zu leuchten, zu glänzen ...

Im grünlichen Licht des Petersburger Morgens, im rettenden »*als ob*« zirkulierte vor Senator Ableuchow auch ein gewöhnliches Phänomen: eine atmosphärische Erscheinung – der Menschenstrom; hier verstummten die Menschen; ihre Ströme, andrängend in wogenartiger Brandung – donnerten und brüllten; das gewöhnliche Ohr aber nahm nicht im mindesten wahr, daß die menschliche Brandung bedrohende Brandung war.

Der im Dunst mit sich selbst verschmolzene Strom zerfiel in die Glieder des Stroms: vorüber strömte Glied um Glied; durchschaubar entfernte sich jedes von jedem, wie Planetensystem von Planetensystem; das nächste befand sich zum nächsten nun in demselben annähernden Verhältnis, wie ein Strahlenbündel des Firmaments sich zur Netzhaut befindet, die per Nerventelegraph zum Hirnzentrum eine unklare, blinkende Sternenbotschaft schickt.

Mit der vorausströmenden Menge verkehrte der greise Senator per Draht (per Telegraph und Telephon); und der Schattenstrom präsentierte sich seinem Bewußtsein als hinter den Weiten der Welt ruhig strömende Botschaft. Apollon Apollono-

witsch dachte: an die Sterne, an die Undeutlichkeit des fliegenden Donnerstroms; und auf dem schwarzen Polster schaukelnd, berechnete er die Stärke des Lichts, das wir empfangen
von Saturn.

Plötzlich ... –

      – verzog sich sein Gesicht und zuckte im Tick;
krampfhaft rollten die steinernen, von blauen Ringen um-
ränderten Augen; die Hände, in schwarzes Wildleder gehüllt,
flogen zu Brusthöhe auf, als wollten sich diese Hände ver-
teidigen. Der Rumpf sank zurück, und der Zylinder, an die
Wand anstoßend, fiel auf die Knie vom entblößten Kopf ...

Das Unbewußte der Bewegung des Senators unterlag nicht
gewöhnlicher Deutung; der Regelkodex des Senators sah dergleichen nicht vor ...

Die strömenden Silhouetten betrachtend – Melonen, Federn,
Schirmmützen, Schirmmützen, Schirmmützen, Federn –, verglich sie Apollon Apollonowitsch mit Punkten am Firmament;
doch einer dieser Punkte, sich losreißend von der Bahn, sauste
in schwindelnder Schnelligkeit auf ihn zu, die Gestalt einer
riesigen und purpurnen Kugel annehmend, das heißt, ich will
sagen: –

      – die strömenden Silhouetten betrachtend (Schirm-
mützen, Schirmmützen, Federn), sah Apollon Apollonowitsch
an der Ecke durch die Schirmmützen, Federn, Melonen ein
Paar irrer Augen: die Augen gaben eine unzulässige Eigenschaft
kund; die Augen erkannten den Senator; und auf das Erkennen
wurden sie irr; vielleicht hatten die Augen an der Ecke gewartet;
und bei seinem Anblick wurden sie weit, begannen zu leuchten,
zu glänzen.

Dieser irre Blick war ein bewußt geworfener Blick und kam von
einem Rasnotschinzen mit schwarzem Schnurrbärtchen, im
Mantel mit hochgeschlagenem Kragen; als er später die Details
des Umstands bedachte, reimte sich Apollon Apollonowitsch,
mehr, als er sich erinnerte, noch eines zusammen: in der rechten
Hand trug der Rasnotschinze ein in eine feuchte Serviette
gewickeltes Bündel.

Die Sache war so einfach: bedrängt durch den Strom der

Droschken, hielt die Kutsche an der Kreuzung an (ein Schutzmann hob dort sein weißes Stöckchen); der durchziehende Strom von Rasnotschinzen, bedrängt durch den Druck der Droschken, die zum Strom senkrecht flogen, den Newskij kreuzten, – dieser Strom drückte jetzt einfach auf die Kutsche des Senators und zerstörte die Illusion, daß er, Apollon Apollonowitsch, wenn er über den Newskij flog, Milliarden Werst entfernt flöge vom menschlichen Tausendfüßler, der denselben Prospekt mit Füßen tritt: beunruhigt rückte Apollon Apollonowitsch ganz nah an die Fenster der Kutsche und sah, daß ihn von der Menge nichts trennte als eine dünne Wand und vier Werschok Raum; nun sah er den Rasnotschinzen; und begann ihn ruhig zu mustern; etwas war Bemerkenswertes an dieser ganzen unansehnlichen Figur; ein Physiognom, träfe er unvermutet diese Figur auf der Straße, bliebe wahrscheinlich verwundert stehen: und würde sich dann zwischendurch an dieses gesehene Gesicht erinnern; die Besonderheit dieses Ausdrucks bestand nur in der Schwierigkeit, das Gesicht unter irgendeine vorhandene Kategorie zu subsumieren – in nichts sonst...

Diese Beobachtung wäre aufgeblitzt im Kopf des Senators, wenn diese Beobachtung auch nur eine Sekunde gedauert hätte: doch sie dauerte keine Sekunde. Der Unbekannte hob die Augen und – durch das spiegelnde Kutschenfenster, vier Werschok Raum von ihm entfernt, sah er nicht ein Gesicht, sondern... einen Schädel mit Zylinder und ein riesiges blaßgrünes Ohr.

In derselben Viertelsekunde sah der Senator in den Augen des Unbekannten dieselbe Unendlichkeit des Chaos, aus der von jeher eine neblige vielschlotige Ferne und die Wassilij-Insel das Haus des Senators bewachten.

Und eben da wurden die Augen des Unbekannten weit, begannen zu leuchten, zu glänzen; und eben da, abgetrennt durch vier Werschok Raum und die dünne Wand der Kutsche, wurden hinter dem Fenster schnell die Hände aufgeworfen, die Augen bedeckt.

Die Kutsche flog; und mit ihr flog Apollon Apollonowitsch in jene feuchten Weiten; dort, von dort – erhoben sich an klaren Tagen herrlich die goldene Nadel, Wolken und purpurnes Abendrot; dort, von dort kamen heute Schwärme schmutziger Nebel.

Dort, in den Schwärmen schmutzigen Dunsts, zurück an die Wand der Kutsche gesunken, sah er vor Augen immerzu: Schwärme schmutzigen Dunsts; sein Herz begann zu pochen; und es wuchs, wuchs und wuchs; in der Brust entstand die Empfindung einer sich weitenden, purpurnen Kugel, zu platzen bereit und in Stücke zu springen.

Apollon Apollonowitsch Ableuchow litt an Herzerweiterung.

All das dauerte einen Moment.

Apollon Apollonowitsch, mechanisch den Zylinder aufgesetzt und die schwarze wildlederne Hand ans hüpfende Herz andrückend, ergab sich wieder der geliebten Betrachtung der Kuben, um vom Geschehenen sich ruhige und vernünftige Rechenschaft abzulegen.

Apollon Apollonowitsch schaute wieder hinaus aus der Kutsche: und was er nun sah, tilgte das Gewesene: der nasse, schlüpfrige Prospekt; nasse, schlüpfrige Steinplatten, die fieberhaft blinkten an einem Septembertag!

. . . .

Die Pferde blieben stehen. Der Schutzmann salutierte. Hinter dem Fensterglas des Vestibüls, unter der bärtigen, die Steine des kleinen Balkons stützenden Karyatide, bot sich Apollon Apollonowitsch das gewohnte Bild: dort blitzte der schwere kupferne Stockknauf; auf die achtzigjährige Schulter war dort der dunkle Dreispitz gerutscht. Der achtzigjährige Portier schlummerte über dem »Börsenblatt«. Genauso hatte er vorgestern, gestern geschlummert. Genauso verschlief er dieses schicksalhafte Jahrfünft . . . Genauso wird er das nächste Jahrfünft verschlafen.

Fünf Jahre waren schon vergangen, seit Apollon Apollonowitsch vorfuhr bei der Behörde als unmaßgebender Chef der Behörde: mehr als fünf Jahre waren seitdem vergangen! Und es hatte Ereignisse gegeben: China hatte sich erhoben und Port

Arthur war gefallen. Doch das Traumbild der Zeiten blieb unverändert: achtzigjährige Schulter, Tressen, Bart.

. . . .

Die Tür öffnete sich: der kupferne Stockknauf klopfte. Apollon Apollonowitsch trug aus der Kutschentür den steinernen Blick ins weit geöffnete Vestibül. Und die Tür wurde geschlossen.
Apollon Apollonowitsch stand und schnaufte.
— »Hohe Exzellenz . . . Setzen sich doch . . . Nein so was, wie Sie nach Luft schnappen . . .«
— »Immerzu rennen, wie ein kleiner Junge . . .«
— »Sitzen ein wenig, Hohe Exzellenz: verpusten sich . . .«
— »So ist das . . .«
— »Vielleicht . . . ein Schluck Wasser?«
Doch das Gesicht des geachteten Staatsmanns erhellte sich, wurde kindlich und greisenhaft; überzog sich mit Runzeln:
— »Sagen Sie mal: wie heißt die Frau des Marquis?«
— »Des Marquis? . . Und welches, mit Verlaub zu fragen?«
— »Einfach nur des Marquis?«
— »?«
— »Heißt die Frau des Marquis wohl – Markise?«

. . . .

— »He-he-he, mit Verlaub . . .«

. . . .

Das der Vernunft nicht gehorsame Herz aber bebte und pochte; und darum war alles rundum: wie sonst – und doch anders . . .

Zweier ärmlich gekleideter Hochschülerinnen . . .

Inmitten der langsam strömenden Menge strömte der Unbekannte dahin; vielmehr, er verzog sich verstört von der Kreuzung, wo vom Menschenstrom er angedrückt wurde an die schwarze Kutsche, aus der ihn anstarrten: Schädel, Ohr und Zylinder.
Dieses Ohr und dieser Schädel!
Bei der Erinnerung daran ergriff der Unbekannte die Flucht.

Vorüber strömte Paar um Paar; vorüber strömten Dreier- und Vierergruppen: von jeder stieg in den Himmel empor die Rauchsäule eines Gesprächs, sich verflechtend, verschmelzend mit anderen, mit benachbarten Rauchsäulen; die Säulen der Gespräche kreuzend, fing mein Unbekannter ihre Bruchstükke auf; aus den Bruchstücken bildeten sich Phrasen und Sätze.

So entspann sich der Klatsch auf dem Newskij.

– »Wissen Sie?« – kam es von irgendwo rechts und verschwand im anschwellenden Tosen.

Und dann tauchte es wieder auf:

– »Sie planen...«

– »Was?«

– »...zu werfen.«

Von hinten begann es zu tuscheln.

Als er sich umwandte, sah der Unbekannte mit dem schwarzen Schnurrbärtchen: Melone, Mantel, Stock; Ohren, Schnurrbart und Nase...

– »Auf wen denn?«

– »Wen, wen«, tuschelte es von fern herüber; und jetzt sagte ein düsteres Paar.

– »Abl...«

Und schon war das Paar verschwunden.

– »Ableuchow?«

– »Auf Ableuchow?!«

Doch das Paar schloß irgendwo dort...

– »Aber l...aß mich...an Saurem kkr...epieren...versuchs bloß...«

Und das Paar hickste.

Doch der Unbekannte stand, erschüttert von allem Gehörten:

– »Sie planen?..«

– »...zu werfen?«

– »Auf Abl...«

. . . .

– »Aber nein: planen sie nicht...«

. . . .

Und rundum Geflüster:
– »Möglichst bald . . .«
Und dann wieder von hinten:
– »Es wird Zeit . . .«
Und verschwunden hinter der Kreuzung, überfiel es ihn von
der nächsten Kreuzung:
– »Es wird Zeit . . . à propos . . .«
Der Unbekannte hörte nicht »propos«, sondern »provo«; und
ergänzte selbst:
– »Provo-kation?!«
Die Provokation begann über den Newskij zu bummeln. Die
Provokation veränderte den Sinn aller gehörten Worte: mit
einer Provokation versah sie das unschuldige *Apropos*; und aus
»aber l . . . aß mich« machte sie weiß der Teufel was:
– »Auf Abl . . .«
Und der Unbekannte dachte:
– »Auf Ableuchow.«
Er fügte einfach von sich aus die Präposition *auf* hinzu: durch
Hinzufügen der Buchstaben *a, u, f* verwandelte sich der un-
schuldige Gesprächsfetzen in einen Fetzen von entsetzlichem
Inhalt; und was die Hauptsache ist: hinzugefügt wurde die
Präposition durch den Unbekannten.
Die Provokation steckte, folglich, in ihm selbst; er aber floh vor
ihr: floh – vor sich selbst. Er war sein eigener Schatten.
Oh, ihr Russen, ihr Russen!
Laßt die Scharen verschwommener Schatten nicht zu euch von
der Insel: listig dringen diese Schatten ein in eure leibliche
Wohnstatt; und dringen von hier in alle Winkel der Seele: ihr
werdet zu Schatten der knäulig fliegenden Nebel: diese Nebel
fliegen seit jeher hinter dem Rand der Welt hervor: aus den
bleigrauen Weiten der wogend brausenden Ostsee; dort starren
seit Urzeiten in den Nebel die Donnermündungen der Kanonen.
Punkt zwölf erfüllte, nach der Tradition, ein dumpfer Kanonenschuß feierlich Sankt Petersburg, die Hauptstadt des Russischen Reiches: alle Nebel zerrissen und alle Schatten zerstreuten
sich.

Mein Schatten nur – ein ungreifbarer junger Mann – erbebte nicht und verflüchtigte sich nicht durch den Schuß, er lief ungehindert bis zur Newa. Plötzlich hörte das feine Ohr meines Unbekannten hinter seinem Rücken entzücktes Geflüster:

– »Der Ungreifbare!..«
– »Schauen Sie – der Ungreifbare!..«
– »Was für eine Verwegenheit!..«

Und als er, ertappt, sich umdrehte mit seinem Inselgesicht, sah er unverwandt auf sich gerichtete Augen zweier ärmlich gekleideter Hochschülerinnen...

Nun halten Sie Ihren Mund!..

– »Würgen Sie... würgen Sie...«

Das brüllte ein Mann am Tisch: ein Mann von gewaltigem Umfang; er stopfte sich ein Stück gelben Salm in den Mund und stieß, gurgelnd, Unverständliches aus. Er schrie wohl:

– »Würden Sie...«

Doch man hörte:

– »Würgen Sie...«

Und eine Gesellschaft von dürren Jackettträgern begann zu kreischen:

– »A-ahha-ha, aha-ha!..«

. . . .

Die Petersburger Straße durchdringt im Herbst den gesamten Organismus: bringt das Mark zum Erstarren und kitzelt das frierende Rückgrat; doch kaum trittst du von ihr in einen warmen Raum, fließt die Petersburger Straße in deinen Adern als Fieber. Dieser Straße Eigenart erfuhr jetzt der Unbekannte, als er einen schmutzigen Vorraum betrat, vollgestopft mit: schwarzen, blauen, grauen, gelben *Mänteln*, mit verwegenen, schlappohrigen, knappsitzenden Mützen und allerlei Galoschen. Warmer Dunst schlug ihm entgegen; in der Luft hing weißer Dampf: Dampf mit Plinsengeruch.

In der Hand die sengende Garderobennummer für die Über-

kleider, betrat der Rasnotschinze mit Schnurrbärtchen endlich den Saal...
– »A-a-a...«
Anfangs betäubten ihn Stimmen.

....

– »Kre-ee-bse... aaa... ah-ha-ha...«
– »Sehen Sie, sehen Sie, sehen Sie...«
– »Hören Sie auf...«
– »Me-emme..«
– »Und Wodka...«
– »Ja erlauben Sie... ja was noch... Aber nicht doch...«

....

Das alles stürzte frontal auf ihn ein; im Rücken aber, vom Newskij, rannte ihm nach:
– »Es wird Zeit... à propos...«
– »Provo?«
– »Kation – Aktion – Kassation...«
– »Bl...«
– »Und Wodka...«

....

Die Räumlichkeiten des Lokals bestanden aus einer schmutzigen Stube; der Boden wurde mit Wachs gebohnert; die Wände waren vom Putzmaurer bemalt und zeigten die Wracks einer schwedischen Flottille, von denen herab in die Weiten mit der Hand Peter wies; und es flogen von dort die Weiten als Bläue weißmähniger Wellen; im Kopf unseres Unbekannten jedoch flog die Kutsche, umgeben vom Schwarm...
– »Es wird Zeit...«
– »Sie planen... zu werfen...«
– »Auf Abl...«
– »Propos...«
Ach, müßige Gedanken!..
An der Wand prunkte üppiger grüner Spinat und zeichnete in Zickzacks die *Plaisirs* der Natur von Peterhof mit Weiten und Wolken und einem zuckrigen Osterkuchen von der Form eines stilvollen kleinen Pavillons.

....

– »Für Sie mit Picon?«
Der gedunsene Wirt sprach hinter dem Schanktisch her unseren Unbekannten an.
– »Nein, für mich ohne Picon.«
Dabei dachte er: warum der erschrockene Blick – im Kutschenfenster: die Augen wurden aufgerissen, versteinerten und schlossen sich dann; der tote, rasierte Kopf schaukelte hin und her und verschwand; mit der Hand – schwarzes Wildleder – schlug ihn nicht über den Rücken die böse Geißel eines harten Worts; die schwarze Wildlederhand zitterte dort kraftlos; das war keine Hand, nur... ein *winziges Händchen*...
Er sah: auf der Theke verdorrten Vorspeisen und versauerten welke Salatblätter unter Glasglocken mit einem Berg verdorbener vorgestriger Koteletts.
– »Noch ein Gläschen...«
. . . .
Dort hinten hockte ein müßig schwitzender Mann mit gewaltigem Kutscherbart, in dunkelblauer Jacke und Schmierstiefeln über grauen soldatenfarbenen Hosen. Der müßig schwitzende Mann kippte ein Gläschen ums andere; der müßig schwitzende Mann rief den zerzausten Bedienten herbei:
– »... gefällig?«
– »Ergendwas...«
– »Melone, der Herr?«
– »Zum Beutel: Seife mit Zucker ist deine Melone...«
– »Banane?«
– »Ein unanständiges Opst...«
– »Astrachaner Trauben?«
. . . .
Dreimal hatte mein Unbekannter das herbe farblos glänzende Gift geschluckt, dessen Wirkung der Wirkung der Straße ähnelt: Speiseröhre und Magen lecken mit trockener Zunge seine rächenden Feuer, das Bewußtsein aber, sich lösend vom Körper, fängt an, wie die Kurbel am Maschinenhebel, um den ganzen Organismus zu kreisen, ungeheuer erleuchtet... für nur einen Augenblick.
Und das Bewußtsein des Unbekannten klärte sich für einen

Augenblick: er erinnerte sich: die Arbeitslosen hungerten ja; die Arbeitslosen hatten ihn ja gebeten; und er hatte es ihnen versprochen; und angenommen von ihnen – ja? Wo war das Bündel? Da war es, hier, neben ihm . . . Er hatte von ihnen das Bündel genommen.

In der Tat: die Begegnung auf dem Newskij hatte ihm das Gedächtnis verschlagen.

. . . .

– »Arbuse, der Herr?«
– »Zum Beutel mit der Arbuse: ein Knirschen zwischen den Zähnen; und im Mund Scheibenkleister . . .«
– »Nun, dann ein Schnaps . . .«
Doch der bärtige Mann sprudelte plötzlich hervor:
– »Nein, hören Sie: Krebse . . .«

. . . .

Der Unbekannte mit dem schwarzen Schnurrbärtchen saß am Tisch, um jene Person zu erwarten, die . . .
– »Wünschen Sie nicht ein Gläschen?«
Der müßig schwitzende Bärtige blinzelte ihm fröhlich zu.
– »Ich danke . . .«
– »Und warum?«
– »Ich habe schon . . .«
– »Dann trinken Sie noch eins: als mein Kumpan . . .«
Mein Unbekannter begriff etwas: argwöhnisch schaute er den Bärtigen an, langte nach seinem feuchten Bündel, langte nach einem zerrissenen Blatt (zur Zeitungslektüre); und damit, wie absichtslos, deckte er das Bündel zu.
– »Sie sind wohl von Tula?«
Der Unbekannte riß sich mißvergnügt von seinem Gedanken los und sagte mit einiger Grobheit – sagte mit Fistelstimme:
– »Überhaupt nicht aus Tula . . .«
– »Sonst von wo? . .«
– »Und warum?«
– »Nur so . . .«
– »Nun: aus Moskau . . .«
Und er zuckte die Schultern und drehte sich ärgerlich weg.

. . . .

38

Und er dachte: nein, nicht er dachte – die Gedanken dachten sich selbst, sich erweiternd und ein Bild eröffnend: Segeltuch, Schiffstaue, Heringe; und prallvolle Säcke: Unmengen von Säcken; zwischen den Säcken lud sich ein Arbeiter in schwarzem Leder mit bläulicher Hand einen Sack auf die Schulter, deutlich sich abhebend vor dem Nebel, vor den fliegenden Wasserflächen; und der Sack fiel dumpf: von der Schulter in einen balkenbeladenen Kahn; Sack um Sack; der Arbeiter aber (ein bekannter Arbeiter) stand über den Säcken und holte ein Pfeifchen hervor mit sehr unschön im Wind an ihm tanzender Pelerine.

. . . .

– »Kommärzjell tätig?«
(Ach, mein Gott!)
– »Nein: nur – so . . .«
Dabei sagte er sich:
– »Ein Spitzel . . .«
– »Ach so: und wir sind von den Kutschern . . .«

. . . .

– »Mein Schwager kutschiert ja bei Kistintin Kistintinowitsch . . .«
– »Also?«
– »Also: gar nix – alles unsere Leute . . .«
Klare Sache, ein Spitzel: wenn bloß bald die *Person* käme . . .
Der Bärtige brütete unterdessen trübsinnig über dem Teller übriggelassener Krebse, den Mund bekreuzigend und gedehnt gähnend:
– »Oh, mein Gott, mein Gott! . .«

. . . .

Woran dachte er? An die Leute von der Wassilij-Insel? Die Säcke und den Arbeiter? Ja – natürlich: das Leben wird teurer, der Arbeiter hat nichts zu essen.
Warum? Weil: *mit der schwarzen Brücke dort Petersburg eindringt*; mit der Brücke und den Prospektpfeilen, – um unter Bergen von steinernen Särgen zu erdrücken das arme Volk; Petersburg haßt er; über dem verfluchten Massiv von Gebäuden, das am anderen Ufer aus der Woge der Wolken erstand –

schwang sich jemand Kleines empor aus dem Chaos und schwamm dort als schwarzer Punkt: immerzu winselte es von dort und plärrte:
– »Die Inseln auslöschen!...«
Jetzt erst verstand er, was gewesen war auf dem Newskij Prospekt, wessen grünes Ohr ihn angeschaut hatte aus dem Abstand von vier Werschok – im Kutschenfenster; das kleine dort zitternde Totenjunge war eben jene Fledermaus, die, sich emporschwingend, – quälend, drohend und kalt, drohte, winselte...
Plötzlich – ...
Doch über das Plötzlich – später.

Der Schreibtisch stand dort

Apollon Apollonowitsch richtete sein Augenmerk auf den laufenden Arbeitstag; im Nu erstanden deutlich vor ihm: die Rapporte des gestrigen Tags; deutlich stellte er sich auf seinem Tisch die gestapelten Aktenstücke vor, ihre Anordnung und die auf diesen Aktenstücken von ihm gemachten Bemerkungen, die Form der Buchstaben dieser Bemerkungen, den Stift, mit dem sie nachlässig an den Rändern notiert waren: das blaue »zur Veranlassung« mit dem Schwänzchen des »g« und das rote »Auskunft« mit dem Schnörkel am »t«.
In dem kurzen Augenblick zwischen der Departementstreppe und der Tür seines Arbeitszimmers verschob Apollon Apollonowitsch willentlich sein Bewußtseinszentrum: jegliches Hirnspiel rückte an den Rand des Gesichtsfelds, wie da hinten diese weißlichen Muster auf dem weißen Grund der Tapeten: der Stapel parallel geschichteter Akten schob sich ins Zentrum jenes Felds, so wie das eben in dieses Zentrum geratene Porträt.
Das Porträt? Das heißt: –

Er ist nicht mehr – sein Rußland mußt er lassen...

Wer denn er? Der Senator? Apollon Apollonowitsch Ableuchow? Aber nicht doch: Wjatscheslaw Konstantinowitsch...
Und er, Apollon Apollonowitsch?

> Mir ahnt, die Reihe ist an mir,
> Er ruft nach mir, der liebe Delwig...

Die Reihe – die Reihe: der Reihe nach –

> Den Erdball überzogen neue Wolken,
> Und ein Orkan trieb sie...

Müßiges Hirnspiel!
Der Stapel Aktenstücke sprang an die Oberfläche: Apollon
Apollonowitsch, sein Augenmerk auf den laufenden Arbeitstag
richtend, wandte sich an einen Beamten:
– »Seien Sie so gut, German Germanowitsch, bereiten Sie mir
die Akte vor – diese, wie war noch...«
– »Die Akte Diakon Srakow mit Anlage eines Corpus delicti in
Gestalt eines Bartbüschels?«
– »Nein, nicht die...«
– »Des Gutsbesitzers Pusow, mit Aktenzeichen?..«
– »Nein: Die Akte über die Uchtomsker Schlaglöcher...«
Er wollte gerade die Tür öffnen, die zum Arbeitszimmer führt,
als er sich erinnerte (fast hätte er es völlig vergessen): ja, ja – die
Augen: sie wurden weit, wunderten sich, wurden irr – die
Augen des Rasnotschinzen... Und warum, warum – das
Zickzack seiner Hand?.. Äußerst unangenehm. Und als hätte
er den Rasnotschinzen schon gesehen – irgendwo, irgendwann:
vielleicht nirgendwo, nirgendwann...
Apollon Apollonowitsch öffnete die Tür.
Der Schreibtisch stand an seinem Platz mit einem Stapel
Aktenstücke: in der Ecke prasselte der Kamin mit den Scheiten;
bevor er sich in die Arbeit vergrub, wärmte sich Apollon
Apollonowitsch am Kamin die durchfrorenen Hände, das
Hirnspiel aber, das das Gesichtsfeld des Senators begrenzte,
fuhr fort dort seine nebligen Flächen zu errichten.

Nikolaj Apollonowitsch...
Und Apollon Apollonowitsch...
– »Nein: mit Verlaub.«
– »?«
– »Was für ein Teufelsspuk?«
Apollon Apollonowitsch blieb an der Tür stehen, weil – wie
denn sonst?
Das unschuldige Hirnspiel war von selbst wieder vorgedrungen
in sein Hirn, das heißt in den Stapel Aktenstücke und Gesuche:
das Hirnspiel würde Apollon Apollonowitsch vielleicht für die
Tapeten des Zimmers halten, in deren Umgrenzung Entwürfe
heranreiften; Apollon Apollonowitsch verhielt sich zur Willkür
gedanklicher Verbindungen wie zu einer Fläche: diese Fläche
allerdings tat sich manchmal auf und ließ zum Zentrum des
geistigen Lebens etwas Überraschendes vor (wie zum Beispiel
gerade jetzt).
Apollon Apollonowitsch erinnerte sich: den Rasnotschinzen
hatte er schon gesehen.
*Den Rasnotschinzen hatte er schon gesehen, denken Sie nur – im
eigenen Haus.*
Er erinnert sich: einmal ging er die Treppe hinunter, auf dem
Weg zur Haustür; auf der Treppe, über das Geländer gebeugt,
unterhielt sich Nikolaj Apollonowitsch fröhlich mit jemand:
nach den Bekanntschaften Nikolaj Apollonowitschs sich zu
erkundigen fühlte der Staatsmann sich nicht befugt; sein Takt-
gefühl hinderte ihn damals natürlich, ohne Umschweife zu
fragen:
– »Aber sag mir doch, Kolenka, wer besucht dich denn da,
mein Täubchen?«
Nikolaj Apollonowitsch hätte die Augen niedergeschlagen:
– »Nur so, Papachen: ich bekomme Besuch...«
Das Gespräch wäre abgebrochen.
Und darum auch interessierte sich Apollon Apollonowitsch
nicht im mindesten für die Person des Rasnotschinzen, der dort
aus der Diele schaute in seinem dunklen Mantel; der Unbe-

kannte hatte dasselbe schwarze Schnurrbärtchen und dieselben verblüffenden Augen (ganz genau solche Augen könnten Sie nachts in Moskau finden, in der Großmärtyrer-Pantelejmon-Kapelle, beim Nikolskij-Tor: – die Kapelle ist berühmt für die Heilung Besessener; ganz genau solche Augen könnten sie auf dem Porträt finden, das der Biographie eines großen Mannes beigefügt ist; und ferner: in der neuropathischen Klinik und selbst der psychiatrischen).

Die Augen hatten auch damals: sich zu weiten, zu schimmern, zu glänzen begonnen; das heißt: das war schon einmal, und das wird sich vielleicht wiederholen.

– »Über all das – ja, ja...«
– »Muß ich...«
– »Genaueste Auskunft einholen...«

Seine genauesten Auskünfte erhielt der Staatsmann nicht auf direktem, sondern auf einem Umweg.

· ·

Apollon Apollonowitsch schaute aus der Tür seines Arbeitszimmers: Schreibtische, Schreibtische! Stapel von Akten! Über die Akten gebeugte Köpfe! Federnkratzen! Rascheln der umgewendeten Blätter! Was für eine sprudelnde und ungeheure Aktenproduktion!

Apollon Apollonowitsch beruhigte sich und vergrub sich in die Arbeit.

Seltsame Eigenschaften

Das Hirnspiel des Trägers brillantener Orden zeichnete sich durch seltsame, höchst seltsame, außerordentlich seltsame Eigenschaften aus: seine Hirnschale wurde zur Brutstatt von Gedankengebilden, die sich sogleich in diese trügerische Welt verkörperten.

Im Bewußtsein dieses seltsamen, höchst seltsamen, außerordentlich seltsamen Umstands hätte Apollon Apollonowitsch keinen einzigen müßigen Gedanken wegschieben und weiter auch müßige Gedanken in seinem Kopf tragen sollen: denn jeder müßige Gedanke entwickelte sich beharrlich zu einem raumzeitlichen Gebilde, das seine – nun schon unkontrollierten – Wirkungen außerhalb des Senatorkopfs fortsetzte.

Apollon Apollonowitsch war in gewissem Sinne wie Zeus: seinem Kopf entsprangen Götter, Göttinnen und Genien. Wir haben schon gesehen: ein solcher Genius (der Unbekannte mit dem schwarzen Schnurrbärtchen), entstanden als Bild, *spukte* später schon unmittelbar in den gelblichen Newa-Weiten, und behauptete, er sei hervorgegangen – aus eben ihnen: nicht aus dem Kopf des Senators; müßige Gedanken zeigten sich auch bei diesem Unbekannten; und diese müßigen Gedanken besaßen dieselben Eigenschaften.

Sie liefen davon und verfestigten sich.

Und ein solcher dem Unbekannten entlaufener Gedanke war der Gedanke, er, der Unbekannte, existiere tatsächlich; dieser Gedanke lief vom Newskij zurück ins Hirn des Senators und festigte dort das Bewußtsein, die gesamte Existenz des Unbekannten in diesem Kopf sei illusorische Existenz.

So schloß sich der Kreis.

Apollon Apollonowitsch war in gewissem Sinne wie Zeus: kaum war aus seinem Kopf der mit einem Bündel bewaffnete Unbekannte – eine Pallas – geboren, als von dort eine andere, ganz genau solche Pallas entstieg.

Diese Pallas war das Haus des Senators.

Der Steinkoloß entlief aus dem Hirn: und nun öffnet das Haus seine gastliche Tür – vor uns.

. . . .

Ein Lakai stieg die Treppe hinauf; er war kurzatmig, nicht um ihn geht es jetzt, sondern um ... die Treppe: eine herrliche Treppe! Und sie hat Stufen: weich, wie die Windungen des Hirns. Doch hat der Autor nicht die Zeit, dem Leser die bewußte Treppe zu beschreiben, die oftmals Minister erstiegen haben (er beschreibt sie dann später), denn – der Lakai ist schon im Saal ...

Und wieder – der Saal: herrlich! Fenster und Wände: die Wände sind ein wenig kalt ... Doch der Lakai war im Salon (den Salon haben wir gesehen).

44

Wir haben die herrliche Wohnstatt gemustert, geleitet von einem verbindenden Merkmal, mit dem der Senator gewohnt war alle Gegenstände auszustatten.

Also: –

– alle Jubeljahr in den blühenden Schoß der Natur gelangend, sah Apollon Apollonwitsch hier dasselbe wie auch wir; das heißt: er sah – den blühenden Schoß der Natur; doch für uns zerfiel dieser Schoß augenblicklich in Merkmale: in Veilchen, Ranunkeln, in Pusteblumen und Nelken; doch der Senator erhob all diese Gesondertheiten aufs neue zur Einheit. Wir würden natürlich sagen:

– »Eine Ranunkel!«
– »Ein Vergißmeinnicht . . .«

Apollon Apollonowitsch sagte so einfach wie kurz:

– »Blumen . . .«
– »Eine Blume . . .«

Unter uns sei gesagt: Apollon Apollonowitsch hielt alle Blumen gleichermaßen aus unbestimmtem Grund für Glockenblumen . . . –

In lakonischer Kürze würde er auch sein eigenes Haus charakterisieren, das für ihn aus Wänden bestand (die Quadrate und Kuben bilden), aus ausgeschnittenen Fenstern, Parkettafeln, Stühlen und Tischen; dann – begannen die Details . . .

Der Lakai trat in den Korridor . . .

Und hier sollten wir uns erinnern: was da aufgeblitzt war (die Bilder, der Flügel, die Spiegel, Perlmutt, die Intarsien der Tischchen), – kurz, alles, was da aufgeblitzt war, konnte nicht räumliche Form haben: all das war nur eine Reizung der Hirnhaut, wenn nicht gar eine chronische Unpäßlichkeit . . . vielleicht des Kleinhirns.

Es entstand die Illusion eines Zimmers; und dann verflog sie spurlos und errichtete jenseits der Grenze des Bewußtseins ihre nebligen Flächen; und als der Lakai hinter sich die schwere Salontür zuschlug, als er mit den Stiefeln durch den hallenden Korridor stapfte, da klopfte es nur in den Schläfen: Apollon Apollonowitsch litt an hämorrhoidalem Blutandrang.

Hinter der zugeschlagenen Tür lag kein Salon: dort lagen . . .

zerebrale Räume: Windungen, graue und weiße Substanz, die Zirbeldrüse; und die schweren Wände, die aus funkelnden Splittern bestanden (durch den Andrang verursacht), – die kahlen Wände waren nur bleierne und schmerzhafte Empfindung: der Hinterhaupt-, Stirn-, Schläfen- und Scheitelbeine, die zu dem achtbaren Schädel gehörten.

Das Haus – der Steinkoloß – war kein Haus; der Steinkoloß war der Kopf des Senators: Apollon Apollonowitsch saß am Tisch, vor den Akten, niedergedrückt von Migräne, mit einer Empfindung, als sei sein Kopf sechsmal so groß, wie er soll, und zwölfmal so schwer, wie er soll.

Seltsame, höchst seltsame, außerordentlich seltsame Eigenschaften!

Unsere Rolle

Die Petersburger Straßen haben eine ganz offensichtliche Eigenschaft: sie verwandeln Passanten in Schatten; Schatten aber verwandeln die Petersburger Straßen in Menschen.

Wir haben das gesehen am Beispiel des geheimnisvollen Unbekannten.

Entstanden als Gedanke im Kopf des Senators, verband er sich aus irgendeinem Grund auch mit dem eigentlichen Haus des Senators; dort tauchte er im Gedächtnis auf; am deutlichsten aber festigte er sich auf dem Prospekt, unmittelbar dem Senator folgend in unserer bescheidenen Erzählung.

Von der Kreuzung bis zum Lokal auf der Millionnaja haben wir den Weg des Unbekannten beschrieben; weiter haben wir beschrieben sein folgendes Sitzen in dem Lokal bis zu dem berüchtigten Wort »*plötzlich*«, mit dem alles abbrach; plötzlich stieß dem Unbekannten dort etwas zu; eine unangenehme Empfindung überkam ihn.

Untersuchen wir nun seine Seele; doch zuerst untersuchen wir das Lokal; sogar die Umgebung des Lokals; dazu haben wir einen Grund; denn wenn wir, der Autor, mit pedantischer Genauigkeit den Weg des ersten besten nachzeichnen, glaubt uns der Leser: unser Vorgehen wird sich in Zukunft bezahlt machen. Mit der von uns unternommenen natürlichen Ermittlung kommen wir nur dem Wunsch Senator Ableuchows zuvor, daß ein Agent der Geheimpolizei dem Unbekannten ständig auf dem Fuße folge; der famose Senator hätte auch selbst zum Telephonhörer gegriffen, um mittels seiner der entsprechenden Stelle seinen Gedanken durchzugeben; zu seinem Glück kannte er nicht die Wohnung des Unbekannten (wir aber kennen seine Wohnung). Wir kommen dem Senator entgegen; und solange der Leichtfuß von Agent untätig bleibt in seiner Abteilung, werden dieser Agent wir sein.

Erlauben Sie, erlauben Sie...

Setzen wir uns damit nicht selbst in die Nesseln? Was sind denn wir für ein Agent? Der Agent existiert. Und er schläft nicht, bei Gott, er schläft nicht. Unsere Rolle erweist sich als müßige Rolle.

Als der Unbekannte in der Tür des Lokals verschwand und uns der Wunsch ergriff, ihm auch dorthin zu folgen, drehten wir uns um und sahen zwei Silhouetten, die langsam den Nebel durchschnitten; eine der beiden Silhouetten war ziemlich dick und hochgewachsen, von deutlich bemerkenswerter Statur; doch das Gesicht der Silhouette konnten wir nicht unterscheiden (Silhouetten haben keine Gesichter); trotzdem haben wir erkannt: einen neuen, aufgespannten Seidenschirm, blendend glänzende Galoschen und eine Halbseal-Mütze mit Ohrenklappen.

Das schäbige Figürchen eines winzigen Männleins bildete den Hauptbestand der zweiten Silhouette; das Gesicht der Silhouette war sichtbar genug: doch gelang es uns wieder das Gesicht nicht zu sehen, denn wir wunderten uns über die Riesigkeit einer Warze: so war uns die Gesichtssubstanz verdeckt durch ein übermütiges Akzidens (wie diesem zu wirken gebührt in unserer Welt der Schatten).

Uns den Anschein gebend, als schauten wir in die Wolken, ließen wir das finstere Paar passieren, vor der Tür des Lokals blieb das finstere Paar stehen und sprach ein paar Worte in menschlicher Sprache.

- »Hm?«
- »Hier...«
- »Das dachte ich mir: Vorkehrungen sind getroffen; für den Fall, daß Sie ihn mir nicht gezeigt hätten an der Brücke.«
- »Was denn für Vorkehrungen haben Sie getroffen?..«
- »Ich habe dort, im Lokal, einen Mann hingesetzt.«
- »Ach, grundlos treffen Sie Vorkehrungen! Ich habe Ihnen doch gesagt und gesagt: hundertmal gesagt...«
- »Verzeihen Sie, das habe ich aus Sorgfalt...«
- »Hätten Sie sich zuvor mit mir beraten... Ihre Vorkehrungen sind vortrefflich...«
- »Sie sagen ja selbst...«
- »Ja, aber Ihre vortrefflichen Vorkehrungen...«
- »Hm...«
- »Was?.. Ihre vortrefflichen Vorkehrungen – bringen alles durcheinander...«
. . . .
Das Paar ging fünf Schritt und blieb stehen; und wieder sprach es ein paar Worte in menschlicher Sprache:
- »Hm!.. Dann muß ich... Hm!.. Ihnen jetzt Erfolg wünschen...«
- »Nun, was können denn daran für Zweifel bestehen: das Unternehmen läuft, wie ein Uhrwerk; stünde ich jetzt nicht hinter der ganzen Sache, dann, glauben Sie mir unter Freunden: die Sache ist gemacht.«
- »Hm?«
- »Was sagen Sie da?«
- »Verfluchter Schnupfen.«
- »Ich rede doch von der Sache...«
- »Hm...«
- »Die Seelen sind gestimmt, wie Instrumente: und veranstalten ein Konzert – was sagen Sie da? Der Dirigent muß nur noch aus den Kulissen das Stöckchen schwingen. Senator Ableuchow muß ein Zirkular ausgeben, und den Ungreifbaren erwartet...«
- »Verfluchter Schnupfen...«
- »Nikolaj Apollonowitsch erwartet... Kurz: ein konzertantes

Trio, wo Rußland im Parkett sitzt. Verstehen Sie mich? Verstehen Sie? Warum schweigen Sie die ganze Zeit?«
– »Hören Sie: Sie sollten doch ein Gehalt annehmen...«
. . . .
– »Nein, Sie können mich nicht verstehen!«
– »Doch doch: hm-hm-hm – entschieden reichen die Schnupftücher nicht.«
– »Was ist los?«
– »Ein Schnupfen eben!.. Und das Biest – hm-hm-hm – wird nicht verschwinden?«
– »Nun, wo soll es hin...«
– »Ach, Sie sollten doch ein Gehalt annehmen...«
– »Ein Gehalt! Ich diene nicht für ein Gehalt: ich bin Künstler, verstehen Sie, – Künstler!«
– »Auf Ihre Art...«
– »Was ist los?«
– »Nichts: ich kuriere mich mit einer Talgkerze.«
Das Figürchen zog ein vollgeschneuztes Taschentuch hervor und putzte sich wieder die Nase.
– »Ich rede doch von der Sache! Also richten Sie ihnen aus, daß Nikolaj Apollonowitsch sein Versprechen gegeben hat...«
– »Eine Talgkerze ist ein vortreffliches Mittel gegen Schnupfen...«
– »Sagen Sie ihnen alles, was Sie von mir gehört haben: die Sache läuft...«
– »Am Abend schmierst du das Nasenloch ein, am Morgen – wie weggeblasen...«
– »Die Sache läuft, ich sage es noch einmal, wie ein Uhr...«
– »Die Nase ist frei, du atmest durch...«
– »Wie ein Uhrwerk!..«
– »Hä?«
– »Wie ein Uhrwerk, zum Teufel, ein Uhrwerk.«
– »Mein Ohr ist zu, ich höre nichts.«
– »Ein Uhr-werk...«
– »Hatschi!..«
Unter der Warze trat wieder das Taschentuch in Aktion: beide Schatten verschwanden langsam in die naßkalte Trübe. Bald

49

tauchte der Schatten des Dicken in der Halbseal-Mütze mit Ohrenklappen wieder auf aus dem Nebel und blickte zerstreut zur Turmspitze von Peter-und-Paul.

Dann betrat er das kleine Lokal.

Und dabei glänzte das Gesicht

Leser!

Du kennst das »*plötzlich*«. Warum also steckst du, wie Vogel Strauß, den Kopf in die Federn beim Nahen des schicksalhaften und unabwendbaren »*plötzlich*«? Beginnt dir ein Fremder vom »*plötzlich*« zu sprechen, dann sagst du wahrscheinlich:

– »Gnädiger Herr, entschuldigen Sie: Sie sind wohl ein ausgemachter *décadent*.«

Und auch mich überführst du wahrscheinlich der Dekadenz.

Auch vor mir sitzt du jetzt wie Vogel Strauß; doch vergeblich versteckst du dich – du verstehst mich vortrefflich; du verstehst auch das unabwendbare »*plötzlich*«:

Also höre . . .

Dein »*plötzlich*« schleicht sich von rückwärts an, manchmal aber kommt es deinem Erscheinen im Zimmer zuvor; im ersten Fall bist du entsetzlich unruhig: in deinem Rücken entwickelt sich eine unangenehme Empfindung, als hätte sich dir in den Rücken, wie in eine offene Tür, eine Rotte Unsichtbarer gestürzt; du drehst dich um und bittest die Wirtin:

– »Gnädige Frau, gestatten Sie doch, die Tür zu schließen; ich habe eine spezielle nervöse Empfindung: ich ertrage es nicht mit dem Rücken zu offenen Türen zu sitzen.«

Du lachst, sie lacht.

Manchmal aber beim Betreten eines Salons begrüßt man dich mit einem allgemeinen:

– »Wir haben gerade an Sie gedacht . . .«

Und du antwortest:

– »Da haben, sicherlich, Herz zu Herz gesprochen.«

Alle lachen. Du lachst auch: als wäre da nicht das »*plötzlich*«.

Manchmal aber schaut ein fremdes »*plötzlich*« dich über die

Schultern des Gesprächspartners an, und wünscht sich einzulassen mit deinem eigenen »*plötzlich*«. Zwischen dir und dem
Gesprächspartner geht so etwas hindurch, wovon dir plötzlich
die Augen flattern, und der Gespächspartner wird kühler.
Irgendetwas wird er dir später dein Leben lang nicht verzeihen.

Dein »*plötzlich*« nährt sich von deinem Hirnspiel: die Garstigkeiten deiner Gedanken frißt es gern, wie ein Hund; es bläht
sich auf, und du schmilzt, wie ein Licht; wenn deine Gedanken
garstig sind und das Zittern dich packt, dann beginnt das
»*plötzlich*«, vollgefressen mit allen Arten von Garstigkeiten,
wie ein gemästeter, doch unsichtbarer Hund, dir überall zuvorzukommen und beim außenstehenden Beobachter den Eindruck zu erzeugen, du seist verhängt vor seinem Blick durch
eine schwarze, dem Blick unsichtbare Wolke: das ist das zotte-
lige »*plötzlich*«, dein treuer Hausgeist (ich kannte einen Unglücklichen, dessen *schwarze Wolke* war beinahe mit dem Blick
zu sehen: er war Literat...).

. . . .

Wir haben im kleinen Lokal den Unbekannten zurückgelassen.
Plötzlich drehte der Unbekannte sich rasch um; ihm war, als
flösse ein ekliger Schleim, in den Hemdkragen sickernd, sein
Rückgrat hinab. Doch als er sich umdrehte, war hinter seinem
Rücken niemand: irgendwie düster klaffte die Eingangstür zum
Lokal; und von dort, aus der Tür, schlug *Unsichtbares* herein.
Nun begriff er: die Treppe hinauf kam, natürlich, die von ihm
erwartete *Person*; gleich, gleich wird sie eintreten; doch sie trat
nicht ein; in der Tür war niemand.
Als mein Unbekannter sich aber von der Tür abwandte,
trat sofort durch die Tür ein unangenehmer Dickwanst; auf
den Unbekannten zusteuernd, quietschte er mit der Diele;
das gelbliche, rasierte, eine Spur zur Seite geneigte Gesicht
schwamm schwammig im eigenen Doppelkinn; und dabei
glänzte das Gesicht.
Nun drehte mein Unbekannter sich um und zuckte zusammen:
die *Person* winkte ihm freundschaftlich zu mit der Halbseal-
Mütze mit Ohrenklappen:

— »Aleksandr Iwanowitsch . . .«
— »Lippantschenko!«
— »Ich – selbst . . .«
— »Lippantschenko, Sie lassen mich warten.«

Um den Hemdkragen der Person lag ein Schlips – atlasrot, knallig und mit einem Straßklunker gespickt, ein dunkelgelb gestreifter Anzug umhüllte die Person; an den gelben Schuhen blinkte blitzender Lack.

Am Tisch des Unbekannten Platz nehmend, rief die Person zufrieden:

— »Ein Kaffeekännchen . . . Und – hören Sie – Kognak: ich habe da meine Flasche – auf meinen Namen.«

Und rundum tönte:

— »Du hast doch mit mir getrunken?«
— »Ja . . .«
— »Und gegessen? . .«
— »Ja . . .«
— »Und was bist du doch, mit Verlaub, für ein Schwein . . .«

. . . .

— »Vorsicht«, rief mein Unbekannter: der unangenehme Dickwanst, den der Unbekannte Lippantschenko nannte, wollte den dunkelgelben Ellbogen auf das Zeitungsblatt stützen: das Zeitungsblatt bedeckte das Bündel.

— »Was ist los?« – Nun nahm Lippantschenko das Zeitungsblatt auf und sah das Bündel: und Lippantschenkos Lippen zuckten.

— »Das . . . das . . . ist sie?«
— »Ja: *das* ist sie.«

Lippantschenkos Lippen zuckten noch immer: Lippantschenkos Lippen erinnerten an Scheibchen geschnittenen Salms – nicht den gelbroten, an den öligen gelben (solchen Salm hast du wahrscheinlich zu Plinsen bei einer ärmeren Familie gegessen).

— »Was sind Sie, Aleksandr Iwanowitsch, ich muß schon sagen, unvorsichtig.« – Lippantschenko streckte nach dem Bündel die plumpen Finger aus; falsche Edelsteine blinkten auf den Ringen an den geschwollenen Fingern mit bekauten Nägeln (an

52

den Nägeln saßen Spuren brauner Farbe, die derselben Farbe der Haare entsprach: ein aufmerksamer Beobachter konnte den Schluß ziehen: die Person färbte sich die Haare).

– »Nur noch eine Bewegung (wenn ich bloß den Ellbogen aufgestützt hätte), es wäre womöglich ... zur Katastrophe ...«
Und mit besonderer Behutsamkeit legte die Person das Bündel auf einen Stuhl.

– »Nun ja, dann wäre mit uns beiden ...« – witzelte unangenehm der Unbekannte. – »Dann wären wir beide ...«
Sichtlich genoß er die Bestürzung der Person, die – das sagen wir unsererseits – ihm verhaßt war.

– »Ich bin, natürlich, nicht um mich, sondern ...«
– »Nun natürlich, Sie sind nicht um sich, sondern ...« – stimmte der Unbekannte ausdrücklich zu.

. . . .

Und rundum tönte:
– »Schimpft euch nicht Schweine ...«
– »Ich schimpfe ja gar nicht.«
– »Doch, Sie schimpfen: werfen mir vor, Sie hätten bezahlt ...
Ja und was, bezahlt; mal haben Sie bezahlt, jetzt zahle ich ...«
– »Komm her, mein Freund, für diese deine Tat küsse ich dich ab ...«
– »*Wegen dem Schwein* sei nicht böse: und ich – esse, ich – esse ...«
– »Essen Sie, essen Sie: ist doch besser so ...«

. . . .

– »Also, Aleksandr Iwanowitsch, also, mein Lieber, dieses Bündel werden Sie« – Lippantschenko schielte ihn an – »unverzüglich zu Nikolaj Apollonowitsch bringen.«
– »Zu Ableuchow?«
– »Ja: zu ihm – zur Verwahrung.«
– »Aber erlauben Sie: zur Verwahrung kann das Bündel bei mir liegen ...«
– »Das ist ungünstig: Sie kann man ergreifen; *dort* aber wird es in Sicherheit sein. Immerhin, das Haus von Senator Ableuchow ... Übrigens: haben Sie von der letzten maßgebenden Rede des achtbaren Alten gehört? ..«

Jetzt beugte sich der Dickwanst vor und flüsterte meinem Unbekannten ins Ohr:
– »Schu-schu-schu...«
– »Ableuchow?«
– »Schu...«
– »Zu Ableuchow?..«
– »Schu-schu-schu...«
– »Mit Ableuchow?«
– »Ja, nicht mit dem Senator, sondern mit dem Senatorssohn: wenn Sie zu ihm gehen, dann seien Sie so gut, übergeben Sie ihm zugleich mit dem Bündel – hier dieses Briefchen: hier...«
Ganz nah ans Gesicht des Unbekannten drängte sich Lippantschenkos Kopf mit der schmalen Stirn; in den Augenhöhlen verbargen sich forschend bohrende Äuglein; eine Spur zuckte die Lippe und zog saugend Luft ein. Der Unbekannte mit dem schwarzen Schnurrbärtchen lauschte dem Flüstern des Dicken, versuchte aufmerksam den Inhalt des Flüsterns zu unterscheiden, das überdeckt war von den Stimmen des Lokals; die Stimmen des Lokals übertönten Lippantschenkos Geflüster; etwas säuselte eine Spur aus den ekligen Lippen (wie das Säuseln vielhunderter gliedriger Ameisenfüßchen auf einem aufgewühlten Ameisenhaufen), und es war, als habe das Flüstern schrecklichen Inhalt, als würde von Welten, Planetensystemen geflüstert; doch kaum hörte man dem Geflüster zu, entpuppte der schreckliche Inhalt des Geflüsters sich als alltäglicher Inhalt:
– »Übergeben Sie das Briefchen...«
– »Wie, steht denn Nikolaj Apollonowitsch in besonderen Verbindungen?«
Die Person kniff die Äuglein zusammen und schnalzte mit der Zunge.
– »Ich dachte ja, daß alle Verbindung zu ihm – über mich...«
– »Sehen Sie – so ist es nicht...«
. . . .
Rundum tönte:

54

– »Iß, iß, mein Freund...«
– »Schneid mir doch von der Rindssülze.«
– »Im Essen liegt Wahrheit...«
– »Was ist Wahrheit?«
– »Wahrheit ist Mahlzeit...«
– »Weiß ich selber...«
– »Wenn du weißt, ist ja gut: zieh dir den Teller ran und iß...«

. . . .

Der dunkelgelbe Anzug Lippantschenkos erinnerte den Unbekannten an die dunkelgelbe Tapetenfarbe in seiner Behausung auf der Wassilij-Insel – die Farbe, mit der seine Schlaflosigkeit in den Frühlingsnächten, den weißen, wie auch den September-, den düsteren Nächten verbunden war; und wohl jene böse Schlaflosigkeit rief plötzlich in seinem Gedächtnis ein fatales Gesicht auf mit schmalen, mongolischen Äuglein; das Gesicht hatte ihn oftmals angeschaut von einem Stück seiner gelben Tapeten. Untersuchte er diese Stelle bei Tag, fand der Unbekannte nichts als einen feuchten Fleck, über den eine Assel kroch. Um sich abzulenken von den Erinnerungen an die ihn quälende Halluzination, zündete sich mein Unbekannter eine Papirossa an, zu seiner eigenen Überraschung kam er ins Schwatzen:
– »Hören Sie den Radau...«
– »Ja, die machen tüchtig Radau.«
– »Der Radau klingt wie ›i‹, doch wir hören ›ü‹...«
Lippantschenko, verdutzt, versenkte sich in eine Betrachtung.
– »Der Laut ›ü‹ hat etwas Dumpfes und Schlieriges... Oder irre ich mich?..«
– »Nein, nein: keineswegs«, – brummte, ohne zuzuhören, Lippantschenko vor sich hin und riß sich für einen Moment vom Gegrübel um seinen Gedanken los...
– »Alle Wörter auf ›ü‹ sind trivial bis zur Widerlichkeit: nicht so ›i‹; ›i-i-i‹ – das blaue Firmament, ein Gedanke, ein Kristall; der Laut i-i-i weckt in mir die Vorstellung eines gebogenen Adlerschnabels; doch Wörter auf ›ü‹ sind trivial; zum Beispiel:

55

das Wort *Spülicht*; hören Sie: *Spü-ü-ülicht*, das heißt etwas Schlieriges . . . Oder *Brü-ü-ü-ühe*: etwas Fischiges; *Sülze* – etwas Glibbriges: der *Rücken* – Ort des Hinterhalts . . .«

Mein Unbekannter unterbrach seine Rede: Lippantschenko saß vor ihm als glibbrige *Sülze*, und der *trübe* Rauch seiner Papirossa umschlierte die Atmosphäre: Lippantschenko saß in einer Wolke; mein Unbekannter schaute ihn an und dachte »pfui, garstig – Tatarenpack« . . . Vor ihm saß einfach ein »Ü« . . .

. . . .

Vom Nachbartisch rief jemand hicksend:
– »Ein Lümmel bist du . . . ein Lümmel! . .«

. . . .

– »Entschuldigen Sie, Lippantschenko: sind Sie Mongole?«
– »Warum so eine seltsame Frage? . .«
– »Nur so, ich dachte . . .«
– »In allen Russen fließt ja Mongolenblut . . .«

. . . .

Zum Nachbartisch wälzte sich ein Schmerbauch; und vom Nachbartisch erhob sich ein Schmerbauch zur Begrü-ßung . . .
– »Für den Bullenschlächter Anofrijew! . .«
– »Habe die Ehre!«
– »Für den Bullenschlächter der städtischen Schlachthöfe . . . Nehmen Sie Platz . . .«
– »Bedienter! . .«
– »Na, was gibt es bei Ihnen? . .«
– »Bedienter: spiel doch den ›Negertraum‹ . . .«

Und die Trompeten des Musikautomaten brüllten zum Wohle des Bullenschlächters, wie der Bulle unterm Messer des Bullenschlächters.

Was denn für ein Kostumeur?

Die Räumlichkeiten Nikolaj Apollonowitschs bestanden aus: Schlafzimmer, Arbeitszimmer, Empfangszimmer.
Das Schlafzimmer: ein riesiges Bett nahm das Schlafzimmer

ein; eine rote Atlasdecke bedeckte es – mit Spitzenbezügen auf hoch aufgeschüttelten Kissen.

Das Arbeitszimmer stand voller Eichenregale, vollgestopft mit Büchern, vor denen auf kupfernen Rädchen leicht Seide dahinglitt; eine sorgende Hand konnte mal den Regalinhalt ganz vor dem Blick verbergen, mal, umgekehrt, die Reihen schwarzlederner Buchrücken zeigen, auf denen die Aufschrift prangte: »Kant«.

Die Möbel des Arbeitszimmers hatten dunkelgrüne Bezüge; und herrlich war eine Büste... natürlich wiederum Kants.

Schon zwei Jahre stand Nikolaj Apollonowitsch nicht mehr vor Mittag auf. Vor zweien und einem halben Jahr aber war er früher aufgewacht: er war um neun Uhr aufgewacht und erschien um halb zehn in Uniform, zugeknöpft, zum familiären Kaffeetrinken.

Vor zweieinhalb Jahren lief Nikolaj Apollonowitsch nicht im bucharischen Schlafrock durchs Haus; das Scheitelkäppchen schmückte nicht seinen orientalischen Salon; vor zweieinhalb Jahren hatte Anna Petrowna, die Mutter Nikolaj Apollonowitschs und Gattin Apollon Apollonowitschs, endgültig den häuslichen Herd verlassen, entflammt für einen italienischen Künstler; und nach ihrer Flucht mit dem Künstler erschien auf den Parkettafeln des erkaltenden häuslichen Herds Nikolaj Apollonowitsch im bucharischen Schlafrock: die täglichen Begegnungen des Papas mit dem Söhnchen beim Morgenkaffee endeten irgendwie von selbst. Der Kaffee wurde Nikolaj Apollonowitsch ans Bett serviert.

Und zu erheblich früherer Stunde als der Sohn geruhte Apollon Apollonowitsch seinen Kaffee zu nehmen.

Begegnungen des Papas mit dem Söhnchen fanden nur zum Mittagsmahl statt; und auch das: für kurze Zeit; unterdessen tauchte morgens an Nikolaj Apollonowitsch der Schlafrock auf; tatarische Pantöffelchen wurden angeschafft, pelzverbrämte; auf dem Kopf aber erschien ein Scheitelkäppchen.

Und der brillante junge Mann war in einen Orientalen verwandelt.

Nikolaj Apollonowitsch hatte soeben einen Brief erhalten;

einen Brief in unbekannter Handschrift: klägliche Verse mit verliebt-revolutionärem Anflug und der verblüffenden Unterschrift: »Eine flammende Seele«. Um sich, genauigkeitshalber, mit dem Inhalt der Verse bekannt zu machen, rannte Nikolaj Apollonowitsch hilflos durchs Zimmer und suchte nach seiner Brille, er nahm Bücher, Federn, Federhalter und sonstige Kleinigkeiten zur Hand und murmelte vor sich hin:

– »Na-a ... Wo ist bloß die Brille? ..«
– »Zum Teufel ...«
– »Verloren?«
– »Nun sagen Sie, bitte.«
– »Na? ..«

Nikolaj Apollonowitsch, genauso wie Apollon Apollonowitsch, sprach mit sich selbst.

Seine Bewegungen waren rasch, wie die Bewegungen seines hochexzellenten Papachens; genauso wie Apollon Apollonowitsch zeichnete er sich aus durch unscheinbaren Wuchs und den unruhigen Blick des unentwegt lächelnden Gesichts; vertiefte er sich aber in die ernsthafte Betrachtung von was es auch sei, versteinerte dieser Blick allmählich: mager, klar und kalt traten die Linien des vollkommen weißen Gesichts hervor, das einem Ikonenantlitz glich und durch eine besondere aristokratische Noblesse verblüffte: die Noblesse des Gesichts unterstrich auf bemerkliche Weise die Stirn – zart, mit geschwollenen Adern: das rasche Pulsieren dieser Adern kündete deutlich auf der Stirn von einer verfrühten Sklerose.

Die bläulichen Adern entsprachen den Ringen um die riesigen, wie geschminkten Augen von irgendwie dunklem Kornblumenblau (nur in Minuten der Aufregung wurden die Augen schwarz durch Erweiterung der Pupillen).

Nikolaj Apollonowitsch stand vor uns im tatarischen Scheitelkäppchen; doch nähme er es ab, – erschiene ein flachsweißer Haarschopf und milderte dieses kalte, fast harte Äußere mit dem ihm eingeprägten Trotz; es war schwer, Haare von diesem Farbton bei einem erwachsenen Menschen zu finden; oft trifft man diesen bei Erwachsenen seltenen Farbton bei Bauernkindern – besonders in Weißrußland.

Nikolaj Apollonowitsch ließ den Brief achtlos liegen und setzte sich vor ein aufgeschlagenes Buch; und die gestrige Lektüre erstand deutlich vor ihm (ein Traktat). Kapitel und Seite fielen ihm ein: auch ein fein gezeichnetes Zickzack des gerundeten Nagels; die verschlungenen Gedankengänge und seine Notizen mit Bleistift am Rand; sein Gesicht belebte sich nun, und blieb dabei regelmäßig und klar: es war beseelt von einem Gedanken.

Hier, in seinem Zimmer, entwickelte sich Nikolaj Apollonowitsch wahrhaftig zum sich selbst überlassenen Zentrum – zu einer Reihe dem Zentrum entspringender logischer Prämissen, die das Denken, die Seele und hier diesen Schreibtisch bedingen: er war hier das einzige Zentrum des Universums, des denkbaren wie undenkbaren, das zyklisch alle Äonen der Zeit durchlief.

Dieses Zentrum – schlußfolgerte.

Doch kaum war es Nikolaj Apollonowitsch heute gelungen, sich den Kleinigkeiten des Alltags und dem Strudel von allerlei Unklarheiten, die man Welt und Leben nennt, zu entziehen, und kaum war es Nikolaj Apollonowitsch gelungen, sich zu sich selbst zu erheben, als die Unklarheit wieder einbrach in Nikolaj Apollonowitschs Welt; und in dieser Unklarheit versank schmachvoll das Selbstbewußtsein: so versinkt eine freie Fliege, die über den Tellerrand krabbelt auf ihren sechs Beinchen, plötzlich hoffnungslos mit Beinchen wie Flügeln in klebriger Honigmasse.

Nikolaj Apollonowitsch riß sich los von seinem Buch: es hatte geklopft an der Tür:
– »Nun?..«
– »Was ist los?«
Hinter der Tür antwortete eine dumpfe und ehrfurchtsvolle Stimme.
– »Dort...«
– »Fragt man nach Ihnen...«
Wenn er sich denkend konzentrierte, schloß Nikolaj Apollonowitsch die Tür seines Arbeitszimmers ab: dann war ihm, als verwandelten er selbst wie auch das Zimmer und die Gegen-

stände des Zimmers sich momentan von Gegenständen der realen Welt in konkrete Symbole rein logischer Konstruktionen; der Raum des Zimmers verschmolz mit dem des Gefühls verlustigen Körper zu einem einzigen Seins-Chaos, das er das *Universum* nannte; und das Bewußtsein Nikolaj Apollonowitschs, sich lösend vom Körper, vereinte sich unmittelbar mit der Glühbirne auf dem Schreibtisch, die er *»Sonne des Bewußtseins«* nannte. Wenn er sich einschloß und die Grundsätze seines Schritt um Schritt zur Einheit erhobenen Systems durchdachte, fühlte er, wie sein Körper im »*Universum*« verströmte, das heißt im Zimmer; der Kopf *dieses Körpers* aber verlagerte sich in das Kopfstück des rundlichen Glases der Glühbirne unter dem koketten Lampenschirm.

Und sich so verkapselnd, wurde Nikolaj Apollonowitsch zum wahrhaft schöpferischen Wesen.

Und darum liebte er es, sich einzuschließen: die Stimme, ein Rascheln oder der Schritt eines Außenstehenden, der das *Universum* zum Zimmer machte, und das *Bewußtsein* zur Lampe, zerschlug in Nikolaj Apollonowitsch das luxuriöse Gedankengebäude.

So auch jetzt.

— »Was ist los?«

— »Ich höre nicht...«

Doch aus den Weiten der Räume antwortete die Stimme des Lakaien:

— »Dort ist jemand gekommen.«

. . . .

Nun nahm Nikolaj Apollonowitschs Gesicht plötzlich zufriedenen Ausdruck an:

— »Ah, er kommt vom Kostumeur: der Kostumeur bringt das Kostüm...«

Was denn für ein Kostumeur?

Nikolaj Apollonowitsch, den Schoß des Schlafrocks gerafft, schritt in Richtung Tür; an der Treppenbalustrade beugte sich Nikolaj Apollonowitsch vor und rief:

— »Sind Sie es?..«

— »Der Kostumeur?«

– »Vom Kostumeur?«

– »Der Kostumeur schickt das Kostüm?«

Und noch einmal fragen wir unsererseits: was denn für ein Kostumeur?

. . . .

In Nikolaj Apollonowitschs Zimmer erschien ein Pappkarton, Nikolaj Apollonowitsch verschloß die Tür; ungeduldig durchschnitt er die Schnur; und er hob den Deckel; dann zog er aus dem Karton: zuerst eine Larve mit Bart aus schwarzer Spitze, und auf die Larve zog Nikolaj Apollonowitsch einen prunkvollen Domino heraus, leuchtendrot und mit raschelnden Falten.

Bald stand er vorm Spiegel – ganz Atlas und Rot, die Miniaturlarve über dem Gesicht erhoben; die schwarze Spitze des Barts, zurückgeschlagen, fiel auf die Schultern und bildete rechts und links einen wunderlichen, phantastischen Flügel; und aus der schwarzen Spitze der Flügel aus dem Halbdunkel des Zimmers sah ihn im Spiegel quälend-sonderbar an: es selbst: das Gesicht – seins, sein eigenes; Sie würden sagen, dort im Spiegel sah sich selbst nicht Nikolaj Apollonowitsch an, sondern ein unbekannter, bleicher, gramvoller – Dämon des Raums.

Nach dieser Maskerade verstaute Nikolaj Apollonowitsch mit außerordentlich zufriedenem Gesicht im Karton – zuerst den roten Domino, dann die schwarze Maske.

Ein nasser Herbst

Ein nasser Herbst flog dahin über Petersburg; und so gar nicht heiter glomm der Septembertag.

Ein grünlicher Schwarm, jagten dort Wolkenflocken dahin; sie verdichteten sich zu gelblichem Rauch und schmiegten sich an die Dächer als Drohung. Der grünliche Schwarm stieg unaufhörlich über den trostlosen Räumen der Newa-Weiten auf; die dunkle Tiefe der Wasser schlug mit dem Stahl ihrer Schuppen ans Flußbett; in den grünlichen Schwarm ragte eine Turmspitze ... von der Petersburger Seite.

Am Himmel einen Trauerbogen beschreibend, stand eine dunkle Rußspur hoch oben von den Schloten der Dampfer; und fiel mit dem Schweif in die Newa.

Und die Newa brodelte, und sie schrie verzweifelt durch die Pfeife des tutenden Dampferchens, zerschlug ihre Wasser-, ihre Stahlschilde an den Ufersteinen; ihre Zungen leckten den Granit; mit dem Ansturm der kalten Newa-Winde riß sie Kappen, Schirme, Mäntel und Schirmmützen herunter. Überall in der Luft hing fahlgraue Fäulnis; und von dort, in die Newa, in die fahlgraue Fäulnis, warf die nasse Skulptur eines Reiters vom Fels herab immerzu ihr schweres, grünendes Kupfer.

Und vor diesem düsteren Hintergrund des geschweiften und hängenden Rußes über den feuchten Steinen der Ufergeländer, die Augen auf das bazillenverseuchte trübe Newa-Wasser geheftet, erhob sich so deutlich die Silhouette Nikolaj Apollonowitschs im grauen Nikolajewka-Mantel und mit schief aufgesetzter Studentenmütze. Langsam ging Nikolaj Apollonowitsch auf die graue, dunkle Brücke zu, er lächelte nicht und stellte eine ziemlich absurde Figur dar: in den Mantel gewickelt, wirkte er bucklig und irgendwie armlos mit der plump im Wind tanzenden Pelerine.

An der großen schwarzen Brücke blieb er stehen.

Ein unangenehmes Lächeln erschien für einen Augenblick auf seinem Gesicht und erlosch; Erinnerungen an eine unglückliche Liebe befielen ihn, bedrängend mit dem Ansturm des kalten Winds; Nikolaj Apollonowitsch erinnerte sich an eine neblige Nacht; in jener Nacht hatte er sich über das Geländer gebeugt; er hatte sich umgewandt und gesehen, daß niemand ihm zusah; er hob einen Fuß an; mit der glatten Gummigalosche führte er ihn übers Geländer und ... verharrte so: mit angehobenem Fuß: nun hätten wohl Folgen nachfolgen müssen; doch ... Nikolaj Apollonowitsch stand weiter mit angehobenem Fuß. Nach ein paar Augenblicken zog Nikolaj Apollonowitsch seinen Fuß zurück.

Eben da war in ihm der unüberlegte Plan gereift: ein entsetzliches Versprechen zu geben an eine leichtfertige Partei.

Bei der Erinnerung an diesen seinen unglücklichen Schritt lächelte Nikolaj Apollonowitsch jetzt äußerst unangenehm und stellte eine ziemlich absurde Figur dar: in den Mantel gewickelt, wirkte er bucklig und irgendwie armlos mit der im Wind tanzenden langen Pelerine; mit diesem Ausdruck bog er auf den Newskij ein; es wurde schon dunkel; hier und da blinkte in einem Schaufenster Licht.

– »Ein schöner Mann«, – hörte man ständig um Nikolaj Apollonowitsch ...

– »Eine antike Maske ...«

– »Apoll vom Belvedere.«

– »Ein schöner Mann ...«

Ihm begegnende Damen sprachen wahrscheinlich so von ihm:

– »Dieses bleiche Gesicht ...«

– »Dieses Marmorprofil ...«

– »Göttlich ...«

Ihm begegnende Damen sprachen wahrscheinlich so zueinander.

Doch hätte Nikolaj Apollonowitsch den Wunsch verspürt, mit den Damen in ein Gespräch einzutreten, hätten die Damen für sich gesagt:

– »Ein Monstrum ...«

Wo an der Auffahrt zwei melancholische Löwen spöttisch Pranke auf graue Granitpranke legen – dort, an dieser Stelle, blieb Nikolaj Apollonowitsch stehen und sah vor sich verwundert den Rücken eines vorübergehenden Offiziers; sich verhaspelnd in den Schößen seines Mantels, lief er dem Offizier hinterher:

– »Sergej Sergejewitsch?«

Der Offizier (ein großer Blonder mit Spitzbärtchen) wandte sich um und schaute mit einer Spur von Verdruß gespannt durch die blauen Brillengläser, als, sich verhaspelnd in den Schößen seines Mantels, tolpatschig die kleine Figur eines Studenten auf ihn zurannte von jener bekannten Stelle, wo an der Auffahrt zwei melancholische Löwen mit glatten granitenen Mähnen spöttisch Pranke auf graue Granitpranke legen. Einen Augenblick schien ein Gedanke aufzublitzen im Gesicht des Offiziers; nach dem Ausdruck der zuckenden Lippen war zu vermuten, daß der Offizier sich aufregte; so als schwankte er: *erkennen* oder *nicht*.

– »Ah ... guten Tag ... Wohin gehen Sie?«

– »Zur Pantelejmonowskaja«, – log Nikolaj Apollonowitsch, um mit dem Offizier an der Mojka entlang zu spazieren.

– »Nun, dann lassen Sie uns ...«

– »Wohin gehen Sie?« – log zum zweiten Mal Nikolaj Apollonowitsch, um mit dem Offizier an der Mojka entlang zu flanieren.

– »Nach Hause.«

– »Dann haben wir ja denselben Weg.«

Zwischen den Fenstern des gelben Kronsgebäudes blickten auf die beiden herunter Reihen von steinernen Löwenmäulern; jedes Maul hing über einem Wappen, das eine Steingirlande umflocht.

Gleichsam bemüht, eine schwierige Vergangenheit nicht zu berühren, begannen beide, einander ins Wort fallend, beflissen miteinander zu sprechen: über das Wetter, darüber, daß sich die Unruhen der letzten Wochen auf die philosophische Arbeit Nikolaj Apollonowitschs ausgewirkt, und über die Gaunerstreiche, die der Offizier in der Proviantkommission entdeckt hatte (der Offizier verwaltete dort irgendwo das Proviant).

Zwischen den Fenstern des gelben Kronsgebäudes blickten auf die beiden herunter Reihen von steinernen Mäulern; jedes hing über einem Wappen, das eine Girlande umflocht.

So unterhielten sie sich den ganzen Weg.

Und da war schon die Mojka: dasselbe helle, dreistöckige Gebäude, fünfsäulig, aus der Zeit Alexanders; derselbe Stuckfries über der zweiten Etage: Kreis an Kreis; und im Kreis ein römischer Helm auf gekreuzten Schwertern. Sie hatten schon das Gebäude passiert; und dahinter – das Haus; und die Fenster ... Der Offizier blieb stehen vor dem Haus und wurde aus unbestimmtem Grund plötzlich rot; rot geworden, sagte er:

– »Nun, adieu ... Sie müssen weiter? ..«

64

Nikolaj Apollonowitschs Herz begann stärker zu klopfen: er hatte etwas fragen wollen; und – nein: er fragte nicht; er stand jetzt einsam vor der zugeschlagenen Tür; Erinnerungen an eine unglückliche Liebe, vielmehr – an ein sinnliches Verlangen, – diese Erinnerungen befielen ihn; und stärker pochten die bläulichen Schläfenadern; er überlegte nun seine Rache: die Schmähung der Gefühle der Person, die ihn beleidigt hatte und in diesem Aufgang wohnte; er plante seine Rache schon ungefähr einen Monat; und – vorläufig darüber kein Wort!

Dasselbe helle, fünfsäulige Gebäude mit dem Stuckfries: Kreis an Kreis; und im Kreis ein römischer Helm auf gekreuzten Schwertern.

. . . .

Von feurigem Trug erfüllt ist am Abend der Prospekt. Gleichmäßig schweben in der Mitte die Äpfel der elektrischen Lampen. Seitlich jedoch spielt der wechselnde Glanz der Schilder; hier, hier und hier flammen plötzlich Lichtrubine; flammen da Smaragde. Ein Augenblick: da – die Rubine; und die Smaragde – hier, hier und hier.

Von feurigem Trug erfüllt ist am Abend der Newskij. Und in brillantem Licht erstrahlen die Mauern vieler Häuser: hell funkeln aus Diamanten gebildete Wörter: »*Kaffeehaus*«, »*Farce*«, »*Brillanten Theta*«, »*Uhren Omega*«. Grünlich bei Tag, doch jetzt hellglänzend, sperrt zum Newskij ein Schaufenster seinen feurigen Schlund auf: überall Dutzende, Hunderte feuriger Höllenschlünde; diese Schlünde speien quälend auf die Steinplatten aus ihr grellweißes Licht; die trübe Nässe spucken sie aus als feurigen Rost. Und vom Feuer zerfressen ist der Prospekt. Weißer Glanz fällt auf Melonen, Zylinder, auf Federn; weißer Glanz stürzt weiter, zur Mitte des Prospekts, stößt die abendliche Dunkelheit vom Trottoir: und die abendliche Nässe löst sich über dem Newskij auf im Geblinke und bildet eine dunkle, gelblich-blutige Trübe, gemischt aus Blut und Schmutz. So zeigt in den finnischen Sümpfen die Stadt dir den Ort ihrer irren Ansässigkeit als roten, roten Fleck: und der Fleck zeigt sich lautlos von fern auf der dunklen, der bunten Nacht. Durchstreifst du unsere unermeßliche Heimat, wirst du von fern einen Fleck roten Bluts sehen, der erschienen ist in der dunkelbuntenden Nacht: du sagst erschrocken: »Ist dort nicht der Ort der Höllenglut?« Das sagst du – und schleppst dich davon: du versuchst den Höllenort zu umgehen.

Doch würdest du, Verrückter, es wagen, auf die Hölle zuzugehen, dann löste der grell-blutrote, von fern dich entsetzende Glanz sich langsam in weißliche, nicht ganz reine Helle, umstünde dich mit viellichtrigen Häusern – und nichts weiter: zum Schluß zerfiele er in vielfache Vielzahl von Lichtern.

Und keinerlei Hölle wäre da.

. . . .

Nikolaj Apollonowitsch nahm den Newskij nicht wahr, vor seinen Augen stand noch immer dasselbe Häuschen: die Fenster, Schatten hinter den Fenstern; hinter den Fenstern vielleicht die fröhlichen Stimmen: des gelben Kürassiers, Baron Ommau-Ommergaus; des blauen Kürassiers, Graf Awens und *ihre – ihre* Stimme ... Da sitzt Sergej Sergejitsch, der Offizier, und wirft vielleicht in die fröhlichen Scherze ein:

– »Ich bin gerade mit Nikolaj Apollonowitsch Ableuchow gekommen...«

Apollon Apollonowitsch erinnerte sich

Ja, Apollon Apollonowitsch erinnerte sich: unlängst hatte er über sich einen gutmütigen Scherz gehört.

Seine Beamten sagten:

– »Wenn unsere Fledermaus (der Spitzname Apollon Apollonowitschs in der Behörde) Bittstellern die Hand drückt, tut er das durchaus nicht nach dem Muster von Gogols Beamten; wenn er Bittstellern die Hand drückt, kennt er kein Spektrum des Händedrucks von völliger Verachtung über Nichtbeachtung zu purer Nichtverachtung: vom Kollegienregistrator zum Staatsrat...«

Und sie meinten darauf:

– »Er kennt nur eine Nuance: die Verachtung...«

Dann mischten sich Fürsprecher ein:

– »Meine Herren, nun lassen Sie bitte: das kommt von den Hämorrhoiden...«

Und alle stimmten sie zu.

Die Tür ging auf: Apollon Apollonowitsch trat ein. Der Scherz wurde erschrocken abgebrochen (so huscht ein hurtiges Mäuschen schnell ins Loch, sobald Sie das Zimmer betreten). Doch Apollon Apollonowitsch nahm Scherze nicht übel; und außerdem lag hier ein Quentchen Wahrheit: ihn plagten Hämorrhoiden.

Apollon Apollonowitsch trat zum Fenster; zwei Kinderköpfchen im Fenster des dort stehenden Hauses sahen gegenüber hinter der Scheibe des dort stehenden Hauses den Gesichtsfleck eines unbekannten Greises.

Und die Köpfchen im Fenster verschwanden.

. . . .

Hier, im Arbeitszimmer der hohen Behörde, entwickelte sich Apollon Apollonowitsch wahrhaftig zu einer Art Zentrum: zur Reihe von staatlichen Behörden, Arbeitszimmern und grünen Tischen (nur bescheidener eingerichtet). Hier war er strahlender Kraftpunkt, Schnittpunkt der Kräfte und Impuls für vielfache, vielfältige Manipulationen. Hier war Apollon Apollonowitsch Kraft im Newtonschen Sinne; und die Kraft im Newtonschen Sinne, das war Ihnen sicher unbekannt, ist eine okkulte Kraft.

Hier war er die letzte Instanz – über Vorlagen, Gesuche und Telegramme.

Diese Instanz im staatlichen Organismus schrieb er nicht sich selber zu, nein: dem in ihm beschlossenen Zentrum – dem Bewußtsein.

Hier trennte sich das Bewußtsein von der tapferen Person und verströmte sich ringsum zwischen den Mauern, es wurde ungeheuer klar und konzentrierte sich mit solch großer Kraft in einem einzigen Punkt (zwischen Augen und Stirn), daß es war, als werfe ein unsichtbares, weißliches Licht, aufgeflammt zwischen Augen und Stirn, ringsum Bündel schlangenartiger Blitze; Gedankenblitze flogen, wie Schlangen, von seinem kahlen Kopf; und hätte ein Hellseher in jener Minute vor dem Gesicht des achtbaren Staatsmanns gestanden, er hätte zweifellos das Haupt der Gorgo Medusa erkannt.

Und Medusengrauen hätte ihn ergriffen vor Apollon Apollonowitsch.

Hier trennte sich das Bewußtsein von der tapferen Person: die Person aber mit dem Strudel verschiedenster Aufregungen (jener Nebenfolge der Existenz einer Seele) stellte sich dem Senator als Hirnschale dar, als leere, soeben entleerte Hülle.

In der Behörde verbrachte Apollon Apollonowitsch Stunden mit der Durchsicht der Aktenstückproduktion: aus dem erstrahlten Zentrum (zwischen Augen und Stirn) flogen unablässig Zirkulare zu den Vorstehern nachgeordneter Behörden. Und in dem Maße, wie er, hier aus diesem Sessel, mit dem Bewußtsein sein Leben durchschnitt, schnitten auch seine Zirkulare, von diesem Punkt aus, in geradlinigem Fluß die Kleinkariertheit des Bürgerlebens.

Dieses Leben setzte Apollon Apollonowitsch dem geschlechtlichen, dem vegetativen oder jeglichem anderen Bedürfnis gleich (zum Beispiel, dem Bedürfnis nach schneller Fahrt über die Petersburger Prospekte).

Trat er hinaus aus den kältedurchdrungenen Mauern, wurde Apollon Apollonowitsch plötzlich zum Bürger.

Nur von hier aus schwang er sich empor und schwebte irr über Rußland und veranlaßte seine Widersacher zu dem berühmten Vergleich (mit der Fledermaus). Diese Widersacher waren – alle bis auf den letzten – Bürger; dieser Widersacher hinter den Mauern war er sich selbst.

Apollon Apollonowitsch war heute besonders präzise: zum Rapport nickte kein einziges Mal sein kahler Kopf; Apollon Apollonowitsch fürchtete Schwäche zu zeigen: im Vollzug seiner Dienstpflichten!.. Sich emporzuschwingen zu logischer Klarheit fiel ihm heute besonders schwer: Gott weiß warum, war Apollon Apollonowitsch zu dem Schluß gekommen, daß sein eigener Sohn, Nikolaj Apollonowitsch, ein ausgemachter Halunke war.

. . . .

Das Fenster erlaubte den Blick auf den unteren Teil des Balkons. Trat man ans Fenster, sah man die Karyatide am Eingang: den steinernen bärtigen Riesen.

Wie Apollon Apollonowitsch erhob sich der steinerne Riese über den Straßenlärm und die Jahreszeit: das Jahr achtzehnhundertundzwölf hatte ihn aus den Gerüsten befreit. Das Jahr achtzehnhundertundfünfundzwanzig wütete mit den Mengen zu seinen Füßen; vorbei zog die Menge auch jetzt – im Jahre neunzehnhundertundfünf. Fünf Jahre waren es schon, daß Apollon Apollonowitsch tagtäglich von hier das in Stein gehauene Lächeln sah; der Zahn der Zeit benagte es. In den fünf Jahren hatte ein Ereignis das andere gejagt: Anna Petrowna war in Spanien; Wjatscheslaw Konstantinowitsch tot; der gelbe Fuß betrat dreist die Hügelketten Port Arthurs; China hatte sich erhoben und Port Arthur war gefallen.

Im Begriff, vor die Menge wartender Bittsteller zu treten, lächelte Apollon Apollonowitsch; dieses Lächeln geschah aus Schüchternheit: es erwartet ihn etwas hinter der Tür.

Apollon Apollonowitsch verbrachte sein Leben zwischen zwei Schreibtischen: dem Schreibtisch seines Arbeitszimmers und dem Schreibtisch in der Behörde. Sein dritter Lieblingsplatz war die Senatorskutsche.

Und nun: war er schüchtern.

Doch schon öffnete sich die Tür; der Sekretär, ein junger Mann mit liberal am gesteiften Vorhemd baumelndem Orden, eilte dem hohen Herrn entgegen und knisterte ehrerbietig mit dem übersteiften Saum seiner schneeweißen Manschette. Auf seine schüchterne Frage tönte Apollon Apollonowitsch los:

– »Nein, nein!.. Tun Sie, wie ich gesagt habe... Und weißt du«, – sagte Apollon Apollonowitsch, blieb stehen, verbesserte sich:

– »ssen Sie...«

Er wollte sagen »wissen Sie«, doch heraus kam: »Weißt du... ssen Sie...«

Über seine Zerstreutheit kursierten Legenden; einmal erschien Apollon Apollonowitsch auf einem hohen Empfang, denken Sie nur, – ohne Schlips; aufgehalten vom Schloßlakai, kam er in größte Bedrängnis, aus der der Lakai ihn befreite; er borgte ihm den eigenen Schlips.

Kalte Finger

Apollon Apollonowitsch Ableuchow, in grauem Mantel und hohem schwarzen Zylinder, mit steinernem Gesicht, das an einen Tintenlöscher erinnerte, sprang schnell aus der Kutsche und lief die Treppen der Auffahrt hinauf, wobei er einen schwarzen Wildlederhandschuh abstreifte.

Rasch trat er in die Diele. Der Zylinder wurde behutsam an den Lakaien übergeben. Mit derselben Behutsamkeit wurden abgegeben: Mantel, Aktenmappe und Schal.

Apollon Apollonowitsch stand nachdenklich vor dem Lakaien; plötzlich wandte sich Apollon Apollonowitsch an ihn mit der Frage:

– »Seien Sie so gut und sagen: ist hier oft ein junger Mann – ja: ein junger Mann?«

– »Ein junger Mann?«

Betretenes Schweigen trat ein: Apollon Apollonowitsch war nicht imstande, seinen Gedanken anders zu formulieren. Und der Lakai konnte, natürlich, nicht vermuten, von welchem jungen Mann der Herr sprach.

– »Junge Leute, 'xzellenz, kommen selten . . .«

– »Und . . . junge Männer mit Schnurrbärtchen?«

– »Mit Schnurrbärtchen?«

– »Mit schwarzem . . .«

– »Mit schwarzem?«

– »Nun ja, und . . . im Mantel . . .«

– »Alle kommen sie im Mantel . . .«

– »Ja, nur mit hochgeschlagenem Kragen . . .«

Plötzlich fiel dem Portier etwas ein.

– »Ah, dann fragen Sie nach dem, der . . .«

– »Nun ja: nach ihm . . .«

– »Einmal war so einer . . . hat den jungen Herrn besucht: nur ist das schon lange . . .; jawohl . . . schaut ab und zu rein . . .«

70

– »Aha?«
– »Jawohl!«
– »Mit Schnurrbärtchen?«
– »Ganz genau!«
– »Schwarzem?«
– »Mit schwarzem Schnurrbärtchen...«
– »Und im Mantel mit hochgeschlagenem Kragen?«
– »Er selbst...«

Apollon Apollonowitsch stand ungefähr eine Minute wie angewurzelt und plötzlich: ging Apollon Apollonowitsch weiter.

Die Treppe bedeckte ein grauer samtiger Teppich; die Treppe umgaben, natürlich, massive Wände; der graue samtige Teppich bedeckte die Wände. An den Wänden blinkte wild ein Ornament aus alten Waffen; unter einem rostgrünen Schild blitzte mit dem Pickel ein litauischer Helm; da funkelte der Kreuzgriff eines Ritterschwerts; hier rosteten Schwerter; dort schwer geneigte Hellebarden; matt sprenkelte die Wände ein vielgliedriges Kettenhemd; und geneigt hingen Pistole und Hetmansstab.

Oben mündete die Treppe in eine Balustrade; hier, von einem Sockel aus mattweißem Alabaster, hob eine weiße Niobe die Alabasteraugen gen Himmel.

Apollon Apollonowitsch, die geschliffene Klinke mit der knochigen Hand niederdrückend, riß präzise vor sich die Tür auf: durch den riesigen, maßlos langgezogenen Saal dröhnte kalt der Tritt des schweren Schritts.

So ist es immer

Über den leeren Petersburger Straßen flogen kaum erleuchtete Trüben; Wolkenfetzen verfolgten einander.

Ein phosphoreszierender Fleck jagte nebelnd und leblos am Himmel hin; phosphoreszierendes Funkeln umflorte die Höhe; und ließ Blechdächer und -schlote blinken. Hier strömten vorüber die grünen Wasser der Mojka; am einen Ufer ragte

dasselbe vertraute dreistöckige Gebäude mit den fünf weißen Säulen und mit Vorsprüngen unter dem Dach. Auf dem
hellen Grund des hellen Gebäudes ging dort langsam ein
Kürassier Ihrer Majestät; er trug einen goldenen, blinkenden
Helm.

Und eine silberne Taube breitete über dem Helm ihre Flügel.

Nikolaj Apollonowitsch, parfümiert und rasiert, mühte sich an
der Mojka entlang, in den Pelz gewickelt; sein Kopf war in den
Mantel gesunken, und die Augen leuchteten wunderlich; in der
Seele – dort erhob sich ein namenloses Beben; etwas Gruseliges,
Süßes sang dort: als wäre Äols Windschlauch in ihm selbst in
Stücke zersprungen, und die Söhne fremdländischer Stürme
entführten mit pfeifenden Peitschen ihn grausam in seltsame,
in unverständliche Länder.

Er dachte: ist auch *das* etwa Liebe? Er erinnerte sich: in einer
nebligen Nacht, rasch hinausstürzend aus dort diesem Treppenflur, rannte er zur gußeisernen Petersburger Brücke, um
dort, auf der Brücke...

Er zuckte zusammen.

Vorüber flog ein Bündel Licht: eine schwarze, eine Hofkutsche
flog vorüber: trug vorbei an den hellen Fensterhöhlen *des
nämlichen* Hauses ihre grellroten, wie blutunterlaufenen Laternen; auf den schwarzen Mojka-Wassern spielten und blinkten die Laternen; ein trughafter Umriß, der Dreispitz des
Lakaien, und der Umriß seiner Pelerine flogen mit dem Licht
vom Nebel in den Nebel.

Nikolaj Apollonowitsch stand versonnen vor dem Haus: ihm
klopfte das Herz in der Brust; er stand und stand – und
schlüpfte unversehens in den vertrauten Treppenflur.

Zu früheren Zeiten war er hier jeden Abend gewesen; nun aber
hatte er mehr als zwei Monate diese Schwelle nicht übertreten;
und wie ein Dieb übertrat er sie – jetzt. Zu früheren Zeiten
hatte ihm freundlich ein Mädchen in weißer Schürze geöffnet
und gesagt:

– »Guten Abend, der Herr« – mit schelmischem Lächeln.

Und jetzt? Keiner eilt ihm entgegen; würde er klingeln, würde
dasselbe Mädchen ihn erschrocken anblinzeln und »Guten

Abend, der Herr« nicht mehr sagen; nein, klingeln wird er nicht.

Wozu aber war er hier?

Die Haustür vor ihm war aufgesprungen; und die Haustür schlug hallend in seinem Rücken zu; Finsternis umfing ihn; als fiele alles hinter ihm ab (so ist es wahrscheinlich im ersten Moment nach dem Tod, wenn von der Seele in den Abgrund der Verwesung stürzt der Tempel des Körpers); doch an den Tod dachte Nikolaj Apollonowitsch jetzt nicht – der Tod war fern; im Dunkeln dachte er wahrscheinlich an die eigenen Gesten, weil sein Tun im Dunkeln phantastische Prägung erhielt; auf eine kalte Stufe setzte er sich an einer Wohnungstür, das Gesicht in den Pelz gesenkt und auf den Herzschlag lauschend; eine schwarze Leere begann hinter seinem Rücken; schwarze Leere lag vor ihm.

So saß Nikolaj Apollonowitsch im Dunkeln.

. . . .

Und während er saß, öffnete sich noch immer der Blick auf die Newa zwischen Alexander-Platz und Millionnaja; der steinerne Knick des Winterkanals zeigte jammervollen Raum; die Newa tobte dort im Ansturm nassen Windes; ihrer Wasser fliegende Flächen flimmerten stumm und warfen wütend zurück in den Nebel das bleiche Gefunkel. Die glatten Seitenmauern des vierstöckigen Palais, mit Linien bezogen, blitzten höhnisch mit Mondlicht.

Niemand, nichts.

Noch immer ergoß hier der Kanal in die Newa sein Cholera-Wasser; und krümmte dasselbe Brückchen sich hinüber; noch immer lief hinaus auf das Brückchen allnächtlich ein weiblicher Schatten, um – sich in den Fluß hinabzustürzen? . . Der Schatten Lisas? Nein, nicht Lisas, einfach nur einer Petersburgerin; die Petersburgerin lief bis hier und stürzte sich nicht in die Newa; den Kanal überquerend, floh sie eilig von einem gelben Haus am Gagarin-Ufer, wo sie Abend für Abend stand und lange ins Fenster sah.

Das leise Plätschern blieb hinter ihr zurück: nach vorn hin öffnete sich der Platz; unzählige Statuen, grünliche, bronzene, traten nacheinander überall vor den dunkelroten Mauern hervor; Herkules und Poseidon bewachten auch nachts die Räume; an jenem Ufer der Newa erhob sich ein dunkler Koloß – im Umriß von Inseln und Häusern; traurig warf er Bernsteinaugen in den Nebel; und es war, als – weinte er; die Reihe der Uferlaternen vergoß Lichttränen in die Newa; ihren Wasserspiegel durchglühte brausendes Funkeln.

Darüber – verteilten kummervoll am Himmel flockige Hände trübe Konturen; Schwarm um Schwarm gingen sie auf über der Newa-Welle, hochdrängend zum Zenit; sobald sie jedoch den Zenit berührten, da stürzte sich auf sie, ungestüm überfallend, vom Himmel ein phosphoreszierender Fleck. Nur an einer, vom Chaos unberührter Stelle, – dort, wo am Tag sich hinüberschwang die schwersteinerne Brücke, – dort hingen nebelumflorte riesige Nester Brillanten seltsam.

Der weibliche Schatten, das Gesichtchen in den Muff gedrückt, lief an der Mojka entlang zur selben Haustür, aus der sie Abend für Abend entfloh und wo jetzt auf der kalten Stufe, an der Tür, Nikolaj Apollonowitsch saß; die Haustür öffnete sich vor ihr; die Haustür klappte hinter ihr zu; Finsternis umfing sie; als fiele alles hinter ihr ab; die kleine schwarze Dame dachte im Treppenflur an etwas ganz Einfaches, Irdisches; gleich wird sie befehlen den Samowar aufzustellen; sie hatte die Hand schon zur Klingel gestreckt, und – da nun sah sie: irgendeine Kontur, offenbar eine Maske, stieg vor ihr von der Stufe.

Und als die Tür aufging und das Dunkle des Flurs für einen Augenblick erleuchtet wurde aus der Tür durch ein Lichtbündel, da bestätigte ihr der Schrei des erschrockenen Stubenmädchens alles, denn in der offenen Tür erschienen zuerst Schürze und übersteiftes Häubchen; und dann fuhren zurück – Schürze wie Häubchen. Im grellen Lichtblitz eröffnete sich ein Bild von unbeschreiblicher Seltsamkeit, und die schwarze Kontur der kleinen Dame stürzte in die offene Tür.

Hinter ihrem Rücken, aus der Finsternis, erhob sich ein raschelnder, ein dunkel-purpurner Harlekin mit bärtiger, schwankender Larve.

Man sah aus der Finsternis, wie lautlos und langsam von seinen

Schultern, atlasraschelnd, der Pelz der Nikolajewka glitt, wie zwei rote Arme sich qualvoll zur Tür hin streckten. Und nun, natürlich, schloß sich die Tür, schnitt das Lichtbündel durch und warf den Treppenflur zurück in völlige Leere, ins Dunkel: beim Überschreiten der Schwelle des Todes werfen wir so den Körper zurück in den nun dunklen und eben noch lichtstrahlenden Abgrund.

. . . .

Eine Sekunde später sprang Nikolaj Apollonowitsch auf die Straße hinaus; unter seinem Mantelschoß schlackerte ein Stück roter Seide; Nikolaj Apollonowitsch, die Nase in die Nikolajewka gedrückt, rannte in Richtung Brücke.

. . . .

Petersburg, Petersburg!
Auch mich hast du, ein fallender Nebel, verfolgt als müßiges Hirnspiel: du bist ein unbarmherziger Quälgeist; du bist ein ruheloses Trugbild; hast dich auf mich gestürzt über Jahre; ich bin gerannt über deine entsetzlichen Prospekte und in vollem Lauf auf jene gußeiserne Brücke geflogen, die, beginnend am Ende der Welt, abführt in endlose Ferne; jenseits der Newa, in jenseitiger, der grünen Ferne dort – erstanden Trugbilder der Inseln und Häuser und verführten mit der vergeblichen Hoffnung, jenes Ende sei die Wirklichkeit, sei nicht heulende Unendlichkeit, die hinaustreibt auf die Petersburger Straße den bleichen Rauch der Wolken.
Von den Inseln schleppen sich ruhelose Schatten; so wiederholt sich der Schwarm der Traumbilder, reflektiert in den Prospekten, rasend durch die Prospekte, den ineinander reflektierten, wie der Spiegel im Spiegel, wo schon ein bloßer Augenblick Zeit sich auswächst zur Unfaßbarkeit von Äonen: und von Haustür zu Haustür wandernd, durchlebst du Jahrhunderte.
Oh, große, elektrizitätsfunkelnde Brücke!
Ich erinnere mich an einen verhängnisvollen Moment; in einer Septembernacht beugte auch ich mich über deine feuchten Geländer: ein Augenblick, – und mein Körper wäre in die Nebel geflogen.
Oh, grüne, bazillenwimmelnde Wasser!

75

Noch ein Augenblick, und ihr hättet auch mich in euren Schatten verwandelt. Der unruhige Schatten, der das Äußere des Bürgers bewahrt, würde zweideutig schwanken in der Zugluft des nassen Kanälchens; über die Schulter sähe der Passant: Melone, Stock, Mantel, Ohren, Nase und Schnurrbart...

Er ginge weiter... bis zur gußeisernen Brücke.

Auf der gußeisernen Brücke würde er sich umdrehen; und er würde nichts sehen: über dem feuchten Geländer, über dem bazillenwimmelnden grünlichen Wasser flögen nur vorüber in die Zugluft des Newa-Windes – Melone, Stock, Ohren, Nase und Schnurrbart.

Du wirst ihn dein Lebtag nicht vergessen!

Wir sind in diesem Kapitel Senator Ableuchow begegnet; begegnet sind wir auch den müßigen Gedanken des Senators in Gestalt seines Hauses, in Gestalt seines Sohnes, der ebenfalls im Kopf müßige Gedanken trägt; begegnet sind wir, schließlich, einem weiteren müßigen Schatten – dem Unbekannten.

Dieser Schatten tauchte zufällig auf im Hirn des Senators Ableuchow und erhielt dort seine ephemere Existenz; doch das Bewußtsein Apollon Apollonowitschs ist ein Schattenbewußtsein, weil auch er Träger einer ephemeren Existenz und Ausgeburt der Phantasie des Autors ist: nutzloses, müßiges Hirnspiel.

Der Autor, der die Bilder der Illusionen aushängte, müßte sie schleunigst abnehmen und den Erzählfaden abreißen lassen spätestens mit diesem Satz: doch... der Autor wird das nicht tun: und dazu hat er Rechte genug.

Das Hirnspiel ist nur eine Maske; unter dieser Maske vollzieht sich die Invasion uns unbekannter Kräfte ins Hirn: und mag Apollon Apollonowitsch gesponnen sein aus unserem Hirn, trotzdem kann er Furcht einflößen mit einer anderen, erschütternden Existenz, die uns nachts überfällt. Die Attribute dieser Existenz besitzt Apollon Apollonowitsch; die Attribute dieser Existenz besitzt das ganze Hirnspiel.

Hat sein Hirn den geheimnisvollen Unbekannten einmal ausgebrütet, dann – existiert jener Unbekannte, existiert er wirklich; er wird nicht verschwinden von den Petersburger Prospekten, solange der Senator existiert mit solchen Gedanken, denn auch der Gedanke existiert.

Und so sei unser Unbekannter – ein realer Unbekannter! Und so seien die beiden Schatten meines Unbekannten reale Schatten!

Und dann werden, dann werden jene dunklen Schatten dem Unbekannten auf dem Fuße folgen, wie seinerseits der Unbekannte unmittelbar dem Senator folgt; dann wird, dann wird der greise Senator auch dir, Leser, nachjagen in seiner schwarzen Kutsche: und du wirst ihn von nun an dein Lebtag nicht vergessen!

Ende des ersten Kapitels

ZWEITES KAPITEL,
in dem von einer Begegnung erzählt wird, die Folgen zeitigt

Zwar hänseln mich in Wort und Schrift
Die Zunftgenossen groß und klein,
Doch ich bin stolz, wer wüßt' es nicht,
Kleinbürger, Demokrat zu sein.
                            A. Puschkin

Chronik der Vorfälle

Unsere achtbaren Mitbürger lesen nicht täglich die »*Chronik der Vorfälle*«, im Oktober des Jahres neunzehnhundertundfünf lasen sie die »*Chronik der Vorfälle*« erst recht nicht; unsere achtbaren Mitbürger haben wahrscheinlich die Leitartikel des »*Genossen*« gelesen, falls sie nicht Abonnenten der allerneusten, donnergrollenden Zeitungen waren; diese letzteren führten die Chronik anderer Vorfälle.
Alle übrigen wahrhaft russischen Bürger aber, als sei nichts geschehen, stürzten sich auf die »*Chronik der Vorfälle*«; auf die »*Chronik*« stürzte auch ich mich; und als Leser dieser »*Chronik*« bin ich vortrefflich informiert. Nun, wer hat denn tatsächlich alle Meldungen über Diebstähle, über Hexen, über Geister im erwähnten Jahr neunzehnhundertundfünf verfolgt? Alle haben natürlich die Leitartikel gelesen. An die Meldung, die hier vorgebracht wird, erinnert sich vermutlich niemand.
Die Geschichte ist wahr... Hier Zeitungsauszüge aus jener Zeit (der Autor wird schweigen): neben der Mitteilung über Diebstähle, Gewalttaten, die Entwendung von Brillanten und das Verschwinden eines Literaten (anscheinend Darjalskijs) mitsamt Brillanten für eine achtbare Summe aus einer Provinzstadt, gibt es eine Reihe interessanter Nachrichten – die schiere Phantastik, von denen jedem Conan-Doyle-Leser schwindelt. Kurz, hier die Zeitungsauszüge.
»*Chronik der Vorfälle*«.
»*Erster Oktober.* Auf mündliche Mitteilung der Studentin der

Höheren Feldscher-Kurse N. N. berichten wir über ein außerordentlich rätselhaftes Ereignis. Spät abends am ersten Oktober ging die Studentin N. N. an der Tschernyschow-Brücke vorüber. Dort, an der Brücke, gewahrte die Studentin N. N. ein höchst seltsames Schauspiel: am Brückengeländer unmittelbar am Kanal tanzte mitten in der Nacht ein roter Atlasdomino; das Gesicht des roten Domino bedeckte eine schwarze Spitzenmaske.«

»*Zweiter Oktober*. Auf mündliche Mitteilung der Schullehrerin M. M. unterrichten wir das achtbare Publikum von einem rätselhaften Vorfall in der Nähe einer der Vorstadtschulen. Die Schullehrerin M. M. gab ihre Frühstunde in der Städtischen O. O.-Schule; die Fenster der Schule gehen zur Straße hinaus; plötzlich kreiselte vor dem Fenster ungestüm eine Staubsäule, und die Lehrerin M. M., zusammen mit der lebhaften Kinderschar, sprang natürlich zu den Fenstern der Städtischen O. O.-Schule; wie groß aber war die Bestürzung der Klasse und ihrer Klassenleiterin, als ein roter Domino, im Zentrum des von ihm aufgewirbelten Staubes, auf die Fenster der Städtischen O. O.-Schule zulief und seine schwarze Spitzenmaske an die Scheibe preßte? In der O. O.-Landesschule wurde der Unterricht unterbrochen . . .«

»*Dritter Oktober*. Auf einer spiritistischen Sitzung, die in der Wohnung der geschätzten Baronesse R. R. stattfand, bildeten einträchtig versammelte Spiritisten eine spiritistische Kette: kaum aber hatten sie die Kette gebildet, als inmitten der Kette ein Domino in Erscheinung trat und im Tanz mit den Falten seines Mantels Titularrat S.' Nasenspitze berührte. Der Arzt des Q.-schen Krankenhauses konstatierte an Titularrat S.' Nase stärkste Verbrennungen: die Nasenspitze, Gerüchten zufolge, werden künftig lila Flecken bedecken. Kurz, überall – der rote Domino.«

Schließlich: »*Vierter Oktober*. Die Bewohnerschaft der Siedlung I. floh geschlossen vor dem Auftritt des Domino: es kommt zu diversen Protesten; die U-sche Kosakenhundertschaft wurde in die Siedlung gerufen.«

Der Domino, der Domino – was steckt wohl dahinter? Wer ist

die Studentin N. N., wer sind M. M., die Klassenleiterin, Baronesse R. R. und so weiter? . . Im Jahre neunzehnhundertundfünf haben Sie, mein Leser, natürlich die »*Chronik der Vorfälle*« nicht verfolgt. Und so suchen Sie doch die Schuld bei sich, nicht beim Autor: und die »*Chronik der Vorfälle*«, glauben Sie mir, ist in die Bibliothek gelaufen.

Was eigentlich ist ein Journalist? Er ist, zuerst, ein Mitarbeiter der periodischen Presse; und als Mitarbeiter der Presse (des sechsten Teils der Erde) erhält er pro Zeile – einen Kupferfünfer, sieben Kopeken, einen Zehner, fünfzehn, zwanzig Kopeken in Silber und teilt in der Zeile alles mit, was ist und was niemals war. Würde man die Zeitungszeilen eines beliebigen Zeitungsarbeiters aneinanderreihen, dann umschlänge die eine, aus Zeilen aneinandergereihte Zeile den Erdglobus mit dem, was war, und mit dem, was nie war.

Das ist die achtbare Natur der Mehrzahl der Journalisten der extremen rechten, der rechten, mittleren, gemäßigt liberalen und schließlich revolutionären Zeitungen, kombiniert mit der Errechnung ihrer Quantität und Qualität – in dieser achtbaren Natur findet sich ganz von selbst der Schlüssel zur Wahrheit des Jahres neunzehnhundertundfünf, – der Wahrheit der »*Chronik der Vorfälle*« unter der Rubrik »*Der rote Domino*«. Folgendes: ein achtbarer Journalist einer zweifellos achtbaren Zeitung, der einen Kupferfünfer erhält, beschloß plötzlich, ein Faktum zu nutzen, das in einem Haus erzählt wurde; in diesem Haus war die Hausherrin eine Dame. Es liegt also nicht an dem achtbaren Journalisten, der pro Zeile bezahlt wird; es liegt also an der Dame . . .

Wer ist denn die Dame?

Beginnen wir doch mit ihr.

Eine Dame: hm! und hübsch . . . Was ist eine Dame?

Die Natur der Dame blieb dem Handliniendeuter verschlossen; ratlos steht der Handliniendeuter vor dem Rätsel, betitelt: »*die Dame*«: wie soll sich dann an dieses Rätsel der Psychologe wagen, oder – iii! – wie soll sich der Schriftsteller daran wagen? Das Rätsel wird noch größer, wenn die Dame jung ist, und wenn man von ihr sagt, sie sei hübsch.

Also: es war eine Dame; und aus Langeweile besuchte sie Frauenkurse; daneben vertrat sie manchmal aus Langeweile morgens die Lehrerin an der Städtischen O. O.-Schule, sofern sie nicht abends im spiritistischen Zirkel weilte an den ball-freien Tagen; kein Zweifel, die Studentin N. N., und M. M. (die Klassenleiterin), und R. R. (Baronesse und Spiritistin) waren dieselbe Dame: und eine hübsche Dame. Und bei ihr saß der achtbare Journalist an den Abenden.

Diese Dame teilte ihm einmal lachend mit, daß irgendein roter Domino ihr soeben begegnet sei im unbeleuchteten Treppen-flur. So gelangte das unschuldige Geständnis der hübschen Dame in die Zeitungsspalten unter der Rubrik »*Chronik der Vorfälle*«. Und in die Rubrik »*Chronik der Vorfälle*« gelangt, entwickelte es sich zu einer Serie nie gewesener, die Ruhe bedrohender Vorfälle.

Was aber war? Auch der Rauch des Klatsches steigt auf von einem Feuer. Was also war das Feuer dieser Rauche der acht-baren Zeitung, von denen ganz Rußland las und die, zu deiner Schande, du gewiß nicht gelesen hast?

Sofja Petrowna Lichutina

Die Dame... Doch die Dame war Sofja Petrowna; ihr müssen wir sogleich viele Worte widmen.

Sofja Petrowna Lichutina zeichnete sich durch, nun, übermä-ßigen Haarwuchs aus: und sie war gewissermaßen ungewöhn-lich biegsam: würde Sofja Petrowna Lichutina ihre schwarzen Haare lösen, würden diese schwarzen Haare, den Rumpf be-deckend, bis auf die Waden fallen; und Sofja Petrowna Lichu-tina wußte, offen gestanden, einfach nicht, was tun mit diesen ihren Haaren, die so schwarz waren, daß es wohl keinen schwärzeren Gegenstand gibt; ob durch das Übermaß der Haare oder durch ihre Schwärze – kaum, kaum: deutete sich auf Sofja Petrownas Lippe ein Flaum an, der ihr zum Alter mit einem richtigen Schnurrbärtchen drohte. Sofja Petrowna Li-chutina besaß eine ungewöhnliche Gesichtsfarbe; diese Farbe war – einfach perlfarben, von der Weiße der Apfelblüte, oder aber von zartem Rosa; wenn aber etwas unerwartet Sofja Petrowna aufregte, wurde sie plötzlich puterrot.

Die Äuglein von Sofja Petrowna Lichutina waren nicht Äuglein, sondern Augen: fürchtete ich nicht in einen prosaischen Ton zu verfallen, würde ich Sofja Petrownas Äuglein nicht Augen nennen, sondern Kulleraugen von dunkler, blauer – von dunkelblauer Farbe (nennen wir sie Sterne). Diese Augensterne funkelten bald, bald trübten sie sich, bald wirkten sie stumpf, wie verblichen, tiefliegend in eingefallenen, in bläulich-unheilkündenden Höhlen: und sie schielten. Ihre grellroten Lippen waren allzu üppige Lippen, doch . . . die Zähnchen (ach, die Zähnchen!): Perlenzähnchen! Und dazu ein kindliches Lachen . . . Dieses Lachen gab den gestülpten Lippen eine gewisse Anmut; eine gewisse Anmut gab auch der biegsame Rumpf; und wiederum allzu biegsam: alle Bewegungen dieses Rumpfes und des irgendwie nervösen Rückens waren bald rasch, bald träge – plump bis zur Häßlichkeit.

Gekleidet war Sofja Petrowna in ein schwarzes, im Rücken geknöpftes Seidenkleid, das ihre prachtvollen Formen umhüllte; wenn ich sage *prachtvolle Formen*, heißt das, daß mein Lexikon versiegt ist, daß das banale Wort »*prachtvolle Formen*« für Sofja Petrowna, wie auch immer, jedenfalls eine Drohung bedeutet: vorzeitige Fülle gegen dreißig. Doch Sofja Petrowna Lichutina war dreiundzwanzig Jahre alt.

Ach, Sofja Petrowna!

Sofja Petrowna Lichutina wohnte in einer winzigen Wohnung, die zur Mojka hinausging; hier stürzen von allen Wänden Kaskaden der grellsten, der unruhigsten Farben: feuerrot – da, und hier – himmelblau. An den Wänden hingen japanische Fächer, Spitzen, Berlocken, Bänder, auf den Lampen aber: ließen Atlasschirme die Atlas- und Papierflügel flattern, wie Schmetterlinge aus tropischen Ländern; und es war, als wollte der Schwarm dieser Schmetterlinge, plötzlich auffliegend von den Wänden, mit himmelblauen Flügeln Sofja Petrowna Lichutina umsprühen (Offiziere ihres Kreises nannten sie Engel Peri, indem sie wahrscheinlich die

beiden Begriffe »*Engel*« und »*Peri*« einfach zu einem vereinten:
Engel Peri).

Sofja Petrowna Lichutina hatte an die Wände japanische Land-
schaftsbilder gehängt, ausnahmslos Ansichten des Bergs Fudschijama; in den aufgehängten Landschaftsbildchen gab es
keinerlei Perspektive; doch in den Zimmerchen, vollgestopft
mit Sesseln, Sofas, Puffs und Fächern und frischen japanischen
Chrysanthemen, gab es ebenfalls keine Perspektive: die Perspektive war entweder der Atlasalkoven, aus dem Sofja Petrowna hervorflatterte, oder das in der Tür schwingende, leise
flüsternde Schilfrohr, aus dem ebenfalls sie hervorflatterte, oder
aber der Fudschijama – bunter Hintergrund ihrer prachtvollen
Haare; und wirklich: wenn Sofja Petrowna Lichutina in ihrem
rosa *Kimono* am Morgen von der Tür zum Alkoven flog, war sie
eine richtige Japanerin. Eine Perspektive aber gab es nicht.

Die Zimmerchen waren kleine Zimmerchen: jedes beherrschte
ein einziger riesiger Gegenstand: im winzigen Schlafzimmer
war der riesige Gegenstand das Bett; die Badewanne im winzigen Bad; im Salon der bläuliche Alkoven; der Tisch samt
Buffet im Speisezimmer; dieser Gegenstand im Zimmerchen
für die Dienerschaft war das Stubenmädchen; dieser Gegenstand im Zimmer des Gatten war, natürlich, ihr Gatte.

Nun, woher soll da eine Perspektive kommen?

Alle sechs winzigen Zimmerchen wurden mit Dampfheizung
beheizt, wovon Ihnen in der kleinen Wohnung feuchte Oran-
geriehitze den Atem benahm; die Fensterscheiben schwitzten;
es schwitzte Sofja Petrownas Besucher; ewig schwitzten – auch
die Dienerschaft und der Gatte; Sofja Petrowna Lichutina
selbst war von Schweiß bedeckt, wie von warmem Tau die
japanische Chrysantheme. Nun, woher soll denn in solch
einem Treibhaus eine Perspektive kommen?

Eine Perspektive gab es auch nicht.

Der Besucher der Orangerie von Sofja Petrowna, von *Engel Peri* (der übrigens dem Engel Chrysanthemen zu bringen hatte), lobte stets die japanischen Landschaften und äußerte beiläufig seine Betrachtungen zur Kunst allgemein; Engel Peri, die schwarzen Brauen runzelnd, sprudelte irgendwann bedeutsam hervor: »Diese Landschaft stammt aus der Feder *Hadusais*« ... der Engel brachte entschieden alle Eigennamen wie auch alle Fremdwörter durcheinander. Der Besucher, wenn er Künstler war, war beleidigt; und wandte sich nicht mehr an Engel Peri mit Ausführungen über die Kunst: indessen kaufte der Engel für sein letztes Taschengeld Landschaften ein und bewunderte sie einsam Stunden um Stunden.

Ihren Besucher unterhielt Sofja Petrowna mit nichts: war er ein mondäner junger Mann, den Vergnügungen zugetan, fand sie es nötig, über all seine lustigen, wie auch durchaus nicht lustigen, wie auch tiefernsten Worte laut zu lachen; über alles lachte sie, wurde puterrot vor Lachen, und Schweiß bedeckte ihr winziges Näschen; dann wurde der mondäne junge Mann aus unbestimmtem Grund gleichfalls puterrot; Schweiß bedeckte auch seine Nase: der mondäne junge Mann wunderte sich über ihr junges, doch keinesfalls mondänes Lachen; in seiner Verwunderung rechnete er Sofja Petrowna der Halbwelt zu; indessen erschien auf dem Tisch eine Büchse mit der Aufschrift »*wohltätige Sammlung*«, und Sofja Petrowna Lichutina, Engel Peri, rief lachend: »Jetzt haben Sie mir wieder eine *Fifka* gesagt – bitte zahlen.« (Sofja Petrowna hatte unlängst eine wohltätige Sammlung zugunsten der Arbeitslosen begründet für jede mondäne »*Fifka*«; »*Fifka*« nannte sie aus unbestimmtem Grund eine absichtlich geäußerte Dummheit, sie leitete dieses Wort ab von »pfui« ...) Baron Ommau-Ommergau, der gelbe Kürassier Ihrer Majestät, wie Graf Awen, der blaue Kürassier, wie der Leibhusar Schporyschew und der Sonderbeauftragte im Büro Ableuchows Wergefden (alles mondäne junge Leute) äußerten *Fifka* um *Fifka* und gaben in die Blechbüchse ein um den anderen Zwanziger.

Doch warum besuchten sie so viele Offiziere? Mein Gott, sie tanzte auf Bällen; und ohne eine Halbweltdame zu sein, war sie eine hübsche Dame; schließlich war sie Offiziersgattin.

War aber der Besucher Sofja Petrownas selbst Musiker, oder selbst Musikkritiker, oder einfach Musikliebhaber, erklärte ihm Sofja Petrowna, daß ihre Idole *Duncán* und *Nikísch* seien; in begeisterten Ausdrücken, weniger verbalen, als vielmehr gestikulatorischen, erklärte sie, auch sie selbst habe vor, sich mit Meloplastik zu beschäftigen, um den Tanz des Walkürenritts geradeso wie in Bayreuth aufzuführen; der Musiker, der Musikkritiker oder einfach Musikliebhaber, erschüttert von der falschen Aussprache beider Namen (selbst sprach er sie *Déncan* und *Níkisch*, nicht *Duncán* und *Nikísch*), zog den Schluß, Sofja Petrowna sei schlicht und einfach ein *Dummchen*; und wurde frivoler; indessen trug die sehr hübsche Bediente ein Grammophon ins Zimmerchen; und aus rotem Trichter spie die Blechkehle des Grammophons auf den Gast den Ritt der Walküre. Daß Sofja Petrowna Lichutina keine einzige modische Oper ausließ, diesen Umstand vergaß der Gast: er wurde puterrot und allzu unverfroren. So ein Gast wurde von Sofja Petrowna Lichutina vor die Tür gesetzt; und darum waren Musiker, die für die mondäne Gesellschaft spielten, selten in der Orangerie; die Vertreter aber der mondänen Gesellschaft Graf Awen, Baron Ommau-Ommergau, Schporyschew und Wergefden erlaubten sich keine unziemlichen Extravaganzen gegenüber einer, immerhin, Offiziersgattin, die den Namen des alten Adelsgeschlechts der Lichutins trug; darum kamen Graf Awen, wie Baron Ommau-Ommergau, wie Schporyschew und Wergefden weiterhin zu ihr. Unter ihnen hatte eine Zeitlang noch ziemlich oft ein Student verkehrt, Nikolenka Ableuchow. Und dann war er plötzlich verschwunden.

Die Besucher Sofja Petrownas teilten sich ganz von allein in zwei Kategorien: die Kategorie der mondänen Gäste und die *sozusagen Gäste*. Diese Gäste sozusagen waren durchaus keine Gäste: sie waren alle willkommene Besucher... zur Erquikkung der Seele; diese Besucher mußten nicht darum kämpfen, empfangen zu werden in der Orangerie; mitnichten! Sie schleppte der Engel beinahe gewaltsam herbei; und, kaum hatte er sie gewaltsam herbeigeschleppt, stattete er sofort die Gegenvisite ab: in ihrer Gegenwart saß Engel Peri mit zusammengepreßten Lippen: sie lachte nicht, war nicht launenhaft, kokettierte überhaupt nicht und zeigte äußerste Schüchternheit und äußerste Stummheit, während die *Gäste sozusagen* heftig disputierten. Und man hörte: »Revolution – Evolution«. Und wieder: »Revolution – Evolution«. Und immer über eins nur disputierten diese sozusagen Gäste; das war alles nicht jeunesse d'oré, nicht einmal silberne Jugend: das war die eherne, die ärmliche Jugend, die ihre Bildung für ihre Arbeitsgroschen erhielt; kurz, es war die studierende Jugend der Höheren Lehranstalten, die mit einer Fülle von Fremdwörtern prahlte: »soziale Revolution«. Und wieder: »soziale Evolution«. Engel Peri brachte diese Wörter immerfort durcheinander.

Ein Offizier: Sergej Sergejitsch Lichutin

Unter der übrigen studierenden Jugend besuchte die Lichutins eine untadelige Person, die in diesem Kreis hoch geschätzt war: eine Studentin, Warwara Jewgrafowna (hier konnte Warwara Jewgrafowna hin und wieder Nicolas Ableuchow persönlich begegnen).
Unter dem Einfluß der untadeligen Person beehrte Engel Peri einmal mit seiner Gegenwart – nun, denken Sie nur: ein Meeting! Unter dem Einfluß der untadeligen Person stellte Engel Peri auch diese seine kupferne Büchse auf den Tisch mit der nebulosen Aufschrift: »Wohltätige Sammlung«. Natürlich war diese Büchse gedacht für die Gäste; alle Personen dagegen, die zu den *sozusagen Gästen* gehörten, hatte Sofja Petrowna ein für alle Mal von Abgaben befreit; mit Abgaben wurden jedoch belegt Graf Awen wie auch Baron Ommau-Ommergau, Schporyschew wie Wergefden. Unter dem Einfluß der untadeligen Person begann Engel Peri am Morgen die Städtische O. O.-Schule zu besuchen und büffelte nutzlos das »*Manifest*« von Karl Marx. Damals nämlich kam täglich zu ihr ein Student,

Nikolenka Ableuchow, den sie ohne Gefahr mit Warwara Jewgrafowna (die verliebt war in Nikolenka) wie auch mit dem gelben Kürassier Ihrer Majestät bekannt machen konnte. Ableuchow, als Sohn Ableuchows, war natürlich überall willkommen.

Übrigens, seit Nikolenka plötzlich nicht mehr zu Engel Peri kam, war der Engel hinter dem Rücken der *Gäste sozusagen* plötzlich zu den Spiritisten entfleucht, zur Baronesse (na, wie war noch?), die ins Kloster eintreten wollte. Seitdem prunkte auf dem Tischchen vor Sofja Petrowna ein prächtig gebundenes Büchlein »*Der Mensch und seine Körper*« von einer Madame Henri Besançon (Sofja Petrowna brachte es wiederum durcheinander: nicht Henri Besançon – Annie Besant).

Ihre neue Leidenschaft verbarg Sofja Petrowna sorgsam sowohl vor Baron Ommau-Ommergau, als auch vor Warwara Jewgrafowna; seinem ansteckenden Lachen und der winzig kleinen Stirn zum Trotz, erreichte Engel Peris Zurückhaltung unwahrscheinliche Ausmaße: so traf Warwara Jewgrafowna kein einziges Mal auf Graf Awen, und nicht einmal auf Baron Ommau-Ommergau. Nur einmal sah sie im Vorzimmer zufällig einen Leibhusarentschako aus Pelz und mit Federbusch. Dieser Leibhusarentschako mit Federbusch aber wurde später niemals erwähnt.

Was verbarg sich hinter alldem? Gott weiß!

Da war noch ein Besucher bei Sofja Petrowna Lichutina; ein Offizier: Sergej Sergejewitsch Lichutin; eigentlich war er ihr Gatte; er verwaltete irgendwo dort das Proviant; früh am Morgen verließ er das Haus; und kam nicht vor Mitternacht nach Hause; mit gleicher Sanftmut begrüßte er die normalen Gäste und die *Gäste sozusagen*, mit der gleichen Sanftmut sagte er anstandshalber eine *Fifka* und warf einen Zwanziger in die Büchse (in Anwesenheit Graf Awens oder Baron Ommau-Ommergaus) oder nickte bescheiden mit dem Kopf zu den Worten »*Revolution – Evolution*«, trank ein Täßchen Tee und verschwand in sein Zimmer; die mondänen jungen Leute nannten ihn bei sich den *Armeehengst*, und die studierende Jugend Bourbonenoffizier (im Jahre neunzehnhundertundfünf hatte Sergej Sergejitsch das Unglück, mit seiner Halbkompagnie die Nikolaj-Brücke vor den Arbeitern zu schützen). Eigentlich hätte Sergej Sergejitsch Lichutin sich am liebsten sämtlicher *Fifkas* wie auch der Wörter »*Revolution – Evolution*« enthalten. Eigentlich hätte er nichts dagegen gehabt, bei der Baronesse an einer kleinen spiritistischen Sitzung teilzunehmen; doch bestand er durchaus nicht als Gatte auf seinem bescheidenen Wunsch, denn er war durchaus nicht Despot gegenüber Sofja Petrowna: Sofja Petrowna liebte er mit aller Kraft seiner Seele; mehr noch: vor zweieinhalb Jahren heiratete er sie gegen den Wunsch seiner Eltern, steinreicher Simbirsker Gutsbesitzer; seither war er vom Vater verflucht und besitzlos; seither war er, zur Überraschung aller, bescheiden ins Gr-gorische Regiment eingetreten.

Da war noch ein Besucher: der schlaue Kleinrusse Lippantschenko; dieser war überaus wollüstig und nannte Sofja Petrowna nicht Engel, sondern... Duschkan; bei sich aber nannte sie der schlaue Kleinrusse Lippantschenko ganz einfach Brankukan, Bran-Kukaschka, Brankukantschik (das sind ja Wörter!). Doch blieb Lippantschenko in den Grenzen des Anstands; darum auch hatte er Zutritt zu diesem Haus.

Der gutmütige Gatte Sofja Petrownas, Sergej Sergejewitsch Lichutin, Leutnant des Gr-gorischen Regiments Seiner Hoheit des Königs von Siam, zeigte Sanftmut gegenüber dem revolutionären Bekanntenkreis seiner besseren Hälfte; gegenüber den Vertretern des mondänen Kreises zeigte er sich nur betont gelassen; den Kleinrussen aber, Lippantschenko, duldete er gerade nur eben: dieser schlaue Kleinrusse sah, übrigens, wie ein Kleinrusse gar nicht aus: eher sah er aus wie die Mischung eines Semiten mit einem Mongolen; er war groß und auch dick; das gelbliche Gesicht dieses Herrn schwamm unangenehm im eigenen Kinn, das vorgedrückt wurde von einem gesteiften Kragen; Lippantschenko trug einen gelbroten Atlasschlips, mit einem Straßstein gespickt, und prunkte mit einem dunkelgelb gestreiften Anzug und Schuhen derselben Farbe; doch dabei färbte sich Lippantschenko ungeniert die Haare braun. Über sich sagte Lippantschenko, er exportiere russische Schweine ins

Ausland und wolle mit dieser *Schweinerei* ordentlich reich werden.

Wer auch kam, nur Lippantschenko, ihn allein mochte Leutnant Lichutin nicht leiden: über Lippantschenko kursierten dunkle Gerüchte. Doch wozu fragen, wen Leutnant Lichutin nicht mochte: Leutnant Lichutin mochte natürlich alle: doch wen er eine Zeitlang besonders mochte, war Nikolaj Apollonowitsch Ableuchow: denn sie kannten einander seit den ersten, frühesten Knabenjahren: Nikolaj Apollonowitsch war, erstens, Marschall auf der Hochzeit Lichutins gewesen, und zweitens tagtäglicher Besucher der Wohnung an der Mojka über beinahe anderthalb Jahre. Dann aber war er spurlos verschwunden.

Nicht Sergej Sergejewitsch, natürlich, war schuld am Verschwinden des Senatorssohns, sondern der Senatorssohn oder sogar Engel Peri selbst.

Ach, Sofja Petrowna, Sofja Petrowna! Kurz: eine Dame . . . Und was kann man von einer Dame verlangen!

Der wohlgestalte Hochzeitsmarschall

Schon am ersten Tag ihrer, sozusagen, »Damenschaft«, beim Vollzug des Sakraments der Trauung, als Nikolaj Apollonowitsch über ihrem Gatten, Sergej Sergejewitsch, die hochgefeierte Krone hielt, war Sofja Petrowna Lichutina zutiefst erschüttert von der Wohlgestalt und Schönheit des Marschalls, der Farbe seiner überirdischen, dunkelblauen, riesigen Augen, der Blässe des marmornen Gesichts, der Göttlichkeit der flachsweißen Haare: diese Augen schauten ja nicht, wie oft später, durch die dunklen Gläser des Pincenez, und das Gesicht war umrahmt vom goldenen Kragen der schmucken neuen Uniform (nicht jeder Student trägt ja solch einen Kragen). Nun . . . zuerst besuchte Nikolaj Apollonowitsch die Lichutins alle zwei Wochen; später einmal pro Woche; zwei-, drei-, viermal pro Woche; zuletzt besuchte er sie täglich. Bald schon bemerkte Sofja Petrowna hinter der Maske der täglichen Visiten, wie das Gesicht Nikolaj Apollonowitschs, das gottgleiche, strenge, zur Maske sich gewandelt hatte: Grimassen, zielloses Reiben der manchmal schweißnassen Hände, schließlich ein unangenehmer Froschausdruck im Lächeln, der dem unablässigen Spiel von wechselnden Mienen entsprang, verhüllten auf ewig jenes Gesicht vor ihr. Und kaum hatte Sofja Petrowna das bemerkt, begriff sie zu ihrem Entsetzen, daß in *jenes* Gesicht sie verliebt war, in *jenes*, nicht in *dieses*. Engel Peri wollte eine mustergültige Gattin sein: der furchtbare Gedanke, daß, wenn sie auch treu war, schon nicht mehr ihr Gatte ihre Zuneigung hatte, – dieser Gedanke vernichtete sie vollkommen. Doch weiter und weiter: suchte sie unter der Maske, den Grimassen, dem Froschmund unbewußt die unwiederbringlich verlorene Verliebtheit: sie quälte Ableuchow, überschüttete ihn mit Beleidigungen; doch ohne es sich zuzugeben, lief sie auf seinen Spuren, erkundete seine Bestreben und Neigungen, folgte ihnen unbewußt, stets in der Hoffnung, darin das wahre, gottgleiche Gesicht zu finden; so begann sie zu trudeln: zuerst trat die Meloplastik aufs Tapet, dann der Kürassier Baron Ommau-Ommergau, schließlich Warwara Jewgrafowna mit der Blechbüchse zum Sammeln von *Fifkas*.

Kurz, Sofja Petrowna verstrickte sich; hassend liebte sie; liebend haßte sie.

Seither war ihr wirklicher Gatte Sergej Sergejitsch Lichutin nur noch Besucher der kleinen Wohnung an der Mojka: er hatte begonnen, irgendwo dort, das Proviant zu verwalten; früh am Morgen verließ er das Haus; und erschien zu Hause um Mitternacht: er sagte anstandshalber eine *Fifka* und warf einen Zwanziger in die Büchse, oder nickte bescheiden zu den Worten »*Revolution – Evolution*«, trank ein Täßchen Tee und ging schlafen: er mußte ja morgens so früh wie möglich hinaus und, irgendwo dort, das Proviant verwalten. Nur darum hatte Sergej Sergejitsch begonnen, irgendwo dort, das Proviant zu verwalten, weil er die Freiheit seiner Frau nicht einschränken wollte.

Doch Freiheit ertrug Sofja Petrowna nicht: sie hatte doch eine so winzige, winzig kleine Stirn; bei ihrer winzig kleinen Stirn barg sie Vulkane tiefster Gefühle: denn sie war eine Dame; und in Damen soll man nicht das Chaos wecken: dieses Chaos birgt bei einer Dame jederlei Grausamkeiten, Verbrechen und Fehltritte, jederlei rasende Tollheiten, wie auch jederlei auf der Welt nie gesehene Kühnheiten; in jeder Dame lauert eine Verbrecherin: doch ist das Verbrechen geschehen, bleibt außer Untadeligkeit nichts zurück in einer wahren Damenseele.

Bald werden wir ohne Zweifel dem Leser dartun, wie auch Nikolaj Apollonowitschs Seele gespalten war in zwei unabhängige Größen: gottgleiches Eis – und einfach froschhafte Glitschigkeit; eben diese Zwiespältigkeit ist auch Zug einer jeden Dame: die Zwiespältigkeit ist im Grunde kein männlicher, sondern ein Zug der Damen; die Ziffer zwei ist Symbol der Dame; Symbol des Gatten ist die Einheit. Nur so erhält man die Dreiheit, ohne die wohl der häusliche Herd unmöglich ist?

Die Zwiespältigkeit Sofja Petrownas haben wir oben betont: das Nervöse der Bewegungen – und plumpe Trägheit; das Ungenügende der kleinen Stirn und das Übermaß der Haare; Fudschijama, Wagner, die Treue des weiblichen Herzens – und »*Henri Besançon*«, das Grammophon, Baron Ommergau und sogar Lippantschenko. Wären Sergej Sergejitsch Lichutin oder Nikolaj Apollonowitsch wirkliche Einheiten gewesen, und nicht Zweiheiten, wäre die Dreiheit da; und Sofja Petrowna hätte die Harmonie des Lebens im Bund mit einem Mann gefunden; das Grammophon, die Meloplastik, Henri Besançon, Lippantschenko, selbst Ommau-Ommergau wären zum Teufel.

Doch es gab nicht den einen Ableuchow: da war Nummer eins, der Gottgleiche, und Nummer zwei, der Frosch. Darum auch war das alles geschehen.

Was war denn geschehen?

Das Froschjunge Nikolaj Apollonowitsch war für Sofja Petrowna aus ganzem Herzen, über alle Eitelkeit erhoben, entflammt: nicht für die winzig kleine Stirn – für die Haare; die Göttlichkeit Nikolaj Apollonowitschs aber, die Liebe verachtend, berauschte sich so zynisch an der Meloplastik; *beide* stritten in ihm, wen sie lieben sollten: das Weibchen, den Engel? Der Engel Sofja Petrowna, wie einem Engel natürlich geziemt, gewann nur den *Gott* lieb; das Weibchen aber verstrickte sich: das unangenehme Lächeln empörte sie anfangs, dann aber begann sie gerade diese ihre Empörung zu lieben; und kaum hatte sie den Haß liebgewonnen, begann sie das eklige Lächeln zu lieben, doch mit einer seltsamen (alle würden sagen, mit lasterhafter) Liebe: all das hatte etwas unnatürlich Brennendes, ungekannt Süßes, Schicksalhaftes.

War etwa in Sofja Petrowna Lichutina die Verbrecherin erwacht? Ach, Sofja Petrowna, Sofja Petrowna! Kurz gesagt: eine Dame, eine Dame ...

Und was kann man von einer Dame verlangen!

Der rote Narr

Im Grunde benahm sich Sofja Petrowna die letzten Monate gegen ihr Objekt in höchstem Grade provokant: vor dem Grammophontrichter, der »*Siegfrieds Tod*« ausspie, übte sie Körperbewegung (und was für eine!), indem sie bis fast zu den Knien den seideraschelnden Rock hochnahm; und dann: berührte ihr Füßchen Ableuchow unter dem Tisch hervor nicht nur einmal und zweimal. Kein Wunder, daß dieser letztere den Engel mehrmals stürmisch zu umarmen versuchte; doch da entschlüpfte der Engel und zeigte dem Verehrer zum ersten Mal die kalte Schulter: und widmete sich wieder dem früheren Tun. Doch als sie einmal, die griechische Kunst verteidigend, einen Zirkel zu bilden vorschlug für keusche Entblößungen, hielt Nikolaj Apollonowitsch es nicht aus: all seine vieltägige ausweglose Leidenschaft überwältigte ihn (Nikolaj Apollonowitsch warf sie im Kampf aufs Sofa) ... Doch Sofja Petrowna biß bis aufs Blut den ihren Mund suchenden Mund, und als Nikolaj Apollonowitsch vor Schmerz die Besinnung verlor, erfüllte eine schallende Ohrfeige das japanische Zimmer.

– »Uu ... Monstrum, Frosch ... Uuu – roter Narr.«

Nikolaj Apollonowitsch antwortete ruhig und kalt:

– »Wenn ich ein roter Narr bin, sind Sie eine japanische Puppe...«

Mit äußerster Würde richtete er sich auf an der Tür; in diesem Augenblick gewann sein Gesicht jenen fernen, von ihr einst erhaschten Ausdruck, an den sich erinnernd sie unbemerkt ihn liebgewonnen hatte; und kaum war Nikolaj Apollonowitsch gegangen, schlug sie auf den Boden hin und kratzte und biß im Weinkrampf den Teppich; plötzlich sprang sie auf und streckte die Arme zur Tür:

– »Komm, komm zurück – Gott!«

Doch zur Antwort schlug die Haustür: Nikolaj Apollonowitsch rannte zur großen Petersburger Brücke. Unten werden wir sehen, wie er an der Brücke einen schicksalhaften Entschluß faßte (im Vollzug eines bestimmten Akts seinem Leben ein Ende zu setzen). Der Ausdruck »*Roter Narr*« hatte ihn empfindlich getroffen.

Nun sah ihn Sofja Petrowna Lichutina nicht länger; aus einem wilden Protest gegen Ableuchows Leidenschaft für *Revolution – Evolution* stieß sich Engel Peri unwillkürlich von der studierenden Jugend ab und landete bei Baronesse R. R. auf einer spiritistischen Sitzung. Auch Warwara Jewgrafownas Besuche wurden selten. Dafür besuchten sie wieder: Graf Awen und Baron Ommau-Ommergau, Schporyschew und Wergefden, und sogar... Lippantschenko: und Lippantschenko öfter als die übrigen. Mit Graf Awen, Baron Ommau-Ommergau, mit Schporyschew und mit Wergefden, sogar... mit Lippantschenko wurde sie nicht müde zu lachen; plötzlich, mitten im Lachen, fragte sie aufreizend:

– »Ich bin eine Puppe – nicht wahr?«

Und sie antworteten ihr mit Fifkas und streuten Silber in die Blechbüchse mit der Aufschrift »*Wohltätige Sammlung*«. Lippantschenko aber antwortete ihr: »Sie sind ein Duschkan, Brankukan, Brankukaschka.« Und brachte ihr eine Puppe mit gelbem Gesichtchen.

Und als sie ebendasselbe auch ihrem Gatten erzählte, da schwieg dazu ihr Gatte, Sergej Sergejitsch Lichutin, Leutnant des Gr-gorischen Regiments Seiner Hoheit des Königs von Siam, und zog sich zurück wie zum Schlaf: er verwaltete, irgendwo dort, das Proviant; in seinem Zimmer aber setzte er sich hin, um Nikolaj Apollonowitsch so ein sanftes Briefchen zu schreiben: in dem Briefchen erlaubte er sich, Ableuchow zu unterrichten, daß er, Sergej Sergejitsch, Leutnant des Gr-gorischen Regiments, ihn untertänigst um folgendes bitte: ohne sich, aus prinzipiellen Gründen, in die Beziehungen Nikolaj Apollonowitschs zu seiner unschätzbar geliebten Gattin einmischen zu wollen, ersuche er ihn doch nachdrücklich (das Wort nachdrücklich war dreimal unterstrichen), sein Haus nie wieder zu betreten, denn die Nerven seiner unschätzbar geliebten Gattin seien zerrüttet. Zu seinem eigenen Betragen schwieg Sergej Sergejitsch: sein Betragen änderte sich keinen Deut: genauso verließ er frühmorgens das Haus; und kam gegen Mitternacht heim; er sagte anstandshalber eine *Fifka*, wenn er Baron Ommau-Ommergau sah, schaute ein wenig finster, wenn er Lippantschenko sah, nickte aufs gutmütigste mit dem Kopf zu den Worten *Evolution – Revolution*, trank ein Täßchen Tee und verschwand ganz leise: er verwaltete – irgendwo dort – das Proviant.

Sergej Sergejitsch war von hohem Wuchs, trug einen blonden Bart, besaß Nase, Mund, Haare und Ohren und wunderbar blitzende Augen: nur trug er leider eine dunkelblaue Brille, und niemand kannte die Farbe seiner Augen, noch dieser Augen wundervollen Ausdruck.

Gemeinheit, Gemeinheit und noch mal Gemeinheit

In diesen frostigen frühen Oktobertagen war Sofja Petrowna in ungewöhnlicher Aufregung; allein geblieben in der Orangerie, runzelte sie plötzlich ihre winzige Stirn und erglühte: wurde puterrot; sie trat zum Fenster, um mit einem Tuch aus zartem dünnem Batist die angelaufenen Scheiben zu putzen; das Glas quiekte und eröffnete Sicht auf den Kanal und einen vorübergehenden Herrn im Zylinder – nicht mehr; wie getäuscht in seiner Ahnung, fing Engel Peri an, mit den Zähnen das nasse Tüchlein zu rupfen und zerfetzen, und lief dann den schwarzen Plüschpelz anziehen und einen Hut aus gleichem Stoff (Sofja Petrowna kleidete sich sehr bescheiden), um, den Fellmuff ans Näschen gedrückt, hastig hin und her zu schlendern von der Mojka zum Ufer; einmal betrat sie sogar den Zirkus Ciniselli und sah dort ein Naturwunder: eine bärtige Frau; meist aber rannte sie in die Küche und flüsterte mit dem jungen Stubenmädchen, Mawruschka, einem sehr hübschen Mädchen in Schürzchen und Schleifenhäubchen. Und ihre Augen schielten; so schielten ihre Augen immer in Minuten der Aufregung.

Einmal aber, im Beisein Lippantschenkos, zog sie unter Lachen eine Nadel aus dem Hut und stieß sie sich in den kleinen Finger:

– »Schauen Sie: es tut nicht weh; und auch kein Blut; ich bin aus Wachs . . . eine Puppe.«

Doch Lippantschenko verstand gar nichts: er lachte laut und sagte:

– »Sie sind keine Puppe: ein Duschkan.«

Und wütend jagte ihn Engel Peri fort. Lippantschenko nahm seine Mütze mit Ohrenklappen vom Tisch und verschwand.

Sie aber rannte durch die Orangerie, runzelte die winzige Stirn, erglühte, putzte die Scheibe; es klärte sich die Sicht auf den Kanal und eine vorüberfliegende Kutsche: nicht mehr.

Was denn mehr?

Es war so: vor ein paar Tagen kam Sofja Petrowna Lichutina von Baronesse R. R. nach Hause. Bei Baronesse R. R. hatte es diesen Abend ein Tischklopfen gegeben; liefen weißliche Fünkchen auf der Wand; und einmal hüpfte der Tisch sogar: nicht mehr; doch Sofja Petrownas Nerven waren aufs höchste gespannt (nach der Sitzung bummelte sie durch die Straßen), und ihr Treppenflur war unbeleuchtet (bei den billigen Wohnungen sind die Treppenflure unbeleuchtet): und drinnen im schwarzen Treppenflur sah Sofja Petrowna ganz deutlich, wie sie unverwandt ein Fleck anstarrte, schwärzer noch als die Dunkelheit, scheinbar eine schwarze Maske; etwas Rotes schimmerte unter der Maske, und Sofja Petrowna zog heftigst die Glocke. Doch als die Tür aufging und ein Strahl hellen Lichts vom Vorzimmer auf die Treppe fiel, da schrie Mawruschka auf und schlug die Hände zusammen: Sofja Petrowna sah nichts, denn sie schoß in die Wohnung. Mawruschka sah: hinter dem Rücken der Herrin reckte ein roter Atlasdomino seine schwarze Maske, die von unten ein dichter Fächer aus Spitze umrahmte, ebenfalls schwarzer, so daß diese schwarze Spitze Sofja Petrowna (gut, daß sie nicht den Kopf umwandte) auf die Schulter fiel; der rote Domino streckte Mawruschka seinen blutroten Ärmel hin, aus dem eine Visitenkarte stakte: und als vor der Hand die Tür zuschlug, sah auch Sofja Petrowna in der Tür die Visitenkarte (sie war, wahrscheinlich, durch den Türspalt geflogen); was aber stand auf der Visitenkarte? Statt der Adelskrone ein Schädel mit Knochen und dazu die in modischer Schrift gesetzten Worte: »Ich erwarte Sie auf dem Maskenball – da und da, dann und dann«; und die Unterschrift: *»Der Rote Narr«*.

Sofja Petrowna war den ganzen Abend furchtbar aufgeregt. Wer konnte sich mit dem roten Domino maskieren? Natürlich er, Nikolaj Apollonowitsch: denn sie hatte ja diesen Namen ihm einmal gegeben... Und der Rote Narr war gekommen. Wie nennt man in solchem Fall diesen Umgang mit einer schutzlosen Frau? Nun, ist das keine Gemeinheit?

Gemeinheit, Gemeinheit und noch mal Gemeinheit.

Wenn doch bald ihr Gatte, der Offizier, heimkäme: er wird den Rüpel zurechtweisen. Sofja Petrowna errötete, schielte und biß in ihr Tuch und bedeckte sich mit Schweiß. Wenn doch nur jemand käme: und sei es Awen, und sei es Baron Ommau-Ommergau, oder Schporyschew, oder selbst... Lippantschenko.

Doch niemand ließ sich blicken.

Nun, und wenn es nicht er war? Und Sofja Petrowna spürte deutlich in sich Verdruß: sie gab den Gedanken ungern auf, der Narr sei er; in diesem Gedanken verwob sich zusammen mit der Wut jenes süße, bekannte, schicksalhafte Gefühl; sie wünschte wohl, daß er sich als ausgemachter Schuft entpuppte.

Nein – nicht er: er war ja kein Schuft, kein kleiner Junge!..
Nun, und wenn es der rote Narr selbst war? Wer der rote Narr
sei, das hätte sie genau nicht zu sagen gewußt; und – trotzdem... Und der Mut verließ sie: nicht er.

Mawruschka wurde umgehend Stillschweigen befohlen: zum
Maskenball aber würde sie fahren; und zwar hinter dem Rükken ihres sanften Gatten: würde sie erstmals auf einen Maskenball fahren.

Sergej Sergejitsch Lichutin hatte ihr nämlich aufs strengste
verboten, auf Maskenbälle zu fahren. Seltsam war er: um die
Epaulette, um den Säbel, um die Offiziersehre war ihm zu tun
(war er nicht ein Bourbone?).

Die Sanftmut selbst... bis zu einem Punkt, bis zur Ehre des
Offiziers. Er sagte nur: »Mein Ehrenwort als Offizier – dies
kannst du tun, das – tust du nicht.« Und – Punktum: solche
Unbeugsamkeit, solche Härte. Er schob die Brille auf die Stirn,
wurde trocken, unangenehm und hölzern, wie aus weißer
Zypresse geschnitzt, und schlug die Zypressenfaust auf den
Tisch; Engel Peri floh dann erschrocken aus ihres Gatten
Zimmer: das Näschen krauste sich, Tränchen tropften, erbittert
wurde die Schlafzimmertür versperrt.

Unter den Besuchern Sofja Petrownas, den *Gästen sozusagen*,
die von *Revolution – Evolution* redeten, war ein achtbarer
Journalist: Neuntelpfain; dunkel, verrunzelt, mit von oben
nach unten gebogener Nase und umgekehrt gebogenem Bärtchen. Sofja Petrowna verehrte ihn furchtbar: und ihm vertraute
sie sich an; er auch fuhr mit ihr zum Maskenball, wo allerlei
Narren und Harlekine, Italienerinnen, Spanierinnen, Orien-
talinnen einander durch schwarze Samtmasken mit bösen
Augenflämmchen anblitzten; am Arm Neuntelpfains, des achtbaren Journalisten, schritt Sofja Petrowna züchtig durch die
Säle in ihrem schwarzen Domino. Auch irgendein roter Atlasdomino huschte immerzu durch die Säle, suchte immerzu
nach jemand, seine schwarze Maske reckend, unter der ein
dichter Fächer aus Spitze, natürlich ebenfalls schwarzer, zappelte.

Und da erzählte Sofja Petrowna Lichutina dem treuen Neuntelpfain von dem rätselhaften Vorfall, nun, natürlich, alle Bezüge vertuschend; der kleine Neuntelpfain, der achtbare Journalist, erhielt einen Fünfer pro Zeile: seither druckte und druckte tagtäglich die »Chronik der Vorfälle« eine Notiz; der rote Domino, und noch mal der rote Domino!

Man disputierte über den Domino, regte sich furchtbar auf und stritt; die einen sahen hier revolutionären Terror; andere schwiegen nur und zuckten die Schultern. Bei der Schutzpolizei gingen Anrufe ein.

Man besprach jenes seltsame Auftauchen des Domino auf Petersburgs Straßen sogar in der Orangerie; Graf Awen, wie Baron Ommau-Ommergau, wie auch Leibhusar Schporyschew und Wergefden gaben dazu *Fifkas* von sich und es prasselte in die Kupferbüchse ein ständiger Regen von Zwanzigern; nur der schlaue Kleinrusse Lippantschenko lachte irgendwie schief. Sofja Petrowna Lichutina selbst, außer sich, wurde puterrot, wurde bleich, bedeckte sich mit Schweiß und biß in ihr Taschentuch. Neuntelpfain war einfach ein Rindvieh, doch Neuntelpfain zeigte sich nicht: Tag um Tag fabrizierte er fleißig Zeitungszeilen; und es zog und zog sich der Zeitungsschmarren und überzog die Welt mit komplettem Unfug.

Ein vollkommen verräuchertes Gesicht

Nikolaj Apollonowitsch Ableuchow stand an der Treppenbalustrade in seinem bunten Schlafrock und warf nach allen Seiten schillernden Glanz, womit er den kompletten Kontrast abgab zu Säule und Alabastersockel, von dem eine weiße Niobe die Alabasteraugen *gen Himmel* hob.

Nikolaj Apollonowitsch, über das Geländer gebeugt, rief etwas in Richtung Diele, doch auf sein Rufen antwortete zuerst Stille, und dann antwortete mit übergroßer Deutlichkeit eine unerwartete, protestierende Fistelstimme:

– »Nikolaj Apollonowitsch, Sie haben mich wahrscheinlich verwechselt . . .«

– »Ich bins – ich . . .«

Dort unten stand ein Unbekannter mit schwarzem Schnurrbärtchen und im Mantel mit hochgeschlagenem Kragen.

Nikolaj Apollonowitsch griente jetzt von der Balustrade sein
unangenehmes Lächeln:

– »Sind Sie es, Aleksandr Iwanowitsch?.. Äußerst angenehm!«

Und dann fügte er heuchlerisch hinzu:

– »Ohne Brille habe ich Sie nicht erkannt...«

....

Bemüht, den unangenehmen Eindruck der Anwesenheit des
Unbekannten im lackierten Haus zu bekämpfen, nickte Nikolaj Apollonowitsch weiter von der Balustrade:

– »Ich komme, muß ich gestehen, aus dem Bett: darum bin ich
im Schlafrock« (als wollte Nikolaj Apollonowitsch durch diese
Erwähnung zufällig dem Besucher bedeuten, daß dieser letztere seine Visite zur Unzeit mache; wir unsererseits fügen
hinzu: all die letzten Nächte war Nikolaj Apollonowitsch außer
Haus).

Der Unbekannte mit dem schwarzen Schnurrbärtchen bot in
seiner Person ein höchst klägliches Bild vor dem üppigen
Grund eines Ornaments aus alten Waffen; trotzdem gab sich
der Unbekannte munter und redete weiter eifrig auf Nikolaj
Apollonowitsch ein – ob nun ihn verhöhnend, ob in vollkommener Einfalt:

– »Das spielt absolut keine Rolle, Nikolaj Apollonowitsch, daß
Sie gerade aus dem Bett... Die vollständigste Lappalie, ich
versichere Sie: Sie sind doch kein Fräulein, und auch ich bin
schließlich kein Fräulein... Ich bin selbst ja gerade erst aufgestanden...«

Nichts zu machen. Nikolaj Apollonowitsch bezwang den unangenehmen Eindruck (hervorgerufen war er durch das Erscheinen des Unbekannten – hier, im lackierten Haus, wo die
Lakaien sich ordentlich wundern konnten, wo schließlich der
Unbekannte Papachen begegnen konnte) – Nikolaj Apollonowitsch bezwang den unangenehmen Eindruck und wollte sich
schon hinunterbegeben, um würdig, wie ein Ableuchow, ins
lackierte Haus zu geleiten den heiklen Gast; doch zu seinem

Verdruß sprang ihm der Pelzpantoffel vom Fuß; und der nackte Fuß baumelte unter dem Schlafrockschoß; auf den Stufen stolperte Nikolaj Apollonowitsch; und zusätzlich nasführte er den Unbekannten: in der Annahme, Nikolaj Apollonowitsch stürze in einer Anwandlung der üblichen Gefälligkeit zu ihm hinunter (Nikolaj Apollonowitsch hatte schon in diese Richtung die ganze Neigung seiner Gesten bekundet), stürzte der Unbekannte mit dem schwarzen Schnurrbärtchen seinerseits auf Nikolaj Apollonowitsch zu und hinterließ seine trübe Spur auf den grausamtenen Stufen; nun aber stand mein Unbekannter verloren zwischen Diele und Obergeschoß; und dabei sah er, daß er den Teppich besudelt; mein Unbekannter lächelte verlegen.

– »Bitte, legen Sie ab.«

Der delikate Hinweis, daß in die herrschaftlichen Zimmer unmöglich im Mantel vorzudringen war, kam vom Lakaien, in dessen Arme mit dem Mut der Verzweiflung der Unbekannte sein nasses Mäntelchen warf; jetzt stand er da im graukarierten, von Motten zerfressenen Anzug. Als er die Anstalten des Lakaien sah, auch nach dem nassen Bündel die Hand auszustrecken, errötete mein Unbekannter: so errötet, wurde er doppelt verlegen:

– »Nein, nein...«

– »Wollen Sie bitte...«

– »Nein: *dieses hier* behalte ich...«

Der Unbekannte mit dem schwarzen Schnurrbärtchen trat mit noch immer auf alles pfeifendem Starrsinn das blinkende glatte Parkett mit dem löchrigen Schuh; mit verwundertem, flüchtigem Blick musterte er die prunkvolle Perspektive der Zimmer. Nikolaj Apollonowitsch, die Schöße des Schlafrocks gerafft, schritt mit besonderer Milde dem Unbekannten voran. Doch beiden war ihnen qualvoll ihre stumme Wanderschaft durch diese funkelnden Perspektiven: beide schwiegen betrübt; dem Unbekannten mit dem schwarzen Schnurrbärtchen bot Nikolaj Apollonowitsch erleichtert nicht sein Gesicht, sondern den schillernden Rücken dar; darum wohl war auch das Lächeln verschwunden von seinen Lippen, den eben noch unnatürlich lächelnden. Und wir unsererseits sagen unumwunden: Nikolaj Apollonowitsch hatte Angst; in seinem Kopf drehte sich schnell: »Wahrscheinlich eine wohltätige Sammlung – ein verunglückter Arbeiter: schlimmstenfalls – für die Bewaffnung...« Doch sein Herz zog sich traurig zusammen: »Nein nein – das nicht, aber sonst?«

Vor der Eichentür seines Arbeitszimmers wandte Nikolaj Apollonowitsch sich dem Unbekannten plötzlich jäh zu: über beider Gesichter glitt flüchtig ein Lächeln; beide schauten einander plötzlich in die Augen mit abwartendem Ausdruck.

– »Also bitte... Aleksandr Iwanowitsch...«
– »Machen Sie sich keine Umstände...«
– »Willkommen...«
– »Aber nein, nein...«

Nikolaj Apollonowitschs Empfangszimmer gab den kompletten Kontrast ab zum strengen Arbeitszimmer: es war ebenso bunt wie... wie der bucharische Schlafrock; Nikolaj Apollonowitschs Schlafrock setzte sich, gleichsam, in allen Utensilien des Zimmers fort: zum Beispiel, im niedrigen Diwan; er glich eher einem orientalischen buntgewebten Ruhelager; der Bucharer Schlafrock setzte sich fort in einem Schemel in dunkelbraunen Tönen; ihn zierten Intarsien aus feinen Streifen Elfenbein und Perlmutt; der Schlafrock setzte sich weiter fort im Negerschild aus dem dicken Leder eines einst erlegten Nashorns und im rostigen Sudanpfeil mit massivem Handgriff; zu irgendeinem Zweck hatte man ihn hier an die Wand gehängt; schließlich setzte der Schlafrock sich fort im Fell des bunten Leoparden, der zu ihren Füßen hingestreckt lag mit aufgerissenem Rachen; auf dem Schemel standen eine dunkelblaue Wasserpfeife und ein dreifüßiges goldenes Rauchfaß in Gestalt einer löchrigen Kugel mit Halbmond oben; das Erstaunlichste aber war ein bunter Bauer, in dem von Zeit zu Zeit kleine grüne Papageien mit den Flügeln schlugen.

Nikolaj Apollonowitsch zog seinem Gast den bunten Schemel heran; der Unbekannte mit dem schwarzen Schnurrbärtchen ließ sich auf der Kante des Schemels nieder und zog ein billiges Zigarrenetui hervor.

– »Sie erlauben?«
– »Ich bitte darum.«
– »Sie rauchen selbst nicht?«
– »Nein, ich habe nicht die Gewohnheit...«
Und sofort, verlegen, fügte Nikolaj Apollonowitsch hinzu:
– »Übrigens, wenn andere rauchen...«
– »Öffnen Sie die Luftklappe?«
– »Ich bitte Sie, ich bitte Sie!..«
– »Den Ventilator?«
– »Aber woher... ganz und gar nicht – ich wollte sagen, daß
mir das Rauchen eher...« – beeilte sich Nikolaj Apollono-
witsch, doch sein Gast, der nicht zuhörte, unterbrach aber-
mals:
– »Gehen Sie selbst aus dem Zimmer?«
– »Aber woher denn: ich wollte sagen, ich mag den Geruch
von Tabakrauch, und besonders Zigarren.«
– »Zu Unrecht, Nikolaj Apollonowitsch, völlig zu Unrecht:
wenn jemand geraucht hat...«
– »Ja?«
– »Muß man...«
– »Nun?«
– »Schnell das Zimmer durchlüften.«
– »Ich bitte Sie, oh, ich bitte Sie!«
– »Luftklappe und Ventilator öffnen.«
– »Keineswegs, keineswegs...«
. . . .
– »Nehmen Sie, Nikolaj Apollonowitsch, nicht den Tabak in
Schutz: das sage ich Ihnen aus Erfahrung... Der Rauch durch-
dringt die graue Hirnsubstanz... Die Hemisphären ver-
schmutzen: allgemeine Mattigkeit ergießt sich in den Organis-
mus...«
Der Unbekannte mit dem schwarzen Schnurrbärtchen zwin-
kerte mit vertraulicher Bedeutsamkeit: der Unbekannte sah
auch, daß der Hausherr dennoch zweifelte an der Durchdrin-
gung der grauen Hirnsubstanz, aus der Gewohnheit allerdings,
ein liebenswürdiger Hausherr zu sein, dem Gast nicht widersprechen würde: da fing der Unbekannte mit dem schwarzen

Schnurrbärtchen an, dieses schwarze Schnurrbärtchen bekümmert auszuzupfen:

– »Schauen Sie in mein Gesicht.«

Ohne die Brille gefunden zu haben, führte Nikolaj Apollonowitsch seine blinzelnden Lider unmittelbar ans Gesicht des Unbekannten.

– »Sehen Sie das Gesicht?«

– »Ja, das Gesicht...«

– »Ein blasses Gesicht...«

– »Ja, etwas bläßlich«, – und ein Spiel von allerlei Höflichkeiten mit ihren Nuancen ergoß sich über Ableuchows Wangen.

– »Ein vollkommen grünes, verräuchertes Gesicht«, – unterbrach ihn der Unbekannte – »das Gesicht eines Rauchers. Ich werde Ihnen das Zimmer verräuchern, Nikolaj Apollonowitsch.«

Nikolaj Apollonowitsch spürte schon lange eine ruhelose Schwere, als erfülle die Zimmerluft Blei und nicht Rauch; Nikolaj Apollonowitsch fühlte, wie seine Hemisphären verschmutzten und wie allgemeine Mattigkeit sich in seinen Organismus ergoß, doch er dachte jetzt nicht an die Eigenschaften des Tabakrauchs, sondern daran dachte er, wie mit Würde aus dem heiklen Fall herauskommen, wie, – dachte er, – sich verhalten für jenen riskanten Fall, daß der Unbekannte, daß...

Diese bleierne Schwere hatte nicht im mindesten mit der billigen Papirossa zu tun, die ihr bläuliches Strähnchen himmelwärts kräuselte, eher hatte sie mit dem gedrückten Gemütszustand des Hausherrn zu tun. Nikolaj Apollonowitsch erwartete jede Sekunde, daß sein ruheloser Besucher sein Geschwätz unterbräche, das er angezettelt hatte offensichtlich mit dem einzigen Ziel – ihn auf die Folter zu spannen – ja: er wird sein Geschwätz unterbrechen und daran erinnern, daß er, Nikolaj Apollonowitsch, seinerzeit durch Vermittlung des seltsamen Unbekannten – wie es möglichst genau sagen...

Kurz, er war seinerzeit eine für ihn entsetzliche Verpflichtung eingegangen, die zu erfüllen ihn nicht nur allein die Ehre

zwang; das entsetzliche Versprechen hatte Nikolaj Apollonowitsch wohl nur aus Verzweiflung gegeben; ermuntert hatte ihn
dazu ein Fehlschlag im Leben; später wurde dieser Fehlschlag
allmählich verwunden. Es konnte scheinen, als sei das entsetzliche Versprechen von selbst hinfällig geworden: doch das
entsetzliche Versprechen blieb: es blieb, und allein schon darum, weil es nie zurückgenommen wurde: Nikolaj Apollonowitsch, um die Wahrheit zu sagen, hatte es gründlich vergessen;
doch es, das Versprechen, lebte fort im kollektiven Bewußtsein
eines unbedachten Kreises, während zugleich das Gefühl der
Bitterkeit der Existenz unter Einfluß des Fehlschlags verwunden wurde; selbst hätte Nikolaj Apollonowitsch sein Versprechen zweifellos den Versprechen von scherzhaftem Charakter
zugezählt.
Das Auftauchen des Rasnotschinzen mit dem schwarzen
Schnurrbärtchen, erstmals nach diesen verflossenen zwei Monaten, erfüllte Nikolaj Apollonowitschs Herz mit tiefer Angst.
Nikolaj Apollonowitsch erinnerte sich sehr genau an einen
äußerst betrüblichen Umstand. Nikolaj Apollonowitsch erinnerte sich sehr genau an die kleinsten Details der Umstände
seines Versprechens und fand plötzlich diese Details vernichtend für sich.
Warum nur hatte er... – nicht ein entsetzliches Versprechen
gegeben, sondern das entsetzliche Versprechen einer leicht-
sinnigen Partei gegeben?
Die Antwort auf diese Frage war außerordentlich einfach:
Nikolaj Apollonowitsch, der die Methodik sozialer Phänomene studierte, hatte die Welt verurteilt zu Feuer und
Schwert.
Und nun wurde er blaß, wurde grau und schließlich grün;
plötzlich wurde sein Gesicht sogar irgendwie blau; wahrscheinlich hing diese letzte Nuance einfach mit der Zimmerluft
zusammen, die aufs äußerste tabakdurchtränkt war.
Der Unbekannte stand auf, streckte sich, schielte zärtlich zum
Bündel hin und lächelte plötzlich so kindlich.
– »Sehen Sie, Nikolaj Apollonowitsch (Nikolaj Apollonowitsch fuhr erschrocken zusammen)... ich komme eigentlich

zu Ihnen nicht wegen des Tabaks, das heißt nicht über den Tabak... das mit dem Tabak hat sich ganz zufällig...«
– »Verstehe.«
– »Tabak hin, Tabak her: aber, eigentlich, wollte ich nicht um den Tabak, sondern um eine Sache...«
– »Sehr angenehm...«
– »Und nicht einmal um eine Sache: es geht um einen Gefallen – und diesen Gefallen können Sie mir, natürlich, tun...«
– »Natürlich, sehr angenehm...«
Nikolaj Apollonowitsch wurde noch blauer; er saß und zupfte an einem Diwanknopf; und als sich der Knopf nicht löste, ging er daran, Roßhaar aus dem Diwan zu zupfen.
– »Es ist mir ja äußerst peinlich, doch eingedenk...«
Nikolaj Apollonowitsch zuckte zusammen; die scharfe und hohe Fistelstimme des Unbekannten durchschnitt die Luft: dieser Fistelstimme vorausgegangen war eine Sekunde Schweigen; doch diese Sekunde war ihm erschienen wie eine Stunde, eine ganze Stunde. Und jetzt, als er die scharfe Fistelstimme hörte, die »*eingedenk*« sagte, hätte Nikolaj Apollonowitsch beinahe laut herausgeschrien:
– »Meines Angebots?..«
Doch er hatte sich sofort in der Hand; und bemerkte nur:
– »Nun, ich stehe zu Diensten«, – und dabei dachte er, seine Höflichkeit bringe ihn um...
– »Eingedenk Ihres Wohlwollens bin ich gekommen...«
– »Was ich tun kann«, – schrie Nikolaj Apollonowitsch und dachte dabei, daß er nun wirklich ein Schwätzer ist...
– »Ein kleiner, oh, ein ganz kleiner Gefallen...« (Nikolaj Apollonowitsch hörte überwach zu.)
– »Pardon... vielleicht würden Sie mir eine Aschenschale?..«

Es häuften sich Streits auf den Straßen

Neblige, seltsame Tage waren: durch Rußlands Norden lief frostigen Schritts ein giftiger Oktober; im Süden aber verteilte er faulige Nebel. Ein giftiger Oktober blies herunter das goldene Waldgeflüster, und fügsam legte sich auf die Erde das goldene Waldgeflüster, – und fügsam legte sich auf die Erde der raschelnde Espenpurpur, um zu kreiseln und treiben zu Füßen des passierenden Fußgängers und zu tuscheln und aus Laub zu flechten gelbrote Muster von Wörtern. Das süße Meisenfiepen, das im September sich badet in einer Welle aus Laub, badete in einer Welle aus Laub schon längst nicht mehr: und die Meise selbst hüpfte jetzt traurig im schwarzen Netz aus Ästen, das wie das Zischeln des zahnlosen Greises den ganzen Herbst hindurch seinen Pfiff schickt aus den Wäldern, den nackten Gehölzen, Vorgärten und Parks.

Neblige, seltsame Tage waren: ein eisiger Sturmwind nahte schon in Flocken von Wolken, zinnfarben und blau; doch alle glaubten an den Frühling: vom Frühling schrieben die Zeitungen, vom Frühling redeten die Beamten der vierten Klasse; auf den Frühling verwies ein damals populärer Minister; ein Aroma von, nun, geradezu Maiveilchen verströmten die Ergüsse einer Petersburger Studentin.

Die Landleute hatten längst aufgehört die mürbe Erde zu furchen; hingeworfen hatten die Landleute Eggen und Pflüge; unter den Hütten scharten die Landleute sich zu kümmerlichen Häuflein zwecks vereinter Besprechung der Zeitungsnachrichten; sie kommentierten und disputierten, um als einiger Haufe dann plötzlich zu stürmen zum säulengeschmückten Herrenhaus, das sich spiegelt in Wolga-, in Kama- oder selbst Dneprfluten; all die langen Nächte leuchteten über Rußland die blutigen Röten der Dorfbrände und wurden bei Tag zur Schwärze von Rauchsäulen. Dann aber konnte man im sich entblätternden Dickicht einen versteckten Trupp strupphaariger Kosaken sehen, die die Läufe ihrer Gewehre auf die dröhnende Sturmglocke richteten; auf seinen buschigen Pferden sprengte dann in vollem Galopp hinaus der Kosakentrupp: blaue bärtige Männer, kurze Peitschen schwingend, jagten lange, lange mit Feldgeschrei über die herbstliche Aue hin und her.

So war es in den Dörfern.

Doch so war es auch in den Städten. In den Werkstätten, Druk-kereien, Friseursalons, Milchläden, Wirtshäusern tummelte sich beständig ein redseliges Subjekt; tief in die Stirn gedrückt die schwarze Fellmütze, offenbar hergeschafft von den Feldern der blutgeröteten Mandschurei, und in die Seitentasche ge-schoben den irgendwo aufgetriebenen Browning, drückte ein redseliges Subjekt vielfach dem ersten besten ein schlecht ge-drucktes Flugblatt in die Hand.

Alle warteten, fürchteten, hofften auf etwas; beim kleinsten Geräusch strömten sie schnell auf die Straße, zur Menge sich scharend und wieder zerstreuend; in Archangelsk taten das Lappen, Karelen und Finnen; in Nishnekolymsk die Tungusen; am Dnepr – Juden wie Kleinrussen. In Moskau, in Petersburg taten es alle so: man tat es in mittleren, höheren, unteren Lehranstalten: man wartete, fürchtete, hoffte; beim kleinsten Geräusch strömte man schnell auf die Straße, zur Menge sich scharend und wieder zerstreuend.

Es häuften sich Streits auf den Straßen: mit Hausknechten, Wächtern; es häuften sich Streits auf den Straßen mit dem verhärmten Quartalaufseher; den Hausknecht, den Polizisten und besonders den Aufseher reizten äußerst frech: der Arbeiter, der Vorschüler, der Kleinbürger Iwan Iwanowitsch Iwanow samt seiner Gattin Iwanicha, selbst der Krämer, Kaufmann der ersten Gilde Pusanow, von dem sich in besseren und erst seit kurzem vergangenen Tagen der Revieraufseher mal Stör, mal Salm, mal körnigen Kaviar *beschafft* hatte; jetzt aber, anstelle von Salm, von Stör, von körnigem Kaviar, empörte sich gegen den Aufseher zusammen mit dem sonstigen »*Gesindel*« plötz-lich Seiner Wohlgeboren, Kaufmann der ersten Gilde Pusanow, eine nicht unbekannte Persönlichkeit, vielmals im Haus des Gouverneurs gewesen, denn immerhin – Fischerei und dann Dampfschiffahrt auf der Wolga: immerhin, solche *Gunst* be-sänftigte den Revieraufseher. Gräulich selbst, ging er in seinem gräulichen Mäntelchen jetzt als unmerklicher Schatten, den Säbel ehrerbietig erhoben und die Augen gesenkt: und ihm in den Rücken mündliche Verweise, eine Rüge, Gelächter und sogar unflätige Schimpfwörter; und der Quartalvorsteher zu alldem: »Können Sie sich kein Vertrauen verschaffen bei der Bevölkerung, dann reichen Sie Ihren Abschied ein.« Und er verschaffte sich das Vertrauen: auch er empörte sich gegen die Willkür der Regierung, oder er traf eine besondere Übereinkunft mit den Insassen des Durchgangsgefängnisses.

So fristete in jenen Tagen sein Leben der Revieraufseher irgendwo in Kem: genauso fristete er sein Leben in Petersburg, Moskau, Orenburg, Taschkent, Solwytschegodsk, kurz, in jenen (Gouvernements-, Kreis- und Nichtkreis-)Städten, die zum Bestand des Russischen Reichs gehören.

Um Petersburg schlingt sich ein Ring vielschlotiger Fabriken.

Ein vieltausendköpfiger Menschenschwarm schleppt sich morgens dorthin; und es wimmelt die Vorstadt; und sie schwärmt von Volk. Alle Fabriken erhoben sich damals furchtbar, und die Arbeiter, die Vertreter der Massen, wandelten sich alle bis auf den letzten zu redseligen Subjekten; unter ihnen zirkulierte ein Browning; und noch dies und das. Dort wuchsen die üblichen Schwärme an diesen Tagen ungemein an und verschmolzen zu vielköpfiger, vielstimmiger, riesiger Schwärze; und der Fabrikinspektor griff dann zum Telephonhörer: griff er aber zum Hörer, dann war gewiß: ein Steinhagel fliegt aus der Menge in die Fensterscheiben.

Jener Aufruhr, der Petersburg wie ein Ring umschloß, drang irgendwann auch in Petersburgs Zentren, ergriff erst die Inseln, schwang sich über die Litejnyj- und Nikolaj-Brücke; und von dort ergoß er sich auf den Newskij Prospekt: und obwohl auf dem Newskij Prospekt noch dieselbe Zirkulation des menschlichen Tausendfüßlers herrschte, hatten die Glieder des Tausendfüßlers doch verblüffend gewechselt: der geübte Blick des Beobachters bemerkte schon längst das Auftauchen der schwarzen Fellmütze, in die Stirn gedrückt und hergeschafft von den Feldern der blutgeröteten Mandschurei: kaum begann auf dem Newskij Prospekt ein redseliges Subjekt auszuschreiten, schon sank plötzlich der Prozentsatz vorübergehender Zylinder; das redselige Subjekt bewies hier seine ureigene Eigenschaft: die Finger der durchfrorenen Hände in die Ärmel gestopft, rempelte es mit den Schultern; auf dem Newskij begannen auch die rastlosen Schreie regierungsfeindlicher Grünschnäbel, die aus Leibeskräften rannten, vom Bahnhof bis zur Admiralität, und Blättchen von roter Farbe schwenkten.

Alles übrige blieb unverändert: nur einmal – ergoß sich auf den Newskij die Masse gemeinsam mit der Geistlichkeit: sie trugen den Sarg eines Professors und strebten dem Bahnhof zu: voraus aber ging ein Meer von Grün; blutrot flatterten Atlasbänder.

Neblige, seltsame Tage waren: es durchlief sie mit frostigem Schritt ein giftiger Oktober: gefrorener Staub sauste durch die Stadt in graubraunen Wirbeln; und fügsam lag auf den Wegen des Sommergartens das goldene Laubgeflüster, und fügsam legte sich zu Füßen der raschelnde Purpur, um zu kreiseln und treiben zu Füßen des passierenden Fußgängers, und zu tuscheln und aus Laub zu flechten gelbrote Muster von Wörtern; das süße Meisenfiepen, das den ganzen August sich badete in einer Welle aus Laub, badete in einer Welle aus Laub schon längst nicht mehr: und selbst die Meise im Sommergarten hüpfte jetzt traurig im schwarzen Netz von Ästen, auf dem Bronzezaun und dem Dach von Peters Häuschen.

So waren die Tage. Die Nächte aber – bist du hinausgegangen in den Nächten, bist du vorgedrungen in die öden Brachen vor der Stadt, um zu hören die zudringliche böse Note auf »u«? Uuuu-uuuu-uuuu: so tönte es im Raum; der Ton – war das ein Ton? Und wenn das ein Ton war, war er, zweifellos, der Ton einer anderen Welt; dieser Ton erreichte ungeheure Stärke und Klarheit: »uuuu-uuuu-uuu« tönte es leise auf den Feldern vor Petersburg, Moskau, Saratow: doch die Fabriksirene heulte nicht, kein Wind blies; und stumm blieb der Hund.

Hast auch du dieses Lied gehört, das Oktoberlied von neunzehnhundertundfünf? Dieses Lied war früher nicht da; dieses Lied kommt nicht wieder: niemals.

Die rote Treppe der Behörde ersteigend, mit der Hand auf den kalten Marmor des Geländers gestützt, blieb Apollon Apollonowitsch mit der Schuhspitze hängen am Läufer und – stolperte; unwillkürlich verlangsamte sich sein Schritt; folglich: war es völlig natürlich, daß seine Augen (ohne jede Vorgefaßtheit) auf dem riesigen Porträt des Ministers verweilten, der mit traurigem und mitfühlendem Blick vor sich hin sah.

Apollon Apollonowitschs Rückgrat überlief es kalt: in der Behörde wurde spärlich geheizt. Apollon Apollonowitsch erschien dieses weiße Zimmer als ebene Fläche.

Er litt unter Platzangst.

Die Weite fürchtete er mehr als das Zickzack, als gebrochene Linien und Sektoren; eine ländliche Gegend schreckte ihn geradezu: hinter Schnee und Eis dort, hinter der gezackten Linie des Waldes trug der Schneesturm eine Kreuzung von Luftströmungen empor; dort wäre er, durch einen dummen Zufall, beinahe erfroren.

Das war fünfzig Jahre her.

In dieser Stunde seines einsamen Erfrierens schienen jemandes kalte Finger, herzlos ihm in die Brust geschoben, grausam sein Herz zu streicheln: und die eisige Hand zog ihn mit sich; geführt von der eisigen Hand erstieg er die Stufen seiner Karriere, vor Augen noch immer die schicksalhafte, die unvorstellbare Weite: dort, von dort – lockte die eisige Hand; und flog die Unermeßlichkeit: das Russische Reich.

Apollon Apollonowitsch Ableuchow zog sich für viele Jahre hinter städtische Mauern zurück, voller Haß auf die trostlosen Weiten der Kreise, die Rauchwölkchen der Dörfer und die Dohle, die auf der Vogelscheuche saß; nur einmal hatte diese Weiten er im Expreß zu durchmessen gewagt, in maßgeblicher Mission von Petersburg nach Tokio reisend.

Von seinem Aufenthalt in Tokio hatte Apollon Apollonowitsch niemand erzählt.

Ja – zum Porträt des Ministers... Dem Minister pflegte er zu sagen:

– »Rußland ist eine eisige Ebene, auf der vor vielen hundert Jahren die Wölfe umherzustreunen begannen...«

Der Minister sah ihn dann an mit samtigem und die Seele liebkosenden Blick und glättete mit der weißen Hand den grauen gepflegten Schnurrbart; und er schwieg, und er seufzte. Der Minister sah die Zahl der ihm unterstellten Behörden als quälendes, opfervolles, drückendes Kreuz; er wollte nach Ablauf der Dienstzeit...

Doch er starb.

Nun ruhte er im Sarg: Apollon Apollonowitsch Ableuchow war nun völlig allein; hinter ihm flohen ins Unermeßliche die Jahrhunderte; vor ihm enthüllte die eisige Hand: Unermeßliches.

Unermeßliches stürzte auf ihn ein.

Rußland, Rußland! Dich – sah er, dich!

Du bist es, das da aufheult in Winden, in Stürmen, Schnee, Regen und Eis – du heulst auf in Millionen lebendiger beschwörender Stimmen! Dem Senator war in diesem Augenblick, als riefe in den Weiten eine Stimme ihn vom einsamen Grabhügel; dort wiegt sich kein einsames Kreuz; in den Wirbelschnee blinzelt kein Lämpchen; nur die hungrigen Wölfe, zu Rudeln sich scharend, fallen kläglich in die Winde ein.

Ohne Zweifel entwickelte sich beim Senator mit den Jahren eine Platzangst.

Die Krankheit verschlimmerte sich: seit der Zeit jenes tragischen Todes; wahrscheinlich besuchte ihn das Bild des entschwundenen Freundes in den Nächten, um in langen Nächten mit samtigem Blick zu blicken und mit weißer Hand den grauen gepflegten Schnurrbart zu glätten, denn das Bild des entschwundenen Freundes verband sich nun im Bewußtsein beständig mit dem Versfragment:

Er ist nicht mehr – sein Rußland mußt er lassen...
Das er so stolz erhob...

In Apollon Apollonowitschs Bewußtsein erstand dieses Fragment, wenn er, Apollon Apollonowitsch Ableuchow, den Saal durchmaß.

Und auf das zitierte Versfragment folgte das Versfragment:

> Mir ahnt, die Reihe ist an mir,
> Er ruft nach mir, der liebe Delwig,
> Gefährte kecker Jugendzeit,
> Gefährte auch in Traurigkeit,
> Gefährte junger Frohgesänge,
> So manchen Festmahls, Sinnens reiner Toren –
> Er ist nun dort, und in der Schatten Menge
> Ist uns sein Genius für alle Zeit verloren.

Die Serie der Versfragmente brach zornig ab:

> Den Erdball überzogen neue Wolken,
> Und ein Orkan trieb sie ...

Beim Gedanken an die Fragmente wurde Apollon Apollonowitsch besonders dürr; und mit besonderer Akkuratesse lief er hinaus, um den Bittstellern seine Finger zu reichen.

Unterdessen hatte das Gespräch eine Fortsetzung

Unterdessen hatte das Gespräch zwischen Nikolaj Apollonowitsch und dem Unbekannten eine Fortsetzung.

– »Ich bin beauftragt«, – sagte der Unbekannte und nahm von Nikolaj Apollonowitsch die Aschenschale entgegen, »ja: ich bin beauftragt, Ihnen zur Verwahrung hier dieses Bündel zu bringen.«

– »Das ist alles?!« – schrie Nikolaj Apollonowitsch, der noch kaum zu glauben wagte, daß das verstörende Auftauchen des Unbekannten, ohne *jenes entsetzliche* Angebot im mindesten zu berühren, mit nicht mehr verbunden war als einem höchst harmlosen Bündel; und in einer Anwandlung von zerstreuter

Freude war er schon bereit, das Bündel abzuküssen; sein Gesicht überzog sich mit Grimassen und zeigte ein ungestümes Leben; entschlossen stand er auf und wandte sich zu dem Bündel; da aber stand der Unbekannte warum auch immer ebenfalls auf, und warum auch immer warf auch er sich plötzlich zwischen das Bündel und Nikolaj Apollonowitsch; und als die Hand des Senatorssöhnchens sich nach dem berüchtigten Bündel streckte, da packte die Hand des Unbekannten mit den Fingern unverfroren die Finger Nikolaj Apollonowitschs:

– »Vorsichtig, um Gottes willen...«

Nikolaj Apollonowitsch, betrunken vor Freude, murmelte eine undeutliche Entschuldigung und streckte wieder zerstreut seine Hand nach dem Gegenstand aus; und abermals hinderte ihn den Gegenstand zu ergreifen der Unbekannte mit flehentlich ausgestreckter Hand:

– »Nein: ich bitte Sie ernstlich, behutsamer zu sein, Nikolaj Apollonowitsch, behutsamer...«

– »Aa... ja, ja...« – Nikolaj Apollonowitsch hatte auch dieses Mal nichts gehört: doch kaum hatte er das Bündel am Zipfel des Tuches gefaßt, schrie der Unbekannte ihm diesmal ins Ohr mit völlig verärgerter Stimme:

– »Nikolaj Apollonowitsch, ich wiederhole Ihnen zum dritten Mal: be-hut-sa-mer...«

Diesmal wunderte sich Nikolaj Apollonowitsch...

– »Das ist wahrscheinlich Literatur?..«

– »Nun, nein...«

. . . .

In diesem Moment ertönte ein deutlicher metallischer Laut: etwas schnappte; in der Stille ertönte das feine Fiepen einer gefangenen Maus; im selben Augenblick kippte der weiche Schemel um und stampften die Schritte des Unbekannten in eine Ecke:

– »Nikolaj Apollonowitsch, Nikolaj Apollonowitsch« – ertönte seine erschrockene Stimme, – »eine Maus, eine Maus... Befehlen Sie schnell Ihrem Diener... das, das... zu entfernen: *das* ist mir... ich kann nicht...«

Nikolaj Apollonowitsch legte das Bündel ab und wunderte sich über die Panik des Unbekannten:

— »Sie fürchten sich vor Mäusen?..«

— »Schnell, schnell, raus mit ihr...«

Wie er aus seinem Zimmer sprang und den Klingelknopf drückte, bot Nikolaj Apollonowitsch, offen gestanden, einen äußerst absurden Anblick; am absurdesten aber war jener Umstand, daß in der Hand... er das angstvoll sich sträubende Mäuschen hielt; zwar rannte das Mäuschen in der Drahtfalle, doch Nikolaj Apollonowitsch neigte zerstreut ganz dicht über die Falle sein bemerkenswertes Gesicht und, mit dem langen gepflegten gelblichen Nagel den Metalldraht entlangfahrend, musterte jetzt mit größter Aufmerksamkeit seine graue Gefangene.

— »Ein Mäuschen« – er hob die Augen zum Lakaien, und der Lakai wiederholte ehrfurchtsvoll:

— »Ein Mäuschen... Tatsächlich...«

— »So was: rennt und rennt...«

— »Es rennt...«

— »Und Angst hat es...«

— »Nun, wie denn nicht...«

Durch die offene Tür des Empfangszimmers sah jetzt der Unbekannte hinaus, warf einen erschrockenen Blick und zog sich wieder zurück:

— »Nein – ich kann nicht...«

— »Der Herr fürchtet sich?.. Nicht doch: das Mäuschen ist ein göttliches Tier... Wie denn nicht... Auch das Mäuschen...«

Ein paar Augenblicke waren Diener wie Herr befaßt mit der Betrachtung der Gefangenen; schließlich nahm der achtbare Diener die Mausefalle entgegen.

— »Ein Mäuschen...« – wiederholte mit zufriedener Stimme Nikolaj Apollonowitsch und kehrte mit einem Lächeln zu seinem wartenden Gast zurück. Nikolaj Apollonowitsch hatte ein besonders zärtliches Verhältnis zu Mäusen.

. . . .

Nikolaj Apollonowitsch trug schließlich das Bündel ins Arbeitszimmer: irgendwie flüchtig verblüffte ihn nur das große Gewicht des Bündels; doch er dachte darüber nicht nach; auf dem Weg ins Arbeitszimmer, mit dem Fuß an einer weichen Falte anhakend, stolperte er über den bunten arabischen Teppich; im Bündel klirrte da etwas metallisch, der Unbekannte mit dem schwarzen Schnurrbärtchen fuhr bei diesem Klirren halb auf; und die Hand des Unbekannten beschrieb hinter Nikolaj Apollonowitschs Rücken dieselbe Zickzacklinie, vor der kürzlich der Senator so erschrak.

Doch nichts geschah; der Unbekannte sah nur, daß im Nachbarzimmer auf einem soliden Lehnstuhl locker ausgebreitet lagen ein roter Domino und eine schwarze Atlaslarve; der Unbekannte starrte verwundert diese schwarze Larve an (sie verblüffte ihn, offen gestanden), während Nikolaj Apollonowitsch eine Schreibtischlade aufzog und, als genug Platz geräumt war, das Bündel behutsam hineinlegte; der Unbekannte mit dem schwarzen Schnurrbärtchen, noch immer den Domino musternd, begann unterdessen lebhaft, einen eigenen von Grund aus durchdachten Gedanken zu äußern:

– »Wissen Sie ... Die Einsamkeit bringt mich um. Ich habe in diesen Monaten ganz und gar das Reden verlernt. Fällt Ihnen nicht auf, Nikolaj Apollonowitsch, daß mir die Worte durcheinandergeraten.«

Nikolaj Apollonowitsch, der dem Gast seinen Bucharer Rücken zukehrte, murmelte nur zerstreut und gedehnt:

– »Ach, wissen Sie, das geht allen so.«

Nikolaj Apollonowitsch bedeckte dabei behutsam das Bündel mit einem Porträt in Kabinettformat, das eine hübsche Brünette zeigte; mit der *hübschen Brünetten* das Bündel bedeckend, fiel Nikolaj Apollonowitsch ins Grübeln, ohne den Blick vom Porträt zu lösen; und ein Froschausdruck lag einen Augenblick auf seinen bleichen Lippen.

In den Rücken aber tönten ihm die Worte des Unbekannten:

– »Ich komme mit jedem Satz durcheinander. Ich will das eine Wort sagen, und an seiner Stelle sage ich etwas ganz anderes: gehe immer am Wesen der Sache vorbei ... Oder ich vergesse plötzlich, wie, nun, der gewöhnlichste Gegenstand heißt: und wenn es mir einfällt, zweifele ich, ob das noch so ist. Ich präge mir ein: Lampe, Lampe und Lampe; und dann plötzlich scheint mir, daß es solch ein Wort gar nicht gibt: Lampe. Und zum Fragen habe ich mitunter niemand; und selbst wenn jemand da wäre, ist einen Beliebigen zu fragen peinlich, wissen Sie: man hält mich für einen Verrückten.«

– »Ach, ich bitte Sie . . .«

Übrigens, zu dem Bündel: hätte Nikolaj Apollonowitsch den Worten seines Besuchers, behutsamer umzugehen mit dem Bündel, mehr Beachtung geschenkt, dann hätte er wahrscheinlich begriffen, daß das vermeintlich so harmlose Bündel ganz so harmlos nicht war, doch er, wie gesagt, war mit dem Porträt beschäftigt; so sehr beschäftigt, daß der Faden der Worte des Unbekannten in seinem Kopf verlorenging. Auch jetzt, als er die Worte begriff, verstand er sie kaum. In seinen Rücken aber schrie noch immer die schrille Fistelstimme:

– »Es lebt sich schwer, Nikolaj Apollonowitsch, so ausgeschlossen wie ich, in einer Torricellischen Leere . . .«

– »Torricellischen?« – wunderte sich, ohne den Rücken zu wenden, Nikolaj Apollonowitsch, der nicht richtig gehört hatte.

– »Ganz genau, Torricellischen, und das, beachten Sie, um der Allgemeinheit willen; die Allgemeinheit, die Gesellschaft – aber was für eine Gesellschaft, erlauben Sie zu fragen, habe ich? Die Gesellschaft einer *gewissen*, Ihnen unbekannten Person, die Gesellschaft meines Hausknechts, Matwej Morshow, und die Gesellschaft grauer Asseln: brrr . . . in meiner Dachkammer wimmelt es von Asseln . . . Na? Wie gefällt Ihnen das, Nikolaj Apollonowitsch?«

– »Ja, wissen Sie . . .«

– »Die gemeinsame Sache! Sie ist ja für mich schon lange zu meiner persönlichen Sache geworden, die mir nicht gestattet, andere zu treffen: diese gemeinsame Sache hat mich ja ausgeschlossen von der Liste der Lebenden.«

Der Unbekannte mit dem schwarzen Schnurrbärtchen war, offensichtlich, rein zufällig auf sein Lieblingsthema gekommen; und rein zufällig auf sein Lieblingsthema gekommen, hatte der Unbekannte mit dem schwarzen Schnurrbärtchen den Zweck seines Hierseins vergessen, er hatte, wahrscheinlich, auch sein feuchtes Bündel vergessen, er hatte sogar die Zahl der vernichteten Papirossy vergessen, die den üblen Geruch verstärkten: wie alle gewaltsam zum Schweigen gezwungenen und von Natur geschwätzigen Leute, verspürte er manchmal das unsagbare Bedürfnis, wem auch immer sein gedankliches Fazit vorzutragen: Freund, Feind, dem Hausknecht, dem Schutzmann, einem Kind, selbst ... der Friseurpuppe, die im Schaufenster stand. In den Nächten sprach der Unbekannte manchmal mit sich selbst. In der Umgebung des prunkvollen, bunten Empfangszimmers regte sich dieses Bedürfnis zu reden plötzlich unwiderstehlich, wie eine Art Trunksucht nach einem Monat Enthaltung vom Wodka.

– »Ich scherze nicht: was für ein Scherz; in diesem Scherz lebe ich ja mehr als zwei Jahre: scherzen, das dürfen Sie, der in jede Art Gesellschaft einbezogen ist; meine Gesellschaft aber ist die Gesellschaft von Wanzen und Asseln. Ich bin ich. Hören Sie mich?«

– »Natürlich.«

Nikolaj Apollonowitsch hörte jetzt wirklich zu.

– »Ich bin ich: doch man spricht mit mir, als wäre ich nicht ich, sondern irgendein ›Wir‹. Doch erlauben Sie – warum? Jetzt ist mein Gedächtnis gestört: ein schlechtes Zeichen, ein schlechtes Zeichen, das auf den Beginn einer Hirnstörung hinweist«, – der Unbekannte mit dem schwarzen Schnurrbärtchen begann von Ecke zu Ecke zu schreiten – »wissen Sie, die Einsamkeit bringt mich um. Und manchmal werde ich geradezu böse: die gemeinsame Sache, soziale Gleichheit, nur ...«

Hier unterbrach der Unbekannte plötzlich seine Rede, denn Nikolaj Apollonowitsch, der die Schublade geschlossen hatte, wandte sich nun dem Unbekannten zu und, gewahr werdend, daß dieser letztere schon durch sein Arbeitszimmer spazierte und Asche auf den Tisch und den roten Atlasdomino streute: all dessen gewahr werdend, lief Nikolaj Apollonowitsch aus unerforschlichem Grund hochrot an und eilte den Domino fortzuräumen; erst dadurch beförderte er den Wechsel des Interessenfeldes im Hirn des Unbekannten:

– »Was für ein prachtvoller Domino, Nikolaj Apollonowitsch.«

Nikolaj Apollonowitsch eilte zum Domino, als wollte er ihn mit dem bunten Schlafrock bedecken, doch zu spät: die lautraschelnde Seide befühlte der Unbekannte mit der Hand:

– »Eine prachtvolle Seide ... Sicher kostet sie viel: Sie besuchen wahrscheinlich, Nikolaj Apollonowitsch, Maskenbälle ...«

Doch Nikolaj Apollonowitsch errötete noch tiefer:

– »Ja, nun ...«

Fast entriß er ihm den Domino und trug ihn zum Schrank, wie eines Verbrechens überführt; wie ein ertappter Dieb verbarg er hastig den Domino; wie ein ertappter Dieb lief er zurück nach der Larve; als alles versteckt war, beruhigte er sich, schwer atmend und mit argwöhnischem Blick auf den Unbekannten; doch der Unbekannte, offen gestanden, hatte den Domino längst vergessen und war nun zu seinem Lieblingsthema zurückgekehrt, dabei spazierte er unentwegt auf und ab und verstreute Asche.

– »Ha, ha, ha!« – schwadronierte der Unbekannte und brannte sich rasch im Gehen eine Papirossa an. – »Es wundert Sie, wie ich bis heute Drahtzieher sein kann von nicht unbekannten Bewegungen, befreienden für die einen und äußerst beschränkenden für andere, nun, und sei es für Ihren Herrn Vater? Ich wundere mich selbst auch; das ist alles Unsinn, daß ich bis heute nach einem streng ausgearbeiteten Programm handle: ich handle nämlich – hören Sie: nach eigenem Gutdünken; doch was soll ich machen, mein Gutdünken eröffnet jedesmal in ihrer Tätigkeit nur ein neues Gleis; im Grunde bin nicht ich in der Partei, die Partei ist in mir ... Das wundert Sie?«

– »Ja: offen gestanden, wundert es mich; und, offen gestanden, würde ich keinesfalls gemeinsam mit Ihnen handeln.« Nikolaj Apollonowitsch lauschte nun aufmerksamer auf die Reden des Unbekannten, die immer runder, immer klangvoller wurden.

– »Aber Sie haben ja trotzdem mein Bündel von mir entgegengenommen: also handeln wir doch gemeinsam.«

– »Nun, das kann nicht zählen, was ist dabei für ein Handeln . . .«

– »Nun, natürlich, natürlich«, unterbrach ihn der Unbekannte, – »das war nur ein Scherz.« Und er schwieg eine Weile, schaute Nikolaj Apollonowitsch innig an, und sagte diesmal völlig offen:

– »Wissen Sie, ich wollte mich längst mit Ihnen treffen: einmal von Herzen reden; ich treffe so wenige Menschen. Ich wollte von mir erzählen. Ich bin ja der Ungreifbare nicht nur für die Gegner der Bewegung, sondern auch für ihre allzu seltenen Gönner. Sozusagen, die Quintessenz der Revolution, aber seltsam: Sie wissen doch alles über die Methodik sozialer Phänomene, vertiefen sich in Diagramme, in die Statistik, wahrscheinlich kennen Sie auch Marx vollkommen; und ich – ich habe nichts gelesen; glauben Sie nicht: ich bin belesen, sogar sehr, nur rede ich nicht davon, von den Ziffern der Statistik.«

– »Und worüber denn? . . Nein, erlauben Sie, erlauben Sie: ich habe im Schränkchen Kognak – mögen Sie?«

– »Warum nicht . . .«

Nikolaj Apollonowitsch griff in ein kleines Schränkchen: bald erschienen vor dem Gast eine geschliffene Karaffe und zwei geschliffene Gläschen.

Nikolaj Apollonowitsch bewirtete beim Plaudern mit Gästen seine Gäste mit Kognak.

Dem Gast in größter Zerstreutheit Kognak einschenkend (wie alle Ableuchows, war er zerstreut), dachte Nikolaj Apollonowitsch unablässig, daß sich ihm nun günstig bequemste Gelegenheit bot, sein Angebot von *damals* ganz zurückzuziehen; doch kaum wollte er seinen Gedanken in Worte fassen, wurde er verlegen: er wollte aus Feigheit seine Feigheit dem Unbekannten nicht aussprechen; und außerdem: wollte er sich zum freudigen Anlaß nicht mit dem höchst heiklen Gespräch belasten, wo er auch schriftlich zurückziehen konnte.

– »Im Moment lese ich Conan Doyle, zur Erholung« – schwadronierte der Unbekannte, – »nicht böse sein – nur ein Scherz, natürlich. Übrigens, vielleicht auch kein Scherz: denn offen gestanden, wird der Kreis meiner Lektüre Ihnen ebenso ungereimt scheinen: ich lese die Geschichte der Gnostik, Gregor von Nyssa, den Syrer, die Apokalypse. Hierin, wissen Sie, besteht mein Privileg: immerhin bin ich Obrist der Bewegung, von den Feldern des Handelns (für meine Verdienste) verlegt bis hinauf ins Stabsquartier. Ja, ja, ja: ich bin Obrist. Für langjährige Dienste, versteht sich; Sie dagegen, Nikolaj Apollonowitsch, mit Ihrer Methodik und Ihrem Verstand, Sie sind Unteroffizier: Sie sind erstens darum Unteroffizier, weil Sie Theoretiker sind; und mit der Theorie steht es bei unseren Generälen schlecht; denn sagen Sie doch selbst – schlecht steht es; und sie sind aufs Haar Metropoliten, und die Metropoliten sind Mönche; und ein junger Seminarist, der Harnack studiert, doch die Schule der Erfahrung ausgelassen hat, der nicht beim Asketen war, ist für den Metropoliten nur ein ärgerliches Anhängsel der Kirche; und auch Sie mit all Ihren Theorien sind ein Anhängsel; glauben Sie mir, ein ärgerliches.«

– »In Ihren Worten höre ich ja einen Beigeschmack von Volkstümlerei.«

– »Wie denn sonst? Die Volkstümler haben die Kraft, und nicht die Marxisten. Doch verzeihen Sie, ich bin abgeschweift... wovon wollte ich? Ja, von den Verdiensten und von der Lektüre. Also: die Originalität meiner geistigen Nahrung kommt von eben derselben Wunderlichkeit; ich bin ein ebensolcher revolutionärer Prahlhans, wie jeder Prahlhans und Krieger mit Georgskreuz. Einem alten Prahlhans und Haudegen wird alles verziehen.«

Der Unbekannte verfiel ins Grübeln, schenkte sich ein Gläschen ein; trank – und schenkte noch einmal ein.

– »Ja und wie sollte ich auch nicht Eigenes finden, Persönliches, Selbständiges: ich lebe ja ohnehin schon, scheint es, privat – in meinen gelben vier Wänden; mein Ruhm wächst, die Gesellschaft spricht meinen Decknamen bei der Partei nach, doch der Kreis von Leuten, die zu mir menschliche Beziehungen pflegen, ist, glauben Sie mir, gleich Null; man erfuhr zum ersten Mal von mir zu jener ruhmvollen Zeit, als ich bei vierzig Grad Frost meine Zelte aufschlug...«

– »Sie wurden doch verbannt?«

– »Ja, ins Gebiet Jakutsk.«

Betretenes Schweigen trat ein. Der Unbekannte mit dem schwarzen Schnurrbärtchen schaute aus dem Fenster auf die Weiten der Newa; dort lastete fahlgraue Fäule: dort war der Rand der Welt und dort war das Ende der Unendlichkeiten; dort, durch die Gräue und Fäule flüsterte schon der giftige Oktober und schlug an die Scheiben mit Tränen und Wind; und die Regentränen an den Scheiben holten einander ein, sich zu Bächen zu winden und kraklige Zeichen von Wörtern zu malen; in den Schloten war das süße Gefiepe des Winds zu hören, und ein Netz schwarzer Schlote, von fern-fern, schickte unter den Himmel seinen Rauch. Und der Rauch fiel in Schweifen über den dunkelbuntenden Wassern. Der Unbekannte mit dem schwarzen Schnurrbärtchen berührte mit den Lippen das Gläschen und schaute in die gelbe Flüssigkeit: seine Hände zitterten.

Nikolaj Apollonowitsch, der jetzt aufmerksam zugehört hatte, sagte mit einer gewissen... beinahe Bosheit:

– »Aber den Massen, Aleksandr Iwanowitsch, haben Sie hoffentlich von Ihren Träumen noch kein Wort?..«

– »Selbstverständlich, noch schweige ich.«

– »Dann heißt das, Sie lügen; entschuldigen Sie, doch wesentlich sind nicht die Worte: Sie lügen gleichwohl und lügen ein für allemal.«

Der Unbekannte blickte verwundert und fuhr dann reichlich unpassend fort:

– »Noch lese und denke ich nur: und all das ausschließlich für mich allein: darum auch lese ich Gregor von Nyssa.«

Schweigen trat ein. Nachdem er ein neues Glas gekippt hatte, schaute der Unbekannte aus einer Wolke von Tabakrauch wie ein Sieger hervor; selbstverständlich rauchte er unentwegt. Das Schweigen unterbrach Nikolaj Apollonowitsch.

– »Nun, und nach Ihrer Rückkehr aus dem Jakutsker Gebiet?«

– »Aus dem Jakutsker Gebiet bin ich glücklich geflohen; sie haben mich im Krautfaß rausgeholt; und nun bin ich das, was ich bin: ein Drahtzieher aus dem Untergrund; glauben Sie nur nicht, ich handle im Namen sozialer Utopien oder im Namen Ihres Eisenbahndenkens: Ihre Kategorien erinnern mich an Gleise, und Ihr Leben an einen auf Gleisen dahinrasenden Waggon: damals war ich hoffnungsloser Nietzscheaner. Wir sind alle Nietzscheaner: denn auch Sie – der Ingenieur einer eigenen Eisenbahnlinie, Urheber eines Linienplans – auch Sie sind Nietzscheaner; nur werden Sie das niemals zugeben. Nun also, uns Nietzscheanern verwandelt sich die agitatorisch ge- stimmte und von sozialen Instinkten getriebene Masse (so würden Sie sagen) in einen ausführenden Apparat (ebenfalls Ihr Ingenieurausdruck), wo die Menschen (selbst solche, wie Sie) die Klaviatur sind, über die die Finger des Pianisten (beachten Sie: das ist mein Ausdruck) mühelos fliegen, Hürden um der Hürden willen überwindend; und während ein Gei- fermaul im Parkett vor der Konzertbühne den göttlichen Klängen Beethovens lauscht, sind für den Künstler und auch für Beethoven – wesentlich nicht die Klänge, sondern irgendein Septakkord. Sie wissen doch, was ein Septakkord ist? So sind wir ja alle.«

– »Das heißt Athleten der Revolution.«

– »Nun, ist der Athlet denn kein Künstler? Ich bin Athlet aus reiner Liebe zur Kunst: und darum bin ich Künstler. Aus dem ungestalten Lehm der Gesellschaft ist gut eine ewig bedeutende Büste zu formen.«

– »Aber erlauben Sie, erlauben Sie, Sie verfallen in einen Widerspruch: der Septakkord, das heißt eine Formel, ein Ter- minus, und die Büste, das heißt etwas Lebensvolles? Die Tech- nik – und die Inspiration durch die Kunst? Die Technik ver- stehe ich vorzüglich.«

Betretenes Schweigen trat wieder ein: Nikolaj Apollonowitsch zupfte gereizt ein Roßhaar aus seinem buntgewebten Lager: in einen theoretischen Disput fand er unnötig einzutreten; er war nach Regeln zu disputieren gewohnt und nicht von Thema zu Thema zu springen.

– »Alles auf der Welt beruht auf Kontrasten: und mein Nutzen für die Gesellschaft hat mich in trostlose Eiswüsten geführt;

wenn man hier an mich dachte, hat man wahrscheinlich völlig vergessen, daß ich dort allein war, in der Leere: und in dem Maße, wie ich in die Leere verschwand, mich erhebend über die Gemeinen, selbst über die Unteroffiziere (der Unbekannte lächelte arglos und zupfte ein Schnurrbarthärchen aus), fielen allmählich alle Parteivorurteile von mir ab, alle Kategorien, so würden Sie sagen: bei mir im Jakutsker Gebiet, wissen Sie, gibt es nur eine Kategorie. Und wissen Sie welche?«

– »Welche?«

– »Die Kategorie des Eises...«

– »Das heißt wie...?«

Ob von den Gedanken oder vom getrunkenen Branntwein, Aleksandr Iwanowitschs Gesicht hatte wirklich einen seltsamen Ausdruck angenommen: verblüffend hatte es sich in der Farbe wie selbst im Gesichtsumfang verändert (es gibt solche Gesichter, die sich im Nu verändern); er wirkte nun vollends betrunken.

– »Die Kategorie des Eises sind die eisigen Weiten des Gouvernements Jakutsk: sie trage ich, wissen Sie, in meinem Herzen; sie isolieren mich von allen; das Eis trage ich in mir; ja, ja, ja: das Eis isoliert mich; es isoliert mich erstens als Illegalen, der mit falschem Paß lebt; zweitens ist in diesem Eis zum ersten Mal in mir jene besondere Empfindung gereift: als wäre ich, selbst unter Menschen, ins Unermeßliche geworfen...«

Der Unbekannte mit dem schwarzen Schnurrbärtchen war unmerklich zum Fenster geschlichen; dort, hinter den Scheiben, durch den grünlichen Nebel marschierte ein Grenadierszug vorüber: hochgewachsene Burschen marschierten und alle in grauen Uniformmänteln. Den linken Arm schwenkend, marschierten sie: marschierten Reihe um Reihe, die Bajonette ragten schwarz im Nebel.

Nikolaj Apollonowitsch spürte eine seltsame Kälte: ihm wurde wieder unbehaglich: sein Versprechen an die Partei war noch nicht zurückgenommen; nun dem Unbekannten zuhörend, bekam Nikolaj Apollonowitsch große Angst: Nikolaj Apollonowitsch, genauso wie Apollon Apollonowitsch, liebte die Weiten nicht; mehr noch entsetzten ihn die eisigen Weiten, die so merklich ihn anhauchten aus Aleksandr Iwanowitschs Worten.

Aleksandr Iwanowitsch aber, dort am Fenster, lächelte...

— »Das Statut der Revolution brauche ich nicht: das Statut ist für euch, Theoretiker, Publizisten, Philosophen.«

Hier brach er, aus dem Fenster schauend, rasch seine Rede ab; er sprang vom Fensterbrett herunter und starrte beharrlich in das neblige Matschwetter; folgendes war: aus dem nebligen Matschwetter fuhr eine Kutsche vor; Aleksandr Iwanowitsch sah, wie die Kutschentür aufging und auch, wie Apollon Apollonowitsch Ableuchow in grauem Mantel und hohem schwarzem Zylinder mit steinernem Gesicht, das an einen Tintenlöscher erinnerte, schnell aus der Kutsche sprang und einen kurzen und erschrockenen Blick auf den spiegelnden Abglanz der Fenster warf; schnell stürmte er in die Auffahrt, wobei er den schwarzen Glacéhandschuh aufknöpfte. Aleksandr Iwanowitsch, seinerseits nun vor etwas erschrocken, hob unerwartet die Hand zu den Augen, als wollte er sich schützen vor einem zudringlichen Gedanken. Gepreßtes Flüstern entfuhr seiner Brust:

— »Er...«

— »Was ist los?«

Nikolaj Apollonowitsch trat nun gleichfalls zum Fenster.

— »Nichts Besonderes: da fuhr in der Kutsche Ihr Vater vor.«

Die Wände sind Schnee, keine Wände!

Apollon Apollonowitsch liebte seine geräumige Wohnung nicht; die Möbel blinkten so aufdringlich dort, so ewig: und wenn sie in Überzüge gehüllt waren, dann standen die Möbel in weißen Bezügen vor den Blicken wie schneeige Hügel; hallend und deutlich warf das Parkett hier den Schritt des Senators zurück.

So hallend und deutlich warf den Schritt des Senators der Saal zurück, der mehr einem Korridor glich von gewaltigem Ausmaß. Von der in weißen Girlanden versinkenden Decke, aus einem Stuckkranz von Früchten senkte sich dort ein Lüster mit Glaspendeloquen aus Bergkristall, verhüllt von schützendem Musselin; wie durchscheinend schaukelte der Lüster gleichmäßig hin und her und bebte mit einer Kristallträne.

Das Parkett aber, gleichsam ein Spiegel, blinkte mit seinen Quadraten.

Die Wände sind Schnee, keine Wände; entlang dieser Wände waren überall hochbeinige Stühle aufgestellt; ihre hohen weißen Beine vergingen in goldenen Rillen; überall zwischen den Stühlen, den mit strohgelbem Plüsch bezogenen, ragten Säulchen auf aus weißem Alabaster; und von allen weißen Säulchen erhob sich ein alabasterner Archimedes. Nicht ein Archimedes – verschiedene Archimeden, denn alle zusammen heißen – der Alte Grieche. Kalt funkelte von den Wänden strenges eisiges Glas; eine sorgende Hand aber hatte an den Wänden runde Rahmen aufgehängt; unter dem Glas erschien blaßtönige Malerei; die blaßtönige Malerei imitierte die Fresken Pompejis.

Apollon Apollonowitsch blickte beiläufig zu den pompejischen Fresken und dachte daran, wessen sorgende Hand sie aufgehängt hatte; die sorgende Hand war die Hand von Anna Petrowna: Apollon Apollonowitsch preßte verächtlich die Lippen zusammen und trat in sein Arbeitszimmer; in seinem Arbeitszimmer pflegte Apollon Apollonowitsch sich einzuschließen; unerklärliche Wehmut erweckten die Weiten der Zimmerfluchten; stets überfiel ihn von dort, so schien es, jemand ewig Vertrautes und Seltsames; Apollon Apollonowitsch hätte größte Lust, aus seinem riesigen Domizil in eine bescheidenere Wohnung zu wechseln; seine Untergebenen lebten ja in viel bescheideneren Wohnungen; nur er, Apollon Apollonowitsch Ableuchow, mußte auf ewig der fesselnden Enge entsagen: die Höhe seines Postens zwang ihn dazu; so war Apollon Apollonowitsch gezwungen, sich müßig zu quälen in der kalten Wohnung am Ufer; er dachte auch oft an die verflossene Bewohnerin dieser funkelnden Zimmer: Anna Petrowna. Schon zwei Jahre, daß ihn Anna Petrowna verlassen hatte mit einem italienischen Künstler.

Mit dem Erscheinen des Senators wurde der Unbekannte nervös; seine bislang flüssige Rede brach ab: wahrscheinlich wirkte der Alkohol; überhaupt gab die Gesundheit Aleksandr Iwanowitschs Anlaß zu ernster Besorgnis; die Gespräche mit sich selbst und mit anderen erzeugten bei ihm einen sündigen Gemütszustand und wirkten schmerzhaft auf den vertebralen Rückenmarksstrang; er entwickelte einen düsteren Ekel vor dem ihn aufwiegelnden Gespräch; diesen Ekel übertrug er später auf sich selbst; dem Anschein nach schwächten ihn diese unschuldigen Gespräche furchtbar, doch am unangenehmsten war jener Umstand, daß, je mehr er redete, um so dringlicher sein Bedürfnis wurde, noch mehr zu reden: bis zur Heiserkeit, bis zum kratzigen Gefühl in der Kehle; er konnte schon nicht mehr innehalten, mehr und mehr sich erschöpfend: manchmal redete er sich so weit, bis er am Ende echte Anfälle von Verfolgungswahn spürte: aus den Worten entstehend, setzten sie sich fort in den Träumen: zeitweise häuften sich seine außerordentlich unheilkündenden Träume: Traum folgte auf Traum; mitunter pro Nacht drei Alpträume; in diesen Träumen umringten ihn immer Fratzen (aus unbestimmtem Grund meist Tataren, Japaner oder überhaupt Orientalen); diese Fratzen trugen allesamt denselben abscheulichen Ausdruck; mit ihren abscheulichen Augen zwinkerten sie ihm fortwährend zu; doch was das Erstaunlichste war, daß ihm dabei ständig ein völlig sinnloses Wort in den Sinn kam, scheinbar ein kabbalistisches, doch in Wirklichkeit der Teufel weiß was: *enfranschisch*; mittels dieses Worts kämpfte er in seinen Träumen mit ihn umringenden Scharen von Geistern. Später: erschien ihm auch im Wachen ein schicksalhaftes Gesicht auf einem Stück dunkelgelber Tapete seiner Behausung; schließlich begann bisweilen allerlei Plunder ihm zu erscheinen: und erschien ihm am hellen Tag, wenn denn im Herbst in Petersburg ein Tag hell ist, und nicht gelbgrün mit düster-safrangelbem Schimmer; und dann empfand Aleksandr Iwanowitsch dasselbe, was auch gestern der Senator empfand, als er seinen, Aleksandr

Iwanowitschs, Blick auffing. All diese schicksalhaften Erscheinungen begannen in ihm mit Anwandlungen tiefster Schwermut, hervorgerufen, aller Wahrscheinlichkeit nach, vom langen Auf-der-Stelle-Sitzen: und dann begann Aleksandr Iwanowitsch erschrocken hinauszulaufen in den grüngelben Nebel (trotz der Gefahr des Aufgespürtwerdens); durch Petersburgs Straßen laufend, kehrte er in Schenken ein. So erschien auf dem Plan auch der Alkohol. Auf den Alkohol erschien augenblicklich auch die schändliche Liebe: zum Füßchen, pardon, zum Strumpf am Füßchen einer einfältigen Hochschülerin, völlig ohne Bezug zu ihr selbst; es begannen dem Anschein nach völlig unschuldige Scherze, Kichereien, Grinsereien. Alles endete in dem wüsten und alphaften Traum mit *enfranschisch*.

An all das erinnerte sich Aleksandr Iwanowitsch und zuckte die Schultern: als hätte mit der Ankunft des Senators im Haus all das sich wieder in seiner Seele erhoben; irgendein beiläufiger Gedanke ließ ihm keine Ruhe; ab und zu, unabsichtlich, trat er zur Tür und lauschte dem kaum ihn erreichenden Hall ferner Schritte; wahrscheinlich ging dort in seinem Arbeitszimmer der Senator auf und ab.

Um seine Gedanken zu unterbrechen, begann Aleksandr Iwanowitsch wieder, diese Gedanken in trübsinnige Reden zu fassen:

– »Sie hören sich, Nikolaj Apollonowitsch, mein Geplapper an: unterdessen hat sich auch hier: in all mein Gerede, zum Beispiel in die Versicherung meiner Person, wieder ein Unwohlsein gemischt. Ich rede hier zu Ihnen, disputiere mit Ihnen – doch nicht mit Ihnen disputiere ich, mit mir selbst, nur mir selbst. Mein Gesprächspartner bedeutet mir nämlich rein gar nichts: ich kann mit den Wänden reden, mit Prellsteinen, mit absoluten Idioten. Ich höre fremden Gedanken nicht zu: das heißt, ich höre nur, was mich betrifft, meine Dinge. Ich kämpfe, Nikolaj Apollonowitsch: die Einsamkeit überfällt mich: ich sitze stundenlang, tagelang, wochenlang in meiner Dachkammer und rauche. Und dann scheint mir allmählich, daß *alles sonderbar ist*. Kennen Sie diesen Zustand?«

– »Ich weiß nicht genau. Ich habe gehört, das kommt manch- mal vom Herzen. So beim Anblick der Weite, wenn rundum nichts ist ... Das ist mir verständlicher.«

– »Nun, und ich – ich bin nicht: da sitzt du also und redest, warum du – du bist: und dir scheint, das bist gar nicht du ... Wissen Sie, da steht so ein Tisch vor mir. Und weiß der Teufel, was es eigentlich ist: auch der Tisch ist kein Tisch. Und dann sagst du dir: weiß der Teufel, was das Leben mit dir gemacht hat. Und du möchtest, daß ich – ich wird ... Aber da ist das *mythische Wir* ... Ich verachte überhaupt alle Wörter auf ›ü‹, schon im Laut ›ü‹ sitzt eine Art Tatarenjoch, Mongolentum, oder Orient. Hören Sie: ü. Keine einzige Kultursprache kennt das ›ü‹: etwas Tumbes, Zynisches, Schlüpfriges.«

Nun mußte der Unbekannte mit dem schwarzen Schnurrbärt- chen an das Gesicht einer ihn erzürnenden Person denken; und es erinnerte ihn an den Buchstaben »ü«.

Nikolaj Apollonowitsch, wie zum Trotz, knüpfte mit Aleksandr Iwanowitsch ein Gespräch an.

– »Sie reden immer von der Würde der Person: aber sagen Sie, stehen denn Sie nicht unter Kontrolle; sind Sie denn selbst nicht gebunden?«

– »Sie meinen, Nikolaj Apollonowitsch, eine *gewisse Per- son*?«

– »Ich meine gar niemand: nur so ...«

– »Ja – Sie haben recht: die *gewisse Person* erschien bald nach meiner Flucht aus dem Eis: sie erschien in Helsingfors.«

– »Das heißt, was denn für eine Person – eine Instanz Ihrer Partei?«

– »Die höchste: und eben um sie herum vollzieht sich der Lauf der Ereignisse: vielleicht sehr bedeutender Ereignisse: kennen Sie denn die *Person*?«

– »Nein.«

– »Aber ich kenne sie.«

– »Nun sehen Sie: unlängst haben Sie gesagt, Sie wären kei- neswegs in der Partei, sondern die Partei in Ihnen; was folgt dann daraus: Sie wären also selbst in der *gewissen Person*.«

– »Ach, sie sieht ja ihr Zentrum in mir.«

– »Und Belastungen?«

Der Unbekannte zuckte zusammen.

– »Ja, ja, ja: tausendmal ja; die *gewisse Person* erlegt mir die schwersten *Belastungen* auf; die Belastungen schließen mich immer ein in immer dieselbe Kälte: in die Kälte des Gouvernements Jakutsk.«

– »Also hat sich«, – witzelte Nikolaj Apollonowitsch, – »die physische Ebene eines nicht allzu fernen Gouvernements in die metaphysische Ebene der Seele verwandelt.«

– »Ja, meine Seele ist gleichsam der Weltenraum; und von dort, aus dem Weltenraum, schaue ich auch auf alles.«

– »Hören Sie, und Sie haben da...«

– »Der Weltenraum«, – unterbrach ihn Aleksandr Iwanowitsch, – »ist mir manchmal zuwider, verzweifelt zuwider. Wissen Sie, was ich als Raum bezeichne?«

Und ohne die Antwort abzuwarten, fügte Aleksandr Iwanowitsch hinzu:

– »Als Raum bezeichne ich meine Behausung auf der Wassilij-Insel: vier senkrechte Wände, beklebt mit Tapeten von angedunkeltem Gelb; wenn ich festsitze in diesen vier Wänden, dann kommt zu mir niemand: der Hausknecht kommt, Matwej Morshow; und dann gelangt in jene Gefilde noch ab und zu die *Person*.«

– »Wie sind Sie denn dorthin geraten?«

– »Nun – die *Person*...«

– »Auch da die Person?«

– »Wie immer: und hier ist ja sie, sozusagen, zum Hüter meiner kühlen Schwelle geworden; wenn sie will, muß ich aus Sicherheitsgründen dort wochenlang in der Stube hocken; denn mein Erscheinen auf den Straßen bedeutet ja immer eine Gefahr.«

– »Und von dort werfen Sie auf das russische Leben einen Schatten – den Schatten des Ungreifbaren.«

– »Ja, aus meinen gelben vier Wänden.«

– »Aber hören Sie: wo ist Ihre Freiheit, woher kommt sie«, – belustigte sich Nikolaj Apollonowitsch, wie zur Rache für die früheren Worte, – »Ihre Freiheit kommt nur von zwölf nacheinander gerauchten Papirossy. Hören Sie, die *Person* hat Sie ja gefangen. Wieviel zahlen Sie für das Zimmer?«

— »Zwölf Rubel; nein, erlauben Sie – plus einen halben.«

— »Und hier widmen Sie sich der Betrachtung des Weltenraums?«

— »Ja, hier: und hier ist alles sonderbar – sind die Gegenstände nicht Gegenstände: hier kam ich ja zur Gewißheit, daß das Fenster kein Fenster ist; das Fenster ist Öffnung ins Unermeßliche.«

— »Wahrscheinlich kam Ihnen hier der Gedanke, daß die Spitze der Bewegung weiß, was den Unteren unzugänglich bleibt, denn die Spitze«, – fuhr Nikolaj Apollonowitsch fort mit seinem Hohn, – »was ist die Spitze?«

Doch Aleksandr Iwanowitsch antwortete ruhig:

— »Die Spitze der Bewegung ist die universale, bodenlose Leere.«

— »Und wozu all der Rest?«

Aleksandr Iwanowitsch belebte sich:

— »Eben im Namen der Krankheit…«

— »Der Krankheit?«

— »Eben jener Krankheit, die mich so peinigt: der seltsame Name jener Krankheit ist mir bislang noch unbekannt, doch die Symptome kenne ich vorzüglich: grundlose Schwermut, Halluzinationen, Ängste, Wodka und Tabak: vom Wodka häufiger und dumpfer Kopfschmerz; schließlich ein besonderes Gefühl im Rückenmark: es quält mich am Morgen. Sie denken vielleicht, ich allein bin nur krank? Wohl kaum: auch Sie, Nikolaj Apollonowitsch, auch Sie sind ebenfalls krank. Krank sind fast alle. Ach, lassen Sie, bitte; ich weiß schon, ich weiß es im voraus, was Sie sagen, und trotzdem: ha-ha-ha! – fast alle Ideologen der Partei – auch sie leiden an derselben Krankheit; deren Züge sind in mir vielleicht plastischer ausgeprägt. Wissen Sie: ich habe schon vor langen Jahren bei Begegnungen mit einem Parteigenossen ihn gerne, wissen Sie, studiert; manches Mal – stundenlange Versammlung, Anliegen, Rauch, Gespräche und alles über so Edles, Erhabenes, und mein Genosse ereifert sich, und dann, wissen Sie, bittet mich dieser Genosse in ein Lokal.«

– »Nun, und was dann?«

– »Nun, selbstverständlich, Wodka: und so weiter; Gläschen um Gläschen; und ich warte schon; wenn nach den getrunkenen Gläschen solch ein Grinsen auf den Lippen dieses Gesprächspartners erscheint (was für eins, das vermag ich Ihnen, Nikolaj Apollonowitsch, nicht zu sagen), dann weiß ich es schon: auf meinen Ideologen ist kein Verlaß; nicht seinen Worten ist zu trauen, noch seinem Handeln; mein Gesprächspartner leidet an Willensschwäche, an Neurasthenie; und nichts, glauben Sie mir, schützt ihn vor Hirnerweichung: so ein Gesprächspartner ist nicht nur imstande, in schweren Zeiten sein Versprechen zu brechen (Nikolaj Apollonowitsch zuckte zusammen); er ist auch in der Lage ganz einfach zu stehlen, zu verraten, ein Mädchen zu vergewaltigen. Und seine Anwesenheit in der Partei ist eine Provokation, eine Provokation, eine entsetzliche Provokation. Seither hat sich mir die ganze Bedeutung, wissen Sie, all dieser Fältchen um den Mund, der kleinen Schwächen, Auflacher, Grimassen erschlossen; und wohin ich auch die Augen wende, überall, überall sehe ich eine einzige Hirnstörung, eine allgemeine, schleichende, ungreifbar entwickelte Provokation, *solch ein* Auflachen mitten in der gemeinsamen Sache – was für eins, das kann ich Ihnen, Nikolaj Apollonowitsch, wohl gar nicht genauer sagen. Nur erkenne ich es unfehlbar; erkannt habe ich es auch bei Ihnen.«

– »Und Sie selbst haben es nicht?«

– »Ich habe es auch: ich habe schon lange aufgehört, irgendeiner gemeinsamen Sache zu trauen.«

– »Dann sind Sie also ein Provokateur. Kränken Sie sich nicht: ich spreche von der rein ideologischen Provokation.«

– »Ich. Ja, ja, ja. Ich bin ein Provokateur. Doch meine ganze Provokation geschieht im Namen einer großen, mich heimlich verlockenden Idee; und wiederum nicht einer Idee, sondern einer – Regung.«

– »Was denn für eine Regung?«

– »Wenn schon von einer Regung sprechen, kann ich sie in Worten nicht definieren: ich kann sie allgemeine Todessehnsucht nennen; und ich berausche mich daran voll Entzücken, voll Glückseligkeit, voll Entsetzen.«

— »Damals, als Sie, nach Ihren Worten, begannen, sich an einer Todesregung zu berauschen, tauchte wahrscheinlich auch dieses Fältchen auf.«

— »So ist es.«

— »Und Sie begannen zu rauchen, zu trinken.«

— »Ja, ja, ja; es tauchten auch besondere wollüstige Gefühle auf: wissen Sie, in keine Frau war ich je verliebt; ich war verliebt – wie soll ich sagen: in einzelne Teile des weiblichen Körpers, in Toilettenzubehör, in Strümpfe zum Beispiel. Und die Männer verliebten sich in mich.«

— »Nun, und die *gewisse Person* ist eben damals aufgetaucht?«

— »Wie ich sie hasse. Denn Sie wissen – ja, wahrscheinlich wissen Sie es nicht aus eigenem Willen, sondern dem Willen des über mir schwebenden Schicksals – des Schicksals des Ungreifbaren – meine Person, Aleksandr Iwanowitsch, ist zum Anhängsel ihres eigenen Schattens geworden. Den Schatten des Ungreifbaren – kennt man; mich, Aleksandr Iwanowitsch Dudkin, kennt kein Mensch; und es will auch keiner. Dabei hat ja gefroren, gehungert und überhaupt vieles erduldet nicht der Ungreifbare, sondern Dudkin. Aleksandr Iwanowitsch Dudkin, zum Beispiel, zeichnete sich durch ungemeine Sinnlichkeit aus; doch der Ungreifbare war kalt und hart. Aleksandr Iwanowitsch Dudkin zeichnete sich von Natur durch sehr ausgeprägte Gesprächigkeit aus und hätte nichts dagegen gehabt, nur seinem Vergnügen zu leben. Doch der Ungreifbare mußte asketisch schweigen. Kurz, der ungreifbare Dudkinsche Schatten ist noch immer auf seinem Siegeszug: in den Hirnen der Jugend, natürlich; doch ich selbst wurde unter dem Einfluß der *Person* – schauen Sie nur, wie ich aussehe?«

— »Ja, wissen Sie ...«

Und beide schwiegen wieder.

— »Schließlich, Nikolaj Apollonowitsch, stellte sich bei mir noch ein seltsames nervliches Unwohlsein ein: unter Einfluß dieses Unwohlseins gelangte ich zu unerwarteten Schlüssen: ich habe, Nikolaj Apollonowitsch, vollkommen verstanden, daß aus der Kälte meiner *Weltenräume* ich in unterdrücktem Haß entflammt bin nicht etwa auf die Regierung, sondern auf die *gewisse Person*; denn diese Person, die mich, Dudkin, in Dudkins Schatten verwandelt hat, hat mich vertrieben aus der dreidimensionalen Welt und, sozusagen, flach ausgebreitet an der Wand meiner Dachkammer (meine Lieblingspose bei Schlaflosigkeit, wissen Sie, ich stelle mich an die Wand und breite mich aus, strecke nach beiden Seiten die Arme von mir). Und in dieser ausgebreiteten Position an der Wand (so stehe ich, Nikolaj Apollonowitsch, stundenlang) kam ich einmal zu meinem zweiten Schluß: dieser Schluß hat sich irgendwie seltsam verbunden – seltsam verbunden mit einer Erscheinung, die verständlich ist, wenn man meine fortschreitende Krankheit bedenkt.«

Von der Erscheinung fand Aleksandr Iwanowitsch es angebracht zu schweigen.

Die Erscheinung bestand in einer seltsamen Halluzination: auf den bräunlichgelben Tapeten seiner Behausung erschien von Zeit zu Zeit ein Spukgesicht; die Züge dieses Gesichts fügten sich manchmal zu einem Semiten; öfter aber traten in diesem Gesicht mongolische Züge hervor: doch immer war das Gesicht umhüllt von einem unangenehmen, safrangelben Schimmer. Mal bohrte der Semit, mal der Mongole den haßerfüllten Blick in Aleksandr Iwanowitsch. Dann brannte sich Aleksandr Iwanowitsch eine Papirossa an; der Semit aber oder Mongole bewegte durch die bläulichen Wolken des Tabakqualms seine gelben Lippen, und in Aleksandr Iwanowitsch schien nur ein und dasselbe Wort nachzuhallen:

– »Helsingfors, Helsingfors.«

In Helsingfors war Aleksandr Iwanowitsch nach seiner Flucht aus nicht allzu entfernten Orten gewesen: zu Helsingfors hatte er keinerlei besondere Beziehung: dort war er nur der *gewissen Person* begegnet.

Warum also gerade Helsingfors?

Aleksandr Iwanowitsch trank weiter Kognak. Der Alkohol wirkte in planvoller Abfolge; auf den Wodka (Weinbrand überstieg seine Mittel) folgte ein einförmiger Effekt: die Wellenlinie seiner Gedanken wurde zum Zickzack; dann kreuzten sich ihre Zickzacks; würde er weiter trinken, zerfiele die Linie seiner Gedanken in eine Reihe unterbrochener Arabesken, genial für den, der sie denkt; doch auch für ihn allein nur genial in diesem einen Moment; er mußte bloß etwas nüchterner werden, und das Salz der Genialität verschwand; die genialen Gedanken erschienen einfach als Unsinn, denn der Gedanke eilte in jenen Minuten, zweifellos, der Sprache wie dem Hirn voraus und begann in irrem Tempo zu kreisen.

Die Aufregung Aleksandr Iwanowitschs übertrug sich auf Ableuchow: die bläulichen Tabakssträhnen und zwölf zerdrückte Papirossastummel stimmten ihn durchaus gereizt; als wäre jemand Unsichtbares, Drittes plötzlich zwischen sie getreten, erstanden aus dem Rauch und hier diesem Häufchen Asche; dieser Dritte, einmal aufgetaucht, herrschte nun über alles.

– »Warten Sie: vielleicht gehen wir zusammen raus; mir dröhnt irgendwie der Kopf: schließlich können wir dort, an der Luft, ungestört unser Gespräch fortsetzen. Warten Sie. Ich ziehe mich nur um.«

– »Ein vorzüglicher Gedanke.«

Unsanftes Klopfen an der Tür unterbrach das Gespräch; noch ehe Nikolaj Apollonowitsch den Entschluß faßte, zu erkunden, wer dort klopfte, riß der zerstreute, halbbetrunkene Aleksandr Iwanowitsch die Tür auf; durch die Türöffnung schob sich dem Unbekannten, so als stürze er sich auf ihn, ein kahler Schädel mit merklich vergrößerten Ohren entgegen; der Schädel und Aleksandr Iwanowitschs Kopf wären um ein Haar mit den Stirnen zusammengestoßen; Aleksandr Iwanowitsch prallte verwundert zurück und blickte zu Nikolaj Apollonowitsch, und, zu ihm blickend, sah er nichts als ... eine Friseurpuppe: ein bleiches, schönes Wachsgesicht mit unangenehmem, schüchternen Lächeln auf den bis zu den Ohren breitgezogenen Lippen.

Er warf wieder einen Blick auf die Tür, und in der aufgerissenen Tür stand Apollon Apollonowitsch mit ... einer riesigen Melone unter dem Arm.

– »So, so...«

– »Ich habe, anscheinend, gestört...«

– »Ich habe dir, Kolenka, weißt du, hier diese Melone gebracht...«

Nach Tradition des Hauses kaufte Apollon Apollonowitsch in dieser Herbstzeit auf dem Heimweg ab und zu eine Astrachaner Melone, für die er, wie auch Nikolaj Apollonowitsch – für die beide eine Vorliebe hatten.

Einen Augenblick schwiegen alle drei; jeder von ihnen durchlebte in diesem Augenblick die aufrichtigste, rein animalische Angst.

– »Hier, Papachen, mein Universitätskollege... Aleksandr Iwanowitsch Dudkin...«

– »So... Sehr angenehm.«

Apollon Apollonowitsch reichte ihm seine zwei Finger: *jene Augen* blickten nicht furchtbar; wirklich – hatte denn jenes Gesicht ihn angeblickt auf der Straße: Apollon Apollonowitsch sah vor sich nur einen schüchternen Menschen, offenbar niedergedrückt von Not.

Aleksandr Iwanowitsch ergriff enthusiastisch die Finger des Senators; *das*, das *Schicksalhafte*, war irgendwohin verflogen: Aleksandr Iwanowitsch sah vor sich nur einen kläglichen Greis.

Nikolaj Apollonowitsch schaute beide an mit diesem unangenehmen Lächeln; doch auch er beruhigte sich; ein schüchterner junger Mann reichte die Hand einem müden Gerippe.

Doch die Herzen der drei pochten; doch die Augen der drei vermieden einander. Nikolaj Apollonowitsch lief hinaus um sich anzuziehen; er dachte jetzt – immerzu, immer nur: wie *sie* gestern dort vor den Fenstern herumging: also hatte sie Sehnsucht; doch heute erwartet sie – was erwartet sie?

Sein Gedanke riß ab; aus dem Schrank holte Nikolaj Apollonowitsch seinen *Domino* und zog ihn über den Gehrock; die roten Atlasschöße steckte er mit Stecknadeln auf; und über alles schon nahm er die Nikolajewka um.

Apollon Apollonowitsch hatte unterdessen ein Gespräch angeknüpft mit dem Unbekannten; die Unordnung im Zimmer des

Sohnes, die Papirossy, der Kognak – all das hatte in seiner Seele ein unangenehmes und bitteres Gefühl hinterlassen; beruhigend waren nur die Antworten Aleksandr Iwanowitschs: die Antworten waren verworren. Aleksandr Iwanytsch wurde rot und antwortete unpassend. Vor sich sah er nur gütiger werdende Runzeln; aus den gütiger werdenden Runzeln blickten Augen: die Augen eines Gehetzten: und die surrende Stimme schrie überspannt irgendetwas; Aleksandr Iwanytsch hörte erst bei den letzten Worten zu; und er erhaschte bloß eine Reihe zusammenhangloser Ausrufe...

– »Wissen Sie... schon als Gymnasiast kannte Kolenka alle Vögel... Las Kajgorodow...«

– »Er war wißbegierig...«

– »Aber jetzt, jetzt nicht mehr: alles hat er vernachlässigt...«

– »Und er geht nicht zur Universität...«

So zusammmenhanglos schrie Aleksandr Iwanowitsch ein Greis von achtundsechzig Jahren an; etwas wie Mitgefühl rührte sich im Herzen des Ungreifbaren...

Ins Zimmer war nun Nikolaj Apollonowitsch eingetreten.

– »Wohin willst du?«

– »Ich habe, Papachen, zu tun...«

– »Sozusagen... du... und Aleksandr... und Aleksandr...«

– »Und Aleksandr Iwanowitsch...«

– »So... Und Aleksandr Iwanowitsch, also...«

Bei sich aber dachte Apollon Apollonowitsch: »Ja nun, vielleicht ist es sogar zum Besten: und *die Augen* habe ich mir vielleicht nur eingebildet...« Und dann dachte Apollon Apollonowitsch auch noch, daß Armut keine Schande ist. Nur, warum haben sie Kognak getrunken (Apollon Apollonowitsch hatte einen Widerwillen gegen Alkohol).

– »Ja: wir haben zu tun...«

Apollon Apollonowitsch begann nach dem passenden Wort zu suchen:

– »Vielleicht... sollten wir Mittag essen... Und Aleksandr Iwanowitsch ißt mit uns...«

Apollon Apollonowitsch sah auf die Uhr:

– »Im übrigen ... ich will nicht bedrängen ...«

. . . .

– »Auf Wiedersehen, Papachen ...«
– »Meine Hochachtung ...«

. . . .

Als sie die Tür geöffnet hatten und durch den hallenden
Korridor liefen, erschien der kleine Apollon Apollonowitsch
unmittelbar hinter ihnen – im Halbdunkel des Korridors.
Und solange sie im Halbdunkel des Korridors liefen, stand dort
Apollon Apollonowitsch; er reckte den Hals dem Paar hinter-
her und blickte voller Neugierde.
Und trotzdem, und trotzdem ... Gestern hatten die Augen
geschaut: in ihnen stand Haß und Erschrecken; und diese
Augen waren: sie gehörten *ihm*, dem *Rasnotschinzen*. Und
das Zickzack war äußerst unangenehm, oder war es – war
das niemals gewesen?
– »Aleksandr Iwanowitsch Dudkin ... Student der Universi-
tät.«
Apollon Apollonowitsch schritt ihnen hinterher.

. . . .

In der prunkvollen Diele blieb Nikolaj Apollonowitsch vor
dem alten Lakaien stehen und suchte irgendeinen entflohenen
Gedanken.
– »Jaa-aa ... aa ...«
– »Zu dienen!«
– »A-a ... Das Mäuschen!«
Nikolaj Apollonowitsch rieb sich weiter hilflos die Stirn und
suchte sich zu erinnern, was er ausdrücken wollte mit dem
verbalen Symbol »das Mäuschen«: ihm passierte das oft, be-
sonders nach der Lektüre höchst seriöser Traktate, die zur
Gänze aus unglaublichem Wortgeklapper bestanden: jedes
Ding, sogar mehr noch, jedes Benennen eines Dings schien
nach der Lektüre dieser Traktate undenkbar, und umgekehrt:
alles Denkbare erschien völlig undinglich, ungegenständlich.
Und aus diesem Grund sagte Nikolaj Apollonowitsch zum
zweiten Mal mit beleidigter Miene:
– »Das Mäuschen ...«

– »Jawohl!«
– »Wo ist es? Hören Sie, was haben Sie mit dem Mäuschen gemacht?«
– »Mit dem von vorhin? Laufenlassen am Ufer...«
– »Aha?«
– »Gewiß doch, gnädiger Herr: wie immer.«
Nikolaj Apollonowitsch zeichnete sich durch eine ungewöhnliche Zärtlichkeit für diese kleinen Geschöpfe aus.
Beruhigt bezüglich des Schicksals des Mäuschens, machten sich Nikolaj Apollonowitsch und Aleksandr Iwanowitsch auf den Weg.
Im übrigen machten sich beide auf den Weg, weil ihnen beiden war, als schaue von der Treppenbalustrade jemand auf sie herunter, forschend und traurig.

. . . .

Es strömte, es strömte

Dort erhob sich ein düsteres Gebäude in einer düsteren Straße. Es wurde schon dunkel; blaß begannen Laternen zu blinken und beleuchteten den Eingang; die vierten Etagen flammten noch purpurn im Abendrot.
Und hierher stahlen sich von allen Enden Petersburgs Subjekte; ihre Mischung war Mischung aus zweierlei Anteil; ihre Mischung rekrutierte sich aus, erstens, dem arbeitenden, strupphaarigen Subjekt – mit einer Mütze, hergeschafft von den Feldern der blutgeröteten Mandschurei; zweitens rekrutierte sich diese Mischung aus dem Protestanten überhaupt: der Protestant schritt aus in großer Zahl auf langen Beinen; er war bleich und zerbrechlich; manchmal nährte er sich von *Fitin*, manchmal nährte er sich auch von Sahne; heute schritt er aus mit einem riesigen knorrigen Stock; hätte man meinen Protestanten auf eine Waagschale gelegt, auf die andere Waagschale aber seinen knorrigen Stock, dann hätte dieses Gerät ohne Zweifel den Protestanten überwogen: es war nicht ganz klar: wer hinter wem herging; ob vor dem Protestanten der

Knüppel sprang, oder er selbst hinter dem Knüppel herschritt; höchstwahrscheinlich aber war der Knüppel selbst vom Newskij, der Puschkinstraße, der Wyborger Seite gesprungen gekommen, sogar vom Ismajlow-Regiment; der Protestant schleppte sich ihm hinterher; und er keuchte, und er kam kaum nach; und ein munteres Jüngelchen, das dahinsauste zur Stunde des Erscheinens der Abendbeilage der Zeitung, dieses muntere Jüngelchen hätte den Protestanten umgeworfen, wäre nur mein Protestant nicht ein Arbeiterprotestant, sondern wäre nur so er – ein Protestierender gewesen.

Dieser, nur so, Protestierende war nicht von ungefähr in letzter Zeit umherspaziert: durch Petersburg, durch Saratow, Zarewokokschajsk, Kineschma; er spazierte nicht jeden Tag so umher... Da willst du, am Abend, spazierengehen: still und friedlich das Abendrot; und so friedlich auch lacht auf der Straße ein Fräulein; mit dem Fräulein lacht friedlich mein protestierendes Subjekt, – ohne jeglichen Knüppel: es scherzt, es raucht; mit dem gutmütigsten Gesicht unterhält es sich mit dem Hausknecht, mit dem gutmütigsten Gesicht unterhält es sich mit dem Schutzmann Brykatschow.

– »Nun, Sie sind es sicherlich leid, Brykatschow, hier zu stehen?«

– »Ja wie denn, mein Herr: der Dienst ist nicht leicht.«

– »Nur Geduld: bald wird sich das ändern.«

– »Gebe Gott: daß zum Guten freilich; wider die Freidenkerei, Sie wissen selbst, ist kein Ankommen.«

– »Das ist wahr...«

Wirklich ein feines Subjekt; und der Schutzmann Brykatschow gleichfalls fein: und beide lachen; und ein Fünfer fliegt in Brykatschows Faust.

Den folgenden Tag willst du wieder spazieren – was ist los? Still und friedlich das Abendrot; in der Natur dasselbe Genüge; Theater und Zirkusse sämtlich betrieben; die städtische Wasserleitung ebenfalls in gutem Zustand; doch – von wegen: alles ist sonderbar.

Ein Stück Rasen, eine Straße, einen Platz überquerend, gramvoll von einem Fuß auf den anderen tretend vor dem Denkmal

für einen großen Mann, schritt das gestrige gutmütige Subjekt mit einem gewaltigen Knüppel dahin; drohend, stumm und feierlich, sozusagen, mit Betonung, stellt voran das Subjekt seinen Fuß in Galoschen und Wickelgamaschen; drohend, stumm und feierlich schlägt das Subjekt mit dem Knüppel aufs Trottoir; mit dem Schutzmann Brykatschow kein Wort; und der Schutzmann Brykatschow auch kein Wort, sondern so in den Raum, mit Nachdruck:
– »Gehen Sie weiter, Herrschaften, gehen Sie weiter, nicht stehenbleiben.«
Und du schaust: irgendwo zirkuliert der Aufseher Podbrishnij.
So springt auch das Auge meines Protestanten: hierhin und dorthin; haben sich nicht zu einem Häufchen versammelt vor dem Denkmal für den großen Mann genau solche Protestanten wie er? Haben sie sich nicht versammelt auf dem Platz vor dem Durchgangsgefängnis? Doch das Denkmal für den großen Mann ist abgeriegelt von Polizei; und auf dem Platz ist niemand.
Umher, umher geht mein Subjekt, es seufzt bedauernd; und geht nach Hause in seine Wohnung: und die Mama bringt ihm Tee mit Sahne. – Also wisse: an jenem Tag wurde in den Zeitungen etwas heruntergemacht: irgendetwas – irgendeine: Maßnahme – zur Abwendung, sozusagen: von was auch immer; kaum machen sie eine Maßnahme herunter – beginnt das Subjekt umherzustreifen.
Den folgenden Tag aber war keine Maßnahme: und auch kein Subjekt auf den Straßen: mein Subjekt ist zufrieden, mein Schutzmann Brykatschow ist zufrieden, der Aufseher Podbrishnij ist zufrieden. Das Denkmal für den großen Mann ist nicht abgeriegelt von Polizei.
Aber strömte mein protestierendes Subjekt an diesem Oktobertag aus? Es strömte, es strömte! Auf die Straße strömten auch die mandschurischen Fellmützen; und Subjekte wie Mützen verteilten sich in der Menge; doch hierhin und dorthin schleppte die Menge sich ziellos; die Subjekte aber und mandschurischen Mützen schleppten sich nur in eine Richtung –

zum düsteren Gebäude mit purpurnem Giebel: und am düsteren vom Abendrot purpurnen Gebäude bestand die Menge nur noch ausschließlich aus Subjekten und Mützen; darunter mischte sich auch ein Fräulein aus der Lehranstalt.

Und schon drängten und drängten sie in den Eingang – so drängten und drängten sie! Und wie denn auch anders? Der Arbeiter hat keine Zeit, sich um Anstand zu scheren: und es herrschte übler Geruch; das Gedränge aber entstand an der Ecke.

An dieser Ecke, ganz nah am Fußweg, stapfte, gutmütig verwirrt, auf der Stelle mit den Füßen (es war kalt) ein Trüppchen Schutzleute; der Revieraufseher aber wurde noch verwirrter; gräulich selbst, im gräulichen Mäntelchen, kommandierte er als unmerklicher Schatten, den Säbel ehrerbietig erhoben und die Augen gesenkt; und ihm in den Rücken – mündliche Verweise, eine Rüge, Gelächter und sogar: unflätige Schimpfwörter – vom Kleinbürger Iwan Iwanowitsch Iwanow, seiner Gattin, Iwanicha, vom hier vorbeigekommenen und dort zusammen mit den anderen sich empörenden Kaufmann der ersten Gilde, Seiner Wohlgeboren, Pusanow (Fischerei und Dampfschiffahrt auf der Wolga). Der gräuliche Aufseher kommandierte zaghafter und zaghafter:

– »Gehen Sie weiter, Herrschaften, gehen Sie weiter!«

Doch je mehr er verblaßte, um so beharrlicher schnaubten hinter dem Zaun dort zottelbeinige Pferde: hinter den Holzzacken hervor – ab und zu – hob sich ein struppiger Kopf; und würde man über den Zaun schauen, dann könnte man sehen, wie die soeben Herbeigepreschten aus den Steppen, kurze Peitschen in der Faust und den Gewehrlauf im Rücken, irgendwie grimmiger wurden, immer grimmiger; ungeduldig, grimmig, stumm tänzelten diese Zerlumpten in den Satteln; und die struppigen Pferdchen – die tänzelten auch.

Das war ein Trupp Orenburger Kosaken.

Drinnen im düsteren Gebäude ballte sich safrangelbe Trübe; hier wurde alles von Kerzen erleuchtet; nichts war zu sehen, außer Leibern, Leibern und Leibern; gebückte, halbgebeugte, eine Spur nur gebückte und durchaus nicht gebückte: alles besetzten, bestanden jene Leiber, was man besetzen, bestehen konnte; sie füllten das steile Amphitheater der Sitze; man sah nicht einmal das Rednerpult, man hörte nicht einmal die Stimme, die vom Rednerpult her beschwor:

– »Uuu-uuu-uuu.« Es heulte im Raum und durch dieses »uuu« ertönte mitunter:

– »Revolution . . . Evolution . . . Proletariat . . . Streik . . .« Und dann wieder: »Streik . . .« Und noch einmal: »Streik . . .«

– »Streik . . .« – platzte eine Stimme heraus; noch stärker wurde das Heulen: zwischen zwei laut gesagten *Streiks* schlüpfte eben nur durch: »Sozial-Demokratie«. Und schlüpfte wieder zurück in den dicken, ununterbrochenen Baß des »uuu-uuuu« . . .

Augenscheinlich ging es darum, daß man dort, und auch dort, und auch dort schon streikte; daß man dort, und auch dort, und auch dort den Streik schon plante, weil gestreikt werden mußte – hier und hier: gestreikt sofort auf dem Fleck; und – nicht vom Fleck!

Die Flucht

Aleksandr Iwanowitsch kehrte nach Hause zurück auf den leeren Prospekten entlang der Newa; das Licht einer Hofkutsche flog an ihm vorüber; ihm eröffnete sich die Newa durch den Bogen des Winterkanals; dort, auf dem gekrümmten Brückchen, bemerkte er einen allnächtlichen Schatten.

Aleksandr Iwanowitsch kehrte zurück in seine armselige Behausung, um dort einsam zu sitzen unter braunen Flecken und das Leben der Asseln in den feuchten Mauerritzen zu studieren. Sein morgendlicher Ausgang nach der Nacht hatte eher einer Flucht vor den kriechenden Asseln geglichen; wiederholte Beobachtung hatte Aleksandr Iwanowitsch längst zu dem Gedanken geführt, daß die Ruhe seiner Nacht ganz unmittelbar abhing von der Ruhe des vergangenen Tages: nur das kürzlich Erlebte auf den Straßen, in den kleinen Lokalen, in den Teestuben trug er mit sich nach Hause.

Was aber brachte er heute mit?

Die Erlebnisse schleiften hinter ihm her als fliegender, dynamischer und dem Auge unsichtbarer Schweif; Aleksandr Iwanowitsch erlebte diese Erlebnisse in umgekehrter Folge, mit dem Bewußtsein in den Schweif entschwindend (das heißt hinter den eigenen Rücken): in diesen Minuten war ihm immer, als tue sein Rücken sich auf und als wolle aus diesem Rücken, wie aus einer Tür, ein Gigantenleib in den Abgrund stürzen: dieser Gigantenleib war das Erlebnis des letzten Tages; die Erlebnisse rauchten als Schweif.

Aleksandr Iwanowitsch dachte: sobald er nach Hause käme, würden die Ereignisse dieses Tages sich ihm in die Tür drängen; mit der Mansardentür würde er trotzdem versuchen sie einzuklemmen und sich den Schweif vom Rücken zu reißen; und der Schweif wird sich dennoch hineindrängen.

Hinter sich ließ Aleksandr Iwanowitsch die brillantenfunkelnde Brücke zurück.

Weiter, hinter der Brücke, auf dem Grund des nächtlichen Isaak erschien vor ihm aus der grünen Trübe derselbe Fels: den schweren und grünspanbedeckten Arm ausstreckend, erhob derselbe rätselhafte Reiter über der Newa seinen kupfernen Lorbeerkranz; über einem Grenadier, der unter seiner Fellmütze schlummerte, warf verdutzt das Pferd beide Vorderhufe auf; und unten, unter den Hufen, wiegte sich langsam die zottige Grenadiersmütze des schlummernden Alten. Das Blechschild fiel von der Mütze und schlug ans Bajonett.

Ein unklarer Halbschatten bedeckte das Reitergesicht; und das Metall des Gesichts doppelte sich in zweideutigem Ausdruck; in türkisene Luft schnitt die Hand.

Seit jener folgenträchtigen Zeit, als zum Newa-Ufer der metallene Reiter preschte, seit jener an Tagen trächtigen Zeit, als er das Pferd auf den finnischen grauen Granit warf – hat Rußland sich zwiegespalten; zwiegespalten haben sich auch die Geschikke unseres Vaterlandes; zwiegespalten hat sich, leidend und weinend, bis auf die heutige Stunde – Rußland.

Du, Rußland, bist wie das Pferd! Ins Dunkel, ins Leere erheben zwei Hufe sich vorne; und fest stützt sich in den Granitgrund das hintere Hufpaar.

Willst auch du dich lösen vom Stein, der dich hält, wie sich löste vom Grund manch einer deiner verrückten Söhne, – willst auch du dich lösen vom Stein, der dich hält, und in der Luft hängen ohne Zaum, um dich dann hinabzustürzen ins Chaos der Wasser? Oder willst du vielleicht, die Nebel zerreißend, durch die Luft dich werfen, um vereint mit den Söhnen in den Wolken zu verschwinden? Oder bist du, Rußland, aufgebäumt, für lange Jahre in Grübeln versunken vor dem grausamen Schicksal, das dich hierher warf, – hier im düsteren Norden, wo selbst das Morgenrot stundenlang währt, wo die Zeit selbst im Wechsel mal in die frostige Nacht, mal – in strahlendes Taglicht sich stürzt? Oder wirst du, scheuend vor dem Sprung, die Hufe wieder senken, um schnaubend den großen Reiter zu tragen in die Tiefe der ebenen Weiten aus trügenden Landen?

Aber nein!..

Einmal aufgebäumt und mit den Augen die Luft vermessend, wird das eherne Pferd die Hufe nicht senken: der Sprung über die Geschichte wird kommen; die große Empörung wird kommen; bersten wird die Erde; die höchsten Berge werden stürzen vom großen *Beben*; und die heimischen Ebenen werden vom *Beben* sich überall wölben zu Buckeln. Auf den Buckeln liegen dann Nishnij, Wladimir und Uglitsch.

Aber Petersburg wird sich senken.

Ihren Stammsitz werden fliehen in diesen Tagen alle Völker der Erde; eine große Schlacht wird kommen, eine Schlacht, die die Welt noch nie sah: gelbe Heerscharen von Asiaten, von den angestammten Sitzen sich rührend, werden Europas Felder röten mit Ozeanen von Blut; es kommt, es kommt Tsuschima, es kommt eine neue Kalka!..

Schnepfenfeld, ich erwarte dich!

Erstrahlen wird an jenem Tag auch die letzte Sonne über meinem Heimatland. Steigst du, Sonne, nicht empor, dann, o Sonne, werden unter schwerem mongolischen Tritt versinken die europäischen Ufer, und über diesen Ufern wird Schaum sich kräuseln; die erdgeborenen Geschöpfe werden wieder versinken auf den Grund der Ozeane – ins urheimatliche, ins längst vergessene Chaos...

Geh auf, o Sonne!

. . . .

Ein türkisener Riß jagte über den Himmel hin; ihm entgegen flog durch die Wolken ein Fleck von leuchtendem Phosphor, unerwartet dort verwandelt in einen runden hellblinkenden Mond; einen Augenblick flammte alles auf: Wasser, Schlote, Granite, silbrige Rinnen, zwei Göttinnen über dem Bogen, das Dach eines viergeschossigen Hauses; die Kuppel des Isaak blickte heiter; es flammten auf die Reiterstirn, der kupferne Lorbeerkranz; nach und nach verloschen die Insellichter; und das zweideutige Schiff in der Newa-Mitte erwies sich als einfacher Fischerschoner; von der Kommandobrücke blitzte funkelnder auch ein heller Punkt; vielleicht das Pfeifenflämmchen eines blaunasigen Bootsmanns mit Holländermütze und Ohrenklappen, oder die helle Laterne eines Matrosen, der Schiffswache hielt. Wie leichter Ruß, fiel vom Ehernen Reiter der leichte Halbschatten; und der zottige Grenadier samt dem Reiter hob sich schwärzer ab auf dem Quaderstein.

Die Geschicke der Menschen erhellten sich Aleksandr Iwanowitsch für einen Augenblick deutlich: er konnte sehen, was kommt, er konnte erkennen, was niemals sein wird: so klar wurde alles; es war, als erstrahle das Schicksal; doch in sein Schicksal zu blicken wagte er nicht; er stand vor dem Schicksal erschüttert, aufgeregt, voller Schwermut.

Und – der Mond schnitt sich in eine Wolke...

Wieder jagten ungestüme flockige Wolkenhände dahin; es jagten Nebelsträhnen dahin von allerlei Hexenzöpfen; zweideutig schimmerte zwischen ihnen ein leuchtender Phosphorfleck...

Nun ertönte betäubendes, unmenschliches Geheul: blinkend mit einem riesigen Scheinwerfer unerträglich, jagte ein Automobil vorüber, Kerosin ausstoßend, aus dem Bogen hervor und zum Fluß. Aleksandr Iwanowitsch sah, wie gelbe, mongolische Fressen den Platz durchschnitten; vor Überraschung fiel er um; vor ihn fiel seine nasse Mütze. Da erhob sich in seinem Rücken, einer Wehklage ähnlich, Gemurmel.

– »Herr, Jesu Christe! Errette uns und erbarme dich unser!«

Aleksandr Iwanowitsch wandte sich um und begriff: da flüsterte gleich hinter ihm der alte nikolaische Grenadier.
– »Mein Gott, was ist das?«
– »Ein Automobil: hohe japanische Gäste . . .«
Vom Automobil war nicht eine Spur mehr.
Der spukhafte Umriß des Dreispitz des Lakaien und seine im Wind gestreckte Pelerine jagte vom Nebel in den Nebel mit den beiden Lichtern der Kutsche.

Stjopka

Vor Petersburg, von Kolpino her, schlängelt sich eine Poststraße: dieser Ort – Sie finden keinen düstereren Ort! Sie fahren am Morgen auf Petersburg zu, Sie sind aufgewacht – und schauen: das Waggonfenster tot; keine einzige Seele, kein einziges Dorf; wie ausgestorben das Menschengeschlecht, und die Erde selbst ein Kadaver.
Auf der Fläche hier, die aus einem Wirrwarr vereisten Buschwerks besteht, schmiegt sich von fern an die Erde so eine schwarze Wolke; ein Horizont dort wie Blei; düstere Lande verkriechen sich unter den Himmel . . .
Vielschlotiges, vielrauchiges Kolpino!
Von Kolpino bis nach Petersburg also schlängelt sich eine Poststraße: schlängelt sich als graues Band; zerstoßener Schotter rahmt sie ein und die Linie der Telegraphenmasten. Ein Handwerksbursche schlug sich dort durch mit einem Bündel am Stock; er war Arbeiter in der Pulverfabrik und wurde für irgendwas fortgejagt; nun lief er zu Fuß nach Petersburg; rings um ihn sträubte sich gelbes Schilf; tot lagen am Wegrand die Steine; Schlagbäume hoben und senkten sich, gestreifte Werstpfähle folgten einander, der Telegraphendraht summte ohne Ende und Anfang. Der Handwerksbursche war der Sohn eines verarmten Krämers; sein Name war Stjopka; nur einen Monat ungefähr war er Arbeiter in der Fabrik vor der Stadt; und verließ die Fabrik: vor ihm kauerte Petersburg.
Vielgeschossige Steinberge kauerten schon hinter den Fabri-

ken; die Fabriken selbst kauerten sich hinter Schloten – dort hinten, dort, und auch dort; am Himmel war kein einziges Wölkchen, der Horizont aber schien von hier rußverschmiert, dort keuchte im Ruß anderthalbmillionen Einwohnerschaft.

Dort hinten, dort, und auch – dort: breitete sich giftige Asche aus; und vor der Asche sträubten sich Schlote; hier ragte ein Schlot hoch auf; ein wenig kauerte er sich – dort; weiter – ragte eine Reihe dünnerer Schlote, die schließlich einfach zu – Härchen wurden; in der Ferne konnte man Dutzende Härchen zählen; an der verrußten Mündung eines nahen Schlots, dem Himmel einen Stich androhend, ragte die Nadel eines Blitzableiters.

All das sah mein Stjopka: und für all das mein Stjopka – null Beachtung; er hockte auf einem Schotterhaufen, und weg mit den Stiefeln; er wickelte sich die Füße neu und kaute das Weiche vom Weißbrot. Und dann: schleppte er sich weiter zu dem giftigen Ort, zum Rußfleck: nach Petersburg selbst.

Gegen Abend jenes Tages ging die Tür einer Hausknechtswohnung: die Tür quietschte; und der Türkasten krachte: mitten in der Hausknechtswohnung saß der Hausknecht, Matwej Morshow, vertieft in die Lektüre, nun, natürlich, des »*Börsenblatts*«; unterdessen betrieb die beleibte Hausknechtsfrau (ihr tat immer das Ohr weh), auf dem Tisch vor sich Haufen von üppigen Kissen getürmt, die Vertilgung von Wanzen mittels russischen Terpentins; in der Hausknechtswohnung hing strenger und herber Geruch.

In diesem Moment ging quietschend die Tür der Hausknechtswohnung und krachte der Türkasten; auf der Türschwelle aber stand unsicher Stjopka (der Hausknecht von der Wassilij-Insel, Matwej Morshow, war sein einziger Landsmann in ganz Petersburg: und selbstredend ging Stjopka – zu ihm).

Gegen Abend erschien auf dem Tisch eine Wodkaflasche; Salzgurken erschienen, der Schuster Bessmertnyj erschien mit Gitarre. Stjopka lehnte den Wodka ab: es tranken der Hausknecht Morshow und der Schuster Bessmertnyj.

– »Eieiei . . . Junger Landsmann, was hat denn mein Landsmann vorzutragen«, – schmunzelte Morshow.

— »Das kommt alles davon, daß sie keine gehörige Ahnung haben«, – der Schuster Bessmertnyj zuckte die Schultern; mit dem Finger berührte er eine Saite; es machte: bam, bam.

— »Und wie gehts dem Priester in Zelebejewo?«

— »Ein Wort: er säuft.«

— »Und der Lehrerschen?«

— »Der Lehrerschen gut: es heißt, sie nimmt sich den buckligen Frol zum Mann.«

— »Eieiei ... Landsmann, was hat denn der Landsmann vorzutragen«, – schmunzelte Morshow; und mit zwei Fingern eine Gurke haltend, biß er von der Gurke ab.

— »Das kommt alles davon, daß sie keine gehörige Ahnung haben«, – der Schuster Bessmertnyj zuckte die Schultern: mit dem Finger berührte er eine Saite; es machte: bam, bam. Und Stjopka erzählte: immerzu, immer nur: wie bei ihnen auf dem Dorf kluge Leute auftauchten, was bei diesen klugen Leuten betreffs alles übrigen rauskam, wie sie feierlich auf dem Dorf die Geburt eines Kindleins verkündeten, daß haiß Ärfraiung: allgemaine Ärfraiung; und noch kam raus: bald soll sichs erfüllen; aber davon, daß auch er, Stjopka, selbst bei den Andachten dieser klugen Leute war, keinen Mucks; und dann noch erzählte er betreffs eines zugereisten Herrn, und alles übrigen zusammengenommen; was für ein Herr das war betreffs des üprigen: aufs Dorf war er geflüchtet vor der Braut des Herrn; und so weiter; selbst ist er gegangen – zu den klugen Leuten, nur ihre Klugheit konnte er doch nicht meistern (obgleich ein Herr); es heißt, man schrieb über ihn, er versteckt sich wohl – betreffs alles üprigen; und noch: hat er obendrein die Kaufmannsche beklaut; es kam raus alles zusammen: die Kindsgeburt, die Ärfraiung, und das üprige – bald wird sichs begeben. Über all diese Possen wunderte sich der Hausknecht Morshow maßlos, der Schuster Bessmertnyj aber, ohne sich zu wundern: soff Wodka.

— »Das kommt alles davon, daß sie keine gehörige Ahnung haben – davon kommen die Diebstähle, und der Herr, und die Großtochter, und die allgemeine Befreiung; und davon auch die klugen Leute; keinste Ahnung haben sie: und keiner hat sie.«

Er berührte mit dem Finger eine Saite; und – »bam«, »bam«!
Doch von Stjopka dazu keinen Ton: kein Wort davon, daß
auch in der Fabrik von Kolpino er von jenen Leuten Zettel
bekam; und üpriges, betreffs allen: wie und was. Und erst recht
kein Wort davon, wie er in der Fabrik von Kolpino Bekanntschaft mit einem *Zirkel* gemacht hat, daß sie gleich vor Petersburch Versammlungen durchführen; und alles üprige. Daß
manche von den Herrschaften selbst schon seit letztem Jahr,
wenn man jenen Leuten glauben will, die Versammlungen –
maßlos – besuchen: und – alles zusammen... Über all das zu
Bessmertnyj von Stjopka kein Wort; doch er sang ein Liedchen:

> Tilimbru-Tilischok
> Die duftende Wicke:
> Und mein Hahn, Hahnenkamm
> Am Fensterchen pickte.
> D'timbur-d'tilischka –
> Liebliche Aneta,
> Rühr mein Hähnchen nicht an
> Krickst auch ne Monete.

Doch zu diesem Lied hob der Schuster Bessmertnyj nur die
Schultern; mit allen Fünfen schrummte er über die Gitarre:
»Tilimbru, ti-lim-bru: pam-pam-pam-pam.«
Und er sang:

> Und ich werde dich niemals mehr sehen, –
> Niemals wiederseh'n werde ich dich:
> So ein kleines, ein Salmiakgeistfläschchen
> Trag versteckt in der Jacke ich.
> Dieses kleine, das Salmiakgeistfläschchen
> Schütt' ich mir in den trockenen Hals:
> Auf dem Fußweg da brech' ich zusammen –
> Wiederseh' ich mein Täubchen niemals!

Und mit allen fünfen über die Gitarre: tilimbru, tilimbru:
pam-pam-pam... Worauf Stjopka nichts schuldig blieb: er
verblüffte.

> Ob der Sünde und ob dem Grauen
> Stand ein Engel mit güldner Posaune –
> O Licht, o Licht.
> Unsterblich Licht!
> Beschütz uns, unsterblich Licht –
> Vor dir stehn wir, wie die Kinder:
> Du bist
> Im Himmel!

Dem lauschte sehr in der Hausknechtswohnung ein dazuge-
kommener junger Herr, der in der Dachkammer wohnte; er
fragte Stjopka aus über diese klugen Leute: wie sie das Erscheinen des Lichts verkündigen; und wann sich dieses erfüllen soll;
mehr noch aber fragte er ihn aus über jenen Zugereisten, über
Darjalskij, – wie alle anderen. Selbst war der Herr schmächtig:
scheinbar kränklich; und von Zeit zu Zeit sprach der Herr
einem Gläschen zu, so daß Stjopka ihm noch folgende erbaulichen Worte sagte:
– »Kränklich seid Ihr, Herr; und drum blüht Euch vom Tabak
und Wodka bald der Verderb; selbst hab ich, Schande, getrunken; aber jetze hab ich ein Gelübde getan. Vom Tabak und vom
Wodka ist auch alles gekommen; ich weiß doch, wer an die
Flasche bringt: der Japaner!«
– »Woher weißt du denn das?«
– »Vom Wodka? Einmalst sagt selbst der Graf Lew Nikolajewitsch Tolstoj – sein Büchlein ›Der erste Branntweinbrenner‹
beliebten zu lesen? – eben das; und dann noch sagen es eben
diese Leute, bei Petersburch.«
– »Und das vom Japaner weißt du woher?«
– »Vom Japaner das ist ja bekannt: vom Japaner das wissen
alle... Und dann noch, belieben sich zu erinnern, der Orkan-
sturm, der über Moskau hinging, haben sie auch gesagt – wie
wenn das, heißt es, Seelen von Getöteten wären: aus dem

Jenseits, heißt es, sind sie über Moskau spaziert, ohne Buße, heißt das, sind sie gestorben. Und dann heißt das noch: es kommt in Moskau ein Aufruhr.«

– »Und was wird mit Petersburg?«

– »Ja was: einen Götzentempel bauen die Chinesen!«

Den Stjopka nahm da der Herr zu sich, auf die Mansarde; schlechte Wohnung hatte der Herr; nun und bange war es dem Herrn allein: und er nahm zu sich Stjopka; dort übernachteten sie.

Er nahm ihn mit, setzte ihn vor sich, zog aus dem Köfferchen ein zerfleddertes Briefchen; und las das Briefchen Stjopka vor: »Ihre politischen Überzeugungen sind mir vollkommen klar: derselbe Teufelsspuk, dieselbe Besessenheit von der schrecklichen Kraft; Sie glauben mir nicht, doch ich weiß es ja schon: ich weiß, was Sie bald erfahren werden, wie viele es bald erfahren werden... Auch ich wurde unreinen Klauen entrissen.

Es naht eine große Zeit: ein Jahrzehnt bleibt zum Anfang des Endes: merkt es Euch, schreibt es auf und gebt es den Nachgeborenen weiter; das bedeutsamste Jahr ist das Jahr 1954. Das wird Rußland berühren, denn in Rußland steht die Wiege der Gemeinde zu Philadelphia; diese Gemeinde segnete unser Herr Jesus Christ selbst. Ich sehe nun, warum Solowjow vom Sophienkult sprach. Das war – erinnern Sie sich? in Zusammenhang damit, daß eine Sektiererin aus Nishnij...« Und so weiter... und weiter... Stjopka schniefte, und der Herr las das Briefchen: lange las er das Briefchen.

– »So iß daß – so, so, so. Und welcher Herr schreibt das?«

– »Er ist im Ausland, ein politisch Verbannter.«

– »Aaa – so iß daß.«

. . . .

– »Was, Stjopka, wird kommen?«

– »Ich hab gehört: allererst kommen Morde, dannach dann Unfriede allgemainer; dannach dann Krankheiten alle möglichen – Seuchen, Hunger, na und dann, sagen die klügsten Leute, alle mögliche Unruhen: der Chinese wird sich erheben gegen sich selbst; die Muselmänner werden sich auch sehre aufrühren, nur das wird nix.«

– »Nun und dann?«

– »Alles üprige dräut dann am Ausgang des zwölfer Jahrs; nur schon im dreizehner Jahr... Ja was! Solch eine Prophezeiung gibt es, Herr: wir werden drauf merken... uns, heißt es, die Klinge... wo den Kranz dem Japaner: und dann wieder – Geburt eines neuen Knaben. Und noch: der preißische Ampirator soll... Ja was. Hier hast du, Herr, eine Prophezeiung: eine Arche Noah muß man bauen!«

– »Wie denn bauen?«

– »Schon gut, Herr, das sehen wir: Ihr werdets mir, ich werd es Euch – wir flüsterns uns zu.«

– »Aber wovon denn flüstern wir?«

– »Nur von einem, vom selben: von der Wiederkunft Christi.«

– »Genug: lauter dummes Zeug...«

. . . .

– »Ja, komm, Herr Jesu!«

Ende des zweiten Kapitels

DRITTES KAPITEL,

in dem beschrieben ist, wie Nikolaj Apollonowitsch
Ableuchow mit seinem Einfall hereinfällt

Ein Bursche, wie sie alle sind,
Als Don Juan kein großes Licht,
Kein Dämon, selbst Zigeuner nicht,
Ganz einfach unser Hauptstadt Kind,
Wie sie uns überall begegnen,
Vom Äußeren nicht, nicht vom Verstand
Von unsrer Runde sich abhebend.
                                    A. Puschkin

Ein Festtag

An einem wichtigen Ort begab sich ein Auftritt, ein außerordentlich wichtiger; dieser Auftritt begab sich, das heißt er
fand statt.

Aus Anlaß dieses Ereignisses traten am erwähnten Ort mit
außerordentlich ernsten Gesichtern in bestickten Uniformen
auch außerordentliche Leute auf; sie waren, sozusagen, zur
Stelle.

Das war ein Tag der Außerordentlichkeiten. Natürlich war er
heiter. Seit den frühesten Stunden blinkte am Himmel die
Sonne: und so blinkte auch alles, was nur blinken konnte:
Petersburger Dächer, Petersburger Turmspitzen, Petersburger
Kuppeln.

Irgendwo schoß man Salut.

Fänden Sie die Muße, auf jenen wichtigen Ort einen Blick zu
werfen, Sie sähen nur Lack, nur Glanz; Gefunkel in den
spiegelnden Fenstern; nun, natürlich Gefunkel auch hinter
den spiegelnden Fenstern; an den Säulen Gefunkel; auf dem
Parkett Gefunkel; am Aufgang gleichfalls Gefunkel; kurz,
Lack, Glanz und Gefunkel!

Darum auch schlüpften zu früher Stunde an mancherlei Enden
der Hauptstadt des Russischen Reiches alle Ränge, von der
dritten Klasse bis hin zur ersten Klasse einschließlich, silber-
mähnige Greise mit parfümierten Backenbärten und wie Lack

glänzenden Glatzen energisch in gesteifte Vorhemden, gleichsam eine Art Ritterrüstung; und so, in Weiß, nahmen sie aus dem Schränkchen ihre Rotlackschatullen, die an Brillantenetuis der Damen erinnern; ein gelber Altmännernagel drückte eine kleine Springfeder, und davon sprang klackend, mit angenehmer Spannkraft, der rote Lackdeckel auf und offenbarte geschmackvoll in weichsamtenem Bett seinen blendenden Stern; unterdessen trug ein ebenso grauer Kammerdiener einen Kleiderstock ins Zimmer, auf dem zu erkennen waren, erstens: blendende weiße Hosen; zweitens: eine schwarzglänzende Uniform mit goldgewirkter Brust; zu diesen weißen Hosen beugte sich eine wie Lack glühende Glatze, und der kleine graue Greis zog, ohne zu ächzen, über sein Paar weißer, weißer Hosen die leuchtend-schwarzglänzende Uniform mit goldgewirkter Brust, auf die aromatisch das Silber des Grauhaars herabfiel; querüber dann umschlang er sich mit einem hellroten Atlasband, falls er Träger des Annenordens war; war er aber Träger eines höheren Ordens, dann umschlang seine funkensprühende Brust ein dunkelblaues Band. Nach dieser Festtagszeremonie wurde der entsprechende Stern auf die goldene Brust gesetzt, der Degen befestigt, aus einem Karton von besonderer Form ein Dreispitz mit Plumage entnommen, und der graue Ordensträger – ganz Glanz und Flirren – begab sich in einer lackierten schwarzen Kutsche dorthin, wo alles Glanz und Flirren war; an einen außerordentlich wichtigen Ort, wo bereits eine Phalanx von außerordentlich wichtigen Personen stand mit außerordentlich wichtigen Gesichtern. Diese glänzende Phalanx, ausgerichtet vom Stab eines Oberzeremonienmeisters, bildete die zentrale Achse unseres Staatsrads.

Das war ein Tag der Außerordentlichkeiten; selbstverständlich mußte er strahlend sein; und er war, selbstverständlich, strahlend.

Schon am frühesten Morgen schwand jegliche Dunkelheit, und ein Licht herrschte, weißer als Elektrizität, Tageslicht: in diesem Licht begann alles zu blinken, was nur blinken konnte: Petersburger Dächer, Petersburger Turmspitzen, Petersburger Kuppeln.

Um Mittag krachte ein Kanonenschuß.

An dem außerordentlich heiteren Morgen, aus blendend weißen Laken hervor, die plötzlich aufflogen vom Bett eines blendenden Schlafzimmerchens, flatterte ein Figürchen empor – klein, ganz in Weiß; dieses Figürchen erinnerte aus irgendeinem Grund an einen Zirkusreiter. Nach einem Brauch, geheiligt durch eine Tradition aus grauer Vorzeit, machte sich das behende Figürchen daran, seinen Leib durch schwedische Gymnastik zu kräftigen, Arme und Beine auseinander- und zusammenführend und dann in die Kniebeuge gehend bis zu zwölf (und mehr) Mal. Nach dieser nützlichen Übung besprengte sich das Figürchen den kahlen Schädel und die Hände mit Eau de Cologne (dreifach konzentriert, aus dem Petersburger Chemischen Laboratorium).

Dann, nach Waschung von Schädel, Händen, Kinn, Ohren und Hals mit frischem Wasser aus der Wasserleitung, nach Belebung seines Organismus durch einen außer der Ordnung ins Zimmer getragenen Kaffee, hüllte sich Apollon Apollonowitsch Ableuchow, wie auch die übrigen greisen Würdenträger, an diesem Tag zuversichtlich in ein gesteiftes Vorhemd und schob durch den Ausschnitt des panzerartigen Hemdes zwei erstaunliche Ohren und eine wie Lack glühende Glatze. Anschließend, im Ankleidezimmer, entnahm Apollon Apollonowitsch Ableuchow (wie auch die übrigen greisen Würdenträger) dem Schränkchen seine roten Lackschatullen, wo unter dem Deckel, auf weichsamtenem Bett, lauter seltene, kostbare Orden lagen. Wie den anderen (kleiner als für die anderen), wurde auch ihm eine Glanz verströmende Uniform gereicht mit goldgewirkter Brust; gereicht wurden auch weiße Tuchbeinkleider, ein Paar weißer Handschuhe, ein Karton von besonderer Form, eine schwarze Degenscheide, über der, vom Heft herab, silberne Fransen hingen; unter dem Druck des gelben Fingernagels sprangen alle zehn Rotlackdeckelchen auf, und unter den Deckelchen wurden zutage gefördert: der Weiße Adler, der entsprechende Stern, ein dunkelblaues Band; schließlich wurde zutage gefördert ein brillantenes Ehrenzeichen: all das fand Platz auf der bestickten Brust. Apollon

Apollonowitsch stand vor dem Spiegel, weiß-golden (ganz Glanz und Flirren!), mit der linken Hand den Degen an die Hüfte drückend, mit der rechten – an die Brust drückend den Plumage-Dreispitz plus ein Paar weißer Handschuhe. In diesem flirrenden Aufzug rannte Apollon Apollonowitsch durch den Korridor.

Doch im Salon stockte der Senator aus irgendeinem Grund verwirrt; die außerordentliche Blässe des Gesichts und der fludrige Aufzug seines Sohnes verblüfften offenbar den Senator.

Nikolaj Apollonowitsch war an diesem Tag früher auf als nötig; übrigens hatte Nikolaj Apollonowitsch überhaupt nicht geschlafen in dieser Nacht: spät am Abend hatte eine Mietkutsche gehalten an der Auffahrt des gelben Hauses; Nikolaj Apollonowitsch war kopflos aus der Droschke gesprungen, er klingelte Sturm; als der graue, goldbetreßte Lakai ihm öffnete, rannte Nikolaj Apollonowitsch, ohne den Mantel abzulegen, sich irgendwie in den Schößen verheddernd, die Treppe hinauf, dann – rannte auch er durch die Flucht leerer Zimmer; und hinter ihm schnappte die Tür zu. Bald wanderten Schatten ums gelbe Haus. Nikolaj Apollonowitsch lief bei sich immerzu auf und ab; um zwei Uhr nachts hörte man in Nikolaj Apollonowitschs Zimmer noch Schritte, man hörte Schritte – um halb drei, um drei Uhr, um vier.

Ungewaschen und schläfrig, saß Nikolaj Apollonowitsch mürrisch am Kamin in seinem bunten Schlafrock. Apollon Apollonowitsch, Leuchten und Flirren, blieb unwillkürlich stehen, sich spiegelnd als Glanz auf Parkett und Spiegeln; er stand vor dem Grund des Pfeilerspiegels, umgeben von einer Familie pausbackiger Putten, die ihre Flammen durch goldene Kränzchen steckten; und die Hand Apollon Apollonowitschs trommelte auf die Intarsien des Tischchens. Nikolaj Apollonowitsch, plötzlich zu sich gekommen, sprang auf, drehte sich um und blinzelte unwillkürlich: auch ihn blendete der weiß-goldene Greis.

Der weiß-goldene Greis war sein Papa; doch eine Anwandlung verwandtschaftlicher Gefühle erlebte Nikolaj Apollonowitsch

in diesem Moment keinesfalls; er empfand etwas vollkommen Gegenteiliges, vielleicht das, was er in seinem Arbeitszimmer empfunden hatte; in seinem Arbeitszimmer hatte Nikolaj Apollonowitsch an sich selbst terroristische Akte begangen, Nummer eins an Nummer zwei: der Sozialist am jungen Adligen; und der Tote am Verliebten; in seinem Zimmer verfluchte Nikolaj Apollonowitsch sein vergängliches Wesen und, weil er Ebenbild des Vaters war, verfluchte er seinen Vater. Es war klar, seine Gottgleichheit mußte den Vater hassen; vielleicht aber liebte sein vergängliches Wesen den Vater trotzdem? Das gestand sich Nikolaj Apollonowitsch wohl kaum ein. Lieben?.. Ich weiß nicht, ob dieses Wort hier paßt. Nikolaj Apollonowitsch kannte seinen Vater gleichsam durch die Sinne, er kannte ihn bis in die kleinsten Nuancen, bis in die unmerklichen Regungen der unausdrückbarsten Gefühle; mehr noch: in den Sinnen war er seinem Vater absolut gleich; am meisten wunderte ihn jener Umstand, daß er psychisch nicht wußte, wo er selbst endete und wo psychisch in ihm der Geist des Senators begann, des Trägers all dieser funkelnden brillantenen Ehrenzeichen, die da blitzten auf den glänzenden Plättchen der bestickten Brust. Im Nu stellte er sich nicht etwa vor, vielmehr erlebte er sich selbst in dieser prunkvollen Uniform; was würde er empfinden beim Betrachten solch eines unrasierten Liederjans, wie er selbst es war, im bunten Bucharer Schlafrock; das erschiene ihm als Verstoß gegen den guten Ton. Nikolaj Apollonowitsch begriff, daß er Ekel empfände, daß auf seine Art sein Vater recht hätte, wenn er Ekel verspürte, daß diesen Ekel sein Vater eben jetzt verspürte – hier. Er begriff auch, daß eine Mischung aus Gereiztheit und Scham ihn veranlaßte, so schnell aufzuspringen vor dem weiß-goldenen Greis:
– »Guten Morgen, Papachen!«
Doch der Senator, der sich durch die Sinne im Sohn fortsetzte, der vielleicht instinktiv etwas auch ihm nicht ganz Fremdes erlebte (gleichsam die Stimme einst auch in ihm vorhandener Zweifel – in den Tagen seiner Professur), stellte sich seinerseits sich selbst vor, bewußt leger gekleidet und den Sohn betrach-

tend, den Karrieristen und Emporkömmling, ganz in Weiß-Gold – vor der legeren Kleidung des Vaters, – und begann erschrocken zu zwinkern und antwortete mit einer gewissen Naivität, einer vollkommen übertriebenen, fröhlich und besonders vertraulich:

– »Meine Hochachtung!«

Vermutlich kannte der Träger brillantener Ehrenzeichen gar nicht sein wahres Ende, er setzte sich fort in der Psyche des Sohnes. Bei beiden war die Logik vollkommen entwickelt, zum Nachteil der Psyche. Ihre Psyche aber stellten sie sich als Chaos vor, aus dem einzig nur Überraschungen kommen; doch wenn beide einander psychisch berührten, dann boten sie das Bild zweier einander zugewandter düsterer Zuglöcher in den absoluten Abgrund; und von Abgrund zu Abgrund lief ein höchst unangenehmer Luftzug; diesen Luftzug spürten nun beide, als sie voreinander standen; und beider Gedanken verschmolzen, so daß der Sohn, wahrscheinlich, den Gedanken des Vaters fortführen konnte.

Beide schlugen die Augen nieder.

Am allerwenigsten konnte wie Liebe aussehen die unerklärliche Nähe; dem Bewußtsein Nikolaj Apollonowitschs zumindest war solche Liebe unbekannt. Die unerklärliche Nähe empfand Nikolaj Apollonowitsch als schändlichen physiologischen Akt; in dieser Minute hätte er sich zur Absonderung jeglichen verwandtschaftlichen Gefühls verhalten können wie zur natürlichen Absonderung des Organismus: diese Absonderungen liebt man weder noch liebt man sie nicht: davor ekelt man sich.

Auf seinem Gesicht erschien der kraftlose Froschausdruck.

– »Sie gehen heute in Gala?«

Finger wurden in Finger gelegt; und Finger wurden zurückgezogen. Apollon Apollonowitsch wollte, sichtlich, etwas ausdrücken, wahrscheinlich, eine verbale Erklärung abgeben zu den Gründen seines Auftritts in dieser Uniform: und außerdem wollte er eine Frage stellen über den Grund der unnatürlichen Blässe des Sohnes, oder zumindest sich erkundigen, warum der Sohn zu so ungewöhnlicher Stunde erschien. Doch die Worte blieben ihm irgendwie im Halse stecken, und Apollon Apollonowitsch bekam nur einen Hustenanfall. In diesem Moment erschien der Lakai und sagte, die Kutsche sei angespannt. Apollon Apollonowitsch, plötzlich erfreut, nickte dem Lakaien dankbar zu und beeilte sich.

– »So, so: sehr gut!«

Apollon Apollonowitsch, Glanz und Flirren, eilte an seinem Sohn vorüber; bald hörte sein Schritt zu stapfen auf.

Nikolaj Apollonowitsch schaute seinem Vater nach: auf seinem Gesicht erschien wieder ein Lächeln; Abgrund kehrte von Abgrund sich ab; kein Luftzug blies mehr.

Nikolaj Apollonowitsch Ableuchow erinnerte sich an das letzte amtliche Zirkular Apollon Apollonowitsch Ableuchows, das die völlige Nichtübereinstimmung mit den Plänen Nikolaj Apollonowitschs darstellte; und Nikolaj Apollonowitsch kam zu dem kategorischen Schluß, daß sein Vater, Apollon Apollonowitsch, ganz einfach ein ausgemachter Halunke war...

Bald stieg der kleine Greis die flirrende Treppe hinauf, die ganz ausgelegt war mit hellrotem Tuch: auf dem hellroten Tuch, sich krümmend, begannen die kleinen Beine mit unnatürlicher Schnelligkeit Winkel zu bilden, wovon sich schnell auch der Geist Apollon Apollonowitschs beruhigte: er liebte in allem die Symmetrie.

Bald traten zu ihm viele solche Greise wie er: Backen-, Kinnbärte, Glatzen, Schnurrbärte, Kinne, goldbrüstige und ordensgeschmückte, die die Bewegung unseres Staatsrads lenken; und dort, an der Treppenbalustrade, stand ein goldbrüstiges Häuflein, das mit surrendem Baß den schicksalhaften Lauf des Rads über die holprigen Wege besprach, bis der Oberzeremonienmeister, mit seinem Stab vorübergehend, sie alle ersuchte, sich in gerader Linie aufzustellen.

Sofort aber nach dem außerordentlichen Durchzug, dem Rundgang und den leutselig gesprochenen Worten bildeten die Greise wieder Schwärme im Saal, im Vestibül, um die Säulen der Balustrade. Aus irgendeinem Grund fiel plötzlich ein funkelnder Schwarm ins Auge, aus dessen Zentrum ein unermüdliches, doch verhaltenes Murmeln ertönte; als ließe von dort, aus dem Zentrum, eine riesige Hummel ihren Baß vernehmen; sie war die kleinste von allen, und als die goldbrüstigen Greise sie umstanden, war sie gar nicht zu sehen. Als aber der hünenhafte Graf W. mit dem dunkelblauen Band um die Schulter, mit der Hand sich durchs Silberhaar streichend, in quasi sanfter Ungezwungenheit, zu dem Greisenhäuflein trat und die Augen zukniff, da sah er, daß dieses dröhnende Zentrum Apollon Apollonowitsch war. Sofort unterbrach Apollon Apollonowitsch seine Rede, und mit nicht allzu lebhafter Herzlichkeit, aber dennoch mit Herzlichkeit, reichte er seine Hand jener Schicksalshand, die soeben die Konditionen eines außerordentlichen Vertrags unterschrieben hatte: der Vertrag wurde unterschrieben in ... Amerika. Graf W. beugte sich irgendwie sanft zu dem bis an die Schulter ihm reichenden kahlen Schädel, und ein geflüsterter Witz kroch hurtig ins blaßgrün schimmernde Ohr; dieser Witz, übrigens, rief kein Lächeln hervor: es lächelten auf den Scherz auch nicht die goldbrüstigen, umstehenden Greise; und von selbst löste das Häuflein sich auf. Mit dem hünenhaften Würdenträger stieg Apollon Apollonowitsch dann die Treppe hinab; vor Apollon Apollonowitsch ging Graf W. in gebeugter Haltung; oberhalb ihrer stiegen funkensprühende Greise hinab, unterhalb der Botschafter eines fernen Staats, ein kleiner, rotlippiger Greis mit gebogener Nase, ein Orientale; dazwischen der kleine, weiß-goldene und stockgerade Apollon Apollonowitsch auf dem feurigen Grund des Tuchs, das die Treppe bedeckte.

. . . .

Zu dieser Stunde fand auf dem weiten Marsfeld eine große Platzparade statt; dort stand das Karree der Zarengarde.
Von fern, durch die Menge, hinter dem Stahlwald der Bajonette der Preobrashenskij-, Semjonowskij-, Ismajlowskij-Garden und Grenadiere erkannte man Reihen weißberoßter Trupps; es war – als rühre ein goldener, großer, Strahlen aussendender Spiegel sich langsam von Punkt zu Punkt; in der Luft knatterten bunte Schwadronszeichen; melodisch klagten und flehten herüber silberne Orchester: man erkannte dort eine Reihe von Schwadronen, – Kürassieren, Gardekavalleristen: man er

kannte ferner eben jene Schwadron – Kürassiere, Gardekavalleristen –, man erkannte die Galoppade der Reiter der Schwadronsreihe – von Kürassieren, Gardekavalleristen –, blonder,
riesiger, rüstungsbewehrter, in weißen, einfachen, engen Glacé-
lederbeinkleidern, in goldenen, funkelnden Panzern, mit leuchtenden Helmen, gekrönt bald von einer silbernen Taube, bald
von einem doppelköpfigen Adler; es tummelten die Reiter der
Schwadronsreihe, es tummelten die Reihen der Schwadron. Es
tänzelte, gekrönt von einer metallenen Taube, auf dem Pferd
vor ihnen der blaßschnurrbärtige Baron Ommergau; von einer
ebensolchen Taube gekrönt tummelte hochmütig Graf Awen, –
Kürassiere, Gardekavalleristen! Und aus dem Staub, als blutrote Wolke, galoppierten, die Federbüsche gesenkt, auf ihren
grauen Springern die Husaren; rot leuchteten ihre Dolmane,
weiß leuchteten im Wind hinter ihnen die Pelzpelerinen; die
Erde erdröhnte, und himmelwärts klirrten die Säbel: und über
dem Getöse, über dem Staub, floß plötzlich ein Strom hellen
Silbers. Seitwärts ab flog die rote Husarenwolke, und der Platz
war leer. Und wieder tauchten, dort, im Raum, nun schon
azurblaue Reiter auf und gaben den Weiten und der Sonne vom
Silber ihrer Harnische ab: das war wohl die Division der
Gardegendarmen; von fern erhob sie Klage gegen die Menge
mit einem Trompetenstoß; doch entzog sie den Blicken
schwarzbrauner Staub; ein Trommelwirbel; Durchzug der In-
fanteristen.

Zum Meeting

Nach dem dumpfigen Erstoktober-Matschwetter badeten Petersburger Dächer, Petersburger Turmspitzen und, schließlich,
Petersburger Kuppeln plötzlich blendend in frostiger Oktober-
sonne.
Engel Peri blieb an diesem Tag allein; ihr Gatte war nicht zu
Hause: er verwaltete – irgendwo dort – das Proviant; der Engel
flatterte ungekämmt in seinem rosa *Kimono* zwischen Vasen
mit Chrysanthemen und dem Berg Fudschijama; mit den

Schößen, wie mit Altasflügeln, klapperte der *Kimono*, und der Besitzer jenes *Kimono*, erwähnter Engel, biß unter Hypnose immer derselben Idee mal ins Taschentuch, mal ins Ende seines schwarzen Haarzopfs. Nikolaj Apollonowitsch blieb natürlich ein gemeiner Schuft, doch auch der Journalist Neuntelpfain – auch er! – war ein Rindvieh. Die Gefühle des Engels waren höchst durcheinander.

Um nur ein wenig das Durcheinander der Gefühle zu ordnen, zog der Engel die Füße auf ein gestepptes Sofa und schlug sein Büchlein auf: *Henri Besançon, »Der Mensch und seine Körper«.* Dieses Büchlein hatte der Engel schon vielmals aufgeschlagen, aber... und aber: das Büchlein fiel ihm aus den Händen, die Äuglein Engel Peris schlossen sich rasch, und im winzigen Näschen erwachte ein stürmisches Leben: es pfiff und schnaubte.

Nein, heute wird sie nicht einschlafen: Baronesse R. R. hatte schon einmal sich nach dem Büchlein erkundigt; und als sie erfuhr, daß das Büchlein gelesen war, fragte sie irgendwie schelmisch: »Und was sagen Sie mir, ma chère?« Doch »*ma chère*« sagte nichts; da drohte ihr Baronesse R. R. mit dem Finger: nicht umsonst begann ja die Widmung auf dem Büchlein mit den Worten »Mein devachanischer Freund« und endete diese Widmung mit der Unterschrift: »Baronesse R. R. – vergängliche Schale, doch mit buddhischem Funken«.

Aber – erlauben Sie, erlauben Sie: was bedeuten »devachanischer Freund«, »Schale«, »buddhischer Funke«? Eben das wird Henri Besançon erklären. Und Sofja Petrowna wird sich diesmal in Henri Besançon vertiefen; kaum aber hatte sie das Näschen in Henri Besançon gesteckt, zwischen den Seiten deutlich den Duft der Baronesse selbst wahrnehmend (die Baronesse parfümierte sich mit Opoponax), als ein Läuten erklang und im Sturm die Hochschülerin hineinstürzte, Warwara Jewgrafowna: das kostbare Büchlein konnte Engel Peri nicht mehr gebührend verstecken; und der Engel war auf frischer Tat ertappt.

– »Was ist das?« – rief streng Warwara Jewgrafowna, klemmte das Pincenez auf die Nase und beugte sich über das Büchlein...

– »Was haben Sie da? Wer gibt Ihnen das?«

– »Baronesse R. R. ...«

– »Nun, natürlich... Und was ist das?«

– »Henri Besançon...«

– »Sie wollen sagen Annie Besant... Der Mensch und seine Körper?.. Was für ein Quatsch?.. Und haben Sie das ›Manifest‹ von Karl Marx durchgelesen?«

Die blauen Äuglein zwinkerten erschrocken, und die puterroten Lippen schmollten beleidigt.

– »Die Bourgeoisie, ihr Ende spürend, klammert sich an die Mystik: überlassen wir den Himmel den Sperlingen und bauen aus dem Reich der Notwendigkeit das Reich der Freiheit.«

Und Warwara Jewgrafowna musterte triumphierend den Engel mit unerbittlichem Blick durchs Pincenez: und hilfloser blinzelten Engel Peris Äuglein; dieser Engel schätzte gleichermaßen Warwara Jewgrafowna wie Baronesse R. R. Nun aber mußte er zwischen ihnen wählen. Doch Warwara Jewgrafowna machte zum Glück keine Szene; Bein über Bein geschlagen, putzte sie ihr Pincenez.

– »Folgendes... Sie gehen, natürlich, auf den Ball bei Zukatows...«

– »Ja«, – erwiderte schuldbewußt der Engel.

– »Folgendes: auf diesem Ball wird, Gerüchten nach, die mir zugetragen wurden, auch unser gemeinsamer Bekannter sein: Ableuchow.«

Der Engel erglühte.

– »Nun, also: und ihm übergeben Sie diesen Brief.« – Warwara Jewgrafowna schob einen Brief dem Engel in die Hände.

– »Übergeben Sie ihn; das ist alles: also werden Sie ihn übergeben?«

– »Ich... ich übergebe ihn...«

– »Nun, soso, dann brauche ich hier nicht bei Ihnen herumsitzen: ich gehe zum Meeting...«

– »Meine Liebe, Warwara Jewgrafowna, ich will mit.«

– »Und Sie fürchten sich nicht? Vielleicht kommt es zur Prügelei...«

– »Ich will mit, ich will mit – meine Liebe.«

– »Na gut: meinetwegen, dann gehen wir. Bloß Sie werden sich umziehen; und so weiter: sich pudern . . . Dann so schnell wie möglich . . .«
– »Ach, sofort: ein Moment! . .«
. . . .
– »Mein Gott, schnell, schnell . . . Das Korsett, Mawruschka! . . Das schwarze Wollkleid – nun, dieses: und die Pumps – du weißt schon. Aber nicht doch: die mit den hohen Absätzen.« Und die fallenden Röcke raschelten: aufs Bett flog über den Tisch der rosa *Kimono* . . . Mawruschka verhaspelte sich: Mawruschka warf einen Stuhl um . . .
– »Nein, nicht so, fester: noch fester . . . Ihr habt keine Hände . . . Klötze . . . Wo sind die Strumpfbänder – na, na? Wie oft habe ich euch das gesagt?« Und mit dem Fischbein krachte das Korsett; doch den zitternden Händen wollte es einfach nicht glücken, im Nacken die nachtschwarzen Zöpfe zu ordnen . . .
Sofja Petrowna Lichutina, eine Hornnadel zwischen den Zähnen, schielte: sie schielte nach dem Brief; und auf dem Brief stand deutlich geschrieben: *An Nikolaj Apollonowitsch Ableuchow.*
Daß sie »ihn« morgen auf dem Ball bei Zukatows treffen, mit ihm sprechen, ihm hier diesen Brief übergeben würde, das war schrecklich und schmerzlich: es war etwas Schicksalhaftes daran – nein, nicht dran denken, nicht dran denken!
Eine widerspenstige schwarze Strähne sprang von ihrem Nakken.
Ja, der Brief. Und auf dem Brief stand deutlich: *An Nikolaj Apollonowitsch Ableuchow.* Seltsam war nur eins: diese Schrift war die Schrift Lippantschenkos . . . Was für ein Unsinn!
Jetzt flatterte sie schon im schwarzen Wollkleid mit Spange im Rücken aus dem Schlafzimmer:
– »Nun, gehen wir, gehen wir doch . . . Übrigens, dieser Brief . . . Von wem ist er? . .«
– »?«
– »Nun, schon gut, schon gut: ich bin fertig.«
Warum eilte sie so zu dem Meeting? Um unterwegs zu erforschen, zu fragen, zu versuchen?

Und was wollte sie fragen?

An der Haustür stießen sie auf den Kleinrussen Lippantschenko:

– »Aha, soso: wohin des Wegs?«

Sofja Petrowna fuchtelte unwillig mit Plüschhändchen und Muff:

– »Zum Meeting, zum Meeting.«

Doch der schlaue Kleinrusse ließ nicht locker:

– »Vortrefflich: ich auch.«

Warwara Jewgrafowna erglühte, blieb stehen: und starrte den Kleinrussen unverwandt an.

– »Ich kenne Sie, glaube ich: Sie haben ein Zimmer... bei Madame Manpon...«

Nun geriet der freche schlaue Kleinrusse in höchste Verlegenheit: plötzlich begann er zu keuchen, zurückzuweichen, er lüftete seine Mütze und ließ sie in Ruhe.

– »Wer ist, sagen Sie, dieses unangenehme Subjekt?«

– »Lippantschenko.«

– »Durchaus nicht: nicht Lippantschenko, ein Odessaer Grieche: Maurokordato; manchmal wohnt er mit mir Wand an Wand: ich empfehle Ihnen, ihn nicht zu empfangen.«

Doch Sofja Petrowna hörte nicht zu. Maurokordato, Lippantschenko, ganz egal; der Brief, hier, der Brief...

Wohlgestalt und bleich und edel!..

Sie liefen an der Mojka entlang.

Linker Hand flirrte im Laub des Gartens das letzte Gold und der letzte Purpur; und noch näher sich nähernd, könnte man eine Meise sehen; aus dem Garten aber zog sich fügsam bis auf die Steine eine raschelnde Linie, um zu kreiseln und treiben zu Füßen des passierenden Fußgängers, und zu tuscheln und aus Laub zu flechten gelbrote Muster von Wörtern.

– »Uuuu-uuu-uuu...« – so klang es im Raum.

– »Hören Sie?«

– »Was ist los?«

. . . .

– »Uuu-uuu.«

. . . .

– »Ich kann gar nichts hören...«

Jener Ton aber tönte gedämpft in den Städten, den Wäldern
und Feldern, in den Weiten vor Petersburg, Moskau, Saratow.
Hast du dieses Lied gehört, das Oktoberlied von neunzehnhundertundfünf? Dieses Lied war früher nicht da; dieses Lied
kommt nicht wieder...

– »Das ist sicher eine Fabriksirene: in irgendeiner Fabrik wird
gestreikt.«

Doch die Fabriksirene heulte nicht, kein Wind blies; und
stumm blieb der Hund.

Zu ihren Füßen rechts blaute der Mojka-Kanal, und dahinter
trat über dem Wasser hervor die rötliche Linie der Ufersteine,
gekrönt von gittriger Eisenspitze: dasselbe helle dreistöckige
Gebäude aus der Zeit Alexanders stand gestützt auf fünf steinerne Säulen; und dunkel lag zwischen den Säulen der Eingang; über der zweiten Etage lief noch immer der Stuckfries:
Kreis an Kreis – ein Stuckkreis am andern.

Zwischen Kanal und Gebäude preschte auf seinen Pferden ein
Mantel vorüber, ins Biberfell steckend die frierende Spitze der
hochmütigen Nase; und ein leuchtendgelber Mützenrand ging
hin und her, und das rosa Kissen des Kutscherkäppchens
schaukelte sacht. Als er Lichutina eingeholt hatte, flog hoch
auf über der Glatze der leuchtendgelbe Mützenrand eines
Kürassiers Ihrer Majestät: das war Baron Ommau-Ommergau.

Vorn, wo der Kanal einen Knick machte, erhoben sich die roten
Mauern einer Kirche und mündeten in ein hohes Türmchen
und eine grüne Turmspitze; weiter links, über dem steinernen
Vorsprung eines Hauses, in gläsrigem Türkis, erhob sich so
streng die blendende Kuppel des Isaak.

Und – die Uferpromenade: Tiefe, grünliche Bläue. Von fern
dort, fern, wie ferner, als sie sollten: hatten sich niedergelassen
und duckten sich die Inseln: duckten sich auch die Häuser;
gleich wird sie umspülen, sich auf sie ergießen Tiefe, grünliche

Bläue. Doch über dieser grünlichen Bläue schickte ein unbarmherziges Abendrot hierhin wie dorthin seinen purpurnen Lichtstich: und purpurn flammte die Troizkij-Brücke; das Palais flammte ebenfalls purpurn.

Dann trat unter dieser Tiefe und grünlichen Bläue auf dem purpurnen Grund des Abendrots eine scharfe Silhouette hervor: im Wind schlug mit der Pelerine eine graue Nikolajewka; und geringschätzig wurde zurückgeworfen ein Wachsgesicht mit gestülpten Lippen: in den bläulichen Newa-Weiten suchten seine Augen nach etwas, und sie konnten nicht finden und flogen über ihr bescheidenes Hütchen hinweg; sie übersahen das Hütchen: sahen nichts – weder sie noch Warwara Jewgrafowna: sie sahen nur Tiefe, grünliche Bläue; und hoben und senkten sich – dorthin senkten sich die Augen, über die Newa, wo die Ufer sich duckten und die Häuser der Insel purpurn flammten. Vorneweg aber lief, schnaubend, eine gestreifte, dunkle Bulldogge und trug in den Zähnen ihre silberne Gerte.

Als er sie eingeholt hatte, zu sich gekommen, kniff er eine Spur die Augen zu, hob die Hand eine Spur zum Mützenrand; er sagte kein Wort – und verschwand nach dort: dort flammten nur purpurn die Häuser.

Sofja Petrowna, nun wirklich schielend, das Gesichtchen in den Muff versteckt (sie war jetzt röter als eine Pfingstrose), ruckte hilflos das Köpfchen zur Seite: nicht zu ihm hin, zur Bulldogge. Warwara Jewgrafowna aber starrte ihn so an, schnaubte und durchbohrte ihn mit Blicken.

– »Ableuchow?«

– »Ja . . . anscheinend.«

Und auf die bestätigende Antwort (sie selbst war kurzsichtig), begann Warwara Jewgrafowna erregt für sich zu flüstern:

> Wohlgestalt und bleich und edel,
> Haare weiß wie Flachs;
> Reich im Denken, arm im Fühlen
> Wer ist N. A. A.?

Da, da ist er:

> Revolutionär gesonnen,
> Zwar Aristokrat,
> Als die schändliche Familie
> Besser hundertmal.

Da ist er, der Umgestalter der faulen Ordnung, dem sie gedenkt (bald, bald!) die freie Ehe anzutragen nach Vollendung jener ihm bestimmten Mission, der ein allgemeiner, weltweiter Ausbruch folgen wird: hier verschluckte sie sich (Warwara Jewgrafowna hatte die Angewohnheit, zu laut Spucke zu schlukken).

– »Was ist los?«

– »Nichts: mir kam ein ideologisches Motiv in den Sinn.«

Doch Sofja Petrowna hörte gar nicht mehr zu: zu ihrer eigenen Überraschung hatte sie sich umgedreht und gesehen, daß dort, dort, auf dem Palaisvorsprung, im purpurnen Lichtstich der letzten Newa-Strahlen, irgendwie seltsam ihr zugewandt, gekrümmt, mit dem Gesicht im Kragen verschwindend, wovon die Studentenmütze verrutschte, Nikolaj Apollonowitsch stand: ihr schien, daß er höchst unangenehm lächelte und auf jeden Fall eine ziemlich absurde Figur darstellte: in den Mantel gewickelt, wirkte er bucklig und irgendwie armlos mit der plump im Wind tanzenden Pelerine; und beim Anblick all dessen drehte sie entschlossen das Köpfchen.

Lange stand er noch, krumm, mit höchst unangenehmem Lächeln, und stellte auf jeden Fall die ziemlich absurde Figur eines Armlosen dar mit so plump im Wind tanzender Pelerine vor dem Fleck des purpurnen Abendrotstreifs. Doch auf jeden Fall sah er sie nicht an: oder konnte man bei seiner Kurzsichtigkeit die sich entfernenden Figürchen erkennen; nur für sich lachte er und schaute fern – fern, wie ferner, als er sollte, dorthin, wo die Inselhäuser sich niederließen, nebelumflort im purpurnen Rauch.

Aber sie – sie hätte am liebsten geweint: sie hätte am liebsten gehabt, daß ihr Gatte, Sergej Sergejitsch Lichutin, hinginge,

diesem Schuft plötzlich ins Gesicht schlüge mit seiner Zypressenfaust und zu alldem sein ehrliches Offizierswort spräche.

Ein unbarmherziges Abendrot schickte Stich um Stich vom
äußersten Horizont; darüber lag die Unermeßlichkeit eines
rosa Kräuselns; noch darüber vergingen weich die vor so kurzem noch weißen Wölkchen (jetzt rosa) wie kleine Mulden
zerschlagenen Perlmutts in lauter Türkis; dieses lauter Türkis
strömte gleichmäßig zwischen den Splittern der rosa Perlmuttstückchen: bald werden die Perlmuttstückchen, in die Höhe
eintauchend, wie versinkend in ozeanischen Tiefen, im Türkis
auslöschen die zartesten Abglanze: überall wird sich dunkle
Bläue ergießen, bläulich-grüne Tiefe: auf Häuser, Granite und
Wasser.

Und kein Abendrot wird mehr sein.

Comte – Comte – Comte!

Der Lakai trug die Suppe auf. Vor den Teller des Senators stellte
er an Zubehör vorsorglich die Pfefferbüchse.

Apollon Apollonowitsch erschien in der Tür in seinem grauen
Röckchen; ebenso schnell nahm er Platz; und schon hob der
Lakai den Deckel der dampfenden Suppenterrine.

Dann öffnete sich die linke Tür; entschlossen schlüpfte durch
die linke Tür Nikolaj Apollonowitsch in der hochgeknöpften
Uniform des Studenten; an der Uniform stand ein überhoher
Kragen hoch (aus den Zeiten Zar Alexanders des Ersten).

Beide erhoben die Augen aufeinander; und beide wurden
verlegen (sie waren immer verlegen).

Apollon Apollonowitsch sprang mit dem Blick von Gegenstand
zu Gegenstand; Nikolaj Apollonowitsch verspürte die tagtägliche Bestürzung: von den Schultern hingen ihm beidseits des
Rumpfes zwei völlig überflüssige Arme; und in einer Anwandlung fruchtloser Dienstfertigkeit, auf den Vater zugehend, begann er die schmalen Finger zu biegen (Finger gegen Finger).

Das tagtägliche Schauspiel erwartete den Senator: der unna-

türlich höfliche Sohn überwand unnatürlich schnell, im Hüpf-
schritt, den Raum von der Tür – und bis zum Mittagstisch.
Apollon Apollonowitsch stand vor dem Sohn rasch auf (alle
würden sagen – er sprang auf).
Nikolaj Apollonowitsch stolperte über ein Tischbein.
Apollon Apollonowitsch hielt Nikolaj Apollonowitsch seine
wulstigen Lippen hin; auf diese Lippen drückte Nikolaj Apol-
lonowitsch zwei Lippen; die Lippen berührten einander; und
zwei Finger schüttelte eine meist schwitzende Hand.
– »Guten Abend, Papachen!«
– »Meine Hochachtung...«
Apollon Apollonowitsch setzte sich. Apollon Apollonowitsch
griff nach der Pfefferbüchse. Gewohnheitsmäßig verpfefferte
Apollon Apollonowitsch seine Suppe.
– »Aus der Universität?..«
– »Nein, vom Spaziergang...«
Und ein Froschausdruck lief über den breit lächelnden Mund
des ehrerbietigen Söhnchens, dessen Gesicht wir uns anzu-
schauen Gelegenheit hatten, unberührt von allerlei Grimassen,
Lächeln oder Gesten der Liebenswürdigkeit, die den Fluch des
Lebens von Nikolaj Apollonowitsch darstellten, und sei es
nur darum, weil von der *griechischen Maske* keine Spur übrig-
blieb; dieses Lächeln, diese Grimassen oder einfach Gesten
der Liebenswürdigkeit strömten in ununterbrochener Kaskade
vor dem flatternden Blick des zerstreuten Papachens; und die
Hand, die zum Mund den Löffel führte, zitterte sichtlich und
verschüttete Suppe.
– »Sie kommen, Papachen, aus der Behörde?«
– »Nein, vom Minister...«
. . . .
Oben haben wir gesehen, wie, in seinem Arbeitszimmer sit-
zend, Apollon Apollonowitsch zu der Überzeugung kam, daß
sein Sohn ein hoffnungsloser Schurke sei: so vollzog das achtundsechzigjährige Papachen am eigenen Blut und am eigenen
Fleisch tagtäglich einen bestimmten, zwar begreiflichen, aber
dennoch terroristischen Akt.
Doch das waren abstrakte, Arbeitszimmer-Schlüsse, die man

weder in den Korridor trug, noch (erst recht) ins Speisezimmer.
– »Magst du, Kolenka, Pfeffer?«
– »Ich mag Salz, Papachen...«
Apollon Apollonowitsch, der den Sohn anschaute, das heißt den sich windenden jungen Philosophen mit unsteten Augen umflatterte, ergab sich gemäß den Traditionen dieser Stunde einer Anwandlung von, sozusagen, Vaterschaft, in Gedanken das Arbeitszimmer fliehend.
– »Aber ich liebe Pfeffer: mit Pfeffer schmeckt es besser...«
Nikolaj Apollonowitsch, die Augen auf den Teller gesenkt, vertrieb aus seinem Gedächtnis zudringliche Assoziationen: ein Abendrot an der Newa und die Unbeschreiblichkeit eines rosa Kräuselns, zarteste Abglanze von Perlmutt, bläulich-grüne Tiefe; und auf dem Hintergrund zartesten Perlmutts...
– »So!..«
– »So!..«
– »Sehr gut...«
Mit dem Gespräch unterhielt seinen Sohn (oder besser gesagt – sich selbst) Apollon Apollonowitsch.
Über dem Tisch hing lastendes Schweigen.
Dieses Schweigen beim Genuß der Suppe verstörte Apollon Apollonowitsch nicht im geringsten (alte Leute verstört Schweigen nicht, die nervöse Jugend dagegen durchaus)...
Nikolaj Apollonowitsch durchlitt auf der Suche nach einem Gesprächsthema echte Qualen über dem kalt gewordenen Teller Suppe.
Zu seiner eigenen Überraschung platzte er los:
– »Ja... ich...«
– »Das heißt, nun?«
– »Nein... Nur so... nichts...«
Über dem Tisch hing drückendes Schweigen.
Und erneut platzte Nikolaj Apollonowitsch zu seiner eigenen Überraschung los:
– »Ja... ich...«
Nur was »ja... ich...«? Eine Fortsetzung der hervorgesprudelten Worte war ihm noch immer nicht eingefallen; es gab

keinen Gedanken zu »*ja... ich...*« Und Nikolaj Apollonowitsch blieb stecken...

— »Was könnte ich mir zu dem *ja... ich*« – dachte er, – »mal einfallen lassen.« Und es fiel ihm nichts ein.

Unterdessen warf Apollon Apollonowitsch, abermals beunruhigt durch die unsinnige sprachliche Verstörtheit des Sohnes, plötzlich fragend, streng, kapriziös seinen Blick, empört über das »Genuschel«...

— »Erlaube: was ist los?«

Im Kopf des Söhnchens aber drehten sich rasend die sinnlosen Worte:

— »Perzeption...«

— »Apperzeption...«

— »Pfeffer – nicht der Pfeffer, ein Terminus: eine Terminologie...«

— »... logie, logik...«

Und plötzlich spuckte er aus:

— »Die Logik von Cohen...«

Nikolaj Apollonowitsch, erfreut, einen Ausweg zum Wort gefunden zu haben, sprudelte lächelnd hervor:

— »Ja... ich... habe in Cohens ›*Theorie der Erfahrung*‹ gelesen...«

Und blieb wieder stecken.

— »Nun, was ist denn das für ein Buch, Kolenka?«

Apollon Apollonowitsch folgte in der Anrede des Sohnes unwillkürlich den Traditionen der Kindheit; und im *Umgang mit dem hoffnungslosen Spitzbuben nannte er den hoffnungslosen Spitzbuben* »*Kolenka, Söhnchen, mein Freund*« und selbst »*Täubchen...*«

— »Cohen, ein bedeutender Vertreter des europäischen Kantianismus.«

— »Erlaube – Comtianismus?«

— »Kantianismus, Papachen...«

— »Kan-ti-an-is-mus?«

— »Ganz genau...«

— »Aber Kant wurde doch von Comte widerlegt? Du sprichst doch von Comte?«

– »Nicht von Comte, Papachen, von Kant!..«
– »Aber Kant ist unwissenschaftlich...«
– »Comte ist unwissenschaftlich...«
. . . .
– »Ich weiß nicht, ich weiß nicht, mein Freund: zu unsrer Zeit
dachte man anders...«
. . . .
Apollon Apollonowitsch, müde und irgendwie unglücklich,
rieb sich langsam die Augen mit den kalten Fäustchen und
wiederholte zerstreut:
– »Comte...«
– »Comte...«
– »Comte...«
Glanz, Lack und Gefunkel und irgendwelche roten Fünkchen
sprühten in seinen Augen (Apollon Apollonowitsch sah vor
seinen Augen immer, sozusagen, zwei ungleiche Räume: unseren Raum und dazu den Raum eines rotierenden Netzes von
Linien, die in den Nächten golden wurden).
Apollon Apollonowitsch stellte fest, daß sein Hirn wieder an
extremem Blutandrang litt, bedingt durch den extremen hä-
morrhoidalen Zustand der ganzen letzten Woche; an die
dunkle Sessellehne, in die dunkle Tiefe sank seine Hirnschale;
die dunkelblauen Augen starrten fragend:
– »Comte... Ja: Kant...«
Er überlegte kurz und hob rasch den Blick auf den Sohn:
– »Nun, was ist denn das für ein Buch, Kolenka?«
. . . .
Nikolaj Apollonowitsch hatte mit instinktiver Schläue die Rede
auf Cohen gebracht; das Gespräch über Cohen war ein höchst
neutrales Gespräch; dieses Gespräch ersetzte *sonstige Gespräche*;
und eine Aussprache war verschoben (von Tag zu Tag – von
Monat zu Monat). Nun, und außerdem: die Gewohnheit
erbaulicher Gespräche war in Nikolaj Apollonowitschs Herzen
seit der Kinderzeit erhalten geblieben; seit der Kinderzeit hatte
Apollon Apollonowitsch bei seinem Sohn solche Gespräche
ermuntert: so erläuterte oft nach Nikolaj Apollonowitschs
Rückkehr aus dem Gymnasium das Söhnchen dem Vater

mit sichtlichem Eifer Details zu *Kohorten*, *Testudines* und *Turres*; er erläuterte auch andere Details des Gallischen Kriegs; zufrieden lauschte dann dem Sohn Apollon Apollonowitsch, zutunlich ermunternd für die Belange des Gymnasiums. In späteren Zeiten aber legte Apollon Apollonowitsch Kolenka sogar die Hand auf die Schulter.

— »Du solltest, Kolenka, die *Logik* von Mill lesen: das ist, weißt du, ein nützliches Buch . . . Zwei Bände . . . Ich habe sie seinerzeit von A bis Zet gelesen . . .«

Und Nikolaj Apollonowitsch, der gerade zuvor Sigwarts *Logik* verschlungen hatte, erschien trotzdem im Speisezimmer zum Tee mit einem riesigen Wälzer im Arm. Apollon Apollonowitsch, wie zufällig, fragte zärtlich:

— »Was liest du denn da, Kolenka?«

— »Die *Logik* von Mill, Papachen.«

— »So, so . . . Sehr gut!«

. . . .

Auch jetzt noch, vollständig getrennt, kamen sie unbewußt auf die alten Erinnerungen zurück: ihr Mittagessen endete oft mit einem erbaulichen Gespräch . . .

Einst war Apollon Apollonowitsch Professor für Rechtsphilosophie: damals hatte er vieles zu Ende gelesen. All das war spurlos vorüber: vor den eleganten Pirouetten der ihm anverwandten Logik empfand Appollon Apollonowitsch eine gegenstandslose Bedrückung. Apollon Apollonowitsch war nicht in der Lage, dem Söhnchen zu widersprechen.

Allerdings dachte er: »Das muß man Kolenka lassen: sein geistiger Apparat ist präzise ausgebildet.«

Zur gleichen Zeit fühlte Nikolaj Apollonowitsch zufrieden, daß sein Vater ein ungewöhnlich urteilsfähiger Zuhörer war.

Und etwas wie Freundschaft entstand zwischen ihnen gewöhnlich zum Dessert: manchmal wurde es ihnen schwer, das Tischgespräch zu unterbrechen, als hätten sie beide Angst voreinander; als würden sie jeder im stillen dem anderen grausam das Todesurteil unterzeichnen.

Beide standen auf: beide begannen durch die Zimmerflucht zu rennen; aus dem Schatten erhoben sich weiße Archimeden:

dort und dort; und auch dort; die Zimmerflucht lag schwarz; aus der Ferne, aus dem Salon, sausten rötliche Blitze einer Lichterregung; aus der Ferne, aus dem Salon, begann ein kleines Feuer zu prasseln.

So waren sie einst durch die leere Zimmerflucht gestrolcht – der Knirps und ... der noch zärtliche Vater; der noch zärtliche Vater tätschelte dem hellblonden Knirps die Schulter; später führte der zärtliche Vater den Knirps zum Fenster und zeigte mit dem Finger auf die Sterne:

– »Die Sterne, Kolenka, sind weit: vom nächsten Stern fliegt ein Strahlenbündel bis zur Erde mehr als zwei Jahre ... So ist das, mein Lieber!« Und ein andermal schrieb der zärtliche Vater für den Sohn ein Gedichtchen:

> Dummerchen, Hummelchen
> Kolenka da tanzt es:
> Setzt sich sein Schiffchen auf
> Auf dem Roß da stampft es.

Und wenn aus den Schatten Konturen von Tischchen traten, flog ein Lichtstrahl der Uferlichter durchs Fenster: die Tischchen funkelten mit den Intarsien. War der Vater wirklich zum Schluß gekommen, daß das Blut von seinem Blut Schurkenblut war? Hatte auch der Sohn sich wirklich über das Alter lustig gemacht?

> Dummerchen, Hummelchen
> Kolenka da tanzt es:
> Setzt sich sein Schiffchen auf
> Auf dem Roß da stampft es.

War denn das, – vielleicht war das ... nirgends, niemals? Beide saßen jetzt auf der Atlascouchette im Salon, um nutzlos Platitüden auszubreiten: sie blickten einander abwartend in die Augen, und die rote Flamme des Kamins strömte Hitze auf den Tapeten; rasiert, grau und alt hob Apollon Apollonowitsch sich ab vor der flackernden Flamme mit Ohren und Röckchen: mit genau diesem Gesicht und vor dem Hintergrund des brennenden Rußland war er dargestellt auf dem Umschlag eines Blättchens. Die tote Hand ausstreckend und ohne dem Sohn in die Augen zu schauen, fragte Apollon Apollonowitsch mit gesenkter Stimme:

— »Ist denn oft, mein Freund, bei dir dieser... mm... dieser...«

— »Wer, Papachen?«

— »Da dieser, wie war noch... junge Mann...«

— »Junge Mann?«

— »Ja, mit schwarzem Schnurrbärtchen.«

Nikolaj Apollonowitsch lächelte breit und rang die plötzlich schweißnassen Hände...

— »Der, den Sie unlängst in meinem Arbeitszimmer angetroffen haben?«

— »Nun ja – eben der...«

— »Aleksandr Iwanowitsch Dudkin!.. Nein... Wie kommen Sie...«

Und auf dieses »*Wie kommen Sie*« dachte Nikolaj Apollonowitsch:

— »Nun, warum habe ich dieses ›*Wie kommen Sie*‹ gesagt.«

Und nach kurzem Überlegen fügte er hinzu:

— »Na ja, er kommt ab und zu.«

. . . .

— »Wenn... wenn... das eine unbescheidene Frage ist, dann... vielleicht...«

— »Was, Papachen?«

— »Ist er zu dir in... universitären Angelegenheiten gekommen?«

. . . .

— »Aber übrigens... wenn meine Frage, sozusagen unpassend...«

— »Warum denn unpassend?..«

— »Ganz nett... ein angenehmer junger Mann: arm, offenbar...«

. . . .

— »Ist er Student?..«

- »Ja, Student.«
- »An der Universität?«
- »Ja, an der Universität . . .«
- »Nicht an der Technischen Fachschule? . .«
- »Nein, Papachen . . .«

Apollon Apollonowitsch wußte, daß sein Sohn ihn belog;
Apollon Apollonowitsch sah auf die Uhr; Apollon Apollonowitsch stand unschlüssig auf. Nikolaj Apollonowitsch spürte
quälend seine Hände, unruhig wanderten Apollon Apollonowitschs Augen:

- »Ja, also . . . Es gibt viele spezielle Wissenszweige auf der
Welt: jedes Wissensgebiet ist profund – du hast recht. Weißt
du, Kolenka, ich bin müde.«

Apollon Apollonowitsch versuchte eine Frage zu stellen an
seinen händeringenden Sohn . . . Er stand da, sah ihn an,
und . . . fragte nicht, schlug die Augen nieder: Nikolaj Apollonowitsch schämte sich einen Augenblick lang.

Mechanisch hielt Apollon Apollonowitsch dem Sohn seine
wulstigen Lippen hin: und die Hand schüttelte . . . zwei Finger.

- »Guten Abend, Papachen!«
- »Meine Hochachtung!«

Irgendwo seitlich scharrte und raschelte, fiepte dann plötzlich
eine Maus.

. . . .

Bald öffnete sich die Tür des Arbeitszimmers des Senators: mit
einer Kerze in der Hand huschte Apollon Apollonowitsch in
einen mit nichts zu vergleichenden Raum, um sich dort . . . der
Zeitungslektüre zu widmen.

. . . .

Nikolaj Apollonowitsch trat ans Fenster.

Ein phosphoreszierender Fleck jagte nebelnd und rasend am
Himmel hin; phosphoreszierendes Funkeln umflorte die nebligen Newa-Weiten und ließ lautlos fliegende Flächen grün
glitzern, die mal dort, mal hier einen Goldfunken sprühten;
hier und da auf dem Wasser blitzte ein rotes Flämmchen auf
und verging, einmal aufgeblinkt, in phosphoreszierend hinge-

breiteter Trübe. Am anderen Ufer der Newa, dunkel, erhoben sich die riesigen Gebäude der Inseln und warfen in die Nebel fahl leuchtende Augen – unendlich, lautlos, quälend: und es war, als weinten sie. Darüber – verteilten ungestüm flockige Hände trübe Konturen; Schwarm um Schwarm gingen sie auf über der Newa-Welle; vom Himmel aber stürzte sich auf sie ein phosphoreszierender Fleck. Nur an einer, vom Chaos unberührter Stelle, dort, wo am Tag sich die Troizkij-Brücke hinüberschwang, hingen nebelumflorte riesige Nester Brillanten über dem blinkenden Schwarm der geringelten, der Lichtschlangen; und sich windend, und entwindend, liefen die Schlangen dort als funkelnde Schnur; und dann, untergetaucht, stiegen sie an die Oberfläche als Sternsaiten.

Nikolaj Apollonowitsch starrte die Saiten an.

. . . .

Das Ufer war leer. Dann und wann ging der schwarze Schatten eines Polizisten vorüber, schwarz ragend im hellen Nebel und wieder zerfließend; und es ragten schwarz, und es verschwanden dort im Nebel die Gebäude am anderen Newa-Ufer; es ragte schwarz und verschwand wieder in den Nebel die Turmspitze von Peter-und-Paul.

Ein weiblicher Schatten ragte schon lange schwarz in den Nebel: am Geländer postiert, verschwand er nicht in den Nebel, sondern schaute direkt auf die Fenster des gelben Hauses. Nikolaj Apollonowitsch lächelte ein höchst unangenehmes Lächeln: das Pincenez auf die Nase geklemmt, betrachtete er den Schatten; Nikolaj Apollonowitsch riß mit wollüstiger Härte die Augen auf, schaute immerzu diesen Schatten an; Freude entstellte seine Züge.

Nein, nein: nicht – sie; doch auch sie, wie dieser Schatten, lief um das gelbe Haus herum; und er hatte sie gesehen; in seiner Seele war alles Unruhe. Sie liebte ihn, zweifellos; doch erwartete sie eine schicksalhafte schreckliche Rache.

Der schwarze zufällige Schatten war schon im Nebel zerflossen.

. . . .

Am Ende des dunklen Korridors klirrte ein metallener Riegel, am Ende des dunklen Korridors blinkte Licht: Apollon Apollonowitsch kam mit einer Kerze in der Hand zurück von einem mit nichts zu vergleichenden Ort: ein mausgrauer Schlafrock, graue rasierte Wangen und die riesigen Konturen völlig toter Ohren standen deutlich von fern vor den tanzenden Lichtlein und ragten aus dem hellen Kreis in völlige Finsternis; aus völliger Finsternis lief Apollon Apollonowitsch zur Tür seines Arbeitszimmers, um erneut zu versinken in völlige Finsternis; und der Ort seines Durchgangs klaffte so finster aus der offenen Tür.

. . . .

Nikolaj Apollonowitsch dachte: »Es ist Zeit.«

Nikolaj Apollonowitsch wußte, daß heute bis spät in der Nacht ein Meeting war, daß *sie* zum Meeting gegangen war (die Gewähr war die *Begleitung* Warwara Jewgrafownas: Warwara Jewgrafowna schleppte alle zu Meetings). Nikolaj Apollonowitsch dachte, daß schon über zwei Stunden vergangen waren, seit er die beiden getroffen hatte, auf dem Weg zum *düsteren Gebäude*; und jetzt dachte er: »*Es ist Zeit*«...

Das Meeting

Im ausgedehnten Foyer des düsteren Gebäudes herrschte verzweifeltes Gedränge.

Das Gedränge trug Engel Peri, schaukelte sie vor und zurück zwischen fremden Rücken und Brust, so verzweifelt versuchte sie durchzudringen zu Warwara Jewgrafowna: doch Warwara Jewgrafowna, ohne auf sie zu achten, irgendwo dort, schob, kämpfte und schubste: und verschwand plötzlich im Gedränge; mit ihr verschwand auch die Möglichkeit, sie auszuforschen über den Brief. Was heißt Brief! In ihren Augen flammten noch purpurne Abendrotflecken; und – dort, dort: irgendwie seltsam ihr zugewandt auf dem Palaisvorsprung im purpurnen Lichtstich der letzten Newa-Strahlen, gekrümmt und mit dem Gesicht im Kragen verschwindend, stand Nikolaj Apollonowitsch mit höchst unangenehmem Lächeln. Nein! Auf jeden Fall stellte er eine ziemlich absurde Figur dar: er wirkte bucklig und irgendwie armlos mit der so plump im Wind tanzenden Pelerine; sie hätte am liebsten geweint vor bitterer Kränkung, als hätte er sie schmerzhaft geschlagen mit der silbernen Gerte, jener silbernen Gerte, die in den Zähnen, schnaubend, die gestreifte dunkle Bulldogge trug; sie hätte am liebsten gehabt, daß ihr Gatte, Sergej Sergejitsch Lichutin, hinginge, diesem Schuft plötzlich ins Gesicht schlüge mit seiner Zypressenfaust und zu all dem sein Offizierswort spräche; in ihren Augen flogen noch Newa-Wölkchen, wie kleine Mulden zerschlagenen Perlmutts, und dazwischen gleichmäßig strömend lauter Türkis.

Doch in der Menge erloschen die zartesten Abglanze, von allen Seiten strömten Brüste, Rücken und Gesichter, strömte schwarze Dunkelheit – in gelblich-neblige Trübe.

Und es drängten und drängten Subjekte, Fellmützen und Fräulein: Leib drängte an Leib; auf einem Rücken drückte sich eine Nase platt; eine Brust bedrängte das Köpfchen einer hübschen Gymnasiastin, und um die Beine fiepte ein Zweitkläßler; durch Druck von hinten versank hier in einer fremden Frisur eine unmäßig vorspringende Nase und wurde von einer Hutnadel durchbohrt, dort drohte eine Brust zu durchstoßen ein löchernder spitziger Ellbogen; hier abzulegen war unmöglich; in der Luft stand Dampf, von Kerzen erleuchtet (wie sich später herausstellte, war plötzlich das elektrische Licht ausgefallen – das Elektrizitätswerk hatte, offenbar, zu spuken begonnen: bald würde es für lange Zeit spuken).

Und alle drängten, alle kämpften: selbstverständlich blieb Sofja Petrowna lange Zeit unter der Treppe hängen, Warwara Jewgrafowna schlug sich selbstverständlich durch, und jetzt schubste sie, kämpfte und schob schon weit oben auf der Treppe; zusammen mit ihr schlug sich durch ein höchst achtbarer Jude mit Lammfellmütze, mit Brille und stark ergrautem Haar: sich umdrehend, zog er mit größtem Entsetzen am Schoß seines eigenen Mantels; es gelang ihm nicht ihn herauszuziehen; und als es ihm nicht gelang, brüllte er:

– »Schejne Publikum; kaine Publikum, *Sauerei!* rchussi-sche!...«

– »Nu was mechten Sie, was schimpfen Sie unsere Rchuß-land?« – tönte es von irgendwo unten.

Da stritt ein jüdischer Bundist und Sozialist mit einem jüdi-schen Nichtbundisten, doch Sozialisten.

Im Saal hockte Leib an Leib, drückte sich Leib an Leib; und die Leiber gingen hin und her; sie wogten und brüllten einander zu, daß auch da doch, und da doch, und da doch Streik war, daß auch da doch, und da doch, und da doch ein Streik bevorstand, daß man streiken würde – hier, hier und hier: streiken hier an diesem Fleck; und – nicht vom Fleck!

Das sagte zuerst ein Parteiarbeiter der Intelligenz, dann wie-derholte dasselbe nach ihm ein Student; nach dem Student eine Hochschülerin; nach der Hochschülerin ein bewußter Proleta-rier, doch als dasselbe ein unbewußter Proletarier wiederholen wollte, ein Vertreter des Lumpen-Proletariats, posaunte durchs ganze Gebäude, wie aus einer Tonne, eine solch tönende Stimme, daß alles auffuhr:

– »Gänn... ossssn!.. Ich, das haiß, ain aamä Mann, – Prro-lätarrriä, Gänn... ossssn!..«

Donnernder Applaus.

– »Also, Gä-nn... ossssn!.. Un däshalb, das haiß, diese Rä-gieruns... will-kür... ja! ja! aso, ich bin ain aamä Mann – ich sage: Strai-k, Gä-nn... ossssn!«

Donnernder Applaus. (Richtig! Richtig! Entzieht ihm das Wort! Unfug, meine Herren! Er ist betrunken!)

– »Nein, ich bin nicht betrunken, Gä-nn... ossssn!.. Das haiß, füa diesä Burschuasie... aso, du arbaits, und arbaits... Ain Wort: an die Füße gepackt und ins Wassä; aso... Strai-k!«

(Ein Schlag mit der Faust auf den Tisch: donnernder Ap-plaus.)

Doch der Vorsitzende entzog dem Arbeiter das Wort.

Am besten von allen sprach ein achtbarer Journalist von einer achtbaren Zeitung, Neuntelpfain: er sprach, und zog sich sofort zurück. Irgendein Junger versuchte von vier Kathederstufen herab irgendwem den Boykott zu erklären: doch den Jungen lachten sie aus; lohnte es solche Lappalien zu betreiben, wenn gestreikt wurde da doch, und da doch, und da doch, wenn gestreikt wurde hier – und nicht vom Fleck? Und der Junge, fast weinend, stieg die vier Kathederstufen hinunter; da erstieg diese Stufen eine fünfundsechzigjährige Semstwovertreterin und sagte der Versammlung:

Säet das Nützliche, Gute und Ewige,
Sät, und ein Danke, ein herzliches sagt euch das
Russische Volk!

Doch die Säer lachten. Dann schlug plötzlich jemand vor, alle und alles zu vernichten: das war ein mystischer Anarchist. Sofja Petrowna hörte den Anarchisten nicht, sie drängte zurück nach draußen, und seltsam: Warwara Jewgrafowna hatte Sofja Petrowna nicht nur einmal und zweimal erklärt, es würde auf den Meetings lauter Nützliches, Gutes gesät, das von ihrer Seite ein herzliches *Danke* verdiene. Und von wegen, von wegen! Die fünfundsechzigjährige Semstwovertreterin, die ihnen dasselbe sagte (vom Säen), hatten alle verzweifelt ausgelacht; und dann, warum denn trieb in ihrem Herzchen der Same keine Sprosse? Da keimten trübe irgendwelche Nesselkräuter; und furchtbar dröhnte das Köpfchen; vielleicht darum, weil zuvor sie *ihn* gesehen hatte, vielleicht darum, weil sie doch eine so winzig kleine Stirn hatte, vielleicht darum, weil sie dort von allen Seiten irgendwelche Besessenen anstarrten, die gestreikt hatten da doch, und da doch, und jetzt gekommen waren um hier zu streiken, sie anzublicken aus gelb-nebliger Trübe und im Lachen die Zähne zu blecken. Und von diesem Chaos in ihr selbst erwachte eine ihr selbst unverständliche Bosheit; denn sie war eine Dame, und in Damen soll man nicht das Chaos wecken; dieses Chaos birgt jederlei Grausamkeiten, Verbrechen und Fehltritte; in jeder Dame lauert dann die Verbrecherin; in ihr lauerte ohnehin schon lange etwas Verbrecherisches.
Schon war sie fast an der Ecke zusammen mit einem jungen Offizier, den man dort belächelt hatte und gönnerhaft miteinander geflüstert und der sich plötzlich beleidigt gefühlt hatte

von dem Boykott, den das Jüngelchen verkündete, und, beleidigt, schnell gegangen war, – schon war sie fast an der Ecke, als aus dem Tor des benachbarten Hauses auf seinen buschigen Pferden in vollem Galopp ein Kosakentrupp vor ihr heraussprengte; bläuliche bärtige Männer in hohen Pelzmützen und mit gefällten Gewehren, wahre Zerlumpte, tanzten frech, stumm und ungeduldig in ihren Sätteln vorüber – dorthin, zum Gebäude. Irgendein Arbeiter sah das und kam von der Ecke gerannt, streckte dem Offizier die Hand hin und brachte atemlos vor:
– »Herr Offizier, Herr Offizier!«
– »Entschuldigen Sie, ich habe kein Kleingeld...«
– »Ja ich bitte doch nicht: was soll denn dort drinnen jetzt werden?.. Was soll werden?.. Dort sind wehrlose Fräulein – Hochschülerinnen...«
Der Offizier war betreten, wurde rot, salutierte aus irgendeinem Grund:
– »Ich weiß wirklich nicht... Damit habe ich nichts zu tun... Ich bin selbst gerade erst aus der Mandschurei; sehen Sie – hier der Georg...«
Und was dort erst mal los war.

Tatam: tam, tam!

Es war schon spät.
Sofja Petrowna ging langsam nach Hause, das Näschen versteckt im flauschigen Muff; die Troizkij-Brücke in ihrem Rükken zog zu den Inseln sich endlos hinüber, entfliehend an jene stummen Orte; und über die Brücke zogen sich Schatten; auf der großen gußeisernen Brücke, über dem feuchten, feuchten Geländer, über dem bazillenwimmelnden grünlichen Wasser liefen hinter ihr her in der Zugluft des Newa-Winds – Melone, Mantel, Stock, Ohren, Schnurrbart und Nase.
Plötzlich verweilten ihre Augen, weiteten sich, begannen zu blinzeln, zu schielen: am feuchten, feuchten Geländer hockte ein dunkles getigertes Tier, in den Zähnen eine silberne Gerte,

die es schaubend begeiferte; von ihr abgewandt hielt das dunkle getigerte Tier seine stumpfnasige Schnauze; und als in Richtung der abgewandten Schnauze sie ihren Blick warf, da sah sie: immer dasselbe Wachsgesicht mit gestülpten Lippen über dem feuchten Geländer reckte sich dort aus dem Mantel über dem bazillenwimmelnden grünlichen Wasser; mit gestülpten Lippen dachte er anscheinend immerzu einen zauberischen Gedanken, der in ihr auch nachklang diese letzten Tage, denn diese letzten Tage sangen so quälend in ihr fort die Worte einer einfachen Romanze:

> Im Blick den Strahl purpurner Abendröte
> So standen Sie am Ufer der Newa.

Und da: stand er am Ufer der Newa, dumpf irgendwie ins Grüne starrend, oder nein, mit dem Blick dorthin entfliegend, wo die Ufer sich duckten, wo sich fügsam die Inselhäuser kauerten und von wo über weißen Festungsmauern hoffnungslos und kalt sich unter den Himmel streckte die quälend spitze, unbarmherzige, kalte Turmspitze von Peter-und-Paul.

Ganz streckte sie sich ihm entgegen – was sind Worte und was Gedanken! Doch er – er bemerkte sie wieder nicht; die Lippen gestülpt und glasig die Augen geweitet, sah er einfach aus wie ein armloses Monstrum; und wieder flatterte anstelle der Arme im Zugwind die Pelerine über dem feuchten Geländer der Brücke.

Doch als sie ging, drehte sich Nikolaj Apollonowitsch langsam zu ihr um und trippelte eilig davon, strauchelnd und sich verwickelnd in den langen Schößen; an der Ecke der Brücke aber erwartete ihn ein Kutscher: und der Kutscher fuhr los; und als der Kutscher Sofja Petrowna Lichutina überholte, da wandte sich Nikolaj Apollonowitsch, gebeugt und mit den Händen das Halsband der Bulldogge drückend, krumm dem dunklen Figürchen zu, das so trostlos das Näschen im Muff versteckte; er schaute, er lächelte; doch der Kutscher sauste vorüber.

Plötzlich fiel der erste Schnee; und mit solch lebendigen Diamanten funkelte er, tanzend, im Lichtkreis der Laterne; der helle Kreis erleuchtete nun ein wenig das Palais und den kleinen Kanal und das steinerne Brückchen: in die Tiefe entfloh der Winterkanal; es war leer: der einsame Kutscher pfiff an der Ecke, erwartete jemand; in der Droschke lag schlampig ein grauer Uniformmantel.

Sofja Petrowna Lichutina stand auf dem geschwungenen Brückchen und schaute träumerisch – in die Tiefe, in den dampfend plätschernden kleinen Kanal; Sofja Petrowna Lichutina hatte an dieser Stelle schon früher gestanden; irgendwann hatte sie auch mit ihm gestanden; und sie hatte sich über Lisa gegrämt, voller Ernst räsoniert über das Entsetzliche der »*Pique Dame*«, über die göttlichen, bezaubernden, wundervollen Wohlklänge dieser Oper, und dann halblaut gesungen, mit dem Fingerchen dirigierend:

– »Tatam: tam, tam!.. Tatatam: tam, tam!«

Und nun stand sie wieder hier; ihre Lippen öffneten sich, ein kleines Fingerchen wurde erhoben:

– »Tatam: tam, tam!.. Tatatam: tam, tam!«

Doch sie hörte ein Geräusch von laufenden Schritten, schaute – und schrie nicht einmal: plötzlich schob sich irgendwie verloren hinter dem Rand des Palais hervor ein roter Domino, warf sich hierhin und dorthin, als suche er etwas, und, als auf dem geschwungenen Brückchen er einen weiblichen Schatten entdeckte, stürzte er sich ihm entgegen; und in stürmischem Lauf stolperte er über die Steine, seine Maske vorreckend mit schmalem Schlitz für die Augen; unter der Maske aber spielte ein Strahl des eisigen Newa-Zugwinds mit einem dichten Fächer aus Spitze, selbstverständlich ebenfalls schwarzer; und während die Maske zum Brückchen hinlief, stand Sofja Petrowna Lichutina, ohne auch nur die Zeit zu haben zu begreifen, daß der rote Domino ein Narrendomino ist, daß ein geschmackloser Schelm (und wir wissen wer) sie ganz einfach narren wollte und sich unter der samtenen Maske und dem schwarzen Spitzenbart einfach ein menschliches Gesicht verbarg; nun starrte es sie durchdringend an durch die länglichen Schlitze. Sofja Petrowna dachte (sie hatte doch eine so winzig kleine Stirn), daß in dieser Welt sich irgendein Leck gebildet, und von dort, aus dem Leck, durchaus nicht aus dieser Welt, sich der Narr in Person auf sie gestürzt habe: wer er war, dieser Narr, hätte sie, vermutlich, nicht sagen können.

Doch als der schwarze Spitzenbart, stolpernd, aufs Brückchen flog, da flogen im Luftstoß des Newa-Winds unter Rascheln die Atlasschöße des Narren empor und fielen, rot, dort übers Geländer – in die dunkelbuntende Nacht; und zum Vorschein kamen ihr allzu bekannte hellgrüne Hosenstege, und der entsetzliche Narr wurde zum nur noch kläglichen Narren; hier rutschte die Galosche aus auf einem buckligen Stein: und der klägliche Narr krachte mit Wucht auf den Stein; da ertönte über ihm ungezügelt durchaus nicht ein Lachen: einfach ein Wiehern.

– »Froschjunges, Monstrum – roter Narr!..«

Ein flinkes weibliches Füßchen belohnte so zornig den Narren mit Püffen.

Jetzt rannten am Kanal entlang irgendwelche bärtigen Männer; von fern ertönte ein Polizistenpfiff; der Narr sprang auf; der Narr stürzte zum Kutscher, und von fern war zu sehen, wie in der Droschke etwas Rotes zappelte und eilig versuchte, um die Schultern einen grauen Uniformmantel zu ziehen. Sofja Petrowna begann zu weinen und floh von diesem verfluchten Ort.

Bald kam, dem Kutscher hinterher, vom Winterkanal mit Gebell gesprungen die stumpfnasige Bulldogge: in der Luft blitzten ihre kurzen Beinchen, und diesen, den kurzen Beinchen, hinterher, jagten schon, auf Gummirädern, mit hängender Zunge, zwei Agenten der Schutzabteilung.

Schatten

Ein Schatten sagte zum anderen:
– »Ihnen ist, mein Bester, ein nicht unwichtiger Umstand entgangen, von dem ich mit eigenen Mitteln erfuhr.«
– »Und zwar?«
– »Sie schweigen zum roten Domino.«

– »Sie wissen es schon?«
– »Ich weiß es nicht nur: ich habe ihn bis zur Wohnung verfolgt.«
– »Nun, und der rote Domino?«
– »Nikolaj Apollonowitsch.«
– »Hm! Ja-ja: doch noch ist der Kasus nicht reif.«
– »Kneifen Sie nicht: es ist Ihnen einfach entgangen.«
– »?!?«
– »Ja-ja: entgangen . . . Und dann haben Sie mich noch Falsch-münzer geschimpft, halben Rubel geschimpft – erinnern Sie sich? Ich habe ja nichts gesagt, daß Sie falsche Haare haben.«
– »Nicht falsche – gefärbte . . .«
– »Das ist einerlei.«
– »Was macht Ihr Schnupfen?«
– »Ich danke: schon besser.«
. . . .
– »Er ist mir gar nicht entgangen.«
– »Beweise?«
– »Wie Sie wollen: da muß ich nicht lange suchen.«
. . . .
– »Beweise?!«
– »Das glauben Sie mir schon ohne.«
– »Beweise!!!«
Doch als Antwort ertönte sardonisches Lachen.
– »Beweise? Sie brauchen Beweise? Die Beweise sind die ›Pe-tersburger Chronik der Vorfälle‹. Haben Sie in den letzten Tagen die ›Chronik‹ gelesen?«
– »Ich muß zugeben: nein.«
– »Aber es ist Ihre Pflicht zu wissen, worüber Petersburg spricht. Hätten Sie in die ›Chronik‹ geschaut, Sie hätten be-griffen, daß die Nachrichten über den Domino seinem Auftritt am Winterkanal vorausgingen.«
– »M-mh.«
– »Sehen Sie, sehen Sie, sehen Sie: und Sie reden. Fragen Sie mich, wer all das in der ›Chronik‹ geschrieben hat.«
– »Nun, wer denn?«
– »Mein Mitarbeiter, Neuntelpfain.«

. . . .

– »Ich gebe zu, dieses Stückchen kommt für mich unerwartet.«

– »Und dann stürzen Sie sich noch auf mich, überschütten mich mit Gestichel: ich habe doch hundertmal gesagt, ich bin der Kopf, das Unternehmen läuft wie ein Uhrwerk. Sie verharren noch in seliger Unkenntnis, wenn mein Neuntelpfain schon eine Sensation produziert.«

– »M-hm-hm: sprechen Sie lauter – ich höre nichts.«

. . . .

– »Sie geben, hoffe ich, Order, daß Ihre Agenten Nikolaj Apollonowitsch völlig in Ruhe lassen, sonst: sonst – kann ich den weiteren Erfolg nicht verbürgen.«

– »Ich habe, muß ich gestehen, diesen letzten Kasus schon an die Zeitungen weitergegeben.«

– »Mein Gott, man muß doch der reinste . . .«

– »Was?«

– »Der reinste . . . Idealist sein: wie immer, haben Sie sich auch diesmal in meine Kompetenz gemischt . . . Gebe Gott, daß zumindest der Vater nichts weiß!«

Da winselte ein tollwütiger Hund

Wir haben Sofja Petrowna Lichutina in einer schwierigen Lage zurückgelassen; wir haben sie auf dem Petersburger Fußweg in jener kalten Nacht zurückgelassen, als irgendwo aus der Ferne Polizistenpfiffe ertönten und rundum solch dunkle Umrisse liefen. Da lief auch sie gekränkt in umgekehrter Richtung; in ihren weichen Muff vergoß gekränkt sie Tränen; mit dem furchtbaren, sie auf ewig besudelnden Vorfall konnte sie sich durchaus nicht versöhnen. Hätte nur Nikolaj Apollonowitsch sie anders gekränkt, hätte er sie nur geschlagen, hätte er sogar sich über das Brückchen gestürzt in seinem roten Domino, – all ihr weiteres Leben hätte sie seiner gedacht mit gruselndem Beben, seiner gedacht bis in den Tod. Für Sofja Petrowna Lichutina war der Kanal nicht irgendein prosaischer Ort, wo man sich das erlauben konnte, was er sich jetzt erlaubt hatte; nicht umsonst ja hatte sie oftmals geseufzt zu den Klängen der »Pique Dame«: es war etwas wie bei Lisa in dieser ihrer Lage (was da wie bei Lisa war, das hätte sie genau nicht sagen können); und, selbstverständlich, träumte sie Nikolaj Apollonowitsch hier als German zu sehen. Aber German?.. Aufgeführt hatte sich German, wie ein kleiner Taschendieb: er hatte, erstens, mit lachhafter Feigheit ihr seine Maske hingereckt hinter dem Palais hervor; zweitens hatte er, mit lachhafter Eile vor ihr herumwedelnd mit seinem Domino, sich auf der Brücke langgelegt; und da hatten aus den Atlasfalten prosaisch die Hosenstege geschaut (diese Stege nun hatten sie damals endgültig aus der Fassung gebracht); zur Krönung aller Garstigkeiten, die zu German nicht paßten, lief dieser German davon vor irgendeiner Petersburger Polizei; German blieb nicht stehen und riß nicht die Maske von sich mit heroischer, tragischer Geste; er sagte mit dumpfer, ersterbender Stimme nicht kühn vor allen: »Ich liebe Sie«; und auf sich selbst schoß German anschließend nicht. Nein, Germans schändliches Betragen hatte in ihr für immer gelöscht das Morgenrot all dieser tragischen Tage! Nein, Germans schändliches Betragen hatte den bloßen Gedanken an den Domino zur prätentiösen Harlekinade gemacht; vor allem aber war sie erniedrigt durch dieses schändliche Betragen; nun, was kann sie für eine Lisa sein, wenn es German nicht gibt! Und Vergeltung, Vergeltung ihm!

Wie ein Sturmwind flog in die kleine Wohnung Sofja Petrowna Lichutina. Im erleuchteten Vorzimmer hing Offiziersmantel samt Schirmmütze: also war jetzt ihr Gatte zu Hause, und Sofja Petrowna Lichutina, ohne abzulegen, flog ins Zimmer ihres Gatten; sie riß mit prosaisch roher Geste die Tür sperrangelweit auf und – flog hinein: mit flatternder Boa, mit weichem Muff, mit flammend-flammend rotem Gesichtchen, so unschön gedunsenem: sie flog hinein – und blieb stehen.

Sergej Sergejewitsch Lichutin rüstete sich, offenbar, für den Schlaf; sein grauer Uniformrock hing so bescheiden vom Haken, und er selbst, im blendend weißen Hemd, über Kreuz gegürtet mit Hosenträgern, stand als ersterbende Silhouette,

wie gebrochen – auf den Knien, vor ihm blinkte ein Heiligen-
bild und knisterte das Lämpchen. Im Halblicht des dunkelblauen Lämpchens zeichnete sich matt ab Sergej Sergejewitschs
Gesicht, mit spitzem, genau gleichfarbenem Bärtchen und
gleichfarbener zur Stirn erhobenen Hand; und die Hand,
das Gesicht, das Bärtchen, die weiße Brust waren wie geschnitzt
aus einem harten, duftenden Holz; die Lippen Sergej Sergejewitschs regten sich nur eine Spur; und eine Spur nur nickte
Sergej Sergejewitschs Stirn dem blauen Flämmchen zu, eine
Spur nur bewegten sich, an die Stirn drückend, die zusammengepreßten bläulichen Finger – für das Zeichen des Kreuzes.
Sergej Sergejewitsch Lichutin führte zuerst die bläulichen Finger zur Brust und zu beiden Schultern, er verneigte sich, und
dann erst drehte er sich schon irgendwie unwillig um. Sergej
Sergejewitsch Lichutin erschrak nicht, wurde nicht verlegen;
von den Knien sich erhebend, ging er mit Sorgfalt daran, an
den Knien haftende Stäubchen abzustreifen. Nach diesen lang-
samen Handlungen fragte er kaltblütig:
– »Was hast du, Sonjuschka?«
Sofja Petrowna erzürnte und kränkte sogar irgendwie die kalt-
blütige Ruhe ihres Gatten, wie auch das dunkelblaue Flämmchen dort sie kränkte in der Ecke. Unsanft plumpste sie auf
einen Stuhl und schluchzte, das Gesicht mit dem Muff bedeckt,
laut durchs ganze Zimmer.
Das ganze Gesicht Sergej Sergejewitschs wurde da gütiger,
sanfter; schlaffer hingen die dünnen Lippen, eine Querfalte
durchschnitt die Stirn, wovon auf dem Gesicht ein mitleidsvoller Ausdruck erschien. Doch Sergej Sergejewitsch hatte nur
unklare Vorstellung, was in diesem heiklen Fall zu tun war, –
den Frauentränen ihren Lauf lassen, um dann die Szene und die
Vorwürfe kalt zu erdulden, oder umgekehrt: vorsichtig sich vor
Sofja Petrowna hinknien, ihr mit Achtung das Köpfchen vom
Muff wegführen mit seiner sanften Hand, und mit dieser Hand
ihre Tränen trocknen, sie brüderlich umarmen und das Gesichtchen mit Küssen bedecken; doch Sergej Sergejewitsch
fürchtete eine Grimasse der Abscheu und Trübsal zu sehen;

und Sergej Sergejewitsch wählte einen mittleren Weg: er tätschelte einfach Sofja Petrowna das zitternde Schulterchen:

– »Komm, komm, Sonja... Komm, schon gut... Schon gut,
mein Kindchen! Kleines, Kleines!«

– »Lassen Sie, lassen Sie!..«

– »Was ist los? Was ist? Sag es mir!.. Wir wollen es doch
kaltblütig besprechen.«

– »Nein: lassen Sie, lassen Sie!.. Kaltblütig... lassen Sie! Man
sieht... aaa... Sie haben... kaltes, Fischblut...«

Sergej Sergejewitsch trat gekränkt von seiner Frau zurück, stand
unschlüssig, ließ sich im Nachbarsessel nieder.

– »Aaa... So seine Frau allein zu lassen!.. Irgendwo dort das
Proviant zu verwalten!.. Wegzugehen!.. Nichts zu wissen!..«

– »Du denkst umsonst, Sonjuschka, daß ich so gar nichts
weiß... Siehst du...«

– »Ach, lassen Sie, bitte!..«

. . . .

– »Siehst du, mein Freund: seit damals, als... als ich umzog
von uns in dies Zimmerchen hier... Kurz, ich besitze Ehrge-
fühl: und deine Freiheit, versteh doch, will ich nicht einschränken... Mehr noch, ich kann dich nicht einschränken: ich
verstehe dich; ich weiß sehr gut, du hast es, mein Freund, nicht
leicht... Ich hege Hoffnungen, Sonjuschka: vielleicht, irgendwann wieder... Nun, keine Angst, keine Angst! Nur versteh
doch auch du mich: mein Rückzug, meine, nun, Kaltblütigkeit, rührt, sozusagen, durchaus nicht von Kälte... Nun, keine
Angst, keine Angst...«

. . . .

– »Vielleicht sähst du gern Nikolaj Apollonowitsch Ableuchow? Zwischen euch ist, wohl, etwas geschehen? Erzähl mir
doch alles: erzähl nur ganz offen; wir besprechen zu zweit deine
Lage.«

– »Unterstehen Sie sich, ihn vor mir zu erwähnen!.. Ein
Schurke ist er, ein Schurke!.. Ein anderer hätte ihn längst
abgeknallt... Man verfolgt Ihre Frau, man verhöhnt sie...
Und Sie?.. Nein, lassen Sie!«

Und verworren, empört, das Köpfchen auf die Brust gesenkt, erzählte Sofja Petrowna alles von Anfang bis Schluß.

Sergej Sergejewitsch Lichutin war ein einfacher Mensch. Und einfache Menschen trifft eine wüste Roheit des Tuns stärker sogar als Gemeinheit, als Mord, als blutiges Verüben von Greueltaten. Ein Mensch kann menschlichen Treubruch verstehen, Verbrechen, selbst menschliche Schmach; denn verstehen bedeutet schon fast eine Entschuldigung finden; doch wie soll man, zum Beispiel, sich das Tun eines mondänen und, scheinbar, durch und durch redlichen Menschen erklären, wenn dieser mondäne und durch und durch redliche Mensch auf eine ganz wüste Phantasie verfällt: auf allen vieren auf der Schwelle eines mondänen Salons zu kauern und mit den Frackschößen zu wedeln? Das wird, merke ich an, schon eine wahre Abscheulichkeit sein! Das Unbegreifliche, Nutzlose dieser Abscheulichkeit läßt keinerlei Entschuldigung zu, wie keine Entschuldigung zulassen Lästerung, Gottesfluch und jederlei nutzloser Hohn! Nein, soll nur ein durch und durch redlicher Mensch ungestraft, zum Beispiel, staatliche Summen verausgaben, nur soll er sich niemals auf alle viere kauern, weil nach solchem Tun alles beschmutzt bleibt.

Aufgebracht, lebhaft, deutlich stellte sich Sergej Sergejewitsch Lichutin den närrischen Aufzug des Atlasdomino vor im unbeleuchteten Treppenflur, und ... Sergej Sergejewitsch begann zu erröten, errötete bis zu lebhafter Mohrrübenfarbe: das Blut schoß ihm zu Kopf. Mit Nikolaj Apollonowitsch hatte er ja schon als Kind gespielt; die philosophischen Talente Nikolaj Apollonowitschs hatte Sergej Sergejewitsch später bewundert; Nikolaj Apollonowitsch, als einem mondänen Menschen, als einem redlichen Menschen, hatte Sergej Sergejewitsch großmütig gestattet zwischen ihn und seine Frau zu treten und ... Sergej Sergejewitsch Lichutin stellte sich aufgebracht, lebhaft, deutlich die Narrengrimassen des roten Domino vor im unbeleuchteten Treppenflur. Er stand auf und durchmaß empört das winzige Zimmerchen, die Finger zur Faust geballt und wütend die zusammengepreßten Finger erhebend an den schroffen Kehren; wenn Sergej Sergejewitsch außer sich war

(er war ja außer sich gewesen überhaupt nur zwei-, dreimal –
nicht mehr), dann tauchte bei ihm diese Geste immer auf; Sofja
Petrowna hatte ein gutes Gespür für die Geste; sie erschrak ein
wenig vor ihr; sie war immer ein wenig erschrocken, nicht vor
der Geste, sondern vor dem Schweigen, das die Geste kund-
gab.
– »Warum . . . das?«
– »Nichts . . . nur so . . .«
Und Sergej Sergejewitsch Lichutin lief durch das winzige
Zimmerchen, die Finger zur Faust geballt.
Der rote Domino! . . Ekelhaft, ekelhaft, ekelhaft! Und er stand
dort, hinter der Haustür – ja?! . .
Das Betragen Nikolaj Apollonowitschs erschütterte Leutnant
Lichutin aufs äußerste. Er empfand jetzt eine Mischung aus
Ekel und Grauen; kurz, er empfand jenes Ekelgefühl, das uns
gewöhnlich ergreift beim Betrachten vollendeter Idioten, die
ihre Verrichtungen einfach so machen, unter sich, oder beim
Betrachten eines haarfüßigen, schwarzen Insekts, vielleicht
einer Spinne . . . Verwunderung, Kränkung und Angst verkehrten sich einfach in Wut. Seinen nachdrücklichen Brief zu
mißachten, durch den Harlekinauftritt seine Offiziersehre zu
kränken, zu kränken durch irgendeine Spinnengrimasse die
geliebte Gattin!! . . Und Sergej Sergejewitsch Lichutin gab sich
das Offiziersehrenwort – die Spinne um jeden Preis zu zerquetschen, zu zerquetschen; und auf diesen Entschluß lief er
hin und her, immer hin und her, rot wie ein Krebs, die Finger
zur Faust geballt und die muskulöse Hand an den Kehren
zusammenkrampfend; er erschütterte nun unfreiwillig mit
seinem Erschrecken auch Sofja Petrowna: gleichfalls rot, mit
halbgeöffneten wulstigen Lippen und von den blitzenden Tränen ungetrockneten Wangen, beobachtete sie aufmerksam
ihren Gatten von hier, von diesem Sessel aus.
– »Warum . . . das?«
Doch Sergej Sergejewitsch antwortete jetzt mit barscher Stimme; in dieser Stimme klangen zugleich – Drohung und Strenge,
und auch gedämpfte Wut.
– »Nichts . . . Nur so.«

Um die Wahrheit zu sagen, Sergej Sergejewitsch empfand in dieser Minute auch vor der geliebten Frau so etwas wie Ekel; als teile auch sie die Harlekinschmach der roten Maske, die sich krümmte – dort, an der Haustür.

– »Geh zu dir: schlaf... überlaß all das mir.«

Und Sofja Petrowna Lichutina, die längst nicht mehr weinte, erhob sich ohne Widerspruch und ging leise hinaus in ihr Zimmer.

Allein geblieben, lief Sergej Sergejewitsch Lichutin immerzu hin und her, hustete; trocken kam es heraus, äußerst unangenehm, genau, immer *kche-kche* und *kche-kche*. Manchmal wurde die hölzerne Faust, wie geschnitzt aus duftendem, harten Holz, aufgehoben über dem Tischchen; und es war, als würde das Tischchen, gleich-gleich, mit betäubendem Krächzen in Stücke zerspringen.

Doch die Faust wurde aufgemacht.

Schließlich zog Sergej Sergejewitsch Lichutin sich rasch aus; er zog sich aus, deckte sich mit der Wolldecke zu, und – davon flog die Decke; Sergej Sergejewitsch Lichutin setzte die Füße auf den Boden, starrte mit blindem Blick auf irgendeinen Punkt und begann, zu seiner eigenen Überraschung, in lautem Flüsterton zu flüstern:

– »Aa! Wie gefällt Ihnen das. Ich knalle ihn ab wie einen Hund...«

Da klang hinter der Trennwand beleidigt ein Stimmchen, weinerlich und laut.

– »Warum... das?«

. . . .

– »Nichts... nur so...«

Sergej Sergejewitsch schlüpfte wieder unter die Decke und zog sie über den Kopf, um zu seufzen, zu flüstern, zu beschwören, zu drohen irgendwem, für irgendwas...

. . . .

Sofja Petrowna rief nicht nach Mawruschka. Rasch warf sie den Pelz ab, das Mützchen, das Kleid; und ganz in Weiß, aus einem Schwall von Kleidungsstücken, die sie gewußt hatte um sich herum zu verteilen in diesen drei-vier Minuten, warf sie sich aufs Bett; und saß nun, die Beine angezogen und in die Hände versenkt das schwarzhaarige böse Gesichtchen mit gestülpten Lippen, über denen sich merklich ein Schnurrbärtchen zeigte, und rundum lag ein Schwall von Dingen; so war es immer. Mawruschka kannte nichts als aufzuräumen hinter der Herrin; Sofja Petrowna mußte sich nur an irgendein Toilettenzubehör erinnern, das Zubehör war nicht zur Hand; und dann flogen die Jäckchen, Schnupftücher, Kleider, Hut- und Haarnadeln wie es kam, wohin es kam; aus Sofja Petrownas Händchen schlug ein bunter Wasserfall der unterschiedlichsten Dinge. Heute abend hatte Sofja Petrowna Mawruschka nicht gerufen; also fand der Kleiderschwall statt.

Sofja Petrowna lauschte unfreiwillig dem ruhelosen Schritt Sergej Sergejewitschs hinter der Trennwand; und dann noch lauschte sie den allnächtlichen Klängen des Flügels über ihrem Kopf: dort spielte immer dasselbe alte Motiv einer Polka-Mazurka, zu deren Klängen die Mutter, lachend, mit ihr tanzte, dem Krümel von damals zwei Jahren. Und zu den Klängen dieser Polka-Mazurka, so alt und von nichts wissend, verflog allmählich Sofja Petrownas Zorn, wurde abgelöst von Müdigkeit, vollkommener Apathie und einer Spur Gereiztheit gegen ihren Gatten, in dem ja sie selbst, Sofja Petrowna, die, wie sie meinte, Eifersucht ermuntert hatte auf *jenen*. Kaum aber war in ihrem Gatten, Sergej Sergejewitsch, die, wie sie meinte, Eifersucht ermuntert, als schon ihr Gatte, Sergej Sergejewitsch, ihr deutlich zuwider wurde; sie empfand ein Gefühl des Mißbehagens, gleich als streckte sich unberufene Hand nach ihrer kostbaren Briefschatulle, die dort, im Nachttisch, verschlossen stand. Dagegen: wie das Lächeln Nikolaj Apollonowitschs sie zuerst ekelhaft ankam, und sie dann aus dem Gefühl des Ekels eine ihr süße Mischung von Entzücken und Grauen vor eben demselben Lächeln zog, so eröffnete sich auch in der Schmach des Betragens Nikolaj Apollonowitschs dort, auf dem Brückchen, ihr eine süße Quelle der Rache: sie bedauerte, daß, als er dort hinfiel vor ihr im kläglichen Narrenaufzug, sie ihn nicht getreten hatte und mit den Füßchen gepufft; sie wollte ihn plötzlich quälen und triezen, ihren Gatten aber, Sergej Sergejewitsch, wollte sie nicht quälen; weder quälen, noch küssen. Und Sofja Petrowna ging plötzlich auf, daß ihr Gatte nichts zu tun hatte mit diesem ganzen schicksalhaften Vorfall zwischen ihnen; dieser Vorfall hatte ein Geheimnis bleiben sollen zwischen ihr und *ihm*; und nun hatte sie ihrem Gatten alles selbst erzählt. Die Berührung ihres Gatten nicht nur mit ihr, sondern auch mit *jenem*, Nikolaj Apollonowitsch, wurde ihr vor allem zur Kränkung: denn Sergej Sergejewitsch wird aus diesem Kasus, nun, natürlich, vollkommen falsche Schlüsse ziehen; vor allem wird er hier einfach nichts begreifen können, natürlich: nicht das schicksalhafte, ängstlich-süße Gefühl, noch auch die Verkleidung; und Sofja Petrowna lauschte unfreiwillig den alten Klängen der Polka-Mazurka und dem ruhelosen, unangenehmen Schritt hinter der Trennwand; aus dem Übermaß der schwarzen gelösten Zöpfe schob sie erschrocken ihr Perlmuttgesichtchen mit dunkelblauen, wie trüben Blicken, irgendwie ungelenk das Gesichtchen zu den kaum zitternden Knien gebeugt.

In diesem Moment fiel ihr Blick auf den Toilettenspiegel: und unter dem Toilettenspiegel erkannte Sofja Petrowna den Brief, den sie *ihm* auf dem Ball übergeben sollte (sie hatte den Brief ja vollkommen vergessen). Im ersten Moment beschloß Sofja Petrowna, den Brief zurückzuschicken per Boten, zurück an Warwara Jewgrafowna. Wie konnte man wagen, ihr irgendwelche Briefe an ihn aufzudrängen! Und sie würde ihn zurückgeschickt haben, hätte sich nur nicht gerade zuvor in alles ihr Gatte eingemischt (wenn er sich endlich hinlegen würde!). Nun aber, unter Einfluß ihres Protests gegen jederlei Einmischung in *ihrer beiden* persönliche Dinge, sah sie die Sache einfach an, zu einfach: natürlich, das Briefkuvert aufzureißen und dort irgendwelche Geheimnisse zu lesen hatte sie das volle Recht (was unterstand er sich überhaupt, Geheimnisse zu haben!). Im Nu war Sofja Petrowna am Tischchen; doch kaum berührte sie den fremden Brief, als dort hinter der Wand sich zorniges Flüstern erhob; das Bett knarrte.

– »Warum ... das?«

Von hinter der Trennwand kam zur Antwort:

– »Nichts... nur so...«

Das Bett winselte kläglich; alles wurde still. Sofja Petrowna zerriß mit zitternder Hand das Kuvert... und während sie las, wurden ihre gedunsenen Äuglein zu Augen; ihre Trübe klärte sich, wurde abgelöst von blendendem Glanz, die Blässe des Gesichtchens gewann erst den Schimmer rosiger Apfelblüten, und wurde dann zur rosa Rose; und als sie die Lektüre beendet hatte, flammte ihr Gesicht einfach purpurn.

Ganz und gar war Nikolaj Apollonowitsch nun in ihren Händen; ihr ganzes Wesen erbebte entsetzt für ihn und für diese Möglichkeit, ihm für ihre zweimonatigen Leiden einen endgültigen, schrecklichen Schlag zuzufügen; und diesen Schlag erhält er aus hier diesen Händchen. Er wollte sie erschrecken mit der Narrenmaskerade; doch auch diese Narrenmaskerade verstand er nicht ordentlich durchzuführen und stellte, überrumpelt, einen Haufen Unfug an; soll er nun in ihr sich selbst auslöschen, und soll er German sein! Ja, ja, ja: selbst wird sie ihm den bösen Schlag zufügen durch das einfache Überreichen des Briefs mit entsetzlichem Inhalt. Ein Augenblick: ein Schwindelgefühl ergriff sie davor, zu welchem Weg sie sich verurteilt; doch sich zu enthalten, abzugehen vom Weg war zu spät: hatte sie selbst nicht den blutroten Domino aufgerufen? Nun, und wenn er aufrief vor ihr das Bild des schrecklichen Domino, soll alles übrige sich erfüllen: soll ein blutiger Weg dem blutroten Domino blühen!

Die Tür knarrte: Sofja Petrowna hatte kaum in der Hand zerknüllt den aufgerissenen Brief, als schon auf der Schlafzimmerschwelle ihr Gatte stand, Sergej Sergejitsch Lichutin; er war ganz in Weiß: im weißen Hemd und in weißen Unterhosen. Das Erscheinen eines ihr vollkommen Fremden und in solch unziemlichem Aufzug versetzte sie in Wut:

– »Wenn Sie sich wenigstens anziehen würden...«

Sergej Sergejitsch Lichutin wurde verlegen, verließ schnell das Zimmer, gleichwohl erschien er nach einer Minute wieder: diesmal war er, zumindest, im Schlafrock; Sofja Petrowna hatte den Brief schon versteckt. Sergej Sergejitsch, mit unangenehmer trockener Härte, ungewöhnlich für ihn, sprach sie umstandslos an:

– »Sophie... Versprechen Sie mir eins: ich bitte Sie sehr, morgen nicht auf den Abend der Zukatows zu fahren...«

Schweigen.

– »Ich hoffe, Sie versprechen es mir; die Vernunft wird Ihnen raten: ersparen Sie mir Erklärungen.«

Schweigen.

– »Ich möchte, daß Sie selbst die Unmöglichkeit sehen, auf den Ball zu fahren nach dem eben Gewesenen.«

Schweigen.

– »Ich habe, zumindest, für Sie mein Offiziersehrenwort gegeben, daß Sie nicht auf den Ball fahren.«

Schweigen.

– »Anderenfalls wäre ich gezwungen, es Ihnen rundweg zu verbieten.«

– »Auf den Ball fahre ich trotzdem...«

– »Nein, Sie fahren nicht!!«

Sofja Petrowna verblüffte die Drohung der hölzernen Stimme, mit der Sergej Sergejewitsch diesen Satz aussprach.

– »Doch, ich fahre.«

Lastendes Schweigen trat ein, während nur ein Gurgeln zu hören war aus Sergej Sergejewitschs Brust, weswegen er sich nervös an die Kehle griff und zweimal mit dem Kopf ruckte, als versuchte er von sich abzuwenden das Unausweichliche eines entsetzlichen Vorfalls; mit unglaublicher Anstrengung unterdrückte Sergej Sergejitsch Lichutin in sich den drohenden Ausbruch, dann setzte er sich leise hin, gerade wie ein Stock; mit unnatürlich leiser Stimme begann er zu reden:

– »Sehen Sie: nicht ich habe mich Ihnen aufgedrängt mit Details. Sie selbst haben mich ja zum Zeugen gerufen des soeben Gewesenen.«

Sergej Sergejewitsch brachte die Worte »*roter Domino*« nicht heraus: der Gedanke an alles gerade Vorgefallene ließ ihn instinktiv einen sündigen Abgrund durchleben, in den über eine schiefe Bahn seine Frau zu rutschen begann; was hier Sündiges war, außer der wüsten Ungereimtheit des ganzen

Vorfalls, konnte Sergej Sergejewitsch keinesfalls wissen: doch er ahnte, daß es da war, und daß das nicht einfach ein gewöhnlicher Roman war, nicht ein Treubruch, nicht nur ein Fehltritt. Nein, nein, nein: hier lag über allem das Aroma irgendwelcher satanischen Exzesse, die die Seele für immer vergiften, wie Blausäure; den süßlichen Geruch von bitteren Mandeln hatte er so deutlich wahrgenommen, als er, das Zimmer seiner Frau betretend, einen heftigen Anfall von Luftnot verspürte; und er wußte, wußte gewiß: würde morgen Sofja Petrowna, seine Frau, bei den Zukatows sein, würde sie dort den abscheulichen Domino treffen, ginge alles zugrunde: die Ehre seiner Frau, und die eigene, die Offiziersehre.

– »Sehen Sie. Nach dem, was Sie mir gesagt haben, begreifen Sie wohl, daß ein Treffen unmöglich ist; daß das eklig und eklig ist; daß ich, schließlich, mein Wort gegeben habe, daß Sie dort nicht hinfahren werden. Schonen Sie doch, Sophie, sich selbst und auch mich, und auch... ihn, denn sonst... ich... weiß nicht... ich verbürge mich nicht...«

Doch Sofja Petrowna empörte sich immer mehr über die dreiste Einmischung dieses ihr völlig fremden Offiziers, eines Offiziers auch noch, der es wagte, im Schlafzimmer in unziemlichstem Aufzug zu erscheinen mit seiner albernen Einmischung; vom Fußboden irgendein Kleid aufnehmend (sie bemerkte plötzlich, daß sie im Negligé war) und sich damit bedeckend, wandte sie sich weg zur dunklen Ecke; und von dort, aus der dunklen Ecke, schüttelte sie plötzlich entschlossen das Köpfchen:

– »Vielleicht wäre ich nicht gefahren, aber nun, nach dieser Ihrer Einmischung, nun gerade, nun gerade, nun gerade!«

– »Nein: niemals!!!«

Was war los? Ihr war, als ertöne im Zimmer ein ohrenbetäubender Schuß; zugleich ertönte ein unmenschlicher Schrei: eine dünne, heisere Fistelstimme schrie etwas Unverständliches; der Zypressenmann sprang auf, polternd stürzte der Sessel um, und ein Faustschlag zerschlug das billige Tischchen mittendurch; dann schlug die Tür; und alles war still.

Jäh verstummten oben die Klänge der Polka-Mazurka; über

ihren Köpfen begann Gestampfe; begannen irgendwelche Stimmen zu tönen; schließlich schlug ein vom Lärm erzürnter Nachbar oben den Besenstiel auf den Boden, damit wollte, offensichtlich, man oben seinen aufgeklärten Protest kund-tun.

Sofja Petrowna Lichutina krümmte sich und schluchzte ge-kränkt aus der dunklen Ecke: zum ersten Mal im Leben mußte sie solchem Furor begegnen, denn soeben hatte vor ihr hier gestanden nicht einmal . . . ein Mensch, nicht einmal nur . . . ein Tier. Hier hatte soeben vor ihr gewinselt ein tollwütiger Hund.

Der zweite Raum des Senators

Das Schlafzimmer Apollon Apollonowitschs war einfach und klein: vier graue, zueinander senkrechte Wände und der einzige Ausschnitt des Fensters mit weißem Gardinchen aus Spitze; dieselbe Weiße zeichnete auch die Laken, Handtücher und Überzüge des hoch aufgeschütteten Kopfkissens aus; vor dem Schlaf des Senators besprühte der Kammerdiener das Laken aus einem Zerstäuber.

Apollon Apollonowitsch anerkannte nur dreifach konzentrier-tes Eau de Cologne aus dem Petersburger Chemischen Labo-ratorium.

Dann: stellte der Kammerdiener ein Gläschen Zitronensaft auf den Nachttisch und zog sich eilig zurück. Entkleiden tat sich Apollon Apollonowitsch selbst.

Aufs akkurateste zog er den Schlafrock aus; aufs akkurateste faltete er den Schlafrock zusammen und legte ihn locker auf einen Stuhl; aufs akkurateste zog er das Röckchen aus und die Höschen in Miniaturformat und blieb im gestrickten, anlie-genden Beinkleid und Unterhemd; nur im Unterzeug blei-bend, vor dem Rückzug in den Schlaf, kräftigte Apollon Apol-lonowitsch seinen Leib durch Gymnastik.

Er spreizte Arme und Beine, führte sie dann auseinander, drehte den Rumpf, in die Kniebeuge gehend bis zu zwölf und mehr Mal, um dann, anschließend, weiterzuschreiten zu einer noch nützlicheren Übung: auf dem Rücken liegend, ging Apollon Apollonowitsch daran, zur Kräftigung der Muskulatur des Bauches mit den Beinen zu arbeiten.

Zu diesen höchst nützlichen Übungen griff Apollon Apollonowitsch besonders an Tagen mit Hämorrhoiden.

Nach diesen höchst nützlichen Übungen deckte sich Apollon Apollonowitsch zu, um der friedlichen Ruhe zu pflegen und auf die Reise zu gehen, denn der Schlaf (sagen wir unsererseits) ist eine Reise.

All das hatte Apollon Apollonowitsch heute durchgeführt. Bis zum Kopf eingemummt in die Decke (mit Ausnahme der Nasenspitze), war er schon aus dem Bett entschwebt über außerzeitlicher Leere.

Doch hier wird man uns unterbrechen und sagen: »Was heißt Leere? Nun, und die Wände, und der Fußboden? Und... so weiter?..«

Und wir antworten.

Apollon Apollonowitsch sah immer *zwei* Räume: einen materiellen (die Wände der Zimmer und die Wände der Kutsche), den anderen aber – nicht daß er geistig wäre (materiell war er auch)... Nun, wie es sagen: über dem Kopf des Senators Ableuchow sahen die Augen des Senators Ableuchow ein seltsames Fließen; Lichter, Glanze, nebelnde, irisierende Flecken, ausgehend von rotierenden Zentren, umflorten im Dämmerlicht die Grenzen der materiellen Räume; so schwärmte im Raum ein Raum, und dieser letztere, alles übrige verstellend, floh seinerseits in die Unermeßlichkeit schwankender, schaukelnder Perspektiven, die zu bestehen schienen... nun, aus Lametta, aus Sternchen, Fünkchen und Flämmchen.

Manchmal schloß Apollon Apollonowitsch vor dem Schlaf die Augen und öffnete sie wieder, und da: Flämmchen, nebelnde Flecken, Fäden und Sterne, gleichsam der Lichtschaum sprudelnder unermeßlich riesiger Schwärzen, fügte sich unerwartet (für nur eine Viertelsekunde) plötzlich zum deutlichen Bild: eines Kreuzes, eines Vielkants, eines Schwans, einer lichterfüllten Pyramide. Und alles zerstob.

Apollon Apollonowitsch hatte sein seltsames Geheimnis: eine Welt der Figuren, Konturen, Beben, seltsamen physischen Sensationen – kurz: ein *Universum* der Seltsamkeiten. Dieses *Universum* erschien immer vor dem Schlaf; und erschien so, daß Apollon Apollonowitsch, sich zurückziehend in den Schlaf, in dem Augenblick sich erinnerte an alle gewesenen Undeutlichkeiten, Geräusche, kristallographischen Figürchen, goldenen, durch die Finsternis laufenden chrysanthemenartigen Sterne auf Vielfüßler-Strahlen (manchmal übergoß ein solcher Stern dem Senator den Kopf mit kochendem Goldwasser: und Ameisen liefen ihm über den Schädel): kurz, er erinnerte sich an alles, was er am Vortag sah vor dem Rückzug in den Schlaf, um wieder nicht mehr sich zu erinnern am Morgen.

Ab und zu (nicht immer) vor der letzten Minute des Tagesbewußtseins, beim Rückzug in den Schlaf, bemerkte Apollon Apollonowitsch, daß alle Fäden, alle Sterne einen strudelnden Wirbel bildeten und sich zu einem Korridor scharten, der entfloh ins Unermeßliche, und (was das Allerverwunderndste war) er fühlte, daß jener Korridor – ausging von seinem Kopf, d. h., er, der Korridor, war die unendliche Fortsetzung des Kopfes selbst, dem plötzlich der Scheitel sich auftat – Fortsetzung ins Unermeßliche; und der alte Senator gewann vor dem Rückzug in den Schlaf den höchst seltsamen Eindruck, als schaue er nicht mit den Augen, sondern mit dem Zentrum des Kopfes selbst, d. h., er, Apollon Apollonowitsch, war nicht Apollon Apollonowitsch, sondern *etwas*, das sich niedergelassen hatte im Hirn und von dort, aus dem Hirn blickte; beim Sichauftun des Scheitels konnte das Etwas frei und leicht durch den Korridor laufen *bis zur Stelle des Sturzes in den Abgrund*, die sich dort entblößte, in der Korridorferne.

Eben das war der *zweite Raum* des Senators – das Land der allnächtlichen Reisen des Senators; und davon nun genug...

Bis zum Kopf in die Decke gemummt, war er schon aus dem Bett entschwebt über außerzeitlicher Leere, hatte schon sich der Lackfußboden gelöst von den Füßen des Betts und stand das Bett, sozusagen, auf Unbekanntem – als ans Ohr des Senators

ein seltsames fernes Geklapper drang, wie Geklapper schnell
schlagender Hufe:
– »Tra-ta-ta ... Tra-ta-ta ...«
Das Geklapper kam näher.

Ein seltsamer, sehr seltsamer, außerordentlich seltsamer Umstand: unter der roten Decke hervor streckte der Senator sein
Ohr in den Mond; und – ja: höchst wahrscheinlich – polterte es
im Spiegelsaal.

Apollon Apollonowitsch streckte den Kopf hervor.

Der goldene strudelnde Wirbel zerstob abrupt nach allen Seiten dort über dem Kopf des Senators; der chrysanthemenartige
Vielfüßler-Stern rückte zum Scheitel und verschwand behende
aus dem Blickfeld der Senatorsaugen; und unter die Füße des
eisernen Betts, wie immer, waren im Nu aus dem Abgrund
geflogen die Täfelchen des Parkettbodens; der weiße Apollon
Apollonowitsch, an ein gerupftes Huhn erinnernd, stützte sich
nun abrupt auf den Läufer mit zwei gelben Fersen.

Das Geklapper ging weiter: Apollon Apollonowitsch sprang
auf und lief in den Korridor.

Die Zimmer lagen im Mondlicht.

Nur im Hemd und mit einer brennenden Kerze in den Händen
reiste Apollon Apollonowitsch in die Zimmer. Ihrem beunruhigten Herrn schloß sich die hier schlummernde Bulldogge
an, wedelte wohlwollend mit dem Stummelschwanz, klirrte
mit dem Halsband und schnaubte durch die plattgedrückte
Nase.

Einem flachen Bohlendach gleichend, hob und senkte sich mit
schwerem Röcheln die haarige Brust sich, und es lauschte
dem Geklapper das blaßgrünlich schimmernde Ohr. Der Blick
des Senators fiel zufällig auf den Pfeilerspiegel: nun und seltsam
schon spiegelte der Spiegel den Senator: Arme, Beine, Hüften
und Brust waren plötzlich umspannt von dunkelblauem Atlas:
jener Atlas warf nach allen Seiten von sich metallischen Glanz:
Apollon Apollonowitsch trug eine blaue Rüstung, Apollon
Apollonowitsch war ein kleiner Ritter, und aus seinen Händen
ragte nicht eine Kerze, sondern eine Lichterscheinung, schillernd mit den Blitzen der Säbelklinge.

Apollon Apollonowitsch faßte Mut und stürzte in den Saal; das Geklapper kam von dort:

– »Tra-ta-ta ... Tra-ta-ta ...«

Und er fuhr das Geklapper an:

– »Auf Grundlage welchen Artikels denn des ›Gesetzbuchs‹?«

Das rufend, sah er, daß die gleichmütige Bulldogge friedlich und schläfrig hier neben ihm schnaubte. Doch – welche Frechheit! – aus dem Saal rief es zurück:

– »Auf der Grundlage einer Ausnahmeregel!«

Erzürnt über die freche Antwort, fuchtelte der kleine blaue Ritter mit der Lichterscheinung, die er fest in der Hand hielt, und stürzte in den Saal.

Doch die Lichterscheinung schmolz in seinem Fäustchen: floß ihm zwischen den Fingern, wie Luft, hindurch und legte sich ihm zu Füßen als Lichtstrahl. Das Geklapper aber – Apollon Apollonowitsch hatte es entdeckt – war das Zungenschnalzen eines lumpigen Mongolen: dort hatte ein dicker Mongole mit einer Physiognomie, die Apollon Apollonowitsch schon gesehen hatte bei seinem Aufenthalt in Tokio (Apollon Apollonowitsch wurde einmal nach Tokio gesandt) – dort hatte ein dikker Mongole die Physiognomie Nikolaj Apollonowitschs sich zugeeignet – *zugeeignet*, sage ich, denn das war nicht Nikolaj Apollonowitsch, sondern einfach ein Mongole, der schon in Tokio gesehen wurde; nichtsdestotrotz war seine Physiognomie die Physiognomie Nikolaj Apollonowitschs. Das zu begreifen wünschte Apollon Apollonowitsch nicht, er rieb mit den Fäustchen seine verwunderten Augen (und wieder spürte er nicht seine Hände, wie er auch das Gesicht nicht spürte: es rieben einander nur so zwei nicht fühlbare Punkte – der Raum der Hand befühlte den Raum des Gesichts). Der Mongole aber (Nikolaj Apollonowitsch) näherte sich mit eigennützigem Ziel.

Nun rief der Senator aufs neue aus:

– »Auf Grundlage welcher Regel denn?«

– »Und welches Paragraphen?«

Und es antwortete der Raum:

– »Nun gibt es nicht Paragraphen, noch Regeln mehr!«
. . . .
Und absichtslos, empfindungslos, plötzlich des Gewichts be-
raubt, plötzlich des Gefühls für den Leib selbst beraubt, verwandelt nur in Sehkraft und Gehör, stellte sich Apollon Apollonowitsch vor, er habe erhoben den Raum seiner Pupillen
(vom Tastsinn her konnte er nicht mit Bestimmtheit sagen, daß
seine Augen erhoben waren, denn das Gefühl der Leiblichkeit
war abgeworfen von ihm) – und, die Augen erhoben in Richtung des Ortes des Scheitels, sah er, daß auch kein Scheitel da
war, denn dort, wo das Hirn umschließen schwere feste Knochen, wo kein Blick ist, keine Sehkraft, dort sah Apollon
Apollonowitsch an Apollon Apollonowitsch eine runde geschlagene Bresche in dunkel-azurblaue Ferne (anstelle des
Scheitels); diese geschlagene Bresche – den blauen Kreis –
umringte ein Rad von fliegenden Funken, Lichtern, Glanzen;
in jener schicksalhaften Minute, als nach Vermutungen Apollon Apollonowitschs an seinen kraftlosen Leib (der blaue Kreis
war an jenem Leib – Ausgang aus dem Leib) sich schon her-
anstahl der Mongole (eingeprägt nur im Bewußtsein, doch
sonst schon unsichtbar) – zu eben dieser Zeit fing etwas an mit
Heulen und Pfeifen, ähnlich dem Rauschen des Windes im
Schlot, das Bewußtsein Apollon Apollonowitschs hervorzuzie-
hen aus dem Wirbel des Gefunkels (durch die blaue Scheitel-
bresche) in ein bestirntes Jenseits.
Nun geschah ein Skandal (in jener Minute bemerkte das Bewußtsein Apollon Apollonowitschs, daß ein ähnlicher Vorfall
schon war: wo, wann, erinnert er sich nicht) – nun geschah ein
Skandal: der Wind pfiff das Bewußtsein Apollon Apollonowitschs hinaus aus Apollon Apollonowitsch.
Apollon Apollonowitsch flog durch die runde Bresche ins Blau,
ins Dunkle, als goldgefiederter Stern; und, hoch genug aufge-
flogen über seinem Kopf (den er für den Planeten *Erde* ansah),
zerstob das goldgefiederte Sternchen, wie eine Rakete, lautlos
zu Funken.
Einen Augenblick war nichts: war die Finsternis der Vorzeit;
und in der Finsternis schwärmte ein Bewußtsein – nicht ein

anderes, zum Beispiel der Welt, nein, ein ganz einfaches Bewußtsein: das Bewußtsein Apollon Apollonowitschs.

Dieses Bewußtsein wandte sich nun zurück, aus sich entlassend nur zwei Empfindungen: die Empfindungen sanken herab, wie Hände; und die Empfindungen empfanden, nun: sie empfanden eine Form (die an die Form einer Wanne erinnert), bis zu den Rändern gefüllt mit klebrigem und stinkenden Unflat; die Empfindungen, wie Hände, begannen zu planschen in der *Wanne*; das aber, was die *Wanne* füllte, konnte Apollon Apollonowitsch nur mit Jauchwasser vergleichen, in dem ein abscheuliches Nilpferd planschte (das hatte er mehrmals gesehen in Gewässern der Zoologischen Gärten des aufgeklärten Europa). Im Nu waren die Empfindungen schon verwachsen mit dem Gefäß, das, wie wir sagten, gefüllt war bis zum Rand mit Schmach; das Bewußtsein Apollon Apollonowitschs stürzte davon, in den Raum, doch die Empfindungen schleppten hinter diesem Bewußtsein etwas Schweres nach.

Dem Bewußtsein taten sich Augen auf, und das Bewußtsein sah eben jenes, worin es wohnt: es sah einen kleinen gelben Greis, der an ein gerupftes Hühnchen erinnert; der kleine Greis saß auf dem Bett; die nackten Fersen stützte er auf den Läufer.

Im Nu erwies sich das Bewußtsein selbst als dieser kleine gelbe Greis, denn dieser kleine gelbe Greis lauschte aus dem Bett dem seltsamen, fernen Geklapper, wie Geklapper schnell schlagender Hufe:

– »Tra-ta-ta . . . Tra-ta-ta . . .«

Apollon Apollonowitsch begriff, daß seine ganze Reise durch den Korridor, durch den Saal, schließlich, durch seinen Kopf ein Traum war.

Und kaum hatte er das gedacht, wurde er wach: das war ein Traum im Traum.

Apollon Apollonowitsch saß nicht auf dem Bett, sondern Apollon Apollonowitsch lag, bis zum Kopf eingemummt in die Decke (mit Ausnahme der Nasenspitze): das Geklapper im Saal erwies sich als zugeschlagene Tür.

Da war, wohl, Nikolaj Apollonowitsch gekommen! Nikolaj Apollonowitsch kam spät in der Nacht nach Hause.

– »So . . .«
– »So . . .«
– »Sehr gut . . .«
Nur etwas stimmte im Rücken nicht: Furcht vor Berührung des
Rückgrats . . . Entwickelte sich vielleicht bei ihm eine *tabes
dorsalis?*

Ende des dritten Kapitels

VIERTES KAPITEL,
in dem die Linie der Erzählung zerbricht

Nimm den Verstand mir nicht, o Gott...
A. Puschkin

Der Sommergarten

Prosaisch, verlassen hasteten hierhin und dorthin die Wege des
Sommergartens; diese Räume durchschneidend, sputete ab
und zu seinen Schritt ein mürrischer Passant, um dann endgültig sich zu verlieren in trostloser Leere: das Marsfeld be-
zwingst du nicht in fünf Minuten.
Düster blickte der Sommergarten.
Die Sommerstatuen standen versteckt unter Brettern; die grau-
en Bretter formten einen hochkant aufgestellten Sarg; und
Särge säumten die Wege; in diesen Särgen hatten Zuflucht
gesucht die leichten Nymphen und Satyrn, daß im Schnee, im
Regen und Frost sie nicht annagen konnte der Zahn der Zeit,
denn die Zeit wetzt an allem ihren eisernen Zahn; und der
eiserne Zahn nagt gleichermaßen am Körper, an der Seele, und
sogar an den Steinen.
Seit den längst vergangenen Zeiten war dieser Garten öde
geworden, grau geworden, kleiner; eingebrochen war die
Grotte, nicht länger mehr sprühten die Springbrunnen, die
Sommergalerie war eingestürzt und versiegt der Wasserfall;
kleiner geworden war der Garten und kauerte hinter dem
Gitter, demselben Gitter, das zu bewundern sich hierher ein-
fanden fremde Gäste aus englischen Landen, in Perücken, in
grünen Kaftanen; und sie pafften rußige Pfeifen.
Peter selbst hatte diesen Garten angepflanzt und aus eigener
Kanne gewässert die seltenen Hölzer, den honigtragenden
Münzbalsam, die Minze; aus Solikamsk bezog der Zar hierher
Zedern, aus Danzig Berberitzen, und aus Schweden Apfel-
bäume; er ließ Springbrunnen bauen, und durch die zerspellten
sprühenden Spiegel, wie duftiges Spinnengewebe, schimmer-

ten hier für lange das rote Kamisol allerhöchster Personen, ihre gewundenen Locken, schwarze Mohrengesichter und Robe-ronden der Damen; gestützt auf den geschliffenen Griff eines schwarz und goldenen Stocks, geleitete hier ein ergrauter Kava-lier seine Dame zum Bassin; in den grünen, sprudelnden Wassern, ganz vom Grund, prustend, reckte sich schwarz eine Seehundschnauze; die Dame huchte, und der ergraute Kavalier lächelte launig und streckte dem schwarzen Monstrum seinen Stock hin.

Damals erstreckte der Sommergarten sich weiter, nahm dem Marsfeld den Raum für dem Zarenherzen teure Alleen, be-pflanzt mit Taxus und Spiraea (auch an ihm nagte, sichtlich, der unerbittliche Zahn der Zeit); hier erhoben ihre rosa Trom-peten riesige Muscheln der indischen Meere vom porösen Gestein einer finsteren Grotte; und eine Person, den Plumage-hut gelüftet, legte neugierig ihr Ohr an den Trichter einer rosa Trompete: daraus schallte chaotischer Lärm; unterdessen schlürften die anderen Personen Fruchtwässer vor dieser my-stischen Grotte.

Auch zu späteren Zeiten, unter der zierlichen Pose der Irelli-schen Statue, die die Finger gespreizt hielt in den sich nei-genden Tag, hörte man Lachen, Geflüster und Seufzer, glom-men die kostbaren Perlen der Hoffräulein der Zarin. So war es im Frühling, am zweiten Pfingsttag; die Abendluft verdun-kelte sich; plötzlich wurde sie erschüttert von machtvollem, von Orgelton, der hervorflog unter einer Gruppe lieblich schlummernder Ulmen: und von dort strömte plötzlich ein Schein – Feuerwerk, grün; dort, grün illuminiert, ließ eine leuchtend rote Jägerkapelle, die Hörner gereckt, melodisch die Umgebung erschallen, die Lüfte erschütternd und grausam die Seele aufwiegelnd, die tief verwundete: das schmachtende Schluchzen der aufgehobenen Hörner – hast du es nicht gehört?

All das war, und war nun nicht mehr; so düster hasteten nun die Wege des Sommergartens; ein schwarzer mutwilliger Schwarm kreiste über dem Dach von Peters Häuschen; unerträglich war sein Geschrei und das schwere Schlagen der zerrauften Flügel;

der schwarze, mutwillige Schwarm stürzte plötzlich herab auf die Äste.

Nikolaj Apollonowitsch, parfümiert und glatt rasiert, mühte sich über den eisharten Weg, in den Mantel gewickelt: sein Kopf war in den Pelz gesunken, seine Augen leuchteten irgendwie seltsam; kaum hatte er heute beschlossen in die Arbeit sich zu vertiefen, als ein Bote ihm ein Billett überbrachte; eine unbekannte Schrift lud ihn zum Treffen im Sommergarten. Unterschrieben war mit »S«. Wer aber war wohl das rätselhafte »S«? Nun, natürlich, »S« war Sofja (offenbar hatte sie ihre Handschrift verstellt). Nikolaj Apollonowitsch, parfümiert und glatt rasiert, mühte sich über den eisharten Weg.

Nikolaj Apollonowitsch wirkte aufgeregt; in diesen Tagen war ihm der Schlaf, der Appetit vergangen; die aufgeschlagenen Kantkommentare bedeckten sich ungehindert schon fast eine Woche mit feinem Staub; durch die Seele jedoch zog ein nie gekannter Strom von Gefühl; diesen unruhigen, süßen Strom hatte er früher schon in sich gefühlt ... dumpf allerdings, fern. Doch seit eben der Zeit, als in Engel Peri er durch sein Betragen namenlose Beben weckte, begannen in ihm selbst namenlose Beben: so als hätte er aus seinen verborgenen Tiefen dumpf pochende Kräfte aufgerufen, als wäre in ihm selbst Äols Windschlauch geplatzt, und die Söhne nichthiesiger Stürme schleppten ihn mit pfeifenden Peitschen durch die Luft in solch seltsame Länder. Bedeutete dieser Zustand wirklich die Wiederkehr nur sinnlicher Aufreizung? Vielleicht war das Liebe? Doch die Liebe verneinte er.

Schon blickte er aufgeregt um sich, suchte auf den Wegen einen vertrauten Umriß, im schwarzen Pelzchen, mit schwarzem Pelzmuff; doch niemand war da; in der Nähe dort auf einer Bank rekelte sich ein Blaustrumpf. Plötzlich erhob sich der Blaustrumpf, trat einen Augenblick auf der Stelle und kam auf ihn zu.

– »Sie haben mich ... nicht erkannt?«

– »Ach, guten Tag!«

– »Sie erkennen mich scheinbar auch jetzt noch nicht? Ich bin doch Solowjowa.«

– »Natürlich, bitte, Sie sind doch Warwara Jewgrafowna!«
– »Nun, dann setzen wir uns hier, auf die Bank...«
Nikolaj Apollonowitsch ließ sich qualvoll neben ihr nieder:
denn zum Treffen war er geladen eben in diese kleine Allee;
und jetzt dieser unglückselige Umstand! Nikolaj Apollonowitsch grübelte, wie den Blaustrumpf schnell davon komplimentieren; einen vertrauten Umriß suchend, blickte er um
sich nach rechts, nach links; kein vertrauter Umriß war noch
zu sehen.
Um ihre Füße begann der trockene Weg zu stieben mit gelb-
braunem, wurmstichigen Laub; und so glanzlos dort spannte
sich aus, vor dem Grund des stahlgrauen Horizonts, ein düsteres Netz von gekreuzten Ästen; ab und zu fing das düstere
Netz an zu summen; ab und zu fing das düstere Netz an zu
schaukeln.
– »Sie haben mein Billett erhalten?«
– »Was für ein Billett?«
– »Das Billett mit der Unterschrift ›S‹.«
– »Wie, das haben *Sie* mir geschrieben?«
– »Nun ja...«
– »Und woher dann das ›S‹?«
– »Wie, woher? Mein Name ist doch Solowjowa...«
Alles stürzte zusammen, dabei hatte er, hatte er!.. Seine na-
menlosen Beben waren plötzlich auf Grund gesunken.
– »Was kann ich für Sie tun?«
– »Ich... ich wollte, ich dachte, haben Sie ein kleines Gedicht
erhalten mit der Unterschrift *Eine flammende Seele?*«
– »Nein, nicht.«
– »Wieso das? Werden etwa meine Briefe durch die Polizei
perlustriert? Ach, wie ärgerlich! Ohne dieses Gedichtfragment
fällt es mir, offen gestanden, so schwer, Ihnen all das zu
erklären. Ich würde Sie gern etwas fragen zum Lebens-
sinn...«
. . . .
– »Entschuldigung, Warwara Jewgrafowna, ich habe keine
Zeit.«
– »Wieso das? Wieso das?«

– »Auf Wiedersehen! Entschuldigen Sie, bitte, wir finden für dieses Gespräch eine günstigere Zeit. Nicht wahr?«

Warwara Jewgrafowna nahm ihn unentschlossen am Pelzrand seines Mantels; er erhob sich entschlossen; sie erhob sich nach ihm; doch entschlossener noch reichte er ihr die parfümierten Finger und berührte mit dem Rand der gerundeten Nägel ihre rote Hand. Sie konnte in dieser Minute nichts finden, das ihn hinhalten würde; und er floh schon in größtem Verdruß vor ihr, hochmütig eingewickelt und betrübt, das Gesicht versteckt im Pelz der *Nikolajewka*. Die Blätter rührten sich zögernd vom Fleck, in gelblichen und trockenen Kreisen umkreisten sie seine Mantelschöße; doch enger wurden die Kreise, schraubten sich unruhiger zu Spindeln, immer munterer tanzte die goldene, etwas flüsternde Spindel. Trudelnde Blätter kreiselten ungestüm, sausten und fegten, nicht mehr trudelnd, seitwärts ab, seitwärts ab; ein rotes gefingertes Blatt rührte sich eine Spur, flog auf und blieb liegen. Und so glanzlos dort spannte sich aus, vor dem Grund des stahlgrauen Horizonts, ein düsteres Netz aus gekreuzten Ästen; auf das Netz ging er zu; und als er zuging auf dieses Netz, da flatterte ein mutwilliger Krähenschwarm auf und begann zu kreisen über dem Dach von Peters Häuschen; und das düstere Netz fing zu schaukeln an; und das düstere Netz fing zu summen an; und es schwebten empor solche schüchtern-beklommenen Töne; und verschmolzen zu nur einem einzigen Ton – zum Ton einer Orgel. Und die Abendluft verdunkelte sich; der Seele war wieder, als wäre kein Heute; als würde sich dieses Abenddunkel hinter dort diesen Bäumen her bebend erleuchten in grün-heller Kaskade; als würden dort, illuminiert, leuchtend rote Jäger, die Hörner gereckt, aufs neue melodisch den Lüften Orgelwellen entlocken.

Madame Farnois

Ziemlich spät schon geruhte Engel Peri heute in den Kissen aufzuschlagen die unschuldigen Äuglein; doch die Äuglein fielen ihr zu; und im Köpfchen entwickelte sich merklich ein dumpf-stumpfer Schmerz; Engel Peri geruhte noch lange im Schlummer zu verweilen; unter den Locken schwirrten nur Vagheiten, Unruhen, halbe Andeutungen: der erste volle Gedanke war der Gedanke an den Abend: heute passiert etwas! Doch als sie versuchte diesen Gedanken zu entwickeln, fielen die Äuglein endgültig zu und glitten wieder in Vagheiten, Unruhen, halbe Andeutungen; und aus diesen Unklarheiten wieder erstand allein: Pompadour, Pompadour, Pompadour, was denn Pompadour? Ihre Seele aber erleuchtete licht dieses Wort: ein Kostüm im Geist der Madame Pompadour – azurblau, mit Blümchen, Valenciennes-Spitze, silbrigen Schuhchen, Pompons! Über ein Kostüm im Stil Madame Pompadour hatte sie kürzlich so lange mit ihrer Schneiderin disputiert; Madame Farnois wollte einfach nicht nachgeben in bezug auf die *Blonden*; sie sagte: »Wozu denn hier *Blonden*?« Ja, und wie ohne *Blonden*? Nach Madame Farnois' Meinung sollten Blonden so und so aussehen, dann und dann vorkommen; und vollkommen anders sollten die *Blonden* aussehen nach Meinung von Sofja Petrowna. Madame Farnois hatte gleich gesagt: »Mein Geschmack, Ihr Geschmack – nun, und warum nicht der Stil Madame Pompadour!« Doch Sofja Petrowna wollte nicht nachgeben, und Madame Farnois schlug beleidigt ihr vor, ihren Stoff zurückzunehmen. Tragen Sie ihn ins *Maison Tricotons*: »Dort wird man, Madame, Ihnen nicht widersprechen...« Doch ins *Maison Tricotons* geben: pfui, pfui, pfui! Und sie ließen die *Blonden* auf sich beruhen, wie auch andere strittige Punkte bezüglich des Stils Madame Pompadour: zum Beispiel den leichten *chapeau Bergère* am Arm, allerdings ohne *Reifrock* war einfach nicht auszukommen.

Und so wurden sie einig.

Beim Gedanken an Madame Farnois, Pompadour und das *Maison Tricotons*, fühlte Engel Peri quälend, daß wieder alles sonderbar war, daß etwas passiert war, wonach sich in Luft hätten auflösen müssen sowohl Madame Farnois, als auch das *Maison Tricotons*; doch den Halbschlaf nutzend, wollte sie bewußt den entglittenen Eindruck der wirklichen Vorfälle des gestrigen Tages nicht halten; schließlich fielen ihr ein – nur zwei

Worte: *Domino* und *Brief*, und sie sprang aus dem Bett, rang die Hände in ziellosem Schmachten; da war noch irgendein drittes Wort, mit ihm war sie gestern auch eingeschlafen.

Doch das dritte Wort fiel Engel Peri nicht ein; denn das dritte Wort wären wieder ganz unschöne Laute gewesen: Gatte, Offizier, oder *Leutnant.*

An die beiden ersten Worte nahm Engel Peri sich fest vor bis zum Abend nicht zu denken; und das dritte, das unschöne Wort – lohnte sich nicht zu beachten. Doch gerade auf dieses unschöne Wort wurde sie gestoßen; denn kaum nur war sie aufgeflattert in den Salon aus ihrem stickigen Schlafzimmerchen und in völliger Unschuld ins Zimmer ihres Gatten geflogen, in dem Glauben, ihr Gatte, der Offizier, Leutnant Lichutin, sei, wie immer, das Proviant zu verwalten gegangen, – plötzlich: erwies sich zu ihrem größten Erstaunen das Zimmer dieses Leutnants verschlossen vor ihr: Leutnant Lichutin, aller Regel zuwider, der engen Wohnung, der Bequemlichkeit, jeder Vernunft und Redlichkeit zuwider, hielt sich dort offenkundig auf.

Nun erst erinnerte sie sich an die häßliche gestrige Szene: und mit schmollenden Lippen schlug sie die Schlafzimmertür zu (schließt er sich ein, wird auch sie sich einschließen). Eingeschlossen aber, fiel ihr Blick auch auf das zerschlagene Tischchen.

– »Wünscht die gnädige Frau den Kaffee aufs Zimmer?«
– »Nein, danke . . .«
. . . .
– »Wünscht der gnädige Herr den Kaffee aufs Zimmer?«
– »Nein, danke . . .«
. . . .
– »Gnädiger Herr, der Kaffee wird kalt.«
Schweigen.
– »Gnädige Frau, ein Bote, gnädige Frau.«
– »Von Madame Farnois?«
– »Nein, von der Wäscherin!«
Schweigen.
. . . .

Die Stunde hat sechzig Minuten; die Minute aber besteht aus lauter kurzen Sekunden; kurze Sekunden verrannen und bildeten Minuten; schwerfällig wälzten sich die Minuten; und schleppten sich die Stunden.

Schweigen.

Um Mittag klingelte dann der gelbe Kürassier Ihrer Majestät Baron Ommau-Ommergau mit einer Zweipfund-Schokoladen-Bonbonniere von Kraft. Die Zweipfund-Bonbonniere schlug man nicht aus; ihn jedoch wies man zurück.

Gegen zwei Uhr nachmittags klingelte dann der blaue Kürassier Ihrer Majestät Graf Awen mit einer Bonbonniere von Ballet; die Bonbonniere wurde entgegengenommen, ihn jedoch wies man zurück.

Man wies auch den Leibhusaren zurück in der hohen Fellmütze; der Husar schüttelte seinen Federbusch und stand da mit einem gefüllten Strauch Chrysanthemen in leuchtendem Zitronengelb; er erschien nach Awen kurz nach vier.

Herbeigeeilt kam auch Wergefden mit einer Loge im Marien-Theater. Nicht herbei eilte nur Lippantschenko: Lippantschenko kam nicht.

Zuletzt, spät am Abend, kurz vor zehn, erschien ein Mädchen von Madame Farnois mit einem riesigen Karton; sie empfing man sofort; doch als sie empfangen wurde und im Vorzimmer darum Gekicher aufkam, schnappte die Tür des Schlafzimmers, und von dort schaute neugierig ein verweintes Köpfchen hervor; ein erzürnter, eiliger Aufschrei erklang:

– »Schnell hierher.«

Doch schon schnappte auch das Schloß im Kabinett; aus dem Kabinett schaute ein zottiger Kopf hervor: blickte kurz und verschwand. War das womöglich der Leutnant?

Petersburg versank in die Nacht

Wer erinnert sich nicht an den Abend vor einer denkwürdigen Nacht? Wer erinnert sich nicht an den traurigen Ausgang jenes Tags in die Ruhe?

Über der Newa lief eine riesige, purpurne Sonne hinter die Schlote der Fabriken: Petersburgs Häuser bezogen mit feinstem Rauch und vergingen schier, sich in leichteste, rauchamethystene Spitze verwandelnd; von den Fensterscheiben schlug überall goldflammender Abglanz; von den hohen Turmspitzen funkelte Glanz nun rubinrot. Alle gewohnten Wuchten – Nischen und Vorsprünge – verschwanden in leuchtendem Flammen: die Aufgänge samt Karyatiden, wie auch die Karniese der Ziegelbalkone.

Zornig färbte sich blutig das fuchsrote Palais; dieses alte Palais war erbaut noch von Rastrelli; als zarte hellblaue Wand erstand damals das alte Palais in der weißen Schar der Säulen; manchmal öffnete dort voller Wohlgefallen ein Fensterchen auf die Newa-Weiten die selige Zarin Jelisaweta Petrowna. Unter Zar Alexander Pawlowitsch wurde das alte Palais schon umgestrichen blaßgelb; unter Zar Alexander Nikolajewitsch wurde das Palais wieder umgestrichen: seitdem war es fuchsrot, und lief blutig an zum Sonnenuntergang.

An diesem denkwürdigen Abend flammte alles, flammte auch das Palais; alles übrige aber, das nicht von der Flamme Erfaßte, verdunkelte sich allmählich; allmählich verdunkelte sich die Kette der Linien und Mauern, und zugleich, dort, am fliederblauen erlöschenden Himmel, in den Wölkchen, Perlmuttstückchen, loderten qualvoll lauter funkensprühende Fackeln; allmählich loderten leichteste Flammen.

Du würdest sagen, dort lohte die Vergangenheit.

Eine kleine, rundliche Dame, ganz in Schwarz, die bereits an der Brücke den Kutscher entlassen hatte, strich schon lange um die Fenster des gelben Hauses; so seltsam zitterte ihre Hand; in der zitternden Hand aber zitterte eine Spur ein winziges Ridicul von nicht Petersburger Façon. Die rundliche Dame war von achtbarem Alter und sah aus, als litte sie an Atemnot; ihre rundlichen Finger griffen beständig ans Kinn, das eindrucksvoll vortrat aus dem Kragen und vereinzelt besät war mit grauen Härchen. Sie stellte sich hin vor das gelbe Haus und versuchte mit zitternden Fingern das Ridicul ein wenig zu öffnen: das Ridicul gehorchte ihr nicht; schließlich öffnete sich das Ridicul, und die Dame, in für ihre Jahre nicht üblicher Eile, zog ein Taschentuch vor mit Spitzenmustern und wandte sich um zur Newa und schluchzte. Nun erstrahlte ihr Gesicht in der sich neigenden Sonne, auf der Lippe aber zeichnete sich deutlich ein Schnurrbärtchen ab; eine Hand auf den Stein gelegt, schaute sie mit kindlichem und vollkommen blindem Blick in die nebligen, vielschlotigen Fernen und in die Tiefen der Wasser.

Schließlich eilte die Dame erregt zum Eingang des gelben Hauses und klingelte.

Die Tür tat sich auf; ein kleiner Greis mit betreßten Manschetten streckte aus dem Rahmen ins Abendrot seine Glatze; er kniff die tränenden Äuglein zu vom unerträglichen Glanz der Newa.

– »Ist gefällig? . .«

Die Dame von achtbarem Alter erregte sich: war es Rührung, war es sorgsam verborgene Schüchternheit, die ihre Züge erhellte?

– »Dmitritsch? . . Sie erkennen mich nicht?«

Nun erzitterte die Lakaienglatze und fiel auf das winzige Ridicul (auf die Hand der Dame):

– »Unsere Gute, meine gnädige Frau! . . Anna Petrowna!«

– »Ja, sehen Sie, Semjonytsch . . .«

– »Durch welche Geschicke? Woher?«

Und Rührung, wenn nicht gar Schüchternheit, sorgsam verborgene, färbte wieder ihren angenehmen Kontra-Alt.

– »Aus Spanien . . . Ich möchte doch schauen, wie ihr ohne mich hier? . .«

– »Unsere gnädige Frau, unsere liebe . . . Bitte sehr! . .«

Anna Petrowna stieg die Treppe hinauf: noch vom selben samtenen Teppich war die Treppe umhüllt. An den Wänden blinkte wild ein Ornament aus noch denselben Waffen: unter der wachsamen Aufsicht der gnädigen Frau hängte hierhin man einst einen kupfernen litauischen Helm, dorthin ein rundum durchrostetes Templerschwert; auch heute blitzten genauso: hier der kupferne litauische Helm; dort die Kreuzgriffe vollkommen rostiger Schwerter.

– »Nur ist niemand im Haus: nicht der junge Herr, noch Apollon Apollonowitsch.«

Auf der Balustrade stand noch derselbe Sockel aus weißem Alabaster wie früher, und wie früher hob dieselbe Niobe gen Himmel die Alabasteraugen; dieses *Früher* bedrängte sie wieder (drei Jahre schon waren vergangen, und in diesen Jahren war so viel erlebt). Anna Petrowna erinnerte sich an das schwarze Auge eines italienischen Kavaliers, und wieder spürte sie in sich die sorgsam verborgene Schüchternheit.

– »Wünschen Sie wohl Schokolade, Kaffee? Wünschen Sie den Samowar?«

Anna Petrowna vermochte sich kaum der Vergangenheit zu erwehren (hier war alles wie früher).

– »Wie kommt Ihr denn aus ohne mich diese Jahre?«

– »Ja anscheinend . . . Nur gestatte ich mir Ihnen vorzutragen, ohne Sie herrscht keinerlei Ordnung . . . Aber sonst unverändert: wie früher . . . Apollon Apollonowitsch, unser gnädiger Herr, – Sie haben gehört?«

– »Ich habe . . .«

– »Ja, alle Ehrenzeichen . . . Die Gunst des Zaren . . . Was Sie wünschen: der gnädiger Herr ist ein Großer!«

– »Der gnädige Herr ist gealtert?«

– »Berufen wurde der gnädige Herr: auf einen verantwortlichen Posten: der gnädige Herr ist wie ein Minister: das ist der gnädige Herr . . .«

Anna Petrowna schien es auf einmal, daß der Lakai sie eine Spur vorwurfsvoll ansah; doch das schien nur: er hatte bloß das Gesicht verzogen vom unerträglichen Glanz der Newa, als er die Tür aufstieß in den Saal.

– »Nun, und Kolenka?«

– »Kolenka, Nikolaj Apollonowitsch, heißt das, so ein, erlaube mir zu bemerken, Kluger! Schreitet fort in den Studien; und in allem schreitet er fort, nun, wie es sein muß . . . Einfach ein Schöner ist er geworden . . .«

– »Ach, wie das? Er glich immer dem Vater . . .«

Das sagte sie: schlug die Augen nieder – und fingerte am Ridicul herum.

Genauso waren entlang der Wände hochbeinige Stühle aufgestellt; überall zwischen den Stühlen, den mit strohgelbem Plüsch bezogenen, ragten weiße und kalte Säulchen auf; und von allen weißen Säulchen blickte vorwurfsvoll auf Anna Petrowna herab ein strenger Herr aus kaltem Alabaster. Und geradezu feindselig funkelte sie an von den Wänden das grünliche alte Glas, unter dem der Senator und sie die entscheidende Aussprache hatten: und da hinten – blaßtönige Malerei – die pompejischen Fresken; diese Fresken hatte ihr der Senator in ihrer Brautzeit gebracht: dreißig Jahre war all das schon her.

Anna Petrowna umfing noch dieselbe Salon-Gastlichkeit: umfingen Lacke und Glanze; ihr wurde wie früher beklommen zumut; die Kehle schnürte sich ihr zu in altem Widerwillen; Apollon Apollonowitsch wird ihr, vielleicht, doch verzeihen; aber sie ihm – niemals: im Haus mit der lackierten Fassade nahmen die Unwetter des Lebens geräuschlos ihren Lauf; trotzdem nahmen die Unwetter des Lebens hier verderblichen Ausgang.

So trieb sie ein Ansturm von dunklen Gedanken an feindliche Ufer; zerstreut lehnte sie sich ans Fenster – und sah, wie über der Newa-Welle rosige Wölkchen dahinjagten; die flockigen Wölkchen entwichen den Schloten enteilender Dampferchen, die vom Heck an die Ufer einen blinkenden Streif Rubin warfen: kaum den Uferstein leckend, wurde der Streif zurückgeworfen und verflocht sich mit dem folgenden Streif, zerspellte seinen ganzen Rubin zu Schlangenlametta. Darüber legten sich leichteste Flammen wie Asche auf die Wolken; Asche verteilte sich reichlich: jede Helle am Himmel war aschebestreut; tückisch verkehrte sich anschließend alles in monochromische Leichtigkeit; und im Augenblick schien es, als sei die graue Kette aus Linien, Turmspitzen und Mauern mit dem Hauch von sinkendem Schattendunkel, das auf die Kolosse der Mauern fiel, als sei diese graue Kette aus feinster Spitze.

– »Und wie denn, gnädige Frau, Sie wohnen bei uns?«
– »Ich?.. Im Hotel.«

. . . .

In dieser zergehenden Gräue zeigten sich plötzlich trübe zahl-

lose staunend blickende Punkte: Flämmchen, winzige Flämm-
chen; die Flämmchen, winzigen Flämmchen gewannen an
Stärke und stürzten, den fuchsroten Flecken folgend, aus der
Finsternis, während oben Wasserfälle fielen: blaue, schwarzlila,
schwarze.
Petersburg versank in die Nacht.

Ihre Schuhchen trappelten

Die Klingel ertönte.
Aus dem Vorzimmer liefen in den Saal solch engelgleiche
Geschöpfe in hellblauen, weißen, blaßrosa Kleidern, silbrige,
sprühende; sie wedelten mit Gaze, Fächern, Seiden und verströmten rundum eine selige Atmosphäre von Veilchen, Mai-
glöckchen, Lilien und Tuberosen; ihre puderbestäubten, weiß-
marmornen Schulterchen sollten in einer, in zwei Stunden rosig
erglühen und fein sich mit Schweiß überziehen; jetzt aber, vor
den Tänzen, schienen die Gesichtchen, Schultern und dünnen
nackten Arme noch blasser und dünner als an gewöhnlichen
Tagen; um so ausdrucksvoller erstrahlte der Liebreiz dieser
Geschöpfe so verhalten funkelnd in den Pupillen, indes die
Geschöpfe, wahre Engelskinder, zu raschelnden bunten
Schwärmen sich scharten von wehendem Musselin; auf und
zu klappten ihre weißen Fächer und erzeugten leichten Wind;
ihre Schuhchen trappelten.
Die Klingel ertönte.
Munter betraten den Saal aus dem Vorzimmer solch steifbrüstige Genien in stramm sitzenden Fräcken, Uniformen, Dol-
manen – Rechtsschüler, Husaren, Gymnasiasten und einfach
nur Leute – mit Schnurrbart und ohne, – völlig bartlose – alle;
sie verströmten rundum solch verläßliche Freude und Verhal-
tenheit. Unaufdringlich mischten sie sich in den gazeschim-
mernden Kreis und schienen den Fräulein geschmeidiger als
Wachs; und schau an – dort, hier – begann schon ein leichter
Fächer aus Federn an die Brust eines Genius mit Schnurrbart zu
schlagen, wie ein zutraulich auf diese Brust sich setzender

Schmetterlingsflügel, und der steifbrüstige Husar fing behutsam an mit dem Fräulein seine harmlosen Späße zu tauschen; mit ganz derselben Behutsamkeit beugen wir das Gesicht zu einem unvermutet auf unseren Finger sich setzenden duftigen Falter. Und auf dem roten Grund des goldgestickten Husarenkleids, wie vor dem prunkvollen Aufgang einer unerhörten Sonne, trat so deutlich schlicht hervor ein leicht rosig getöntes Profil; ein anrollender Walzerwirbel sollte bald das leicht rosig getönte Profil eines Unschuldsengels ins flammende Profil eines Dämons verwandeln.

Die Zukatows gaben, im Grunde, gar keinen Ball: das war ganz einfach ein Kinderabend, an dem die Erwachsenen teilnehmen wollten; es ging allerdings das Gerücht, auf den Abend kämen auch Masken; ihr zu erwartendes Erscheinen verwunderte, offen gestanden, Ljubow Aleksejewna; schließlich war es nicht Weihnachtszeit; doch so waren wohl die Traditionen ihres lieben Mannes, daß für Tänze und Kinderlachen er bereit war alle Regeln des Kalenders umzustoßen; ihren lieben Mann, Träger zweier silberner Backenbärte, nannten sie bis auf den heutigen Tag Koko. In diesem tanzenden Haus war er, das versteht sich von selbst, Nikolaj Petrowitsch, Haupt der Familie und Vater zweier hübscher Mädchen von achtzehn und fünfzehn Jahren.

Diese lieblichen blonden Geschöpfe trugen Gazekleider und silberne Schuhchen. Schon seit neun Uhr früh umschwenkten sie mit den buschigen Fächern ihren Vater, die Wirtschafterin, das Stubenmädchen, sogar... den im Haus zu Besuch weilenden achtbaren Semstwovertreter von mastodonhaften Maßen (einen Verwandten Kokos). Schließlich ertönte ein lang erwartetes schüchternes Klingeln; es öffnete sich die Tür des gleißend erleuchteten Saals, und der stramm in den Frack geschnürte Klavierspieler, einem schwarzen Stelzvogel ähnlich, sich die Hände reibend, wäre fast gestolpert über einen geschäftigen Kellner (der aus Anlaß des Balls in dieses funkelnde Haus engagiert war); in den Händen des Kellners erklirrte, erbebte ein Bogen Karton, dicht bestückt mit Cotillon-Spielzeugen: winzigen Orden, Bändern und Schellen. Der bescheidene Klavierspieler legte Reihen von Notenheften aus, hob und senkte den Deckel des Instruments, behutsam blies er über die Tasten und trat ohne sichtbares Ziel mit dem blinkenden Schuh das Pedal, einem tüchtigen Lokomotivführer ähnlich beim Prüfen der Lokomotivkessel vor Abfahrt des Zugs. Dann, von der Tüchtigkeit des Instruments überzeugt, lüftete der bescheidene Klavierspieler seine Frackschöße, setzte sich auf den niedrigen Schemel, warf den Rumpf zurück, ließ die Finger auf die Tasten fallen, erstarb für einen Moment, und ein donnernder Akkord erschütterte die Wände: als wäre ein Pfiff abgegeben, der aufruft zu einer weiten Reise.

Und inmitten all dieser Entzücken, ganz in seinem Element, nicht fremd, tummelte sich so geschmeidig Nikolaj Petrowitsch Zukatow, mit den Fingern das Silbergespinst seines Backenbarts zausend, blinkte mit der Glatze, mit dem glattrasierten Kinn, rannte von Paar zu Paar, machte einen unschuldigen Spaß mit einer hellblauen Halbwüchsigen, stupfte steif mit zwei Fingern einen steifbrüstigen Schnurrbart an und flüsterte einem solideren Menschen ins Ohr: »Nun, laßt sie doch lustig sein: mir sagt man, ich hätte mein Leben vertanzt; aber mich hat dieses unschuldige Vergnügen dereinst vor den Sünden der Jugend bewahrt: vor dem Wein, vor den Frauen, vor den Karten.« Und inmitten dieser Entzücken, nicht in seinem Element, ganz fremd, so untätig, den Filz seines gelben Barts bekauend, stampfte plump der Semstwovertreter, trat auf die Schleifen der Damen, lief einsam zwischen den Paaren umher und zog sich dann auf sein Zimmer zurück.

Er vollendete tanzend

Wie gewöhnlich, drängten sich heute zuweilen durch den Saal Gäste des Salons – wohlwollend schoben sie sich an den Wänden entlang in den Saal; an die Brust sprühten ihnen freche Fächer, straßbesetzte Röcke peitschten sie, ins Gesicht blies ihnen der heiße Wind der dahinfliegenden Paare; sie aber drängten sich lautlos durch.

Ein beleibter Mann mit unangenehm pockennarbigem Gesicht durchschnitt zuerst diesen Saal; kraß sträubte sich das Revers seines Gehrocks, denn mit dem Gehrock umspannte er einen Bauch von achtbaren Maßen: das war ein Redakteur einer konservativen Zeitung und liberaler Popensohn. Im Salon drückte er die Lippen auf das rundliche Händchen Ljubow Aleksejewnas, einer fünfundvierzigjährigen Dame mit gedunsenem Gesicht, dessen Doppelkinn herabhing auf die korsettgestützte Brust. Schaute man vom Saal durch zwei Durchgangszimmer, sah man von fern sein Herumstehen im Salon. Dort in der Ferne brannte die azurblaue Kugel des elektrischen Lüsters; dort im azurblauen bebenden Licht stand irgendwie wuchtig der Redakteur einer konservativen Zeitung auf seinen Elefantenfüßen und hob sich nebelhaft ab in den schwebenden Schlieren von bläulichem Tabakrauch.

Und kaum hatte Ljubow Aleksejewna ihm eine unschuldige Frage gestellt, als der füllige Redakteur diese Frage auch schon in eine Frage von großer Bedeutung verkehrte:

– »Sagen Sie das nicht – nein! So denken die ja nur, weil sie alle Idioten sind. Ich kann Ihnen das präzise beweisen.«

– »Doch mein Mann, Koko...«

– »Alles jüdisch-freimaurerische Spitzbübereien, Madame: Organisation, Zentralisation...«

– »Unter ihnen sind trotzdem feine, sehr liebe Menschen und außerdem Leute unserer Kreise«, – warf schüchtern die Dame des Hauses ein.

– »Ja, nur unsere Kreise wissen nicht, wo das Zentrum der Umtriebe liegt.«

– »Und nach Ihrer Meinung?«

– »Das Zentrum der Umtriebe liegt in Charleston...«

– »Und warum denn in Charleston?«

– »Weil dort das Haupt all der Umtriebe lebt.«

– »Und wer ist dieses Haupt?«

– »Der Antipapst...« – bellte der Redakteur.

– »Das heißt wie... der Antipapst?«

– »Äh, man sieht ja, Sie haben gar nichts gelesen.«

– »Ach, wie interessant ist das alles; erzählen Sie doch, bitte.«

So wunderte sich Ljubow Aleksejewna und lud den blatternarbigen Redakteur ein, sich in den weichen Sessel zu setzen; und er sagte, im Niedersetzen:
– »Ja, ja, meine Herrschaften!«
Aus der Ferne, aus dem Salon, durch zwei Durchgangszimmer konnten sie sehen, wie aus dem Saal in die offene Tür Glanze und Beben schlugen. Es ertönte ein donnerndes:
– »Rrreculez!...«
– »Balancez vos dames!...«
Und noch einmal.
– »Rrreculez...«
Nikolaj Petrowitsch Zukatow hatte sein ganzes Leben vertanzt; nun vollendete Nikolaj Petrowitsch dieses Leben auch tanzend; er tanzte es leicht, ohne Arg, nicht vulgär; kein einziges Wölkchen verdüsterte seine Seele; seine Seele war rein und unschuldig, so wie diese sonnengleich glühende Glatze oder wie dieses glattrasierte Kinn zwischen den Backenbärten, ein gleichsam zwischen den Wolken durchlugender Mond.
Alles hatte er sich ertanzt.
Zu tanzen begonnen hatte er als kleiner Junge; er tanzte am besten von allen; so lud man ihn ein als erfahrenen Tänzer; zum Abschluß des Gymnasiums hatten sich Bekanntschaften ertanzt; zum Abschluß der juristischen Fakultät hatte sich aus dem riesigen Kreis der Bekanntschaften ganz von selbst zusammengetanzt ein Kreis von einflußreichen Gönnern; und Nikolaj Petrowitsch Zukatow begab sich daran, im Tanz seinen Dienst abzuleisten. Damals hatte er sein Vermögen vertanzt; mit vertanztem Vermögen begab er in sorgloser Treuherzigkeit sich auf Bälle; von den Bällen aber führte er mit erstaunlicher Leichtigkeit in sein Haus die Gefährtin seines Lebens Ljubow Aleksejewna; vollkommen zufällig brachte diese Gefährtin eine riesige Mitgift mit; und seit eben der Zeit tanzte Nikolaj Petrowitsch im eigenen Haus; es ertanzten sich Kinder; getanzt wurde, später, die Kindererziehung, getanzt wurde all das leicht, unkompliziert, freudig.
Nun vollendete er sich selber im Tanz.

Was ist der Salon für die Zeit eines fröhlichen Walzers? Er ist nur Zugabe zum Tanzsaal und Zufluchtsort der Mamas. Doch die schlaue Ljubow Aleksejewna, die Gutmütigkeit ihres Mannes nutzend (er hatte nicht einen einzigen Feind) und dazu ihre riesige Mitgift, des weiteren den Umstand nutzend, daß ihr Haus gegen alles tief gleichgültig blieb, außer, natürlich, das Tanzen, und damit neutraler Treffpunkt war, all das nutzend, setzte die schlaue Ljubow Aleksejewna, ihrem Mann das Dirigieren der Tänze überlassend, sich in den Kopf, das Zusammentreffen höchst unterschiedlicher Personen zu dirigieren; hier trafen sich: der Semstwovertreter mit dem Vertreter des Beamtentums; der Publizist mit dem Departementsdirektor; der Demagoge mit dem Judophoben. Im Hause verkehrte und hatte sogar schon gefrühstückt auch Apollon Apollonowitsch.

Und während Nikolaj Petrowitsch den Kontertanz zu unerwarteten Figuren flocht, verflocht und entflocht sich im gleichmäßig gastlichen Salon manches Mal so manche Gelegenheit.

Man tanzte auch hier, doch auf eigene Art.

Wie gewöhnlich, drängten sich auch heute zuweilen durch den Saal Gäste aus dem Salon; und als zweiter drängte sich durch ein Mann von wahrhaft vorsintflutlichem Äußeren, mit süßlichem und entsetzlich zerstreutem Gesicht und mit aufgespreizter Gehrockfalte auf dem flusigen Rücken, wovon zwischen den Rockschößen unanständig eine harmlose schwärzliche Strippe heraussah; das war ein Professor der Statistik; vom Kinn hing ihm ein gelblicher buschiger Bart, und auf seine Schultern fielen, wie Filz, niemals vom Kamm berührte Zotteln. Erstaunlich war seine blutvolle, wie vom Mund abfallende Lippe.

Es war so, daß aufgrund der geballten Ereignisse sich etwas anbahnte wie die Annäherung zwischen einer der Gruppen von Anhängern, nun, gemäßigter, doch in jedem Fall höchst humaner Reformen – und den wahrhaft patriotischen Herzen, eine nicht radikale, nur bedingte Annäherung, befristet erzeugt vom Getöse der alle überrollenden Meeting-Lawine. Die Anhänger von, nun, schrittweisen, doch in jedem Fall höchst humanen Reformen, erschüttert vom Donner dieser schrecklichen Lawine, drückten sich plötzlich erschrocken an die Anhänger der bestehenden Normen, doch einen Schritt des Entgegenkommens taten sie nicht; der liberale Professor ging im Namen des Gemeinwohls als erster daran, die für ihn, nun, schicksalhafte Schwelle zu überschreiten. Man darf nicht vergessen, daß die gesamte Gesellschaft ihn schätzte, daß die letzte Protestadresse ja von ihm noch unterzeichnet war; selbst auf dem letzten Bankett noch hatte sein Pokal sich erhoben dem Frühling zum Gruß.

Doch beim Betreten des gleißend erleuchteten Saals kam der Professor durcheinander: das Funkeln und Beben hatte ihn sichtlich geblendet; die blutvolle Lippe fiel verwundert ab vom Mund; aufs gutmütigste schaute er in den jubelnden Saal, trat von einem Fuß auf den anderen, kam ins Stocken, zog aus der Tasche sein unentfaltetes Schnupftuch, um vom Schnurrbart winzige Tröpfchen zu tupfen, von draußen hereingetragene, und blinzelte die zwischen zwei Quadrille-Figuren jäh erstorbenen Paare an.

Und schon lief er durch den Salon, ins bebende Licht des azurblauen elektrischen Lüsters.

Die Stimme des Redakteurs hielt ihn auf der Schwelle an:
– »Verstehen Sie jetzt, Madame, den Zusammenhang zwischen dem japanischen Krieg, den Juden, dem uns drohenden Mongolen-Einfall und den Umtrieben? Die Extravaganzen der Juden und der Boxeraufstand in China stehen zueinander in engstem und deutlichstem Zusammenhang.«
– »Ich habe verstanden, jetzt habe ich verstanden!«
Das schrie Ljubow Aleksejewna. Doch der Professor hielt erschrocken inne: er war, in jedem Fall, bis ins Mark Liberaler geblieben und Anhänger von, nun, höchst humanen Reformen; er war heute zum ersten Mal in diesem Haus und hatte erwartet, Apollon Apollonowitsch anzutreffen; doch der war, wohl, nicht da: hier war nur allein der Redakteur einer kon-

servativen Zeitung, eben jener Redakteur, der soeben, human ausgedrückt, auf die fünfundzwanzigjährige lichte Tätigkeit des Sammlers statistischer Daten ein Klümpchen unziemlichsten Drecks geworfen hatte. Und der Professor fing plötzlich zu schnaufen an, begann böse zum Redakteur zu blinzeln, er prustete zweideutig irgendwie in seinen buschigen Bart und tupfte mit leuchtend roter Lippe sich winzige Tröpfchen vom Schnurrbart.

Doch das Doppelkinn der Dame des Hauses wandte sich erst dem Professor zu, dann – wandte es sich dem Redakteur einer konservativen Zeitung zu und, mit dem Lorgnon beide einander bedeutend, stellte sie sie einander vor, wovon beide zunächst eine Spur verdutzt waren, und dann einander kalte Finger in die Hände legten, rundlich-feuchte – in rundlichtrockene, liberal-humane – in durchaus nicht humane.

Der Professor wurde noch verlegener; er krümmte sich, prustete zweideutig, ließ sich in einen Sessel nieder, versank darin und rutschte unruhig herum. Der Herr Redakteur jedoch, als sei nichts gewesen, setzte mit der Dame des Hauses die unterbrochene Unterhaltung fort. Nun könnte ihm Ableuchow helfen, doch... Ableuchow war nicht da.

Forderte etwa all das vom Professor die sinnreiche Gelegenheit, die soeben unterschriebene Protestadresse und der auf dem Bankett dem Frühling zum Gruß aufgeflogene Pokal?

Der Dicke fuhr fort:

– »Verstehen Sie denn, gnädige Frau, dieses Wirken des jüdischen Freimaurertums?«

– »Ich habe verstanden, jetzt habe ich verstanden.«

Liberal erst nur muhend und mit den Lippen mümmelnd, hielt es der Professor nicht aus; an die Dame des Hauses gewandt, bemerkte er:

– »Erlauben Sie auch mir, gnädige Frau, mein bescheidenes Votum beizusteuern – das Votum der Wissenschaft: die hier vorgetragenen Angaben sind vollkommen klaren Ursprungs.«

Doch der Dicke fiel ihm abrupt ins Wort.

Dort aber, dort...

Dort unterbrach abrupt mit der einen Hand der Klavierspieler mit donnerndem Baßton elegant seinen musikalischen Tanz, zugleich wendete er mit der anderen Hand flink mit zünftigem Schwung das Notenblatt, und die Hand in der Luft, die Finger ausdrucksvoll entspannt zwischen Klaviatur und Noten, wandte er, irgendwie abwartend, mit dem Schmelz seiner blendend weißen Zähne blinkend, seinen Rumpf dem Herrn des Hauses zu.

Und da reckte auf die Geste des Klavierspielers Nikolaj Petrowitsch Zukatow aus den wuchernden Backenbärten überraschend sein glattrasiertes Kinn und gab mit dem glattrasierten Kinn dem Klavierspieler ein aufmunternd-zustimmendes Zeichen; und dann stürmte er mit gesenktem Kopf, wie den Raum durchbohrend, mit zwei Fingern rasch die Spitze einer ergrauenden Backenbarthälfte hochzwirbelnd, so eilig vor den Paaren aufs Parkettgeblinker. Und ihm nach flog ergeben ein engelgleiches Geschöpf und breitete in den Raum seinen heliotropischen Schal. Nikolaj Petrowitsch Zukatow, beseelt vom Tanzflug der Phantasie, flog wie der Blitz zum Klavierspieler und brüllte, wie ein Löwe, über den ganzen Saal:

– »Pas-de-quatre, s'il vous plaît!«

Und ihm nach flog ergeben ein engelgleiches Geschöpf.

Unterdessen erschienen im Korridor anstellig eilende Dienstboten. Zu irgendeinem Zweck trug man irgendwo hinaus und dann wieder hinein Tischchen, Schemelchen, Stühle; vorübergetragen zum Speisezimmer wurde ein Turm frischer Sandwiches auf einem Porzellantablett. Auch Gabeln klirrten vorüber. Vorübergetragen wurde ein Stapel zerbrechlicher Tellerchen.

Paar um Paar strömte in den hell erleuchteten Korridor. Es hagelte Scherze und hagelte Lacher in einem einzigen allgemeinen Geschnatter, und in einem einzigen allgemeinen Getöse begann man mit den Stühlen zu rücken.

Papirossarauch stieg im Korridor auf und im Raucherzimmer; Papirossarauch stieg im Vorzimmer auf. Hier umfächelte sich, den Handschuh von den Fingern gezogen und eine Hand in die Tasche geschoben, die Wangen mit dem angedunkeltem Handschuh ein junger Kadett; einander umarmend, teilten zwei Mädchen einander irgendwelche innigen Geheimnisse mit, vielleicht soeben entstandene; die Brünette der Blonden, und die Blonde prustete los und biß in ihr feines Tüchlein.

Man sah, wenn man im Korridor stand, auch ein Stück des von Gästen überfüllten Speisezimmers; und dorthin wurden die Butterbrote, die mit Früchten beladenen Vasen getragen, die Flaschen mit Wein und Flaschen mit saurer, die Nase kitzelnder Brause.

Im grell erleuchteten Saal blieb nun nur noch der Noten ein- sammelnde Klavierspieler; er wischte sich gründlich die heißen Finger, ging behutsam mit einem weichen Tuch über die Tasten des Instruments und stapelte die Noten, und dann lief dieser schüchterne Klavierspieler, in dessen Beisein die Dienstboten im Saal sämtliche Luftklappen öffneten, unschlüssig, einem schwarzen Stelzvogel ähnlich, durch den lackglänzenden Kor- ridor. Genußvoll dachte auch er an Tee mit Sandwiches.

In der Tür zum Salon erschien aus dem Halbdunkel eine fünfundvierzigjährige Dame mit fleischigem, auf die Brust, die korsettgestützte, hängendem Kinn. Und blickte durch ein Lorgnon.

Hinter ihr aber rauschte in den Saal ein fülliger Mann mit unangenehm pockennarbigem Gesicht, mit einem Bauch von achtbaren Maßen, umspannt von einer Gehrockfalte.

Irgendwo dort, etwas weiter, trottete auch der Professor der Statistik, der bis jetzt wie auf Nadeln gesessen hatte; er prallte nun auf den Semstwovertreter, der einsam am Durchgang sich langweilte, erkannte plötzlich diesen Vertreter, lächelte wohl- wollend, zupfte sogar ganz erschrocken mit zwei Fingern am Knopf seines Gehrocks, als ergriffe er einen Rettungsanker; und nun ertönte:

– »Nach statistischen Angaben ... Der Jahreskonsum an Salz eines durchschnittlichen Holländers ...«

Und wieder ertönte:

– »Der Jahreskonsum an Salz eines durchschnittlichen Spa- niers ...«

– »Nach statistischen Angaben ...«

Man erwartete die Masken. Noch immer waren die Masken nicht da. Scheinbar war all das nichts als nur ein Gerücht. Die Masken erwartete man trotzdem.

Und da tönte das Surren der Klingel: es tönte schüchtern; als ob jemand Ungeladenes sich in Erinnerung brächte, um Einlaß bäte aus dem feuchten, giftigen Nebel und aus dem Matsch der Straßen; doch niemand antwortete ihm. Und da schrillte noch einmal lauter die Klingel.

Als ob jemand klagte.

In diesem Moment kam durch zwei Durchgangszimmer, außer Atem, ein zehnjähriges Mädchen gerannt und sah den menschenleer blinkenden, soeben noch vollen Saal. Dort, am Eingang im Vorzimmer, rumpelte fragend die Tür, an der Tür selbst rührte sich die geschliffene und diamantensprühende Klinke; und als der Spalt groß genug war zwischen Wänden und Tür, schob sich behutsam aus dem Spalt bis zur Nase eine schwarze Larve, und zwei blitzende Funken blinkten in den Augenschlitzen.

Nun entdeckte das zehnjährige Kind zwischen Wand und Tür die schwarze Larve und in den Schlitzen zwei böse Funken, auf sich gerichtet; nun hatte die ganze Maske sich durchgeschoben, und zutage trat ein schwarzer Bart aus leicht krauser Spitze; auf den Bart erschien in der Tür langsam, raschelnd, Atlasstoff, und das zehnjährige Kind hob erschrocken zuerst die Fingerchen vor die Augen, dann aber lächelte es doch freudig, klatschte in die Hände, und mit dem Schrei: »Die Masken sind da, sie sind da!« rannte es eilig davon in die Tiefen der Zimmerflucht, dorthin, wo aus schwebenden Schlieren von bläulichem Tabakrauch sich der neblige Professor abhob auf seinen Elefantenfüßen.

Ein leuchtend blutroter Domino, ungestüm ausschreitend, schleifte seinen Atlas über die Lacktäfelung des Parketts; und eine Spur nur zeichnete er sich ab auf der Täfelung des Parketts als fließendes hochrotes Flirren der eigenen Abglanze; hochrot durch den Saal flirrend, schien eine zuckende Lache aus Blut von Tafel zu Tafel zu laufen; und entgegen stapften ihm schwere Füße, von weitem knarrten dem Domino ein paar riesige Stiefel entgegen.

Der Semstwovertreter, nun im Saal erholt, blieb verloren stehen und klammerte sich mit der Hand an ein Büschel seines Barts; unterdessen schien der einsame Domino stumm ihn anzuflehen, ihn nicht zu vertreiben aus diesem Haus zurück in den Petersburger Matsch, ihn anzuflehen, ihn nicht zu vertreiben aus diesem Haus zurück in den giftigen und dicken Nebel. Der Semstwovertreter wollte wohl scherzen, denn er grunzte; doch als er versuchte, auch in Worten seinen Scherz zu formulieren, da erhielt dieser Scherz ziemlich vage Form:

– »Mm ... Ja-ja ...«

Der Domino schritt voran auf ihn zu mit vorgerecktem, flehenden Rumpf, schritt voran auf ihn zu mit vorgerecktem rotraschelnden Arm, und eine Spur nur kräuselte sich von seinem Kopf, der von geduckten Schultern hing, durchscheinende Spitze.

– »Sagen Sie, bitte, sind Sie eine Maske?«

Schweigen.

– »Mm ... Ja-ja ...«

Doch die Maske flehte; ganz stürzte sie voran mit vorgerecktem Rumpf – in der Leere, auf Lack und Geblinker und über der Lache der eigenen Abglanze; einsam stürzte sie durch den Saal.

– »Das ist mir ein Ding ...«

Und wieder stürzte sie voran, und voran glitten wieder rote Abglanze.

Da begann der Semstwovertreter, schnaufend, sich zurückzuziehen.

Plötzlich winkte er ab; und er drehte sich um; eilig lief er, Gott weiß warum, dorthin zurück, woher er gekommen war, wo elektrisches azurblaues Licht brannte, wo im azurblauen elektrischen Licht mit hochgerafftem Gehrock der Professor der Statistik stand, neblig auftauchend aus Schlieren von Tabakrauch; fast jedoch wäre der Semstwo-Mann umgerannt worden von einem Schwarm herbeilaufender Fräulein: ihre Bänder flatterten, in der Luft flatterten Cotillon-Anhängsel, es raschelten Knie.

Dieser zwitschernde Schwarm kam herbeigerannt, um die hierher verirrte Maske zu sehen; doch der zwitschernde Schwarm machte halt an der Tür, und seine fröhlichen Ausrufe verwandelten sich ganz plötzlich in kaum atmendes Rascheln; schließlich verstummte das Rascheln; lastend war die Stille. Unvermittelt deklamierte hinter dem Rücken der Fräulein ein frecher junger Kadett:

> Wer, gestrenger Gast, wer sind Sie,
> Schicksalhafter Domino?
> Schaut nur – einen Purpurmantel
> Hat er umgelegt so rot.

Auf dem Lack aber, auf den Lichtern und über dem Wallen der eigenen Abglanze lief der Domino irgendwie kläglich zur Seite, und der Wind aus der offenen Luftklappe pfiff mit eisigem Strahl in den leuchtenden Atlas; armer Domino: als hätte man ihn einer Schuld überführt, – er bückte sich ganz vor als gestreckte Silhouette; mit vorgerecktem rot-raschelndem Arm, als flehte er stumm sie alle an, ihn nicht zu vertreiben aus diesem Haus zurück in den Petersburger Matsch, als flehte er stumm, ihn nicht zu vertreiben aus diesem Haus zurück in den giftigen und feuchten Nebel.

Und der junge Kadett blieb stecken.

– »Sag mal, Domino, bist das du, der über die Petersburger Prospekte läuft?«

– »Meine Herrschaften, haben Sie heute die ›Petersburger Chronik‹ gelesen?«

– »Warum?«

– »Schon wieder der rote Domino ...«

– »Meine Herrschaften, das ist Unsinn.«

Der einsame Domino blieb stumm.

Plötzlich flüsterte eines der vorderen Fräulein mit gesenktem Köpfchen, jene, die den unerwarteten Gast streng gemustert hatte, ausdrucksvoll ihrer Freundin etwas zu.

– »Unsinn...«
– »Nein, nein: er ist irgendwie mißgestimmt...«
– »Vermutlich hat es dem lieben Domino die Sprache verschlagen: von wegen Domino...«
– »Wirklich, mit dem ist nichts anzufangen...«
– »Von wegen Domino!«
Der einsame Domino blieb stumm.
– »Vielleicht möchtest du Tee mit Sandwiches?«
– »Oder möchtest du das hier?«
Mit diesem Ruf, ausholend, schickte der junge Kadett über die bunten Köpfe der Fräulein hinweg dem Domino den raschelnden Strahl einer Luftschlange. In der Luft entrollte sich einen Moment das Papierband im Bogen; als sein Ende mit trockenem Prasseln an die Maske anschlug, da erschlaffte, sich kräuselnd, der papierene Bogen und fiel zu Boden; auch auf diesen lustigen Scherz antwortete der Domino gar nichts, er reckte nur die Arme vor und flehte, ihn nicht zu vertreiben aus diesem Haus auf die Petersburger Straße, und flehte, ihn nicht zu vertreiben aus diesem Haus in die giftigen und feuchten Nebel.
– »Meine Herrschaften, gehen wir...«
Und der Schwarm der Fräulein lief fort.
Nur die eine, die am nächsten beim Domino stand, zögerte einen Moment; mit mitfühlendem Blick musterte sie den Domino; mit einem Seufzer, wer weiß warum, drehte sie sich um und ging; und drehte sich wieder um, und sagte sich wieder:
– »Trotzdem... Das... Das gefällt mir nicht.«

Ein dürres Figürchen

Das war, natürlich, immer nur er: Nikolaj Apollonowitsch. Er war heute gekommen, um zu sagen – um was zu sagen?
Sich selbst hatte er vergessen; seine Gedanken vergessen; und vergessen die Hoffnungen; er berauschte sich an der eigenen, ihm vorbestimmten Rolle: das gottgleiche, leidenschaftslose

Geschöpf war irgendwohin entschwunden; geblieben war nackte Leidenschaft, und die Leidenschaft wurde zum Gift. Fiebriges Gift durchdrang ihm das Hirn, floß ihm unsichtbar aus den Augen als flammende Wolke, umspielte ihn mit schlüpfrigem blutrotem Atlas: als blicke er nun auf alles mit verkohltem Gesicht, aus Feuern hervor, die den Körper sengen, und das verkohlte Gesicht verwandelte sich in die schwarze Larve, und die den Körper sengenden Feuer in rote Seide. Er war jetzt wahrhaft zum Narren geworden, zum ungestalten und roten (so hatte sie selbst ihn einmal genannt). Rachsüchtig schmähte nun dieser Narr irgendeine – war es seine, ihre? – Wahrheit treulos und böse; und wiederum: liebte er, haßte er?

Als hätte er sie verzaubert all diese letzten Tage, als er die kalten Hände streckte aus den Fenstern des gelben Hauses, als er die kalten Hände streckte von den Granitsteinen in den Newa-Nebel. Er wollte, liebend, die selbst aufgerufene Gedankengestalt ergreifen, er wollte, sich rächend, die irgendwo wehende Silhouette erdrosseln; dazu auch streckten sich all diese Tage die kalten Hände vom Raum in den Raum, und darum flüsterten all diese Tage aus dem Raum ihr ins Ohr solch unirdische Geständnisse, solch pfeifende Beschwörungen und solch röchelnde Leidenschaften; und darum tönten in ihren Ohren unklare Pfiffe, und jagte der Laubpurpur ihr vor die Füße raschelnde Muster von Wörtern.

Darum auch war er nun in dieses Haus gekommen: sie aber, die Treulose, war nicht da; er stand grübelnd im Winkel. Wie im Nebel sah er den verwunderten achtbaren Semstwo-Mann; wie irgendwo fern, im Labyrinth der Spiegel, schwammen die Figürchen der lachenden Fräulein als zuckende Flecken an ihm vorüber; und als aus diesem Labyrinth, von der kalten grünlichen Fläche ferner Nachhall von Fragen mit der Papier-Luftschlange an ihn schlug, wunderte er sich so, wie man sich wundert im Traum: wunderte sich über den Austritt dieser unwirklichen Spiegelung in die leuchtende Welt; doch während er selbst alles ansah als schwankende, im Traum sich bewegende Spiegelungen, hielten ihrerseits diese Spiegelungen, sichtlich, ihn für dem Jenseits entsprungen; und als dem Jenseits Entsprungener trieb er sie alle auseinander.

Nun erreichte ihn wieder ferner Nachhall, und er drehte sich langsam um: und unklar, und trübe – irgendwo dort, irgendwo dort – durchmaß schnell den Saal ein dürres Figürchen, ohne Haare, ohne Schnurrbart, ohne Brauen. Nikolaj Apollonowitsch unterschied mit Mühe Details am in den Saal geeilten Figürchen, von der Anstrengung des Gesichtssinns hinter den Schlitzen der Larve spürte er einen schneidenden Schmerz in den Augen (außerdem litt er an Kurzsichtigkeit), er erkannte nur die Konturen grünlicher Ohren – irgendwo dort, irgendwo dort. Etwas Bekanntes war an all dem, etwas lebendig Nahes, und Nikolaj Apollonowitsch stürzte ungestüm, selbstvergessen, auf das Figürchen zu, um es unmittelbarer zu sehen; das Figürchen jedoch fuhr zurück, schien sich sogar ans Herz zu greifen, rannte davon, und sah nun ihn an. Wie groß aber war die Bestürzung Nikolaj Apollonowitschs: unmittelbar vor ihm stand ein vertrautes Gesicht; es schien nur aus Runzeln zu bestehen, die Wangen und Stirn, Kinn und Nase durchfurchten; von fern konnte man dieses Gesicht für das Gesicht eines Kastraten halten, eines eher jungen als alten; von nah aber war das ein schwächlicher, kränklicher Greis, der sich hervortat durch kaum zu erkennende Koteletten: kurz – Nikolaj Apollonowitsch sah vor sich seinen Vater. Apollon Apollonowitsch, an den Gliedern des Uhrkettchens fingernd, fixierte mit schlecht verborgenem Schrecken den unverhofft auf ihn zurennenden Atlasdomino. Durch diese dunkelblauen Augen huschte etwas wie eine Mutmaßung; Nikolaj Apollonowitsch spürte ein unangenehmes Frösteln, es war trotz allem gruselig, schamlos unter der Maske hervor in jene leidenschaftslosen Blicke zu schauen, vor denen er sonst in unbegreiflicher Schamhaftigkeit die Augen niederschlug; es war trotz allem gruselig, nun in diesen Blicken den Schrecken zu lesen und ein hilfloses, kränkliches Greisentum; die Mutmaßung aber, nur kurz durchgehuscht, wurde als Erraten gedeutet: Nikolaj Apollonowitsch glaubte, er sei erkannt. Das war nicht wahr: Apollon Apollonowitsch glaubte einfach, daß ein taktloser Spaßvogel ihn, den Höfling, terrorisieren wollte mit der symbolischen Farbe seines leuchtenden Umhangs.

Dennoch fühlte er sich selbst den Puls. Nikolaj Apollonowitsch hatte in letzter Zeit manchmal diese Geste der Senatorsfinger bemerkt, die verstohlen ausgeführte (sichtlich wurde das Herz des Senators zu schlagen müde). Als er auch jetzt diese selbe Geste sah, spürte er etwas wie Mitleid; und unwillkürlich reckte er seinem Vater die rot-raschelnden Arme hin; als flehe er seinen Vater an, nicht zu fliehen vor ihm, im Herzanfall keuchend, als flehe er seinen Vater an, ihm die frühere Ruchlosigkeit zu verzeihen. Doch Apollon Apollonowitsch fühlte sich weiter mit zitternden Fingern den Puls und rannte jetzt im Herzanfall – irgendwo dort, irgendwo dort...

Plötzlich tönte die Klingel: das ganze Zimmer füllte sich mit Masken; herein stürmte ein Zug von schwarzen Kapuzinern; die schwarzen Kapuziner bildeten rasch eine Kette um ihren roten Kollegen und tanzten um ihn herum einen Tanz; ihre Atlasschöße flatterten, verflochten sich; auf und nieder gingen lustig die Zipfel ihrer Kapuzen; auf der Brust aber trugen sie jeder auf zwei gekreuzten Knöchelchen einen Schädel gestickt; und der Schädel hüpfte.

Der rote Domino, sich erwehrend, rannte jetzt aus dem Saal; die schwarze Schar der Kapuziner jagte mit Gelächter hinter ihm her; so rannten sie durch den geräumigen Korridor und rannten ins Speisezimmer; alle tafelnden Gäste begrüßten sie freundlich mit Tellerklappern.

– »Die Kapuziner, die Masken, die Bajazzi.«

Nacheinander sprangen vom Tisch auf Scharen perlmutt-rosa und heliotropischer Fräulein, sprangen vom Tisch auf Husaren, Rechtsschüler, Studenten. Nikolaj Petrowitsch Zukatow hüpfte auf der Stelle mit einem Glas Rheinwein, soeben hatte er zu Ehren der seltsamen Gesellschaft sein donnerndes Vivat gebrüllt.

Da bemerkte jemand:

– »Meine Herrschaften, das geht zu weit...«

Doch man schleppte ihn fort zu den Tänzern.

Im Tanzsaal ließ der Klavierspieler, das Rückgrat gekrümmt,

aufs neue den toupierten Schopf über flinke und Läufe perlende Finger tanzen; der Diskant tanzte wild, und gemessen
marschierte der Baß.

Und mit unschuldigem Lächeln für einen schwarzen Kapuziner, der mit besonders dreister Bewegung seinen Atlas wirbeln
ließ, beugte ein engelgleiches Geschöpf im violetten Röckchen
sich ganz plötzlich unter seine Kapuze (ins Gesicht starrte ihr
eine Larve); seine Hand aber legte das Geschöpf auf den Buckel
des gestreiften Clowns, dem ein (hellblaues) Bein in die Luft
aufflog und das andere (rote) zum Parkett einknickte; das
Geschöpf aber war nicht bange: es lüftete seinen Saum, und
hervor lugte ein silbriges Schuhchen.

Und los gings – eins, zwei, drei . . .

Ihnen folgten Spanierinnen, Mönche und Teufel; Harlekine,
Dolmane, Fächer, entblößte Rücken, silberne Pailletten-
Schals; über allen tanzte, schwankend, eine schlaksige Palme.

Nur dort, einsam, am Fensterbrett lehnend, an den zugezoge-
nen grünlichen Gardinen, keuchte Apollon Apollonowitsch im
Anfall seiner Herzkrankheit, von deren Schwere kein Mensch
etwas wußte.

Pompadour

Engel Peri stand vor dem ovalen, trübe schimmernden, eine
Spur nach hinten geneigten Spiegel: dort fiel alles nach unten
und schimmerte trübe dort unten: Decke, Wände und Fußboden; auch sie selbst fiel dort in die Tiefe, die grünliche Trübe;
und dort, dort – erstand aus einem Schwall von Kleidungsstük-
ken und einem Schaum von Musselin und Spitze nun eine
Schönheit mit üppig toupiertem Haar und Schönheitspfläster-
chen auf der Wange: Madame Pompadour!

Das Haar, zu Locken gewunden und locker mit einem Band
umschnürt, war weiß, wie der Schnee, und die Quaste über der
Puderdose war in so zarten Fingerchen erstarrt; die stramm
geschnürte, blaß azurblaue Taille neigte sich eine winzige Spur
nur nach links mit der schwarzen Larve in der Hand; aus dem

engen dekolletierten Mieder schimmerten matt, wie lebendige Perlen, atmend, die Brüste, und aus den engen, atlasraschelnden Ärmeln krauste sich milde in leichten Falten Valencienner Spitze; und überall, überall um den Ausschnitt, und unter dem Ausschnitt krauste sich diese Spitze; unter dem Mieder spielte der Reifrock, wie erhoben über dem schmachtenden Hauch der Zephire, wogend, mit Rüschen und glänzte mit einer Girlande aus silbernen Gräsern, den leichten Festons; darunter die passenden Schuhchen; und auf jedem der Schuhchen prangte ein Silberpompon. Seltsam nur: ganz plötzlich war sie in diesem Aufputz älter und häßlicher geworden; anstelle des kleinen rosigen Mundes stülpten sich, das Gesichtchen verderbend, unanständig rot, diese allzu schweren Lippen; und als die Augen zu schielen begannen, da zeigte sich in Madame Pompadour für einen Moment etwas Hexenhaftes: in diesem Moment verbarg sie den Brief im Dekolleté ihres Mieders.

Im selben Moment kam ins Zimmer Mawruschka gelaufen, einen Stab in der Hand aus hellem Holz mit goldenem Griff, an dem Bänder flatterten: doch als Madame Pompadour das Händchen ausstreckte, um diesen Stab entgegenzunehmen, hielt sie plötzlich in der Hand ein Billett ihres Gatten: »Sollten Sie heute abend ausfahren, werden Sie nicht mehr zurückkehren in mein Haus. Sergej Sergejewitsch Lichutin.«

Dieses Billett galt, natürlich, Sofja Petrowna Lichutina, und nicht ihr, Madame Pompadour, und Madame Pompadour lächelte verächtlich zum Billett hin; sie starrte in den Spiegel – in die Tiefe, die grünliche Trübe: ganz, ganz fern dort ging etwas hin, wie ein leichtes Flirren; plötzlich schien sich aus dieser Tiefe und grünlichen Trübe ins purpurne Licht des hochroten Lampenschirms ein wächsernes Gesicht zu schieben; und sie drehte sich um.

In ihrem Rücken stand reglos ihr Gatte, der Offizier; doch wieder lachte sie verächtlich auf, und den Spitzenreifrock leicht lüftend an den Festons, segelte sie schwebend unter Knicksen davon; ein mildströmender Zephir trug sie fort von ihm, und schwingend, wie eine Glocke, raschelte ihre Krinoline in süßen Zephir-Strömen; und als sie die Tür erreicht hatte, da drehte sie ihm ihr Gesicht zu, und mit der Hand, an der die Atlas-Larve baumelte, zeigte sie mit schelmischem Lächeln dem Offizier eine lange Nase; hinter der Tür dann tönte schallendes Lachen und der unschuldige Ruf:

– »Mawruschka, den Pelz!«

Da lief Sergej Sergejitsch Lichutin, Leutnant des Gr.-gorischen Regiments Seiner Hoheit, weiß wie der Tod, völlig ruhig, mit ironischem Lächeln, hüpfend der graziösen Larve nach, klirrte mit den Sporen und stand dann so ehrerbietig mit dem Pelz-mantel im Arm; mit noch größerer Ehrerbietung legte er ihr den Pelz um die Schultern, riß die Tür sperrangelweit auf und wies sie liebenswürdig mit der Hand dorthin – ins dunkel-buntende Dunkel; und als sie, raschelnd, ins Dunkel hinaus-trat, das Gesichtchen hoch erhoben vor solch untertänigem Dienst, da verneigte sich, sporenklirrend, der untertänige Die-ner abermals tief vor ihr. Dunkelbuntendes Dunkel schlug ihr entgegen – schlug zusammen über ihr: überflutete ihre ra-schelnden Konturen; es raschelte, raschelte lange dort, auf den Stufen. Und die Haustür schlug; da begann Sergej Serge-jitsch Lichutin, mit noch immer denselben zu heftigen Gesten überall herumzugehen und überall das elektrische Licht zu löschen.

Schicksalhaftes

Elegant unterbrach der Klavierspieler mit donnerndem Baßton seinen musikalischen Tanz, zugleich wendete er mit der an-deren Hand mit zünftigem Schwung das Notenblatt; doch in diesem Moment reckte Nikolaj Petrowitsch Zukatow, der, den Kopf gesenkt und entschlossen ein ergebenes Geschöpf mit sich ziehend, rasch vor den Paaren aufs Parkettgeblinker gestürmt war, überraschend aus wuchernden Backenbärten sein glatt-rasiertes Kinn:

– »Pas-de-quatre, s'il vous plaît!«

– »Kommen Sie«, schloß da irgendeine Madame Pompadour sich Nikolaj Apollonowitsch an, und Nikolaj Apollonowitsch, der Madame Pompadour nicht erkannte, reichte ihr widerwillig den Arm; dann, mit kaum sichtbarem Lächeln ihren roten Kavalier anblickend mit einer besonders schroffen Bewegung der erhobenen Larve, streckte Madame Pompadour die Hand aus und legte sie kraftlos auf den Arm des Domino; mit der anderen Hand aber, mit daran schaukelndem Fächer und im engen Glacéhandschuh, lüftete Madame Pompadour ihren Saum aus azurblau flatternden Rauchen, und darunter sah raschelnd ein silbriges Schuhchen hervor.

Und los gings, und los gings.

Eins-zwei-drei – und eine Geste des Füßchens unter der zurückgebogenen Taille:

– »Hast du mich erkannt?«

– »Nein.«

– »Suchst du hier jemand?«

Eins-zwei-drei – und wieder ein Schwenk, und wieder lugte ein Schuhchen hervor.

– »Ich habe einen Brief für dich.«

Und dem ersten Paar folgend – Domino und Marquise –, setzten sich in Bewegung Harlekine, Spanierinnen, perlmuttbleiche Fräulein, Rechtsschüler, Husaren und ergebene Musselin-Geschöpfe; Fächer, nackte Schultern, silbrige Rücken und Schals.

Plötzlich umfaßte eine Hand des roten Domino die schmale, azurblaue Taille, und die andere Hand, ihre Hand ergreifend, spürte in dieser Hand einen Brief; im selben Moment umfaßten die dunkelgrünen, schwarzen und tuchgewirkten Hände aller Paare und die roten Hände der Husaren alle schmalen Taillen der heliotropischen, perlgrauen, raschelnden Tänzerinnen, um wieder, wieder und wieder zu kreiseln in einigen Walzer-Drehungen.

Allen voranfliegend, brüllte der grauhaarige Hausherr die Paare an:

– »A vos places.«

Und ihm nach flog ein ergebenes Kind.

Apollon Apollonowitsch erholte sich vom Herzanfall; Apollon Apollonowitsch blickte in die Tiefe der Zimmerflucht; versteckt in den dunklen Gardinen, stand er von allen unbemerkt; er versuchte sich so von den Gardinen zu lösen, daß sein Erscheinen im Salon nicht ein seltsames Betragen des Staatsmanns verriete. Apollon Apollonowitsch verbarg vor allen die Anfälle seiner Herzkrankheit; doch noch unangenehmer wäre ihm zuzugeben, daß der heutige Anfall ausgelöst wurde durch das Erscheinen des roten Domino: die rote Farbe war, natürlich, Emblem des Rußland zugrunde richtenden Chaos; doch er wollte nicht zugeben, daß der unschöne Wunsch des Domino ihn zu erschrecken politischen Beigeschmack hatte.

Und Apollon Apollonowitsch schämte sich für seinen Schrekken.

Sich vom Anfall erholend, warf er Blicke in den Saal. Alles, was er dort sah, verblüffte sein Auge durch schreiende Buntheit; die dort huschenden Gestalten hatten einen widerlichen Beigeschmack, der persönlich ihn traf: er sah ein Monstrum mit doppelköpfigem Adlerkopf; irgendwo dort, irgendwo dort – durchmaß schnell den Saal das dürre Figürchen eines kleinen Ritters mit funkelnder Schwertklinge, Ebenbild einer Lichterscheinung; es lief so unklar und trübe, ohne Haare, ohne Schnurrbart, und frappierte durch die Konturen grünlicher Ohren und ein auf die Brust herabhängendes funkelndes Brillantabzeichen; und als auf den kleinen Ritter aus der Gruppe der Masken und Kapuziner ein einhörniges Geschöpf sich stürzte, da brach es dem Ritter mit seinem Horn die Lichterscheinung ab; etwas klirrte entfernt und fiel auf den Boden als Ebenbild eines feinen Mondstrahls; seltsam, daß dieses Bild in Apollon Apollonowitschs Bewußtsein einen kürzlich vergessenen, ihm zugestoßenen Vorfall wachrief, und er spürte sein Rückgrat; Apollon Apollonowitsch dachte kurz, er habe tabes dorsalis. Angewidert wandte er sich ab von dem bunten Saal; er betrat den Salon.

Hier standen bei seinem Erscheinen alle von ihren Plätzen auf;

liebenswürdig wogte ihm Ljubow Aleksejewna entgegen; und der Professor der Statistik, aufgestanden von seinem Platz, nuschelte nun:

– »Wir sind uns schon einmal begegnet: hoch erfreut Sie zu sehen; ich habe, Apollon Apollonowitsch, ein Anliegen an Sie.«

Worauf Apollon Apollonowitsch, nach dem Handkuß für die Dame des Hauses, irgendwie trocken entgegnete:

– »Aber ich empfange doch in meiner Behörde.«

Mit dieser Antwort versperrte er einer liberalen Partei die Möglichkeit, der Regierung entgegenzukommen. Die Gelegenheit war vertan; und dem Professor blieb nur übrig, würdig dieses funkelnde Haus zu verlassen, um in Zukunft ungestört alle Protestnoten zu unterschreiben, um in Zukunft ungestört den Pokal zu erheben auf allen liberalen Banketten.

Im Aufbruch trat er zur Dame des Hauses, an der weiterhin der Redakteur seine Redekunst übte.

– »Sie denken, der Untergang Rußlands wird uns bereitet in der Hoffnung auf soziale Gleichheit. Keinesfalls! Man will uns schlicht und einfach dem Teufel opfern.«

– »Wie bitte?« – wunderte sich die Dame des Hauses.

– »Sehr einfach: Sie wundern sich, weil Sie nichts gelesen haben zu diesem Problem...«

– »Aber erlauben Sie, erlauben Sie«, – wieder steuerte der Professor sein Votum bei, – »Sie stützen sich auf die Lügenmärchen Taxils...«

– »Taxils?« – unterbrach ihn die Dame des Hauses, zog plötzlich ein elegantes kleines Notizbuch hervor und fing an zu schreiben:

– »Taxil, sagen Sie?..«

– »Man bereitet sich vor, uns dem Satan zu opfern, weil die höchsten Ränge des jüdischen Freimaurertums einem gewissen Kult anhängen, dem Palladismus... Dieser Kult...«

– »Palladismus?« – unterbrach die Dame des Hauses und fing wieder an, in ihr Büchlein zu schreiben.

– »Pa-lla-... Wie, wie?«

– »Palladismus.«

Man hörte irgendwo einen besorgten Seufzer der Wirtschafterin, und dann wurde ein Tablett gebracht mit geschliffenem
Krug, bis zum Rand gefüllt mit erfrischendem Fruchtsaft, und
ins Zimmer gestellt zwischen Saal und Salon. Vom Salon aus
konnte man sehen, wie wieder, wieder und wieder aus dem
melodischen System der Klangflut, die an die Wände anschlug,
und aus dem Gekräusel der musselin- und spitzenumhüllten,
im Walzertakt taumelnden Paare mal jenes, mal dieses blumen-
geschmückte Mädchen sich losriß, mit glühendem Gesichtchen und im Rücken zerzaustem durchscheinenden Gelb der
Zöpfe – sich losriß und, lachend, ins Nebenzimmer lief in
seinen weißseidenen Schuhchen, mit den hohen Absätzchen
trappelnd, und sich flink eingoß aus dem Krug von der säuer-
lichen, rubinroten Flüssigkeit: eiskaltem sämigen Fruchtsaft.
Und sie schluckte so gierig.
Und die Hausherrin warf zerstreut ihrem Gesellschafter hin.
– »Aber sagen Sie...«
Ihr Miniatur-Lorgnon an die Augen haltend, sah sie, wie dort
im Nebenzimmer zu dem glühenden Mädchen, das Fruchtsaft
trank, aus dem Tanzsaal ein Rechtsschüler herbeisprang in
seideraschelnder eng taillierter Uniform und wie, krächzend
mit unnatürlich dröhnendem Baßstimmchen, dieser Rechtsschüler scherzhaft dem Mädchen das Glas entriß mit rubinro-
tem Fruchtsaft und verschämt einen kalten Schluck davon
abtrank. Da erhob sich Ljubow Aleksejewna, die grimmigen
Reden des Redakteurs unterbrechend, und segelte raschelnd ins
halbdunkle Zimmer, um streng zu bemerken:
– »Was tut ihr hier – tanzt doch, tanzt.«
Und da kehrte das glückliche Paar zurück in den lichterbrau-
senden Saal; der Rechtsschüler umfaßte mit schneeweißem
Handschuh die Wespentaille des Mädchens; das Mädchen
lehnte gegen diesen schneeweißen Handschuh sich zurück;
beide begannen plötzlich berauschend zu fliegen, berauschend
zu taumeln, schnell-schnell trippelnd und fliegende Kleider,
Schals und Fächer zerteilend, die rund um sie sprühende
Muster flochten; und dann wurden sie selber zu strahlenden
Splittern. Der Klavierspieler, geziert das Rückgrat krümmend,

neigte sich dort so schmeichlerisch seinen über die Tasten
fliegenden Fingern zu, um Diskant-Töne, ein wenig schrille,
perlen zu lassen: und sie liefen einander nach; da lief der
Klavierspieler, matt zurückgelehnt, auf quietschendem Schemel, mit den Fingern davon zu den dicken Bässen . . .

. . . .

– »Taxil hat über die Freimaurer reine Lügenmärchen erzählt«, – tönte die höhnische Stimme des Professors, – »leider
glaubten diesen Märchen viele; doch später sagte Taxil sich
entschieden von den Märchen los; er gab öffentlich zu, daß
seine sensationellen Erklärungen an den Papst nur sein einfacher Spott waren über die Rückständigkeit und Böswilligkeit
des Vatikans. Doch dafür wurde Taxil verflucht in einer päpst-
lichen Enzyklika . . .«
Nun trat jemand neues ein – ein allzu betriebsames wortkarges
Herrchen, mit einer riesigen Warze an der Nase, – und plötzlich
begann es zustimmend zu nicken und dem Senator zuzulä-
cheln, Finger an Fingern reibend; dann führte es mit zweideutiger Sanftmut den Senator in einen Winkel:
– »Sehen Sie . . . Apollon Apollonowitsch . . . Der Direktor des
N. N. Departements hat mich ersucht . . . wie soll ich mich
ausdrücken . . . Nun, Ihnen eine heikle Frage zu stellen.«
Weiter wurde es schwierig, irgendetwas zu unterscheiden: man
hörte, wie das Herrchen etwas ins blasse Ohr flüsterte mit
zweideutiger Sanftmut und Apollon Apollonowitsch sich mit
einem kläglichen Schrecken auf ihn stürzte.
– »Sagen Sie offen . . . mein Sohn?«
– »Genau, ganz genau: eben diese delikate Frage.«
– »Mein Sohn hat Verbindungen zu . . .?«
Weiter war nichts mehr zu unterscheiden; man hörte nur:
– »Lappalien . . .«
– »All das sind nur Lappalien . . .«
– »Schade, allerdings, daß dieser ungehörige Scherz solch
ungehörigen Charakter annimmt, daß die Presse . . .«
– »Und wissen Sie: wir haben der Petersburger Polizei, offen
gestanden, Befehl erteilt, Ihren Sohn zu beobachten . . .«
– »Selbstverständlich, nur zu seinem eigenen Wohl . . .«

Und wieder ging das Geflüster. Und der Senator fragte:
– »Der Domino, sagen Sie?«
– »Ja, eben er.«
Mit diesen Worten wies das allzu betriebsame Herrchen ins Nebenzimmer, wo dort – irgendwo dort, der zappelige Domino, ungestüm ausschreitend, seinen Atlas über die Lacktäfelung des Parketts schleifte.

Der Skandal

Kaum hatte Sofja Petrowna Lichutina den Brief übergeben, entschlüpfte sie ihrem Kavalier und sank kraftlos auf einen weichen Schemel; ihre Arme und Beine versagten den Dienst.
Was hatte sie angerichtet?
Sie sah, wie der rote Domino an ihr vorbei aus dem Tanzsaal in einen Winkel des leeren Durchgangszimmers lief; dort zerriß der rote Domino unbemerkt das Papier des Kuverts; und dann knisterte das Billett in den laut raschelnden Händen. Der rote Domino schob, um leichter die zierliche Schrift des Billetts zu erkennen, unwillkürlich die Larve auf die Stirn, daß die schwarze Spitze des Barts in zwei üppigen Falten das bleiche Gesicht des Domino rahmte, wie zwei Flügel eines schwarzen Seidenkäppchens; aus den bebenden Flügeln hervor schaute jenes Gesicht, wächsern, starr, mit gestülpten Lippen, und es zitterte die Hand, und in den Fingern zitterte das Billett; und kalter Schweiß erschien auf der Stirn.
Der rote Domino sah jetzt Madame Pompadour nicht, die ihn aus dem Winkel beobachtete; er war jetzt völlig ins Lesen versunken; er zappelte herum, schlug die Atlasschöße des langen Gewands zurück und zeigte seine gewöhnliche Kleidung – den dunkelgrünen Gehrock; Nikolaj Apollonowitsch zog ein goldenes Pincenez hervor und beugte, das Pincenez vor den Augen, sein Gesicht zum Billett.
Nikolaj Apollonowitsch warf den Kopf zurück; voller Grauen starrte sein Blick sie an; doch er sah sie nicht: seine Lippen flüsterten, wahrscheinlich, vollkommen unverständliche Din-

ge, – Sofja Petrowna wollte schon zu ihm stürzen aus ihrem Winkel, denn sie ertrug diese aufgerissenen, auf sie gerichteten Blicke nicht länger. Da trat jemand ins Zimmer; der rote Domino verbarg nervös das Billett in den zitternden, in die Falten verschwindenden Fingern; die Larve jedoch hinunterzuziehen vergaß der rote Domino. Er stand da mit der Larve auf der Stirn, mit halboffenem Mund und blindem Blick.

Noch erschöpfter als eben kam nach dem Walzer das Mädchen hierher, um sich abzukühlen; sie rannte beinahe den, warum auch immer, allein an der Tür herumduselnden Semstwovertreter um, blieb vor dem Pfeilerspiegel stehen, richtete in den Haaren ein verrutschtes Bändchen und schnürte, den Fuß auf den Stuhl gestellt, ihr weißseidenes Schuhchen; sie begann mit der Freundin, einem Mädchen wie sie, dort im Winkel ein argwöhnisches Tuscheln und lauschte dem Strom der Klavierklänge, dem ungleichmäßigen raschelnden Scharren, den heiseren Aufschreien aus dem Salon, dem Lachen, den Rufen des Ordners, sie lauschte dem kaum hörbaren Klirren der Sporen der Kavaliere.

Plötzlich sah sie den Domino mit gelüfteter Larve; und bei seinem Anblick rief sie aus:

– »Ach, Sie sind das? Guten Tag, Nikolaj Apollonowitsch, guten Tag: wer hätte Sie auch erkannt?«

Sofja Petrowna Lichutina sah, wie Nikolaj Apollonowitsch leidend dem Mädchen zulächelte, irgendwie seltsam losstürmte und sich auf die Flucht in den Tanzsaal begab.

Dort standen zwei Reihen von Tänzern, die in den sanft geblendeten Blick einflossen als Schillern perlmutt-rosa, perlgrauer, heliotropischer, bläulicher, weißer Samte und Seiden: auf die Seiden und Samte legten sich Schals und Tücher, Schleier, Fächer und Straßperlen, auf die Schultern legte sich schwere Spitze aus silbrigen Pailletten; bei der kleinsten Bewegung funkelte ein schuppenbedeckter Rücken; überall sah man jetzt sich rötende Arme, versonnen mit den Fächerlamellen spielende Finger, sich vergröbernde Flecken auf weißen Samten und wogenden Dekolletés und vollkommen purpurne Wangen, im Dunst der vom Tanz angegriffenen Frisuren.

Dort standen zwei Reihen tanzender Paare, die in den Blick einflossen als schwarze, grünliche und leuchtend rote Husaren-Tuche, als goldener, ins Kinn einschneidender Kragen, als falsche Uniformbrüste und falsche Schultern, als schneeweißer Ausschnitt von Frackwesten, die beim Druck darauf krächzten, und als Glanz verströmender kohlrabenschwarzer Frack.

An Masken und Kavalieren vorbei flog entschlossen Nikolaj Apollonowitsch, ungestüm ausschreitend auf seinen zitternden Beinen; und der blutrote Atlas schleifte ihm nach auf der Lacktäfelung des Parketts, eine Spur nur sich abzeichnend auf der Täfelung des Parketts als fliegendes, hochrotes Kräuseln der eigenen Abglanze; hochrot leuchtend, leckte das Kräuseln wie ein zuckender roter Blitz das Parkett vor dem ungeheueren Flüchtling.

Diese Flucht des roten Domino mit auf die Stirn geschobener Larve, worunter vorn das Gesicht Nikolaj Apollonowitschs vortrat, verursachte einen wahren Skandal; die lustigen Paare stürmten davon; ein Fräulein bekam einen hysterischen Anfall; und zwei Masken entblößten plötzlich vor Schreck die verwunderten Gesichter; als aber, den Fliehenden erkennend, Leibhusar Schporyschew Ableuchow am Ärmel packte mit den Worten: »Nikolaj Apollonowitsch, Nikolaj Apollonowitsch, sagen Sie um Gottes willen, was ist mit Ihnen«, da griente Nikolaj Apollonowitsch, wie ein gehetztes Tier, irgendwie kläglich mit irrem Gesicht, im Bemühen zu lachen, doch das Lächeln gelang nicht; Nikolaj Apollonowitsch riß seinen Ärmel los und verschwand in der Tür.

Durch den Tanzsaal ging eine unbeschreibliche Unruhe; Kavaliere und Fräulein gaben hastig einander ihre Eindrücke wieder; alle waren bestürzt; die noch eben geheimnisvoll huschenden Masken, all die blauen Ritterlein, Harlekine und Spanierinnen hatten ihren lockenden Sinn verloren; unter der Maske des doppelköpfigen Monstrums hervor, das zu Schporyschew gelaufen kam, klang eine bestürzte und bekannte Stimme:

– »Erklären Sie doch um Gottes willen, was bedeutet all das?«

Und Leibhusar Schporyschew erkannte die Stimme Wergefdens.

Dieser Aufruhr des Tanzsaals vermittelte sich unwillkürlich
durch zwei Durchgangszimmer auch dem Salon: und dort,
dort – wo die azurblaue Kugel des elektrischen Lüsters brannte,
wo im azurblauen bebenden Licht wuchtig irgendwie die
Salonbesucher standen, sich nebelhaft abhebend in schwebenden Schlieren von bläulichem Tabakrauch, – schauten diese
Besucher bestürzt dorthin – in den Tanzsaal. Inmitten dieser
ganzen Gruppe stach das dürre Figürchen des Senators hervor,
sein wie Pappmaché blasses Gesicht mit zusammengepreßten
Lippen, zwei kleine Koteletten und die Kontur der grünlichen
Ohren: genau so hatte man ihn dargestellt auf dem Titelblatt
eines Straßenblättchens.

Im Tanzsaal grassierte eine Epidemie von Mutmaßungen,
Aufregungen und Gerüchten bezüglich des seltsamen, höchst
seltsamen, außerordentlich seltsamen Betragens des Senatorssohns; dort hieß es, erstens, dieses Betragen sei hervorgerufen
durch irgendein Drama; zweitens wurde das Gerücht in Um-
lauf gebracht, der geheimnisvoll das Zukatowsche Haus be-
suchende Nikolaj Apollonowitsch sei auch der rote Domino,
der die Sensation in der Presse erzeugt hatte. Man beriet, was all
das bedeutete. Es hieß, der Senator wisse hier gar nichts; von
fern, aus dem Tanzsaal, nickte man in den Salon, dorthin, wo
jetzt das Figürchen des Senators stand und woher so unklar sein
dürres Gesicht sich abhob unter schwebenden Schlieren von
bläulichem Tabakrauch.

Nun, und wenn?

Wir haben Sofja Petrowna Lichutina verlassen – allein, auf dem
Ball; wir kehren nun wieder zu ihr zurück.
Sofja Petrowna Lichutina stand mitten im Saal.
Zum ersten Mal stand ihr vor Augen ihre schreckliche Rache:
das zerknüllte Kuvert hielt nun er in Händen, Sofja Petrowna
Lichutina begriff kaum, was sie angerichtet hatte; Sofja Pe-

trowna hatte nicht begriffen, was sie da gestern gelesen hatte im zerknüllten Kuvert. Doch nun erschien ihr der Inhalt des entsetzlichen Billetts deutlich vor Augen: der Brief verlangte von Nikolaj Apollonowitsch, irgendeine Bombe mit Uhrwerk zu werfen, die anscheinend in seinem Schreibtisch lag; diese Bombe, einer Andeutung nach, sollte er auf den *Senator* werfen (Apollon Apollonowitsch nannten alle den *Senator*).

Sofja Petrowna stand unter den Masken verloren mit blaß azurblauer, kaum gebogener Taille, und machte sich klar, was all das bedeutet. Das war, natürlich, jemandes übler und gemeiner Scherz; doch es hatte sie so sehr gereizt, ihn mit diesem Scherz zu erschrecken: denn er war ... ein feiger Hund. Nun, und wenn ... wenn im Brief die Wahrheit stand? Nun, und wenn ... wenn Nikolaj Apollonowitsch in seinem Schreibtisch Gegenstände solch entsetzlichen Inhalts verbarg? Und das sich herumgesprochen hatte? Und man ihn nun ergreifen würde? .. Sofja Petrowna stand unter den Masken verloren mit blaß azurblauer Taille und zupfte an ihren Locken, silbriggrauen vom Puder und prunkvoll gewundenen.

Und dann begann sie ruhelos zu kreiseln unter den Masken; und dann bebten an ihr die Valenciennes-Spitzen; und der Reifrock unter dem Mieder, wie erhoben unter dem Hauch der schmachtenden Zephire, schaukelte mit den Rüschen und blitzte mit der Girlande aus silbernen Gräsern, den leichten Festons. Rund herum, im Geflüster verschmelzend, brummten ununterbrochen, unaufhörlich, zudringlich Stimmen als Schicksalsspindel. Ein Häuflein graubrauiger Matronen, mit den Atlasröcken raschelnd, schickte sich an, einen *so* fröhlichen Ball zu verlassen; die eine reckte den Hals und rief aus dem Schwarm von Bajazzi die Tochter zu sich, ein Bauernmädchen; das Miniatur-Lorgnon an die grauen Äuglein gelegt, beunruhigte sich eine andere. Und über allem hing die bestürzte Atmosphäre des Skandals. Der Klavierspieler hatte aufgehört mit Tönen die Luft zu durchpflügen; von sich aus legte er den Ellbogen auf den Klavierdeckel; er erwartete die Aufforderung zum Tanz; doch es kam keine Aufforderung.

Junker, Gymnasiastinnen, Rechtsschüler – alle tauchten sie

unter in den Wellen der Bajazzi und waren, untergetaucht, verschwunden; sie waren nicht mehr da; von überall hörte man Klagen, Geraschel, Getuschel.

– »Also, haben Sie gesehen, haben Sie gesehen? Verstehen Sie?«

– »Hören Sie auf, das ist entsetzlich...«

– »Ich habe immer gesagt, immer gesagt, ma chère: er hat einen Unhold großgezogen. Auch tante Lise hat es gesagt: Mimi hat es gesagt; Nicolas hat es gesagt.«

– »Arme Anna Petrowna: ich verstehe sie!...«

– »Ich verstehe sie auch: wir verstehen sie alle.«

– »Da kommt er, da kommt er...«

– »Er hat entsetzliche Ohren...«

– »Er wurde zum Minister ernannt...«

– »Er wird das Land ruinieren...«

– »Man muß ihm sagen...«

– »Schauen Sie doch: die *Fledermaus* schaut uns an; als spürte er, daß wir über ihn sprechen... Und die Zukatows um- schwänzeln ihn – einfach peinlich zu sehen...«

– »Sie werden nicht wagen ihm zu sagen, warum wir fahren... Es heißt, Madame Zukatowa kommt aus einer Popenfami- lie.«

Plötzlich tönte der Pfiff der alten Schlange aus dem bestürzten Häuflein graubrauner Matronen:

– »Schauen Sie! Da geht er: nicht ein Würdenträger – ein Küken.«

. . . .

Nun, und wenn... wenn Nikolaj Apollonowitsch wirklich in seinem Schreibtisch eine Bombe verbarg? Das konnte doch herauskommen; er konnte doch auch an den Schreibtisch stoßen (er war zerstreut). Abends las er, vielleicht, am Schreib- tisch vor einem aufgeschlagenen Buch. Sofja Petrowna stellte sich deutlich die sklerotische Ableuchow-Stirn vor mit den bläulichen Adern über dem Schreibtisch (und im Schreibtisch die Bombe). Eine Bombe – das ist etwas Rundes, das man nicht anfassen darf. Und Sofja Petrowna Lichutina zuckte zusam- men. Einen Augenblick sah sie deutlich Nikolaj Apollono-

witsch vor sich, händereibend vorm Teetablett; auf dem Tisch –
warf der rote Grammophontrichter ihnen leidenschaftliche
italienische Arien ins Ohr; nun, warum sollten sie streiten?
Und warum die unschöne Briefübergabe, der Domino und
alles übrige…

An Sofja Petrowna hatte sich ein Dickwanst geklebt (ein Granada-Spanier); sie rückte zur Seite, – und zur Seite rückte der
Dicke (der Granada-Spanier); einen Moment wurde er in der
Menge an sie gedrängt, und ihr war, als raschelten seine Hände
auf ihrem Rock.

– »Sie sind keine Dame: Sie sind ein Duschkantschik.«
– »Lippantschenko!« Und sie schlug ihn mit dem Fächer.
– »Lippantschenko! Erklären Sie mir doch…«

Doch Lippantschenko unterbrach sie:

– »Sie sollten es besser wissen, Madame: spielen Sie nicht die
Naive.«

Und Lippantschenko, an ihrem Rock klebend, bedrängte sie
geradezu: und sie fing an zu zappeln, um sich loszureißen; doch
die Menge drängte sie fester zusammen; was macht er da, dieser
Lippantschenko? Äh, er war wirklich unanständig.

– »Lippantschenko, das gehört sich nicht.«

Doch er lachte fett:

– »Ich habe doch gesehen, wie Sie den Brief…«
– »Darüber kein Wort.«

Doch er lachte fett:

– »Ist ja gut, ist ja gut! Und jetzt fahren wir beide in dieser
wunderbaren Nacht…«
– »Lippantschenko! Sie sind ein Rüpel…«

Sie riß sich los von Lippantschenko.

Mit den Kastagnetten klimperte der Granada-Spanier hinter
ihr her und vollführte einen leidenschaftlichen spanischen
Pas.

Nun, und wenn… der Brief kein Scherz war: nun, und
wenn… wenn er verurteilt war. Nein, nein, nein! Solches
Grauen gibt es nicht auf der Welt; solche Bestien gibt es auch
nicht, die den irren Sohn dazu zwingen würden die Hand zu
erheben gegen den Vater. Das alles sind Scherze der Kamera-

den. Sie Dumme war ja bloß über einen Freundesscherz, scheint es, erschrocken. Aber er, aber er: über den Freundesscherz war auch er erschrocken; er war ja einfach ein kleiner Feigling: auch dort war er vor ihr geflohen (dort, am Winterkanal) beim Pfiff des Polizisten; sie hielt den Kanal nicht für irgendeinen prosaischen Ort, von dem man fliehen konnte beim Pfiff eines Polizisten...

Er hatte sich nicht wie German betragen: war gestolpert, gefallen, hatte unter der Seide die Hosenstege gezeigt. Auch jetzt: über einen naiven Scherz seiner Revolutionärsfreunde hatte er nicht einfach gelacht, und in der Überbringerin des Briefs hatte er sie nicht erkannt: er floh durch den Saal, die Larve in den Händen haltend und sein Gesicht dem Gespött darbietend für Kavaliere und Damen. Nein, soll doch Sergej Sergejitsch Lichutin den Rüpel und Feigling belehren! Soll Sergej Sergejitsch Lichutin den feigen Hund zum Duell fordern...

Der Leutnant!.. Sergej Sergejitsch Lichutin!.. Der Leutnant Lichutin hatte sich seit dem gestrigen Abend höchst unanständig benommen: er hatte in seinen Schnurrbart geschnaubt und die Faust geballt; er hatte sich unterstanden in ihrem Schlafzimmer zu erscheinen zur Aussprache nur in Unterhosen; und sich dann unterstanden hinter ihrer Wand bis zum Morgen auf und ab zu laufen.

Dunkel tauchten vor ihr die verrückten Schreie von gestern auf, die blutunterlaufenen Augen und die auf den Tisch gesunkene Faust: war Sergej Sergejitsch verrückt geworden? Er war ihr schon lange verdächtig: verdächtig war das Schweigen all dieser drei Monate; verdächtig waren diese Fluchten in den Dienst. Ach, sie war einsam und arm: jetzt brauchte sie seine starke Stütze; sie hätte gewollt, daß ihr Gatte, Leutnant Lichutin, wie ein Kind sie umarmte und auf Händen trüge...

Statt dessen sprang wieder der Granada-Spanier herbei und flüsterte ihr in die Ohren:

– »Na, na, na? Sie kommen doch mit?..«

Wo war jetzt Sergej Sergejitsch, warum war er nicht bei ihr; irgendwie hatte sie Angst, wie bislang zurückzukehren in die kleine Wohnung an der Mojka, wo, wie in der Höhle die Bestie, ihr fiebrig sich empörender Gatte lag.

Und sie stampfte mit den Absätzchen auf:

– »Ich werde es ihm zeigen!«

Und wieder:

– »Ich werde es ihm beibringen!«

Und konfus schoß der Granada-Spanier davon.

Sofja Petrowna Lichutina zuckte zusammen bei der Erinnerung an die Grimasse, mit der ihr Sergej Sergejitsch den Umhang reichte, auf den Ausgang weisend. Wie er dort dastand in ihrem Rücken! Wie sie verächtlich gelacht hatte und, den Reifrock leicht lüftend an den Festons, so leicht von ihm davonschwebte unter Knicksen (warum hatte sie keinen Knicks gemacht vor Nikolaj Apollonowitsch beim Übergeben des Briefes – Knickse standen ihr)! Wie sie geantwortet hatte in der Tür, wie sie mit schelmischem Lächeln dem Offizier eine lange Nase zeigte! Eben nur: sie hatte Angst, nach Hause zu kommen.

Und sie stampfte verdrießlich mit den Absätzchen auf:

– »Ich werde es ihm zeigen!«

Und wieder:

– »Ich werde es ihm beibringen!«

Trotzdem fürchtete sie sich nach Hause zu gehen.

Mehr noch fürchtete sie sich – zu bleiben; schon waren fast alle gefahren: gefahren waren die jungen Leute und die Masken; der gutmütige Hausherr trat mit niedergeschlagenem, verlorenem Ausdruck mal zum einen, mal zu einem anderen hin mit einem kleinen Witz; schließlich verließ er einsam den sich leerenden Saal, verließ er die Menge der Narren und Harlekine, und riet ihnen offen mit dem Blick das blitzende Zimmer zu räumen von weiteren Amüsements.

Doch die Harlekine, zusammengeschwärmt zu einem bunten Häuflein, betrugen sich höchst unanständig. Jemand Dreistes trat aus ihrer Mitte, begann zu tanzen und sang:

> Gefahren sind von Sulizas,
> Gefahren Ableuchow…
> Prospekte, Hafen, Straßen sind

Voll drohenden Gemunkels!..
Getrieben nur von Treuebruch,
Schmähtest du den Senator...
Hier gilt keine Gesetzgebung,
Und auch kein Sonderstatus!
Er – dieser Patriotenarsch –
Trug Abzeichen der Ehre;
Doch einen Terroristenakt
Begeht ja heute jeder.

Nikolaj Petrowitsch Zukatow begriff sofort, daß das giftige
Verschen den Anstand seines fröhlichen Hauses zerstörte, und
Nikolaj Petrowitsch Zukatow errötete tief, warf aufs gutmü-
tigste einen Blick auf den dreisten Harlekin, kehrte ihm den
Rücken und verschwand aus der Tür.

Der weiße Domino

Schon war es Zeit zu fahren. Schon waren die Gäste fast alle
gefahren: Sofja Petrowna Lichutina strich einsam durch die
leeren Säle; nur der Granada-Spanier antwortete auf ihre Unruhe mit dem Geklapper seiner klingenden Kastagnetten.
Dort, in der leeren Zimmerflucht, erblickte sie unvermutet
einen einsamen, weißen Domino; der weiße Domino war ganz
plötzlich erschienen, und dann – nun: –

eine traurige lange Gestalt, die sie glaubte viel-,
vielmal gesehen zu haben, früher gesehen, vor
kurzem noch, heute – eine traurige lange Gestalt,
ganz in weißen Atlas gehüllt, ging ihr entgegen
durch die verödeten Säle; durch die Schlitze
der Maske schaute das helle Licht seiner Augen
sie an; ihr war, als ströme das Licht so kummervoll von seiner Stirn, den frostklammen Fingern...

Sofja Petrowna rief zutraulich den lieben Besitzer des Domino
an:

– »Sergej Sergejewitsch!.. Ah, Sergej Sergejewitsch!..«
Ja, kein Zweifel: das war Sergej Sergejitsch Lichutin; er hatte den gestrigen Auftritt bereut; er war zu ihr gekommen – sie abzuholen.
Sofja Petrowna rief wieder den lieben Besitzer des Domino an – die traurige, lange Gestalt:
– »Das sind doch Sie?.. Das sind Sie?«
Doch die traurige lange Gestalt schüttelte langsam den Kopf, legte den Finger an die Lippen und befahl ihr zu schweigen.
Zutraulich streckte sie ihre Hand dem weißen Domino hin: wie glänzte der Atlas, wie kühl war der Atlas! Ihr azurblaues Händchen knisterte beim Berühren dieser weißen Hand und hing willenlos an ihr (der Besitzer des Domino, so schien es, hatte eine hölzerne Hand), einen Augenblick lang beugte die umstrahlte Maske sich über ihr Köpfchen und zeigte unter der weißen Spitze einen spärlichen Bart, wie ein Bund reifer Ähren.
Niemals hatte sie Sergej Sergejewitsch so strahlend gesehen: und sie flüsterte:
– »Sie haben mir verziehen?«
Durch die Maske kam zur Antwort ein Seufzen.
– »Wir versöhnen uns jetzt?«
Doch die traurige lange Gestalt schüttelte langsam den Kopf.
– »Warum schweigen Sie?«
Doch die traurige lange Gestalt legte langsam den Finger an den Mund.
– »Sind das Sie, Sergej Sergejewitsch?«
Doch die traurige lange Gestalt schüttelte langsam den Kopf.
Jetzt waren sie schon im Vorzimmer: Unsagbares umgab sie, Unsagbares stand im Raum. Sofja Petrowna Lichutina nahm die schwarze Maske ab und vergrub das Gesicht in den schmeichelnden Pelz, doch die traurige lange Gestalt, schon im Mantel, behielt die Maske auf. Staunend musterte Sofja Petrowna die traurige lange Gestalt: es wunderte sie, daß man ihr nicht Offiziers-Kleidung reichte; statt dieser Kleidung trug er ein zerrissenes Mäntelchen, aus dem so seltsam an den Armen schmale Hände ragten, an Lilien erinnernd. Ganz drängte es

255

sie zu ihm zwischen den überraschten Lakaien, die sich das Schauspiel besahen; Unsagbares umgab sie, Unsagbares stand im Raum.

Doch die traurige lange Gestalt schüttelte auf der erleuchteten Schwelle langsam den Kopf und befahl ihr zu schweigen.

Seit dem Abend war der Himmel ein einziger schmutziger Schneematsch geworden; seit dem Einbruch der Nacht hatte ein einziger, schmutziger Schneematsch sich auf die Erde gesenkt; auf die Erde hatte sich Nebel gesenkt; es hatte sich alles auf die Erde gesenkt, einstweilen in schwärzlichen Dunst verwandelt, durch den entsetzlich hervorbrachen die rötlichen Flecken der Laternen. Sofja Petrowna Lichutina sah, wie über einem rötlichen Fleck, gebeugt, die Karyatide vom Eingang stürzte und wie sie hing; wie in dem Fleck hervortrat ein Stückchen vom Nachbarhaus mit halbrunden Fenstern und kleinen geschnitzten Holzskulpturen. Die lange Figur des unbekannten Gefährten ragte vor ihr auf. Und sie flüsterte ihm flehentlich zu:

– »Eine Droschke bitte.«

Die lange Figur des unbekannten Gefährten mit dem flachsweißen Bärtchen, den rötlich beschienenen Mützenschirm vor die Maske gezogen, schwenkte die Hand in den Nebel:

– »Droschke!«

Sofja Petrowna Lichutina begriff jetzt alles: die traurige Figur besaß eine wundervolle und freundliche Stimme –

– eine Stimme, viel-, vielmal gehört, vor so kurzem gehört, heute: ja, heute im Traum; und sie hatte vergessen, wie sie überhaupt vergessen hatte den Traum dieser letzten Nacht – ...

Er besaß eine wundervolle und freundliche Stimme, doch ... – kein Zweifel: nicht die Stimme Sergej Sergejewitschs. Und sie hatte gehofft, und sie hatte gewünscht, daß dieser (das wünschte sie) wundervolle und freundliche, aber fremde Mensch ihr Gatte wäre. Doch ihr Gatte war nicht zu ihr gekommen, hatte sie nicht aus der Hölle geführt: aus der Hölle führte sie ein Fremder.

Wer mochte das sein?

Die unbekannte Figur erhob mehrmals die Stimme: die Stimme wuchs, wuchs und wuchs, und es war, als wüchse unter der Maske jemand Unermeßlich-Riesiges. Nur Schweigen schlug der Stimme entgegen; hinter fremdem Haustor erwiderte bellend ein Hund. Die Straße führte dorthin fort.

– »Ja wer sind Sie denn?«

– »Ihr sagt euch alle los von mir: ich behüte euch alle. Ihr sagt euch los, und dann ruft ihr mich…«

Sofja Petrowna Lichutina begriff nun einen Augenblick, wer vor ihr stand: Tränen schnürten ihr die Kehle zu; sie wollte zu diesen schlanken Füßen sich werfen und mit ihren Armen die schlanken Knie des Unbekannten umschlingen, doch in diesem Moment dröhnte prosaisch eine Droschke und ein gebückter, verschlafener Fuhrmann schob sich ins helle Licht der Laterne. Die wunderliche Figur half ihr in die Droschke, doch als sie flehentlich ihr aus der Droschke die zitternden Hände hinstreckte, da legte die Figur langsam den Finger an den Mund und befahl ihr zu schweigen.

Die Droschke war schon angefahren: hätte sie doch angehalten und, oh, wäre sie umgekehrt – umgekehrt an den lichten Ort, wo vor einem Moment noch die traurige lange Gestalt stand und nun nicht mehr, denn von dort blinkte nur allein auf die Steine ein gelbes Laternenauge.

Sie hatte vergessen, was war

Sofja Petrowna Lichutina hatte vergessen, was war. Ihre Zukunft war versunken in schwärzlicher Nacht. Nicht wieder Gutzumachendes kroch herbei; nicht wieder Gutzumachendes umschloß sie; und dorthin entrückten: das Haus, die kleine Wohnung, ihr Gatte. Und sie wußte nicht, wohin sie der Kutscher fährt. In die schwärzlichgraue Nacht stürzte hinter ihr ein Stück der jüngsten Vergangenheit: der Maskenball, die Harlekine; und sogar (denken Sie nur!) – sogar die traurige lange Gestalt. Sie wußte nicht, woher sie der Kutscher kutschiert.

Dem Stück der jüngsten Vergangenheit nach stürzte auch der ganze heutige Tag: der Ärger mit ihrem Gatten und der Ärger mit Madame Farnois um das »*Maison Tricotons*«. Kaum blickte sie weiter zurück, einen Anhaltspunkt für das Bewußtsein suchend, kaum wollte sie die Eindrücke des gestrigen Tages aufrufen, – stürzte gleich auch der gestrige Tag in die Tiefe, wie ein Stück der riesigen, granitgepflasterten Straße; stürzte ab und krachte auf vollkommen dunklen Grund. Und es tönte ein Schlag irgendwo, der Steine zersprengte.

Vor ihr erschien die Liebe dieses unglücklichen Sommers; und die Liebe des unglücklichen Sommers, wie alles, stürzte aus ihrem Gedächtnis ab; und wieder tönte ein Schlag, der Steine zersprengte. Kaum erschienen, versanken: ihre Frühlingsgespräche mit Nicolas Ableuchow; kaum erschienen, versanken: die Jahre der Ehe, die Hochzeit: eine Leere riß, alles schluckend, Stück um Stück dahin. Und es hallten metallische Schläge, die Stein zersprengten. Das ganze Leben blinkte auf, und dann versank das ganze Leben, als wäre ihr Leben niemals gewesen, als wäre sie selbst eine ins Leben noch ungeborene Seele. Die Leere begann gleich hinter ihrem Rükken (denn dort war alles verschwunden, aufgeschlagen auf irgendeinen Grund); die Leere ging weiter in die Jahrhunderte, und durch die Jahrhunderte hörte man nichts als Schlag um Schlag: da versanken, auf einen Grund hinabstürzend, Bruchstücke ihrer Leben. Als zerstampfte ein metallenes Pferd, hufeklirrend auf Stein, in ihrem Rücken das Abgestürzte; als verfolgte sie dort in ihrem Rücken, hufeklirrend auf Stein, ein metallener Reiter.

Und als sie sich umsah, bot sich ihr ein Schauspiel dar: der Umriß eines Mächtigen Reiters ... Dort – durchstießen zwei Pferdenüstern, flammend, den Nebel mit glühender Säule.

Da ereilte sie der kupferbekränzte Tod.

Hier wachte Sofja Petrowna auf: die Droschke überholend, jagte ein Feuerwehrmann vorüber, die Fackel in den Nebel haltend. Einen Moment lang blinkte sein schwerer Kupferhelm; und hinter ihm, polternd und flammend, flog in den Nebel der ganze Löschtrupp.

– »Was bedeutet das, Feuer?« – wandte sich Sofja Petrowna an den Kutscher.

– »Ja, anscheinend Feuer: es hat geheißen – die Inseln brennen...«

Das meldete ihr aus dem Nebel der Kutscher: die Droschke stand vor ihrem Haus an der Mojka.

Sofja Petrowna erinnerte sich an alles: alles tauchte vor ihr auf in furchterregend prosaischen Farben; ganz als wären diese Hölle, die tanzenden Masken, der Reiter niemals gewesen. Die Masken erschienen ihr jetzt als Spaßvögel, Bekannte wahrscheinlich, die auch ihr Haus schon besucht hatten; und die traurige lange Gestalt, – sie war, wahrscheinlich, einer der *Kameraden* (vielen Dank auch, er hatte sie bis zur Kutsche begleitet). Allerdings biß sich Sofja Petrowna nun ärgerlich auf die volle Lippe: wie hatte sie sich irren können und den Unbekannten mit ihrem Gatten verwechseln? Und ihm ins Ohr flüsternd eine so völlig absurde Schuld bekennen? Denn nun wird der unbekannte Bekannte (vielen Dank, er hatte sie bis zur Kutsche begleitet) allen den völligen Unsinn erzählen, sie fürchte sich vor ihrem Gatten. Und dann geht der Klatsch durch die ganze Stadt... Also nein, dieser Sergej Sergejitsch Lichutin: Sie werden mir gleich bezahlen für die unnötige Schmach!

Empört trat sie mit dem Füßchen gegen die Haustür; empört knallte die Haustür hinter ihrem gebeugten Köpfchen. Finsternis umfing sie, Unsagbares ergriff sie für einen Augenblick (so ist es, wahrscheinlich, im ersten Moment nach dem Tod); doch an den Tod dachte Sofja Petrowna Lichutina durchaus nicht: im Gegenteil – sie dachte an etwas ganz Einfaches. Sie dachte, sie würde jetzt Mawruschka befehlen ihr den Samowar aufzusetzen; bis der Samowar aufgesetzt war, würde sie nörgeln und ihren Gatten rügen (sie konnte ja ohne Pause mehr als vier Stunden nörgeln); und wenn Mawruschka den Samowar auftischte, würde sie Frieden schließen mit ihrem Gatten.

Sofja Petrowna Lichutina klingelte jetzt. Das laute Klingeln gab der nächtlichen Wohnung ihre Rückkehr kund. Nun würde sie gleich beim Vorzimmer den eiligen Schritt Mawruschkas hören. Kein eiliger Schritt war zu hören. Sofja Petrowna war beleidigt und klingelte noch einmal.

Mawruschka schlief wohl: sie mußte nur das Haus verlassen, schon fiel die dumme Kuh aufs Bett . . . Aber gut war ja auch ihr Gatte, Sergej Sergejitsch: er erwartete sie natürlich voll Ungeduld nicht erst eine Stunde oder zwei; und natürlich hatte er das Klingeln gehört, und natürlich war ihm klar, daß das Mädchen schlief. Doch – nicht vom Fleck! Na! Sagen Sie, bitte! Er ist beleidigt!

Nun, dann bleibt er halt ohne Versöhnung und Tee! . .

Sofja Petrowna klingelte Sturm an der Tür: die Klingel surrte – Surren um Surren . . . Niemand, nichts! Und sie beugte das Köpfchen hinunter ans Schlüsselloch; und als sie das Köpfchen hinunter ans Schlüsselloch beugte, da waren hinter dem Schlüsselloch, etwa einen Werschok von ihrem Ohr, so deutlich zu hören: ein stockendes Schnaufen und das Anreißen eines Streichholzes. Herr Jesu Christ, wer mochte da schnaufen? Und Sofja Petrowna trat verwundert von der Tür zurück, das Köpfchen gereckt.

Mawruschka? Nein, nicht Mawruschka . . . Sergej Sergejitsch Lichutin? Ja, er. Warum schweigt er denn dort, macht nicht auf, legt seinen Kopf ans Schlüsselloch und atmet so stockend?

Voller unguter Ahnungen trommelte Sofja Petrowna verzweifelt an den stachligen Türfilz. Voller unguter Ahnungen rief Sofja Petrowna:

– »Machen Sie doch auf!«

Hinter der Tür aber wurde weiter gestanden, geschwiegen und erschrocken geschnauft, so entsetzlich stockend.

– »Sergej Sergejitsch! Na, genug jetzt . . .«

Schweigen.

– »Sind das Sie? Was haben Sie denn?!«

Tu-tu-tu – wich etwas zurück von der Tür.

– »Was ist denn da los? Herrgott: ich fürchte mich, ich fürchte mich . . . Machen Sie auf, mein Täubchen!«

Etwas heulte laut auf hinter der Tür und rannte aus Leibeskräften in die hinteren Zimmer, dort rumorte es erst, dann rückte es Stühle; ihr war, als hätte dort im Salon laut die Lampe geklirrt; von irgendwie fern polterte ein fortgestoßener Tisch. Alles blieb einen Augenblick stumm.

Und dann ertönte ein furchterregendes Krachen, als wäre die Decke heruntergekommen und rieselte von oben Putz; in diesem Krachen machte Sofja Petrowna Lichutina ein Ton nur stutzig: das dumpfe von oben Niederfallen eines schweren menschlichen Körpers.

Bestürzung

Apollon Apollonowitsch Ableuchow, platt gesagt, ertrug keinerlei Ausfahrten aus dem Haus; die einzig sinnvolle Ausfahrt war für ihn die Ausfahrt in die Behörde oder zum Rapport beim Minister. Das bemerkte einmal im Spaß der Vorsteher des Justizministeriums.

Apollon Apollonowitsch Ableuchow, offen gesagt, ertrug kein unmittelbares Gespräch, das verbunden war mit dem Blick in die Augen des anderen: Gespräche vermittels des Telephonkabels stellten die Peinlichkeit ab. Von Apollon Apollonowitschs Schreibtisch liefen Telephonkabel in alle Departements. Apollon Apollonowitsch lauschte mit Vergnügen dem Tuten des Telephons.

Nur einmal hatte ein Spaßvogel, auf die Frage Apollon Apollonowitschs, von welcher Verwaltung er sei, mit voller Wucht mit der flachen Hand an die Muschel geschlagen, wodurch Apollon Apollonowitsch den Eindruck erhielt, er hätte einen Schlag auf die Wange bekommen.

Jeder sprachliche Austausch hatte, nach Meinung Apollon Apollonowitschs, ein klares und geradliniges Ziel. Alles übrige zählte er dem Teetrinken zu und dem Rauchen von Stummeln; Apollon Apollonowitsch nannte jede Art Zigaretten unerschütterlich Stummel; für ihn waren die Russen nichtsnutzige Teetrinker, Trunkenbolde und Konsumenten von Nikotin (auf Produkte des letzteren hatte er mehrmals angeregt die Steuer zu erhöhen); und darum verriet um das fünfundvierzigste Jahr den Russen, nach Meinung Apollon Apollonowitschs, unfehlbar sein unanständiger Bauch und die blutrote Nase; Apollon Apollonowitsch stürzte sich, wie ein Stier, auf alles Rote (unter anderem stürzte er sich auf die Nase).

Apollon Apollonowitsch selbst war Besitzer eines leblos-grauen Näschens und einer zierlichen Taille – Sie würden sagen, der Taille einer Sechzehnjährigen – und war stolz darauf.

Mit eigentümlicher Schläue erklärte sich Apollon Apollonowitsch dennoch das Kommen der Gäste: die jours fixes waren den meisten der Ort des gemeinsamen Teetrinkens und Rauchens von Stummeln, sofern nicht der Besucher gedachte bei einer untätigen Verwaltung unterzukommen und um Gunst warb im besuchten Haus, sofern er nicht wünschte bei dieser Verwaltung seinen Sohn unterzubringen, oder aber diesen Sohn zu verheiraten mit der Tochter eines Beamten der Verwaltung: es gab eine solche untätige Verwaltung. Diese Verwaltung bekämpfte Apollon Apollonowitsch beharrlich.

Apollon Apollonowitsch war zu den Zukatows mit einem einzigen Ziel gefahren: der Verwaltung einen Schlag zu versetzen. Die Verwaltung hatte begonnen ein wenig zu kokettieren mit einer zweifellos gemäßigten Partei, die verdächtig war nicht durch ihre Ablehnung der Ordnung, sondern den Wunsch diese Ordnung eine Spur zu verändern. Apollon Apollonowitsch verabscheute Kompromisse, verabscheute die Vertreter der Partei und, vor allem, die Verwaltung. Dem Vertreter der Verwaltung, gleichwie dem Vertreter der Partei, wollte er zeigen, wie sein künftiges Auftreten der Verwaltung gegenüber sein würde auf einem hohen und ihm soeben angetragenen Posten.

Darum sah sich Apollon Apollonowitsch mit Mißvergnügen verpflichtet, bei den Zukatows auszuharren, ein höchst unangenehmes Betrachtungsobjekt vor der Nase: die Konvulsionen tanzender Beine und die blutigroten unangenehm raschelnden Falten der Harlekinkleider; diese roten Lappen hatte er schon einmal gesehen: ja, auf dem Platz vor der Kasaner Kathedrale; dort nannten sich diese roten Lappen Flaggen.

Hier, auf einer einfachen Abendgesellschaft und in Anwesenheit des Chefs der Behörde empfand er diese roten Lappen als unangebrachten, unwürdigen und geradezu schändlichen Scherz; die Konvulsionen der tanzenden Beine aber riefen in seiner Einbildung eine traurige (übrigens unvermeidliche) Maßnahme zur Abwendung von Staatsverbrechen auf.

Apollon Apollonowitsch sah die freundlichen Gastgeber feindselig an und wurde unangenehm.

Die Tänze der roten Bajazzi verkehrten sich ihm in andere, blutige Tänze; diese Tänze, wie übrigens alle, hatten auf der Straße begonnen; diese Tänze, wie alle, wurden anschließend fortgesetzt unter dem Sturz zweier nicht unbekannter Säulen.

Apollon Apollonowitsch dachte: läßt man erst hier diese unschuldig wirkenden Tänze zu, dann setzen sich, natürlich, diese Tänze auf der Straße fort; und enden werden die Tänze, natürlich, – dort, dort.

Apollon Apollonowitsch hatte, übrigens, selbst in seiner Jugend getanzt: die Polka-Mazurka gewiß, und vielleicht den Lancier.

Ein Umstand verstärkte die traurige Stimmung der hochgestellten Person: so ein dummer Domino war ihm äußerst unangenehm und hatte bei ihm einen schweren Anfall von Brustangina ausgelöst (ob das noch ein Angina-Anfall war, bezweifelte Apollon Apollonowitsch; und seltsam: was Angina ist, wissen absolut alle, die nur einmal zu drehen hatten an den Rädern so bedeutender Mechanismen, wie zum Beispiel, der Behörde). Also: der dumme Domino, der Hanswurst, war ihm aufs zudringlichste begegnet bei seinem Erscheinen im Saal; bei seinem Eintreten in den Saal war der dumme Domino (der Hanswurst) unter Verrenkungen auf ihn zu gerannt.

Apollon Apollonowitsch suchte vergeblich sich zu entsinnen, woher er die Verrenkungen kannte: und konnte sich nicht entsinnen.

Mit offensichtlichem Unbehagen, mit kaum zu bezwingendem Widerwillen ließ Apollon Apollonowitsch sich nieder, bolzengerade, ein winziges Porzellantäßchen in den miniaturhaft kleinen Händchen haltend; senkrecht stützten sich auf den bunten Bucharer Teppich seine dürren Beinchen mit den mageren Waden, die die unteren Hälften abgaben und mit den oberen unter den Kniescheiben einen rechten, einen Winkel von neunzig Grad bildeten; senkrecht zur Brust streckten sich zum Teetäßchen aus Porzellan seine dünnen Arme. Apollon Apollonowitsch Ableuchow, Person erster Klasse, sah aus wie ein auf den Teppich gemaltes Ägypterfigürchen – eckig, breitschultrig, alle Regeln der Anatomie mißachtend (Apollon Apollonowitsch hatte doch keine Muskeln: Apollon Apollonowitsch bestand aus Knochen, Sehnen und Adern).

Und mit eben derselben, ihm zur Gewohnheit gewordenen Eckigkeit explizierte Apollon Apollonowitsch, der Ägypter, ein höchst komplexes System von Verboten dem auf diesem Abend erschienenen Professor für statistische Daten – dem Führer einer neuentstandenen Partei, der Partei des *gemäßigten* Staatsverrats, aber *dennoch Verrats*; und mit eben derselben, ihm zur Gewohnheit gewordenen dürren Eckigkeit explizierte er schulmeisterlich ein System höchst komplexer Ratschläge dem Redakteur einer konservativen Zeitung und liberalen Popensohn.

Mit beiden wußte Apollon Apollonowitsch, Person erster Klasse, nichts anzufangen: beide hatten auch, sozusagen, dicke Bäuche (von der Maßlosigkeit in bezug auf den Tee); beide waren, übrigens, rotnasig (vom übermäßigen Konsum alkoholischer Getränke). Einer war noch dazu Popensohn, und für Popensöhne hegte Apollon Apollonowitsch Ableuchow eine verständliche und zudem von seinen Vorfahren ererbte Schwäche: sie nicht ausstehen zu können. Wenn Apollon Apollonowitsch aus Dienstpflicht mit Dorf-, Stadt- und Konsistorial-Popen, mit Popensöhnen und -enkeln sprach, dann roch er so deutlich den üblen Geruch ihrer Füße; an den Dorfpopen, den Stadtpopen ... selbst den Konsistorialen mit ihren Söhnen und Enkeln traten doch so deutlich zutage der schwarze ungewaschene Hals und die gelben Fingernägel.

Plötzlich begann Apollon Apollonowitsch endgültig sich zu winden zwischen beiden dickwanstigen Gehröcken, die zum Popensohn und zum gemäßigten Staatsverräter gehörten, als unterscheide sein Geruchssinn so deutlich den üblen Geruch ihrer Füße; doch diese Unruhe des geachteten Staatsmanns rührte keineswegs von der Reizung der Geruchszentren; diese Unruhe rührte von der plötzlichen Erschütterung seines empfindlichen Trommelfells: soeben war der Klavierspieler erneut mit den Fingern aufs Klavier eingefallen, und jegliche Klangkonsonanz und jegliche Passage der Melodie durch ein Netz harmonischer Dissonanzen empfand das Hörorgan Apollon Apollonowitschs als nutzloses Kratzen auf Glas von, zumindest, zehn Fingernägeln.

Apollon Apollonowitsch Ableuchow drehte sich um mit dem ganzen Rumpf: und – dort, dort erblickte er die Konvulsionen abscheulicher Beine, die zur Gruppe der Staatsverräter: pardon: der tanzenden Jugend gehörten; inmitten dieser teuflischen Tänze erregte seine Aufmerksamkeit noch immer derselbe Domino, der im Tanz seinen blutigen Atlas entfaltete.

Apollon Apollonowitsch suchte vergeblich sich zu entsinnen, woher er all diese Gesten kannte. Und er konnte sich nicht entsinnen.

Als aber respektvoll ein zuckersüßes und vom Äußeren schäbiges Herrchen sich zu ihm gesellte, da belebte sich Apollon Apollonowitsch höchlichst und zeichnete mit der Hand ein Begrüßungsdreieck im Raum.

Es war so, daß das schäbige Herrchen, von allen verachtet, eine, sozusagen, unentbehrliche Figur war: nun, selbstverständlich, eine Figur der Übergangszeit, deren Existenz Apollon Apollonowitsch im Prinzip mißbilligte, deren Existenz im Rahmen der Legalität natürlich beklagenswert war, doch… was tun? Unentbehrlich, nützlich und… jedenfalls, da die Figur existierte, mußte man sich mit ihr abfinden. An dem schäbigen Herrchen, wenn man die Schwierigkeit seiner Lage bedachte, war eines gut, daß das schäbige Herrchen, sich seines Werts wohl bewußt, durchaus nicht dünkelhaft war; es schmückte sich nicht mit dem Flitter müßig gedroschener Phrasen, wie dort dieser Professor; es schlug nicht so ungehörig mit der Faust auf den Tisch, wie dort dieser Redakteur. Das zuckersüße Herrchen diente einfach verschwiegen diversen Verwaltungen, in Diensten einer bestimmten Verwaltung. Apollon Apollonowitsch schätzte das Herrchen wider Willen, denn es versuchte nicht auf gleichem Fuß mit den Staatsbeamten oder einfach der besseren Gesellschaft zu stehen – kurz, das schäbige Herrchen war ein ehrlicher Lakai. Und wenn schon? Zu Lakaien war Apollon Apollonowitsch ausnehmend freundlich: noch kein jemals im Hause Ableuchow gedienter Lakai hatte Anlaß zu Klagen gehabt.

Und Apollon Apollonowitsch begab sich mit betonter Höflichkeit mit dem Figürchen in ein eingehendes Gespräch.

Doch was er erfuhr aus diesem Gespräch, traf ihn wie ein Donnerschlag: der blutrote, unangenehme Domino, der Hanswurst, an den er soeben dachte, war, nach den Worten des nähergerückten Herrchens... Nein, nein (Apollon Apollonowitsch zog eine Grimasse, als sähe er zu, wie eine Zitrone geschnitten wird und das schneidende Messer im Saft oxydiert) – nein, nein: der Domino war sein *eigener* Sohn!..

Wahrhaftig, war denn sein Sohn ihm *eigener* Sohn? Sein *eigener* Sohn konnte sich doch ganz einfach als Sohn von Anna Petrowna erweisen, durch ein zufälliges, sozusagen, Überwiegen des mütterlichen Bluts in seinen Adern; und das mütterliche Blut – das Blut von Anna Petrowna – enthielt ja nach pünktlichst eingeholten Erkundigungen... Popenblut (diese Erkundigungen hatte Apollon Apollonowitsch nach der Flucht der Gattin eingeholt)! Wahrscheinlich hatte das Popenblut das unbefleckte Geschlecht der Ableuchows *besudelt* und dem geachteten Staatsmann einen einfach *üblen* Sohn beschert. Nur ein *übler* Sohn – ein *wirklicher Blendling* – war zu *solcherlei Stückchen* imstande (im Geschlecht der Ableuchows war seit den Zeiten der Übersiedlung Ab-Lajs, des Kirgis-Kaisaken, nach Rußland, – seit den Zeiten Anna Ioannownas – solcherlei nicht vorgekommen).

Am meisten traf den Senator der Umstand, daß, so trug das Herrchen vor, der üble, dort herumgesprungene Domino (Nikolaj Apollonowitsch) auch eine üble Vergangenheit besaß, und daß über dieses üble Gebaren die Judenpresse geschrieben hatte; nun bedauerte Apollon Apollonowitsch entschieden, daß er all diese Tage nicht die Muße hatte die »*Chronik der Vorfälle*« durchzuschauen, an dem mit nichts zu vergleichenden

266

Ort kam er nur dazu, die Leitartikel zu studieren, die der Feder der gemäßigten Staatsverbrecher entstammten (die Leitartikel der nichtgemäßigten Verbrecher hatte Apollon Apollonowitsch nicht gelesen).

Apollon Apollonowitsch wechselte die Haltung seines Körpers: schnell erhob er sich und wollte ins Nebenzimmer laufen, um den Domino zu ergreifen, doch von dort, aus dem Zimmer, eilte schnell-schnell auf ihn zu ein kleiner rasierter Gymnasiast im engen Gehrockanzug: und zerstreut hätte Apollon Apollonowitsch beinahe ihm die Hand gereicht; bei näherem Hinsehen erwies sich der kleine rasierte Gymnasiast als Senator Ableuchow: Apollon Apollonowitsch, die Lage der Zimmer durcheinanderbringend, wäre beinahe in vollem Lauf in den Spiegel gerannt.

Apollon Apollonowitsch wechselte die Haltung seines Körpers und drehte dem Spiegel den Rücken zu; und – dort, dort: im Zimmer zwischen Salon und Saal, erblickte Apollon Apollonowitsch wieder den gemeinen Domino (den Blendling), versunken in die Lektüre eines (gewiß gemeinen) Billetts (von gewiß pornographischem Inhalt). Und Apollon Apollonowitsch hatte nicht Mut genug, um den Sohn zu entlarven.

Apollon Apollonowitsch wechselte mehrmals die Haltung des Ensembles von Sehnen, Haut und Knochen, das man Körper nennt, und sah aus wie ein kleiner Ägypter. In übermäßiger Nervosität rieb er sich die Händchen, trat vielmals an die Kartentische, zeigte plötzlich äußerste Höflichkeit und äußerste Neugier bezüglich höchst mannigfaltiger Gegenstände: beim Statistiker erkundigte sich Apollon Apollonowitsch untunlich nach den Schlaglöchern des Uchtomsker Amtsbezirks im Gouvernement Plostschegorsk; beim Semstwovertreter aber des Gouvernements Plostschegorsk erkundigte er sich nach dem Pfefferkonsum auf der Insel Neufundland. Der Professor für Statistik, gerührt von der Aufmerksamkeit des geachteten Staatsmanns, doch vollkommen unbewandert in der Frage der Schlaglöcher im Gouvernement Plostschegorsk, versprach der Person erster Klasse die Zusendung eines soliden Handbuchs über die geographischen Eigentümlichkeiten des gesamten

Planeten Erde. Der Semstwoverteter aber, unbeschlagen in der Frage des Pfeffers, bemerkte heuchlerisch, die Neufundländer konsumierten Pfeffer in unglaublicher Menge, was als konstante Größe gelte für alle Verfassungsstaaten.

Bald gelangten ans Ohr Apollon Apollonowitschs so verlegen begonnenes Tuscheln, Rascheln und schiefe Lacher; Apollon Apollonowitsch nahm deutlich wahr, daß die Konvulsionen der tanzenden Beine abrupt abbrachen: für einen kurzen Moment beruhigte sich sein erregter Geist. Dann aber schaltete sich sein Kopf wieder ein mit bestürzender Klarheit; die schicksalhafte Ahnung all dieser ruhelos rinnenden Stunden bestätigte sich: sein Sohn, Nikolaj Apollonowitsch, war ein fürchterlicher Lump, denn nur ein fürchterlicher Lump war imstande sich so abscheulich zu benehmen: über mehrere Tage einen roten Domino umzulegen, über mehrere Tage eine Maske sich vorzubinden, über mehrere Tage der Judenpresse Stoff zu liefern.

Apollon Apollonowitsch erfaßte mit absoluter Klarheit, daß sein Sohn sich, während dort im Saal Offiziere, Fräulein, Damen und Abiturienten der Lehr- und Erziehungsanstalten tanzten, hintanzte zu... Doch Apollon Apollonowitsch vermochte nun den Gedanken nicht zu letzter Klarheit zu führen, *zu was genau* sich Nikolaj Apollonowitsch hingetanzt hatte: Nikolaj Apollonowitsch war immerhin sein Sohn, und nicht einfach nur... eine Person von männlichem Geschlecht, aufgelesen von Anna Petrowna, womöglich, weiß der Teufel – wo; Nikolaj Apollonowitsch hatte schließlich die Ohren aller Ableuchows – Ohren von unwahrscheinlicher Größe, und außerdem abstehend.

Der Gedanke an die Ohren milderte etwas den Zorn Apollon Apollonowitschs: Apollon Apollonowitsch verschob die Absicht, den Sohn aus dem Haus zu jagen ohne genaueste Prüfung der Gründe, die den Sohn dazu brachten im Domino zu gehen. Doch jedenfalls hatte Apollon Apollonowitsch nun den Posten verloren, den Posten mußte er ausschlagen; er durfte den Posten nicht annehmen, bis die schändlichen, die Ehre des Hauses verunglimpfenden Flecken getilgt waren im Betragen des Sohnes (wie auch immer – eines Ableuchow).

Mit diesem beklagenswerten Gedanken und mit verzogenem Mund (als hätte er eine blaßgelbe Zitrone gelutscht) reichte Apollon Apollonowitsch allen einen Finger hin und stürzte, von den Gastgebern geleitet, entschlossen aus dem Salon. Und als er, durch den Saal eilend, sich im vollständigsten Grauen nach den Wänden umsah und den Raum des erleuchteten Saals maßlos riesig fand, da sah er deutlich: ein Häuflein graubrauiger Matronen hockte zusammen und tuschelte höhnisch.

An das Ohr Apollon Apollonowitschs flog nur ein einziges Wort:

– »Ein Küken.«

Apollon Apollonowitsch haßte den Anblick geköpfter, gerupfter Küken, die in den Läden verkauft wurden.

Wie auch immer, Apollon Apollonowitsch lief entschlossen durch den Saal. In vollendeter Unschuld war ihm ja nicht bewußt, daß es im tuschelnden Saal keine einzige Seele mehr gab, der es verborgen geblieben wäre, wer der rote, vor kurzem hier tanzende Domino war: man hatte doch Apollon Apollonowitsch nicht ein Wort von dem Umstand gesagt, daß sein Sohn, Nikolaj Apollonowitsch, eine Viertelstunde zuvor die unziemliche Flucht durch den Saal ergriff, den jetzt in solch offenkundiger Eile er selbst durchquerte.

Der Brief

Nikolaj Apollonowitsch, erschüttert vom Brief, war eine Viertelstunde vor dem Senator am fröhlichen Kontertanz vorübergelaufen. Wie er das Haus verlassen hatte, wußte er absolut nicht mehr. Er kam zu sich in vollkommener Entkräftung vor der Haustür der Zukatows; dort stand er noch immer, versunken in einen dunklen Traum, versunken in dunklen schmutzigen Schneematsch und zählte mechanisch die wartenden Kutschen, verfolgte mechanisch den Weg einer traurigen langen Gestalt, eines Hüters der Ordnung: das war der Revieraufseher.

Plötzlich spazierte die traurige lange Gestalt vor Nikolaj Apollonowitsch vorüber: Nikolaj Apollonowitsch sengte plötzlich ein blauer Blick; der Revieraufseher, erzürnt über den Studenten im Mantel, schüttelte den flachsweißen Bart: sah ihn an und ging weiter.

Vollkommen natürlich setzte auch Nikolaj Apollonowitsch sich in Bewegung, versunken in einen dunklen Traum, versunken in dunklen Schneematsch, durch den unentwegt der rötliche Fleck der Laterne sah: aus dem Nebel fiel leblos herab in den Fleck die Karyatide am Eingang, über der Laternenspitze, und im Fleck trat hervor ein Stückchen vom Nachbarhaus; das Haus war schwarz, einstöckig, mit halbrunden Fenstern und kleinen geschnitzten Holzskulpturen.

Kaum aber rührte sich Nikolaj Apollonowitsch, als er gleichgültig bemerkte, daß seine Beine vollkommen abwesend waren: unsinnig gluckten in der Pfütze irgendwelche weichen Teile, vergeblich versuchte er diese Teile zu beherrschen: die weichen Teile gehorchten ihm nicht; von der äußeren Kontur hatten sie ganz das Aussehen von Beinen, doch seine Beine spürte er nicht (er hatte keine Beine). Nikolaj Apollonowitsch ließ sich unfreiwillig auf einem Vorsprung des schwarzen Häuschens nieder; dort saß er ungefähr eine Minute, in den Mantel gewikkelt.

Das war in seiner Lage natürlich (sein ganzes Betragen war völlig natürlich); genauso natürlich schlug er den Mantel auf und offenbarte den roten Fleck seines Domino; genauso natürlich grub er in seinen Taschen, zog ein zerknittertes Kuvert hervor, las wieder und wieder den Inhalt des Billetts und versuchte darin die Spur eines einfachen Scherzes zu finden oder eine Spur von Spott. Doch er fand weder Spuren des einen noch anderen...

»Eingedenk Ihres Angebots vom Sommer, setzen wir Sie, Genosse, in Kenntnis, daß nun die Reihe an Ihnen ist; hiermit erhalten Sie Auftrag zur unverzüglichen Durchführung der Sache an...« Weiter konnte Nikolaj Apollonowitsch nicht lesen, denn dort stand der Name seines Vaters – und weiter: »Das nötige Material in Gestalt einer Bombe mit Uhrwerk wurde Ihnen seinerzeit in einem Bündel übergeben. Beeilen Sie sich: die Zeit drängt; das gesamte Unternehmen soll in den nächsten Tagen ausgeführt sein«... Dann – folgte die Losung; Nikolaj Apollonowitsch kannte gleichermaßen Losung wie Handschrift. Das hatte – der Unbekannte geschrieben: er hatte mehrmals Billetts erhalten von jenem Unbekannten.

Kein Zweifel war möglich.

Schlaff hingen Arme und Beine an Nikolaj Apollonowitsch; die Unterlippe fiel von der oberen ab.

Seit dem schicksalhaften Moment, als eine Dame ihm das zerknitterte Kuvert überreichte, versuchte Nikolaj Apollonowitsch ständig sich irgendwie an einfache Zufälligkeiten zu klammern, an belanglose, vollkommen müßige Gedanken, die wie Schwärme durch einen Schuß aufgeschreckter mutwilliger Krähen vom knorrigen Baum sich lösen und zu kreisen beginnen – hin und her, hin und her, bis zum folgenden Schuß; so kreisten in seinem Kopf vollkommen müßige Gedanken, zum Beispiel: über die Zahl der Bücher, die ein Brett seines Bücherschranks faßte, oder über die Muster der Rüschen, die den Unterrock einer früher von ihm geliebten Person umsäumten, als diese Person kokett aus dem Zimmer lief, den Rock ein wenig gelüftet (daß diese Person Sofja Petrowna Lichutina war, daran dachte er irgendwie gar nicht).

Nikolaj Apollonowitsch versuchte die ganze Zeit nicht zu denken, versuchte nicht zu begreifen: zu denken, zu *begreifen* – hieße womöglich *das* zu begreifen; *das war da, erdrückte* ihn, *brüllte*; hier zu denken – war wie in ein Eisloch zu stürzen... Was kannst du hier denken? Hier nutzt kein Denken... denn *das*... *das*... Nun, was *das*?..

Nein, niemand vermag das zu denken.

In der ersten Minute nach Lektüre des Billetts muhte es kläglich in seiner Seele: es muhte so kläglich, wie ein gutmütiger Ochse muht unter dem Messer des Bullenschlächters; in der ersten Minute suchte er mit dem Blick den Vater; und der Vater erschien ihm so harmlos, so harmlos: schien ihm klein, ein Greis – schien ihm ein federloses Hühnchen; vor Grauen wurde ihm übel; in seiner Seele muhte es wieder kläglich: so ergeben und kläglich.

Und er stürzte davon.

Jetzt aber versuchte Nikolaj Apollonowitsch sich ständig an Äußerlichkeiten zu klammern: da die Karyatide am Eingang; nicht übel: die Karyatide... Und – nein, nein! Nicht die übliche Karyatide – nichts dergleichen hatte er jemals gesehen: sie hängt über der Flamme. Und da hinten ein Häuschen: nicht übel – ein schwarzes Häuschen.

Nein, nein, nein!

Das Häuschen war nicht von ungefähr, wie auch alles nicht von ungefähr war: alles war verrückt in ihm, losgerissen; selbst war er von sich losgerissen; und von irgendwo (unbekannt von wo), wo er niemals je war, schaute er nun!

Und auch die Beine – nicht üble Beine... Nein, nein! Keine Beine – vollkommen weiche unbekannte Teile baumeln hier müßig herum.

Doch Nikolaj Apollonowitschs Versuch, sich an belanglose Gedanken und Lappalien zu klammern, wurde gleich unterbrochen, als die Haustür jenes großen Hauses, wo er soeben gewütet hatte, geräuschvoll aufsprang und Pulk um Pulk herausdrängte; es rührten sich dort im Nebel die Kutschen, es rührten sich an ihren Seiten die Lichter der Laternen. Nikolaj Apollonowitsch rührte sich mühsam vom Mauervorsprung des schwarzen Häuschens, Nikolaj Apollonowitsch bog in ein leeres Gäßchen ein.

Das Gäßchen war öde, wie auch alles sonst: wie dort oben die Weiten; so öde, wie die menschliche Seele öde ist. Eine Minute lang versuchte Nikolaj Apollonowitsch sich an transzendentale Gegenstände zu erinnern, daran, daß die Ereignisse dieser vergänglichen Welt nicht im mindesten die Unsterblichkeit ihres Zentrums tangieren und daß selbst das denkende Hirn nur eine Erscheinung des Bewußtseins ist; daß wiefern er, Nikolaj Apollonowitsch, in dieser Welt handelt, er nicht er ist: auch er vergängliche Hülle ist; sein wahrer, der anschauende Geist bleibt dennoch imstande ihm seinen Weg zu erleuchten: ihm seinen Weg zu erleuchten selbst *damit*; zu erleuchten selbst... *das*... Doch ringsum erstand *das*: erstand in den Zäunen; und zu seinen Füßen bemerkte er: einen Torweg und eine Pfütze.

Und es leuchtete nichts.

Das Bewußtsein Nikolaj Apollonowitschs mühte sich vergeblich zu leuchten; es leuchtete nicht; wie entsetzliches Dunkel gewesen war, so blieb auch Dunkel. Furchtsam um sich schauend, schleppte er sich irgendwie kläglich bis zum Fleck der Laterne; unterm Fleck plapperte ein Trottoir-Rinnsal, auf dem Fleck trieb eine Apfelsinenschale. Nikolaj Apollonowitsch machte sich wieder an das Billett. Gedankenschwärme flogen auf vom Zentrum des Bewußtseins, wie Schwärme mutwilliger, vom Sturm aufgeschreckter Vögel, doch auch ein Zentrum des Bewußtseins war nicht da: dort gähnte ein düsteres Loch, vor dem verloren Nikolaj Apollonowitsch stand, wie vor einem düsteren Brunnen. Wo und wann hatte er so schon gestanden? Nikolaj Apollonowitsch suchte sich zu erinnern; und konnte sich nicht erinnern. Und er machte sich wieder an das Billett: Gedankenschwärme, wie Vögel, stürzten entschlossen in dieses öde Loch; und nun wimmelten dort solch mickrige kleine Gedanken.

»Eingedenk Ihres Angebots vom Sommer«, las Nikolaj Apollonowitsch von neuem und versuchte irgendwo einzuhaken. Und er konnte nicht einhaken.

»Eingedenk Ihres Angebots vom Sommer«... Das Angebot hatte er wirklich gemacht, doch dann war es vergessen: er hatte sich einmal auch erinnert, doch dann bestürmten ihn diese Ereignisse der eben verflossenen Vergangenheit, bestürmte ihn der Domino; Nikolaj Apollonowitsch musterte verwundert die jüngstvergangene Vergangenheit und fand sie einfach uninteressant; da war eine Dame mit hübschem Gesichtchen; übrigens, harmlos, eine Dame, eine Dame und eine Dame!..

Gedankenschwärme flogen abermals vom Zentrum des Bewußtseins auf; doch ein Zentrum des Bewußtseins war nicht da; vor Augen war ihm ein Torweg, und in seiner Seele ein ödes Loch; über dem öden Loch grübelte Nikolaj Apollonowitsch. Wo und wann hatte er so schon gestanden? Nikolaj Apollonowitsch suchte sich zu erinnern: und – erinnerte sich: so hatte er gestanden in der Zugluft des Newa-Winds, über ein Brükkengeländer gebeugt, und hatte in das bazillenverseuchte Was-

273

ser geschaut (denn alles begann ja mit dieser Nacht: das entsetzliche Angebot, der Domino, und nun...). Nun: stand Nikolaj Apollonowitsch, so tief gebückt, und las weiter das Billett entsetzlichen Inhalts (all das war schon gewesen: war vielmal gewesen).

»Setzen wir Sie in Kenntnis, daß nun die Reihe an Ihnen ist«, las Nikolaj Apollonowitsch. Und er drehte sich um: in seinem Rücken hörte er Schritte; ein unsteter Schatten schimmerte trügerisch in der Zugluft des Gäßchens. Nikolaj Apollonowitsch sah über die Schulter: Melone, Stock, Mantel, Bärtchen und Nase.

Nikolaj Apollonowitsch ging auf den Vorübergehenden zu, ihn abwartend musternd; und er sah Melone, Stock, Mantel, Bärtchen und Nase; all das lief vorüber, beachtete ihn gar nicht (nur der Schritt war zu hören und sein rasender Herzschlag); nach *all dem* wandte Nikolaj Apollonowitsch sich um und sah hinter sich in den schmutzigen Nebel – dorthin, wohin entschlossen verschwanden: Melone, Stock und Ohren; lange noch stand er gebückt (und all das war schon gewesen), den Mund höchst unangenehm aufgesperrt und auf jeden Fall die ziemlich absurde Figur eines Armlosen darstellend (er trug die Nikolajewka) mit so plump im Wind tanzender Pelerine... Konnte man bei seiner Kurzsichtigkeit denn irgendetwas erkennen, außer dem Ende des Zauns?

Und er kehrte zurück zur Lektüre.

»Das nötige Material in Gestalt einer Bombe mit Uhrwerk wurde Ihnen seinerzeit in einem Bündel übergeben...« Bei diesem Satz hakte Nikolaj Apollonowitsch ein: nein, wurde es nicht, nein, es wurde nicht übergeben! Und bei diesem Einhaken verspürte er etwas wie Hoffnung, daß all das ein Scherz war... Eine Bombe?.. Eine Bombe besaß er doch nicht?!. Nein, nein – nicht!!

. . . .

In einem Bündel?!

. . . .

Nun fiel ihm alles wieder ein: das Gespräch, das Bündel, der verdächtige Besucher, der Septembertag, alles übrige. Nikolaj

Apollonowitsch erinnerte sich deutlich, wie er das Bündel entgegennahm, wie er es im Schreibtisch verbarg (das Bündel war feucht).

Nun erst war Nikolaj Apollonowitsch zum ersten Mal imstande das ganze Grauen seiner Lage zu erfassen. Wie denn das, wie denn das? Und zum ersten Mal packte ihn unsagbarer Schrek-ken: er spürte ein heftiges Stechen im Herzen: der Umriß des Torwegs begann sich vor ihm zu drehen; Finsternis umfing ihn, wie sie eben schon ihn umfangen hatte; sein »Ich« war nur noch ein schwarzes Behältnis, wenn nicht gar eine enge Rumpel-kammer, versunken in absolutes Dunkel: und hier, im Dun-keln, an der Stelle des Herzens, flammte ein Fünkchen ... das Fünkchen verwandelte sich in rasendem Tempo in eine pur-purne Kugel: die Kugel – wuchs, wuchs und wuchs: und die Kugel platzte: alles platzte ... Nikolaj Apollonowitsch kam zu sich: der unstete Schatten war wieder ganz nah: Melone, Stock und Ohren; da machte ein schäbiges Herrchen mit einer Warze an der Nase (erlauben Sie: als hätte er soeben das Herrchen gesehen; als hätte er das Herrchen auf dem Ball gesehen; als hätte das Herrchen im Salon dort gestanden vor *jenem*, dem *Greis*, sich die Hände reibend) – ein schäbiges Herrchen mit Warze an der Nase machte zwei Schritt von ihm halt vor dem alten Zaun – einer Notdurft halber; vor dem alten Zaun stehend aber wandte es das Gesicht Ableuchow zu, schmatzte irgendwie mit den Lippen und schmunzelte eine Spur:
– »Wahrscheinlich vom Ball?«
– »Ja, vom Ball ...«
Nikolaj Apollonowitsch war ertappt; doch was war denn: einen Ball zu besuchen ist noch kein Verbrechen.
– »Ich weiß schon ...«
– »Aha? Und weshalb wissen Sie?«
– »Es schaut Ihnen ja unterm Mantel hervor, wie soll ich das sagen: nun – ein Stück Domino ...«
– »Nun ja, ein Domino ...«
– »Auch gestern schaute es vor ...«
– »Das heißt, wie, gestern?«
– »Am Winterkanal ...«

– »Gnädiger Herr, Sie vergessen sich...«
– »Nun, schon gut: Sie sind doch der Domino.«
– »Wie bitte, welcher?«
– »Nun – *der bewußte.*«
– »Ich verstehe Sie nicht: und in jedem Fall ist es seltsam sich einem Unbekannten zu nähern...«
– »Durchaus nicht einem Unbekannten: Sie sind Nikolaj Apollonowitsch Ableuchow: und außerdem – der *Rote Domino*, über den die Zeitungen schreiben...«
Nikolaj Apollonowitsch war bleicher als ein Leintuch:
– »Hören Sie«, – er streckte die Hand nach dem zuckersüßen Herrchen aus, – »hören Sie...«
Doch das Herrchen ließ nicht locker:
– »Ich kenne auch Ihren Herrn Vater, Apollon Apollonowitsch: hatte soeben die Ehre mit ihm zu plaudern.«
– »Oh, glauben Sie mir«, – Nikolaj Apollonowitsch regte sich auf, – »das sind alles nur üble Gerüchte...«
Doch das Herrchen hatte seine Notdurft verrichtet und trat langsam zurück vom Zaun, knöpfte sein Mäntelchen zu, steckte ungezwungen die Hand in die Tasche und blinzelte vielsagend:
– »Wo müssen Sie hin?«
– »Zur Wassilij-Insel«, – platzte Nikolaj Apollonowitsch heraus.
– »Ich muß auch zur Wassilij-Insel: dann sind wir ja Weggefährten.«
– »Das heißt, ich muß ans Ufer...«
. . . .
– »Sie wissen offenbar selbst nicht, wohin Sie müssen«, – das schäbige Herrchen lächelte, – »und darum – schauen wir doch bei einem kleinen Lokal vorbei.«
Gäßchen mündete in Gäßchen: die Gäßchen führten zur Straße hinaus. Auf der Straße liefen gewöhnliche Bürger, schwärzliche unstete Schatten.

Apollon Apollonowitsch Ableuchow, im grauen Mantel und im hohen schwarzen Zylinder, mit einem Gesicht, das an graues, grünschimmerndes Wildleder erinnerte, war irgendwie erschrocken aus der offenen Wohnungstür gesprungen, mit winzigen Schritten die Treppenstufen hinuntergelaufen, und stand plötzlich auf der durchnäßten und schlüpfrigen, dunstumnebelten Freitreppe.

Jemand rief laut seinen Namen, und auf diesen ehrerbietigen Anruf schob sich die schwarze Kontur einer Kutsche aus rötlicher Trübe in den Kreis der Laterne und zeigte ihr Wappen: ein Einhorn, das einen Ritter durchbohrt; soeben hatte Apollon Apollonowitsch ein Bein angewinkelt, um es aufs Trittbrett der Kutsche zu stützen, im feuchten Nebel eine ägyptische Silhouette nachahmend, soeben schickte er sich an in die Kutsche zu springen und mit ihr zusammen davonzufliegen in diesen feuchten Nebel, als hinter ihm die Haustür aufsprang; das schäbige Herrchen, das gerade zuvor Apollon Apollonowitsch eine fraglose, doch betrübliche Wahrheit eröffnet hatte, erschien auf der Straße; die Melone bis tief auf die Nase gedrückt, trabte es nach links davon.

Apollon Apollonowitsch ließ darauf sein angewinkelt erhobenes Bein sinken, berührte mit den Handschuhspitzen den Rand des Zylinders und gab dem verwirrten Kutscher den dürren Befehl: allein nach Hause zurückzufahren. Anschließend vollzog Apollon Apollonowitsch einen unwahrscheinlichen Schritt; einen solchen Schritt kannte die Geschichte seines Lebens schon ungefähr fünfzehn Jahre nicht mehr: Apollon Apollonowitsch persönlich, verlegen blinzelnd und die Hand aufs Herz gepreßt, um den Druck in der Brust zu mildern, rannte dem im Nebel entschlüpfenden Rücken des Herrchens nach; bedenken Sie bitte ein wesentliches Faktum: die unteren Extremitäten des geachteten Staatsmanns waren äußerst zierlich; wenn Sie dieses wesentliche Faktum bedenken, begreifen Sie auch, daß Apollon Apollonowitsch, um sich zu helfen, im Lauf mit dem Ärmchen zu rudern begann.

Ich vermelde diesen kostbaren kleinen Zug im Betragen der kürzlich entschlafenen Person erster Klasse einzig im Hinblick auf die zahlreichen Sammler von Materialien seiner künftigen Biographie, von der, wohl, vor so kurzem die Zeitungen schrieben.

Nun, also.

Apollon Apollonowitsch Ableuchow hatte zwei unglaubliche Verstöße gegen den Kodex seines abgemessenen Lebens begangen; erstens: verzichtete er auf den Dienst der Kutsche (bedenkt man seine Platzangst, kann man das eine wirkliche Ruhmestat nennen); zweitens: huschte er im buchstäblichsten und nicht übertragenen Sinn in dunkler Nacht durch die ausgestorbene Straße. Und als der Wind ihm den hohen Zylinder davonblies, als Apollon Apollonowitsch Ableuchow auf allen vieren über einer Pfütze hockte und den Zylinder herausziehen wollte, da rief er mit brüchiger Stimme dem irgendwohin entschwindenden Rücken nach:

– »Mm... Hören Sie!..«

Doch der Rücken hörte ihn nicht (eigentlich, nicht der Rücken – die über dem Rücken laufenden Ohren).

– »Bleiben Sie doch stehen... Pawel Pawlowitsch!«

Dort blieb der unklar zu ahnende Rücken stehen, er drehte dort den Kopf und lief, als er den Senator erkannte, ihm entgegen (nicht der Rücken lief ihm entgegen, sondern sein Besitzer, der Herr mit der Warze). Der Herr mit der Warze, als er den Senator auf allen vieren über der Pfütze sah, wunderte sich aufs äußerste und ging daran, den schwimmenden Zylinder aus der Pfütze zu fischen.

– »Hohe Exzellenz!.. Apollon Apollonowitsch! Durch welchen Zufall?.. Bitte, belieben entgegenzunehmen« (mit diesen Worten reichte das schäbige Herrchen dem geachteten Staatsmann den überhohen Zylinder, den vorsorglich mit dem Mantelärmel des Herrchens getrockneten).

– »Hohe Exzellenz, und Ihre Kutsche?..«

Doch Apollon Apollonowitsch, den Zylinder aufsetzend, unterbrach die Ergüsse.

– »Die Nachtluft tut gut...«

Sie nahmen beide dieselbe Richtung: dabei versuchte das Herrchen, im Gleichschritt mit dem Senator zu gehen, was wahrhaftig unmöglich war (die Schrittchen Apollon Apollonowitschs könnte man unter dem Mikroskop-Glas betrachten).

Apollon Apollonowitsch hob die Augen zu seinem Weggefährten: er blinzelte und sagte – sagte in sichtlicher Konfusion:

– »Ich ... weißt ... ssen Sie« (Apollon Apollonowitsch irrte auch diesmal bezüglich der Endung des Wortes) ...

– »Ja, bitte?« – nun spitzte das Herrchen die Ohren.

– »Ich, wissen Sie ... hätte gern Ihre ganz genaue Adresse, Pawel Pawlowitsch ...«

– »Pawel Jakowlewitsch! ..« – berichtigte schüchtern der Weggefährte.

– »Verzeihung, Pawel Jakowlewitsch: ich habe, wissen Sie, ein schlechtes Gedächtnis für Namen ...«

– »Das tut nichts, ich bitte Sie: das tut nichts.«

Das schäbige Herrchen dachte verschlagen: noch immer vom Sohn ... Man wüßte auch gern ... aber schämt sich zu fragen ...

– »Nun, also, Pawel Jakowlewitsch: ich bitte um Ihre Adresse.«

Apollon Apollonowitsch Ableuchow, den Mantel aufgeknöpft, zückte sein Notizbuch, das in das Leder eines erlegten Nashorns gebunden war; beide standen sie unter der Laterne.

– »Meine Adresse«, – wich plötzlich das Herrchen aus, »ist keine ständige Adresse: meist bin ich auf der Wassilij-Insel. Nun, also: Achtzehnte Linie, Hausnummer 17. Beim Schuhmachermeister Bessmertnyj. Bei ihm habe ich zwei Zimmer gemietet. An den Quartalskopisten Woronkow.«

– »So, so, so, ich besuche Sie bald ...«

Plötzlich hob Apollon Apollonowitsch die Brauenbögen: Verwunderung drückten seine Züge aus:

– »Aber warum«, – begann er, – »warum ...«

– »Ist mein Name Woronkow, wo ich in Wirklichkeit doch Morkowin bin?«

– »Ganz genau ...«

– »Eben darum, Apollon Apollonowitsch, weil ich dort doch mit falschem Paß lebe.«

Auf Apollon Apollonowitschs Gesicht drückte sich Abscheu aus (er mißbilligte ja im Prinzip die Existenz solcher Figuren).

– »Meine wirkliche Wohnung ist auf dem Newskij...«

Apollon Apollonowitsch dachte: »Was kann man tun: die Existenz solcher Figuren in der Übergangszeit und im Rahmen strenger Legalität ist eine traurige Notwendigkeit; und dennoch eine Notwendigkeit.«

– »Ich bin, Hohe Exzellenz, zur Zeit, wie Sie sehen, ständig mit der Fahndung beschäftigt: es sind jetzt ungemein wichtige Zeiten.«

– »Ja, das ist wahr«, – stimmte auch Apollon Apollonowitsch zu.

– »Ein Verbrechen von staatlicher Bedeutung ist geplant... Vorsicht: hier ist eine Pfütze... Dieses Verbrechen...«

– »So...«

– »Wird uns nächstens gelingen aufzudecken... Hier ist eine trockene Stelle: erlauben Sie mir Ihren Arm.«

Apollon Apollonowitsch überquerte einen riesigen Platz: in ihm meldete sich die Angst vor solch weiten Räumen; und unwillkürlich drückte er sich nun an das Herrchen.

– »So, so: sehr gut...«

Apollon Apollonowitsch versuchte Mut zu bewahren in diesem gewaltigen Raum, und verlor doch den Kopf; plötzlich berührte ihn die eisige Hand Herrn Morkowins, nahm ihn am Arm, führte ihn um die Pfützen herum: und er lief, lief und lief an der eisigen Hand; und die Räume flogen ihm entgegen. Apollon Apollonowitsch ließ die Nase doch hängen: der Gedanke an das Schicksal, das Rußland drohte, überwältigte für einen Moment all seine persönlichen Ängste: die Angst um den Sohn und die Angst einen so riesigen Platz zu überqueren; voller Achtung warf Apollon Apollonowitsch einen Blick auf den selbstlosen Hüter der bestehenden Ordnung: Herr Morkowin führte ihn immerhin zum Trottoir.

– »Ein terroristischer Akt ist geplant?«

– »Ganz genau...«
– »Und sein Opfer?..«
– »Ein hoher Würdenträger soll fallen...«
Ameisen liefen über Apollon Apollonowitschs Rückgrat: Apollon Apollonowitsch hatte dieser Tage einen Drohbrief erhalten; der Brief ließ ihn wissen, daß für den Fall, er nähme den verantwortlichen Posten an, man auf ihn eine Bombe werfen würde; Apollon Apollonowitsch verabscheute alle untergeschobenen Briefe: und den Brief zerriß er; den Posten jedoch nahm er an.
– »Entschuldigen Sie, bitte, wenn das nicht geheim ist: wen haben sie denn jetzt im Visier?«
Nun geschah etwas wahrhaft Seltsames; alle Gegenstände rundum duckten sich plötzlich, schienen so merklich feucht und wie näher, als sie sollten; Herr Morkowin aber schien auch geduckt, schien näher, als er sollte: wirkte uralt und irgendwie bekannt; ein feines Lächeln lief über seine Lippen, als er, den Kopf zum Senator gebeugt, im Flüsterton aussprach:
– »Wie denn wen? Sie selbst, Hohe Exzellenz, Sie selbst!«
Apollon Apollonowitsch sah: da die Karyatide am Eingang; nicht übel: die Karyatide. Und – nein, nein! Nicht die übliche Karyatide – nichts dergleichen hatte er in seinem ganzen Leben gesehen: sie hängt im Nebel. Da die Seite des Hauses; keine üble Seite: eine Seite aus Stein halt. Und – nein, nein: die Seite war nicht von ungefähr, wie auch alles nicht von ungefähr war: alles war verrückt in ihm, losgerissen; selbst war er von sich losgerissen und murmelte jetzt sinnlos ins Mitternachtsdunkel:
– »Wie denn das?.. Nein, erlauben Sie, erlauben Sie...«
Apollon Apollonowitsch Ableuchow konnte sich einfach nicht praktisch vorstellen, daß hier diese vom Handschuh umspannte Hand, die einen Knopf drehte am fremden Mantel, daß hier diese Beine und dieses müde, so absolut müde (glauben Sie mir!) Herz durch die Wirkung der Gasausdehnung im Innern irgend so einer Bombe sich in einem Nu plötzlich verwandeln konnten... in...
– »Das heißt, wie?«

– »Überhaupt nicht, Apollon Apollonowitsch, es ist alles ganz einfach...«

Daß *das* so einfach war, konnte Apollon Apollonowitsch nicht glauben: erst schnaubte er irgendwie heftig in seine grauen Koteletten (– solche Koteletten!), schob die Lippen vor (dann werden keine Lippen mehr sein), und dann wirkte er hohlwangig, ließ den Kopf tief-tief sinken und schaute gedankenlos, wie zu seinen Füßen ein schmutziges Trottoir-Rinnsal plapperte. Rundum plapperte alles in nassen Flecken, rieselte, flüsterte: da huschte das Greisinnenflüstern der Herbstzeit.

Unter der Laterne stand Apollon Apollonowitsch, schüttelte kaum sein aschgraues Gesicht, klappte verwundert die Augen auf, verdrehte sie und zeigte das Weiße (eine Droschke polterte vorüber, doch es war, als poltere dort etwas Furchtbares, Schweres: wie metallische Schläge, die Leben zersprengen).

Herrn Morkowin tat nun offensichtlich diese alte, vor ihm wie im Schmutz versunkene Figur sogar überaus leid. Er fügte hinzu:

– »Sie müssen, Hohe Exzellenz, nicht erschrecken, denn es wurden strengste Vorkehrungen getroffen; und wir lassen es nicht zu: unmittelbare Gefahr besteht weder heute noch morgen... Und in einer Woche dann wissen Sie Bescheid... Gedulden Sie sich noch ein wenig...«

Beim Anblick des kläglich zitternden Gesichtsflecks, einem Leichnam ähnlich, den der bleiche Glanz der Laternenflamme bestrahlte, dachte Herr Morkowin unwillkürlich: »Wie ist er doch gealtert: nur noch eine Ruine...« Doch Apollon Apollonowitsch wandte mit kaum merklichem Ächzen sein bartloses Gesicht dem Herrchen zu und lächelte plötzlich traurig, wovon unter seinen Augen sich riesige runzlige Säcke bildeten.

Nach einer Minute jedoch hatte Apollon Apollonowitsch sich völlig erholt, war verjüngt, wieder weiß: kräftig schüttelte er Morkowin die Hand und lief, bolzengerade, in die schmutzige, herbstliche Trübe, im Profil an die Mumie von Pharao Ramses dem Zweiten erinnernd.

Die Nacht glänzte schwarz, blau und lila und verging in rötliche Laternenflecken, wie in Flecken von Funkengestiebe. Hoch ragten Torwege, Mauern, Zäune, Höfe und Aufgänge – und von dort kamen allerlei Geplapper und allerlei Seufzer; zahlreiche unharmonische Seufzer wandelten sich in der Gasse der laufenden Luftzüge, irgendwo dort, hinter Häusern, Mauern, Zäunen und Torwegen zu harmonischen Seufzern; das schnelle Geplapper der Rinnsale aber, irgendwo dort, hinter Häusern, Mauern, Zäunen und Torwegen, vereinte sich irgendwo zu allgemeinem schnellen Geplapper: zu Seufzern wurde alles Geplapper; und alle Seufzer begannen dort zu plappern.

U! Wie feucht es war, wie dumpfig, wie blaute die Nacht und war lila und verging kränklich in leuchtendrotes Laternenstieben, wie rannte aus diesem blauen Lila Apollon Apollonowitsch unter die Laternenkreise und rannte er wieder hinaus aus dem roten Kreis ins Lila!

Wie von Sinnen

Wir haben Sergej Sergejewitsch Lichutin in jenem schicksalhaften Moment seines Lebens verlassen, als er, weiß wie der Tod, vollkommen ruhig, mit einem ironischen Lächeln auf den fest zusammengepreßten Lippen entschlossen ins vordere Zimmer (das heißt einfach ins Vorzimmer) stürmte hinter seiner unfolgsamen Frau, mit den Sporen klirrte und dann so ehrerbietig mit dem Pelzmantel in der Hand an der Tür stand; als dann Sofja Petrowna Lichutina neckisch an der Nase des zornigen Leutnants vorübergerauscht war, da begann Sergej Sergejewitsch Lichutin, das haben wir gesehen, mit noch immer denselben zu lebhaften Gesten überall herumzugehen und überall das elektrische Licht zu löschen.

Warum aber drückte er seinen ungewöhnlichen Seelenzustand durch diese seltsame Handlung aus? Nun, welchen Zusammenhang kann es geben zwischen *all dieser Abscheulichkeit* und den Lampen? Hier gab es ebensowenig Zusammenhang und Sinn, wie es einen Zusammenhang und einen Sinn gab zwischen der eckig-langen und traurigen Figur des Leutnants in seiner dunkelgrünen Uniform, den zu lebhaften Gesten und dem neckischen flachsblonden Bärtchen im verjüngten, wie aus duftender Zypresse geschnitzten Gesicht. Es gab einfach keinerlei Zusammenhang: oder höchstens – die Spiegel: bei Licht spiegelten sie einen eckig-langen Menschen mit plötzlich verjüngtem Gesicht: das eckig-lange Spiegelbild mit plötzlich verjüngtem Gesicht rückte dicht an die Spiegelfläche und griff sich selbst an den dünnen weißen Hals – ei, ei, ei! Es gab nun einfach keinerlei Zusammenhang zwischen dem Licht und den Gesten.

»Knips-knips-knips« – nichtsdestoweniger knipsten die Schalter und tauchten in Dunkel den eckig-langen Menschen mit den zu lebhaften Gesten. Das war, vielleicht, gar nicht Leutnant Lichutin?

Nun, versetzen Sie sich in seine furchtbare Lage: so abscheulich sich in den Spiegeln zu spiegeln, weil irgendein Domino seinem ehrlichen Haus eine Beleidigung zugefügt, weil er, seinem Offizierswort getreu, sich jetzt dazu verpflichtet hatte, auch seiner Frau das Haus zu verwehren. Nun, versetzen Sie sich in seine furchtbare Lage: das war durchaus Leutnant Lichutin – er selbst.

»Knips-knips-knips« – schon knipste der Schalter im Nebenzimmer. Genauso knipste er auch im dritten. Dieser Laut störte auch Mawruschka auf; und als sie aus der Küche in die Zimmer geschlurft kam, umfing sie rundum tiefes Dunkel.

Und sie brummelte:

— »Was soll denn das?«

Doch aus dem Dunkel ertönte ein trockener, kaum unterdrückter Husten:

— »Verlassen Sie den Raum...«

— »Wie denn das, Herr...«

Jemand zischte ihr aus der Ecke zu in gebieterischem, unwilligem Flüsterton:

— »Verlassen Sie den Raum...«

— »Wie denn, Herr: ich muß bei der Herrin doch aufräumen...«

— »Verlassen Sie überhaupt die Zimmer.«

. . . .

– »Und dann, wie Sie wissen, sind die Betten nicht gemacht...«

· ·
– »Raus, raus, raus!..«

· ·
Und kaum war sie vom Zimmer zur Küche gegangen, als der
Herr bei ihr in der Küche erschien:
– »Verschwinden Sie ganz aus dem Haus...«
– »Wie soll ich denn, Herr...«
– »Verschwinden Sie, verschwinden Sie schleunigst...«
– »Ja wo soll ich denn bleiben?«
– »Wo Sie wollen: und Sie lassen sich hier...«
– »Herr!..«
– »Bis morgen nicht blicken...«
– »Aber Herr doch!!..«
– »Raus, raus, raus...«
Ihr den Pelz in den Arm, und – ab durch die Tür: Mawruschka
brach in Tränen aus; sie war so furchtbar erschrocken; sichtlich
war doch der Herr nicht bei Sinnen: sie hätte zum Hausknecht
laufen sollen, aufs Polizeirevier, doch die Dumme lief – zur
Freundin.
Ei, Mawruschka...

· ·
Wie furchtbar ist das Los eines gewöhnlichen, völlig norma-
len Menschen: sein Leben regelt sich nach dem Wörterbuch
einfacher Wörter, dem Ablauf sehr klarer Handlungen; diese
Handlungen verschlagen ihn in uferlose Ferne, wie ein Schiffchen, betakelt mit Worten und Gesten, durchaus ausdrück-
baren; wenn aber dieses Schiffchen plötzlich auf die Klippe
einer unklaren Lebenslage aufläuft, dann zerschellt das auf
die Klippe aufgelaufene Schiffchen, und sofort geht der ein-
fältige Seefahrer unter... Meine Herren, beim kleinsten all-
täglichen Schubs verlieren gewöhnliche Leute den Verstand;
nein, die Verrückten kennen nicht solche Gefahren einer
Schädigung des Hirns: ihr Hirn ist, wahrscheinlich, aus leich-
testem Ätherstoff gewebt. Dem einfältigen Hirn ist all das
völlig undurchdringlich, was diese Hirne durchdringen: dem

einfältigen Hirn bleibt nur, zu zerschellen; und es – zerschellt.

Seit dem gestrigen Abend fühlte Sergej Sergejitsch Lichutin in seinem Kopf heftigsten Hirnschmerz, so als hätte er mit Schwung die Stirn vor eine eiserne Wand geschlagen; und während er vor der Wand stand, sah er, daß die Wand keine Wand war, daß sie durchdringlich war und daß dort, hinter der Wand, eine für ihn unsichtbare Welt existierte und eigene Gesetze der Ungereimtheiten, wie dort hinten, hinter den Wänden seiner Wohnung, eine Welt existierte und Kutschen verkehrten ... Nun mußte Sergej Sergejitsch Lichutin laut auf und wackelte mit dem Kopf, in dem er heftigste, ihm selbst unbekannte Hirnarbeit spürte. Über die Wand krochen Widerscheine: da eilte wahrscheinlich ein Dampferchen auf der Mojka vorüber und ließ auf den Wassern hellblinkende Streifen.

Sergej Sergejitsch Lichutin mußte wieder und wieder: wieder und wieder schüttelte er den Kopf: seine Gedanken waren endgültig verwirrt, wie alles verwirrt war. Begonnen hatte er seine Überlegungen mit der Analyse der Handlungen seiner untreuen Frau, und er endete damit, daß er sich bei irgendeinem sinnlosen Unfug ertappte: vielleicht war die starre Fläche undurchdringlich für ihn allein, und die Spiegelbilder der Zimmer waren wirklich Zimmer; und in diesen wirklichen Zimmern lebt die Familie eines fremden Offiziers; man würde die Spiegel verdecken müssen: es war unangenehm, mit neugierigen Blicken das Betragen des verheirateten Offiziers zu verfolgen und seiner jungen Frau; man konnte dort allerlei Unfug begegnen; und bei diesem Unfug ertappte Sergej Sergejitsch Lichutin sich selbst; und er fand, daß er selbst sich mit Unfug abgab und ablenken ließ von dem wesentlichen, ganz wesentlichen Gedanken (gut, daß Sergej Sergejitsch Lichutin das elektrische Licht ausgeschaltet hatte; die Spiegel würden ihn furchtbar ablenken, und er brauchte jetzt alle Willenskraft, um in sich selbst irgendeinen gedanklichen Ausweg zu ermitteln).

Darum also begann Leutnant Lichutin nach dem Weggang

seiner Frau überall herumzugehen und überall das elektrische Licht zu löschen.

Was sollte er nun tun? Vom gestrigen Abend an hatte *es – begonnen: kroch heran, fing an zu zischen*: was war *es* – warum hatte *es* begonnen? Außer dem Faktum von Nikolaj Apollonowitsch Ableuchows Verkleidung konnte er hier entschieden nirgendwo einhaken. Der Kopf des Leutnants war der Kopf eines gewöhnlichen Menschen: dieser Kopf versagte den Dienst in dieser delikaten Frage, und das Blut schoß zu Kopfe: jetzt wäre gut ein feuchtes Tuch auf die Schläfen; und Sergej Sergejitsch Lichutin legte ein feuchtes Tuch auf seine Schläfen: legte es auf und riß es herunter. Etwas war jedenfalls los; und er, Lichutin, hatte sich jedenfalls eingemischt: und indem er sich einmischte, hatte er sich *damit* verbunden; das war *es*; es klopfte so, hüpfte so, pochte so, zerrte so in den Schläfenadern.

Als höchst einfältiger Mensch war er an der Wand zerschellt: dorthin aber, in die Tiefe der Spiegel, durchzudringen vermochte er nicht: er hatte ja nur laut, vor seiner Frau, sein Offiziers-Ehrenwort gegeben, daß er freiwillig seine Frau nicht mehr einläßt, sobald diese Frau ohne ihn auf den Ball fährt.

Was nur tun? Was nur tun?

Sergej Sergejitsch Lichutin erregte sich und riß von neuem ein Streichholz an: rötliche Fackeln flackerten; die rötlichen Fakkeln beschienen das Gesicht eines Irren; unruhig beugte es sich jetzt zur Uhr: schon zwei Stunden waren verflossen seit dem Weggang Sofja Petrownas; zwei Stunden, das heißt hundertzwanzig Minuten; nach der Berechnung der Zahl der entschwundenen Minuten ging Sergej Sergejitsch daran, auch die Sekunden auszurechnen:

– »Sechzig mal hundertzwanzig? Zweimal sechs ist zwölf; und eins im Sinn ...«

Sergej Sergejitsch Lichutin griff sich an den Kopf:

– »Eins im Sinn: der Sinn – ja: der Sinn war im Spiegel zerschellt ... Man müßte die Spiegel hinaustragen! Zwölf, eins im Sinn – ja: eins, ein Stück Glas ... Nein, eine verlebte Sekunde ...«

Die Gedanken verwirrten sich: Sergej Sergejitsch Lichutin

begann in völligem Dunkel herumzulaufen: tu-tu-tu – tönte
der Schritt Sergej Sergejitschs; und Sergej Sergejitsch rechnete
weiter:

– »Zweimal sechs ist zwölf; und eins im Sinn: einmal sechs ist
sechs: plus die Eins: eine abstrakte Eins – kein Stückchen Glas.
Und dann noch zwei Nullen: zusammen – ganze siebentausendzweihundert Sekunden.«

Kaum hatte er triumphiert über diese hochschwierige Hirnarbeit, da drückte Sergej Sergejitsch Lichutin seinen Triumph
irgendwie unpassend aus. Plötzlich erinnerte er sich: und sein
Gesicht wurde düster:

– »Siebentausendzweihundert Sekunden, seit sie verschwunden ist: zweihunderttausend Sekunden – nein, alles ist aus!«

Nach Ablauf von siebentausend Sekunden eröffnete nämlich
die zweihundertste Sekunde den zeitlichen Beginn der Erfüllung des gegebenen Offiziersworts: siebentausendzweihundert
Sekunden hatte er durchlebt wie siebentausend Jahre; seit Erschaffung der Welt bis zum heutigen Tag war nur wenigen
Menschen ja mehr verflossen. Und Sergej Sergejitsch schien, als
sei er seit Erschaffung der Welt eingeschlossen in diese Finsternis mit der heftigsten Krankheit des Kopfes: spontanem Denken, Autonomie des Hirns ohne Wissen der gequälten Person.
Und Sergej Sergejitsch begann fieberhaft in der Ecke zu han-
tieren; eine Minute hielt er still; er bekreuzigte sich; aus einer
Schublade warf er eilig einen Strick (das Ebenbild einer Schlange), entrollte ihn, knüpfte daraus eine Schlinge: die Schlinge
wollte sich nicht zuziehen lassen. Und Sergej Sergejitsch Lichutin lief verzweifelt in sein Kabinett; der Strick schleifte
hinter ihm her.

Und was tat Sergej Sergejitsch Lichutin da? Er erfüllte sein
Offizierswort? Nein, ich bitte Sie, – nein. Er nahm einfach zu
irgendeinem Zweck die Seife aus der Seifendose, ging in die
Hocke und seifte den Strick vor einem auf den Boden gestellten
Schälchen ein. Und kaum hatte er den Strick eingeseift, nahmen all seine Handlungen geradezu phantastisches Gepräge an;
man konnte sagen, niemals in seinem Leben hatte er so origi-
nelle Dinge getan.

Urteilen Sie doch selbst!

Zu irgendeinem Zweck stieg er auf den Tisch (vorsorglich nahm er vom Tisch das Tischtuch ab); auf den Tisch wiederum stellte er vom Boden einen Wiener Stuhl; auf den Stuhl geklettert, nahm er vorsichtig die Lampe ab; sorgsam legte er sie vor seine Füße; und anstelle der Lampe befestigte Sergej Sergejitsch Lichutin am Haken fest den seifig schlüpfrigen Strick; er bekreuzigte sich und stand still; und langsam hob er auf seinen Händen die Schlinge über seinen Kopf; er sah aus, als sei er entschlossen, sich mit einer Schlange zu umwinden.

Doch plötzlich hatte Sergej Sergejitsch einen glänzenden Gedanken: er mußte trotz allem seinen haarigen Hals rasieren; ja und, außerdem: mußte er die Zahl der Tertien und Quarten ausrechnen: die siebentausenzweihundert zweimal mit sechzig multiplizieren.

Mit diesem glänzenden Gedanken schritt Sergej Sergejitsch Lichutin in sein Kabinett; dort begann er beim Licht eines Kerzenstummels seinen haarigen Hals zu rasieren (Sergej Sergejitsch hatte eine zu zarte Haut, und beim Rasieren bezog diese zarte Haut sich am Hals mit Pusteln). Als er Kinn und Hals rasiert hatte, schnitt Sergej Sergejitsch mit dem Messer unversehens in eine Schnurrbarthälfte: nun mußte er sich ganz rasieren, denn – wie denn sonst? Wenn sie die Tür aufbrechen und die Wohnung betreten, dann finden sie ihn mit halbem Schnurrbart, und dazu . . . in solcher Lage; nein, sein Vorhaben konnte er keinesfalls angehen, ohne sich ganz rasiert zu haben.

Und Sergej Sergejitsch Lichutin rasierte sich vollständig: so rasiert sah er aus wie ein ausgemachter Idiot.

Nun, jetzt war kein Grund mehr zu zögern: alles war fertig – das Gesicht zeigte nun vollendete Rasiertheit. Doch eben in diesem Moment ertönte im Vorzimmer ein Klingeln; und Sergej Sergejitsch warf ärgerlich das seifige Messer weg, alle Finger mit Härchen besudelt, und schaute bedauernd auf die Uhr (wieviel Stunden waren verflogen?) – was nur tun, was nur tun? Eine Minute gedachte Sergej Sergejitsch sein Vorhaben zu verschieben: er hatte nicht gewußt, daß man ihn überraschen würde;

daß er keine Zeit verlieren durfte, daran erinnerte ihn das Klingeln, das wieder ertönte; und er sprang auf den Tisch, um die Schlinge vom Haken zu nehmen; doch der Strick gehorchte nicht und rutschte ihm durch die seifigen Finger; Sergej Sergejitsch Lichutin stieg schnellstens herunter und stahl sich leise ins Vorzimmer; und während er sich ins Vorzimmer stahl, bemerkte er: allmählich schwand in den Zimmern die schwarz-blaue Trübe, die die ganze Nacht ihn mit Tinte überflutet hatte; allmählich ergraute die Tintentrübe, verwandelte sich in graue Trübe: und in der ergrauenden Trübe traten Gegenstände hervor; der auf den Tisch gestellte Stuhl, die liegende Lampe; und über all dem die feuchte Schlinge.

Im Vorzimmer legte Sergej Sergejitsch Lichutin den Kopf an die Tür; er stand still; doch wahrscheinlich hatte die Aufregung in Sergej Sergejitsch jenen Grad an Zerstreutheit erzeugt, der es undenkbar machte, auch nur das geringste zu unternehmen; Sergej Sergejitsch Lichutin merkte ja gar nicht, wie heftig er schnaufte; und als er hinter der Tür die aufgeregten Zurufe seiner Frau hörte, da schrie er vor Schreck laut auf; nach dem Schrei war ihm klar, alles ging zugrunde, und er stürmte davon, seinen originellen Plan zur Durchführung zu bringen; schnell sprang er auf den Tisch und reckte den frischrasierten Hals; und um den frischrasierten Hals, den pustelbedeckten, begann er schnell den Strick zuzuziehen, wobei er zuvor aus irgendeinem Grund zwei Finger zwischen Strick und Hals schob.

Danach schrie er aus irgendeinem Grund:
– »Wort und Tat!«

Jetzt stieß er den Tisch mit dem Fuß davon; und der Tisch rollte fort von Sergej Sergejitsch auf kupfernen Rädchen (diesen Ton auch hörte Sofja Petrowna Lichutina dort hinter der Tür).

Was nun weiter?

Einen Augenblick... –
Sergej Sergejitsch Lichutin zuckte im Finstern mit den Füßen; zugleich sah er deutlich den Abglanz der Laternen auf dem

Ofenzugloch; er hörte deutlich das Hämmern und Schrammen an der Wohnungstür; gewaltsam preßte ihm etwas zwei Finger ans Kinn, so daß er sie nicht mehr herausreißen konnte; dann war ihm, als bekäme er keine Luft; schon hörte er über sich Bersten (da platzten wohl Adern in seinem Kopf), rundum prasselte Mörtel; und Sergej Sergejitsch Lichutin krachte hinunter (schnurstracks in den Tod); und sofort erstand Sergej Sergejitsch Lichutin aus diesem Tod wieder auf, nachdem er im Jenseits einen ordentlichen Fußtritt erhalten hatte; nun merkte er, daß er zu sich kam; und zu sich gekommen, begriff er, daß er nicht auferstanden war, sondern aufgesessen auf eine flache Gegenständlichkeit: er saß zu Hause auf dem Boden und spürte einen Schmerz in der Wirbelsäule und seine zufällig durchgesteckten und nun geklemmten Finger – zwischen Gurgel und Strick: Sergej Sergejitsch Lichutin zerrte am Strick um seine Gurgel; und die Schlinge weitete sich.

Nun begriff er, er hatte sich beinahe erhängt: hatte sich schon – halb erhängt. Und er seufzte erleichtert.

Plötzlich ergraute die Tintentrübe; und verwandelte sich in graue Trübe: gräuliche erst; dann – nur eine Spur noch grauende; Sergej Sergejitsch Lichutin sah so deutlich, wie er sinnlos saß umgeben von Wänden, wie deutlich die Wände grauten mit den japanischen Landschaftsbildern, unmerklich verschmelzend mit der umgebenden Nacht; die Decke, deutlich geschmückt in der Nacht mit dem rötlichen Spitzengeflecht der Laterne, verlor jetzt langsam ihre Spitze; das Spitzengeflecht der Laterne war längst versiegt und verwandelt in glanzlose Flekken, die verwundert in den gräulichen Morgen blickten.

Doch kehren wir zurück zum unglücklichen Leutnant.

Wir müssen über Sergej Sergejitsch ein paar Worte der Rechtfertigung sagen: der Seufzer der Erleichterung war Sergej Sergejitsch unbewußt entfahren, unbewußt wie die Bewegungen absichtsvoll Ertrunkener vor ihrem Versinken in grüne und kalte Tiefe. Sergej Sergejitsch Lichutin (lächeln Sie nicht!) hatte vollkommen ernsthaft vorgehabt, mit der Welt abzuschließen, und sein Vorhaben hätte er ohne alle Zweifel verwirklicht, wäre nicht die morsche Decke gewesen (dafür suchen Sie die Schuld beim Erbauer des Hauses); so daß der Seufzer der Erleichterung nicht der Person Sergej Sergejitschs zugehörte, sondern seiner animalisch-fleischlichen und unpersönlichen Hülle. Wie auch immer, diese Hülle kauerte am Boden und lauschte auf alles (auf tausenderlei Geräusche): der Geist Sergej Sergejitschs aber zeigte aus der Tiefe seiner Hülle größte Kaltblütigkeit.

Im Nu klärten sich alle Gedanken; im Nu erstand vor seinem Bewußtsein das Dilemma: was nur tun jetzt, was nur tun? Die Revolver waren irgendwo versteckt; sie zu suchen würde dauern… Das Rasiermesser? Mit dem Messer – uuu! Und unwillkürlich schüttelte sich in ihm alles: einen Versuch mit dem Messer zu machen nach dem soeben gewesenen ersten… Nein: das Natürlichste war, sich hier auszustrecken, auf dem Fußboden, und alles Weitere dem Schicksal zu überlassen; ja, doch in diesem natürlichen Fall würde Sofja Petrowna (zweifellos hatte sie das Poltern gehört) sofort, wenn sie nicht schon losgerannt war, zum Hausknecht rennen; man telephoniert der Polizei, eine Menge läuft zusammen; unter ihrem Druck gibt die Haustür nach, und *sie* fallen hier ein; so eingefallen, werden sie sehen, daß er, Leutnant Lichutin, mit ungewohntem rasiertem Gesicht (Sergej Sergejitsch ahnte nicht, daß er ohne Schnurrbart wie ein solcher Idiot aussah) und mit einem Strick um den Hals hier kauerte inmitten von Trümmern von Putz.

Nein, nein, nein! Niemals würde der Leutnant so weit gehen: die Ehre der Uniform war ihm teurer als das seiner Frau gegebene Wort. Blieb nur eins: verschämt die Tür zu öffnen, sich schnell mit seiner Frau, mit Sofja Petrowna, zu versöhnen, und eine plausible Erklärung zu geben für die Unordnung und den Putz.

Schnell warf er den Strick unter den Diwan und lief aufs schmachvollste zur Wohnungstür, hinter der nun nichts zu hören war.

Mit demselben unwillkürlichen Schnaufen stand er unentschlossen auf der Schwelle und öffnete die Vorzimmertür; brennende Scham ergriff ihn (er hatte sich *nur halb erhängt!*); und der wütende Sturm in seiner Seele legte sich; so als hätte er, losgerissen vom Haken, in sich alles abgerissen, das gerade

gewütet hatte: abgerissen war der Zorn auf seine Frau, abgerissen der Zorn über das unglaubliche Betragen Nikolaj Apollonowitschs. Denn er hatte jetzt selbst eine unerhörte, mit
nichts zu vergleichende Unglaublichkeit begangen: er wollte
sich erhängen – und hatte statt dessen den Haken aus der Decke
gerissen.

Einen Augenblick... –

Ins Zimmer kam niemand gelaufen: trotzdem stand jemand
dort (er sah es); schließlich flog Sofja Petrowna Lichutina
herein; flog herein und schluchzte:

– »Was ist das? Was ist das? Warum die Dunkelheit?«

Und Sergej Sergejitsch stand verlegen und dumm.

– »Warum so ein Lärm und Spektakel?«

Sergej Sergejitsch drückte verlegen ihre kalten Fingerchen in
der Dunkelheit.

– »Warum sind Ihre Hände voll Seife?.. Sergej Sergejewitsch,
mein Täubchen, was heißt denn all das?«

– »Siehst du, Sonjuschka...«

Doch sie unterbrach ihn:

– »Warum sind Sie heiser?..«

– »Siehst du, Sonjuschka... ich... habe vor der offenen Luftklappe gestanden (das war unvorsichtig, natürlich)... Nun,
und bin davon heiser... Doch es geht ja nicht darum...«

Er stockte.

– »Nein, nicht, nicht« – Sergej Sergejitsch Lichutin schrie
beinahe und zog die Hände seiner Frau zurück, die Licht
machen wollte, – »nicht hierhin, nicht jetzt – hier in dieses
Zimmer.«

Und gewaltsam schleppte er sie in sein Kabinett.

Im Kabinett hoben sich deutlich schon Gegenstände ab; und
einen Augenblick war es, als sei die graue Kette aus Linien und
Stühlen und Wänden mit den kaum darüberliegenden Schattenflächen und mit der Unendlichkeit der nachlässig verstreu-
ten Rasierutensilien, nur luftige Spitze, Spinnenwebe; und
durch diese feinste Spinnenwebe trat schamhaft und zart im
Fenster der Morgenhimmel. Sergej Sergejitschs Gesicht zeichnete sich unklar ab; doch als Sofja Petrowna dicht heranging an

das Gesicht, da sah sie vor sich... Nein, das war unbeschreiblich: sie sah vor sich das vollkommen blaue Gesicht eines unbekannten Idioten; und dieses Gesicht blickte schuldbewußt dumm.

– »Was haben Sie getan? Sich rasiert? Ja Sie sind doch einfach ein Dummkopf!...«

– »Siehst du, Sonjuschka«, drang heiser sein erschrockenes Flüstern an ihr Ohr, – »hier ist ein Umstand...«

Doch sie hörte ihrem Gatten nicht zu und stürmte in instinktiver Bestürzung davon, die Zimmer zu inspizieren. Ihr nach tönten aus dem Kabinett weinerliche und heiser klingende Rufe:

– »Du findest dort bei uns Unordnung...«

– »Siehst du, mein Freund, ich wollte die Decke ausbessern...«

– »Die Decke hat Risse...«

– »Ich mußte...«

Doch Sofja Petrowna Lichutina hörte überhaupt nicht zu: sie stand verschreckt vor dem Trümmerberg auf den Teppich gefallener Putzbrocken, unter denen schwarz der zu Boden gestürzte Haken lag; der Tisch mit dem umgekippten Stuhl darauf war jählings beiseite gestoßen; unter der weichen Liege hervor, auf der Sofja Petrowna vor so kurzem *Henri Besançon* gelesen hatte, – unter der weichen Liege hervor schaute eine graue Schlinge. Sofja Petrowna Lichutina zitterte, erstarrte und stand gebückt.

Dort vor den Fenstern sprühten leichteste Flammen, und plötzlich leuchtete alles, als in die Flammen ein rosiges Kräuseln aus Wölkchen trat, wie ein Netz von Perlmuttstückchen; in den Fugen des Netzes blaute es nun eine Spur: blaute etwas so zart; alles war erfüllt von bebender Furchtsamkeit; alles war erfüllt von der verwunderten Frage: »Ja wie denn? Ja wie nur? Strahle ich etwa nicht?« Dort in den Fenstern, auf den Turmspitzen bemerkte man immer mehr ein Beben; dort auf den hohen Turmspitzen stand hoch Rubingefunkel. Über ihre Seele gingen plötzlich leichteste Stimmen: und ihr leuchtete alles, als auf die graue Schlinge durchs Fenster ein blaßrosa, blaß-wollener Streif fiel vom Strahl der aufgehenden Sonne. Ihr Herz war erfüllt von unverhofftem Beben und der verwunderten Frage: »Ja wie denn? Ja wie nur? Warum habe ich vergessen?«

Sofja Petrowna Lichutina beugte sich nun zur Erde, streckte die Hand aus nach dem Strick, auf dem zarteste rosige Spitze aufging; Sofja Petrowna Lichutina küßte den Strick und begann leise zu weinen: eine Gestalt aus der fernen und wieder zurückgekehrten Kindheit (eine nicht völlig vergessene Gestalt – wo hatte sie sie gesehen: irgendwo kürzlich, heute?): diese Gestalt erhob sich über ihr, blieb erhoben und stand ihr nun im Rücken. Und als sie sich umwandte, sah sie: hinter ihrem Rücken stand ihr Gatte, Sergej Sergejewitsch Lichutin, schlaksig, traurig und rasiert: er erhob zu ihr seinen blauen sanften Blick:

– »Vergib mir, Sonjuschka!«

Aus irgendeinem Grund preßte sie sich an seine Beine, umschlang sie und weinte:

– »Armer, armer: mein geliebter..!«

Was sie miteinander flüsterten, weiß Gott: das alles blieb unter ihnen; zu sehen war: ins Morgenrot erhob sich über ihr seine dürre Hand:

– »Gott vergibt... Gott vergibt...«

Und der rasierte Kopf lachte so glücklich: wie konnte er jetzt auch nicht mitlachen, wenn am Himmel solch leichteste Flammen lachten?

Ein rosiges flockiges Wölkchen streckte sich über der Mojka hin: das Wölkchen kam aus dem Schlot eines eiligen Dampferchens; vom Dampferheck blinkte kalt ein grüner Streif, schlug ans Ufer und schillerte rubinrot, sprühte – hier, dort – ein goldenes Fünkchen, sprühte – hier, dort – einen Brillanten; vom Ufer abprallend, zerschlug Streif an Streif, ihn kreuzendem, wovon beide Streifen zu blinken begannen als Schwarm von geringelten Schlangen. In den Schwarm fuhr ein Boot; alle Schlangen zerspellten zu diamantenen Saiten; die feinen Saiten verwirrten sich gleich zu silbernen Spuren Lametta, um dann auf dem Wasserspiegel zu schaukeln als Sterne. Doch die kurze Erregung der Wasser beruhigte sich; die Wasser glätteten sich, und alle Sterne auf ihnen erloschen. Nun strömten aufs neue die eben noch blinkenden wassergrünen Flächen in steinernen Ufern. Zum Himmel aufstrebend, schwarzgrüne Skulptur, ragte seltsam vom Ufer ein grünes Gebäude mit weißen Säulen, wie ein lebendiges Stück Renaissance.

Der Bürger

Über weite Entfernung liefen hierhin und dorthin Gäßchen und Sträßchen, einfach Straßen, Prospekte; bald trat aus dem Dunkel eine hochragende ziegelgemauerte Hausflanke, bestehend aus nichts als Wuchten, bald gähnte aus dem Dunkel eine Mauer mit einem Aufgang, über dem zwei steinerne Ägypter auf ihren Händen einen steinernen Balkonvorsprung hoben. Am hochragenden Haus vorüber, an der Ziegelflanke vorüber, an allen millionenpudschweren Kolossen vorüber – vom Dunkel ins Dunkel – lief, lief und lief Apollon Apollonowitsch im Petersburger Nebel, überwand alle Wuchten: vor ihm zeichnete sich schon ein graues, morsches Zäunchen ab. Nun wurde seitlich irgendwo eine niedrige Tür aufgerissen und blieb offenstehen; weißer Dampf schlug heraus, ein Fluchen war zu hören, klägliches Balalaika-Geklimper und eine Stimme. Apollon Apollonowitsch lauschte unwillkürlich der Stimme und musterte die ausgestorbenen Torwege, die im Wind zirpende Laterne, die Latrine. Die Stimme sang:

> In den Himmel hoch im Geist
> Fliegen zu Dir, Vater, wir,
> Und für Trank als auch für Speis
> Danken wir von Herzen Dir.

So sang die Stimme.
Die Tür schlug zu. Im Bürger vermutete Apollon Apollonowitsch etwas Minderes, hinter dem Glas der Kutschenfenster Vorüberfliegendes (die Entfernung zwischen der nächsten Mauer und dem Türschlag der Kutsche betrug ja für Apollon

Apollonowitsch viele Milliarden Werst). Nun aber hatten sich vor ihm alle Räume verrückt: das Leben des Bürgers umstand ihn plötzlich in Torwegen und Mauern, und der Bürger selbst erstand vor ihm als Stimme.
Die Stimme sang:

> In den Himmel hoch im Geist
> Fliegen zu Dir, Vater, wir,
> Und für Trank als auch für Speis
> Danken wir von Herzen Dir.

Das war der Bürger? Apollon Apollonowitsch verspürte Interesse für den Bürger, und es war ein Moment, da wollte er an die erstbeste Tür klopfen, um den Bürger zu finden; da erinnerte er sich, daß der Bürger ihn hinrichten wollte in schmachvollem Tod: zur Seite rutschte der Zylinder, so schlaff sanken die kraftlosen Schultern vor die Brust: –
           – ja, ja, ja: sie haben ihn in Stücke gerissen: nicht ihn, Apollon Apollonowitsch, einen anderen, den besten Freund, den das Schicksal nur einmal schickt; einen Augenblick erinnerte sich Apollon Apollonowitsch an den grauen Schnurrbart, an die grünliche Tiefe der auf ihn gerichteten Augen, als sie beide sich über die geographische Karte des Reiches beugten und ihr so junges Alter in Träumen entflammte (das war genau einen Tag, bevor) ...
Doch *sie* haben selbst seinen *besten Freund, den ersten unter den ersten* ... zerrissen. Man sagt, *das* dauert eine Sekunde; und dann – einfach nichts ... Wie das? Jeder Staatsmann ist ja ein Held, aber – brr-brr ... –
Apollon Apollonowitsch Ableuchow rückte seinen Zylinder zurecht und straffte die Schultern, als er weiterschritt in den dumpfigen Nebel, ins dumpfige Leben des Bürgers, in diese Netze aus Mauern, Torwegen, glitschigen Zäunen, die kläglich und kraftlos versanken, – kurz – in eine einzige schäbige, dumpfige, öde Gemeinschaftslatrine. Und ihm war jetzt, als haßte ihn auch hier diese stumpfe Mauer, auch hier dieses morsche Zäunchen; Apollon Apollonowitsch wußte aus Er-

fahrung, daß *sie* ihn haßten (Tag und Nacht bedeckte ihn der Nebel *ihrer* Feindschaft). Doch wer sind *sie*? Ein nichtiges Häuflein, ein übelriechendes, wie alle? Das Hirnspiel Apollon Apollonowitschs errichtete vor seinem Blick nebelnde Flächen; doch dann zerrissen alle Flächen: vor ihm, dem so Kleinen, erstand die gigantische Landkarte Rußlands: sind etwa *das* seine Feinde: seine Feinde die gigantische Zahl der Geschlechter, die diese Räume bevölkern: *hundert Millionen*. Nein mehr noch...

– »Von Finnlands Felsen bis zur heißen Kolchis' Strande«... Das heißt? Haßte man ihn?.. Nein: erstreckte sich Rußland. Und ihn?.. Ihn wollen sie... wollen sie... Nein: brr-brr... Müßiges Hirnspiel. Lieber Puschkin zitieren:

Mein Freund, s' ist Zeit nun, Zeit!.. Das Herz will Ruh.
Im Fluge
Ziehn Tag' um Tage hin. Und jeder nimmt im Zuge
Ein Stückchen Dasein mit. Ich wollte doch mit dir
Zusammen leben – sieh... Und alles stirbt: auch wir...

Mit wem denn wollte er zusammen leben? Mit seinem Sohn? Sein Sohn war ein entsetzlicher Halunke. Mit dem Bürger? Der Bürger will... Apollon Apollonowitsch erinnerte sich, daß er einst sein Leben mit Anna Petrowna verleben wollte, nach Abschluß des Staatsdienstes auf eine kleine Datscha in Finnland ziehen, aber, ja, nun: Anna Petrowna hatte ihn verlassen – ja, verlassen!..

– »Sie hat mich verlassen, wissen Sie: was soll man da tun...«

Apollon Apollonowitsch begriff, daß er gar keinen Lebensgefährten hatte (bis zu dieser Minute hatte daran zu denken er irgendwie nicht die Muße gehabt) und daß der Tod im Amt trotz allem eine Zierde wäre für sein gelebtes Leben. Wie einem Kind, wurde ihm traurig und still zumute, so still, so heimelig irgendwie. Rundum war nur das Rieseln einer fließenden Pfütze zu hören, wie jemandes Flehen – immerzu, immer nur: um das, was nicht war, doch was sein hätte können.

Allmählich schwand die schwarzgraue, die ganze Nacht ihn bedrückende Trübe. Allmählich ergraute die schwarzgraue Trübe und verwandelte sich in graue Trübe: gräuliche, anfangs; dann nur eine Spur noch grauende; die Hausmauern aber, in der Nacht von Laternen beleuchtet, begannen blaß zu verschmelzen mit der entfliehenden Nacht. Und es war, als begännen die rötlichen Laternen, die eben noch um sich rötliche Lichter warfen, plötzlich zu versiegen; und versiegten unmerklich. Die fiebrig brennenden Fackeln erloschen auf den Mauern. Schließlich wurden die Laternen zu glanzlosen Punkten, die verwundert in den gräulichen Nebel blickten; und einen Augenblick war es, als sei die graue Kette aus Linien, Turmspitzen und Mauern mit den kaum darüberliegenden Schattenflächen, mit der Unendlichkeit der Fensteröffnungen – nicht ein Berg von Steinen, sondern luftig erstandene Spitze aus feinstens gewirkten Mustern, und durch diese Muster trat schamhaft der Morgenhimmel.

Schnell kam Apollon Apollonowitsch ein ärmlich gekleidetes Kind entgegen; ein Mädchen von vielleicht fünfzehn Jahren, mit Kopftuch; hinter ihr aber lief im Morgennebel der Umriß eines Mannes: Melone, Stock, Mantel, Ohren, Schnurrbart und Nase; der Umriß bedrängte das Mädchen sichtlich mit den schändlichsten Anträgen; Apollon Apollonowitsch sah sich als Ritter; zur eigenen Überraschung lüftete er den Zylinder:

– »Gnädiges Fräulein, ich erkühne mich, Ihnen bis nach Hause meinen Arm zu bieten: zu dieser späten Stunde ist es für junge Leute Ihres Geschlechts nicht ungefährlich, auf der Straße zu sein.«

Die ärmlich gekleidete Halbwüchsige sah so deutlich, daß ein schwarzes Figürchen ehrerbietig vor ihr den Zylinder lüftete; ein toter rasierter Kopf kroch für einen Augenblick aus dem Kragen hervor und kroch wieder dorthin zurück.

Sie liefen in tiefem Schweigen; alles schien näher, als es sollte: naß und alt, weit in die Jahrhunderte enteilend; all das hatte Apollon Apollonowitsch auch früher von ferne gesehen. Jetzt aber – war es da: Torwege, Häuschen, Mauern und dieses von Furcht an seinen Arm gedrückte Mädchen, für das er, Apollon

Apollonowitsch, nicht der Bösewicht war, nicht der Senator: einfach nur ein unbekannter freundlicher Greis.

Sie kamen zu einem grünen Häuschen mit schiefer Pforte und morschem Torweg; auf der Vortreppe lüftete der Senator den Zylinder und verabschiedete sich von dem Mädchen; als aber die Tür hinter ihr zuschlug, da verzog sich der Greisenmund so kläglich; in völlige Leere mümmelten die toten Lippen; zugleich klang irgendwo aus der Ferne, wie das Krähen eines Geigenbogens: das Krähen eines Petersburger Hahns, der unbekannt was verkündete und unbekannt wen aufweckte.

Irgendwo seitlich am Himmel sprühten leichteste Flammen, und plötzlich leuchtete alles, als in die Flammen ein rosiges Kräuseln aus Wölkchen trat, wie ein Netz von Perlmuttstückchen; in den Fugen des Netzes blaute nun ein blauer Zipfel. Schwerer wurde und trat hervor die Kette der Linien und Mauern; seitlich erschienen irgendwelche Wuchten – Nischen und Vorsprünge; Aufgänge erschienen, Karyatiden und Karniese von Ziegelbalkonen; doch auf den Fenstern, auf den Turmspitzen merkte man immer mehr ein Beben; und von den Fenstern, von den Turmspitzen funkelte rubinroter Glanz.

Die leichteste Spitze verkehrte sich in das morgendliche Petersburg: Petersburg färbte sich leicht und wunderlich, dort standen sandfarbene Häuser mit ihren fünf Geschossen; dort standen Häuser in Dunkelblau, dort in Grau; das fuchsrote Palais erglühte im Morgenrot.

Ende des vierten Kapitels

FÜNFTES KAPITEL,
in dem von einem Herrchen mit einer Warze
an der Nase erzählt wird und von einer Sardinenbüchse
entsetzlichsten Inhalts

Wenn mit der Morgenröte Prangen
Der neue Tag herniederlacht,
Bin ich vielleicht schon eingegangen
Ins Schattenreich der Grabesnacht.
                                A. Puschkin

Das Herrchen

Nikolaj Apollonowitsch schwieg auf dem ganzen Weg.
Nikolaj Apollonowitsch drehte sich um und starrte direkt ins
Gesicht des hinter ihm laufenden Herrchens:
– »Entschuldigen Sie: mit wem...«
Petersburger Matsch rieselte in geschmolzenen Rinnsalen; eine
Kutsche flog in den Nebel dort mit dem Licht der Later-
nen...
– »Mit wem habe ich die Ehre?..«
Den ganzen Weg hatte er das zudringliche Glucksen der hinter
ihm laufenden Galoschen gehört und auf dem Rücken das
Laufen der kleinen und entzündeten Äuglein dieser Melone
gespürt, die sich ihm zugesellte vom Torweg an – dort, im
Gäßchen.
– »Pawel Jakowlewitsch Morkowin...«
Und: Nikolaj Apollonowitsch drehte sich um und starrte direkt
ins Gesicht des Herrchens; das Gesicht sagte nichts: Melone,
Stock, Mantel, Bärtchen und Nase.
Dann fiel er in Versunkenheit, zur Mauer gewandt, über die
den ganzen Weg eine Schatten-Melone lief, eine etwas schief-
sitzende; der Anblick dieser Melone flößte ihm Abscheu ein;
Petersburger Feuchten krochen ihm unter die Haut; Peters-
burger Matsch rieselte in geschmolzenen Rinnsalen; Glatteis
und Sprühregen durchnäßten ihm den Mantel.
Die Melone zog bald auf der Mauer ihren Schatten lang, bald

schnurrte sie zusammen; wieder tönte die deutliche Stimme in Ableuchows Rücken:

– »Ich wette, Sie geruhen aus reiner Koketterie sich diesen Anstrich von Gleichmut zu geben...«

All das war schon einmal.

– »Hören Sie, – versuchte Nikolaj Apollonowitsch der Melone zu sagen, – ich bin, ehrlich gesagt, verwundert; ich bin, ehrlich gesagt...«

Dort hinten erstrahlte der erste helle Apfel; da der zweite; da der dritte; und die Linie elektrischer Äpfel markierte den Newskij Prospekt, wo die Mauern der steinernen Häuser die ganze Petersburger Nacht hindurch in feurigen Spuk getaucht sind und wo kleine helle Lokale dieser Nacht zum Hohn ihre blutroten Aushängeschilder zeigen, unter denen beständig irgendwelche befiederten Damen huschen, mit der Boa das Karmin der bemalten Lippen bedeckend, – von Zylindern, Mützenrändern, Melonen, Russenkitteln und Mänteln umgeben – in matter, nebelnder Trübe, die von den armen finnischen Sümpfen her über Rußlands vieltausend Werst ihren klaffenden glühenden Höllenschlund aufreißt.

Nikolaj Apollonowitsch verfolgte, verfolgte immerzu auf den Mauern den Lauf der schwarzen Schatten-Melone, des uralten dunklen Schattens; Nikolaj Apollonowitsch wußte: die Umstände der Begegnung mit dem rätselhaften Pawel Jakowlewitsch hatten nicht erlaubt, die Begegnung gleich dort – am Zäunchen – abzubrechen zum tatsächlichen eigenen Nutzen: er mußte mit größter Vorsicht erforschen, was denn dieser Pawel Jakowlewitsch wirklich über ihn wußte, was denn wirklich gesprochen wurde zwischen ihm und dem Vater; und er zögerte sich zu empfehlen.

Nun öffnete sich der Blick auf die Newa: der steinerne Steg des Winterkanals zeigte unter sich jammervollen Raum, und von dort stürzten feuchte Windböen; am anderen Ufer der Newa erhoben sich Umrisse von Inseln und Häusern; und warfen in den Nebel traurig Bernsteinaugen; und es war, als weinten sie.

– »Eigentlich hätten auch Sie nichts dagegen, sich mit mir,

sozusagen, einzulassen?« – belästigte ihn von hinten noch immer dieselbe schäbige Stimme.

Und der Platz; derselbe graue Fels ragte auf dem Platz empor; dasselbe Roß warf die Hufe auf; doch seltsam: ein Schatten bedeckte den Ehernen Reiter. Und es war, als wäre der Reiter nicht da; in der Ferne dort, auf der Newa, lag irgendein Fischerschoner; und auf dem Schoner blinkte ein Licht.

– »Ich muß langsam nach Hause...«

– »Nein, bitte: wozu jetzt nach Hause!«

Und sie liefen über die Brücke.

Vor ihnen lief ein Paar: ein Seemann, fünfundvierzigjährig, in schwarzes Leder gekleidet; er trug eine Mütze mit Ohrenklappen, hatte bläuliche Wangen und einen hellroten graumelierten Bart; neben ihm schritt sein Nachbar aus, ein wahrer Gigant in Riesenstiefeln, mit dunkelgrünem Filzhut – schwarzbrauig, schwarzhaarig, mit zierlichem Näschen und zierlichem Schnurrbart. Beide erinnerten an etwas; und beide traten durch die geöffnete Tür eines kleinen Lokals unter einem brillantenfunkelnden Schild.

Unter den Lettern des brillantenfunkelnden Schilds packte Pawel Jakowlewitsch Morkowin mit unfaßlicher Frechheit Ableuchow an der Pelerine der Nikolajewka:

– »Hier hinein, Nikolaj Apollonowitsch, in dieses kleine Lokal: kommen Sie – hier, hier hinein!..«

– »Aber erlauben Sie...«

Doch Pawel Jakowlewitsch, der die Nikolajewka-Pelerine festhielt, begann jetzt zu gähnen: er beugte und bog sich, streckte sich, bot Nikolaj Apollonowitsch die aufgesperrte Mundöffnung dar, wie ein Menschenfresser, der Ableuchow zu verschlingen gedachte: unbedingt zu verschlingen.

Dieser Gähnanfall steckte Ableuchow an; seine Lippen verzogen sich:

– »Aaa – a: aaaa...«

Ableuchow versuchte sich loszumachen:

– »Nein, ich muß gehen, ich muß gehen.«

Doch der geheimnisvolle Herr, in der Redekunst begabt, unterbrach ihn respektlos:

– »Äh, Sie sind gut – ich weiß schon: Sie langweilen sich?«
Und ohne ihn nur ein Wort sagen zu lassen, unterbrach er ihn wieder:
– »Ja, ich langweile mich auch: und dazu noch, sehen Sie, bin ich verschnupft: all diese Tage kuriere ich mich mit einer Talgkerze...«
Nikolaj Apollonowitsch wollte etwas einwerfen, doch ein Gähnen zerriß seinen Mund:
– »Aaa: aaa – aaa!..«
– »Nun-nun – sehen Sie, wie Sie sich langweilen!«
– »Ich bin einfach nur müde...«
– »Nun, zugegeben, und trotzdem (versetzen auch Sie sich in meine Lage): eine seltene Gelegenheit, extrrem selten...«
Nichts zu machen: Nikolaj Apollonowitsch zuckte eine Spur mit den Schultern und öffnete mit kaum merklichem Ekel die Tür zum Lokal... Schwarz behängte Kleiderhalter: Melonen, Stöcke, Mäntel.
– »Eine seltene Gelegenheit, extrrem selten«, – Morkowin schnippte mit dem Finger, – »ich sage es Ihnen unumwunden: ein junger Mann von solch exklusiven Talenten, wie Sie?.. Laufenlassen?.. In Ruhe lassen?!..«
Dicker weißer Dampf mit Plinsengeruch, vermischt mit der Nässe der Straße; mit eisigem Sengen fiel die Garderobenmarke in seine Hand.
– »Hi-hi-hi«, – Pawel Jakowlewitsch, in Form gekommen, legte sein Mäntelchen ab und rieb sich die Hände, – »interessant für den jungen Philosophen, mich kennenzulernen: nicht wahr?«
Nun, im Innern des Hauses, begann die Petersburger Straße mit brennendem Fieber zu ätzen, über den Körper zu kriechen wie Dutzende rotbeiniger Ameisen:
– »Mich kennen nämlich alle... Aleksandr Iwanowitsch, Ihr Väterchen, Butistschenko, Schischiganow, Peppowitsch...«
Bei diesen Worten verspürte Nikolaj Apollonowitsch dreier Umstände wegen lebhafteste Neugier; erstens: der Unbekannte unterstrich – zum wievielten Mal! – die Bekanntschaft mit seinem Vater (das bedeutete etwas); zweitens: der Unbekannte

erwähnte Aleksandr Iwanowitsch und stellte dessen Vor- und Vatersnamen neben den Namen seines Vaters; schließlich nannte der Unbekannte eine Reihe von Namen (Butistschenko, Schischiganow, Peppowitsch), die so seltsam bekannt erschienen...

– »Attraktiv...«, – Pawel Jakowlewitsch wies Ableuchow auf eine grellippige Prostituierte hin in hellorangem Kleid und mit einer türkischen Papirossa zwischen den Zähnen...

– »Wie ist es mit Frauen?.. Man könnte...«

– »?«

– »Nun, ist schon gut, ist schon gut: ich sehe, Sie sind sittsam... Und die Zeit ist auch nicht... Wir haben etwas zu besprechen...«

Und rundum ertönte:

– »Wer denn, wer?«

– »Wer?.. Iwan!..«

– »Iwan Iwanytsch!..«

– »Iwan Iwanytsch Iwanow...«

– »Also – sage ich: Iwwan Iwantsch?.. Hä?.. Iwwan Iwantsch?.. Warum denn dauernd Iwwan Iwantsch?.. Au, au, au!..«

– »Aber Iwan Iwanytsch hat...«

– »Alles nur Lügen.«

– »Nein, keine Lügen... Fragen Sie Iwan Iwanytsch: da ist er, beim Billard... Hej, hej!«

– »Iwwan!..«

– »Iwan Iwanytsch!«

– »Iwwan Iwwanytsch Iwanow...«

– »Was bist du doch, Iwan Iwanytsch, für ein Schwein!«

Irgendwo begann ein Höllenlärm; der Musikautomat, wie ein Dutzend gellender Hörner, die ihre ohrenbetäubenden Töne in den Ruß warfen, brüllte dort plötzlich auf: am Automaten begab sich der Kaufmann, Iwan Iwanytsch Iwanow, eine grüne Flasche schwenkend, mit einer Dame in zerrissenem Jäckchen in Tanzpositur; dort glühte der Schmutz ihrer unreinen Wangen; unter den roten Haaren hervor, unter den in die Stirn gefallenen himbeerroten Federn hervor, ein Taschentuch an die

Lippen gedrückt, um nicht laut zu hicksen, lachte die glotzäugige Dame; und im Lachen sprangen ihre Brüste; Iwan Iwanytsch Iwanow wieherte; das betrunkene Publikum lärmte rundum.

Nikolaj Apollonowitsch blickte bestürzt: wie konnte er an so einen widerlichen Ort geraten und in solch widerliche Gesellschaft in jenen Minuten, wo?..

– »Ha-ha-ha-ha-ha-ha«, – brüllte noch immer dasselbe betrunkene Häuflein, als Iwan Iwanytsch Iwanow seine Dame an den Haaren packte und zu Boden drückte und ihr eine riesige himbeerrote Feder abriß; die Dame weinte und erwartete Prügel: doch sie konnten den Kaufmann rechtzeitig von ihr losreißen. Und grausam, quälend, aufheulend im rasenden Automaten und tamburinrasselnd, wie ein aus den Tiefen uns überrollender vulkanischer Ausbruch unterirdischen Wütens, brauste tönend, wucherte und plärrte in den Saal des Lokals die schreckliche Vorzeit aus goldenen Trichtern: »Beruuhiigt euch, Woogen der Lei-eidenschaaft...«

– »Ru-uh aus, duu Hee-eerz oohne Hoo-ooff-nuung...«

. . . .

– »Ha-ha-ha-ha-ha-ha!..«

Ein Gläschen Wodka!

Dort die schmutzigen Stuben der alten Höllenschenke; dort ihre Wände; diese Wände waren bemalt von der Hand des Putzmaurers: der weiße Schaum der finnischen Wogen, von wo – aus der Weite, den dumpfigen und grünlichen Nebel durchstoßend, auf großen Schattensegeln aufs neue gen Petersburg flog das gepichte Takelwerk eines Schiffs.

– »Geben Sie doch zu... Hej, zwei Gläschen Wodka! – geben Sie zu...« – schrie Pawel Jakowlewitsch Morkowin – er war weiß, ganz weiß: aufgeschwemmt – völlig aufgedunsen, verfettet; das weiße, gelbliche Gesichtchen schien schmächtig, obwohl es aufgeschwollen war, verfettet: hier ein Säckchen; hier ein Knötchen; hier ein weißes Wärzchen...

306

– »Ich wette, ich stelle für Sie ein Rätsel dar, an dem Ihr Geistesapparat in dieser Minute vergeblich arbeitet...«

Dort, dort ein Tisch: am Tisch beugte ein fünfundvierzigjähriger Seemann, in schwarzes Leder gekleidet (und offenbar Holländer), sein bläuliches Gesicht über ein Gläschen.

– »Für Sie mit Picon?..«

Die blutvollen Lippen des Holländers schlürften dort – zum wievielten Mal? – wie Feuer brennenden Kümmel...

– »Also mit Picon?«

Und neben dem Holländer hatte so wuchtig sich an den Tisch gesetzt ein schwergewichtiger, gleichsam steinerner Koloß.

– »Mit Picon.«

Der Koloß – schwarzbraunig, schwarzhaarig – lachte Nikolaj Apollonowitsch zweideutig an.

– »Na, junger Mann?« – ertönte zugleich über seinem Ohr der feine Tenor des Unbekannten.

– »Was ist?«

– »Was sagen Sie zu meinem Betragen auf der Straße?«

Und es war, als schlüge jener Koloß gleich mit der Faust auf den Tisch – und erfüllte das Krachen geborstener Bretter, der Klang zerschlagener Gläschen das Lokal.

– »Was soll ich sagen zu Ihrem Betragen auf der Straße? Ach, wozu denn die Straße? Ich weiß wirklich nicht.«

Nun zog der Koloß ein Pfeifchen aus den schweren Falten des Kaftans, steckte es zwischen die wulstigen Lippen, und schwerer Rauch von stinkendem Tabak qualmte über dem Tisch.

– »Ein zweites?«

– »Ein zweites...«

. . . .

Vor ihm blinkte das herbe Gift; und, in dem Wunsch sich zu beruhigen, legte er sich auf den Teller irgendwelche welken Blätter; so stand er mit dem vollen Glas in der Hand, während Pawel Jakowlewitsch geschäftig herumwimmelte und versuchte, mit zitternder Gabel einen glitschigen Reizger aufzuspießen; als der glitschige Reizger aufgespießt war, drehte sich Pawel Jakowlewitsch um (in seinem Schnurrbart hingen Krümel).

– »Nicht wahr, es war seltsam *dort*?«

So hatte er schon einmal gestanden (denn all das – war schon) ... Doch die Gläser stießen klingend an; genauso stießen die Gläser an ... – wo stießen sie an?

– »Wo?«

Nikolaj Apollonowitsch suchte sich zu erinnern. Nikolaj Apollonowitsch konnte sich, leider, nicht erinnern.

– »*Dort* ... am Zaun ... Nein, Wirt, bitte keine Sardinen: die schwimmen in gelbem Schleim.«

Pawel Jakowlewitsch machte Ableuchow eine erklärende Geste.

– »Als ich Sie *dort* einholte: Sie standen an einer Pfütze und lasen ein Billett: na, denke ich, eine seltene Gelegenheit, extrrem selten ...«

Rundum standen Tische; an den Tischen zechte ein Geschlecht von Bastards; und es drängte, drängte hierher dieses Geschlecht: nicht Menschen, noch Schatten, – und verblüffte mit irgendwelchen Gaunermanieren; all das waren Inselbewohner, und die Inselbewohner sind ein seltsames, ein Geschlecht von Bastards: nicht Menschen, noch Schatten. Pawel Jakowlewitsch Morkowin war auch von der Insel: er lächelte, kicherte, verblüffte mit irgendwelchen Gaunermanieren.

– »Wissen Sie, Pawel Jakowlewitsch, ich erwarte, ehrlich gesagt, von Ihnen eine Erklärung ...«

– »Für mein Betragen?«

– »Ja!«

– »Ich erkläre es Ihnen ...«

Wieder blinkte das herbe Gift: er wurde betrunken – alles drehte sich; gespenstischer blitzte die Schenke; bläulicher schien der Holländer, und der Koloß gewaltiger; sein Schatten brach sich an den Wänden und schien wie von einem Kranz bekränzt.

Pawel Jakowlewitsch glänzte immer mehr – wirkte aufgedunsener, fetter: hier ein Säckchen; hier ein Knötchen; hier ein weißes Wärzchen; dieses schwammige Gesicht weckte in ihm die Erinnerung an das Ende einer Talg-, einer Schweins-, einer tropfenden Kerze ...

– »Ein drittes?«
– »Ein drittes...«
....
– »Na, was sagen Sie also zu unserem Gespräch am Torweg?«
– »Über den Domino?«
– »Nun, das versteht sich von selbst!..«
– »Ich sage, was ich schon sagte...«
– »Zu mir können Sie vollkommen offen sein.«

Von den riechenden Lippen des Herrn Morkowin wollte sich
Nikolaj Apollonowitsch voller Ekel abwenden, doch er bezwang sich; und als man ihn schmatzend auf die Lippen küßte,
da warf er unwillkürlich den Blick, voller Pein, an die Decke,
und wischte sich mit der Hand eine Haarsträhne aus der hohen
Stirn, während seine Lippen sich im Lächeln unnatürlich
dehnten und, angespannt zuckend, zu zittern begannen (so
unnatürlich zucken die Beinchen gequälter junger Frösche,
wenn an diese Beinchen man die Enden elektrischer Drähte
führt).

– »Nun also: schon besser; und denken Sie nichts: der Domino
– war nur so. Den Domino habe ich mir einfach ausgedacht für
unsere Bekanntschaft...«
– »Verzeihung, Sie haben sich mit Sardinenfett bespritzt«, –
unterbrach ihn Nikolaj Apollonowitsch, und dachte dabei: »Er
versucht nur mit List, mich auszuforschen: ich muß vorsichtig
sein...« Wir vergaßen zu sagen: den Domino hatte Nikolaj
Apollonowitsch im Lokalvorzimmer abgelegt.
– »Nicht wahr: ein wahnsinniger Gedanke, daß Sie der Domino sind... Hi-hi-hi: nun, wie kommt man darauf – hm?
Hören Sie? Ich sage mir: hej, Pawluscha, das ist doch, mein
Lieber, einfach so: eine kuriose Eingebung – und dann noch am
Zaun, bei der Verrichtung, sozusagen, einer dringenden
menschlichen Notdurft... Der Domino!.. Ganz einfach,
der Vorwand für eine Bekanntschaft, Sie sind uns lieb, denn
wir haben sehr, sehr, sehr viel gehört: von Ihren geistigen
Qualitäten.«

Sie hatten sich vom Schanktisch entfernt und schoben sich
zwischen den Tischen durch. Und wieder brüllte der Automat,

wie ein Dutzend gellender Hörner, die ihre ohrenbetäubenden Töne in den Ruß warfen, dort plötzlich auf; jetzt begannen, an den Ohren zerschellend, Herden kleiner Glöckchen zu bimmeln; aus einem separaten Kabinett drang jemandes dreiste Prahlerei.

– »Kellner: ein reines Tischtuch...«

– »Und Wodka...«

– »Nun, also: lassen wir den Domino. Und jetzt, mein Lieber, über einen anderen uns verbindenden Punkt...«

. . . .

– »Sie sprachen von einem uns verbindenden Punkt... Was ist denn das für ein Punkt?«

Sie stützten die Ellbogen auf den Tisch. Nikolaj Apollonowitsch spürte den Rausch (vor Müdigkeit, sicherlich); alle Farben, alle Töne, alle Gerüche schlugen häßlicher in sein weißglühendes Hirn.

– »Ja-ja-ja: ein höchst kurioser, höchst interessanter Punkt... Wunderbar: für mich Nieren in Madeira, und für Sie... auch Nieren?«

– »Was ist denn das für ein Punkt?«

– »Kellner, zwei Portionen Nieren... Sie belieben nach dem höchst interessanten Punkt zu fragen? Nun, dann – ich bekenne: die Bande – die uns verbindenden Bande – sind geheiligte Bande...«

– »?«

– »Es sind Bande der Herkunft.«

– »?«

– »Bande des Bluts...«

In diesem Moment wurden die Nieren serviert.

– »Oh, denken Sie nicht, daß diese Bande... – Salz, Pfeffer, Senf! – mit Blutvergießen verbunden wären: was zittern Sie denn, mein Täubchen? Schau an, wie Sie errötet sind, erglüht – ein junges Mädchen! Soll ich Ihnen den Senf geben? Hier ist Pfeffer.«

Nikolaj Apollonowitsch, wie auch Apollon Apollonowitsch, verpfefferte ebenfalls seine Suppe; doch er verharrte mit in der Luft hängender Pfefferbüchse.

– »Was haben Sie gesagt?«
– »Ich habe Ihnen gesagt: hier ist Pfeffer...«
– »Über das Blut...«
– »Wie? Über die Bande? Unter Blutsbanden verstehe ich
Bande der Verwandtschaft.« – Das kleine Tischchen wanderte
jetzt durch den Saal (der Wodka wirkte); der kleine Tisch wuchs
ohne Sinn und Maß; Pawel Jakowlewitsch aber sprang zusam-
men mit der Tischkante weg, band sich eine schmutzige Ser-
viette um, wimmelte in der Serviette herum und sah aus wie ein
Leichwurm.
– »Trotzdem habe ich Sie, entschuldigen Sie, wohl ganz und
gar nicht verstanden: sagen Sie, was meinen Sie mit unserer
Verwandtschaft?«
– »Ich bin ja, Nikolaj Apollonowitsch, Ihr Bruder...«
– »Was heißt Bruder?«
Nikolaj Apollonowitsch erhob sich sogar leicht, doch das Gesicht bog er über den Tisch hinweg zu dem Herrchen hin; mit
den nervös erbebenden Nüstern wirkte sein Gesicht jetzt ro-
saweiß unter dem Schopf sich zu Berge richtender Haare; die
Haare aber hatten irgendwie Nebelfarbe.
– »Selbstverständlich ein illegitimer, denn ich bin, wie auch
immer, die Frucht einer unglücklichen Liebe Ihres Vaters...zu
einer Hausweißnäherin...«
Nikolaj Apollonowitsch setzte sich wieder; die dunkelblauen
und noch dunkler gewordenen Augen, leichtester Duft von
White-Rose-Aromen, und die dünnen, das Tischtuch zupfen-
den Finger drückten Todesqualen aus: die Ableuchows hatten
immer die Reinheit ihres Bluts geschätzt; dieses Blut schätzte
auch er; – wie denn das, wie denn das: sein Papachen hatte,
also...
– »Ihr Papachen hatte, also, in seiner Jugend ein interessantes
Affärrchen...«
Nikolaj Apollonowitsch dachte plötzlich, daß Morkowin den
Satz fortführt mit den Worten: »und es endete mit meinem
Erscheinen« (was für ein Quatsch, was für ein närrischer Ge-
danke!).
– »Und es endete mit meinem Erscheinen auf der Welt.«

Irrsinn!

Das war schon einmal.

— »Und aus diesem Anlaß unserer verwandtschaftlichen Begegnung heben wir beide noch einen.«

Und grausam, quälend, aufheulend im rasenden Automaten und tamburinrasselnd, wie ein aus den Tiefen uns überrollender Klageschrei, brauste tönend, wuchs sich aus und plärrte in den Saal des Lokals die schreckliche Vorzeit aus goldenen Trichtern.

. . . .

— »Sie wollten sagen, mein Vater...«

— »Ist unser *gemeinsamer* Vater.«

— »Wenn Sie wollen, *unser* gemeinsamer«, – Nikolaj Apollonowitsch zuckte die Schultern.

— »A-a-a: das Schulterchen? Wie es gezuckt hat!« – unterbrach ihn Pawel Jakowlewitsch. – »Es hat gezuckt – wissen Sie warum?«

— »Warum?«

— »Darum, weil für Sie, Nikolaj Apollonowitsch, die Verwandtschaft mit einem solchen Subjekt jedenfalls beleidigend ist... Und dann sind Sie, wissen Sie, kühner geworden.«

— »Kühner geworden? Warum sollte ich feige sein?«

— »Ha-ha-ha!« – Pawel Jakowlewitsch hörte ihm nicht zu, – – »Sie sind darum kühner geworden, weil nach Ihrer Meinung...

— Noch einmal Nierchen...«

— »Ich danke...«

— »Meine außerordentliche Neugier sich erklärt hat und unser Gespräch am Zaun... Und Soße... Sie werden mich, bitte, entschuldigen, daß ich bei Ihnen, mein Täubchen, die psychologische Methode der, sozusagen, Folter anwende – natürlich nur durch bloße Erwartung; ich befühle Sie, mein Lieber, von hier, von dort: laufe dahin und hierhin: lege mich auf die Lauer. Und dann springe ich hervor.«

Nikolaj Apollonowitsch kniff die Augen zusammen, und aus den langen dunklen Wimpern blauten seine Augen in wilder und herber Entschlossenheit, nicht um Schonung zu bitten, während die Finger auf den Tisch etwas trommelten.

– »Und auch mit unserer Verwandtschaft; auch das ist ein
Befühlen: wie Sie sich dazu stellen... Aber jetzt muß ich Sie
gleichzeitig erfreuen und betrüben... Nein, Sie entschuldigen
mich, ich gehe bei jeder neuen Bekanntschaft so vor: ich muß
Ihnen sagen, wir sind Brüder, doch... mit verschiedenen Eltern.«
– »?..«
– »Über Apollon Apollonowitsch habe ich ganz einfach ge-
scherzt: es gab keinerlei Affärchen mit einer Weißnäherin;
überhaupt gab es – he-he-he – keinerlei Affärchen... Ein
äußerst moralischer Mann in unseren unmoralischen Zeiten...«
– »Und warum sind wir dann Brüder?«
– »Nach unserer Überzeugung...«
– »Wie können Sie meine Überzeugungen kennen?«
– »Sie sind ein zutiefst überzeugter Terrorist, Nikolaj Apollonowitsch.« (Alles-alles-alles in Nikolaj Apollonowitsch verschmolz zu einer einzigen Qual; alles-alles-alles verschmolz
zu schierer Folter.)
– »Ein eingefleischter Terrorist bin auch ich: geruhen zur
Kenntnis zu nehmen, die Ihnen nicht unbekannten Namen
habe ich nicht grundlos erwähnt: Butistschenko, Schischiga-
now und Peppowitsch... Erinnern Sie sich, ich habe sie unlängst genannt? Das war eine feine Anspielung, will sagen,
verstehen Sie es, wie Sie wollen... Aleksandr Iwanowitsch
Dudkin, der Ungreifbare!.. Na? Na?.. Sie haben verstanden,
ja? Lassen Sie sich nicht verwirren: Sie haben verstanden, denn
Sie sind ein belesener Mensch, unser Theoretiker, die erzge-
scheite Bestie: uuu, meine Kanaille, laß dich abküssen...«
– »Ha-ha-ha«, – Nikolaj Apollonowitsch warf sich in die
Lehne des armseligen Stuhls, »ha-ha-ha-ha-ha...«
– »I-hi-hi«, – fiel Pawel Jakowlewitsch ein, »i-hi-hi...«
– »Ha-ha-ha«, – lachte Nikolaj Apollonowitsch weiter.
– »I-hi-hi«, – kicherte auch Morkowin.
Der Koloß vom Nachbartisch drehte sich aufgebracht zu ihnen
um und schaute aufmerksam.
– »Was schauen Sie?«

Nikolaj Apollonowitsch wurde böse.

– »Die Ihren erkannten die Ihren nicht.«

– »Ich sage Ihnen eins«, – sagte völlig ernst Nikolaj Apollonowitsch, der tat, als hätte er das wilde Lachen bezwungen (er
hatte gezwungen gelacht), – »Sie irren sich, denn mein Verhältnis zum Terror ist negativ; ja, und vor allem: sagen Sie mir,
woraus schließen Sie das?«

– »Ich bitte Sie, Nikolaj Apollonowitsch! Ich weiß doch alles
über Sie: über das Bündel, über Aleksandr Iwanowitsch Dudkin und über Sofja Petrowna...«

. . . .

– »Ich weiß alles aus persönlicher Neugier und außerdem: aus
Dienstpflicht...«

– »Ah, Sie dienen?«

– »Ja, bei der Schutzabteilung...«

– »Bei der Schutzabteilung?«

– »Was greifen Sie sich, mein Lieber, an die Brust mit einem
Ausdruck, als hätten Sie da ein höchst gefährliches und höchst
geheimes Dokument... Ein Gläschen Wodka!..«

Ich vernichte ohne Wiederkehr

Einen Augenblick erstarrten beide; Pawel Jakowlewitsch Morkowin, Beamter der Schutzabteilung, wuchs hinter der Tischkante hervor, reckte, streckte sich mit hoch erhobenem Finger;
nun hakte sich schon die Spitze dieses gekrümmten Fingers
über den Tisch hinweg an Nikolaj Apollonowitschs Knopf; da
zog Nikolaj Apollonowitsch mit gänzlich neuem schuldbewußten Lächeln ein gebundenes Büchlein aus der Seitentasche, das
sich als Notizbuch erwies.

– »A, a, a! Bitte einmal dieses Büchlein zu mir... zur Durchsicht...« Nikolaj Apollonowitsch widersetzte sich nicht; er saß
da mit demselben schuldbewußten Lächeln; die Folter überstieg alle Grenzen; die Ekstasen der Zerrissenen und die Inspiration durch die Opferrolle waren dahin; es blieben: Demut
und Ergebenheit (die Reste zerstörten Stolzes); vor ihm lag ein

einziger Weg; der Weg dumpfer Gefühllosigkeit. Jedenfalls: das Büchlein hatte er dem Spitzel zur Durchsicht gereicht wie ein überführter Verbrecher, gekreuzigt von Leiden, und wie ein verleumdeter Heuchler (ein schamloser Betrüger!).

Pawel Jakowlewitsch aber, über das Büchlein gebeugt, reckte über der Tischkante den Kopf, der nicht am Hals befestigt schien, sondern an beiden Händen; für einen Moment wurde er einfach zum Ungeheuer: Nikolaj Apollonowitsch sah in diesem Moment: ein ekliger, mit den Äuglein blinzelnder Kopf, mit Haaren wie vom Kamm gestriegeltes Hundefell, mit widerlichem Lachen aus gelben Hautfalten feixend, kroch über dem Tisch auf seinen zehn springenden Fingern über die Blätter des Büchleins und sah aus wie ein riesenhaftes Insekt: eine zehnbeinige Spinne, die mit den Füßchen auf dem Papier scharrt.

Doch all das war Komödie...

Pawel Jakowlewitsch wollte, sichtlich, Ableuchow erschrecken mit dem Anblick dieser Ermittlung (nur ein lieber Scherz!); genauso feixend vor Lachen, warf er Ableuchow das Büchlein über den Tisch zurück.

– »Ja warum denn, ich bitte Sie: solche Ergebenheit... Ich habe doch nicht etwa vor, Sie zu verhören... Keine Angst, mein Täubchen: in die Schutzabteilung wurde ich von der Partei bestellt... Ganz grundlos, Nikolaj Apollonowitsch, haben Sie sich beunruhigt: bei Gott, grundlos...«

– »Sie machen sich lustig?«

– »Keine Spur!.. Wäre ich wirklich ein Polizist, dann wären Sie schon verhaftet, denn Ihre Geste, wissen Sie, war der Aufmerksamkeit wert; Sie haben sich gleich an die Brust gegriffen mit erschrockenem Gesicht, als hätten Sie dort ein Dokument... Wenn Sie in Zukunft einen Spitzel treffen, wiederholen Sie diese Geste nicht; diese Geste hat Sie verraten... In Ordnung?«

– »Meinetwegen...«

– »Und dann, erlaube ich mir zu bemerken, haben Sie einen weiteren Fehler gemacht: Sie zogen das unschuldige Notizbuch schon vor, als noch niemand es von Ihnen verlangte; Sie zogen

es vor, um die Aufmerksamkeit von anderem abzulenken; doch
Sie haben Ihr Ziel nicht erreicht; Sie haben die Aufmerksamkeit
nicht abgelenkt, sondern Aufmerksamkeit erregt; Sie haben
mich gezwungen zu denken, daß irgend so ein Dokument wohl
doch noch in Ihrer Tasche steckt ... Ach, was sind Sie leicht-
sinnig ... Schauen Sie doch dieses Blatt hier an im mir über-
gebenen Büchlein; Sie haben mir unfreiwillig ein kleines Lie-
besgeheimnis verraten: hier, hier, ergötzen Sie sich ...«
Da ertönte das animalische Jaulen des Musikautomaten: der
Schlachthausschrei eines gigantischen abgestochenen Bullen:
die Tamburins – platzten, platzten, platzten.

. . . .

– »Hören Sie!«
Nikolaj Apollonowitsch sprach dieses *Hören Sie!* mit wirklicher
Entgeisterung aus.
– »Wozu diese Folter? Wenn Sie wirklich der sind, für den Sie
sich ausgeben, – Kellner, zahlen – dann sind Ihr ganzes Be-
tragen, Ihre ganzen Verrenkungen unwürdig.«
Beide standen auf.
In den weißen Schwaden des aus der Küche quellenden üblen
Geruchs stand Nikolaj Apollonowitsch – bleich, weiß und
entgeistert, ohne jedes Lachen den roten Mund aufreißend,
im Nimbus des neblig-flachsblonden Schopfs seiner sehr hellen
Haare; wie ein zähnebleckendes Tier, von Hunden gehetzt,
warf er dem Kellner einen halben Rubel hin und wandte sich
verächtlich zu Morkowin um.
Der Musikautomat war schon verstummt; längst schon waren
die Nachbartische leer, und das Geschlecht von Bastards hatte
sich über die Linien der Insel verstreut; plötzlich erlosch überall
das weiße elektrische Licht; der rötliche Schein einer Kerze
drang hier und da durch die tote Leere; und die Mauern
vergingen in Trübe: nur dort, wo eine Kerze stand und der
Rand der bepinselten Wand aufschien, schlug mit Zischen
weißer Schaum in den Saal. Und von dort, aus der Ferne, flog
auf seinen Schattensegeln der Fliegende Holländer gen Petersburg (jetzt schwindelte Nikolaj Apollonowitsch wahrscheinlich
von den sieben getrunkenen Gläschen); von seinem Tisch

erhob sich der fünfundvierzigjährige Seemann (nicht der Holländer?); für eine Minute blinkten seine Augen als grünliche Funken; doch er verschwand in der Trübe.

Herr Morkowin aber, sein Röckchen zurechtziehend, schaute Nikolaj Apollonowitsch mit solch versonnener Zärtlichkeit an (der Geisteszustand des letzteren hatte, sichtlich, auch ihn beeindruckt); melancholisch seufzte er; und er schlug die Augen nieder; so taten sie wohl eine Minute den Mund nicht auf.

Schließlich sagte Pawel Jakowlewitsch artikuliert:

– »Genug: mir wird es genauso schwer wie Ihnen…«

– »Und wozu so diskret, Genosse?..«

– »Ich bin nicht zum Scherzen gekommen…«

– »Müßten wir nicht eine Abmachung treffen?..«

. . . .

– »?«

. . . .

– »Nun, ja, ja: eine Abmachung über den Tag der Erfüllung Ihres Versprechens… Wirklich, Nikolaj Apollonowitsch, Sie sind ein seltener Kauz; konnten Sie wirklich auch nur eine Minute denken, ich wäre bloß so, ziellos, hinter Ihnen durch die Straße gebummelt und hätte schließlich mit Mühe einen Vorwand gefunden für ein Gespräch…«

Und dann, Ableuchow streng in die Augen schauend, fügte er würdig hinzu: »Die Partei, Nikolaj Apollonowitsch, erwartet umgehend eine Antwort.«

Nikolaj Apollonowitsch stieg lautlos die Treppe hinunter; das Ende der Treppe lag im Dunkeln; unten aber – an der Tür – standen: *sie*; wer *sie* waren, diese Frage wußte er sich nicht wirklich genau zu beantworten: eine schwarze Kontur und so grünend-tiefgrüne Trübe, wie matt phosphoreszierend (da fiel ein Lichtstrahl der Straßenlaterne ein); und *sie* erwarteten ihn.

Als er ankam an der Tür, spürte er zu beiden Seiten den scharfen Blick eines Beobachters: und einer der beiden war derselbe Gigant, der am Nachbartisch seinen Kümmel schlürfte: beleuchtet vom Lichtstrahl der Straßenlaterne, stand er dort an der Tür als kupferhäuptiger Koloß; auf Ableuchow, der in den Lichtstrahl eintrat, richtete sich für einen Augenblick das metallene phosphoreszierende Gesicht; und grünend drohte ihm die vielhundertpudschwere Hand.

— »Wer ist das?«

— »Der uns vernichtet ohne Wiederkehr...«

— »Ein Spitzel?«

— »Niemals...«

Die Lokaltür schlug zu.

Vieläugige, hohe Laternen, gezerrt von den Winden, bebten als seltsame Lichter und breiteten sich aus in die lange Petersburger Nacht; schwarze, schwarze Fußgänger strömten vorüber aus dem Dunkel; und wieder lief die Melone neben ihm über die Mauer.

— »Nun, und wenn ich den Auftrag ablehne?«

— »Dann verhafte ich Sie...«

— »Sie? Verhaften? Mich?«

— »Vergessen Sie nicht, daß ich...«

— »Daß Sie Konspirant sind?«

— »Beamter der Schutzabteilung; ich verhafte Sie als Beamter der Schutzabteilung...«

Der Newa-Wind pfiff in den Telegraphenkabeln und jammerte in den Torwegen; man sah eisige Flocken halbzerrissener Wolken; es sah aus, als würden aus der flockigsten Wolke sich Striemen rastlosen Regens reißen – um zu zirpen, zu lispeln, auf die Steinplatten zu trommeln als Tropfen und auf glucksenden Pfützen ihre kalten Blasen zu drehen.

— »Und was wird die Partei dazu sagen?«

— »Die Partei wird mich decken: unter Nutzung meiner Stellung in der Schutzabteilung räche ich mich an Ihnen für die Partei...«

— »Nun, und wenn ich Sie denunziere?«

— »Versuchen Sie es...«

Nun begannen aus der flockigsten Wolke Striemen rastlosen Regens zu fallen – um zu zirpen, zu lispeln, auf die Steinplatten zu trommeln als Tropfen und über glucksenden Pfützen ihre kalten Blasen zu drehen.

– »Nein, Nikolaj Apollonowitsch, bitte – Scherz beiseite: denn ich bin sehr, sehr ernst; und ich muß Ihnen sagen: Ihr Zweifel, Ihr Wankelmut drücken mich nieder; Sie hätten im voraus alle Umstände abwägen müssen ... Sie hätten sich schließlich weigern können (bei Gott, zwei Monate). Darum haben Sie sich nicht beizeiten gekümmert; Ihnen bleibt nur ein Weg; Sie erwartet – wählen Sie: Verhaftung, Selbstmord, Mord. Jetzt haben Sie mich hoffentlich verstanden? .. Auf Wiedersehen ...«

Die Melone trabte in Richtung Siebzehnte Linie, und der Mantel – zur Brücke.

Petersburg, Petersburg!

Auch mich hast du, ein fallender Nebel, verfolgt als müßiges Hirnspiel: du bist ein unbarmherziger Quälgeist: doch du bist ein ruheloses Trugbild: hast dich auf mich gestürzt über Jahre; auch ich bin gerannt über deine entsetzlichen Prospekte, um in vollem Lauf hier auf diese blinkende Brücke zu fliegen ...

Oh, große, elektrizitätsfunkelnde Brücke! Oh, grüne, bazillenwimmelnde Wasser! Ich erinnere mich an einen verhängnisvollen Moment; in einer Septembernacht beugte ich mich über deine feuchten Geländer; noch ein Augenblick: und mein Körper wäre in die Nebel geflogen.

Auf der großen gußeisernen Brücke drehte sich Nikolaj Apollonowitsch um; er sah hinter sich – nichts, niemand: über dem feuchten, feuchten Geländer, über dem bazillenwimmelnden grünlichen Wasser, ergriffen ihn jammervoll nur Zuglüfte des kalten Newa-Winds; hier, an dieser Stelle, hatte Nikolaj Apollonowitsch vor zweieinhalb Monaten sein entsetzliches Versprechen gegeben; dasselbe wächserne Gesicht, die Lippen gestülpt, streckte sich über dem nassen Geländer aus dem grauen Mantel; er stand über der Newa, starrte dumpf irgendwie ins Grün – oder nein: flog dorthin mit dem Blick, wo die Ufer sich duckten; und dann trippelte er eilig davon, tolpatschig sich verheddernd in den Mantelschößen.

Ein phosphoreszierender Fleck jagte nebelnd und rasend am Himmel hin; phosphoreszierendes Funkeln lag auf den nebligen Newa-Weiten; und davon glitzerten grün lautlos fliegen-

de Flächen, die mal dort, mal hier einen goldenen Funken
sprühten. Am anderen Ufer der Newa erhoben sich die riesigen
Gebäude der Inseln und warfen in die Nebel feurig entzündete
Augen. Darüber – verteilten rasend flockige Hände trübe
Konturen; Schwarm um Schwarm gingen sie auf.
Das Ufer war öde.
Ab und zu ging der schwarze Schatten eines Polizisten vorüber;
der Platz war verödet; rechts türmten ihre Etagen Senat und
Synode. Auch der Fels ragte: Nikolaj Apollonowitsch musterte
mit besonderer Neugier den kolossalen Umriß des Reiters.
Gerade noch, als er hier mit Pawel Jakowlewitsch ging, hatte
es Ableuchow geschienen, als wäre der Reiter nicht da (ein
Schatten hatte ihn bedeckt); jetzt aber bedeckte ein unklarer
Halbschatten das Reitergesicht; und das Metall des Gesichts
lächelte zweideutig.
Plötzlich riß der bedeckte Himmel auf, und die Wolken verströmten unter dem Mond grünen Dunst geschmolzenen
Kupfers... Einen Augenblick loderte alles: Wasser, Dächer,
Granite; es loderten – das Reitergesicht und der kupferne
Lorbeerkranz; viele tausend Metalle hingen an den stumpf
grünenden Schultern des kupferhäuptigen Kolosses; phosphoreszierend blinkten das gegossene Gesicht, der von der Zeit
ergrünte Kranz und der gebieterisch genau in Nikolaj Apollonowitschs Richtung weisende vielhundertpudschwere Arm; in
den kupfernen Augenhöhlen grünten kupferne Gedanken; und
es war: als rühre sich gleich der Arm (und schlügen die schweren
Falten des Mantels klingend an den Ellbogen), als fielen die
metallenen Hufe mit Donnergedröhn auf den Fels und erklän-
ge über ganz Petersburg die granitzersprengende Stimme:
– »Ja, ja, ja...«
– »Das bin ich...«
– »Ich vernichte ohne Wiederkehr.«
Für einen Augenblick klärte sich Nikolaj Apollonowitsch
plötzlich alles; ja – jetzt begriff er, welcher Koloß dort gesessen
hatte am Tisch, in der Schenke auf der Wassilij-Insel (hatte etwa
auch ihn ein Gespenst heimgesucht?); als er ankam an der Tür,
war dort aus der Ecke, beleuchtet von einer Straßenlaterne, ihm

dieses Gesicht erschienen; und hatte diese grüne Hand ihm gedroht. Für einen Augenblick wurde Ableuchow alles deutlich: sein Schicksal klärte sich: ja – er mußte; und ja – er war verurteilt.

Doch Wolken schnitten sich in den Mond; unter dem Himmel flogen Büschel von Hexenzöpfen.

Nikolaj Apollonowitsch lief mit lautem Gelächter vor dem Ehernen Reiter davon.

– »Ja, ja, ja ...«
– »Ich weiß, ich weiß ...«
– »Bin verloren ohne Wiederkehr ...«

Durch die öde Straße flog ein Bündel Licht: da trug eine schwarze Hofkutsche grellrote Laternen vorüber, wie blutunterlaufene Blicke; ein spukhafter Umriß, der Dreispitz des Lakaien und der Umriß seiner Pelerine flogen mit dem Licht vom Nebel in den Nebel.

Zwei Greife

Und es dehnten sich die Prospekte – dort, dort: dehnten sich die Prospekte; ein mürrischer Passant sputete nicht seine Schritte: ein mürrischer Passant sah sich qualvoll um: Unendlichkeiten von Häusern! Der mürrische Passant war Nikolaj Apollonowitsch.

... Ohne nur eine Minute zu verlieren, mußte er sofort – doch was mußte er? Hatte denn nicht er selbst, er selbst überall den Samen der Theorien gesät von der Unvernunft jeglichen Mitleids? Hatte vor jenem schweigsamen Häuflein nicht er selbst damals seine Ansichten geäußert – immerzu, immer nur: über seinen verhohlenen Ekel vor dem Senator, vor den alten Ohren des Senators, vor allem Tatarentum und Senatortum bis hin ... zu diesem vogelhaft vorgestreckten Hals ... mit der Ader unter der Haut.

Schließlich nahm er einen späten Mietkutscher: vorüber fuhren, flogen an ihm vierstöckige Gebäude.

Die Admiralität schob ihre achtsäulige Flanke vor: schimmerte

321

rosa und verschwand; dort am anderen Ufer der Newa warfen zwischen weißen Stuckbändern die Mauern eines alten Gebäudes ihre helle Karottenfarbe herüber; ein schwarzweißes Schilderhaus blieb links liegen; im grauen Mantel lief dort gemächlich ein alter Paulinischer Grenadier; über die Schulter geworfen trug er sein scharfes funkelndes Bajonett.

Gleichmäßig, langsam, träge trabte der Mietkutscher am Paulinischen Grenadier vorüber; gleichmäßig, langsam, träge ließ sich an dem Pauliner vorüberschütteln auch Nikolaj Apollonowitsch. Ein heiterer Morgen, glühend mit Newa-Funken, verwandelte alles Wasser dort in einen Strudel Dukatengold; und in den Strudel Dukatengold tauchte mit Schwung, nach einem Pfiff, der Schlot eines Dampferchens; er sah, wie auf dem Trottoir ein dürres Figürchen seinen späten Schritt sputete, irgendwie über die Steine hüpfend – jenes dürre Figürchen, das ... in dem ... das er erkannte: das war Apollon Apollonowitsch. Nikolaj Apollonowitsch wollte den Kutscher zurückhalten, um dem Figürchen Zeit zu lassen, sich so weit zu entfernen, daß ... – schon zu spät: der alte, rasierte Kopf wandte sich zum Kutscher um, schwankte ein wenig und wandte sich ab. Nikolaj Apollonowitsch kehrte, um nicht erkannt zu werden, dem späten Passanten seinen Rücken zu: die Nase drückte er in den Biberpelz; zu sehen war – Kragen plus Schirmmütze; schon erhob sich vor ihm dort im Nebel der gelbe Block des Hauses.

Apollon Apollonowitsch Ableuchow, der das Kind begleitet hatte, strebte jetzt zur Schwelle des gelben Hauses; auch an ihm hatte eben die Admiralität ihre achtsäulige Flanke vorübergeschoben; das schwarzweiß gestreifte Schilderhaus blieb links liegen; schon war er am Ufer entlang gelaufen und hatte dort, auf der Newa, einen Strudel Dukatengold betrachtet, in den mit Schwung, nach einem Pfiff, der Schlot eines Dampferchens flog.

Hier hörte Apollon Apollonowitsch Ableuchow im Rücken das Poltern einer Droschke; zur Droschke wandte sich um der alte rasierte Kopf; und als der Kutscher den Senator einholte, da sah der Senator: dort, über dem Sitz, – krümmte sich ein greisenhafter und ungestalter junger Mann, aufs unangenehmste in seinen Mantel gewickelt; und als dieser junge Mann den Senator ansah, die Nase in den Mantel gedrückt (man sah nur Augen plus Schirmmütze), da flog der alte Kopf des Senators so entschlossen zur Seite, daß sein Zylinder anschlug an die steinerne Frucht des schwarzen Mauervorsprungs (Apollon Apollonowitsch Ableuchow rückte kunstgerecht den Zylinder zurecht), und Apollon Apollonowitsch Ableuchow starrte für eine Minute in die Tiefe der Wasser: in den smaragd-roten Abgrund.

Ihm war nun, als ob die Augen des unangenehmen jungen Mannes bei seinem Anblick im Nu sich zu weiten, zu weiten, zu weiten begännen: im Nu sich unangenehm weiteten und stehenblieben als grauenerfüllter Blick. Voller Grauen blieb Apollon Apollonowitsch vor dem Grauen stehen: dieser Blick verfolgte Apollon Apollonowitsch immer öfter und öfter; mit diesem Blick schauten ihn Untergebene an, mit diesem Blick schaute ihn das vorüberströmende Geschlecht von Bastards an: Student wie mandschurische Fellmütze; ja, ja, ja: mit *eben jenem* Blick schauten sie und mit *eben jenem* Glanz weiteten sie sich; und der Kutscher, ihn überholend, hüpfte schon zudringlich über die Steine; die Nummer des Blechschilds schimmerte auf: eintausendneunhundertfünf; und Apollon Apollonowitsch blickte in größtem Schrecken in die purpurne, vielschlotige Ferne; und die Wassilij-Insel blickte quälend, beleidigend, dreist den Senator an.

Nikolaj Apollonowitsch sprang aus der Droschke, tolpatschig sich verheddernd in den Schößen seines Mantels, greisenhaft und sehr böse, und rannte schnell-schnell zum Aufgang des gelben Hauses, wie eine Ente watschelnd und in der Luft mit der Pelerine des Mantels klappend vor der heiter-purpurnen Morgenröte; Ableuchow blieb vor der Haustür stehen; Ableuchow klingelte; und wie vielmal zuvor (ganz genauso auch heute) stürzte sich von irgendwo fern auf ihn die Stimme des Wächters, Nikolajitschs:

– »Wünschen Gesundheit, Nikolaj Apollonowitsch!.. Äußerst verbunden... So spät...«

Und wie vielmal zuvor, ganz genauso auch heute, fielen fünf Kopeken in die Hand des Wächters, Nikolajitschs.

Nikolaj Apollonowitsch zog mit Kraft an der Klingel: oh, würde doch schnell dort Semjonytsch öffnen, sonst – erscheint aus dem Nebel das dürre Figürchen (warum kam es nicht mit der Kutsche?); und auf jeder der Seiten der schweren Freitreppe sah er den aufgesperrten Schlund eines Greifs, der rosig war von der Morgenröte und in den Klauen Schaftringe hielt, für die rot-weiß-blaue Flagge, die über der Newa ihr dreifarbiges Tuch flattern ließ an bestimmten Kalendertagen; über den Greifen in Stein gehauen war auch das Wappen der Ableuchows; dieses Wappen stellte einen langfedrigen Ritter dar mit Rokoko-locken und durchstoßen von einem Einhorn; Nikolaj Apol-lonowitsch Ableuchow durchschoß, wie ein Fisch, der einen Augenblick an der Oberfläche der Wasser gleitet, ein absurder Gedanke: Apollon Apollonowitsch, der hinter der Schwelle dieser gebrandmarkten Tür wohnte, war ja tatsächlich ein durchbohrter Ritter; und auf diesen Gedanken glitt schon vollkommen nebelhaft vorüber, ohne die Oberfläche zu be-rühren (so schimmert dunkel in der Ferne ein Fisch): das alte Familienwappen bezog sich auf alle Ableuchows; und er, Ni-kolaj Apollonowitsch, war genauso durchbohrt – nur von wem durchbohrt?

All diese dummen Gedanken liefen in seinem Inneren im Zehntel einer Sekunde ab: und schon, und schon sah er dort, auf dem Fußweg – im Nebel – das nach Hause strebende dürre Figürchen: das dürre Figürchen lief entschlossen herbei, – dieses dürre Figürchen, in dem... das... das von ferne vor ihm erstand in Gestalt einer mickrigen Frühgeburt: mit gel-bem, gelbem Gesicht, entkräftet, hämorrhoidal, erinnerte Apollon Apollonowitsch Ableuchow, sein Vater, an den Tod im Zylinder; Nikolaj Apollonowitsch – es gibt schon närrische Gedanken – stellte sich das Figürchen Apollon Apollono-witschs im Moment des Vollzugs des ehelichen Verkehrs mit seiner Mutter vor, mit Anna Petrowna: und Nikolaj Apollo-nowitsch spürte in neuer Stärke die vertraute Übelkeit (denn in einem dieser Momente wurde er auch empfangen).

Empörung ergriff ihn: nein, soll kommen, was kommt!

Unterdessen näherte sich das Figürchen. Nikolaj Apollonowitsch sah, zu seiner Schande, wie sein Wutanfall, der künstlich geschürte, schwand und schwand: eine vertraute Verwirrung ergriff ihn, und ...

Und dem Blick Apollon Apollonowitschs bot sich ein unangenehmes Schauspiel: Nikolaj Apollonowitsch, greisenhaft und sehr böse, mit gelbem, gelbem Gesicht, mit rot entzündeten Lidern, mit gestülpter Lippe – Nikolaj Apollonowitsch sprang entschlossen von den Stufen der Freitreppe und lief, wie eine Ente watschelnd, schuldbewußt seinem Vater entgegen, mit blinzelndem, sich entziehendem Blick und aus dem Pelz des Mantels vorgestreckter parfümierter Hand:

– »Guten Morgen, Papachen ...«

Schweigen.

– »So ein unverhofftes Zusammentreffen, ich komme von den Zukatows ...«

Apollon Apollonowitsch dachte, daß dieser äußerlich schüchterne junge Mann ein junger Halunke war; doch Apollon Apollonowitsch Ableuchow wurde verlegen bei diesem Gedanken, besonders in Gegenwart des Sohnes; und, so verlegen, murmelte Apollon Apollonowitsch Ableuchow schüchtern:

– »So, so: guten Morgen, Kolenka .. Ja, hier, schau an, haben wir uns getroffen ... Hm? Ja, ja, ja ...«

Und wie vielmal zuvor, ganz genauso auch heute, ertönte hier im Nebel die Stimme des Wächters, Nikolajitschs:

– »Wünschen Gesundheit, Hohe Exzellenz!«

Auf der Freitreppe, beidseits der Tür, rissen voller Grauen die Greife ihre schnabelförmigen Schlünde auf; ein langfedriger steinerner Ritter mit Rokokolocken und mit aufgerissener Brust wurde durchbohrt von einem Einhorn; je blendender und luftiger am Himmel zu fliegen begannen die rosafingrigen Vorboten des Tages, um so wuchtiger wirkten alle Mauervorsprünge; um so himbeerröter, purpurner war auch der seinen Schlund aufsperrende Greif.

Die Tür wurde aufgerissen; der Geruch des vertrauten Gebäudes umfing die Ableuchows; durch die Türöffnung streckten

sich die ädrigen Finger des Lakaien: der graue Semjonytsch selbst, ganz verschlafen, in eilig umgeworfener Joppe, die die siebzigjährige Hand am Kragen hielt, blinzelte, als er die Herrschaften einließ, im unerträglichen Glanz der Newa.
Die Ableuchows schoben sich schnell durch die offene Tür.

Rot wie Feuer

Beide wußten, daß ihnen ein Gespräch bevorstand; dieses Gespräch war gereift in langen Jahren des Schweigens; Apollon Apollonowitsch, der dem Lakaien Zylinder, Mantel und Handschuhe übergab, verheddert sich hier mit seinen Galoschen; armer, armer Senator: wußte er denn, daß Nikolaj Apollonowitsch bezüglich seiner *eben jenen* Auftrag hatte. Genausowenig konnte auch Nikolaj Apollonowitsch vermuten, daß dem Vater die gesamte Geschichte des roten Domino vollständig bekannt war. Beide atmeten in dieser Minute den Geruch des vertrauten Gebäudes; auf die ädrige, die Lakaienhand fiel weich und silbrig der prächtige Biber; so schläfrig fiel der Uniformmantel – und im Domino also zeigte sich Nikolaj Apollonowitsch vor dem Auge des Vaters. Apollon Apollonowitsch kamen beim Anblick des Domino die vor langem gelernten Verse in den Sinn:

> Rote Farben, feuerfunkelnd,
> Breit ich auf der Hand,
> Er erstehe aus dem Dunkel
> Rot wie Feuerbrand! . .

Mit ebenso ädriger Hand wie Semjonytschs (nur reinlich gewaschener), befühlte er seine Koteletten:
– »Na . . . na . . . Ein roter Domino? . . Sagen Sie, bitte! . .«
– »Ich war maskiert . . .«
– »So . . . Kolenka . . . so . . .«
Apollon Apollonowitsch stand vor Kolenka mit irgendwie bitterer Ironie, murmelnd oder die eigenen Lippen kauend;

irgendwie elend, ironisch, zog seine Stirn sich zusammen zu feinen Runzeln; irgendwie elend spannte sich die Haut auf dem Schädel. Die bevorstehende Aussprache lag in der Luft: es lag in der Luft, daß die am Baum ihres Lebens gewachsene Frucht nun reif war; gleich wird sie sich: hat sich schon losgerissen und ... – plötzlich:

Apollon Apollonowitsch fiel ein Bleistift hin (vor den Stufen der samtweichen Treppe); Nikolaj Apollonowitsch, einer alten Gewohnheit folgend, eilte ehrfuchtsvoll herbei um ihn aufzuheben; Apollon Apollonowitsch, seinerseits, eilte der Dienstfertigkeit des Sohnes zuvorzukommen, doch er stolperte, fiel auf die Knie und berührte mit den Händen die Stufen; schnell flog sein kahler Kopf vornüber nach unten; und war unversehens unter die Finger des Sohnes geraten, der die Hand ausstreckte: Nikolaj Apollonowitsch sah blitzschnell vor sich den gelben ädrigen Hals des Vaters, der einem Krebsschwänzchen ähnlich sah (seitlich schlug die Arterie); und Nikolaj Apollonowitsch berührte – er hatte seine tolpatschigen Bewegungen falsch kalkuliert – unversehens den Hals; das warme Pulsieren des Halses erschreckte ihn, und er zog die Hand zurück, doch – zu spät zog er sie zurück: unter der Berührung seiner kalten Hand (der immer leicht schwitzenden) drehte sich Apollon Apollonowitsch um und sah *eben jenen* Blick; der Kopf des Senators zuckte blitzschnell im Tick, die Haut zog sich so elend zu Runzeln zusammen über dem Schädel und ein wenig zuckten die Ohren. In seinem Domino schien Nikolaj Apollonowitsch ganz – feuerfunkelnd; und der Senator, wie ein wendiger Japaner, der die Technik des Jiu-Jitsu beherrscht, tat einen Satz zur Seite, streckte sich plötzlich auf knirschenden Knien, – hoch, hoch und seitab ...

All das dauerte einen Augenblick. Nikolaj Apollonowitsch hob schweigend den Bleistift auf und reichte ihn dem Senator.
– »Hier, Papachen!«
Die winzige Kleinigkeit, die beide hatte zusammenstoßen lassen, erzeugte in beiden einen Ausbruch höchst ungleichartiger Wünsche, Gedanken, Gefühle; Apollon Apollono-

witsch wurde völlig verlegen von der Unschicklichkeit des eben Gewesenen: des eigenen Schrecks vor dem Ehrfurchtsvollen des unbedeutenden Sohnesdiensts (dieser Mann, ganz in Rot, war immerhin sein Sohn: Fleisch von seinem Fleisch: und vor dem eigenen Fleisch zu erschrecken war schändlich, wovor denn war er erschrocken?); dennoch war es eine Unschicklichkeit: er hatte *unter* dem Sohn gekauert und fühlte physisch auf sich *eben jenen* Blick. Zugleich mit der Verlegenheit verspürte Apollon Apollonowitsch auch Ärger: er nahm Haltung an, bog kokett seine Taille, preßte stolz die Lippen zum Ring und nahm den aufgehobenen Bleistift entgegen.

– »Danke, Kolenka... Ich bin dir sehr dankbar... Und wünsche dir angenehme Ruhe...«

Die Dankbarkeit des Vaters machte im selben Moment den Sohn verlegen; Nikolaj Apollonowitsch fühlte einen Zustrom von Blut in die Wangen; und als er dachte, daß er sich rötete, war er schon purpurrot. Apollon Apollonowitsch sah den Sohn verstohlen an; und als er sah, daß der Sohn purpurrot war, begann er selbst sich zu röten; um diese Röte zu verbergen, flog er mit koketter Grazie schnell-schnell die Treppe hinauf, flog hinauf, um sogleich zu ruhen in seinem Schlafzimmerchen, eingewickelt in feinstes Leintuch.

Nikolaj Apollonowitsch stand allein auf den Stufen der samtweichen Treppe, versunken in eine tiefe und beharrliche Betrachtung: doch die Stimme des Lakaien unterbrach seinen Gedanken.

– »Du meine Güte!.. Solche Dummheit!.. Habe ich denn ganz das Gedächtnis verloren... Herr, mein Lieber: es ist ja so etwas passiert!..«

– »Was ist passiert?«

– »Ja so etwas, daß – eiii... Ich traue nicht – wie es sagen...«

Auf der Stufe der grauen Treppe stehend, der samtbedeckten (niedergetreten vom Fuß von Ministern), wartete Nikolaj Apollonowitsch; aus dem Fensterchen aber, genau auf die Stelle, wo sein Vater gestolpert war, fiel vor seine Füße ein feines Netz von purpurnen Flecken; dieses feine Netz von purpurnen Flecken erinnerte aus irgendeinem Grund an Blut (Blut purpurte auch auf einer alten Waffe). Die vertraute, verhaßte Übelkeit, nur nicht in der früheren (in entsetzlicher) Stärke, stieg ihm vom Magen her auf: litt er vielleicht an schlechter Verdauung?

– »Aber so etwas ist auch passiert! Ja – nun: unsere Herrin nämlich...«

– »Unsere Herrin, Anna Petrowna...«

– »Sie ist hier!!«

. . . .

Nikolaj Apollonowitsch fing in diesem Augenblick vor Übelkeit an zu gähnen: und die riesige Öffnung seines Mundes weitete sich in die Morgenröte: dort stand er, rot wie eine Fakkel.

Die alten Lippen des Lakaien reckten sich zum hellblonden Schopf der so üppigen und so feinen Haare.

– »Sie ist hier!!«

– »Wer ist hier?«

– »Anna Petrowna...«

– »Wer ist das?..«

– »Wie denn wer?.. Ihre Mutter... Was sind Sie denn, Herr, mein Täubchen, gleichsam, wie ein Fremder: Ihr Mamachen...«

– »?«

– »Ist aus Hispanien zurück in Petersburch...«

. . . .

– »Hat ein Briefchen mit einem Boten geschickt: sie wohnt im Hotel... Weil – Sie wissen selbst... Ihre Lage ist...«

– »?«

– »Gerade als Seine Exzellenz, Apollon Apollonowitsch, geruht hatten auszufahren, da – der Bote: mit dem Brief... Nun, den Brief habe ich – auf den Tisch, und dem Boten – einen Zwanziger auf die Hand...«

– »Vielleicht, noch keine Stunde war vergangen, als – du mein lieber Gott: sie plötzlich selbst erschien!.. Ihr war, wohl, zuverlässig bekannt, daß niemand zu Hause war...«

. . . .

Vor ihm funkelte der Marschallstab: der Fleck der eingefallenen Luft war so seltsam purpurn; der Fleck der eingefallenen Luft war bedrückend purpurn: die purpurne Säule wuchs von der Wand bis zum Fensterchen; in der Säule tanzten Stäubchen und schienen hochrot. Nikolaj Apollonowitsch dachte, daß ganz genauso das Blut in ihm tanzte; Nikolaj Apollonowitsch dachte, daß auch der Mensch selbst nur eine Säule dampfenden Blutes ist.

. . . .

– »Sie klingelte ... Ich öffne, also, die Tür ... Sehe: eine unbekannte Herrin, eine achtbare Herrin; nur ziemlich einfach gekleidet; und ganz in Schwarz ... Ich zu ihr: ›Ist gefällig, gnädige Frau?‹ Und sie zu mir: ›Mitrij Semjonytsch, erkennst du mich nicht?‹ – Und ich zum Händchen: ›Unsere Gute, will sagen, Anna Petrowna ...‹«

. . . .

Es muß nur der erstbeste Halunke einfach eine Klinge in einen Menschen stoßen, dann zerschneidet er die weiße, haarlose Haut (so, wie man Ferkel in Aspik mit Meerrettich schneidet), und das in den Schläfen pochende Blut fließt aus als stinkende Pfütze ...

. . . .

– »Anna Petrowna aber, – gebe Gott ihr Gesundheit – schaute: schaute, jawohl, mich an ... Schaute mich an und dann unter Tränen: ›Ich möchte doch sehen, wie ihr ohne mich hier ...‹ Aus dem Ridicul – ein Ridicul von fremdländischer Façon – zog sie ein Taschentuch hervor ...«
– »Ich habe doch, Sie wissen, wahrscheinlich, selbst, strengste Order: niemanden einlassen ... Tja, nur unsere Herrin habe ich eingelassen ... Und sie ...«
Der kleine Greis riß die Äuglein auf; er stand mit weit geöffnetem Mund und dachte wohl, daß im lackglänzenden Haus alle Herrschaften längst verrückt geworden sind: anstelle von irgendwelchem Erstaunen, Mitleid, Freude – flog Nikolaj Apollonowitsch die Treppe hinauf und ließ wunderlich in den Raum seinen grellroten Altas flattern, wie den Schweif eines illegitimen Kometen.

. . . .

Er selbst, Nikolaj Apollonowitsch... Oder doch nicht er? Doch, doch, er – selbst: er hatte ihnen, scheint es, damals gesagt, daß er ihn haßt, den widrigen Greis; daß der widrige Greis, Träger brillantener Orden, ganz einfach ein hoffnungsloser Schurke ist... Oder hatte er all das nur bei sich gesagt? Nein – vor ihnen, vor ihnen!..

Darum flog Nikolaj Apollonowitsch die Treppe hinauf, Semjonytsch unterbrechend, weil er deutlich vor sich sah: eine bestimmte abscheuliche Handlung des einen Halunken am anderen Halunken; plötzlich stellte er sich den Halunken vor; in den Fingern dieses Halunken klapperte eine blitzende Schere, als dieser Halunke ungeschickt eilte, die schlafende Arterie eines mageren Greisleins zu scheren; dem mageren Greislein zog sich die Stirn zu Runzeln zusammen; der magere Greis hatte einen warmen, vom Puls pochenden und... so krebsartigen Hals; der Halunke klapperte mit der Schere durch die Arterie des mageren Greisleins, und stinkendes klebriges Blut überlief ihm Finger wie Schere, das Greislein aber – bartlos, runzlig, kahl – schluchzte laut auf und starrte fest direkt in seine, Nikolaj Apollonowitschs Augen, mit flehendem Ausdruck, hingekauert und bemüht, mit dem zitternden Finger jene Öffnung im Hals zuzudrücken, aus der mit kaum hörbarem Pfeifen rote Ströme immerfort – hüpften, hüpften, hüpften...

Dieses Bild erstand so deutlich vor ihm, als wäre es gerade schon gewesen (denn als der Greis auf die Hände fiel, da hätte er im Nu den Marschallstab von der Wand reißen, ausholen können und...). Dieses Bild erstand so deutlich vor ihm, daß er erschrak.

Darum hatte Nikolaj Apollonowitsch eilig die Flucht durch die Zimmer ergriffen, vorüber an Lack und Gefunkel, mit den Absätzen trappelnd und Gefahr laufend, den Senator aus dem fernen Schlafgemach zu rufen.

Würde ich Euren Erlauchten, Exzellenzen, Gnädigen Herren und Bürgern die Frage stellen, was denn die Wohnung unserer kaiserlichen Würdenträger sei, so würden, wahrscheinlich, mir diese achtbaren Stände unumwunden in dem überzeugten Sinne antworten, die Wohnung von Würdenträgern sei, erstens, ein Raum, worunter wir alle die Gesamtheit der Zimmer verstehen; diese Zimmer bestehen: aus nur einem Zimmer, das sich Saal nennt und Halle, was – wie Sie bemerken wollen – ganz das gleiche ist; sie bestehen weiter aus einem Zimmer zum Empfang der unterschiedlichsten Gäste; et cetera, et cetera, et cetera (all der Rest sind Bagatellen).

Apollon Apollonowitsch Ableuchow war Wirklicher Geheimrat; Apollon Apollonowitsch war Person erster Klasse (was wiederum dasselbe ist); schließlich: war Apollon Apollonowitsch Ableuchow Würdenträger des Reichs; all das haben wir gesehen von den ersten Zeilen unseres Buches an. Nun also: als Würdenträger, sogar als Beamter des Reichs, mußte er sich in Räumen ansiedeln, die drei Dimensionen haben; und er siedelte sich in Räumen an: in kubischen Räumen, die, wie Sie bemerken wollen, bestanden aus: dem Saal (oder der Halle) et cetera, et cetera, et cetera, was uns bei flüchtigem Rundgang zu prüfen gelang (all der Rest sind Bagatellen); unter diesen Bagatellen nun war sein Arbeitszimmer und waren die – einfach nur – Zimmer.

Diese, einfach nur, Zimmer lagen schon im Licht der Sonne; und schon blitzten in der Luft die Intarsien der Tischchen, und schon funkelten fröhlich die Spiegel: und alle Spiegel begannen zu lachen, denn der erste Spiegel, der in den Saal schaute aus dem Salon, reflektierte ein weißes, wie bemehltes Hanswurst-Gesicht, und der Schaubuden-Hanswurst selbst, grellrot, wie Blut, kam aus dem Saal gerannt (mit trampelndem Schritt); sogleich warf der Spiegel dem Spiegel ein Bild zu; und in allen Spiegeln wurde der Schaubuden-Hanswurst reflektiert: das war Nikolaj Apollonowitsch, der in vollem Lauf in den Salon hineinflog und dort wie angewurzelt stand, mit dem Blick in die

kalten Spiegel fliehend, denn er sah: der erste Spiegel, der vom Saal aus in den Salon schaute, reflektierte Nikolaj Apollonowitsch einen gewissen Gegenstand: ein Totengerippe im geknöpften Gehröckchen, mit einem Schädel, von dem rechts und links je ein nacktes Ohr abstand und je eine kleine Kotelette; zwischen Koteletten und Ohren aber erschien, spitzer als es sollte, ein Näschen; über dem spitzen Näschen erhoben zwei dunkle Augenhöhlen sich vorwurfsvoll...
Nikolaj Apollonowitsch begriff, daß Apollon Apollonowitsch hier den Sohn erwartet hatte.

Apollon Apollonowitsch sah anstelle des Sohnes in den Spiegeln einfach eine rote Schaubuden-Marionette; und beim Anblick dieser Schaubuden-Marionette erstarrte Apollon Apollonowitsch; die Schaubuden-Marionette stand mitten im Saal so seltsam-perplex...

Da lehnte Apollon Apollonowitsch zur eigenen Überraschung die Tür zur Halle an; der Rückzug war versperrt. Was er begonnen hatte, mußte er schnell beenden. Das Gespräch aus Anlaß des seltsamen Betragens seines Sohnes betrachtete Apollon Apollonowitsch als unangenehmen chirurgischen Akt. Wie ein Chirurg, der sich dem Operationstablett nähert, auf dem Messerchen, Feilen und Bohrer bereitliegen, trat Apollon Apollonowitsch, die gelben Finger reibend, nun dicht an Nicolas heran, blieb stehen und zog, den ausweichenden Blick suchend, unbewußt sein Brillen-Futteral hervor, drehte es zwischen den Fingern, steckte es weg, hustete irgendwie reserviert, schwieg kurz und sagte:
– »Nun also: der Domino.«
Gleichzeitig dachte er, daß hier dieser schüchtern aussehende junge Mann, der die Zähne bis zu den Ohren bleckte und ihm mit *eben jenen* Blicken nicht direkt in die Augen sah – daß dieser schüchterne junge Mann und der dreiste Petersburger Domino, über den die Juden-Presse schrieb, ein und dieselbe Person waren; daß er, Apollon Apollonowitsch, Person erster Klasse und Adliger aus altem Geschlecht – daß er diesen hervorgebracht hatte; zugleich sagte Nikolaj Apollonowitsch irgendwie bestürzt:

– »Ja, siehst du ... viele waren maskiert ... So habe auch ich
mir ... ein Kostümchen ...«
Zugleich dachte Nikolaj Apollonowitsch, daß hier dieses Zwei-
Arschin-Körperchen seines Vaters, das im Umkreis nicht mehr
maß als zwölfeinhalb Werschok, dennoch Zentrum und Umkreis eines unsterblichen Zentrums war: dort saß ja das »Ich«;
und jeder Dachziegel, der zur Unzeit herabfiel, konnte dieses
Zentrum vernichten: endgültig vernichten; vielleicht unter
dem Einfluß dieses ahnungsvollen Gedankens lief Apollon
Apollonowitsch schnell-schnell zu jenem entfernten Tischchen
und trommelte mit zwei Fingern darauf, während Nikolaj
Apollonowitsch, sich ihm nähernd, schuldbewußt lachte:
– »Es war, weißt du, lustig ... Wir haben getanzt, weißt
du ...«
Selbst aber dachte er: Haut, Knochen und Blut, ohne einen
einzigen Muskel; doch diese Schranke – Haut, Knochen und
Blut – sollte ja auf Befehl des Schicksals in Stücke zerspringen;
ist ihm heute zu entrinnen, kehrt es mit dem morgigen Abend
zurück, um in der morgigen Nacht ...
Hier drehte sich Apollon Apollonowitsch, der im blinkenden
Spiegel *eben jenen* finsteren Blick erhaschte, auf den Absätzchen
um und erhaschte das Ende des Satzes.
– »Und dann, weißt du, haben wir petit-jeu gespielt.«
Apollon Apollonowitsch, mit unverwandtem Blick auf den
Sohn, antwortete nichts; und *eben jener* finstere Blick bohrte
sich in die Täfelung des Parketts ...; Apollon Apollonowitsch
erinnerte sich: dieser fremde »Hanswurst« war doch einmal ein
kleines Körperchen gewesen; dieses Körperchen hatte er
manchmal in väterlicher Zärtlichkeit auf dem Arm getragen;
das blondgelockte Knäblein, ein Hütchen aus Papier auf dem
Kopf, kletterte ihm auf die Schultern. Apollon Apollonowitsch,
detonierend und platzend, sang mit heiserer Stimme vor sich
hin:

Dummerchen, Hummelchen
Kolenka da tanzt es:
Setzt sich sein Schiffchen auf
Auf dem Roß da stampft es.

Später trug er das Kind hier zu diesem Spiegel; im Spiegel erschienen der Alte, der Kleine; er zeigte dem Knaben die Spiegelbilder, und sagte dazu:

– »Schau, Söhnchen: die Fremden da...«

Manchmal weinte Kolenka und dann schrie er nachts. Und heute, und heute? Apollon Apollonowitsch sah nicht ein Körperchen, er sah einen Körper: fremd, groß... Wirklich fremd?

Apollon Apollonowitsch begann durch den Salon zu zirkulieren, bald vorwärts, bald rückwärts:

– »Siehst du, Kolenka...«

Apollon Apollonowitsch ließ sich im tiefen Sessel nieder.

– »Ich muß, Kolenka... Das heißt, nicht ich, sondern – ich hoffe – *wir* müssen... wir müssen uns aussprechen: verfügst du jetzt über ausreichend Zeit? Die Frage, und zwar eine beunruhigende, ist, ob«... Apollon Apollonowitsch stolperte mitten im Satz, lief wieder zum Spiegel (im selben Moment schlug die Turmuhr), und aus dem Spiegel sah Nikolaj Apollonowitsch der Tod im Gehrock an, wurde ein vorwurfsvoller Blick erhoben, trommelten Finger; und der Spiegel zerbarst mit Gelächter: querüber sprang wie der Blitz mit feinem Knacken eine krumme Nadel; und erstarrte für immer als silbriges Zickzack.

Apollon Apollonowitsch Ableuchow hatte Blicke in den Spiegel geworfen, und der Spiegel war zersprungen; Abergläubige würden sagen:

– »Kein gutes Zeichen, kein gutes Zeichen...«

Vorüber, passiert: das Gespräch stand bevor.

Nikolaj Apollonowitsch hatte, augenscheinlich, mit allen Mitteln versucht, möglichst lange eine Aussprache hinauszuschieben; seit der heutigen Nacht aber war jede Erklärung überflüssig: es würde sich alles auch so erklären. Nikolaj Apollonowitsch bedauerte, daß er sich nicht rechtzeitig aus dem Salon verdrückt hatte (wie viele Stunden schon zog und zog sich die Agonie: und unter seinem Herzen wuchs, wuchs und wuchs etwas); in seinem Grauen erlebte er eine seltsame Wollust: er konnte sich vom Vater nicht losreißen.

– »Ja, Papachen: offen gestanden, ich habe auf unsere Aussprache gewartet.«
– »Aa... du hast darauf gewartet?«
– »Ja, ich habe darauf gewartet.«
– »Hast du Zeit?«
– »Ja, ich habe Zeit.«
Er konnte sich vom Vater nicht losreißen: vor ihm... Doch
hier muß ich eine kurze Abschweifung machen.
Oh, geschätzter Leser: wir haben das Äußere des Trägers brillantener Orden in überspitzten, allzu schroffen Zügen geschildert, doch ohne allen Humor; wir haben das Äußere des Trägers
brillantener Orden nur so geschildert, wie es vor jedem Außenstehenden erstanden wäre, – und durchaus nicht so, wie es
zweifellos ihm selbst wie auch uns sich darstellen würde: wir
haben uns ja daran gewöhnt; wir sind eingedrungen in die
zutiefst erschütterte Seele und die leidenschaftlichen Wirbel
des Bewußtseins; doch wir sollten dem Leser das Aussehen
jenes Äußeren in den Hauptzügen in Erinnerung rufen, weil
wir wissen: wie das äußere Aussehen, so auch der Kern. Hier
genügt es nur anzumerken, daß, erstünde dieser Kern vor uns,
sausten vor uns, die Stirnbeine sprengend, all diese Wirbel des
Bewußtseins vorüber und könnten wir kalt die blauen sehnigen
Schwellungen öffnen, dann... Aber – still. Kurz und gut: der
Blick eines Außenstehenden sähe hier, an dieser Stelle, das
Gerippe eines alten Gorillas, vom Gehrock umhüllt...
– »Ja, ich habe Zeit...«
– »Dann, Kolenka, geh in dein Zimmer: sammle erst deine
Gedanken. Wenn du in dir etwas findest, das wir zusammen
besprechen sollten, komm zu mir ins Arbeitszimmer.«
– »Jawohl, Papa...«
– »Und, übrigens: zieh diese Schaubudenfetzen aus... Offen
gesagt, mir mißfällt das alles extrem...«
– »?«
– »Ja, es mißfällt mir extrem! Es mißfällt mir in höchstem
Maße!!«
Apollon Apollonowitsch ließ die Hand sinken; zwei gelbe
Knöchel trommelten präzise auf dem Kartentischchen.

– »Eigentlich«, – stammelte Nikolaj Apollonowitsch, – »eigentlich müßte ich…«
Doch die Tür schlug zu: Apollon Apollonowitsch zirkulierte in sein Arbeitszimmer.

Beim Tischchen

Und Nikolaj Apollonowitsch blieb beim Tischchen: seine Blicke glitten über die Plättchen der Bronzeintarsien, über Schränkchen und Regale an der Wand. Ja, hier hatte er gespielt; hier hatte er lange gesessen – in diesem Sessel, wo auf dem blaßblauen Atlas des Sitzes kleine Girlanden sich wanden; und noch genauso, wie früher, hing hier die Kopie von Davids Gemälde »*Distribution des aigles par Napoléon Premier*«. Das Gemälde stellte den großen Kaiser dar im Lorbeerkranz und Purpurmantel, mit der Hand auf die Marschallversammlung weisend.

Was würde er dem Vater sagen? Wieder quälend lügen? Lügen, wo die Lüge schon nutzlos war? Lügen, wo seine Lage jetzt jegliche Lüge ausschloß? Lügen… Nikolaj Apollonowitsch erinnerte sich, wie er log in den Jahren der fernen Kindheit.

Und der Flügel, stilvoll, gelb: berührte das Parkett mit den Rädchen der schlanken Füße. Wie hatte sich oft seine Mutter, Anna Petrowna, darangesetzt, wie hatten die alten Beethoven-Klänge diese Wände erschüttert: alte Vorzeiten, platzend und klagend in Tönen, erstanden mit derselben Sehnsucht im kindlichen Herzen, wie auch der erbleichende Mond, der aufging, ganz rot, und höher über der Stadt emportrug seinen bleich-strohgelben Kummer…

War es nicht Zeit sich aussprechen zu gehen – worüber sich aussprechen?

In diesem Moment sah die Sonne ins Fenster, eine leuchtende Sonne schleuderte dort oben ihre schwertgleichen Fackeln: der goldene tausendarmige Titan aus der Vorzeit verhängte ungestüm die Öde und beleuchtete Turmspitzen und Dächer,

Rinnsale und Steine und die ans Glas geschmiegte göttliche, sklerotische Stirn; der goldene tausendarmige Titan beklagte dort stumm seine Einsamkeit: »Kommt, kommt zu mir – zur alten Sonne!«

Doch die Sonne erschien ihm als gewaltige tausendfüßige Tarantel, die mit verrückter Leidenschaft die Erde überfiel...

Und unwillkürlich kniff Nikolaj Apollonowitsch die Augen zusammen, weil alles aufflammte: der Lampenschirm flammte auf; Amethyste bestreuten das Lampenglas; Fünkchen blinkten auf dem Flügel einer goldenen Putte (die Putte schob vor der Spiegelfläche ihre schwere Flamme durch die goldenen Rosenblüten eines Kranzes); die Fläche der Spiegel flammte auf – ja: der Spiegel war gesprungen.

Abergläubige würden sagen:

– »Kein gutes Zeichen, kein gutes Zeichen...«

Jetzt erschien, unter allem Goldenen und Leuchtenden, hinter Ableuchows Rücken eine unscheinbare Kontur; über all das Stumme lief, wie ein Sonnenfleck, vernehmlich ein Murmeln.

– »Wie wollen wir... denn...«

Nikolaj Apollonowitsch hob sein Antlitz...

– »Wie wollen wir denn... mit der Herrin?«

Jetzt sah er Semjonytsch.

Die Rückkehr seiner Mutter hatte er vollkommen vergessen; doch sie, die Mutter, war zurückgekommen; und mit ihr waren zurückgekommen die alten Zeiten – mit der Förmlichkeit, den Szenen, mit der Kindheit und den zwölf Gouvernanten, deren jede die Verkörperung eines Alptraums war.

– »Ja... Ich weiß es nicht, wirklich...«

Vor ihm mümmelte Semjonytsch besorgt mit den alten Lippen.

– »Soll ich dem Herrn wohl vortragen?«

– »Weiß es Papa etwa nicht?«

– »Ich war nicht so kühn...«

– »Dann gehen Sie, sagen Sie...«

– »Ich gehe schon... Sage schon...«

Und Semjonytsch ging in den Korridor.

Das Alte kam wieder: nein, das Alte kommt nie wieder; wenn das Alte wiederkommt, schaut es anders. Und das Alte schaut ihn an – entsetzlich!

Alles, alles, alles: dieses Sonnengefunkel, die Wände, der Körper, die Seele – alles wird stürzen; alles stürzt schon, stürzt; und es kommen: Alptraum, Abgrund, Bombe.

Eine Bombe ist rasche Gasausdehnung... Die Rundung der Gasausdehnung rief in ihm einen lange vergessenen Unsinn wach, und hilflos entfuhr seinen Lungen in die Luft ein Seufzer.

Als Kind hatte Kolenka halluziniert; in den Nächten begann manchmal vor ihm ein elastisches Klümpchen zu hüpfen, vielleicht aus Gummi, vielleicht aus der Materie sehr seltsamer Welten; das elastische Klümpchen machte beim Berühren des Bodens auf dem Boden einen leisen Lack-Ton: pepp-peppep; und wieder pepp-peppep. Plötzlich gewann das Klümpchen, sich entsetzlich blähend, das Aussehen eines kugeligen rundlichen Onkels; dieser rundliche Onkel aber, zur drückenden Kugel geworden, – wuchs, wuchs und wuchs immerzu und drohte sich endgültig auf ihn zu wälzen, um zu platzen.

Und während er sich aufblies, zur drückenden Kugel wurde, um zu platzen – hüpfte er, wurde purpurrot, tat einen Sprung und machte auf dem Boden einen leisen Lack-Ton:

– »Pepp...«

– »Peppowitsch...«

– »Pepp...«

Und er zersprang.

Und Nikolenka, tief im Alptraum, begann unnütze dumme Sachen zu schreien – immerzu, immer nur: daß auch er sich runde, daß auch er – eine runde Null sei; alles in ihm wurde null – nulll – nullll...

Die Gouvernante aber, Karolina Karlowna, im weißen Jäckchen, mit teuflischen Lockenwicklern im Haar, das die Färbung des eben erlebten Grauens hatte, – die auf seinen Schrei aus dem Daunenbett gesprungene Baltendeutsche – Karolina

Karlowna sah ihn böse an aus gelbem Kerzenkreis, und der Kreis – wuchs, wuchs und wuchs. Karolina Karlowna aber wiederholte vielmal:

– »Ganz ruhig, kleine Kolinka; das ist das Wachstum . . .«

Sie schaute nicht, sondern – krallte; und nicht Wachstum war das – Ausdehnung: er dehnte sich, blähte sich, platzte: –

Pepp, Peppowitsch, Pepp . . .

– »Was denn, halluziniere ich?«

Nikolaj Apollonowitsch legte sich die kalten Finger an die Stirn: es kommen: Alptraum, Abgrund, Bombe.

Und im Fenster, vor dem Fenster: von fern-fern, wo die Ufer sich duckten, wo ergeben die kalten Insel-Häuser hockten, dort grub sich stumm und stechend, quälend und unbarmherzig funkelnd in den Himmel die Turmspitze von Peter-und-Paul.

Durch den Korridor kam Semjonytschs Schritt. Zu zögern war zwecklos: sein Vater, Apollon Appollonowitsch, erwartete ihn.

Bleistiftpäckchen

Das Arbeitszimmer des Senators war überaus einfach; in der Mitte erhob sich, natürlich, der Tisch; und das war nicht das Bedeutsamste: ungleich wichtiger war hier folgendes: Schränke standen entlang der Wände; rechts – der erste, der dritte, der fünfte Schrank; links: der zweite, der vierte, der sechste; die vollen Regalbretter bogen sich unter planvoll verteilten Büchern; in der Mitte des Tischs aber lag ein Kursus »Planimetrie«.

Apollon Apollonowitsch schlug vor dem Rückzug in den Schlaf gewöhnlich ein Buch auf, um das dem Schlaf widersetzliche Leben in seinem Kopf zu beruhigen durch Betrachtung glückseligster Konturen: Parallelepipeden, Parallelogrammen, Kegeln, Kuben und Pyramiden.

Apollon Apollonowitsch ließ sich im schwarzen Sessel nieder; die Lehne des Sessels, lederbezogen, hätte jeden verlockt sich

zurückzulehnen, um so mehr hätte sie verlockt sich zurückzulehnen an einem schlaflosen qualvollen Morgen. Apollon
Apollonowitsch Ableuchow war sich selbst gegenüber förm-
lich; auch an einem qualvollen Morgen saß er am Tisch, vollkommen gerade, und erwartete seinen nichtswürdigen Sohn.
In Erwartung aber des Sohnes zog er ein Schublädchen auf;
dort zog er unter dem Buchstaben »r« ein winziges Tagebuch
hervor, mit dem Titel »*Betrachtungen*«; dorthinein, in die »*Betrachtungen*«, schrieb er nun seine erfahrungsgeprüften Gedanken. Die Feder knirschte: »Der Staatsmann zeichnet sich aus
durch Humanität . . . Der Staatsmann . . .«
Die Betrachtung begann mit Sentenzen; doch bei den Sentenzen wurde er unterbrochen; in seinem Rücken ertönte erschrockenes Seufzen; Apollon Apollonowitsch erlaubte sich
einen sehr starken Strich, er wandte sich um (die Feder war
abgebrochen) und sah vor sich Semjonytsch.
– »Herr, Hohe Exzellenz . . . Erkühne mich Ihnen vorzutragen
(das hatte er unlängst verschwitzt) . . .«
– »Was gibt es!«
– »Also so was, das – eiii . . . Ich weiß nicht, wie es sagen . . .«
– »Ah – so, so . . .«
Apollon Apollonowitsch ragte auf mit dem ganzen Rumpf und
schien der äußeren Betrachtung als höchst vollkommene Kom-
bination von: grauen, weißen und schwarzen Linien; er wirkte
wie eine Radierung.
– »Nun also: unsere Herrin, – erkühne mich Ihnen vorzutra-
gen, – Anna Petrowna . . .«
Apollon Apollonowitsch drehte plötzlich böse dem Lakaien
sein riesiges Ohr zu . . .
– »Was gibt es – haa? Sprechen Sie lauter: ich höre nicht.«
Der zitternde Semjonytsch beugte sich dicht an das blaßgrüne
Ohr, das ihn erwartungsvoll ansah.
– »Die Herrin . . . Anna Petrowna . . . Ist zurückgekom-
men . . .«
– »? . .«
– »Aus Hispanien nach Piterburch . . .«
. . . .

– »So, so: sehr gut!..«
. . . .
– »Hat ein Briefchen per Boten geschickt...«
– »Wohnt im Hotel...«
– »Gerade hatten Hohe Exzellenz geruht auszufahren, als der
Bote, mit dem Brief...«
– »Nun, den Brief habe ich auf den Tisch, und dem Boten auf
die Hand – einen Zwanziger...«
– »Keine Stunde war noch vergangen, plötzlich: höre ich,
jawohl – es klingelt...«
. . . .
Apollon Apollonowitsch, Arm auf Arm gelegt, saß in völligem
Gleichmut, ohne Regung; es war, als säße er gedankenlos:
gleichgültig fiel sein Blick auf die Buchrücken; auf einem
Buchrücken glänzte eindrucksvoll die goldene Aufschrift:
»Russisches Gesetzbuch. Band eins«. Und daneben: »Band
zwei«. Auf dem Tisch lagen Stapel von Schriftstücken, glänzte
golden das Tintenfaß, hoben Federhalter und Federn sich ab;
auf dem Tisch stand ein schwerer Tintenlöscher in Gestalt eines
klobigen Fußes, auf dem ein silbernes Männlein (ein getreuer
Untertan) auf sein Wohl einen Humpen hob. Apollon Apollonowitsch saß vor den Federn, vor den Federhaltern, vor den
kleinen Stapeln von Schriftstücken, die Arme verschränkt,
ohne Regung, ohne Zittern...
. . . .
– »Ich öffne, Hohe Exzellenz, die Tür: eine unbekannte Her-
rin, eine achtbare Herrin...«
– »Ich zu ihr: ›Ist gefällig?..‹ Und die Herrin zu mir: ›Mitrij
Semjonytsch...‹«
– »Und ich zum Händchen: Unsere Gute, will sagen, Anna
Petrowna...«
– »Sie schaute mich an, und dann unter Tränen...«
– »Sie sagt: ›Ich möchte doch sehen, wie ihr ohne mich
hier...‹«
. . . .
Apollon Apollonowitsch antwortete nichts, doch zog wieder
eine Schublade auf, holte ein Dutzend Bleistifte vor (von den

342

allerbilligsten), nahm ein paar davon in die Finger – und dann
knackte in den Fingern des Senators ein Bleistiftstäbchen.
Apollon Apollonowitsch drückte manchmal seine seelische
Pein auf diese Weise aus: er zerbrach Bleistiftpäckchen, die
für diesen Fall sorgsam gelagert wurden in der Schublade mit
dem Buchstaben »be«.
– »Gut... Sie können gehen...«
. . . .
Doch Päckchen von Bleistiften knackend, konnte er immerhin
mit Würde seine leidenschaftslose Miene wahren; und niemand, niemand würde sagen, daß der förmliche Herr vor so
kurzem noch, keuchend und dem Weinen nah, die Tochter
einer Köchin durch den Matsch begleitet hatte; niemand,
niemand würde sagen, daß die gewaltige Wölbung der Stirn
vor so kurzem noch den Wunsch hegte, die Erde, wie mit einer
Kette, mit einem eisernen Prospekt zu umgürten und die
ungehorsame Masse hinwegzufegen.
Als aber Semjonytsch gegangen war, warf Apollon Apollonowitsch die Bleistiftbruchstücke in den Papierkorb und lehnte
den Kopf einfach an die Rückenlehne des schwarzen Sessels:
das alte Gesichtchen war jünger geworden; schnell rückte er am
Hals die Krawatte zurecht; schnell sprang er irgendwie auf und
rannte los, von Ecke zu Ecke zirkulierend: klein gewachsen und
irgendwie wendig, hätte Apollon Apollonowitsch jeden an
seinen Sohn erinnert: mehr noch erinnerte er an eine Photographie Nikolaj Apollonowitschs aus dem Jahre neunzehnhun-
dertundvier.
Zu dem Zeitpunkt ertönte aus einem fernen Raum, aus den –
einfach nur – Zimmern, Schlag um Schlag; weit weg irgendwo
beginnend, näherten sich die Schläge; als liefe dort jemand,
metallen, drohend; und ein Schlag ertönte, der alles zersprengte.
Apollon Apollonowitsch blieb unwillkürlich stehen, er wollte
zur Tür eilen und sein Arbeitszimmer verschließen, doch... er
besann sich, blieb wo er war, denn der Schlag, der alles zersprengte, erwies sich als Geräusch einer zugeschlagenen Tür
(das Geräusch kam aus dem Salon); unsagbar quälend ging
jemand zur Tür, laut hustend und unnatürlich mit den Schuhen

schlurfend: die schreckliche Vorzeit, wie ein aus den Tiefen uns überrollender Klageschrei, brauste plötzlich im Gedächtnis in den Tönen eines uralten Lieds, bei dem sich Apollon Apollonowitsch einst zum ersten Mal in Anna Petrowna verliebt hatte:
– »Beruuhiigt euch, Woogen der Lei-eidenschaaft...«
»Ru-uh aus, duu Heerz ooh-nee Hoo-ooff-nuung...«
Ja warum denn, ja was denn?
Die Tür ging auf: auf der Schwelle stand Nikolaj Apollonowitsch, in Uniform, sogar mit Degen (so war er auf dem Ball gewesen, er hatte nur den Domino ausgezogen), doch in Pantoffeln und mit buntem Tatarenkäppchen.
– »Hier bin ich, Papachen...«
Der kahle Kopf wandte sich um zum Sohn; nach dem passenden Wort suchend, schnalzte er mit den Fingern:
– »Siehst du, Kolenka, – Apollon Apollonowitsch fing nun, anstelle des Gesprächs über den Domino (war ihm jetzt nach dem Domino?), von einem anderen Umstand an: einem Umstand, der ihn soeben gezwungen hatte, sich dem verschnürten Bleistiftpäckchen zu widmen.
– »Siehst du, Kolenka: wir haben uns noch nicht ausgetauscht über eine Nachricht, die du, mein Freund, ohne Zweifel, erhalten hast... Deine Mutter, Anna Petrowna, ist zurückgekommen...«
Nikolaj Apollonowitsch seufzte erleichtert auf und dachte: »Das ist es also«, doch er gab sich bewegt:
– »Natürlich, natürlich: ich – weiß...«
Tatsächlich: zum ersten Mal stellte Nikolaj Apollonowitsch sich deutlich vor, daß seine Mutter, Anna Petrowna, zurück war; doch nachdem er sich das vorgestellt hatte, ging er wieder an das Gehabte: das Betrachten der eingefallenen Brust, von Hals, Fingern, Ohren und Kinn des vor ihm rennenden Greises... Diese Händchen, dieses Hälschen (irgendwie krebsähnlich)! Die erschrockene, verlegene Miene und die ganz mädchenhafte Schamhaftigkeit, mit der der Greis...
– »Anna Petrowna, mein Freund, hat einen Schritt getan, den... den... es mir sozusagen schwer... schwerfällt, Kolenka, mit genügender Kaltblütigkeit zu quali-fi-zieren...«

Etwas begann in der Ecke zu rascheln: dort bebte, zuckte, fiepte – eine Maus.

– »Kurz, dieser Schritt ist dir, hoffe ich, bekannt; diesen Schritt habe ich bis heute, – du hast das bemerkt, – vor dir zu erörtern vermieden, in Anbetracht deiner natürlichen Gefühle...«
Natürliche Gefühle! Diese Gefühle waren auf jeden Fall unnatürlich...

– »Deiner natürlichen Gefühle...«

– »Ja, danke, Papachen: ich verstehe Sie...«

– »Natürlich«, – Apollon Apollonowitsch steckte zwei Finger in sein Westentäschchen und rannte wieder in der Diagonalen (von Ecke zu Ecke). – »Natürlich: die Rückkehr deiner Mutter nach Petersburg kommt für dich überraschend.«
(Apollon Apollonowitsch, auf die Zehenspitzen erhoben, ließ den Blick auf dem Sohn ruhen.)

– »Vollkommen...«

– »Überraschend für uns alle...«

– »Wer hätte gedacht, daß Mama zurückkommt...«

– »Dasselbe sage ich auch: wer hätte gedacht«, – Apollon Apollonowitsch hob hilflos die Arme, zog die Schultern hoch, verbeugte sich vor dem Fußboden, – »daß Anna Petrowna zurückkommt...« – Und er rannte wieder los: – »Dieses völlig Überraschende kann, wie du allen Grund hast anzunehmen, zur Veränderung (Apollon Apollonowitsch hob vielsagend einen Finger und ließ seinen Baß durchs Zimmer dröhnen, als hielte er vor einer Menschenmenge eine wichtige Rede) unseres häuslichen Status quo führen, oder aber (er drehte sich um) es bleibt alles beim alten.«

– »Ja, das nehme ich an...«

– »Im ersten Fall – Seien Sie willkommen.«
Apollon Apollonowitsch verbeugte sich vor der Tür.

– »Im zweiten Fall«, – Apollon Apollonowitsch blinzelte hilflos, – »wirst du sie, natürlich, sehen, aber ich... ich... ich...«
Und Apollon Apollonowitsch erhob die Augen zu seinem Sohn; die Augen waren traurig: die Augen eines bebenden, gehetzten Damhirschs.

– »Ich weiß wirklich nicht, Kolenka: doch ich denke... Übrigens, das ist so schwer dir zu erklären, in Anbetracht der Natürlichkeit des Gefühls, das...«

Nikolaj Apollonowitsch erbebte vor dem Blick des Senators, mit dem der sich zu ihm umwandte, und seltsam: er fühlte einen unerwarteten Ansturm – können Sie sich vorstellen wovon? Von Liebe? Ja, von Liebe zu diesem alten Despoten, der verurteilt war in Stücke zu zerspringen.

Unter der Wirkung dieses Gefühls stürzte er zu seinem Vater hin: einen Augenblick noch, und er wäre vor ihm auf die Knie gefallen, um zu bereuen und um Gnade zu bitten; doch der Greis, angesichts der erwidernden Bewegung des Sohnes, preßte wieder die Lippen zusammen, wich seitlich irgendwie aus und ruderte voller Abscheu mit den Ärmchen:

– »Nein, nein, nein! Lassen Sie, bitte... Ja, ich weiß, was Sie wollen!.. Sie haben mich gehört, und nun seien Sie so gut und lassen mich in Ruhe.«

Gebieterisch klopften zwei Finger auf den Tisch; die Hand wurde erhoben und zeigte auf die Tür:

– »Mein Herr, Sie geruhen mich an der Nase herumzuführen; Sie sind mir, mein Herr, kein Sohn; Sie sind ein entsetzlicher Halunke!«

All das sagte Apollon Apollonowitsch nicht, sondern schrie es; diese Worte hatten sich überraschend gelöst. Nikolaj Apollonowitsch erinnerte sich nicht, wie er hinaussprang in den Korridor mit der vormaligen Übelkeit und einem Strom von ekelerfüllten Gedanken: diese Finger, dieses Hälschen und die beiden abstehenden Ohren werden – zu blutigem Matsch.

Pepp Peppowitsch Pepp

Um ein Haar wäre Nikolaj Apollonowitsch mit der Stirn an die Tür seines Zimmers geschlagen; und jetzt knipste der elektrische Lichtschalter (wozu knipste er – die Sonne, die Sonne sah dort durch die Fenster); er rannte zum Schreibtisch und stieß unterwegs einen Stuhl um:

– »Au, au, au ... Wo ist das Schlüsselchen?«
– »?«
– »!«
– »Ah! ..«
– »Na, also ...«
– »Gut ...«

Nikolaj Apollonowitsch, genau wie Apollon Apollonowitsch, redete mit sich selbst.

Und – ja: er beeilte sich ... zog eine störrische Schublade auf, doch die Schublade folgte nicht; er warf aus der Schublade auf den Tisch Päckchen verschnürter Briefe; ein großes Kabinettporträt trat unter den Päckchen zutage; sein Blick glitt über das Porträt; und von dort warf ihren erwidernden Blick eine liebreizende junge Dame: sie lächelte ungläubig – zur Seite flog das Kabinettporträt; und unter dem Porträt lag das Bündel; mit gespielter Gleichgültigkeit wog er es in der Hand: es hatte eine gewisse Schwere; schleunigst stellte er es ab.

Nikolaj Apollonowitsch zog an einem gestickten Zipfel, der einen Fasan darstellte, und löste schnell die Knoten des Tuchs: klein gewachsen – wendig – erinnerte Nikolaj Apollonowitsch jetzt an den Senator; mehr noch erinnerte er an eine Photographie des Senators aus dem Jahre achtzehnhundertundsechzig.

Doch wozu diese Hast? Ruhe, o ein wenig mehr Ruhe! Ohnehin konnten die zitternden Finger den Knoten nicht lösen; und es gab auch gar keinen Grund ihn zu lösen: alles war ohnehin klar. Trotzdem knüpfte er das Bündel auf; seine Verwunderung war grenzenlos:

– »Eine Bonbonniere ...«
– »Ah! ..«
– »Ein Schleifchen! ..«
– »Sagen Sie, bitte?«

Nikolaj Apollonowitsch, genau wie Apollon Apollonowitsch, redete mit sich selbst.

Doch kaum war die Schleife heruntergerissen, zerschlug sich die Hoffnung (er hatte auf etwas gehofft), denn darin – in der Bonbonniere, unter dem rosa Schleifchen – lag statt süßer Pra-

linen von Ballet eine einfache Blechdose; der Deckel der Blechdose sengte ihm den Finger mit höchst unangenehmer Kälte.
Nun bemerkte er zugleich ein Uhrwerk, das seitlich befestigt
war: man mußte seitlich ein metallenes Schlüsselchen drehen,
damit der spitze schwarze Zeiger auf die gewünschte Stunde
zeigte. Nikolaj Apollonowitsch spürte dumpf eine in seinem
Bewußtsein aufsteigende Gewißheit, die seine Untauglichkeit
und Schwäche beweisen sollte: er spürte, daß er dieses Schlüsselchen niemals würde umdrehen können, denn es gab keine
Mittel, das aufgezogene Uhrwerk anzuhalten. Und um sich
sogleich jeden weiteren Rückzug abzuschneiden, umschloß
Nikolaj Apollonowitsch sofort das metallene Schlüsselchen
mit den Fingern; ob darum, weil seine Finger zitterten, ob
darum, weil Nikolaj Apollonowitsch, den ein Schwindel erfaßte, in eben jenen Abgrund stürzte, dem er hatte entrinnen
wollen mit aller Kraft seiner Seele – schon, schon: drehte sich
das Schlüsselchen langsam auf eine Stunde, dann drehte es sich
auf zwei Stunden, und Nikolaj Apollonowitsch ... tat einen
unfreiwilligen Tanzschritt: hüpfte zur Seite; so zur Seite ge-
hüpft, schielte er wieder zum Tisch: ganz genauso stand immer
noch auf dem Tisch das Döschen für fettige Sardinen (er hatte
sich einmal an Sardinen überessen und aß sie seitdem nicht
mehr); eine Sardinenbüchse, eine echte Sardinenbüchse: glänzend, eckig-rund ...
Nein – nein – nein!
Nicht eine Sardinenbüchse, eine Sardinenbüchse entsetzlichen
Inhalts!
Das metallene Schlüsselchen stand schon auf zwei Stunden,
und ein eigenes, unbegreifliches Leben war in der Sardinenbüchse schon erwacht; und die Sardinenbüchse blieb zwar
dieselbe – und doch nicht dieselbe; dort krochen wahrscheinlich: Stunden- und Minutenzeiger; ein zuckendes Sekunden-
Härchen hüpfte schon im Kreis, bis zu dem Moment (der
Moment war nicht mehr fern), – zu dem Moment, dem
Moment, wo ... –

– der entsetzliche Inhalt der Sardinenbüchse
sich plötzlich abscheulich bläht; anfängt – sich maßlos zu

weiten; und dann, und dann: zerspringt die Sardinenbüchse...

        – Ströme des entsetzlichen Inhalts schießen ir-
gendwie munter in die Runde und zerreißen mit heftigem Krachen den Schreibtisch: etwas platzt darin und
tut einen Knall, und der Körper wird gleichfalls zerrissen sein; samt den Spänen, samt dem in alle Richtungen
sprühenden Gas klatscht er als abscheulicher blutiger
Matsch an die kalten Steine der Wand... –

        – im Hun-
dertstel einer Sekunde wird all das geschehen: im Hundert-
stel einer Sekunde stürzen Mauern ein, und der entsetzliche
Inhalt, sich dehnend, dehnend und dehnend, klebt am
trüben Himmel – Späne, Blut und Steine.

In den trüben Himmel werden entschlossen sich zottige Rauche winden und ihre Schweife in die Newa hängen.

Was nur hatte er getan, was hatte er getan?

Auf dem Tisch stand das Döschen ja vorläufig noch; wo er den
Schlüssel nun umgedreht hatte, mußte er schnell dieses Döschen nehmen und an den gebotenen Platz tragen (zum Beispiel
im weißen Schlafzimmer unter das Kopfkissen); oder umgehend unter der Ferse zertreten. Doch es am gebotenen Platz zu
verstecken, unter dem aufgeschütteten Kissen des Vaters, daß
der alte, kahle Kopf, erschöpft vom soeben Geschehenen, mit
Schwung auf die Bombe fiele, – nein, nein, nein: dazu war er
nicht imstande; das war Verrat.

Unter der Ferse zertreten?

Doch bei diesem Gedanken spürte er etwas, wovon ihm tatsächlich die Ohren zuckten: er empfand solch gewaltige Übelkeit (von den sieben getrunkenen Gläschen), als ob er die
Bombe, wie eine Pille, verschluckt hätte; und nun blähte sich
in der Herzgrube etwas: vielleicht aus Gummi, vielleicht aus
der Materie sehr seltsamer Welten...

Niemals würde er sie zertreten, niemals.

Blieb nur, sie in die Newa zu werfen, doch das hatte Zeit: er
mußte nur den Schlüssel noch etwa zwanzigmal drehen; und
vorläufig war alles aufgeschoben; nun, wo er den Schlüssel

gedreht hatte, mußte er schleunigst dieses *vorläufig* ausdehnen; doch er zögerte, völlig kraftlos in den Sessel gesunken; Übelkeit, eine seltsame Schwäche, Schlummer befielen ihn entsetzlich; und das schwindende Denken, sich lösend vom Körper, zeichnete Nikolaj Apollonowitsch sinnlos lauter elende, müßige, kraftlose Arabesken... und versank in Schlummer.

. . . .

Nikolaj Apollonowitsch war ein aufgeklärter Mensch; Nikolaj Apollonowitsch hatte nicht ohne Sinn der Philosophie die besten Jahre seines Lebens gewidmet; alle Vorurteile waren längst von ihm abgefallen, und Nikolaj Apollonowitsch stand Hexereien und Wundern entschieden fern; Hexereien und allerlei Wunder verdunkelten (warum dachte er an Nebendinge, er mußte *daran* denken... *Woran* denken? Nikolaj Apollonowitsch suchte sich aus dem Schlummer zu erheben; und konnte sich nicht erheben)... verdunkelten... allerlei Wunder... die Vorstellung von der Quelle der Vollkommenheit; dem Philosophen war die Quelle der Vollkommenheit das Denken: Gott sozusagen, das heißt die Vollkommene Regel... Die Begründer der Weltreligionen aber drückten mannigfaltige Regeln in bildlicher Form aus; für die Begründer der Weltreligionen hegte Nikolaj Apollonowitsch sozusagen Achtung, ohne jedoch, selbstverständlich, an ihr göttliches Wesen zu glauben.

Ja: warum die Religion? War denn jetzt Zeit zu denken... Denn es war geschehen: schleunigst... Was war geschehen?.. Nikolaj Apollonowitschs letzter Versuch, dem Schlummer zu entkommen, schlug fehl; er erinnerte sich an nichts; alles schien ruhig... bis zur Alltäglichkeit, und sein schwindendes Denken, sich lösend vom Körper, zeichnete sinnlos lauter elende, müßige, kraftlose Arabesken.

Für Buddha hegte Nikolaj Apollonowitsch Ableuchow besondere Achtung, er fand, der Buddhismus sei allen Religionen in psychologischer wie theoretischer Hinsicht überlegen; in psychologischer – weil er lehrte, auch die Tiere zu lieben; in theoretischer: die Logik war liebevoll entwickelt von den tibetischen Lamas. Ja: Nikolaj Apollonowitsch erinnerte sich, er hatte vor Zeiten die Logik Dharmakirtis gelesen mit einem Kommentar Dharmottaras...

Das – zum ersten.

Zum zweiten: zum zweiten (bemerken wir unsererseits) war Nikolaj Apollonowitsch ein unbewußter Mensch (nicht Nikolaj Apollonowitsch Nummer eins, sondern Nikolaj Apollonowitsch Nummer zwei); von Zeit zu Zeit, zwischen zwei Aufgangstüren befiel ihn (wie auch Apollon Apollonowitsch) ein seltsamer, sehr seltsamer, außerordentlich seltsamer Zustand: als wäre alles hinter der Tür nicht wie sonst, sondern anders: wie, – das hätte Nikolaj Apollonwitsch nicht sagen können. Stellen Sie sich nur vor, daß hinter der Tür – nichts ist, und daß, wenn man die Tür weit öffnet, die Tür sich in leere, kosmische Unermeßlichkeit öffnet, wohin man nur... höchstens kopfüber stürzen kann, um zu fliegen, zu fliegen und fliegen – und wo man bei der Ankunft erkennt, daß diese Unermeßlichkeit der Himmel ist und die Sterne – derselbe Himmel, dieselben Sterne, die wir über uns sehen und sehend – nicht sehen. Dorthin nur bleibt noch zu fliegen an seltsam starren, nun nicht blinkenden Sternchen vorüber und purpurroten Planetenkugeln – in der absoluten Null, einer Atmosphäre von zweihundertdreiundsiebzig Grad Kälte. Eben das erlebte Nikolaj Apollonowitsch gerade jetzt.

Ein seltsamer, sehr seltsamer Zustand des Halbschlafs.

Das Jüngste Gericht

Und in diesem Zustand saß er vor der Sardinenbüchse: er sah – und sah nicht; hörte – und hörte nicht; als würde in jener leblosen Minute, als dieser müde Körper in die schwarze Umarmung des Sessels hinsank, dieser Geist hinsinken direkt von der Täfelung des Parketts in irgendein lebloses Meer, in absolute null Grad; und er sah – und sah nicht: doch, er sah. Als der müde Kopf lautlos sich auf den Tisch senkte (auf die Sardinenbüchse), da sah durch die offene Korridortür Unergründliches, Seltsames, das Nikolaj Apollonowitsch abzuschütteln versuchte, um zur laufenden Sache überzugehen: zu einer weiten astralen Reise, oder zum Schlaf (was, wie wir bemerken – dasselbe ist); und die offene Tür klaffte weiter inmitten des Strömenden und öffnete ins Strömende ihre nichtströmende Tiefe: kosmische Unermeßlichkeit.

Nikolaj Apollonowitsch war, als blicke ihn durch die Tür, im Unermeßlichen stehend, jemand an, als strecke sich dort ein Kopf durch (sobald er ihn ansah, verschwand er): der Kopf eines *Gottes* (Nikolaj Apollonowitsch würde diesen Kopf den Köpfen von Holzgötzen zurechnen, wie Sie sie noch heute bei den nordöstlichen Völkerschaften finden, die von jeher die düsteren Tundren Rußlands besiedeln). Denn genau solche Götzen verehrten vielleicht in der Vorzeit seine kirgis-kaisachi-schen Ahnen; diese kirgis-kaisachischen Ahnen hatten, so die Überlieferung, Verbindung zu den tibetischen Lamas: im Blut der Ab-Laj-Uchows wimmelte es von ihnen. Konnte nicht darum Nikolaj Apollonowitsch eine Schwäche für den Bud-dhismus hegen? Hier äußerte sich das Erbe; das Erbe flutete ins Bewußtsein; in den sklerotischen Adern pochte das Erbe in Millionen gelber Blutkügelchen. Und jetzt, als die offene Tür Ableuchow das Unermeßliche zeigte, da begegnete er die-sem überaus seltsamen Umstand mit würdiger Kaltblütigkeit (denn das war schon einmal): er ließ den Kopf auf die Arme sinken.

Einen Augenblick, und er hätte sich ruhig auf die gewohnte astrale Reise begeben, von seiner vergänglichen Hülle einen nebelnden, kosmischen Schweif entfaltend, der die Wände durchdringt ins Unermeßliche, doch der Traum brach ab: unsagbar, quälend, stumm trat jemand zur Tür und verstörte mit den Lüften des Nichts: die schreckliche Vorzeit, wie der uns anfliegende Klageschrei eines eiligen Taxameters, brauste plötz-lich in den Tönen eines uralten Lieds:

Dieses Lied erriet Nikolaj Apollonowitsch eher, als es zu er-kennen:

– »Beruuhiigt euch, Woogen der Lei-eidenschaaft...«

Das hatte doch kurz zuvor ein Musikautomat gebrüllt:

– »Ru-uh aus, duu Heerz...«

– »Aaa« – brüllte es in der Tür: der Grammophontrichter? das Signalhorn des Taxameters? Nein: in der Tür stand ein alter-alter Kopf.

Nikolaj Apollonowitsch fuhr auf.

Der alte, alte Kopf: des Konfuzius oder Buddhas? Nein, durch die Tür schaute wohl sein Ururahn, Ab-Laj.

Da plapperte und lispelte ein bunter schillernder Seidenschlaf-rock; aus irgendeinem Grund fiel Nikolaj Apollonowitsch sein eigener Bucharer Schlafrock ein, auf dem schillernde Pfauenfe-dern ... Ein bunter schillernder Seidenschlafrock, wo auf rau-chigem, rauchig-saphirenem Grund (hinein in den rauchigen Grund) lauter winzige Drachen krochen, spitzschnabelig, gol-den, geflügelt, klein; die fünfstöckige pyramidenförmige Müt-ze mit der goldenen Krempe erschien als Mitra; über dem Kopf leuchtete und prasselte eine vielstrahlige Aureole: wunderbarer Anblick und uns allen bekannt! Im Zentrum dieser Aureole tat ein runzliges Antlitz die Lippen auf mit *chronischem* Ausdruck; ein ehrwürdiger Mongole trat in das bunte Zimmer; und ihm nach wehten tausendjährige Lüfte.

Im ersten Augenblick dachte Nikolaj Apollonowitsch Ableu-chow, daß in Gestalt seines mongolischen Ahnen, Ab-Lajs, Chronos zu ihm eingetreten sei (das also hatte sich in ihm verborgen!); ängstlich begannen seine Blicke zu wandern: er suchte in den Händen des Unbekannten die Klinge der ge-wöhnlichen Sense; doch keine Sense war in den Händen: die gelbliche Hand, wohlriechend, wie die erste Lilie, hielt nur ein orientalisches Schälchen mit einem duftenden Häuflein rosiger chinesischer Äpfelchen: Paradies-Äpfelchen.

Das Paradies leugnete Nikolaj Apollonowitsch: das Paradies, oder der Garten (was, wie er sah, dasselbe war) verband sich in Nikolaj Apollonowitschs Vorstellung nicht mit dem Ideal des höchsten Heils (vergessen wir nicht, daß Nikolaj Apollono-witsch Kantianer war; mehr noch: Cohenianer); in diesem Sinne war er ein Mensch des Nirwana.

Unter Nirwana verstand er das Nichts.

Und Nikolaj Apollonowitsch erinnerte sich: er – der alte Tu-ranide – hatte sich viel-, vielmal verkörpert; er hatte sich auch jetzt verkörpert: im Fleisch und Blut eines Adelsgeschlechts des Russischen Reichs, um ein uraltes, lange gehegtes Ziel zu erfüllen: alle Grundlagen zu erschüttern; im verdorbenen arischen Blut sollte der Alte Drache aufflackern und alles verschlingen mit seiner Flamme; der uralte Orient überschüttete unsere Zeit mit einem Hagel unsichtbarer Bomben. Nikolaj Apollonowitsch – die alte turanische Bombe – zersprang jetzt vor Begeisterung im Angesicht seiner Heimat; auf Nikolaj Apollonowitschs Gesicht lag jetzt ein vergessener, mongolischer Ausdruck; er schien jetzt ein Mandarin des Reichs der Mitte, in einen Gehrock gehüllt für die Reise in den Okzident (denn er war hier in exklusiver und streng geheimer Mission).

– »So ...«
– »So ...«
– »So ...«
– »Sehr gut ...«

Seltsam: wie er plötzlich an seinen Vater erinnerte!

So stürzte sich mit seelenbenehmendem Entzücken der alte Turanide, zeitweilig in eine vergängliche arische Hülle gehüllt, auf einen Stoß alter Hefte, in denen die Grundsätze einer von ihm begründeten Metaphysik umrissen waren; verwirrt und freudig nahm er sich die Hefte vor: alle Hefte fügten sich vor ihm zu einer riesigen Akte – der Sache des ganzen Lebens (sie glichen der Summe der Akten Apollon Apollonowitschs). Diese Sache seines Lebens erwies sich als nicht nur Lebens-Sache: die ganze, gewaltige, mongolische Sache schimmerte in den Aufzeichnungen unter allen Punkten und allen Paragraphen hindurch: eine vor der Geburt ihm anvertraute und große Mission: die Mission des Zerstörers.

Dieser Gast, der ehrwürdige Turanide, stand reglos: es wuchs das undurchdringliche nachtschwarze Dunkel seiner Augen; und die Hände – die Hände: sie hoben sich rhythmisch, melodisch, entschwebten in unendliche Höhe; und sein Kleid flatterte; sein Geräusch erinnerte an das Schwirren fliegender Flügel; der rauchige Seidengrund leerte sich, öffnete sich in die Tiefe und wurde zum Stück eines fernen Himmels, der durch

die zerrissene Luft dieses Kämmerchens schaute: der dunkel-
saphirene Riß – wie kam er in den von Schränken verstellten
Raum? Dorthin flogen die winzigen Drachen, die Stickerei auf
dem schillernden Schlafrock (denn der Schlafrock war ja zum
Riß geworden); sie blinkten dort in der Tiefe als Sternchen ...
Und die alten Vorzeiten selbst waren Himmel und Sterne: und
von dort sprudelte indigoblaue Luft, gekeltert aus Sternen.
Nikolaj Apollonowitsch stürmte zum Gast – Turanide zu Tu-
ranide (der Untergebene zum Vorgesetzten) mit dem Stapel
Hefte in der Hand:
– »Paragraph eins: Kant (der Beweis, daß auch Kant Turanide
war).«
– »Paragraph zwei: der Wert, verstanden als niemand und
nichts.«
– »Paragraph drei: die sozialen Beziehungen, basierend auf
dem Wert.«
– »Paragraph vier: die Zerstörung der arischen Welt durch das
System der Werte.«
– »Schluß: die uralte mongolische Sache.«
Doch der Turanide antwortete:
– »Die Aufgabe ist nicht verstanden: anstelle von Kant muß
Prospekt stehen.«
– »Anstelle von Wert – Numerierung: nach Häusern, Etagen
und Zimmern auf ewige Zeiten.«
– »Anstelle der neuen Ordnung: das Zirkulieren der Bürger
des Prospekts – gleichmäßig, gradlinig ...«
– »Nicht Zerstörung Europas – seine Stabilität ...«
– »Das ist die mongolische Sache ...«
· ·
Nikolaj Apollonowitsch glaubte sich verurteilt: und das Päck-
chen Hefte in seinen Händen zerfiel zu einem Häufchen Asche;
das runzlige Antlitz aber, entsetzlich vertraut, beugte sich zu
ihm herab: nun sah er das Ohr, und – begriff, begriff alles; der
alte Turanide, der ihn einst alle Regeln der Weisheit lehrte, war
Apollon Apollonowitsch; gegen ihn also hatte er, in falschem
Verständnis der Lehre, die Hand erhoben.
Das war das Jüngste Gericht.

. . . .

- »Wie kann denn das sein? Wer kann denn das sein?«
- »Wer das ist? Dein Vater...«
- »Wer ist denn mein Vater?«
- »Saturn...«
- »Wie ist denn das möglich?«
- »Nichts ist unmöglich!..«

. . . .

Das Jüngste Gericht war angebrochen.

Verflossene Träume gab es hier wirklich; hier kreisten wirklich Planetenzyklen – in einer Woge von Jahrmilliarden: es gab weder Erde, noch Venus, noch Mars, nur drei nebelnde Ringe umkreisten die Sonne; soeben erst war ein vierter zerrissen, und der gewaltige Jupiter schickte sich an, zur Welt zu werden; allein der uralte Saturn hob aus dem feurigen Zentrum schwarze Äonen-Wellen: Nebelflecken eilten dahin; und schon warf Saturn, sein Vater, Nikolaj Apollonowitsch ins Unermeßliche; und rundum strömte nichts als Entfernungen.

Im Ausgang des vierten Reiches war er auf der Erde: das Schwert Saturns hing damals als unversiegte Drohung; der Kontinent Atlantis ging unter. Nikolaj Apollonowitsch, Atlas, war ein zügelloses Ungeheuer (die Erde unter ihm gab nach – sank unter die Wasser); später war er in China: Apollon Apollonowitsch, der Kaiser von China, befahl Nikolaj Apollonowitsch, viele Tausende abzuschlachten (was auch ausgeführt wurde); und vor relativ kurzer Zeit, als in die Rus Tausende Tamerlans Reiter eindrangen, sprengte Nikolaj Apollonowitsch in diese Rus auf seinem Steppenrenner; später verkörperte er sich im Blut eines russischen Adligen; und machte sich an das Alte: und wie er einst *dort* Tausende abstach, so wollte er jetzt zerreißen: eine Bombe auf den Vater werfen; eine Bombe in die schnellströmende Zeit selbst werfen. Doch sein Vater war Saturn, der Kreis der Zeit hatte sich gedreht, geschlossen; das Reich Saturns war wiedergekehrt (hier zerspringt dir vor Süße das Herz).

Das Strömen der Zeit hörte auf zu sein; Tausende Millionen Jahre reifte im Geist die Materie; nun jedoch verlangte es ihn, die Zeit selbst zu sprengen; und alles ging zugrunde.

– »Vater!«

– »Du wolltest mich zerreißen; und davon geht alles zugrunde.«

– »Nicht dich, sondern...«

– »Zu spät: Vögel, Raubtiere, Menschen, die Geschichte, die Welt – alles geht unter: stürzt auf Saturn...«

Alles fiel auf Saturn; die Lufthülle vor den Fenstern wurde dunkel, wurde schwarz; alles kam in einen alten, glühenden Zustand, wuchs ohne Maß, alle Leiber waren nicht mehr Leiber; alles drehte sich rückwärts – drehte sich entsetzlich.

– »Cela... tourne...« – in vollständigstem Grauen brüllte Nikolaj Apollonowitsch auf, endgültig des Leibes beraubt, doch dessen nicht gewahr...

– »Nein, Sa... tourne...«

....

Seines Leibes beraubt, fühlte er doch einen Leib: das unsichtbare Zentrum, das früher Bewußtsein war, wie auch »ich«, besaß ein Ebenbild des früheren, zu Asche gewordenen: die Prämissen der Logik Nikolaj Apollonowitschs wurden zu Knochen; die Syllogismen wanden sich um diese Knochen als harte Sehnen; der Inhalt aber der logischen Aktivität umgab sich mit Fleisch und Haut; so zeigte das »Ich« Nikolaj Apollonowitschs aufs neue seine leibliche Gestalt, auch wenn es nicht Leib war; und in diesem *Nicht-Leib* (im zerrissenen »Ich«) eröffnete sich ein fremdes »Ich«: dieses »Ich« entfernte sich von Saturn und kehrte zurück zu Saturn.

Er saß vor dem Vater (wie er auch früher gesessen hatte) – ohne Leib, doch in einem Leib (wirklich seltsam!): vor den Fenstern seines Arbeitszimmers, in völligstem Dunkel, ertönte lautes Gemurmel: *tourne – tourne – tourne.*

Da lief die Zeitrechnung rückwärts.

– »Ja was gilt denn für eine Zeitrechnung?«

Doch Saturn, Apollon Apollonowitsch, fing laut an zu lachen und antwortete:

– »Gar keine, Kolenka, gar keine: Chronologie, mein Lieber – gleich null...«

Der entsetzliche Inhalt von Nikolaj Apollonowitschs Seele

drehte sich rastlos (dort, an der Stelle des Herzens), wie ein summender Brummkreisel: blähte sich und wuchs; und es war: als würde der entsetzliche Inhalt der Seele – die runde Null – zur drückenden Kugel; es war: als zerspränge die Logik – die Knochen in Stücke.

Das war das Jüngste Gericht.

– »Au, au, au: was heißt denn ›ich *bin*‹?«

– »Ich bin? Eine Null...«

– »Nun, und die Null?«

– »Das, Kolenka, ist die Bombe...«

Nikolaj Apollonowitsch begriff, er war nur eine Bombe; und im Platzen hatte er einen Knall getan: von jener Stelle, wo soeben im Sessel das Ebenbild Nikolaj Apollonowitschs entstanden war und man jetzt eine elende zerbrochene Schale sah (wie eine Eierschale), sauste ein blitzschnelles Zickzack und stürzte in schwarze Äonen-Wogen...

. . . .

Nikolaj Apollonowitsch erwachte hier aus dem Traum; voller Zittern und Beben begriff er, daß sein Kopf auf der Sardinenbüchse lag.

Er sprang auf: ein Angsttraum... Aber was für einer? An den Traum entsann er sich nicht; die kindlichen Alpträume waren zurückgekommen: Pepp Peppowitsch Pepp, aufgebläht vom Klümpchen zum Koloß, war offensichtlich aufs erste verstummt – dort in der Sardinenbüchse; die längst vergangenen Kinderträume kamen zurück, weil –

– Pepp Peppowitsch Pepp, ein Klümpchen entsetzlichen Inhalts, ganz einfach die Partei-Bombe war: dort zirpte sie unhörbar mit Feder und Zeigern; Pepp Peppowitsch Pepp wird wachsen, wachsen und wachsen. Und Pepp Peppowitsch Pepp platzt: alles platzt...

– »Was denn – halluziniere ich?«

In seinem Kopf begann es sich wieder in entsetzlichem Tempo zu drehen: was nur tun? Es blieb eine Viertelstunde: den Schlüssel noch einmal drehen?

Er drehte den Schlüssel noch zwanzigmal; und zwanzigmal

krächzte etwas dort, in der Blechbüchse: die uralten Alpträume verschwanden auf kurze Zeit, daß der Morgen – noch Morgen, der Tag – noch Tag bliebe, der Abend – Abend; am Ausgang der Nacht aber wird kein Drehen des Schlüsselchens mehr etwas aufhalten: es wird etwas solches geschehen, wovon die Mauern einfallen und die von Purpur erleuchteten Himmel zerspringen und sich mischen mit verspritztem Blut zu einer einzigen, trüben Urfinsternis.

Ende des fünften Kapitels

SECHSTES KAPITEL,
das die Ereignisse eines grauen Tages erzählt

Doch wohin er den Lauf auch lenkt,
Die ganze Nacht der Eherne Reiter
Ihm nach mit schwerem Stampfen sprengt.
A. Puschkin

Er spürte den Lebensfaden wieder

Es war ein trüber Petersburger Morgen.

Aber kehren wir zu Aleksandr Iwanowitsch zurück; Aleksandr Iwanowitsch war aufgewacht; Aleksandr Iwanowitsch öffnete ein wenig die schweren Lider: und die Ereignisse der Nacht – verschwanden in die unbewußte Welt; seine Nerven waren zerrüttet; die Nacht war für ihn ein Ereignis gigantischen Maßstabs.

Der Übergangszustand zwischen Wachen und Schlaf warf ihn immer irgendwohin: als sei er vom fünften Stock aus dem Fenster gesprungen; die Empfindungen eröffneten ihm in seiner Welt eine unerhörte Bresche; er flog hinein in diese Bresche und jagte in eine schwärmende Welt, von der zu sagen zu wenig ist, daß ihn darin Substanzen befielen, die Furien gleichen: das ganze Gewebe der Welt erschien dort als Furiengewebe.

Erst kurz vor dem Morgen überwand Aleksandr Iwanowitsch diese Welt; dann verfiel er in Glückseligkeit; das Aufwachen vertrieb ihn entschlossen daraus: er bedauerte etwas, und der ganze Körper schmerzte und zog.

Im ersten Moment nach dem Aufwachen merkte er, daß ihn heftigstes Fieber schüttelte; in der Nacht hatte er sich herumgewälzt: etwas war offenbar los ... Nur was?

Die ganze lange Nacht hatte seine irre Flucht durch die nebligen Prospekte gedauert, oder – über die Stufen einer geheimnisvollen Treppe; doch wahrscheinlich war da das Fieber gelaufen: durch seine Adern; die Erinnerung sprach ihm von etwas, doch – die Erinnerung entglitt; und mit dem Gedächtnis verknüpfen konnte er einfach nichts.

Das war alles das Fieber.

Ernstlich erschrocken (in seiner Einsamkeit fürchtete Aleksandr Iwanowitsch sich vor Krankheiten) dachte er, es würde nicht schaden zu Hause zu bleiben.

Mit diesem Gedanken schlummerte er ein; und im Einschlummern dachte er:

– »Jetzt Chinin.«

Er war eingeschlafen.

Und aufgewacht – fügte er hinzu:

– »Und starken Tee . . .«

Und nach weiterem Nachdenken fügte er noch hinzu:

– »Mit Himbeeren . . .«

Er dachte, daß er all diese Tage mit in seiner Lage unzulässiger Unbeschwertheit verbracht hatte; diese Unbeschwertheit schien ihm um so schändlicher, als große und schwierige Tage nahten.

Er mußte seufzen:

– »Und dann auch strenge Enthaltung vom Wodka . . . Nicht in der Offenbarung lesen . . . Nicht zum Hausknecht hinuntergehen . . . Und auch diese Gespräche mit Stjopka, der beim Hausknecht wohnt: nicht mit Stjopka plaudern . . .«

Diese Gedanken an Tee mit Himbeeren, an den Wodka, an Stjopka, an die Offenbarung des Johannes beruhigten ihn anfangs und verwandelten die Ereignisse der Nacht in vollendeten Unfug.

Doch nachdem er sich gewaschen hatte unter dem Hahn mit eiskaltem Wasser und seinem kläglichen Seifenrest in gelblichem Schleim, fühlte Aleksandr Iwanowitsch wieder einen Zustrom von Unfug.

Er musterte sein Zwölf-Rubel-Zimmer (eine Dachkammer). Welch armselige Behausung!

Den größten Schmuck der armseligen Behausung bildete das Bett; das Bett bestand aus vier gesprungenen Brettern, die irgendwie auf einem hölzernen Gestell aufsaßen; die rissige Oberfläche dieses Gestells zeigte widerliche, dunkelrote, eingetrocknete, wohl von Wanzen rührende Flecken, denn diese dunkelroten Flecken hatte Aleksandr Iwanowitsch monatelang entschlossen bekämpft unter Anwendung eines persischen Pulvers.

Das Gestell war bedeckt von einer dürftigen, bastgefüllten Matratze; über die Matratze hatte auf das schmutzige einzige Laken die Hand Aleksandr Iwanowitschs sorgsam eine Strickdecke gebreitet, die man kaum gestreift nennen konnte: die spärlichen Andeutungen einstmaliger blauer und roter Streifen waren verschwunden unter einer Schicht von Grau, die übrigens, aller Wahrscheinlichkeit nach, nicht durch Schmutz entstanden war, sondern durch vieljährigen und aktiven Gebrauch; von diesem einst erhaltenen Geschenk (vielleicht von seiner Mutter) konnte sich Aleksandr Iwanowitsch einfach nicht trennen; vielleicht konnte er sich davon aus Mangel an Mitteln nicht trennen (es war mit ihm auch ins Gebiet Jakutsk gereist).

Außer dem Bett . . . – ja: und hier muß ich sagen: über dem Bett hing ein Heiligenbildchen, das das Tausendnächte-Gebet des Serafim von Sarow zeigte, im Wald, auf dem Fels (und hier muß ich sagen – Aleksandr Iwanowitsch trug unter dem Hemd ein silbernes Kreuzchen).

Außer dem Bett war ein glatt gehobeltes und gänzlich schmuckloses Tischchen zu bemerken: solcherlei Tischchen figurieren als bescheidener Untersatz für die Waschschüssel – in billigen Datschen; solcherlei Tischchen werden an Sonntagen überall auf den Märkten verkauft; in Aleksandr Iwanowitschs Behausung diente solch ein Tischchen als Schreib- und als Nachttisch zugleich; eine Waschschüssel aber fehlte ganz: Aleksandr Iwanowitsch nutzte bei der Verrichtung seiner Toilette die Dienste des Wasserhahns, des Ausgusses und einer Sardinenbüchse mit einem Restchen Kasaner Seife, das im eigenen Schlamm schwamm; es gab noch ein Kleidergestell: mit Hosen; die Spitze eines abgetretenen Schuhs lugte unter dem Bett hervor mit der löchrigen Nase (Aleksandr Iwanowitsch hatte geträumt, dieser löchrige Schuh sei ein lebendiges Wesen: ein Zimmer-Wesen vielleicht, wie ein Hündchen oder eine Katze; es schlurfte selbständig herum, kroch durchs Zimmer und raschelte in den Ecken; als Aleksandr Iwanowitsch es füttern wollte mit im Mund zerkautem Weißbrot, da biß ihn das schlurfende Wesen mit seiner Löchrigkeit in den Finger, wovon er aufwachte).

Es gab noch einen braunen Koffer, der die ursprüngliche Form längst verloren hatte und Dinge entsetzlichsten Inhalts barg.

Die gesamte Zimmerausstattung trat, mit Verlaub gesagt, in den Hintergrund vor der Farbe der Tapeten, unangenehmer und dreister, von dunkelgelbem oder angedunkeltem Braunton, die riesige Nässeflecken zeigten: an den Abenden kroch bald über einen, bald über den anderen Fleck eine Assel. Alle Zimmerausstattung war verhängt durch Schlieren von Tabakrauch. Man mußte ununterbrochen mindestens zwölf Stunden lang rauchen, um die farblose Luft in dunkelgraue, in blaue zu verwandeln.

Aleksandr Iwanowitsch Dudkin musterte seine Behausung, und wieder (so war es auch früher) zog es ihn aus dem verräucherten Zimmer – fort: zog es ihn auf die Straße, in den schmutzigen Nebel, um sich zu verflechten, zusammenzukleben, zu verschmelzen mit den Schultern, den Rücken, den grünlichen Gesichtern auf dem Petersburger Prospekt und ein einziges, riesiges Grau zu bilden – Gesicht und Schulter.

An sein Zimmerfenster klebten sich grün Schwärme von Oktobernebeln; Aleksandr Iwanowitsch Dudkin verspürte den unbezwinglichen Wunsch, durchdrungen zu werden vom Nebel, die Gedanken mit ihm zu durchdringen, um darin zu versenken den schwatzenden Unfug in seinem Hirn, ihn zu löschen mit den Blitzen des Wahns, die aufgetaucht waren als feurige Kugeln (später platzten die Kugeln), zu löschen mit der Gymnastik der laufenden Beine; er mußte laufen – nur laufen und laufen; von Prospekt zu Prospekt, von Straße zu Straße; laufen bis zur völligen Taubheit des Hirns, um auf ein Wirtshaustischchen zu sinken und sich mit Wodka zu verbrennen. Nur in solch ziellosem Wandern durch Straßen und krumme Gassen – unter Laternen, Zäunen, Schloten – vergehen die seelenbedrückenden Gedanken.

Beim Überziehen des dünnen Mantels spürte Aleksandr Iwanowitsch sein Fieber; und wehmütig dachte er:
– »Ach, jetzt Chinin wäre gut!«
Aber was für Chinin...
Und als er die Treppe hinunterstieg, dachte er wieder mit Wehmut:
– »Ach, und jetzt starken Tee mit Himbeeren!..«

Die Treppe

Die Treppe!
Furchteinflößend, dunkel, feucht – gab sie erbarmungslos seinen schurrenden Schritt zurück: furchteinflößend, dunkel, feucht! Das war letzte Nacht. Aleksandr Iwanowitsch Dudkin erinnerte sich nun zum ersten Mal, daß er hier gestern tatsächlich gelaufen war: das war nicht im Traum: das *war gewesen*. Doch was war gewesen?
Was?
Ja: aus sämtlichen Türen – wuchs ihm verderbliches Schweigen entgegen; unmäßig tönte es und veranstaltete ein dauerndes Rascheln; und unmäßig, unermüdlich schluckte ein Maulaffe dort seine Spucke hinunter in betonter Deutlichkeit (nicht im Traum war auch das); es gab schreckliche, fremde Laute, alle gewoben aus dem dumpfen Gestöhn der Zeiten; oben, durch die schmalen Fenster war zu sehen – und er sah das –, wie ab und zu dort Nebel vorbeiflog, wie er sich aufwarf dort zu zerzausten Konturen, und wie alles erstrahlte, wenn sich trübbleiches Türkis lautlos zu seinen Füßen breitete und dann unerschrocken und furchtlos dalag.
Dort – dorthin: dort schaute der Mond.
Doch Schwärme strömten zusammen: Schwarm um Schwarm – zottig, geisterhaft-rauchig, gewittrig – alle Schwärme stürzten sich auf den Mond: das trüb-bleiche Türkis verfinsterte sich; von überall warf sich Schatten hervor, alles bedeckte der Schatten.
Hier erinnerte sich Aleksandr Iwanowitsch Dudkin auch zum

ersten Mal, wie er gestern über diese Treppe gelaufen war, die letzten versiegenden Kräfte anspannend und ohne alle Hoffnung (welche denn?) zu bezwingen – was genau? Und eine schwarze Kontur (war etwa auch das gewesen?) war aus Leibeskräften gerannt – ihm auf den Fersen, ihm auf der Spur. Und vernichtete ihn ohne Wiederkehr.

. . . .

Die Treppe!
Am grauen Alltag ist sie friedlich, gewöhnlich; unten wuchten dumpfe Schläge: da wird Kohl gehäckselt – für den Winter versorgt sich mit Sauerkohl der Mieter aus Nummer vier; so gewöhnlich wirken – Geländer, Türen und Stufen; auf dem Geländer: ein nach Katze riechender, halbzerrissener, durchgetretener Teppich – aus Nummer vier; ein Bohnerer mit geschwollener Backe schlägt mit dem Klopfer darauf ein; und vom Staub niest in die Schürze ein blondes Weibsstück, das aus der Tür schlüpft; zwischen Bohnerer und Weibsstück entstehen von selbst die Worte:
– »Uch!«
– »Greif mir doch unter die Arme, mein Lieber...«
– »Stepanida Markowna... Was Sie da anschleppen!..«
– »Schon gut, schon gut...«
– »Und was nur...«
– »Jetzt ›anschleppen‹, und da – auf ein ›Täßchen Tee‹...«
– »Und was nur, – sage ich, – für eine Arbeit...«
– »Würden sich nicht aufs Mieting bummeln: ginge auch die Arbeit voran...
– »Schimpfen Sie nicht auf das Mieting: werden ihm selber noch dankbar sein!«
– »Klopf mir das Federbett, hej, du, – Kavalier!«

. . . .

Die Türen!
Die da hinten; und auch die... An der dort hat sich das Wachstuch gelöst; Roßhaar quillt zottig aus den Löchern; und an dieser Tür hier spickt eine Nadel ein Kärtchen fest; das Kärtchen ist vergilbt; und darauf steht: »Sakatalkin«... Wer dieser Sakatalkin ist, wie sein Vorname, wie sein Vatersname,

welchem Beruf er nachgeht, – mögen Neugierige selbst ent-
scheiden: »Sakatalkin« – und Schluß.
Hinter der Tür sägt ein Geigenbogen fleißig ein bekanntes
Liedchen. Und man hört eine Stimme:
– »Mainem Vaatärland . . .«
Ich nehme an, daß Sakatalkin Geiger in Anstellung ist: Geiger
im kleinen Orchester irgendeiner Restauration.
Das ist alles, was zu bemerken ist bei Beobachtung der Tü-
ren . . . Ja – und dann noch: in früheren Jahren stellte man bei
der Tür einen Kübel auf, der bitter roch: zum Füllen mit
Trinkwasser: mit dem Verlegen von Wasserrohren schaffte
man in den Städten die Wasserfuhrleute ab.
Die Stufen?
Sie sind übersät mit Gurkenstücken, mit Straßendreckpatzern
und Eierschalen . . .

Und er riß sich los und rannte davon

Aleksandr Iwanowitsch Dudkin musterte die Treppe, den Bohnerer und das Weibsstück, das mit einem neuen Unterbett aus
der Tür quoll; und seltsam: die alltägliche Schlichtheit dieser
Treppe zerstreute nicht das letzte Nacht hier Erlebte; auch jetzt,
bei Tag, zwischen Stufen und Schalen, Bohnerer und Katze, die
am Fensterbrett Hühnergekröse verschlang, kehrte der einmal
erlittene Schreck zu Aleksandr Iwanowitsch zurück: alles, was
ihm geschah letzte Nacht, – war wirklich geschehen; auch heute
nacht wird es zurückkehren, das wirklich Geschehene: wenn er
nachts dann nach Hause kommt: wird die Treppe dunkel sein
und furchteinflößend; eine schwarze Kontur wird ihm wieder
auf dem Fuße folgen; hinter der Tür, wo auf einem Kärtchen
»Sakatalkin« steht, wird wieder ein Maulaffe Spucke schlucken
(vielleicht Spucke schlucken, und vielleicht auch – Blut) . . .
Und dann ertönt die bekannte, unmögliche Formel in vollendeter Deutlichkeit . . .
– »Ja, ja, ja . . . Das bin ich . . . Ich vernichte ohne Wiederkehr . . .«

Wo hatte er das schon gehört?

. . . .

Fort von hier! Raus!..

Er mußte wieder laufen, nur laufen, fortlaufen: bis zur völligen Erschöpfung der Kräfte, bis zur völligen Taubheit des Hirns, und auf ein Wirtshaustischchen sinken, um nicht Wirres zu träumen; und dann sich an das Gehabte machen: durch ganz Petersburg laufen, im feuchten Schilf sich verlieren, im hängenden Dunst der Küste, erstarrt alles von sich abwehren und erst zur Besinnung kommen inmitten der feuchten Lichter der Petersburger Vorstädte.

Aleksandr Iwanowitsch Dudkin wollte schon hinuntertraben die vielstufige steinerne Treppe; doch plötzlich hielt er inne; er sah, daß ein seltsames Subjekt in schwarzem italienischem Überwurf und ebensolchem phantastisch geschwungenen Hut, drei Stufen auf einmal nehmend, ihm entgegeneilte, den Kopf tief gesenkt und in der Hand verzweifelt einen schweren Spazierstock schwingend.

Sein Rücken war krumm.

Dieses seltsame Subjekt im schwarzen italienischen Überwurf flog atemlos auf Aleksandr Iwanowitsch zu; fast hätte es ihm den Kopf in die Brust gestoßen; und als es den Kopf zurückwarf, sah Aleksandr Iwanowitsch Dudkin unmittelbar vor seiner Nase die totenbleiche und schweißbedeckte Stirn – denken Sie nur! – von Nikolaj Apollonowitsch: die Stirn mit der pochenden, schwellenden Ader; nur an diesem charakteristischen Zug auch (an der springenden Ader) hatte Aleksandr Iwanowitsch Ableuchow erkannt: nicht an den wild schielenden Augen, nicht an der seltsamen, ausländischen Kleidung.

– »Guten Tag: ich komme zu Ihnen.«

Nikolaj Apollonowitsch warf diese Worte blitzschnell hin; und – was war das? Er warf sie in drohendem Flüsterton hin? Nanu, und wie er nach Luft schnappte. Ohne ihm auch nur die Hand zu reichen, verkündete er entschlossen – in drohendem Flüsterton:

– »Ich muß Ihnen sagen, Aleksandr Iwanowitsch, daß ich – *nicht kann.*«

— »?«

— »Sie haben, natürlich, verstanden, was genau ich *nicht kann: ich kann nicht, und ich will auch nicht*; kurz – *ich tue es nicht*.«

— »!«

— »Das ist eine Absage: eine unwiderrufliche Absage. Sie können es so überbringen. Und ich bitte darum, mich in Ruhe zu lassen...«

Nikolaj Apollonowitschs Gesicht drückte dabei Bestürzung aus, wenn nicht gar Angst.

Nikolaj Apollonowitsch machte kehrt; und, seinen schweren Spazierstock schwingend, stürzte Nikolaj Apollonowitsch die Stufen wieder hinunter, als ergreife er die Flucht.

— »Aber warten Sie doch, warten Sie«, – Aleksandr Iwanowitsch Dudkin rannte nun ebenfalls hinterher und spürte unter den Füßen das Wirbeln der fliegenden Treppenstufen.

— »Nikolaj Apollonowitsch?«

An der Haustür erwischte er Ableuchow am Ärmel, doch der riß sich los. Zu Aleksandr Iwanowitsch Dudkin wandte sich Nikolaj Apollonowitsch um; Nikolaj Apollonowitsch hielt mit leicht zitternder Hand die Krempe seines tollkühn geschwungenen Huts; und, schon mutiger, platzte er halb flüsternd heraus:

— »Das ist, sozusagen... widerlich... Hören Sie?«

Er stürmte durch den kleinen Hof.

Aleksandr Iwanowitsch klammerte sich einen Moment an die Tür; Aleksandr Iwanowitsch verspürte größte Unruhe: eine Beleidigung – aus heiterem Himmel; eine Sekunde lang zögerte er und erwog, was nun tun; unwillkürlich begann er zu zucken; durch die unwillkürliche Bewegung entblößte er seinen feinen Hals; und dann holte er mit zwei Sätzen den Flüchtigen ein.

Er krallte sich mit der Hand in den enteilenden schwarzen Rand des italienischen Überwurfs; der Besitzer des Überwurfs suchte verzweifelt sich loszureißen; einen Augenblick zappelten beide zwischen Stapeln von Holz, und im Handgemenge fiel etwas zu Boden, hell klingend auf dem Asphalt. Nikolaj Apollonowitsch begann mit erhobenem Spazierstock abgehackt, atemlos vor Wut und laut, irgendwelchen Unfug zu schreien, völlig unzulässigen und, vor allem, beleidigenden: beleidigend für Aleksandr Iwanowitsch.

– »Das nennen Sie Auftreten, Parteiarbeit? Mich mit Spitzeln zu umgeben . . . Mir überall auf dem Fuß zu folgen . . . Und selbst schon an nichts mehr zu glauben . . . Die Offenbarung zu lesen . . . Und zugleich mir nachzuspüren . . . Mein Herr, Sie . . . Sie . . . Sie . . .«

Schließlich riß Nikolaj Apollonowitsch Ableuchow sich wieder los und rannte davon: sie flogen die Straße entlang.

Die Straße

Die Straße!

Wie sie sich verändert hatte: wie auch sie verändert hatten diese harten Tage!

Da hinten – die Gußeisenstangen des Gitters vor einem Gärtchen; in den Wind warf sich purpurnes Ahornlaub und schlug an die Stangen; doch das purpurne Laub war schon weggeblasen; und die Äste – dürre Skelette – sie allein standen schwarz dort und knirschten.

September war gewesen: der Himmel blau und wolkenlos; nun aber war alles anders: ein Strom schweren Zinns erfüllte den Himmel vom Morgen an; vorbei der September.

Sie flogen die Straße entlang:

– »Aber erlauben Sie, Nikolaj Apollonowitsch«, – ließ der aufgeregte und beleidigte Dudkin nicht nach, – »Sie müssen zugeben, daß wir ohne Erklärung jetzt nicht auseinandergehen können . . .«

– »Wir haben über nichts mehr zu reden«, – gab Nikolaj Apollonowitsch trocken zurück unter seinem tollkühn geschwungenen Hut hervor.

– »Erklären Sie sich deutlicher«, – beharrte seinerseits Aleksandr Iwanowitsch.

Kränkung und furchtsame Bestürzung zeigten sich auf seinen zuckenden Zügen; die Bestürzung, sagen wir unsererseits, war hier aufrichtig, und so aufrichtig, daß Nikolaj Apollonowitsch

Ableuchow die Aufrichtigkeit dieser Bestürzung trotz aller Zerstreutheit der Wut sehen mußte.

Er drehte sich um und fing an, ohne die frühere Heftigkeit, doch mit einem gewissen weinerlichen Groll, ungestüm herauszuplappern:

– »Nein, nein, nein!.. Worüber uns da noch erklären?.. Und wagen Sie nicht zu bestreiten... Ich selbst besitze ein Recht darauf, größte Klarheit zu fordern... Ich selbst leide doch, und nicht Sie, nicht Ihr Genosse...«

– »Was?.. Ja was denn?«

– »Das Bündel zu übergeben...«

– »Nun?«

– »Ohne jede Warnung, Erklärung, Bitte...« Aleksandr Iwanowitsch wurde dunkelrot.

– »Und dann spurlos zu verschwinden... Durch irgendeinen Mittelsmann mir mit der Polizei zu drohen...«

Aleksandr Iwanowitsch rückte bei diesem unverdienten Vorwurf nervös an Ableuchow heran:

– »Warten Sie: was für eine Polizei?«

– »Ja, die Polizei...«

– »Von was für einer Polizei reden Sie?.. Was für eine Abscheulichkeit?.. Was für Andeutungen?.. Wer von uns ist verrückt?«

Doch Nikolaj Apollonowitsch, dessen weinerlicher Groll aufs neue in Wut überging, röchelte ihm ins Ohr:

– »Ich würde Sie«, – röchelte er (sein klaffender Mund lächelte, als ob – er sich gleich auf sein Ohr stürzen und zubeißen wollte)... »Ich würde Sie... gleich hier – hier auf dieser Stelle: ich würde... ich... am hellichten Tag zur Erbauung hier dieses Publikums, Aleksandr Iwanowitsch, mein Bester...« (er hatte sich verheddert)...

Da hinten, da... –

Aus dem geschnitzten Fenster jenes glänzenden Häuschens hatte an einem Sommerabend im Juli ins Abendrot ein altes Weiblein mit den Lippen gemümmelt (– »Ich würde Sie...«, drang es von irgendwo fern zu Aleksandr Iwanowitsch); ab August blieb das Fenster geschlossen und die Alte verschwunden; im September trugen sie den brokatgefütterten Sarg hinaus; hinter dem Sarg ging ein Grüppchen: ein Herr im schäbigen Mantel und in Uniformmütze mit Kokarde; und mit ihm sieben weißblonde Knaben.

Der Sarg war verschlossen.

(– »Ja, Aleksandr Iwanowitsch, ja«, – drang es von irgendwo zu Aleksandr Iwanowitsch.)

Anschließend eilten Schirmmützen ins Haus und schurrten über die Treppe; es hieß, hinter diesen Mauern würden Granaten fabriziert; Aleksandr Iwanowitsch wußte, man hatte ihm die bewußte Granate ursprünglich auf den Dachboden gebracht – aus diesem Häuschen.

Und nun zuckte er unwillkürlich zusammen.

Wie seltsam: grob zurückgeholt in die Wirklichkeit (er war ein seltsamer Mensch: er dachte über das Häuschen nach gerade im selben Moment, als Nikolaj Apollonowitsch ihm seine Sätze hinwarf...) – nun, also: vom unverständlichen Gefasel des Senatorssöhnchens von der Polizei und der entschiedenen und endgültigen Absage verstand Aleksandr Iwanowitsch einzig:

– »Hören Sie«, – sagte er – »das wenige, das ich verstehe, in Ihrer Rede verstehe, ist nur: das ganze Problem ist das Bündel...«

– »Das *Bündel*, natürlich: Sie haben *es* mir eigenhändig zur Verwahrung gegeben.«

– »Seltsam...«

Seltsam: das Gespräch fand *eben am selben Häuschen* statt, wo die Bombe entstanden war: und die Bombe, zu einer geistigen geworden, hatte einen regelrechten Kreis beschrieben, so daß die Rede von der Bombe am Ort der Entstehung der Bombe aufkam.

»Leise doch, Nikolaj Apollonowitsch: ich verstehe, ehrlich gesagt, Ihre Aufregung nicht... Sie beleidigen mich hier: was sehen Sie denn Verwerfliches in meinem damaligen Schritt?«

– »Wie denn, was?«

– »Ja, was ist Gemeines daran, daß die Partei« – diese Worte sprach er flüsternd aus – »Sie gebeten hat, einstweilen das

Bündel aufzubewahren? Sie waren doch selbst bereit? Das ist alles... Und wenn es Ihnen unangenehm ist, das Bündel bei sich zu verwahren, dann kostet es mich nichts, das Bündel abzuholen...«

— »Ach, lassen Sie, bitte, diese Unschuldsmiene: als ginge es nur um das Bündel...«

— »Tss! Leise: man kann uns hören...«

— »Nur um das Bündel, – dann... würde ich Sie verstehen... Aber es geht nicht darum: tun Sie nicht unwissend...«

— »Worum geht es dann?«

— »Um den Zwang.«

— »Zwang hat es keinen gegeben...«

— »Um die organisierte Bespitzelung...«

— »Zwang, wie gesagt, hat es keinen gegeben: Sie haben sich gern bereit erklärt; und was die Bespitzelung betrifft, so bin ich...«

— »Ja, damals – im Sommer...«

— »Was im Sommer?«

— »Im Prinzip habe ich mich bereit erklärt, oder, vielmehr: erboten, und... nun... ich habe mein Versprechen in der Annahme gegeben, daß hier keinerlei Druck sein kann, wie auch keinerlei Druck ist in der Partei; wenn Sie hier aber Druck ausüben, dann sind Sie ganz einfach eine Bande verdächtiger Intriganten... Nun, und?.. Ich habe mein Versprechen gegeben, aber habe ich etwa gedacht, daß ich das Versprechen nicht zurücknehmen kann?..«

— »Warten Sie...«

— »Unterbrechen Sie mich nicht: habe ich etwa gewußt, daß man das bloße Angebot *so* interpretieren: *so* umdrehen würde... Und mir *das* vorschlagen...«

— »Nein, warten Sie: ich muß Sie jetzt doch unterbrechen... Von welchem Versprechen reden Sie? Drücken Sie sich genauer aus...«

Aleksandr Iwanowitsch erinnerte sich hier dunkel an etwas (wie hatte er bloß alles vergessen!).

— »Sie reden von *dem bewußten* Versprechen?..«

Er erinnerte sich, wie ihm einmal in der Schenke die *Person* mitteilte (der Gedanke an diese *Person* ließ ihn etwas Unangenehmes empfinden) – die *Person*, das heißt Nikolaj Stepanytsch Lippantschenko, – nun, also: sie teilte ihm mit, daß Nikolaj Apollonowitsch – pfui!.. Er mochte sich nicht erinnern!.. Und schnell fügte er hinzu:

– »Aber ich rede ja *nicht davon*, es geht doch *nicht darum*.«

– »Wie nicht *darum*? Der springende Punkt liegt in meinem Versprechen: in meinem Versprechen, das als endgültig ausgelegt wurde und gemein.«

– »Leise, leise, Nikolaj Apollonowitsch, was ist hier nach Ihrer Meinung gemein? Und worin liegt die Gemeinheit?«

– »Wie, worin liegt die Gemeinheit?«

– »Ja, ja, ja: worin? Die Partei hat Sie gebeten, einstweilen ein Bündel zu verwahren... Das ist alles...«

– »Das ist Ihrer Meinung nach alles?«

– »Das ist alles...«

– »Wenn es das Bündel beträfe, dann würde ich Sie verstehen: aber entschuldigen Sie...« Und er winkte ab.

– »Es hat keinen Sinn, uns auszusprechen: sehen Sie denn nicht, daß unser Gespräch auf der Stelle tritt: da rannte ein Mops in die Küche, nichts weiter...«

– »Das merke ich auch... Und trotzdem: Sie haben hier immer wieder – irgendeinen Zwang behauptet, und jetzt erinnere ich mich: auch zu mir sind Gerüchte gedrungen – damals, im Sommer...«

– »Nun?«

– »Über einen gewaltsamen Schritt, den Sie uns angeboten haben: also ging dieser Plan, offenbar, nicht von uns aus, sondern von Ihnen!«

Aleksandr Iwanowitsch erinnerte sich wieder (die *Person* hatte damals in der Schenke, ihm Likör nachgießend, alles erzählt): Nikolaj Apollonowitsch Ableuchow hatte sich damals über einen Mittelsmann erboten, seinen Vater von eigener Hand zu beseitigen; ja, die *Person* sprach damals mit widriger Ruhe und fügte allerdings hinzu, der Partei bleibe nur: das Angebot abzulehnen; das Ungewöhnliche der Absicht, das Unnatürliche in der Wahl des Opfers und ein Unterton von Zynismus, der an

Niedertracht grenzte, – all das hatte im empfindsamen Herzen
Aleksandr Iwanowitschs einen Ausbruch heftigsten Ekels ver-
ursacht (Aleksandr Iwanowitsch war damals betrunken; so
erschien ihm das ganze Gespräch mit Lippantschenko später
nur als Spiel eines trunkenen Hirns, und nicht als nüchterne
Wirklichkeit): an all das erinnerte er sich jetzt:
– »Ich muß zugeben...«
– »Von mir zu fordern«, – unterbrach ihn Ableuchow, – »daß
ich... daß ich... von eigener Hand...«
– »Ganz genau...«
– »Das ist gemein!«
– »Ja – gemein: und, sozusagen, Nikolaj Apollonowitsch, ich
habe es damals nicht geglaubt... Hätte ich es geglaubt, Sie
wären damals gesunken... im Ansehen bei der Partei...«
– »Dann finden auch Sie es gemein?«
– »Entschuldigung: ja...«
– »Da sehen Sie! Selbst nennen Sie *es* gemein; und Sie selbst
haben trotzdem bei dieser *Gemeinheit* die Hände im Spiel?«
Etwas beunruhigte Dudkin plötzlich: sein zarter Hals
zuckte:
– »Warten Sie...«
Und mit zitternder Hand einen Knopf des italienischen Über-
wurfs umklammernd, bohrte er seine Augen regelrecht in
irgendeinen entfernten Punkt:
– »Phantasieren Sie nicht: wir machen einander Dinge zum
Vorwurf, dabei stimmen wir beide überein...«, – verwundert
richtete er seine Augen auf die Augen Ableuchows, – »in der
Bezeichnung des Schritts... Er ist doch gemein?«
Nikolaj Apollonowitsch fuhr zusammen:
– »Nun, natürlich gemein!..«
Sie schwiegen eine Zeitlang...
– »Sehen Sie, wir stimmen beide überein...«
Nikolaj Apollonowitsch, der ein Tuch aus der Tasche gezogen
hatte, blieb stehen und wischte sich das Gesicht.
– »Das wundert mich...«
– »Mich auch...«
Zweifelnd sahen sie einander in die Augen. Aleksandr Iwano-

witsch (er hatte jetzt vergessen, daß ihn Fieber schüttelte) streckte wieder die Hand aus und berührte mit einem Finger den Rand des italienischen Überwurfs:

– »Um diesen Knoten zu entwirren, antworten Sie mir doch auf folgendes: als Sie versprachen, von eigener Hand (und so weiter) ... – Dies Versprechen ging nicht von Ihnen aus?..«

– »Nein! Nein doch!«

– »Und zu *solch* einem Mord haben Sie folglich keine gedankliche Beziehung, ich frage darum, weil ein Gedanke sich manchmal unvermutet in unwillkürlichen Gesten, der Intonation, den Blicken ausdrückt, sogar: in einem Zittern der Lippen ...«

– »Nein doch, nein ... das heißt ...«, besann sich Nikolaj Apollonowitsch plötzlich, und besann sich sogleich, daß er laut sich besonnen hatte auf einen eigenen verdächtigen Gedankengang; und als er sich laut besonnen hatte, wurde er rot; und fing an sich zu erklären:

– »Das heißt, ich habe meinen Vater nicht geliebt ... Und ich habe mich anscheinend mehrmals geäußert ... Aber daß ich?.. Niemals!«

– »Gut, ich glaube Ihnen.«

Nikolaj Apollonowitsch wurde nun, wie zum Possen, rot bis über beide Ohren; und so rot geworden, wollte er sich weiter erklären, doch Aleksandr Iwanowitsch schüttelte heftig den Kopf, um eine bestimmte delikate Nuance des unaussprechlichen Gedankens zu vermeiden, der ihnen beiden zur selben Zeit durch den Kopf schoß.

– »Ist schon gut ... Ich – glaube Ihnen ... Nicht davon, – ich will etwas anderes: sagen Sie mir ... Sagen Sie mir jetzt rundheraus: bin ich etwa beteiligt?«

Nikolaj Apollonowitsch sah verwundert seinen naiven Gesprächspartner an: sah ihn an, wurde rot, und mit übertriebenem Eifer, mit forcierter Überzeugung, die er nun brauchte, um einen bestimmten Gedanken zu bemänteln, – rief er aus:

– »Meiner Meinung nach schon ... Sie haben *ihn* unterstützt ...«

— »Wen denn ihn?«
— »Den Unbekannten . . .«
— »?«
— »Der *Unbekannte* verlangte doch . . .«
— »!«
— »Den Vollzug dieser Garstigkeit.«
— »Wo?«
— »In seinem abscheulichen Billett . . .«
— »Ich kenne ihn nicht . . .«
— »Der Unbekannte«, – beharrte verwirrt Nikolaj Apollono-
witsch, – »Ihr Parteigenosse . . . Was wundern Sie sich? Was
wundert Sie so?«

. . . .

— »Ich versichere Ihnen: einen *Unbekannten* gibt es nicht in
unserer Partei . . .«

. . . .

Nun war die Reihe sich zu wundern an Nikolaj Apollono-
witsch:
— »Wie? Es gibt in der Partei keinen Unbekannten . . .«
— »Aber leise doch . . . Nein . . .«
— »Seit drei Monaten bekomme ich Billetts . . .«
— »Von wem?«
— »Von ihm . . .«
Beide verstummten.
Beide atmeten schwer und beide hefteten ihre Augen an fra-
gend aufgerissene Augen; und während der eine verwirrt ver-
zagte, entsetzt und erschrocken, blitzte in den Augen des
anderen ein Funken schwacher Hoffnung auf.

. . . .

— »Nikolaj Apollonowitsch«, – unendliche Empörung, die den
Schrecken besiegte, ergoß sich in zwei purpurnen Flecken über
die bleichen Jochbeine Aleksandr Iwanowitschs, – »Nikolaj
Apollonowitsch!«
— »Nun?« – dieser ergriff seinen Arm.
Doch Aleksandr Iwanowitsch konnte gar nicht wieder zu Atem
kommen, schließlich hob er die Augen und – nun, also: etwas
Trauriges, das in Träumen vorkommt, Unsagbares, ohne Worte

allen verständlich, lag hier plötzlich auf seiner Stirn, den frost-
klammen Fingern.
– »Nun bitte, nun – quälen Sie mich nicht!«
Doch Aleksandr Iwanowitsch Dudkin, den Finger an die
Lippen gelegt, schüttelte weiter den Kopf und schwieg: Un-
sagbares, doch verständlich in Träumen, strömte unsichtbar
von ihm – von seiner Stirn, den frostklammen Fingern.
Schließlich sagte er mühsam:
– »Ich versichere Ihnen – Ehrenwort: mit der ganzen dunklen
Geschichte habe ich nichts zu tun...«
Nikolaj Apollonowitsch konnte es anfangs nicht glauben.
– »Was sagen Sie? Wiederholen Sie es, schweigen Sie nicht:
verstehen Sie doch auch meine Lage...«
– »Ich habe nichts damit zu tun...«
– »Nun, und was heißt das?«
– »Ich weiß nicht...«, – und er fügte heftig hinzu: – »nein,
nein, nein: das ist – Lüge, das ist Wahnsinn, Abrakadabra,
Hohn...«
– »Wie kann ich das wissen?..«
Nikolaj Apollonowitsch schaute mit blinden Augen Aleksandr
Iwanowitsch an; und dann auch in die Tiefe der Straße: wie die
Straße sich verändert hatte!
– »Ja wie kann ich das wissen?.. Mir macht es nichts leich-
ter... Ich habe diese Nacht nicht geschlafen.«
Das Dach einer Droschke verschwand behende in die Tiefe der
Straße: wie die Straße sich verändert hatte, – wie auch sie
verändert hatten diese harten Tage!
Wind stürmte von der Küste her: die letzten Blätter flogen; es
wird keine Blätter mehr geben bis Mai; wie viele werden im Mai
nicht mehr sein? Die gefallenen Blätter sind wahrhaftig die
letzten Blätter. Aleksandr Iwanowitsch wußte alles genau: nun
nahen, nun nahen blutige, grauenerfüllte Tage; und dann stürzt
alles; oh, kreist, oh, kreiselt, – ihr letzten, mit nichts zu vergleichenden Tage!
Oh, kreist doch, oh, kreiselt durch die Luft, – ihr letzten Blätter!
Wieder ein müßiger Gedanke...

– »Dann war *er* auf dem Ball?«

– »Ja . . .«

– »Hat mit Ihrem Herrn Vater gesprochen . . .«

– »Ganz recht: und auch Sie hat *er* erwähnt . . .«

– »Anschließend trafen Sie ihn in der Gasse? . .«

– »Und er hat mich in ein Lokal geführt . . .«

– »Und sich vorgestellt als? . .«

– »Morkowin . . .«

– »Abrakadabra!«

. . . .

Als Aleksandr Iwanowitsch Dudkin, sich lösend von der Betrachtung der kreiselnden Blätter, schließlich zur Wirklichkeit zurückkehrte, begriff er, daß Nikolaj Apollonowitsch vorausgerannt und sogar mit für ihn seltener Munterkeit ins Plappern gekommen war; er gestikulierte; neigte tief sein Profil mit dem unangenehmen Grinsen des aufgerissenen Mundes und erinnerte an eine tragische antike Maske, die mit der flinken Wendigkeit einer Echse sich nicht zum harmonischen Ganzen verband: kurz, er sah aus wie ein Hüpfer mit versteinertem Gesicht.

Nur dann und wann flocht Aleksandr Iwanowitsch Bemerkungen ein:

– »Und dabei sprach *er* von der Schutzabteilung?«

– »Auch mit der Schutzabteilung hat er mich erschreckt . . .«

– »Und behauptet, daß solches Erschrecken zum Plan der Partei gehört und die Partei das gutheißt? . .«

– »Nun ja, gutheißt . . .«, – bestätigte mit einiger Gereiztheit Nikolaj Apollonowitsch, er wurde rot und versuchte, sich zu erkundigen:

– »Sie selbst haben doch, erinnere ich mich, damals gesagt, die Partei-Vorurteile . . .«

– »Was habe ich gesagt?« – fuhr auch Dudkin streng auf.

– »Ich erinnere mich, Sie haben gesagt, die Partei-Vorurteile der Unteren würden von der Spitze, der Sie dienen, nicht geteilt . . .«

– »Dummes Zeug!« – und Dudkin ruckte hier mit dem ganzen Rumpf: und in seiner Erregung beschleunigte er seinen Schritt immer mehr.

Nikolaj Apollonowitsch seinerseits packte ihn mit dem Funken einer schwachen Hoffnung an den Armen, wie ein Schüler auf seine Fragen antwortend und unnatürlich lächelnd. Schließlich, sobald sich Gelegenheit bot, führte er seine Ergießungen fort über die Ereignisse dieser Nacht: über den Ball, die Maske, die Flucht durch den Saal, über das Sitzen auf dem Mauervorsprung am schwarzen Häuschen, über den Torbogen und das Billett; schließlich – über die scheußliche Schenke.

Das war wirklicher Wahnsinn.

Das Abrakadabra hatte alles verwirrt; sie alle waren längst verrückt geworden, falls nicht *das, das vernichtet ohne Wiederkehr,* in Wirklichkeit existiert.

. . . .

Von der Straße fluteten ihnen entgegen schwarze menschliche Massen: vieltausendköpfige Schwärme Melonen hoben sich wie Wogen. Von der Straße fluteten ihnen entgegen: Lackzylinder; sie ragten aus den Wogen wie Dampferschlote; von der Straße schäumte ihnen ins Gesicht: eine Straußenfeder; eine pfannkuchenrunde Schirmmütze lächelte mit dem Mützenrand; und die Mützenränder waren: blau, gelb, rot.

Überall sprang eine höchst zudringliche Nase heraus.

Nasen strömten in Mengen vorüber: Adlernase, Hahnennase; Entennase und Hühnernase; und so weiter, so weiter...; manch eine Nase war seitlich gebogen, und manch eine Nase war überhaupt nicht gebogen: grünlich, grün, bleich, weiß und rot.

All das flutete von der Straße ihnen entgegen: sinnlos, eilig und reichlich.

Nikolaj Apollonowitsch, der demütig kaum mit Dudkin Schritt hielt, schien die ganze Zeit sich zu fürchten, vor ihm seine Grundfrage zu stellen, die sich aus der Entdeckung ergab, daß der Autor des entsetzlichen Billetts nicht Träger der Partei-Direktive sein konnte; das war jetzt sein Hauptgedanke: ein Gedanke von größter Bedeutung hinsichtlich seiner praktischen Folgen; dieser Gedanke steckte jetzt in seinem Kopf (ihre

Rollen waren vertauscht: nun stieß Aleksandr Iwanowitsch, und nicht Nikolaj Apollonowitsch, erbittert die sie umringenden Melonen beiseite).

– »Also, hat sich wohl, glauben Sie, – also, hat sich wohl: in all das ein Fehler geschlichen?«

Nach dieser schüchternen Annäherung an seinen Gedanken fühlte Nikolaj Apollonowitsch, wie über seinen Körper Händevoll Ameisen krochen: nun, und wenn er sich verstellt, – dachte er – und – Angst überkam ihn.

– »Sie sprechen von dem Billett?« – Aleksandr Iwanowitsch blickte fragend; und riß sich los von der düsteren Betrachtung des strömenden Überflusses: Melonen, Köpfe und Schnurrbärte.

– »Nun, selbstverständlich: Fehler wäre zu wenig gesagt... Nicht ein Fehler, eine schändliche Flunkerei hat sich hier in alles gemischt; kompletter Unsinn – mit dem bewußten Ziel: sich willkürlich in die Beziehung eng verbundener Leute zu drängen, sie durcheinander zu bringen; und in diesem Parteichaos das Auftreten der Partei zu ruinieren.«

– »Dann helfen Sie mir...«

– »Eine unzulässige Verhöhnung«, – unterbrach ihn Dudkin, – »hat sich darunter gemischt – aus Klatsch und Betrug.«

– »Ich beschwöre Sie, raten Sie mir...«

– »Und in alles hat sich Verrat gemischt: hier riecht es nach Drohung, nach Unheil...«

– »Ich weiß nicht... Ich bin durcheinander... Ich... habe diese Nacht nicht geschlafen...«

– »Und all das ist Betrug.«

Nun streckte Aleksandr Iwanowitsch Dudkin in einer Anwandlung von Mitgefühl Ableuchow die Hand hin; und da, übrigens, merkte er: Nikolaj Apollonowitsch war wesentlich kleiner als er (Nikolaj Apollonowitsch war nicht eben hochgewachsen).

– »Nehmen Sie all Ihren Gleichmut zusammen...«

– »Mein Gott! Sie haben leicht reden: *Gleichmut* – ich habe diese Nacht nicht geschlafen... ich weiß nicht, was jetzt tun...«

– »Sitzen und warten Sie . . .«

– »Sie kommen zu mir?«

– »Ich sage – sitzen und warten Sie: ich erbiete mich Ihnen zu helfen.«

Er sagte das so sicher, überzeugt, fast begeistert, daß Ableuchow sich augenblicklich beruhigte; aber, um die Wahrheit zu sagen, in einer Anwandlung von Mitgefühl für Ableuchow überschätzte Aleksandr Iwanowitsch seine Hilfe . . . Wahrhaftig: wie konnte er helfen? Er war einsam, abgeschnitten vom Umgang; die Konspiration hatte ihm mit der Zeit den Zugang zum eigentlichen Parteikörper verschlossen; dem Komitee aber hatte Aleksandr Iwanowitsch niemals angehört, auch wenn er vor Ableuchow mit dem Stabsquartier prahlte; wenn er helfen konnte, dann konnte er einzig mit Lippantschenko helfen; konnte es Lippantschenko sagen, über Lippantschenko einwirken. Zuallererst mußte er Lippantschenko antreffen. Und zuvor noch mußte er schleunigst diesen zutiefst erschütterten Menschen beruhigen.

Und er – beruhigte ihn.

– »Ich bin sicher, ich kann die Knoten dieser widerlichen Ränke entwirren: ich hole noch heute, sofort, die nötigen Auskünfte ein, und . . .«

Und – er stockte: die nötigen Auskünfte konnte nur Lippantschenko geben; außer ihm niemand . . . Und wenn er nicht in Petersburg war?

– »Und . . ?«

– »Und sage Ihnen morgen Bescheid.«

– »Ich danke Ihnen, vielen Dank, vielen Dank«, – und Nikolaj Apollonowitsch wollte ihm die Hände drücken; Aleksandr Iwanowitsch wurde nun unwillkürlich verlegen (alles hing davon ab, wo die *Person* sich jetzt aufhielt und über welche Auskünfte sie verfügte).

– »Ach, nicht doch: Ihre Sache betrifft uns alle persönlich . . .«

Doch Nikolaj Apollonowitsch, der bis zu dieser Minute das größte Grauen durchgemacht hatte, konnte auf jedes unterstützende Wort nur völlig apathisch reagieren oder – begeistert.

Und Nikolaj Apollonowitsch reagierte begeistert.

Unterdessen war Aleksandr Iwanowitsch schon wieder bei seinen Gedanken; ihn verblüffte ein winziges Faktum: Nikolaj Apollonowitsch beteuerte und schwor, der entsetzliche Auftrag gehe von einem unbekannten Anonymus aus; dieser Anonymus hatte Ableuchow schon mehrmals geschrieben; und darum war klar: der unbekannte Anonymus war, im Grunde, ein Provokateur.

Und dann . . .

Aus Ableuchows verworrener Rede konnte man doch eine Folgerung ziehen; die besonderen Verbindungen zur Partei lagen hier auf der Hand, und aus diesen besonderen Verbindungen erwuchs der Schmutz; und noch etwas suchte Aleksandr Iwanowitsch für sich zu klären: und versuchte es umsonst: sein Gedanke floß ein in den ihnen zuströmenden Überfluß – von Schnurrbärten, Kinnbärten, Kinnen.

Der Newskij Prospekt

Kinnbärte, Schnurrbärte, Kinne: dieser Überfluß stellte die oberen Endstücke menschlicher Rümpfe dar.

Vorüber strömten Schultern, Schultern und Schultern; eine teerschwarze Masse bildeten alle Schultern; eine ungemein zähe und langsam strömende Masse bildeten alle Schultern, und die Schulter Aleksandr Iwanowitschs hing im Nu an der Masse fest; sie blieb gleichsam kleben; und Aleksandr Iwanowitsch Dudkin folgte der eigenwilligen Schulter gemäß dem Gesetz der untrennbaren Einheit des Körpers; so warf es ihn aus auf den Newskij Prospekt; dort drückte es ihn als Kaviarkörnchen in die von Schwärze strömende Masse.

Was bedeutet ein Kaviarkörnchen? Es ist sowohl Welt wie Objekt des Konsums; als Objekt des Konsums stellt das Kaviarkörnchen keine genügende Einheit dar; diese Einheit ist der Kaviar: die Summe der Körnchen; der Konsument kennt keine Kaviarkörnchen; er kennt nur den Kaviar, das heißt eine Masse von Kaviarkörnchen, serviert auf einem Butterbrot. Und so

wird der Körper des eilend den Fußweg betretenden Indivi-
duums auf dem Newskij Prospekt zum Organ eines größeren
Körpers, zum Kaviarkörnchen: die Trottoirs des Newskij sind
der Butterbrotgrund. Dasselbe geschah auch dem Körper des
hierher geeilten Dudkin; dasselbe geschah auch seinen hartnäk-
kigen Gedanken: an fremden, dem Verstand unbegreiflichen
Gedanken blieb er augenblicklich kleben – den Gedanken des
riesigen, vielfüßigen Geschöpfs, das über den Newskij dahin-
lief.

Sie hatten das Trottoir verlassen; hier liefen viele Füße; und
stumm starrten sie auf die vielen Füße der dahinlaufenden
dunklen menschlichen Masse: diese Masse, übrigens, eilte
nicht, sondern kroch: kroch und schlurfte – kroch und
schlurfte auf vorübereilenden Füßchen; aus vieltausend einzelnen Gliedern war die Masse zusammengeklebt; jedes einzelne
Glied war – ein Rumpf; Rümpfe liefen auf Füßchen.

Es gab keine Menschen auf dem Newskij Prospekt; nur ein
kriechender, surrender Vielfüßler war dort; in einen einzigen
feuchten Raum entließ eine Vielfalt von Stimmen – eine
Vielfalt von Wörtern; gegliederte Sätze zerschlugen dort aneinander; unsinnig, furchtbar zersprangen dort Worte, wie
Bruchstücke leerer und an einer Stelle zertrümmerter Flaschen:
sie alle, durcheinandergeraten, verwoben sich wieder zur Unendlichkeit eines fliegenden Satzes ohne Schluß und Beginn;
dieser Satz erschien unsinnig und gewoben aus Trug; das Un-
unterbrochene des Unsinns des so zusammengesetzten Satzes
hing als schwarzer Ruß über dem Newskij; über allem stand
schwarzer Rauch von Trug.

Und von diesem Trug, manchmal anschwellend, brüllte und
tobte die Newa in den massiven Graniten.

Der kriechende Vielfüßler ist furchtbar. Hier, auf dem Newskij,
läuft er durch die Jahrhunderte. Darüber jedoch, über dem
Newskij, – dort laufen die Zeiten: Frühlinge, Herbste und
Winter. Unstet sind dort die Wechsel; hier – sind die Wechsel
stetig durch Frühlinge, Sommer und Winter; durch Frühlinge,
Sommer und Winter sind diese Wechsel dieselben. Und die
Jahreszeiten haben, bekanntlich, Grenzen; und – Jahreszeit

folgt auf Jahreszeit; auf den Frühling kommt der Sommer; dann folgt dem Sommer der Herbst und mündet in den Winter; alles schmilzt im Frühling. Keine entsprechende Grenze hat der menschliche Vielfüßler; und nichts löst ihn ab; seine Segmente ändern sich, er aber bleibt derselbe; irgendwo dort, hinter dem Bahnhof, hat sein Kopf sich umgebogen; sein Schwanz ragt in die Morskaja-Straße; auf dem Newskij jedoch schlurfen gliederfüßige Glieder – ohne Kopf, ohne Schwanz, ohne Bewußtsein, ohne Gedanken; der Vielfüßler kriecht, wie er kroch; wird kriechen, wie er gekrochen ist.

Ein wirklicher Skolopender!

Und ein erschrockenes metallenes Pferd bäumt sich seit langem dort an der Ecke der Anitschkow-Brücke; ein metallener Pferdeknecht hängt an ihm: wird es der Pferdeknecht satteln, das Pferd, oder wird das Pferd den Knecht zertreten? Dieser Kampf dauert Jahre, und – vorüber an ihnen, vorüber!

Und vorüber an ihnen, vorüber: schnupfen, husten und schlurfen Einzelne, Paare, Vierergruppen und Paare um Paare – lästernd und lachend, streuen sie in den feuchten Raum aus vielfältigen Stimmen eine Vielfalt von Wörtern, losgerissen vom sie erzeugenden Sinn: Melonen, Federn, Schirmmützen; Schirmmützen, Kokarden, Federn; Dreispitz, Zylinder, Schirmmütze; Regenschirm, Kopftuch, Feder.

Dionysos

Ja man sprach doch mit ihm!

Aleksandr Iwanowitsch Dudkin zog seine Gedanken wieder heraus aus dem laufenden Überfluß; die vorübergeströmten Dummheiten hatten sie gründlich beschmutzt; nach dem Bad im Gedankenkollektiv waren auch sie zur Dummheit geworden; nur mit Mühe richtete Aleksandr Iwanowitsch sie auf die Worte, die an sein Ohr geprasselt waren: die Worte Nikolaj Apollonowitschs; Nikolaj Apollonowitsch hämmerte ihm schon lange mit Worten ins Ohr; doch vorübereilendes Wort, die Ohren als Bruchstück erreichend, zerschlug den Sinn des

Satzes; und darum verstand Aleksandr Iwanowitsch kaum, was man ihm da ans Trommelfell schnatterte; an sein Trommelfell hämmerten Trommelschlegel müßig, lange, ermüdend einen brausenden Wirbel: Nikolaj Apollonowitsch, sich losmachend von der Masse, plapperte unausgesetzt und schnell.

– »Verstehen Sie«, – schnatterte Nikolaj Apollonowitsch, – »verstehen Sie mich, Aleksandr Iwanytsch ...«

– »Oh, ja: ich verstehe.«

Und Aleksandr Iwanowitsch versuchte mit dem Ohr die an ihn gerichteten Sätze herauszuziehen: das war gar nicht so leicht, denn vorübereilendes Wort zerschlug sich an seinen Ohren wie Steinhagel:

– »Ja, ich verstehe Sie ...«

– »Dort, in der Blechbüchse«, – schnatterte Nikolaj Apollonowitsch, – »rührte sich, ganz gewiß, Leben: dort tickte irgendwie seltsam ein Ührchen ...«

Aleksandr Iwanytsch dachte hier:

– »Was für eine Blechbüchse, was nur für eine Blechbüchse? Und was habe ich zu tun mit irgendwelchen Blechbüchsen?«

Doch achtsamer zuhörend, was der Senatorssohn schnatterte, wurde ihm klar, daß es um die Bombe ging.

– »Ganz gewiß regte sich dort Leben, als ich sie in Betrieb setzte: vorher war sie, nur so, tot ... Ich habe das Schlüsselchen umgedreht; da fing sie sogar, ja: zu schluchzen an, ich versichere Ihnen, wie ein betrunkener Körper, ein schlaftrunkener, wenn man ihn wachrüttelt ...«

– »Dann haben Sie sie aufgezogen?«

– »Ja, sie hat angefangen zu ticken ...«

– »Der Zeiger?«

– »Auf vierundzwanzig Stunden.«

– »Und warum das?«

– »Ich habe sie, die Blechbüchse, auf den Tisch gestellt und angeschaut, immer angeschaut; meine Finger haben sich von selbst nach ihr gestreckt; und – nur so: von selbst irgendwann das Schlüsselchen gedreht ...«

– »Und was haben Sie gemacht?! In den Fluß damit schnell!?!«

– in ehrlichem Schrecken schlug Aleksandr Iwanowitsch die Hände zusammen; sein Hals zuckte.

– »Verstehen Sie, sie hat mir eine Grimasse geschnitten?..«

– »Die Blechbüchse?«

– »Überhaupt, sehr, sehr reiche Empfindungen ergriffen mich, lösten einander pausenlos ab, als ich über ihr stand: sehr, sehr reiche... Weiß der Teufel... So etwas habe ich, offen gestanden, mein Leben lang noch nicht durchgemacht... Ekel überwältigte mich – und zwar so, daß der Ekel mich auftrieb... Aller möglicher Plunder bestürmte mich und, wie ich sagte, ein schrecklicher Ekel vor *ihr*, ein unwahrscheinlicher, unbegreiflicher: vor der schieren Form der Blechbüchse, vor dem Gedanken, daß vielleicht früher Sardinen darin schwammen (ich kann sie nicht sehen); ein Ekel vor ihr kam mich an, wie vor einem riesigen, harten Insekt, das mir in die Ohren zirpt sein wunderliches Insekten-Geplapper; verstehen Sie – sie erdreistete sich, mir da so etwas zu brabbeln?.. Ah?..«

– »Hm!..«

– »Ein Ekel, wie vor einem riesigen Insekt, dessen Schale schillert wie widerliches Blech; etwas Insektenhaftes war daran, oder etwas von unverzinntem Geschirr... Glauben Sie, – es hat mich so aufgetrieben, mir wurde so übel!.. Nun, als hätte ich sie... verschluckt...«

– »Verschluckt? Pfui, garstig...«

– »Weiß der Teufel – verschluckt; verstehen Sie, was das bedeutet? Das heißt, ich wurde zur wandelnden Bombe mit einem ekligen Ticken im Bauch.«

»Leise doch, Nikolaj Apollonowitsch, – leise: hier kann man uns hören!«

– »Man kann überhaupt nichts verstehen: das zu verstehen ist unmöglich... Dazu muß man: sie eine Zeitlang im Tisch behalten, dastehen und dem Ticken zuhören... Kurz, man muß alles selbst erleben, selbst empfinden...«

– »Aber wissen Sie«, – interessierte sich nun auch Aleksandr Iwanowitsch für seine Worte, – »ich verstehe Sie: das Ticken... Geräusche nimmt man unterschiedlich wahr; hört man einem Geräusch erst zu, bleibt es wie sonst, und doch anders... Ich habe einmal einen Neurastheniker erschreckt; im Gespräch fing ich an, mit dem Finger auf den Tisch zu klopfen, mit dem Sinn, wissen Sie – den Takt zum Gespräch; und da schaut er mich plötzlich an, wird ganz blaß und verstummt, und dann fragt er: ›Warum das?‹ Ich zu ihm: ›Einfach so‹, und klopfe selbst weiter auf den Tisch ... Glauben Sie – er bekam einen Anfall: war beleidigt – so sehr, daß er auf der Straße meinen Gruß nicht erwiderte ... Ich kann das verstehen ...«

– »Nein-nein-nein: das zu verstehen ist unmöglich ... etwas ist hier – aufgeblitzt, aufgetaucht – ein unbekannter und trotzdem bekannter Wahnsinn ...«

– »Ihre Kindheit ist wieder aufgetaucht – nicht wahr?«

– »Als wäre eine Fessel von allen Empfindungen abgefallen ... Es rührte sich über meinem Kopf – kennen Sie das? Die Haare stehen dir zu Berge: das verstehe ich, was das heißt: nur sind es nicht die Haare, denn du stehst da mit offenem Scheitel. *Die Haare stehen dir zu Berge* – diesen Ausdruck habe ich heute nacht verstanden; und es sind nicht die Haare; der ganze Körper stand mir wie Haare *zu Berge*: sträubte sich wie Härchen; die Beine, und die Arme, und die Brust – alles, wie aus unsichtbarem Fell, das man mit einem Strohhalm kitzelt; oder auch: als ob du in ein kaltes Narsan-Bad steigst und die Kohlensäure als Bläschen auf der Haut – kitzelt, pulsiert, überläuft – immer schneller und schneller, so daß, wenn du still sitzt, sich das Pochen, die Pulse, das Kitzeln in ein mächtiges Gefühl verwandeln, so als risse man dich in Stücke und schleppte die Glieder deines Körpers in unterschiedliche Richtungen: vorn wird das Herz herausgerissen, hinten, aus dem Rücken, reißt man, wie aus einem Flechtwerk eine Rute, dein eigenes Rückgrat; an den Haaren zieht man dich in die Höhe; an den Beinen in die Tiefen ... Du regst dich – und alles ist still, so als ob ...«

– »Kurz, es ging Ihnen, Nikolaj Apollonowitsch, wie dem zerrissenen Dionysos ... Doch – Scherz beiseite: Sie sprechen jetzt eine ganz andere Sprache; ich erkenne Sie nicht wieder ... Nicht nach Kant sprechen Sie jetzt ... Diese Sprache habe ich von Ihnen noch nicht gehört ...«

– »Ich sagte doch schon: eine Fessel ist von mir abgefallen –
von allen Empfindungen... Nicht nach Kant – das haben Sie
richtig gesagt.. Und wie auch!.. Dort ist alles anders...«
– »Dort ist, Nikolaj Apollonowitsch, Logik, eingedrungen ins
Blut, das heißt Hirnempfindung im Blut oder – tote Stockung;
aber nun hat Sie eine wahre lebendige Erschütterung ereilt und
das Blut stürzt zum Hirn; darum spürt man in Ihren Worten
den Pulsschlag wirklichen Bluts...«
– »Da stehe ich, wissen Sie, über *ihr*, und – sagen Sie bitte: mir
scheint, – ja, was wollte ich noch?«
– »Ihnen ›*scheint*‹, haben Sie gesagt«, – bestätigte Aleksandr
Iwanowitsch...
– »Mir scheint – ich gehe auf, bin schon längst ganz aufgedunsen: vielleicht schon Jahrhunderte gehe ich auf; und ich
laufe herum und merke es nicht, – als aufgedunsenes Monstrum... Das ist wirklich entsetzlich.«
– »Das ist alles Empfindung...«
– »Aber sagen Sie, bin ich... nicht...«
Aleksandr Iwanowitsch lächelte mitfühlend:
– »Ganz im Gegenteil, Sie sind abgemagert: die Wangen sind
hohl, und unter den Augen Ringe.«
– »Ich stand dort über *ihr*... Doch nicht ›Ich‹ stand da – gar
nicht ich, gar nicht ich, sondern... sozusagen, ein Riese mit
gewaltigem idiotischen Kopf und unverwachsenem Scheitel;
und dabei – pulsiert der Körper; über-überall auf der Haut –
wie mit Nadeln: es reißt und piekst; und ich spüre deutlich
einen Stich – zumindest ein Viertel Arschin weit vom Körper,
außerhalb des Körpers!.. Na?.. Denken Sie nur!.. Dann ein
zweiter, ein dritter: viele, viele Stiche als durchaus körperliches
Empfinden – außerhalb des Körpers... Und die Stiche, das
Pochen, die Pulse – verstehen Sie! – zeichneten meine eigene
Kontur – jenseits der Grenzen meines Körpers, außerhalb der
Haut: die Haut war im Innern der Empfindung. Was war das?
Entweder war ich umgestülpt, mit der Haut nach innen, oder
das Hirn war herausgesprungen?«
– »Sie waren einfach außer sich...«
– »Sie haben gut sagen ›außer sich‹; ›außer sich‹ – das sagen alle;

388

dieser Ausdruck ist einfach eine Allegorie, die nicht auf körperlicher Empfindung beruht, sondern bestenfalls nur auf einer Emotion. Ich aber fühlte mich *außer mir* durchaus körperlich, physiologisch, nicht wahr?, und keineswegs emotional... Natürlich war ich außerdem auch *außer mir* in Ihrem Sinne: das heißt, ich war aufgewühlt. Aber die Hauptsache ist nicht das, sondern daß die Empfindungen der Sinnesorgane sich um mich herum ergossen, plötzlich sich weiteten, ausbreiteten im Raum: ich zersprang, wie eine Bomb...«

– »Tss!«

– »In Stücke!...«

– »Man könnte uns hören...«

– »Wer denn hat da gestanden, empfunden – ich, oder nicht ich? Das war mit mir, in mir, außer mir... Sehen Sie, welches Wortgeklingel?..«

– »Erinnern Sie sich, kürzlich, als ich bei Ihnen war, mit dem Bündel, da habe ich Sie gefragt, warum Ich – Ich bin. Sie haben mich damals überhaupt nicht verstanden...«

– »Aber jetzt habe ich *alles* verstanden: nur ist das doch furchtbar, ganz furchtbar...«

– »Nicht furchtbar, sondern ein echtes Dionysos-Erlebnis: nicht in Worten, nicht aus Büchern, selbstverständlich... Das Erlebnis des sterbenden Dionysos...«

– »Weiß der Teufel!«

– »Nun beruhigen Sie sich, Nikolaj Apollonowitsch, Sie sind schrecklich müde; daß Sie müde sind, ist auch kein Wunder: so viel zu erleben in nur einer Nacht... Jeden Stärkeren hätte es umgehauen.« – Aleksandr Iwanowitsch legte ihm seinen Arm um die Schulter; die Schulter reichte ihm bis zur Brust; und die Schulter zuckte; Aleksandr Iwanowitsch hatte jetzt geradezu das Bedürfnis, den nervös vor ihm schwatzenden Nikolaj Apollonowitsch loszuwerden, um sich vom Vorgefallenen klare und ruhige Rechenschaft zu geben.

– »Ich bin ja ruhig, vollkommen ruhig; jetzt wäre ich, wissen Sie, nicht mal dagegen, etwas zu trinken; so ein Mut und Schwung... Denn Sie können mir ganz gewiß sagen, daß der Auftrag ein Irrtum ist?«

Ganz gewiß konnte das Aleksandr Iwanowitsch nicht sagen; trotzdem versetzte Aleksandr Iwanowitsch mit ungewöhnlicher Heftigkeit nur:
– »Ich verbürge mich . . .«

Eine Offenbarung

Schließlich hatte er sich verabschiedet.

Jetzt mußte er laufen: nur laufen und laufen – bis zur völligen Stumpfheit des Hirns, um auf ein Wirtshaustischchen zu sinken, – zu sich zu kommen und Wodka zu trinken.

Aleksandr Iwanowitsch erinnerte sich: das Briefchen, das Briefchen! Er selbst ja sollte den Brief übergeben, – im Auftrag *einer gewissen Person*: Ableuchow übergeben.

Wie hatte er alles vergessen! Den Brief nahm er mit, als er damals zu Ableuchow ging – mit dem Bündel; den Brief zu übergeben vergaß er; er übergab ihn kurz darauf – Warwara Jewgrafowna, die ihm sagte, daß sie Ableuchow treffe. Dieser Brief also konnte durchaus der verhängnisvolle Brief sein.

Nein, aber nein!

Nicht der ist es gewesen: und *der*, der *verhängnisvolle*, wurde nach Ableuchows Worten ihm doch auf dem Ball übergeben; und – von einer Maske . . . Maske, Ball und – Warwara Jewgrafowna Solowjowa.

Nein und nein!

Aleksandr Iwanowitsch beruhigte sich: also war *der* Brief gar nicht *dieser*, von Solowjowa übergebene und von Lippantschenko erhaltene; also hatte er, Aleksandr Iwanowitsch Dudkin, mit der Sache nichts zu tun; doch – vor allem: der entsetzliche Auftrag konnte von der *Person* nicht ausgehen; das war der Haupttrumpf in seinen Händen: ein Trumpf, der den Wahn und all seine wahnhaften Vermutungen schlug (diese Vermutungen waren ihm wieder durch den Kopf gehuscht, als er sein Wort gab, sich verbürgte für die Partei – und für Lippantschenko, das heißt darum, weil Lippantschenko sein Kontaktorgan war zur Partei); hätte er nicht diesen Trumpf in der Hand, das heißt, käme der Brief von der Partei, von Lippantschenko, dann wäre die *Person*, Lippantschenko, eine zweifelhafte *Person*, und er, Aleksandr Iwanowitsch Dudkin, wäre verbunden mit einem zweifelhaften Subjekt.

Und der Wahnsinn käme.

Kaum hatte er sich all das zurechtgelegt und wollte den Strom der Droschken durchschneiden und auf die nahende Pferdebahn springen (es gab ja noch keine Straßenbahn), als eine Stimme ihn anrief:

– »Aleksandr Iwanytsch, warten Sie ... Eine Minute ...«

Er drehte sich um und sah, daß der einen Moment zuvor von ihm verlassene Nikolaj Apollonowitsch, atemlos, ihm nachlief durch die Menge – am ganzen Leib zitternd und schweißnaß; mit fiebrigem Flämmchen in den Augen fuchtelte er ihm mit dem Spazierstock zu über den Köpfen der verwunderten Passanten ...

– »Eine Minute ...«

Ach du lieber Gott!

– »Warten Sie: es fällt mir schwer, Aleksandr Iwanowitsch, mich von Ihnen zu trennen ... Ich will Ihnen nur noch folgendes sagen ...«, – er nahm ihn beim Arm und führte ihn zum nächsten Schaufenster.

– »Mir hat sich noch offenbart ... War das wohl eine Offenbarung – dort, über der Blechbüchse? ..«

– »Hören Sie, Nikolaj Apollonowitsch, ich muß gehen; muß um Ihretwillen gehen ...«

– »Ja, ja, ja: sofort, eine Sekunde, eine Tertie ...«

– »Nun – nun: ich höre ...«

Nikolaj Apollonowitsch zeigte jetzt einen Ausdruck von, nun, geradezu Inspiration; vor Freude hatte er, offensichtlich, vergessen, daß noch nicht alles entwirrt war für ihn, und – vor allem: *die Blechbüchse tickte noch, bezwang unermüdlich die vierundzwanzig Stunden.*

– »Gleichsam die Offenbarung, daß ich – wuchs; ich wuchs, wissen Sie, ins Unermeßliche, habe die Räume bezwungen; ich versichere Ihnen, das war real: und mit mir wuchsen alle Dinge; auch das Zimmer, auch der Blick auf die Newa, auch die

Turmspitze von Peter-und-Paul: alles wuchs an, alles – wuchs; und das Wachstum ging schon zuende (da war nichts mehr, wohin, wohinein man noch wachsen konnte); darin aber, das endete, im Ende, im Beenden, – dort, schien mir, war irgendein neuer Anfang: das Nachunendliche, vielleicht... Es ist irgendwie überaus ungereimt, unangenehm, wüst – wüst, das – vor allem; wüst vielleicht darum, weil ich über kein Organ verfüge, das diesen Sinn, den sozusagen überendlichen, versinnbildlichte; an der Stelle der Sinnesorgane war die Empfindung – ›Null‹ Empfindung; doch faßbar war mir etwas, das nicht Null war, noch Eins, sondern weniger als Eins. Alle Ungereimtheit lag, vielleicht, nur darin, daß meine Empfindung – Empfindung war von ›*Null minus Etwas*‹, vielleicht fünf, zum Beispiel.«

– »Hören Sie«, – unterbrach ihn Aleksandr Iwanowitsch, – »Sie sollten mir lieber folgendes sagen: das Briefchen haben Sie wohl über Warwara Jewgrafowna Solowjowa erhalten?..«

– »Den Brief...«

– »Nicht den doch, nicht das *Billett*: den Brief, der über Warwara Jewgrafowna ging...«

– »Ach, diese Gedichte mit der Unterschrift ›Eine flammende Seele‹?«

– »Ja ich weiß es doch nicht: kurz, über Warwara Jewgrafowna...«

– »Ja, über sie, über sie... Nein – ich sage ja, ›*Null minus Etwas*‹... Was ist das?«

Herrgott: immer ein und dasselbe!..

– »Sie sollten die Apokalypse lesen...«

– »Sie haben mir schon einmal vorgeworfen, daß ich die Apokalypse nicht kenne; doch jetzt werde ich sie lesen – unbedingt lesen; jetzt, wo Sie mich beruhigt haben bezüglich... *all dessen*, spüre ich, daß in mir das Interesse erwacht am Kreis Ihrer Lektüre; ich setze mich, wissen Sie, zu Hause hin, nehme Brom und lese die Apokalypse; ich habe das allergrößte Interesse: etwas ist mir geblieben von der Nacht: es ist alles wie sonst – und doch anders... Hier, zum Beispiel, schauen Sie: ein Schaufenster... Und im Schaufenster – eine

Spiegelung: jetzt ging ein Herr mit Melone vorüber – schauen Sie ... er entfernt sich ... Jetzt wir beide, sehen Sie? Und alles ist irgendwie seltsam ...«

– »Irgendwie seltsam«, – nickte bestätigend Aleksandr Iwanowitsch: Herrgott, für das »*wie seltsam*« war er offenbar Spezialist.

– »Oder hier auch: die Gegenstände ... Weiß der Teufel, was sie in Wirklichkeit sind: sie sind wie sonst – und doch anders ... Das habe ich begriffen über der Blechbüchse: eine Blechbüchse, eine gewöhnliche Blechbüchse; und – nein, nein: keine Blechbüchse, sondern ...«

– »Tss!«

– »Eine Blechbüchse entsetzlichen Inhalts!«

– »Die Blechbüchse sollten Sie schleunigst in die Newa; und alles wird gut; kommt wieder ins Lot ...«

– »Das kommt es nicht, kann es nicht, wird es nicht ...«

Er musterte wehmütig die vorüberlaufenden Paare; er seufzte wehmütig, denn er wußte: das kommt es nicht, kann es nicht, wird es nicht – niemals, niemals!

Aleksandr Iwanowitsch wunderte sich über den Strom der Geschwätzigkeit, der aus Ableuchows Mund schlug; er wußte nicht, ehrlich gesagt, was tun mit dieser Geschwätzigkeit; sie beruhigen, unterstützen, oder umgekehrt – das Gespräch unterbrechen (die Gegenwart Ableuchows bedrückte ihn geradezu).

– »Ihre Empfindungen, Nikolaj Apollonowitsch, erscheinen Ihnen nur seltsam; Sie haben einfach bis jetzt über Kant gesessen im ungelüfteten Zimmer; nun hat Sie ein Sturmwind erfaßt – da beginnen Sie ihn auch in sich zu bemerken: und lauschen dem Sturmwind; und hören darin sich selbst ... Ihre Zustände sind bildreich beschrieben: sie sind Gegenstand von Beobachtungen, des Studiums ...«

– »Wo denn, wo?«

– »In der Belletristik, in der Lyrik, in den *Seelenheilkunden*, in okkulten Untersuchungen.«

Aleksandr Iwanowitsch mußte unwillkürlich lächeln vor solch himmelschreiender (von seinem Standpunkt) Unbildung die-

ses geistig entwickelten Scholasten und, nachdem er gelächelt
hatte, setzte er ernst fort:
— »Der Psychiater...«
— »?«
— »Nennt...«
— »Ja-ja-ja...«
— »All das...«
— »Daß alles ›*wie sonst und doch anders*‹ ist?«
— »Nun, *wie sonst und doch anders* — nennen Sie es halt so —
mit einem für ihn ganz geläufigen Terminus: Pseudohalluzina-
tion...«
— »?«
— »Das heißt eine Art symbolischer Empfindungen, die keiner
Erregung der Empfindung entsprechen.«
— »Ja nun: das ist gleichsam dasselbe, wie gar nichts zu sa-
gen!..«
— »Ja, das ist wahr...«
— »Nein, das befriedigt mich nicht...«
— »Natürlich: der Moderne nennt diese Empfindung — Emp-
findung des Abgrunds, das heißt, er sucht für die symbolische
Empfindung, die man gewöhnlich nicht erlebt, ein passendes
Bild.«
— »Also ist das doch eine Allegorie.«
— »Verwechseln Sie nicht Allegorie und Symbol: die Allegorie
ist ein Symbol, das zur gängigen Worthülse wurde; zum Beispiel das gewöhnliche Verständnis Ihres ›*außer sich*‹; das Symbol
aber ist ein direkter Appell an das dort von Ihnen Erlebte – über
der Blechbüchse; eine Aufforderung, irgendwie künstlich das *so*
Erlebte zu erleben... Doch ein angemessenerer Terminus wird
ein anderer Terminus sein: das Pulsieren des Ätherleibs. Eben so
haben Sie sich erlebt; unter dem Einfluß der Erschütterung hat
völlig real in Ihnen der Ätherleib gebebt; für einen Augenblick
trennte er sich, löste er sich vom physischen Leib, und da haben
Sie all das erlebt, was Sie dort erlebten: abgenutzte Wortver-
bindungen wie ›Abgrund – grundlos‹ oder ›außer... sich‹
haben Tiefe gewonnen, wurden für Sie zur lebendigen Wahrheit, zum Symbol; die Erlebnisse des Ätherleibs verwandeln, so

die Lehre mancher mystischer Schulen, Wortsinn und Allegorien in realen Sinn, in Symbole; und weil es von diesen Symbolen wimmelt in den Werken der Mystiker, rate ich Ihnen nun, nach dem Erlebten, diese Mystiker zu lesen...«

– »Ich sagte Ihnen, ich werde es tun: und – werde es tun...«

– »Und zu dem mit Ihnen Geschehenen kann ich nur eines hinzufügen: diese Art von Empfindungen wird Ihr erstes Erlebnis im Jenseits sein, wie es Platon erzählt, der zum Zeugnis die Versicherungen der Bacchantinnen anführt... Es gibt Schulen der Erfahrung, wo man diese Empfindungen bewußt hervorruft – Sie glauben es nicht?.. Es gibt sie: das kann ich Ihnen versichern, denn mein einziger Freund und Vertrauter ist dort, in diesen Schulen; diese Schulen der Erfahrung verwandeln durch Arbeit Ihren Alptraum in die Gesetzmäßigkeit einer Harmonie, indem sie hier Rhythmen, Bewegungen, Pulse studieren und alle Nüchternheit des Bewußtseins in die Empfindung, zum Beispiel der Ausdehnung überführen... Übrigens, was stehen wir hier: wir haben uns verplaudert... Sie müssen unbedingt schleunigst nach Hause und... die Blechbüchse in den Fluß; und sitzen Sie, sitzen Sie dort: keinen Fuß vor die Tür (Sie werden wahrscheinlich beobachtet); also sitzen Sie zu Hause, lesen die Apokalypse, nehmen Brom: Sie haben sich entsetzlich abgequält... Übrigens, lieber kein Brom: Brom stumpft das Bewußtsein ab; wer Brom mißbraucht, ist zu nichts mehr imstande... Nun, ich muß laufen, und zwar um Ihretwillen.«

Aleksandr Iwanowitsch drückte Ableuchow die Hand und verschwand unversehens im schwarzen Strom der Melonen, er wandte sich um aus diesem Strom und rief noch einmal von dort:

– »Und die Büchse in den Fluß!«

An den Schultern blieb seine Schulter kleben: er wurde entschlossen davongetragen vom kopflosen Tausendfüßler.

Nikolaj Apollonowitsch zuckte zusammen: dort sprudelte Leben in der Blechbüchse; das Uhrwerk lief auch jetzt; schleunigst nach Hause, schleunigst; jetzt wird er einen Mietkutscher nehmen; sie zu Hause in die Rocktasche schieben; und – in die Newa damit!

Nikolaj Apollonowitsch begann wieder zu fühlen, wie er wuchs; und zugleich fühlte er: es begann zu tröpfeln.

Die Karyatide

Dort, gegenüber, hob sich schwarz eine Kreuzung ab; und dort war eine Straße; steinern neigte sich dort eine Karyatide über dem Eingang.

Die *Behörde* ragte dort auf: die *Behörde*, wo Herr über alles Apollon Apollonowitsch Ableuchow war.

Es hat eine Grenze der Herbst; auch der Winter hat eine Grenze: die Jahreszeiten als solche sind zyklisch. Und geneigt über diese Zyklen hängt die bärtige Karyatide am Eingang: schwindelerregend drückt in die Mauer sich ihr steinerner Huf; und es scheint, als würde sie ganz herunterstürzen und auf der Straße zerbröckeln zu Stein.

Doch – sie stürzt nicht.

Das, was sie über sich sieht, ist, wie das Leben, unstet, unbeschreiblich, verschwommen: dort ziehen die Wolken; im Unbeschreiblichen tummeln sich weiße Schäfchen; oder – rieselt ein Regen; er rieselt, wie heute: wie gestern, wie vorgestern.

Das aber, was ihr zu Füßen liegt, ist, wie sie selbst, stetig: stetig der Durchzug des menschlichen Vielfüßlers auf dem beleuchteten Fußweg; oder auch: wie heute, in düsterer Nässe; leblos das Rascheln dahineilender Füße; und ewig-grün die Gesichter; nein, man sieht ihnen nicht an, daß schon Ereignisse grollen.

Beim Mustern des Zugs der Melonen würdest du niemals vermuten, daß Ereignisse grollten, zum Beispiel im Städtchen Ak-Tjuk, wo ein Arbeiter auf dem Bahnhof, nach einem Streit mit dem Bahngendarmen, einen Geldschein des Gendarmen an sich brachte und in seinen Magen einführte mithilfe der Mundöffnung, weshalb in den Magen der Eisenbahnarzt ein Brechmittel einführte; beim Mustern des Zugs der Melonen würde niemand vermuten, daß schon im Theater von Kutais das Publikum ausrief: »Bürger!..« Niemand würde vermuten, daß in Tiflis ein Revieraufseher die Fabrikation von Bomben entdeckte, die Bibliothek in Odessa geschlossen wurde und in zehn Universitäten Rußlands ein Meeting mit vielen Tausenden stattfand – am selben Tag, zur selben Stunde; niemand würde vermuten, daß eben zu dieser Zeit Tausende überzeugter Bundisten zu einer Zusammenkunft strömten, daß die Permer stur blieben und daß eben zu dieser Zeit, umstellt von Kosaken, seine roten Flaggen aufhißte das Gußeisenwerk zu Reval.

Beim Mustern des Zugs der Melonen würde niemand vermuten, daß schon neues Leben sprudelte, daß Potapenko unter diesem Titel ein Stück abschloß, daß der Streik schon begonnen hatte auf der Strecke Moskau–Kasan; auf den Bahnhöfen wurden die Scheiben zerschlagen, in Packhäuser wurde eingedrungen, die Arbeit unterbrochen bei der Kursker, der Windauer, Nishegorodsker und Muromer Eisenbahn; zu Zehntausenden standen, wie angewurzelt, die Waggons in vielerlei Räumen; der Verkehr war erstorben. Beim Mustern des Zugs der Melonen würde niemand vermuten, daß in Petersburg schon Ereignisse grollten, daß die Setzer fast sämtlicher Drukkereien Deputierte wählten und zusammenschwärmten; daß streikten: das Schiffswerk, das Alexanderwerk und andere Werke; und – daß die Vorstädte Petersburgs wimmelten von mandschurischen Mützen; beim Mustern des Zugs der Melonen würde niemand vermuten, daß die Gehenden *wie sonst*, und doch *anders* waren; daß sie nicht einfach liefen, sondern voll innerer Unruhe liefen, den eigenen Kopf als Idiotenkopf spürend, mit unverwachsenem Scheitel, durchhauen vom Säbel, zerschlagen auch einfach mit einem hölzernen Pfahl; würden sie das Ohr an die Erde legen, dann hörten sie ein zärtliches Säuseln: das Säuseln konstanten Revolvergeknatters – von Archangelsk bis nach Kolchis und von Libau bis Blagowestschensk.

Doch die Zirkulation war nicht unterbrochen: gleichförmig, langsam und leblos strömten noch die Melonen zu Füßen der Karyatide.

. . . .

Die graue Karyatide bückt sich und – zu ihren Füßen schaut sie:

auf immer dieselbe Menge; grenzenlos die Verachtung im alten Stein ihrer Augen; die Übersättigung grenzenlos; und grenzenlos die Verzweiflung.

Und, oh, hätte sie Kraft!

Dann streckten sich die muskulösen Arme an den hoch über dem steinernen Kopf aufgeworfenen Ellbogen; der gemeißelte Scheitel würfe sich rasend zurück; und in lautem Brüllen, in langgezogen-verzweifeltem Brüllen, zerrisse der Mund; du würdest sagen: »Das ist das Brüllen eines Orkans« (so brüllten die Tausende schwarzer Schirmmützen der städtischen Plünderer auf den Pogromen); wie aus der Dampfpfeife einer Lokomotive schlüge es Dampf auf die Straße; in die Höhe führe über der Straße das von ihr aus der Mauer gerissene Balkonkarnies; und zerfiele in harte lautpolternde Steine (sehr bald darauf zerschlug man mit Steinen die Fenster der Semstworäte und der Semstwoversammlungen der Gouvernements); als Steinhagel auf die Straße herunterstürzte diese alte Skulptur, in der dunkelnden Luft einen ungestümen und blendenden Bogen beschreibend; und als blutrote Splitter legte sie sich auf die erschrockenen Melonen, die hier vorüberzogen – leblos, gleichförmig, langsam . . .

. . . .

An diesem gräulichen Petersburger Tag flog eine schwere, prunkvolle Tür auf: ein grauer rasierter Lakai mit goldbetreßten Manschetten stürzte aus der Diele und gab dem Kutscher Zeichen; die Pferde stürmten zur Auffahrt, sie zogen eine lakkierte Kutsche; der graue rasierte Lakai wurde dumm und stand stramm, als Apollon Apollonowitsch Ableuchow, etwas krumm, leicht gebeugt, unrasiert, mit krankhaft gedunsenem Gesicht und hängender Lippe, mit den (kohlrabenschwarzen) Handschuhen den Rand des (kohlrabenschwarzen) Zylinders berührte.

Apollon Apollonowitsch Ableuchow warf einen kurzen, von Gleichgültigkeit erfüllten Blick auf den strammstehenden Lakaien, auf die Kutsche, auf den Kutscher, auf die große schwarze Brücke, auf die gleichgültigen Weiten der Newa, wo so fahl sich neblige, vielschlotige Fernen abzeichneten und wo aschgrau sich die undeutliche Wassilij-Insel erhob mit Zehntausenden Streikenden.

Der stramme Lakai schlug die Kutschentür zu, die ein altes Adelswappen schmückte: ein Einhorn, das einen Ritter durchbohrt; die Kutsche flog behende in den schmutzigen Nebel – vorüber an der matt sich zeigenden schwärzlichen Kathedrale, dem Isaak, vorüber am Reiterstandbild Zar Nikolajs – auf den Newskij, wo die Menge schwärmte, wo, zerrend am hölzernen Schaft, rudernd die Luft durchgruben, wo flatterten und tanzten leichtpfeifende Bahnen roten Kattuntuchs; die schwarze Kontur der Kutsche, der Umriß des Dreispitz des Lakaien und, fliegend in der Luft, die Mantelpelerine schnitten sich unvermutet in die zottige, schwarze Masse, wo mandschurische Mützen, Mützenbesätze, Schirmmützen, schwärmend, lautstarke Lieder an die Scheiben der Kutsche schmetterten.

Die Kutsche blieb in der Menge stehen.

Kusch, Tom!

– »Mais j'espère…«
– »Sie hoffen?«
– »Mais j'espère que oui«, schnarrte hinter der Tür die Stimme eines Ausländers.

Aleksandr Iwanowitschs Schritte stapften mit absichtlicher Härte über die Bretter der kleinen Terrasse; Aleksandr Iwanowitsch lauschte nicht gern. Die in die Zimmer führende Tür stand halb offen.

Es dunkelte: blaute.

Seine Schritte wurden nicht gehört. Aleksandr Iwanowitsch Dudkin beschloß, nicht zu lauschen; darum setzte er den Fuß über die Schwelle.

Im Zimmer lag schwerer Wohlgeruch; eine Mischung von Parfümerie und einer herben Säure: einem Medikament.

Soja Sacharowna Fleisch gab sich liebenswürdig, wie immer. Sie war bemüht, einen ausländischen Gast in den Sessel zu komplimentieren; der Ausländer lehnte ab.

Es dunkelte: blaute.

– »Ach, wie freue ich mich, Sie zu sehen ... Sehr sehr freue ich mich, Sie zu sehen: treten Sie sich die Füße ab, legen Sie ab...«

Doch erwidernde Freude kam nicht auf; Aleksandr Iwanowitsch drückte Sojas Hand.

– »Sie haben, hoffe ich, einen sehr guten Eindruck von Rußland bekommen... Nicht wahr...«, wandte sie sich an den hageren Ausländer. – »Was für ein unerhörter Aufbruch?«

Und der Franzose schnarrte trocken:

– »Mais j'espère...«

Soja Sacharowna Fleisch rieb sich die rundlichen Finger und richtete abwechselnd ihren freundlichen, leicht zerstreuten Blick auf den Franzosen und Aleksandr Iwanowitsch; sie hatte Glupschaugen: sie traten aus den Höhlen. Soja Sacharowna schien etwa vierzig Jahre alt; Soja Sacharowna war eine großkopfige Brünette; emaillebedeckt waren ihre kräftigen Wangen; von den Wangen rieselte Puder.

– »Er ist noch nicht da ... Sie wollen doch zu *ihm*?« – fragte sie unerwartet Aleksandr Iwanowitsch; in dieser flüchtigen Frage offenbarte sich eine verborgene Unruhe; vielleicht verbarg sich darin Feindseligkeit; doch Unruhe, Feindseligkeit und Haß überdeckten freundlich: ihr Lächeln, ihr Blick; so versteckt sich in klebrig-süßem Zuckerwerk aller widerlicher Schmutz der ungelüfteten Konditorsküchen.

– »Nun, ich warte trotzdem auf *ihn*.«

Aleksandr Iwanowitsch verbeugte sich vor dem Franzosen; er streckte die Hand aus nach einer Birne (auf dem Tisch stand eine Schale Duchesse-Birnen); da rückte Soja Sacharowna Fleisch die Schale von Aleksandr Iwanowitsch weg: Aleksandr Iwanowitsch aß so gern Birnen.

Birnen hin, Birnen her, doch nicht darum ging es.

Es ging um die Stimme: eine Stimme, die irgendwo begonnen hatte zu singen; die Stimme war vollkommen überanstrengt, unmöglich kreischend und süß; und dabei: hatte die Stimme einen unzulässigen Akzent. Im Anbruch des zwanzigsten Jahrhunderts war so zu singen unmöglich; schon geradezu schamlos; so singt man nicht in Europa. Aleksandr Iwanowitsch kam es vor, als sei der Sänger ein sinnlicher, feuriger Brünetter; unbedingt ein Brünetter; und mit hohler Brust, zwischen den Schultern eingefallener, und mit richtigen Schaben-Augen; vielleicht war er schwindsüchtig; und wahrscheinlich Südländer: Odessite oder sogar Bulgare aus Varna (so ist es wohl besser); er trägt nicht ganz reinliche Wäsche; propagiert irgendwas, haßt das Dorf. Während er sich Gedanken machte über den unsichtbaren Interpreten, streckte Aleksandr Iwanowitsch zum zweiten Mal die Hand aus nach einer Birne.

Unterdessen ließ Soja Sacharowna Fleisch nicht eine Minute von dem Franzosen ab:

– »Ja, ja, ja: wir erleben Ereignisse von historischer Bedeutung... Jugend und Tatendurst überall... Ein künftiger Historiker wird schreiben... Sie glauben nicht? Gehen Sie auf die Meetings... Hören Sie die lebhaften Gefühlsergießungen, schauen Sie; Begeisterung überall.«

Doch der Franzose wünschte kein Gespräch zu unterhalten.

– »Pardon, Madame, Monsieur viendra-t-il bientôt?«

Um nicht Zeuge dieses unangenehmen Gesprächs zu sein, das aus irgendeinem Grund sein Nationalgefühl kränkte, trat Aleksandr Iwanowitsch dicht ans Fenster und wäre fast gestolpert über den zottigen Bernhardiner, der auf dem Fußboden einen Knochen benagte.

Die kleine Datscha sah mit den Fenstern aufs Meer: es dunkelte, blaute.

Ein Leuchtturm-Auge drehte sich; das Flämmchen blinzelte: »eins-zwei-drei« und erlosch; im Wind flatterte der dunkle Mantel eines fernen Passanten; noch ferner kräuselten sich Wellenkämme; als Lichtgraupel streuten sich Uferlichter; die vieläugige Küste sträubte ihr Schilf; fern heulte eine Sirene. Was für ein Wind!

– »Hier haben Sie einen Aschenbecher...«

Der Aschenbecher wurde Aleksandr Iwanowitsch vor die Nase gestellt: doch Aleksandr Iwanowitsch war empfindlich, darum drückte er die Kippe im Blumentopf aus: er tat das aus Protestgeist.

– »Dieser Sänger, wer ist das?«

Soja Sacharowna machte eine Geste, die deutlich zeigte, daß Aleksandr Iwanowitsch ahnungslos war: unzulässig ahnungslos.

– »Wie? Sie kennen ihn nicht?.. Nun, natürlich: kennen Sie ihn nicht... Also hören Sie: das ist Schischnarfijew... das kommt davon, wenn man als Murrkopf herumsitzt... Schischnarfijew – er ist mit uns allen vertraut geworden...«

– »Irgendwo habe ich den Namen gehört...«

– »Schischnarfijew hat außerordentlichen Kunstsinn...«

Soja Sacharowna sprach diesen Satz mit entschlossenem Ausdruck – solchem Ausdruck, als hätte er, Aleksandr Iwanowitsch, seit langem den Kunstsinn des allen bekannten, mit allen befreundeten Trägers dieses Namens mit dem ungebührlichsten Fragezeichen versehen. Doch Aleksandr Iwanowitsch hatte nicht vor, die Talente dieses Herrn zu bestreiten.

Er fragte bloß:

– »Ein Armenier? Bulgare? Georgier?«

– »Nichts von alledem...«

– »Kroate? Perser?«

– »Ein Perser aus Schemacha, fast wäre er kürzlich in Isfahan einem Blutbad zum Opfer gefallen...«

– »Und... Jungperser?«

– »Selbstverständlich... Das wußten Sie nicht?.. Schämen Sie sich...«

Ein Blick des Bedauerns, der Nachsicht in seine Richtung, und – Soja Sacharowna Fleisch wandte sich dem Franzosen zu.

Aleksandr Iwanowitsch hörte natürlich nicht das Gespräch an: er hörte dem arg strapazierten Tenor zu; der Vertreter Jungpersiens sang dort eine wilde Zigeunerromanze und flößte der Seele lauter trübe Gedanken ein. Übrigens: Aleksandr Iwanowitsch dachte flüchtig, die Gesichtszüge Soja Fleischs seien der Gerechtigkeit halber den Gesichtern höchst unterschiedlicher Schönheiten entnommen; die Nase der einen, der Mund einer anderen, die Ohren einer dritten Schönheit.

Zusammen aber waren sie ganz und gar aufreizend. Und Soja Sacharowna wirkte zusammengeflickt aus zahlreichen Schönheiten, selbst aber war sie – wahrhaftig – keineswegs schön! Ihr Hauptzug jedoch war die Zugehörigkeit zur Kategorie der, wie man sagt, feurigen orientalischen Brünetten.

Soja Sacharownas inhaltsloses Geplapper kam trotzdem herübergeflogen und erreichte Aleksandr Iwanowitsch.

– »Geht es um Geld?«

Schweigen.

– »Geld aus dem Ausland wird notwendig sein...«

Ein ungeduldiges Rucken des Ellbogens.

– »Ihr Redakteur sollte besser nicht anreisen nach der Zerschlagung der Organisation T. T...«

Doch der Franzose – keinen Mucks.

– »Denn Beweisstücke wurden gefunden.«

Hätte Aleksandr Iwanowitsch in Gedanken bei der Sache sein können, dann hätte (sagen wir unsererseits) die Nachricht von der Zerschlagung T. T.s ihn umhauen können; doch er hörte zu, – wie der Vertreter Jungpersiens eine Romanze sang. Der Franzose indessen, aus der Fassung gebracht von der geradezu zudringlichen Soja Fleisch, gebot ihr Einhalt:

– »Je serais bien triste d'avoir manqué l'occasion de parler à Monsieur.«

– »Einerlei: sprechen Sie mit mir...«

– »Excusez, dans certains cas je prefère parler personellement...«

Im Fenster schwankte ein Busch.

Durch die Zweige des Buschs waren schäumende Wellen zu sehen und ein schwankendes Segelschiff, abendlich und blau; als dünnes Blatt durchschnitt es die Dunkelheit mit spitzgeflügelten Segeln; auf der Fläche des Segels verdichtete sich langsam die bläuliche Nacht.

Es war, als verschwinde das Segel ganz.

Vor dem Gärtchen fuhr jetzt ein Mietkutscher vor; der Körper eines wuchtigen Dickwansts, der sichtlich an Atemnot litt, wälzte sich ohne Hast aus der Droschke; beladen mit einem halben Dutzend an Schnüren baumelnder Päckchen, mühte die unbeholfene Hand sich gemächlich mit dem ledernen Geldbeutel ab; unter dem Arm hervor rutschte über einer

Pfütze ungeschickt eine Tüte; im Fallen das Papier zerreißend, rollten die Antonsäpfel durch den Dreck.

Der Hausherr mühte sich über der Pfütze ab und sammelte die Äpfel ein; sein Mantel klappte auf; augenscheinlich ächzte er; beim Schließen des Törchens hätte er fast noch einmal seine Einkäufe verstreut.

Der Hausherr näherte sich der kleinen Datscha über den gelben Gartenweg zwischen zwei im Wind gekrümmten niedrigen Buschreihen; rundum verbreitete sich die bekannte drückende Atmosphäre; bedeckt von einer Mütze mit Ohrenklappen, war der unheildrohende Kopf ziemlich schroff auf die Brust gerutscht; die tief in den Höhlen liegenden Äuglein wichen diesmal gar nicht aus (wie sie jedem beharrlichen Blick auswichen); die tiefliegenden Äuglein starrten müde auf die Scheiben.

Aleksandr Iwanowitsch hatte Zeit genug, in diesen Äuglein (denken Sie nur!) eine besondere, eigene Freude zu erspähen, gemischt mit Müdigkeit und Kummer – eine rein animalische Freude: sich zu wärmen, auszuschlafen und reichlich zu Abend zu essen nach so viel durchstandenen Mühen. Wie die blutrünstige Bestie: bei der Rückkehr in die Höhle wirkt die blutrünstige Bestie häuslich und zahm und zeigt jene Sanftmut, zu der auch sie imstande ist; freundlich beschnuppert diese Bestie dann ihr Weibchen; und leckt die winselnden Jungen.

War etwa das die *Person*?

Ja: das war die *Person*; und die *Person* war diesmal nicht furchtbar; ihr Äußeres war prosaisch; doch das war die Person.

. . . .

– »Da ist er ja!«

– »Enfin . . .«

– »Lippantschenko! . .«

– »Guten Abend . . .«

Ein gelber Hund, ein Bernhardiner, fegte mit Freudengeheul durchs Zimmer und ließ, mit einem Luftsprung, seine zottigen Pfoten der *Person* direkt auf die Brust fallen.

– »Kusch, Tom! . .«

Die *Person* hatte nicht einmal Zeit, ihre ungebetenen Gäste zu bemerken, und verteidigte verzweifelt die Einkäufe vor dem zottigen Bernhardiner; auf dem großflächigen, quadratischen Gesicht spiegelte sich eine Mischung aus Humor und hilfloser Wut; etwas geradezu Kindliches glitt darüber:

– »Er hat mich schon wieder begeifert.«

Und hilflos abgewandt von Tom, rief die Person:

– »Soja Sacharowna, befreien Sie mich doch...«

Doch die breite Hundezunge leckte der *Person* respektlos über die Nasenspitze; hier schrie die *Person* gellend auf – schrie hilflos auf (und zugleich, denken Sie nur, – lächelte sie)...

– »Aber Tomka!«

Doch als sie sah, daß Gäste da waren, daß die Gäste warteten und sich ungeduldig belustigten über das häusliche Idyll, da lachte die *Person* nicht mehr und versetzte ohne allen Respekt:

– »Gestatten, gestatten! Sofort: ich muß nur...«

Und dabei bebte empfindlich die hängende Lippe; auf der Lippe aber stand geschrieben:

– »Selbst hier keine Ruhe...«

Die Person stürmte in die Ecke: dort stapfte sie herum – in der Ecke: die Galoschen ließen sich nicht vom Fuß ziehen – die neuen, zu engen; lange noch blieb sie in der Ecke, stand im Mantel und grub mit der Hand in der prallvollen Tasche (als verberge sie dort einen zwölfladigen Browning); schließlich kam aus der Tasche zum Vorschein – die Hand mit einem Kinderpüppchen, einem Purzelmännchen.

Dieses Püppchen schleuderte sie auf den Tisch.

– »Das ist für Akulinas Kleine...«

Da sperrten die Gäste, offen gestanden, die Münder auf.

Dann aber, die verfrorenen Hände reibend, wandte sie sich dem Franzosen zu in furchtsamem Argwohn:

– »Bitte sehr... Hier entlang... Hier entlang.«

Und Dudkin – warf sie hin:

– »Gedulden Sie sich...«

– »Soja Sacharowna...«

– »Ja?«

– »Schischnarfijew – das verstehe ich: ein Vertreter Jungpersiens, eine feurige Künstlernatur; nur – was hat der Franzose
damit zu tun?«

– »Wer viel weiß – wird früh alt«, – antwortete sie ganz un-
russisch, und ihre übergroßen Brüste schwappten über dem
straffen Mieder; in ihrer Hand puffte ein Zerstäuber.

Im Zimmer lag schwerer Wohlgeruch: eine Mischung von
Parfümerie und künstlichem Zahn (wer in Zahnarztwohnun-
gen gesessen hat, kennt ohne Zweifel diesen Geruch – ein
Geruch nicht der angenehmen Art).

Soja Sacharowna rückte nun näher an Aleksandr Iwanowitsch
heran.

– »Und Sie leben noch immer... als Einsiedler...«

Aleksandr Iwanowitschs Lippen preßten sich irgendwie schief
zusammen:

– »Ihr eigener Gemahl hat schon lange dafür gesorgt...«

– »?«

– »Wenn nicht ich Einsiedler bin, ganz gleich: irgendwer wird
schon Einsiedler sein...«

Diese Richtung des Gesprächs mißfiel Soja Sacharowna deutlich, so daß wieder nervös in ihren Händen der Zerstäuber zu
puffen begann; Aleksandr Iwanowitsch lächelte ein ungutes
Lächeln, und – korrigierte sich.

– »Und ich muß auch sagen: Zerstreuung paßt nicht zu mir.«

Diesen neuen Kurs der Gedanken nahm Soja Sacharowna an;
sie riß schnell einen Witz:

– »Daher sind Sie auch so zerstreut: streuen mir Asche aufs
Tischtuch?«

– »Verzeihung...«

– »Nicht schlimm: hier haben Sie einen Aschenbecher...«

Aleksandr Iwanowitsch streckte die Hand nach einer neuen
Birne aus; und kaum hatte er diese Bewegung gemacht, sagte
sich Aleksandr Iwanowitsch ärgerlich:

– »So ein Geizkragen . . .«
Er sah, daß die Schale mit den Duchesse-Birnen (er aß doch so gern Duchesse-Birnen) – die Schale mit den Duchesse-Birnen war verschwunden.
– »Was ist? Hier haben Sie einen Aschenbecher . . .«
– »Ich weiß: ich wollte eine Birne . . .«
Soja Sacharowna bot keine Birnen an.
Die Tür in jenes hintere Zimmer war nicht ganz geschlossen: durch die halboffene Tür schaute er mit unersättlicher Gier; dort waren zwei sitzende Konturen zu sehen. Der kleine Franzose plapperte pausenlos; und er schien zu rasseln; die Person aber buhte dumpf und unterbrach den kleinen Franzosen; ungeduldig nahm sie im Gespräch Schreibutensilien zur Hand – bald das eine, bald das andere; und kratzte sich den Hinterkopf mit einer linkischen Handbewegung; offenbar war die *Person* von der Mitteilung des Franzosen ernstlich bewegt; eine Geste des puren Selbstschutzes bemerkte Aleksandr Iwanowitsch:
– »Bu-bu-bu . . .«
So tönte es von dort.
Der Bernhardiner Tom aber hatte auf das karierte Knie der Person seine geifernde Schnauze gelegt; und die Person kraulte zerstreut sein Fell. Hier wurden die Beobachtungen Aleksandr Iwanowitschs unterbrochen: unterbrochen von Soja Sacharowna.
– »Und warum kommen Sie gar nicht mehr zu uns?«
Er schaute zerstreut ihren klaffenden Mund an: schaute und bemerkte:
– »Ach nur so: Sie sagten ja selbst – ich bin ein Einsiedler . . .«
Das Gold einer Plombe blitzte als Antwort:
– »Wenden Sie sich nicht ab.«
– »Überhaupt nicht . . .«
– »Sie sind einfach böse mit ihm . . .«
– »Das fehlte noch . . .« – wollte Aleksandr Iwanowitsch widersprechen und brach seine Ausreden ab: sie klangen nicht überzeugend.

– »Sie sind einfach böse mit ihm. Alle sind mit ihm böse. Schon wieder hat sich *Lippantschenko* eingemischt... Dieser *Lippantschenko*!.. Er verdirbt ihm den Ruf... Verstehen Sie doch: *Lippantschenko* ist eine notwendige, eine angenommene Rolle... Ohne *Lippantschenko* hätte man ihn schon längst gefaßt... Als *Lippantschenko* schützt er uns alle... Doch alle fallen auf *Lippantschenko* rein...«

Manche Geschöpfe haben eine traurige Eigenschaft: üblen Mundgeruch... Aleksandr Iwanowitsch rückte ab.

– »Alle sind mit ihm böse... Aber sagen Sie«, – Soja Sacharowna griff nach dem Zerstäuber, – »wo finden Sie so ein Arbeitstier?.. Na? Wo finden Sie es?.. Wer wäre, sagen Sie, wie er bereit, sich alle natürlichen Emotionen zu versagen und nur noch *Lippantschenko* zu sein...«

Aleksandr Iwanowitsch dachte, daß die Person schon allzu sehr *Lippantschenko* war: doch er wollte nicht Einspruch erheben.

– »Ich versichere Ihnen...«

Doch sie unterbrach ihn:

– »Schämen Sie sich nicht, ihn *so* zu verlassen, sich so zu verstecken, zu verschwinden; denn Koletschka quält sich doch: alle früheren, intimen Beziehungen abzubrechen...«

Aleksandr Iwanowitsch erinnerte sich verwundert, daß die *Person* Koletschka hieß: wieviel Monate hatte er, offen gestanden, sich daran nicht erinnert?

– »Nun, und wenn er auch trinkt und grob ist im Umgang; und – nun, diese – Zerstreuungen... Doch: die Besten sind ja zu Trinkern geworden, zu Wüstlingen... Und aus eigenem Antrieb. Koletschka aber tut all das nur zur Ablenkung – als *Lippantschenko*: zur Sicherheit, vor der Welt, vor der Polizei, für die gemeinsame Sache bringt er sich so um.«

Aleksandr Iwanytsch mußte lächeln, doch er erhaschte einen argwöhnischen, gereizten Blick:

– »Was...«

Und er beeilte sich:

– »Nein... ich habe nichts...«

– »Das ist ja das schlimmste Opfer... Glauben Sie doch, ihm droht ja vieles; mit den häufigen Zwangszechereien, den in seiner Stellung obligatorischen Gelagen bringt sich Nikolaj vor der Zeit um...«

Aleksandr Iwanowitsch wußte, daß Soja Sacharowna ihn verdächtigte, zu oft in Lokalen zu sitzen mit Lippantschenko und Lippantschenko dort... vieles beizubringen...

– »Das kann doch ein übles Ende nehmen...«

Nun, auch das Leben: hier – kann ein übles Ende nehmen; er, Aleksandr Iwanowitsch, wurde langsam verrückt. Nikolaj Apollonowitsch drückten die schwierigen Umstände nieder; etwas Ungutes hatte sich eingenistet in ihre Seelen; das war nicht die Polizei noch Willkür, noch Gefahr, sondern eine Art seelischer Fäulnis; konnte man denn, ohne davon frei zu sein, an die große Sache des Volkes gehen? Er erinnerte sich: »Mit Gottesfurcht und Glaube brechet auf.« Sie aber brachen ohne jede Furcht auf. Und etwa mit einem Glauben? Und mit diesem Aufbruch brachen sie ein seelisches Gesetz: und wurden zu Verbrechern, nicht im Wortsinn natürlich... doch anders. Dennoch brachen sie es.

– »Erinnern Sie sich an Helsingfors und die Bootsfahrten...«
– in Soja Sacharownas Stimme klang hier aufrichtiger Kummer. – »Und danach: dieser Klatsch...«

– »Was für ein Klatsch?«

Er zeigte Interesse, er zuckte zusammen.

– »Über Koletschka!.. Sie glauben, er ahnt es nicht, quält sich nicht, schreit nicht in den Nächten« (Aleksandr Iwanowitsch hielt für sich fest, daß er *in den Nächten schreit*) – »wie man über ihn redet nach alldem. Und keine Dankbarkeit, kein Bewußtsein, daß ein Mensch alles geopfert hat... Er weiß alles: schweigt, bringt sich um... Darum ist er auch mißmutig... Er kann einfach nicht heucheln. Er wirkt immer unangenehm«,
– in Soja Sacharownas Stimme war fast ein Weinen zu hören, –
»er wirkt unangenehm... mit diesem... unglücklichen Äußeren. Glauben Sie: er ist ein Kind, ein Kind...«

– »Ein Kind?«

– »Das wundert Sie?«

– »Nein«, – er begann zu stottern, – »nur, wissen Sie, das zu hören ist für mich irgendwie seltsam, trotz allem verträgt

meine Vorstellung von Nikolaj Stepanowitsch sich irgendwie
nicht . . .«
– »Ein richtiges Kind! Schauen Sie: ein Püppchen – ein Pur-
zelmännchen«, – mit dem Armband funkelnd, wies sie mit der
Hand auf das Püppchen . . . – »Sie gehen jetzt hin: sagen ihm
einen Haufen Unangenehmes, und er – er! . .«
– »?«
– »Setzt sich die Tochter der Köchin auf den Schoß und spielt
mit ihr Puppen . . . Sehen Sie? Und da wirft man ihm Hinterlist
vor . . . Lieber Gott, er spielt mit Soldaten! . .«
– »Schau an!«
– »Mit Zinnsoldaten: kauft Perser, bestellt sich in Nürnberg
Schächtelchen . . . Aber das ist ein Geheimnis . . . So ist er! . .
Nur«, – ihre Brauen zogen sich plötzlich zusammen – »nur . . .
in seinem kindlichen Jähzorn ist er zu allem imstande.«
Aleksandr Iwanowitsch überzeugte sich durch ihre Worte immer mehr, daß die *Person* allen Ernstes kompromittiert war; das
hatte er, offen gestanden, nicht gewußt; diese Anspielungen auf
etwas erwog er jetzt und ließ seinen Blick dorthin schweifen, wo
sie saßen . . .
Ziemlich schroff fiel auf die Brust der Kopf mit der niedrigen
Stirn; tief in den Höhlen verbargen sich die forschend bohrenden Äuglein, die von einem zum anderen Gegenstand
flatterten; eine Spur bebte die Lippe und sog Luft ein. Vieles
lag in dem Gesicht: einen unüberwindlichen Ekel weckend,
stand das Gesicht vor Dudkin und fügte sich zu demselben
seltsamen Ganzen, das vom Gedächtnis auf den Dachboden
getragen wurde, um dort nachts herumzulaufen, zu buhen – zu
bohren, zu saugen, zu flattern und aus sich unausdrückbare
Sinne zu erzeugen, die nirgendwo existierten.
Er beobachtete jetzt aufmerksam die bedrückenden und von
der Natur selbst plump gebauten Züge.
Dieses Stirnbein . . . –
Dieses Stirnbein trat hervor einzig in dem beharrlichen Streben – zu begreifen: was auch immer, um jeden Preis – zu
begreifen, oder . . . zu zerspringen. Nicht Verstand noch Wut,
noch Verrat offenbarte das Stirnbein; nur das Bemühen – ohne

Gedanke, ohne Gefühl: zu begreifen... Und die Stirnbeine konnten nicht begreifen; die Stirn war kläglich: schmal und mit Querfalten; und es war, als weinte sie.
Die forschend bohrenden Äuglein... –
Die forschend bohrenden Äuglein (würden sie nur die Lider heben!) – dann wären auch sie... einfach nur Äuglein.
Und sie waren traurig.
Die lufteinsaugende Lippe aber erinnerte – nun wirklich! – an die Lippe eines anderthalbjährigen Milchbarts (nur steckte kein Schnuller darin); schöbe man ihm einen richtigen Schnuller zwischen die Lippen, dann wäre es nicht verwunderlich, daß die Lippe immerzu saugt; ohne Schnuller jedoch gab diese Bewegung dem Gesicht einen ausnehmend häßlichen Zug.
Und dann – schau an: er spielt mit Soldaten!
So ergab die sorgsame Analyse des monströsen Kopfes nur eins: der Kopf war der Kopf einer Frühgeburt; ein kränkliches Hirn war vor der Zeit mit Fett- und Knochenwülsten umwachsen; und während das Stirnbein übermäßig nach außen trat in den Brauenbögen (schauen Sie sich den Schädel eines Gorillas an), nahm womöglich unter dem Knochen ein unangenehmer Prozeß seinen Lauf, der gemeinhin Hirnerweichung heißt.
Die Verbindung von innerer Schwächlichkeit mit dem Starrsinn eines Nashorns – vielleicht hatte auch diese Verbindung in Aleksandr Iwanowitsch die Chimäre erzeugt, und die Chimäre wuchs – in den Nächten: von einem Stück dunkelgelber Tapete lächelte sie als echter Mongole.
So dachte er; in seinen Ohren aber hallte es wider:
– »Purzelmännchen... Schreit in den Nächten... Bestellt sich in Nürnberg Schächtelchen... Ein richtiges Kind...«
Und von sich aus fügte es hinzu:
– »Zerschlägt Stirnen mit seiner Stirn... Treibt Vampirismus... Ergibt sich dem Laster... Und – zieht ins Verderben...«
Und wieder hallte es:
»Ein Kind...«
Doch das hallte nur in den Ohren: Soja Sacharowna hatte schon das Zimmer verlassen.

Seltsam!

Bislang trug in bezug auf Aleksandr Iwanowitsch das Betragen der *gewissen Person* immer den Charakter nur allgemeiner Verbindlichkeiten, und aufgezwungener Verbindlichkeiten: viele Monate, viele Male, auf vielerlei Weise flocht die Person ihr Ornament aus Schmeichelei um Aleksandr Iwanowitsch: der Schmeichelei war er geneigt zu glauben.

Und er glaubte der Schmeichelei.

Die *Person* verabscheute er; er empfand vor *ihr* physiologischen Ekel; mehr noch: Aleksandr Iwanowitsch war vor der *Person* geflohen all diese letzten Tage und hatte eine quälende Krise des verlorenen Glaubens an alles erlebt. Die *Person* jedoch holte ihn überall ein; oft forderte er sie höhnisch schon allzu offen heraus; diese Herausforderungen nahm die *Person* stoisch auf – mit zynischem Lachen, und hätte er die *Person* gefragt, warum dieses Lachen, hätte ihm die *Person* geantwortet:

– »Das gilt Ihnen.«

Doch er wußte, die *Person* lachte über die gemeinsame Sache.

Er hatte der *Person* oft gesagt, das Programm der Partei sei wenig fundiert, zu abstrakt, zu konturlos; und *sie* stimmte zu; doch er wußte, daß am Entwurf des Programms die Person beteiligt war; hätte er gefragt, ob nicht Provokation ins Programm geraten sei, hätte ihm die *Person* geantwortet:

– »Nie und nimmer: Verwegenheit...«

Schließlich versuchte er *ihr* einen Schlag zu versetzen mit seinem mystischen *credo*, der Behauptung, die Gesellschaft und die Revolution seien Kategorien nicht des Verstandes, sondern Göttliche Hypostasen des Alls; die *Person* hatte nichts gegen Mystik: sie hörte aufmerksam zu; und – versuchte sogar zu begreifen.

Doch zu begreifen vermochte sie nicht.

Noch vor kurzem: hatte die *Person* sich vor ihn gestellt; hatte all seine Proteste und alle extremen Folgerungen mit ergebenem Schweigen aufgenommen; ihm die Schulter getätschelt oder ihn in die Schenke geschleppt; dort, am Schenkentisch, schlürften sie Kognak; zuweilen sagte ihm die *Person* zum Schlagwerk des Musikautomaten:

– »Und? Was bin ich: ein Nichts... Ich bin bloß ein Unterseeboot; Sie aber sind mir ein Panzerkreuzer, und ein großes Schiff muß auch ausfahren...«

Trotzdem zwang sie ihn auf den Dachboden: zwang ihn auf den Dachboden und versteckte ihn dort; der Panzerkreuzer lag auf der Werft ohne Mannschaft und ohne Kanonen; Aleksandr Iwanowitschs Ausfahrten beschränkten sich all diese letzten Wochen auf Ausflüge von Schenke zu Schenke; man kann sagen, in diesen Wochen des Protests machte die *Person* Aleksandr Iwanowitsch zum Trinker.

Gastlich hatte sie ihn empfangen; von allen bisherigen Gesprächen war ihm ein unbezweifelter Eindruck geblieben: bräuchte Aleksandr Iwanowitsch plötzlich wirkliche Hilfe, dann müßte ihm die *Person* diese Hilfe erweisen; all das verstand sich natürlich von selbst; doch vor solchem Dienst, solcher Hilfe war Aleksandr Iwanowitsch bange gewesen.

Und heute erst bot sich Gelegenheit.

Er hatte Ableuchow sein Wort gegeben, die Sache zu klären: und er würde sie klären: mit der Hilfe, natürlich, der *Person*.

Das verhängnisvolle Wirrwarr von Ableuchows Umständen hatte Ableuchow einfach in ein Abrakadabra gestürzt; dieses Abrakadabra würde er der *Person* erläutern, und die *Person*, glaubte er, würde dann alles schon klären können.

Sein Erscheinen hier war hervorgerufen nur durch das Ableuchow gegebene Wort; und – da haben Sie!..

Der Ton der *Person* ihm gegenüber war auf beleidigende Weise verändert; das bemerkte er gleich beim Erscheinen der *Person* auf der Datscha; nicht wiederzuerkennen war der Ton der *Person* ihm gegenüber, – unangenehm, beleidigend, gezwungen (in solchem Ton empfangen Behördenchefs Bittsteller, in solchem Ton empfängt der Redakteur der Zeitung den Zeitungsreporter, den Sammler von Nachrichten über Brände und Diebstähle; und so spricht der Schulrat mit dem Kandidaten für einen Lehrerposten in... Solwytschegodsk, in Sarepta...)

413

Da – haben Sie!..

So: kam nach dem Gespräch mit dem Franzosen (der Franzose war jetzt gegangen) die *Person* gegen alle Gewohnheit im Umgang mit Aleksandr Iwanowitsch nicht aus ihrem Kabinett, sondern blieb dort sitzen – am Schreibtisch: und – so beleidigend war es: als ob er, Aleksandr Iwanowitsch, überhaupt nicht anwesend wäre; als ob er kein Bekannter wäre, sondern – weiß der Teufel! – ein fremder Bittsteller, der seine Zeit beansprucht. Aleksandr Iwanowitsch Dudkin war immerhin der Ungreifbare; sein Deckname war in ganz Rußland bekannt und im Ausland; ja, und außerdem: stammte er immerhin aus dem Erbadel, die *Person* aber, die *Person* – hm-hm; sein Erscheinen bei der *Person* fand er ehrenvoll für die *Person*...

Es dunkelte: blaute.

Und in all dem Dunkelnden, im Halbdunkel des Kabinetts, gilbte ekelhaft der Rock der *Person*; bis auf den Tisch gebeugt war der quadratische Kopf (über dem Rücken zeigte sich nur der gefärbte Schopf) und bot einen breiten muskulösen Rücken dar mit sicherlich ungewaschenem Hals; der Rücken wölbte sich irgendwie, sich dem Blick darbietend; und bot sich dem Blick nicht anständig dar: nicht gebührend, sondern... irgendwie... höhnisch. Und ihm schien es von hier aus, als erdreisteten sich spöttisch von dort, aus dem Halbdunkel des Kabinetts, die krummgebogenen – Schulter und Rücken; und in Gedanken kleidete er sie aus; er dachte an die feiste Haut, die mit derselben Leichtigkeit zu schneiden war wie die Haut eines Ferkels mit Meerrettich; eine Schabe kroch herum (sichtlich wimmelte es hier von ihnen); ihm wurde eklig: er spuckte aus.

Plötzlich quoll mit gesichtslosem Lächeln zwischen Rücken und Hinterkopf eine feiste Halsfalte hervor: als säße im Sessel ein Monstrum; und der Hals erschien als Gesicht; als säße im Sessel ein Monstrum mit nasenloser, augloser Fratze; und die Halsfalte erschien als zahnlos aufgerissener Mund.

Dort bog sich, auf verrenkten Beinen, unnatürlich, ein plumpes Untier zurück – im Halbdunkel des Zimmers.

Pfui, madig!

Aleksandr Iwanowitsch zuckte mit einer Schulter und bot dem Rücken seinen Rücken dar; er fing an seinen Schnurrbart auszuzupfen mit unabhängigem Ausdruck; er hätte gekränkt wirken wollen, doch wirkte nur unabhängig; er zupfte seinen Schnurrbart mit einem Ausdruck, als sei er für sich, und der Rücken für sich. Er hätte die Tür zuschlagen müssen und gehen; doch gehen durfte er nicht: von diesem Gespräch hing die Seelenruhe Nikolaj Apollonowitschs ab; und also: konnte er nicht die Tür zuschlagen und gehen; und also war er doch angewiesen auf die *Person*.

Aleksandr Iwanowitsch, wie gesagt, bot dem Rücken seinen Rücken dar; doch der Rücken mit der Halsfalte war dennoch ein attraktiver Rücken; und er drehte sich danach um: sich nicht umzudrehen hielt er nicht aus ... Nun drehte ihrerseits die *Person* sich jäh um auf ihrem Stuhl: unverwandt blickte der gesenkte Kopf mit der niedrigen Stirn, wie ein wilder Eber, der bereit war seinen Hauer in jeden nur möglichen Verfolger zu rammen; sie wandte sich um und wandte sich wieder ab. Die Geste dieser Wendung kündete schreiend – vom puren Wunsch zu kränken. Doch nicht nur das besagte die Geste. Offenbar hatte die *Person* etwas bemerkt im auf ihren Rücken gerichteten Blick, denn der Blick der blinzelnden Äuglein bekundete giftig:

– »Ei, ei, ei .... So also, mein Bester? . .«

Aleksandr Iwanowitsch ballte die Faust in der Tasche. Und er wandte sich wieder ab.

Eine Uhr tickte. Aleksandr Iwanowitsch hüstelte zweimal, damit seine Ungeduld an das Ohr der *Person* drang (er mußte sich behaupten und durfte zugleich der *Person* nicht zu sehr unrecht tun; tat er der *Person* unrecht, dann konnte Nikolaj Apollonowitsch von diesem Unrecht zu leiden haben) ... Doch das Hüsteln Aleksandr Iwanowitschs klang wie der schüchterne Krampf eines Vorschülers vor dem Schullehrer. Was war mit ihm los? Woher käm diese Schüchternheit? Die *Person* fürchtete er durchaus nicht: er fürchtete die Halluzinationen, die dort aufkamen, auf den Tapeten, und nicht die *Person* ...

Die *Person* schrieb noch immer.

Aleksandr Iwanowitsch hüstelte noch einmal. Und noch einmal. Diesmal antwortete die *Person*.
– »Gedulden Sie sich...«
Was für ein Ton? Was für eine Kälte?
Schließlich richtete die *Person* sich auf und drehte sich um; die plumpe Hand beschrieb in der Luft eine einladende Geste:
– »Bitte sehr...«
Aleksandr Iwanowitsch war irgendwie ganz durcheinander; sein Zorn hatte alle Grenzen überschritten und äußerte sich im konfusen Vergessen geläufiger Worte:
– »Ich... sehen Sie... bin gekommen...«
– »?«
– »Wie Sie wissen, oder übrigens... Was zum Teufel!..« – Und plötzlich warf er kurz hin:
– »Ich muß Sie sprechen...«
Doch die *Person*, im Sessel zurückgelehnt (er hätte sie ohne Erbarmen erwürgen können in diesem Sessel), trommelte mit vernichtendem Blick auf den Tisch mit ihrem bekauten Finger; und – buhte dumpf:
– »Ich muß Sie warnen... Ich habe heute nicht die Zeit, weitschweifige Erklärungen anzuhören... Und darum...«
So etwas!
– »Darum würde ich Sie bitten, mein Bester, sich genauer und kürzer zu fassen...«
Und das Kinn in den Adamsapfel gedrückt, starrte die *Person* aus dem Fenster; und der lichtlose Raum warf von dort raschelnde Händevoll Laubfall.
– »Aber sagen Sie, seit wann haben Sie diesen... solch einen Ton«, entfuhr es Aleksandr Iwanowitsch nicht nur ironisch, sondern sogar ein wenig verdutzt.
Doch die *Person* unterbrach ihn wieder: unterbrach ihn aufs unangenehmste:
– »Nun also?«
Und kreuzte die Arme vor der Brust.
– »Ich muß Sie sprechen...« Und er blieb hängen...
– »Nun also...«
– »In einer Frage von großer Bedeutung...«

Doch die *Person* unterbrach ihn zum dritten Mal:
– »Den Grad der Bedeutung erörtern wir später.«
Und kniff die Augen zusammen.
Aleksandr Iwanowitsch Dudkin, unerklärlicherweise verdutzt,
wurde rot und spürte, daß er keinen Satz mehr herausbringen
würde. Aleksandr Iwanowitsch schwieg.
Die *Person* schwieg auch.
Laubfall schlug ins Fenster: die roten Blätter, an die Scheibe
schlagend im Fallen, tuschelten; und die Äste – dürre Skelette! – bildeten dort ein schwärzlich-nebliges Netz; es war win-
dig draußen: das schwärzliche Netz fing an zu schaukeln; das
schwärzliche Netz fing an zu summen. Wirr, unbeholfen, die
Wörter verwechselnd, gab Aleksandr Iwanowitsch den Vorfall
mit Ableuchow wieder. Doch je mehr er sich im Erzählen entflammte und im Bau seiner Rede Stolpersteine umging, um so
kühler und strenger wurde die *Person*: leidenschaftsloser wölbte
und glättete sich die Stirn; die wulstigen Lippen saugten nicht
mehr; an der Stelle in der Erzählung aber, wo der Provokateur
Morkowin auftrat, hob die *Person* bedeutsam die Brauen und
schniefte: als hätte sie bis zu dieser Stelle ständig versucht, auf das
Gewissen des Erzählers zu wirken, als hätte von dieser Stelle an
der Erzähler sämtliche Skrupel verloren, so daß alle Grenzen der
Duldsamkeit, zu der die *Person* imstande war, an dieser Stelle
überschritten waren; und ihre Geduld – platzte endgültig:
– »Na?.. Sehen Sie?.. Und was haben Sie gesagt?..«
Aleksandr Iwanowitsch zuckte zusammen.
– »Was habe ich denn gesagt?«
– »Nichts: reden Sie weiter...«
Aleksandr Iwanowitsch schrie in größter Verzweiflung:
– »Ich habe doch alles gesagt! Was soll ich denn weiter hin-
zufügen!«
Und das Kinn in den Adamsapfel gedrückt, schlug die *Person*
die Augen nieder, wurde rot, seufzte auf, starrte Aleksandr
Iwanowitsch vorwurfsvoll an mit nun nicht blinzelndem Blick
(der Blick war traurig); und flüsterte kaum:
– »Das ist schlimm... Ganz, ganz schlimm... Sie sollten sich
schämen!..«

Im Nachbarzimmer erschien Soja Sacharowna mit einer Lampe; das Dienstmädchen, Malanja, deckte den Tisch: auch Gläschen wurden hingestellt; Herr Schischnarfijew erschien im Eßzimmer; perlend erging sich sein feiner Tenor, doch all dieses Perlen wurde erdrückt... vom Akzent des Jungpersers; Schischnarfijew selbst war dem Blick verhüllt durch eine Blumenvase; all das bemerkte Aleksandr Iwanowitsch von weitem, und wie im Traum.

Aleksandr Iwanowitsch fühlte ein Beben im Herzen; und Grauen; bei den Worten »Sie sollten sich schämen« spürte er, wie helle Röte seine Wangen übergoß; eine deutliche Drohung verbarg sich vernichtend in den Worten seines furchtbaren Gesprächspartners; Aleksandr Iwanowitsch rutschte unwillkürlich auf dem Stuhl herum und suchte sich zu besinnen auf einen von ihm durchaus nicht verschuldeten Fehler.

Seltsam: er wagte nicht nachzufragen, was die im Ton der *Person* verborgene Drohung und was »*schämen*« an seine Adresse heißt. Dieses »*schämen*« hatte er einfach geschluckt.

— »Was soll ich denn Ableuchow übermitteln in bezug auf dieses provokatorische Billett?«

Hier rückten die Stirnbeine bis an seine Stirn:

— »Was heißt provokatorisch? Nicht im mindesten provokatorisch... Ich muß Sie dämpfen. Der Brief an Ableuchow stammt von mir selbst.«

Diese Tirade wurde mit einer Würde ausgesprochen, die den Zorn, den Vorwurf, die Kränkung überwunden hatte; mit einer Würde, die sich selbst überwunden hatte und sich nun herabließ zu... vernichtender Sanftmut.

— »Wie? Der Brief stammt von Ihnen?«

— »Und er ging über Sie: erinnern Sie sich?.. Oder haben Sie es vergessen?«

Das Wort »*vergessen*« sprach die Person mit einem Ausdruck, als wüßte Aleksandr Iwanowitsch all das selbst genau, doch stellte sich aus irgendeinem Grund dumm; überhaupt gab die *Person* ihm deutlich zu verstehen, daß sie nun gedachte, Katz und Maus zu spielen mit seiner Heuchelei...

– »Erinnern Sie sich: diesen Brief habe ich Ihnen übergeben, dort – in der Schenke...«
– »Aber ich habe ihn, ich versichere Sie, nicht Ableuchow übergeben, sondern Warwara Jewgrafowna...«
– »Schluß jetzt, Aleksandr Iwanowitsch, Schluß jetzt, mein Bester: nun, wozu denn hier, unter uns, diese Spitzfindigkeiten: der Brief hat seinen Adressaten erreicht... Und der Rest sind Fisimatenten...«
– »Und Sie sind der Verfasser des Briefs?«
Aleksandr Iwanowitschs Herz bebte so, schlug so, und es war – als schlüge es heraus; wie ein Bulle begann es zu muhen; und stürmte los.
Die *Person* aber, ihren Ausdruck der Lauheit gegen granitene Festigkeit tauschend, pochte bedeutungsvoll mit dem Finger auf den Tisch, die *Person* schrie ihn an:
– »Und was wundert Sie hier?.. Daß der Brief an Ableuchow von mir stammt?..«
– »Natürlich...«
– »Entschuldigen Sie, aber ich würde sagen, Ihre Bestürzung grenzt schon an offene Heuchelei...«
Hinter der Vase hervor, dort, ragte das schwarze Profil Schischnarfijews; Soja Sacharowna flüsterte dem Profil etwas zu, das Profil nickte; und dann starrte es Aleksandr Iwanowitsch an. Doch Aleksandr Iwanowitsch sah nichts. Er stürzte sich auf die *Person* und rief:
– »Entweder ich bin verrückt, oder Sie!..«
Die Person blinzelte ihm zu:
– »Nun also?«
Ihr Ausdruck aber sagte:
– »Ei, ei, ei, mein Bester: ich habe vorhin gesehen, wie du schaust... Glaubst du, mit mir kannst du so?..«
Etwas war geschehen: munter, sogar geradezu fröhlich, irgendwie sogar mit albernem Eifer schnalzte die *Person* mit der Zunge, als wollte sie ausrufen:
– »Mein Bester, die Gemeinheit liegt ja, wahrhaftig, bei dir – nur bei dir: nicht bei mir...«
Doch sie sagte bloß:

– »Na?.. Na?..«

Und dann tat die *Person*, als unterdrücke sie nur mühsam ihr sardonisches Gelächter, und legte die schwere Hand fordernd, nachdrücklich, gönnerhaft auf Aleksandr Iwanowitschs Schulter. Sie zögerte und fügte hinzu:

– »Das ist schlimm... Ganz, ganz schlimm...«

Und derselbe, der seltsame, drückende und bekannte Zustand ergriff Aleksandr Iwanowitsch: der Zustand des Umkommens vor einem Stück dunkelgelber Tapete, auf der – im Nu – Verhängnisvolles erscheinen wird. Aleksandr Iwanowitsch fühlte nun lastend auf sich ein unbekanntes Verschulden; er schaute, und eine Wolke schien über ihm zu dräuen und ihn einzuräuchern aus jener Richtung, wo die *Person* saß, schien aus der *Person* heraus zu rauchen.

Die *Person* aber starrte ihn an unter ihrer niedrigen Stirn; saß nur da und wiederholte nur:

– »Das ist schlimm...«

Lastendes Schweigen trat ein.

– »Übrigens, ich warte natürlich noch auf entsprechende Beweise; man darf ja nicht ohne Beweise... Aber übrigens: die Anschuldigung ist schwer; die Anschuldigung ist, ich sage es Ihnen direkt, so schwer, daß...« – hier seufzte die *Person*.

– »Aber was für Beweise denn?«

– »Sie persönlich verurteilen will ich noch nicht... Wir handeln in der Partei, wie Sie wissen, aufgrund von Fakten... Doch die Fakten, die Fakten...«

– »Aber was denn für Fakten?«

– »Es werden Fakten gesammelt über Sie...«

Das hatte noch gefehlt!

Die *Person* erhob sich aus dem Sessel, beschnitt die Spitze einer Havanna-Zigarre und brummelte zweideutig ein Liedchen; undurchdringlich war sie nun in ihre Gutmütigkeit verschlossen; sie begab sich hinüber ins Eßzimmer, nahm freundschaftlich Schischnarfijew um die Schulter.

Sie rief in die Küche, von wo es so gut nach Braten roch.

– »Ich sterbe vor Hunger...«

Sie besah sich den Tisch und bemerkte:

– »Und den Fruchtlikör...«
Und begab sich zurück in ihr Kabinett.
. . . .
– »Ihr Herumsitzen in der Hausknechtswohnung... Ihre
Freundschaft mit der Hauspolizei, mit dem Hausknecht...
Zuletzt: Ihre Trinkgelage mit dem Revierkopisten Woron-
kow...«
Und auf den fragenden, verdutzten Blick – einen Blick voller
Grauen – führte Lippantschenko, das heißt die *Person*, das
höhnische, vieldeutige Flüstern fort und legte Aleksandr Iwa-
nowitsch die flache Hand auf die Schulter.
– »Als wüßten Sie es nicht selbst? Setzen verwunderte Blicke
auf? Sie wissen nicht, wer Woronkow ist?«
– »Wer Woronkow ist? Woronkow?!.. Erlauben Sie... Was
soll denn daraus... Was ist denn dabei?..«
Doch die *Person*, Lippantschenko, lachte laut und hielt sich die
Seiten:
– »Sie wissen es nicht?..«
– »Das behaupte ich nicht: ich weiß es...«
– »Vortrefflich!..«
– »Woronkow ist Revierkopist: er besucht den Hausknecht
Matwej Morshow...«
– »Mit einem Spitzel geruhen Sie zu verkehren, mit einem
Spitzel geruhen Sie zu trinken, wie ich weiß nicht wer, wie der
letzte Büttel...«
– »Erlauben Sie!..«
– »Keinen Ton, keinen Ton«, die *Person* fuchtelte, als sie sah,
daß der ernstlich erschrockene Aleksandr Iwanowitsch etwas
Bestimmtes zu sagen versuchte.
– »Ich wiederhole: das Faktum Ihrer offenbaren Verwicklung
in die Provokation ist noch unbestätigt, doch... ich warne Sie –
warne Sie freundschaftlich: Aleksandr Iwanowitsch, mein Be-
ster, Sie führen Ungutes im Schilde...«
– »Ich?«
– »Schwenken Sie um: es ist nicht zu spät...«
Für einen Augenblick schien es Aleksandr Iwanowitsch deut-
lich so, als seien die Worte »Schwenken Sie um, es ist nicht zu

spät...« eine Art Bedingung der *gewissen Person*: nicht auf
Aufklärung des Vorfalls mit Nikolaj Apollonowitsch zu beharren; und noch etwas schien ihm – die *Person* war ja (er erinnerte
sich) selbst irgendwie in üblem Verruf; etwas Ernstes war hier
vorgefallen – das war klar: vorhin die Bemerkungen von Soja
Sacharowna Fleisch – worüber denn sonst!

Doch kaum hatte Aleksandr Iwanowitsch das gedacht und
daraufhin ein wenig Mut gefaßt, da glitt ein bekannter, unheil-
kündender Ausdruck – der Ausdruck *eben jener* Halluzination – flüchtig über das Gesicht des Dicken; und die Stirnbeine
schwollen an einzig in dem beharrlichen Streben – seinen
Willen zu brechen: was es auch koste, um jeden Preis – ihn
zu brechen oder... zu zerspringen.

Und die Stirnbeine brachen den Willen.

Aleksandr Iwanowitsch ließ irgendwie schläfrig und bedrückt
den Kopf hängen, die *Person* aber, als Rache für den soeben
erlebten Moment der Auflehnung gegen ihren Willen, griff
schon wieder an; der quadratische Kopf war so tief gebeugt.
Die Äuglein – die Äuglein wollten sagen:

– »Ei, ei, ei, mein Bester... So ist das also?«

Und der Mund spritzte Spucke um sich:

– »Tun Sie nicht wie ein solcher Gimpel...«

– »Ich tue nicht...«

– »Ganz Petersburg weiß davon...«

– »Weiß wovon?«

– »Vom Fiasko T. T.s...«

– »Wie?!«

– »Ja, ja...«

Wenn die *Person* Aleksandr Iwanowitschs Gedanken bewußt
hätte ablenken wollen von der darin sich womöglich vollzie-
henden Enthüllung der wahren Motive für das Betragen der
Person, es wäre ihr vollkommen gelungen, denn die Nachricht
vom Fiasko T. T.s... traf den schwachen Aleksandr Iwanowitsch wie ein Donnerschlag:

– »Herrgott Jesu Christ!..«

– »Jesu Christ!« – höhnte die Person. – »Das war Ihnen doch
vor uns allen bekannt... Bis zur Aussage der Gutachter gehen

wir davon aus, daß dem so ist ... Nur: verstärken Sie nicht den Verdacht gegen Sie: und keinen Ton über Ableuchow.«

Aleksandr Iwanowitsch machte wohl in diesem Moment ein extrem idiotisches Gesicht, denn die Person lachte immer noch weiter und reizte ihn mit dem schwarzen Rachen des klaffenden, weit aufgerissenen Munds: mit demselben klaffenden Mund schaut aus dem Fleischerladen uns der blutige Tierkadaver an mit abgezogener Haut.

– »Tun Sie, mein Lieber, nicht so, als wäre Ableuchows Rolle Ihnen unbekannt; und als wären Ihnen die Gründe unbekannt, die mich schließlich gezwungen haben, Ableuchow mit diesem Auftrag zu strafen; als wäre Ihnen unbekannt, wie dieser elende Schlingel seine Rolle gespielt hat: die Rolle, wohlgemerkt, wurde gut gespielt; und die Rechnung ging auf, – sein Rechnen auf diese Sentimentalitäten, eine Willfährigkeit wie, zum Beispiel, die Ihre«, – die *Person* hatte sich besänftigt: durch das Eingeständnis, daß auch Aleksandr Iwanytsch an Willfährigkeit litt, nahm sie großherzig von Aleksandr Iwanowitsch die vor einer Minute erhobene Anschuldigung; wohl darum fiel Aleksandr Iwanowitsch bei dem Wort »*Willfährigkeit*« ein Gewicht von der Seele; schon suchte er sich dumpf-dumpf einzureden, er habe sich in der *Person* getäuscht.

– »Und die Rechnung ging auf: der edle Sohn haßt ja den Vater, plant ja, den Vater umzulegen, und hastet zugleich zwischen uns herum mit Referätchen und sonstigem Unsinn; er sammelt Konspekte, und kaum hat er eine Kollektion solcher Konspekte zusammen, überreicht er sie dem Papachen ... Und ihr alle habt für dieses Ekel eine unerklärliche Schwäche ...«

– »Aber er hat ja, Nikolaj Stepanytsch, er hat – geweint ...«

– »Was denn, die Tränen haben Sie verwundert ... Sie sind doch ein Kauz: Tränen – das ist der gewöhnliche Zustand des intelligenten Spitzels; und wenn er in Tränen ausbricht, hält der intelligente Spitzel seine Tränen für aufrichtig: und er bedauert wohl sogar, daß er Spitzel ist; nur helfen uns diese Intelligenzler-Tränen keine Spur weiter ... Und Sie, Aleksandr Iwanowitsch, – weinen ja auch schon ... Ich will keineswegs sagen, daß auch Sie schuldig sind« (das war die Unwahrheit: eben

423

noch hatte die *Person* seine Schuld behauptet; und diese *Un-wahrheit* entsetzte Aleksandr Iwanowitsch einen Moment; un-bewußt zuckte in seiner Seele, wie ein Blitz, eines auf: »Hier spielt sich ein Kuhhandel ab: mir wird angeboten, die wider-liche Verleumdung zu glauben oder, vielmehr, ohne zu glauben, dieser Verleumdung zuzustimmen um den Preis der Tilgung der Verleumdung meiner selbst...« All das zuckte unterhalb der Schwelle des Bewußtseins, denn die entsetzliche Wahrheit hatten unter diese Schwelle verbannt die über den Augen vor-springenden Stirnbeine der *Person* und die drückende Atmo-sphäre der Drohung und auch der Glanz der kleinen Äuglein mit ihrem »ei, ei, mein Bester«... Und er dachte, daß er anfing dieser Verleumdung zu glauben).

– »Sie, ich bin sicher, Sie, Aleksandr Iwanytsch, sind sauber, doch – was Ableuchow betrifft: hier bei mir, in dieser Schublade habe ich ein Dossier in Verwahrung: später bringe ich das Dossier vor das Gericht der Partei.« Nun stapfte die *Person* verzweifelt durch ihr Kabinett – von Ecke zu Ecke – und schlug sich plump mit der Hand an die übermäßig gesteifte Brust. In ihrem Ton aber klang aufrichtige Kränkung, Verzweiflung – einfach edle Gesinnung (der Kuhhandel war offenbar ge-glückt).

– »Später, glauben Sie, wird man mich verstehen: heute zwingt mich die Lage, das Übel an der Wurzel zu packen... Ja... ich handle, wie ein Diktator, nach einem einzigen Willen... Doch es tut mir – glauben Sie mir – leid: tat mir leid ihm das Urteil zu unterschreiben, doch... Dutzende kommen um... wegen Ihres... Senatorssöhnchens: Dutzende kommen um!.. Pep-powitsch, auch Pepp ist schon verhaftet... Erinnern Sie sich, Sie selbst wären einmal fast umgekommen (Aleksandr Iwa-nytsch dachte, daß er längst umgekommen war)... Wäre ich nicht gewesen... Erinnern Sie sich an das Gebiet Jakutsk!.. Und Sie nehmen in Schutz, zeigen Mitgefühl... Weinen Sie nur, weinen Sie! Sie haben allen Grund zu weinen: Dut-zende kommen um!!!...«

Nun erhob die *Person* die flinken Äuglein und verließ ihr Kabinett.

Es war dunkel geworden: schwarz.

. . . .

Dunkelheit fiel ein; und stand zwischen allen Dingen im Zimmer; Tischchen, Schränke, Sessel – alles versank in tiefes Dunkel; im Dunkeln saß Aleksandr Iwanowitsch – mutterseelenallein; das Dunkel trat in seine Seele: er weinte.

Aleksandr Iwanowitsch besann sich auf alle Nuancen im Reden der *Person* und befand all diese Nuancen für aufrichtige Nuancen; die *Person* hatte wohl nicht gelogen; und die Verdächtigungen, der Haß – all das konnte sich erklären lassen durch den krankhaften Zustand Aleksandr Iwanowitschs: ein zufälliger Mitternachtsalptraum, in dem die Hauptrolle die *Person* spielte, konnte zufällig sich verbunden haben mit einem zufälligen zweideutigen Wort der *Person*; und die Nahrung für die Gemütskrankheit infolge von Alkoholismus war da; die Halluzination dagegen vom Mongolen und das sinnlose in der Nacht gehörte Geflüster: »Enfranschisch« – all das vollendete das übrige. Nun, was war denn ein Mongole an der Wand? Wahnsinn. Und das sattsam bekannte Wort.

– »Enfranschisch, enfranschisch . . .« – was war das? Abrakadabra, eine Lautverbindung – nicht mehr.

Der *gewissen Person* gegenüber hatte er allerdings auch schon früher ein ungutes Gefühl; doch wahr war auch: er war der *Person* verpflichtet – die *Person* hatte ihn gerettet; der Ekel, das Grauen waren durch nichts begründet, außer . . . durch einen Wahn: *einen Fleck auf den Tapeten.*

Ej, er war krank, ja, krank . . .

Dunkelheit fiel ein; überfiel ihn, umstand ihn; in ernster Strenge ragten Tisch, Sessel und Schrank; Dunkelheit trat in seine Seele – er weinte: die moralische Haltung Nikolaj Apollonowitschs erschien jetzt zum ersten Mal in ihrem wahren Licht. Wie hatte er sie nicht erkennen können?

Er erinnerte sich an die erste Begegnung mit ihm (Nikolaj Apollonowitsch hielt damals bei gemeinsamen Bekannten ein Referätchen, das alle Werte zertrümmerte): der Eindruck war nicht sehr angenehm; später dann: zeigte Nikolaj Apollonowitsch, um die Wahrheit zu sagen, besondere Neugier für alle

Parteigeheimnisse; mit der zerstreuten Miene der plumpen Mißgeburt steckte er überall seine Nase hinein: diese Zerstreutheit konnte ja vorgetäuscht sein. Aleksandr Iwanytsch dachte: ein Provokateur höchster Kategorie könnte durchaus Ableuchows Äußeres haben – diese traurig-versonnene Miene (die den erwidernden Blick vermeidet) und den Froschausdruck dieser gespannten Lippen; Aleksandr Iwanowitsch überzeugte sich langsam: Nikolaj Apollonowitsch hatte sich in der ganzen Sache seltsam benommen; und Dutzende – kamen um…

Indem er sich überzeugte von Ableuchows Verwicklung ins Fiasko T. T.s, verschwand das drohende, drückende Gefühl, das ihn befallen hatte im Gespräch mit der *Person*; etwas Leichtes, beinahe Sorgloses trat in seine Seele. Aleksandr Iwanowitsch hatte aus irgendeinem Grund den Senator schon immer besonders gehaßt: Apollon Apollonowitsch flößte ihm besonderen Ekel ein, dem Ekel ähnlich, den uns ein Weberknecht einflößt oder gar eine Tarantel; Nikolaj Apollonowitsch aber hatte er manchmal gemocht; nun aber waren ihm Senatorssohn und Senator verschmolzen im selben Ausbruch von Ekel und dem Wunsch, die tarantelhafte Ausgeburt – zu vertilgen, zu vernichten.

– »O Lumpenpack!.. Dutzende kommen um… O Lumpenpack…«

Dann schon lieber die Asseln, das Stück dunkelgelber Tapete, dann schon lieber sogar die *Person*: die *Person* besaß doch zumindest Größe des Hasses; mit der *Person* konnte man immerhin verschmelzen im Wunsch – die Spinnen zu vernichten.

– »O Lumpenpack!..«

Ein Zimmer weiter blitzte schon gastlich der Tisch; der Tisch stand schon voller *Schlemmereien*: Wurst, Bläuling, kalte Kalbskoteletts; von fern kam herüber das zufriedene Hmmm der übermüdeten *Person* und die Stimme Schischnarfijews; letzterer verabschiedete sich; schließlich ging er.

Bald kam die *Person* ins Zimmer gestapft, trat zu Aleksandr Iwanowitsch und legte ihm die schwere Hand auf die Schultern:

– »Also! Wir sollten uns besser nicht zanken, Aleksandr Iwanowitsch; wenn schon die eigenen Leute sich streiten, dann . . .
was dann? . .«

. . . .

– »Nun, gehen wir doch essen . . . Essen Sie etwas mit uns . . .
Nur bitte bei Tisch über all das kein Wort . . . Das ist alles zu
traurig . . . Und Soja Sacharowna muß das nicht wissen: sie ist
müde . . . Und auch ich bin rechtschaffen müde . . . Wir alle
sind rechtschaffen müde . . . Das sind alles die Nerven . . . Wir
beide sind nervöse Leute . . . Nun – zum Essen, zum Essen . . .«
Gastlich blitzte der Tisch.

Wieder der Traurige, Kummervolle

Aleksandr Iwanowitsch klingelte vielmals um Einlaß.
Aleksandr Iwanowitsch klingelte am Tor seines düsteren Hau-
ses; der Hausknecht machte nicht auf; hinter dem Tor erwiderte
das Klingeln nur der bellende Hund; von fern gab einsam zu
Mitternacht Laut ein mitternächtlicher Hahn; und erstarb. Die
Achtzehnte Linie verschwand – dorthin: in die Tiefe, die
Leere.
Leere.
Aleksandr Iwanowitsch empfand allerdings etwas wie Zufrie-
denheit: seine Ankunft war verschoben in diesen erbärmlichen
Wänden; in diesen erbärmlichen Wänden war die ganze Nacht
Geraschel und Knacken und Fiepen.
Schließlich – und vor allem: mußte er im Finstern zwölf kalte
Stufen bezwingen; dann um die Kurve und wieder die gleiche
Zahl davon abzählen.
Das tat Aleksandr Iwanowitsch viermal.
In der Summe – sechsundneunzig steinerne, hallende Stufen;
dann: mußte er vor der filzbeschlagenen Tür stehen; mußte er
angstvoll den halbverrosteten Schlüssel ins Schlüsselloch schie-
ben. Ein Zündholz zu entzünden war riskant in dieser Höl-
lenfinsternis; das Zündholzflämmmchen konnte unerwartet

den allerverschiedensten Unrat beleuchten; eine Maus vielleicht; und noch dies und das...
So dachte Aleksandr Iwanowitsch.
Darum zögerte er immer am Tor seines düsteren Hauses.
Und – nun also... –

        – Eine traurige lange Gestalt, die Aleksandr Iwanowitsch mehrmals gesehen hatte an der Newa, zeigte sich wieder in der Tiefe der Achtzehnten Linie. Dieses Mal trat sie still in den hellen Kreis der Laterne; doch es war, als ströme das helle goldene Licht traurig von ihrer Stirn, den frostklammen Fingern... –

        – So zeigte der unbekannte Freund sich auch diesmal.

Aleksandr Iwanowitsch erinnerte sich, wie einmal auf der Straße den lieben Bewohner der Achtzehnten Linie eine kleine Alte anrief im Strohhäubchen mit lila Bändern.

Mischa hatte sie ihn damals genannt.

Aleksandr Iwanowitsch erbebte jedesmal, wenn die traurige lange Gestalt im Vorübergehen ihren unbeschreiblichen, allsehenden Blick auf ihn richtete; und immer gleich schimmerten dabei weiß ihre hohlen Wangen. Aleksandr Iwanowitsch sah und sah nicht, hörte und hörte nicht nach diesen Begegnungen an der Newa.

– »Wenn er doch stehenbliebe!..«
– »Oh, wenn!..«
– »Und, oh, wenn er mich anhörte!..«

Doch die traurige lange Gestalt, ohne zu schauen, ohne stehenzubleiben, ging schon vorüber.

Deutlich entfernte sich der Klang ihres Schritts; dieser deutliche Klang rührte daher, daß die Füße des Vorübergehenden nicht, wie die übrigen, Galoschen trugen. Aleksandr Iwanowitsch drehte sich um und wollte ihm leise so etwas sagen; leise anrufen wollte er diesen unbekannten Mischa...

Doch der Ort, wohin Mischa schon unwiederbringlich verschwunden war, – dieser Ort lag jetzt leer im hellen schwankenden Kreis; und da waren – nichts, niemand, nur Wind und Matsch.

Und dort blinzelte gelb die Feuerzunge der Laterne.
. . . .
Trotzdem klingelte er erneut um Einlaß. Der Petersburger Hahn erwiderte wieder das Klingeln: in den Schlüssellöchern pfiff feuchter Meerwind; der Wind stöhnte im Torbogen und schlug gegenüber mit Schwung an das eiserne Aushängeschild einer »*Preiswerten Gastwirtschaft*«; und das Eisen krachte in die Dunkelheit.

Matwej Morshow

Schließlich knarrte das Tor.
Der bärtige Hausknecht, Matwej Morshow, ein alter Freund Aleksandr Iwanowitschs, ließ ihn über die Hausschwelle treten: der Rückzug war ihm versperrt; und das Tor schlug zu.
– »So spät noch?«
– »Viel zu tun . . .«
– »Wollen sich wohl eine Stelle suchen?«
– »Ja, eine Stelle . . .«
– »Selbstredend: Stellen sind heutzutags keine . . . Höchstens, wenn im Revier was frei wird . . .«
– »Im Revier, Matwej, da nehmen sie mich nicht . . .«
– »Selbstredend: was wollen Sie im Revier . . .«
– »Na siehst du?«
– »Und Stellen sind heutzutags keine . . .«
Der bärtige Hausknecht, Matwej Morshow, schickte Aleksandr Iwanowitsch manchmal sein beleibtes Weib, das immerzu an den Ohren krank war, mal mit einem Stück Pirogge, mal mit der Einladung, sie zu besuchen; so zechten sie an den Feiertagen beim Hausknecht: Aleksandr Iwanowitsch, als Illegaler, mußte engste Freundschaft pflegen mit der Hauspolizei.
Und auch sonst.
Damit bot sich ihm gute Gelegenheit, gefahrlos seinen kalten Dachboden zu verlassen (wie wir sahen, haßte Aleksandr Iwanowitsch seinen Dachboden, und manchmal saß er dort wochenlang ohne Ausgang, wenn ein Ausgang riskant schien).

Manchmal gesellten sich ihnen zu: der Revierkopist Woronkow und der Schuster Bessmertnyj. Und in letzter Zeit saß beim Hausknecht immer Stjopka: Stjopka war nämlich arbeitslos. Aleksandr Iwanowitsch, der im winzigen Hof stand, hörte deutlich, wie aus der Hausknechtswohnung immer dasselbe Liedchen schallte:

Ob den Kontoristen
Auch sonst keine liebt
Ich würde
Ihn wählen...
Denn gebildete
Leute
Wissen
Was zu erzählen...

. . . .

– »Schon wieder Besuch?«
Matwej Morshow kratzte sich mit grimmiger Nachdenklich-keit im Genick:
– »Verlustieren uns bißchen...«
Aleksandr Iwanowitsch lächelte:
– »Etwa der Revierkopist?..«
– »Ja wer sonst... Er selbst...«
Plötzlich erinnerte sich Aleksandr Iwanowitsch, daß der Name des Kopisten Woronkow aus irgendeinem Grund mit Nach-druck genannt wurde – dort, von der *Person*; warum kannte die *Person* den Kopisten Woronkow, wußte sie vom Kopisten Wo-ronkow und von diesen ihren Zusammenkünften? Er hatte sich kurz gewundert, doch zu fragen vergessen.

Liebste Mutter,
Kaufe mir
Zum Kleide
Graue Seide:
Denn von jetzt an
Mag ich nur

Wasjutka Liksejew
Leiden!..

. . . .
Der Hausknecht Morshow, der Aleksandr Iwanowitsch un-
schlüssig sah, schnaufte eine Zeit durch die Nase und versetzte
düster:
– »Na was... Zum Hausknecht... Kommen Sie rein...«
Und Aleksandr Iwanowitsch wäre gekommen: beim Haus-
knecht war es warm und gesellig und berauschend; auf dem
Dachboden war es einsam und kalt. Und – nein, nein: dort
saß der Kopist Woronkow; vom Kopisten Woronkow hatte
zweideutig die *Person* gesprochen; und – weiß der Kuckuck!
Doch vor allem: ein Besuch beim Hausknecht wäre entschie-
dene Feigheit gewesen: Flucht vor den eigenen vier Wän-
den.
Aleksandr Iwanowitsch antwortete seufzend:
– »Nein, Matwej: Schlafenszeit...«
– »Selbstredend: wie meinen!..«
Aber als sie dort sangen:

> Liebste Mutter,
> Kaufe mir
> Zum Kleide
> Graue Seide:
> Denn von jetzt an
> Mag ich nur
> Den Sohn von Wassiljew
> Leiden!..

– »Oder auf einen Wodka?«
Und schon einfach verzweifelt, einfach wütend schon schrie er
heraus:
– »Nein, nein, nein!«
Und stürmte davon zu den silbrigen Klaftern Holz.
Nun öffnete Matwej Morshow beim Hineingehen kurz die
Wohnungstür: weißer Dampf, eine Lichtgarbe, Stimmenlärm

431

und der Geruch warmen Schmutzes, mit den Straßenstiefeln hereingetragen, drang einen Augenblick aus der Hausknechtswohnung; und – krach: schlug die Tür hinter Matwej Morshow.

Zum zweiten Mal war der Rückzug versperrt.

Der Mond erhellte wieder den akkuraten quadratischen Hof und die silbrigen Klafter Espenholz, zwischen denen Aleksandr Iwanowitsch zur Hintertür huschte. Hinter ihm schallte aus der Hausknechtswohnung ein Liedtext; bestimmt sang der Schuster Bessmertnyj.

Schimmernde Eisenbahnschienen!..
Auf Halt! die Signale weisen –
Auf dem unterspülten Bahndamm
Rast ein Zug – die Wagen entgleisen
Wie schrecklich das Bild der zerstörten Waggons!..
Wie schrecklich das Bild der leidenden Menschen!..

Mehr war nicht zu hören.

Aleksandr Iwanowitsch blieb stehen: so, so, so – fing es an; noch bevor er sich eingeschlossen hatte in seinen dunkelgelben Kubus, schon: fing es an, kam – die unabwendbare, allnächtliche Folter. Und diesmal begann sie am Hintereingang.

. . . .

Es war immer dasselbe: *sie* lauerten Aleksandr Iwanowitsch auf... Begonnen hatte es so: eines Tages, auf dem Heimweg, begegnete ihm auf der Treppe ein Unbekannter, der zu ihm sagte:

– »Sie stehen mit Ihm in Verbindung...«

Wer das eigentlich war, der die Treppe herabkam, wer *Er* (groß geschrieben) war, der ihn an sich bindet, das wünschte Aleksandr Iwanowitsch nicht zu erfahren, sondern hastete vor dem Unbekannten fluchtartig treppauf. Der Unbekannte verfolgte ihn nicht.

Und ein zweites Mal *stieß* es Dudkin *zu*; er traf auf der Straße einen Mann mit tief in die Augen gezogener Mütze und mit so grausigem Gesicht (unsagbar grausig), daß eine Passantin, eine fremde Dame, vor Schreck Aleksandr Iwanowitsch am Ärmel packte:

– »Haben Sie gesehen? Das ist grausig, wirklich grausig ... Das gibt es nicht! .. Oh, was ist das? ..«

Und der Mann war vorübergegangen.

Doch am Abend, auf dem Treppenpodest der dritten Etage, packten Aleksandr Iwanowitsch irgendwelche Hände, drängten ihn ans Geländer und versuchten ihn sichtlich hinabzustürzen – dorthin, hinunter. Aleksandr Iwanowitsch wehrte sie ab, riß ein Zündholz an, und ... auf der Treppe war niemand: keine Schritte treppab, keine Schritte treppauf. Es war leer.

Schließlich hörte Aleksandr Iwanowitsch in letzter Zeit in den Nächten unmenschliches Schreien ... von der Treppe: so ein Aufschrei! .. Ein Aufschrei, und dann kein Schrei mehr.

Doch die Mieter, – sie hörten den Aufschrei nie.

Nur einmal hatte er dieses Schreien auf der Straße gehört – dort, beim Ehernen Reiter: ganz genau so hatte es dort geschrien. Doch das war ein Automobil, von Scheinwerfern beleuchtet. Nur einmal hatte der arbeitslose Stepan, der sich manchmal mit ihm die Nächte vertrieb, einen ... Aufschrei gehört. Doch auf alles Drängen Aleksandr Iwanowitschs sagte er nur unwirsch:

– »*Sie* suchen nach Ihnen ...«

Wer *sie* waren, dazu von Stjopka kein Mucks. Und weiter kein Wort mehr. Nur begann dieser Stjopka, Aleksandr Iwanowitsch zu meiden, ihn seltener zu besuchen; und übernachten – von wegen ... Doch zum Hausknecht, zum Kopisten Woronkow, zum Schuster von Stjopka – kein Wort. Von Aleksandr Iwanowitsch auch – kein Wort ...

Aber wie mit Gewalt hineingestoßen sein *in all das*, und mit niemandem reden!

– »*Sie* suchen nach Ihnen ...«

Wer waren *sie*, und warum – suchten *sie*?

. . . .

Und jetzt wieder.

Aleksandr Iwanowitsch warf unwillkürlich seinen Blick in die Höhe: zur Luke im fünften, im Dachgeschoß; und in der Luke brannte Licht: man sah, daß irgendein eckiger Schatten ruhelos an der Luke lungerte. Ein Augenblick, – und er tastete ruhelos in der Tasche nach dem Zimmerschlüssel: der Schlüssel war da. Wer aber war dort im verschlossenen Zimmer? . .

Vielleicht eine Durchsuchung? Oh, wenn es nur eine Durchsuchung wäre: er würde sich in die Durchsuchung stürzen als der glücklichste Mensch; sollen sie ihn mitnehmen und einsperren, zum Beispiel . . . in Peter-und-Paul. Die ihn dort einsperren in Peter-und-Paul, sind doch immerhin Menschen – zumindest nicht *sie*.

– »*Sie* suchen nach Ihnen . . .«

Aleksandr Iwanowitsch holte tief Luft und gab sich im voraus das Wort, sich nicht zu sehr zu grausen, denn die Dinge, die ihm nun zustoßen konnten, waren nichts als müßiges Hirnspiel.

Aleksandr Iwanowitsch trat in den Hinteraufgang.

Ein trüber Strahl fiel ins Fenster

Ja, ja, ja: dort standen *sie*: genauso hatten *sie* gestanden bei seiner letzten nächtlichen Rückkehr. Und *sie* erwarteten ihn. Wer *sie* waren, das konnte er mit Bestimmtheit nicht sagen: zwei Konturen. Ein trüber Strahl fiel ins Fenster von der dritten Etage; weißlich legte er sich auf die grauen Stufen.

Und in völliger Dunkelheit lagen die weißlichen Flecken so entsetzlich ruhig – so furchtlos.

Und in diesen, einen weißlichen Fleck trat das Treppengeländer; am Geländer aber standen *sie*: zwei Konturen; sie ließen Aleksandr Iwanowitsch durch, rechts und links von ihm stehend; genauso hatten sie Aleksandr Iwanowitsch auch damals durchgelassen; sie sagten nichts, rührten sich nicht, zitterten nicht; er spürte nur jemandes ungutes, aus dem Dunkel auf ihn gerichtetes, mit keiner Wimper zuckendes Auge.

Sollte er an *sie* heranrücken, sollte er ihnen den im Gedächtnis erwachten Beschwörungsspruch ins Ohr flüstern?

– »Enfranschisch, enfranschisch! . .«

Wie wäre es, unter ihrem starren Blick einfach einzutreten in den weißlichen Fleck: beleuchtet zu sein vom Mond und zu beiden Seiten den wachsamen Blick des Beobachters zu spüren; wie wäre es dann – die Beobachter der Hintertreppe, die jede Sekunde zu allem bereit sind, im Rücken zu fühlen; wie wäre es, den Schritt nicht zu forcieren und kaltblütig sich zu räuspern?

Denn Aleksandr Iwanowitsch brauchte nur plötzlich rasch-rasch die Treppenstufen hinaufstürmen, und auch die Beobachter würden ihm nachstürzen.

Und die weißlichen Flecken wurden graue Flecken und begannen harmonisch zu zergehen: sie zergingen in völligster Dunkelheit (scheinbar war eine schwarze Wolke vor den Mond gezogen).

Aleksandr Iwanowitsch trat ruhig auf die zuvor weiße Stelle, denn er sah keine Augen und schloß daraus, daß auch ihn die Augen nicht sahen (der Arme tröstete sich mit dem verfehlten Gedanken, er könnte ungesehen zu sich auf den Dachboden huschen). Aleksandr Iwanowitsch forcierte nicht seinen Schritt und begann sogar – sich den Schnurrbart zu zupfen; und . . .

. . . Aleksandr Iwanowitsch hielt es nicht aus.

Wie der Blitz flog er auf den Treppenpodest der zweiten Etage (derart untaktisch!). Und als er auf dem Podest stand, erlaubte er sich etwas, das ihn endgültig unmöglich machte vor der dort stehenden Kontur.

Übers Geländer gebeugt, warf er nach unten einen verlorenen, erschrockenen Blick, nachdem er zuvor ein brennendes Zünd-holz hatte fallen lassen: die Eisenstäbe des Geländers blitzten; und unter diesem gelben Blinken erkannte Aleksandr Iwano-witsch deutlich Silhouetten.

Wie groß aber war sein Erstaunen!

Die eine Silhouette erwies sich schlicht als Tatare, als Mach-mudka, Bewohner der Kelleretage; im gelben Flackern des aus-brennenden und an ihm vorüberfallenden Zündholzes beugte sich Machmudka zu einem gewöhnlich aussehenden Herr-chen; das gewöhnlich aussehende Herrchen trug eine Melone, doch hatte die Hakennase des Orientalen; der hakennasige

Orientale versuchte Machmudka etwas zu fragen, doch Machmudka schüttelte verneinend den Kopf.

Dann war das Zündholz erloschen: nichts war zu erkennen.

Doch das brennende Zündholz hatte dem hakennasigen Orientalen Aleksandr Iwanowitschs Standort verraten: schnell schlurften die Füße nach oben; und schon unmittelbar an Aleksandr Iwanowitschs Ohr tönte jetzt eine muntere Stimme, doch ... – denken Sie nur, akzentfrei.

– »Entschuldigung, sind Sie Andrej Andrejitsch Gorelskij?«

– »Nein, ich bin Aleksandr Iwanowitsch Dudkin...«

– »Ja, nach einem falschen Paß...«

Aleksandr Iwanowitsch zuckte zusammen: er lebte tatsächlich mit falschem Paß, doch sein Vor-, Vaters- und Familienname waren: Aleksej Aleksejewitsch Pogorelskij, nicht Andrej Andrejitsch Gorelskij.

Aleksandr Iwanowitsch zuckte zusammen, doch ... befand, daß Heimlichtun zu nichts führt:

– »So ist es, und was wünschen Sie? ..«

– »Ich bitte um Entschuldigung, ich komme das erste Mal zu Ihnen und so zur Unzeit...«

– »Bitte sehr...«

– »Diese Hintertreppe: Ihre Wohnung war verschlossen... Und dort ist jemand... Ich zog es vor, Sie am Eingang zu erwarten... Und dann diese Hintertreppe...«

– »Wer erwartet mich dort? ..«

– »Ich weiß nicht: mir antwortete die Stimme eines einfachen Mannes...«

Stjopka! .. Gott sei Dank: dort war Stjopka...

– »Und was wünschen Sie? ..«

– »Verzeihung, ich habe so viel von Ihnen gehört: wir haben gemeinsame Freunde... Nikolaj Stepanytsch Lippantschenko, der mich empfängt wie einen Sohn... Ich wollte schon seit langem, langem Ihre Bekanntschaft machen... Ich habe gehört, daß Sie Nachtschwärmer sind... Und so habe ich mich erkühnt... Ich lebe selbst in Helsingfors und bin manchmal hier zu Besuch, obwohl meine Heimat der Süden ist...«

Aleksandr Iwanowitsch begriff schnell, daß sein Gast log; und zwar auf unverschämteste Weise, denn *dieselbe* Geschichte hatte sich schon einmal wiederholt (wo und wann – fiel ihm jetzt nicht ein; vielleicht war die Geschichte auch aus einem sofort vergessenen Traum; und war nun aufgetaucht).

Nein, nein, nein: die Sache war keineswegs sauber; doch zeigen durfte er das nicht; und Aleksandr Iwanowitsch antwortete in die völlige Finsternis.

– »Mit wem habe ich die Ehre zu sprechen?«

– »Persischer Untertan Schischnarfne... Wir sind uns schon begegnet...«

– »Schischnarfijew?..«

– »Nein, Schischnarfne: die Endung ›ijew‹ hat man mir angehängt – zur Russifizierung, wenn Sie so wollen... Wir waren heute zusammen dort, bei Lippantschenko; zwei Stunden habe ich gesessen und gewartet, daß Sie Ihre Unterredung beenden, länger konnte ich nicht auf Sie warten... Soja Sacharowna hatte mir nicht beizeiten gesagt, daß Sie bei ihr sind. Ich suche seit langem die Begegnung mit Ihnen... *Ich suche Sie seit langem...*«

Dieser letzte Satz, wie auch die Verwandlung von Schischnarfijew in Schischnarfne, erinnerte wieder traumhaft an etwas: es war widerlich, trübsinnig, drückend.

– »Wir sind uns schon früher begegnet?«

– »Ja... erinnern Sie sich?.. In Helsingfors...«

Aleksandr Iwanowitsch besann sich trübe auf etwas; zur eigenen Überraschung riß er noch ein weiteres Zündholz an und führte es direkt vor Schischnarfijews – Pardon: Schischnarfnes Nase: einen Moment blitzten im gelben Widerschein die Wände, blinkten die Stäbe des Treppengeländers; und aus der Dunkelheit entstand unmittelbar vor seinem Gesicht das Gesicht des persischen Untertanen; Aleksandr Iwanowitsch erinnerte sich jetzt deutlich, daß er dieses Gesicht gesehen hatte in einem Helsingforser Café; doch auch damals hatte dieses Gesicht aus irgendeinem Grund den argwöhnischen Blick nicht von Aleksandr Iwanowitsch gewandt.

– »Erinnern Sie sich?«

Aleksandr Iwanowitsch besann sich auf mehr noch, auf mehr:

eben: in Helsingfors hatten alle Symptome seiner künftigen Krankheit begonnen; und eben in Helsingfors hatte all dieses müßige, wie von jemandem eingeflüsterte, Hirnspiel begonnen.

Er erinnerte sich, eben in dieser Periode hatte er eine höchst paradoxe Theorie entwickelt über die Notwendigkeit der Zerstörung der Kultur, denn die Periode des geschichtlich überlebten Humanismus sei vollendet und die Kulturgeschichte stehe nun vor uns wie ein verwitterter mürber Strunk: es beginne eine Periode gesunder Bestialität, die aus den dunklen Tiefen des Volks aufsprießt (Rowdytum, Frechheit der Strolche), aus den führenden Kreisen der Aristokratie (der Aufruhr der Künste gegen verfestigte Formen, die Liebe zur primitiven Kultur, Exotismus) und aus dem Bürgertum selbst (die orientalischen Damenmoden, der Cake Walk – ein Negertanz: und – mehr); Aleksandr Iwanowitsch propagierte damals das Verbrennen von Bibliotheken, Universitäten, Museen; er propagierte auch die Mission der Mongolen (später lernte er die Mongolen fürchten). Alle Erscheinungen der Gegenwart teilte er in zwei Kategorien: in Symptome der bereits überlebten Kultur und in gesunde Barbarei, die sich vorläufig noch verbergen mußte unter der Maske der Auserwähltheit (das Auftreten Nietzsches und Ibsens) und unter dieser Maske die Herzen mit dem Chaos anstecken, das schon heimlich ruft in den Seelen.

Aleksandr Iwanowitsch lud dazu ein, sämtliche Masken abzulegen und sich offen dem Chaos zu stellen.

Er erinnerte sich, eben das hatte er auch damals propagiert, im Helsingforser Café; und als ihn jemand fragte, wie er zum Satanismus stehe, antwortete er:

– »Das Christentum ist überlebt: im Satanismus haben wir die rohe Verehrung des Fetischs, das heißt gesunde Barbarei...«

Und damals auch – erinnerte er sich – saß seitlich, am Café-tisch, Schischnarfne und ließ sie nicht aus den Augen.

Das Propagieren der Barbarei endete auf unerwartete Weise (in Helsingfors, eben damals): es endete in einem kompletten Alptraum; Aleksandr Iwanowitsch sah (ob im Traum, ob im

438

Einschlafen), wie man ihn durch Unbeschreibliches trieb, das am einfachsten zu benennen wäre als interplanetarischer Raum (doch er war kein solcher): wie man ihn zum Vollzug eines bestimmten, *dort* gewöhnlichen, doch von unserem Standpunkt dennoch schändlichen Aktes trieb; zweifellos war das im Traum (unter uns – was ist das, Traum?), doch in einem abscheulichen Traum, der seiner Propaganda ein Ende machte; bei alldem war das Unangenehmste, daß Aleksandr Iwanowitsch sich nicht erinnerte, hatte er den *Akt* vollzogen oder nicht; dieser Traum galt Aleksandr Iwanowitsch später als Beginn seiner Krankheit, doch – trotzdem: er erinnerte sich ungern.

Und eben damals hatte er, verborgen vor allen, die Offenbarung zu lesen begonnen.

Auch jetzt, hier auf der Treppe, wirkte die Mahnung an Helsingfors entsetzlich. Helsingfors erstand vor ihm. Und ohne zu wollen dachte er:

– »Also darum hörte ich all diese letzten Wochen ohne jeglichen Sinn: Hel-sing-fors, Hel-sing-fors...«

Schischnarfne aber fuhr fort:

– »Erinnern Sie sich?«

Die Sache nahm eine ekelhafte Wendung: er mußte sofort die Flucht antreten – die steinernen Stufen hinauf; er mußte die Dunkelheit nutzen; sonst würde das phosphoreszierende Licht weißliche Flecken ins Fenster werfen. Doch Aleksandr Iwanowitsch zögerte in größtem Entsetzen; aus irgendeinem Grund machte ihn besonders der Name des gewöhnlichen Besuchers stutzig:

– »Schischnarfne, Schischnarfne... Irgendwo ist mir das alles vertraut...«

Schischnarfne aber fuhr fort:

– »Dann erlauben Sie, bei Ihnen einzutreten?.. Ich bin, ehrlich gesagt, vom Warten müde... Sie verzeihen mir, hoffe ich, diese meine mitternächtliche Visite...«

Und in einem Anfall von unwillkürlicher Angst schrie Aleksandr Iwanowitsch heraus:

– »Seien Sie willkommen...«

Doch dabei dachte er:
– »Stjopka wird mich dort retten...«
. . . .
Aleksandr Iwanowitsch lief die Treppe hinauf. Hinter ihm lief
Schischnarfne; die unendliche Reihe der Stufen schien sie nicht
zur fünften Etage zu führen: ein Ende der Treppe war nicht in
Sicht; und hinunter zu rennen war unmöglich: hinter ihm lief
Schischnarfne, vorn aber schlug aus der Stube ein Licht-
strahl.
Aleksandr Iwanowitsch dachte:
– »Wie konnte denn Stjopka zu mir hineinkommen: der
Schlüssel ist doch bei mir?«
Doch die Tasche betastend, stellte er fest, daß der Schlüssel
nicht da war: statt des Türschlüssels fand er den Schlüssel zum
alten Koffer.

Petersburg

Aleksandr Iwanowitsch flog ganz außer sich in sein armseliges
Zimmer und stellte fest, daß auf dem schmutzigen Bettgestell
bei einem niedergebrannten Lichtstummel Stepan hockte; über
ein aufgeschlagenes Buch mit kirchenslawischen Buchstaben
war so tief sein zerzauster Kopf gebeugt.
Stepan las das Meßbuch.
Aleksandr Iwanowitsch erinnerte sich an Stjopkas Versprechen:
ihm das Meßbuch zu bringen (ihn interessierte dort ein Gebet –
von Wassilij dem Großen: ein Bußgebet, an die bösen Geister).
Und er klammerte sich an Stjopka.
– »Das bist du, Stepan: Gott sei Dank!«
– »Ich habe Ihnen, Herr, das Me...«, – doch mit Blick auf den
eintretenden Besucher fügte Stjopka hinzu, – »das, worum Sie
gebeten haben...«
– »Danke...«
– »Beim Warten habe ich mich eingelesen... (wieder der Blick
zum Besucher)... Ich muß gehen...«
Aleksandr Iwanowitsch klammerte sich mit der Hand an
Stjopka:

– »Geh nicht weg, bleib sitzen... Dieser Herr hier... Herr Schischnarfijew...«

Aus der Tür aber artikulierte kehlig eine metallische Stimme:

– »Nicht Schischnarfijew ... Schisch-nar-fne...«

Warum beharrte *er* auf dem Fehlen der Buchstaben »ijew«? *Er* erschien in der Tür; *er* nahm die Melone ab; das Mäntelchen behielt er an und musterte fragend das winzige Zimmer:

– »Ziemlich elend bei Ihnen... Ziemlich feucht... Und kalt...«

Die Kerze war niedergebrannt: das Umschlagpapier flammte auf, und plötzlich begannen die Wände zu tanzen in flüssigrotem Feuer.

. . . .

– »Nein, Herr, entlassen Sie mich: ich muß gehen« – nun wurde Stjopka geschäftig, sah Aleksandr Iwanowitsch scheel an und würdigte den Gast keines Blicks, »entlassen Sie mich – auf ein andermal.«

Das Meßbuch nahm er mit.

Unter Stepans unverwandtem Blick schlug Aleksandr Iwanowitsch die Augen nieder: der unverwandte Blick, so schien ihm, war ein verurteilender Blick. Was sollte er tun – mit Stepan? Er wollte – Stepan etwas Freundliches sagen; er hatte Stepan gekränkt; Stepan würde ihm nicht verzeihen; und es war, als dächte Stepan jetzt:

– »Nein, Herr, wenn schon *solche* mit Ihnen Umgang haben, ist schon nichts zu machen; und nutzlos das Meßbuch... *Solche* besuchen nicht jeden; und wen *sie* besuchen, der ist Frucht von ihrem Felde...«

Und also, also, wenn Stepan so dachte, – war der Besucher: tatsächlich verdächtig... Aber dann, was sollte er tun, er allein ohne Stepan:

– »Bleib, Stepan.«

Doch Stepan wehrte ab nicht ohne Anflug von Ekel: als fürchte auch er, daß *das* sich ihm aufdrängen könnte:

– »*Sie* kommen zu Ihnen: nicht zu mir...«

In seiner Seele aber hallte es wider:

– »*Sie* suchen nach Ihnen...«

Hinter Stepan schlug die Tür. Aleksandr Iwanowitsch wollte ihm nachrufen, daß er das Meßbuch doch daließe, doch... er schämte sich. Da wird er womöglich das für einen Freigeist doch kompromittierende Wörtchen »Meßbuch« aussprechen: doch – Aleksandr Iwanowitsch gab sich im voraus das Wort: sich nicht zu sehr zu grausen, denn die Dinge, die ihm zustoßen konnten nach dem Weggang Stepans, waren Halluzination des Ohrs und Halluzination des Auges. Die Flammen, blutige tanzende Fackeln, erstarben an den Wänden; das Papier war verbrannt: das Kerzenflämmchen erloschen; – alles grünte wie tot.

. . . .

Auf dem Bettgestell mit der Decke darüber bat er durch eine Geste der Hand den Besucher, Platz zu nehmen am Tischchen; selbst aber blieb er an der Tür, um nötigenfalls auf der Treppe zu sein, seinen Besucher einzusperren und selbst fliegenden Schritts hinunterzugleiten über sämtliche sechsundneunzig Stufen.

Der Besucher, aufs Fensterbrett gestützt, rauchte eine Papirossa an und schwatzte; seine schwarze Kontur ragte auf vor dem schimmernden Grund der grünen Räume im Fenster (dort zog der Mond in den Wolken)...

– »Ich sehe, ich komme zur Unzeit... ich störe Sie offenbar...«

– »Aber nein, sehr erfreut«, – beruhigte den Besucher kaum überzeugend Aleksandr Iwanowitsch Dudkin, der selbst Beruhigung nötig hatte und umsichtig mit der einen Hand im Rücken probierte, ob die Tür verschlossen war oder offen.

– »Doch... ich habe mich so auf Sie eingestimmt, Sie so gesucht überall, daß ich, als wir uns zufällig verfehlten bei Soja Sacharowna Fleisch, dort um Ihre Adresse bat; und von ihr, von Soja Sacharowna, bin ich gleich zu Ihnen: um auf Sie zu warten... Um so mehr, als ich morgen in aller Frühe abreise.«

– »Sie reisen ab?« – fragte Aleksandr Iwanowitsch nach, weil ihm schien: die Worte des Besuchers teilten sich in ihm: und

das äußere Ohr hörte »als ich morgen in aller Frühe abreise«; ein anderes Ohr aber hörte ganz deutlich, hörte es so:
– »Bei Tage reise ich ab, mit der Dunkelheit komme ich wieder...«
Doch er bestand nicht darauf, und empfing weiter die an sein Ohr schlagenden Worte, so wie sie klangen und nicht, wie sie widerhallten.
– »Ja, ich fahre nach Finnland und Schweden... Dort lebe ich; übrigens, meine Heimat ist Schemacha; doch ich wohne in Finnland: das Petersburger Klima ist, ehrlich gesagt, *auch für mich* ungesund...«
Es hallte und zweiteilte sich im Bewußtsein dieses »*auch für mich*«. Das Petersburger Klima ist für alle ungesund; man bräuchte das »*auch für mich*« gar nicht unterstreichen.
– »Ja«, – antwortete Aleksandr Iwanowitsch mechanisch, – »Petersburg steht auf einem Sumpf...«
Die schwarze Kontur auf dem Grund der grünen Räume im Fenster (dort zog der Mond in den Wolken) riß sich nun plötzlich los, und – fing an kompletten Quatsch zu schwatzen.
– »Ja, ja, ja... Für das Russische Reich ist Petersburg ein äußerst charakteristischer Punkt... Nehmen Sie eine geographische Karte... Doch darüber, daß unsere Hauptstadt, reich geschmückt mit Denkmalen, auch zum Reich des Jenseits gehört...«
– »Oh, oh, oh!« – dachte Aleksandr Iwanowitsch: – »jetzt muß ich die Nase steifhalten, um zum richtigen Zeitpunkt zu fliehen...«
Und er widersprach:
– »Sie sprechen von unserer Hauptstadt... Aber doch nicht der Ihren: *Ihre* Hauptstadt ist nicht Petersburg – sondern Teheran... Für Sie, als Orientalen, sind die klimatischen Umstände *unserer* Hauptstadt...«
– »Ich bin Kosmopolit: ich war ja sowohl in Paris wie in London... Ja – was wollte ich gerade: daß *unsere* Hauptstadt«, – fuhr die schwarze Kontur fort, »zum Reich des Jenseits gehört, – davon zu sprechen ist nicht üblich beim Erstellen

von geographischen Karten, Kursbüchern, Führern; hier
schweigt beredt selbst der achtbare Baedeker; der arglose Pro-
vinzler, den man davon nicht rechtzeitig unterrichtet, gerät
schon auf dem Nikolaj- oder sogar dem Warschauer Bahnhof in
eine Pfütze; er rechnet mit der sichtbaren Verwaltung Petersburgs: einen Schattenpaß besitzt er nicht.«
– »Wie bitte?«
– »Nun, ganz einfach: wenn ich ins Land der Papuas fahre,
weiß ich, daß in Papualand mich der Papua erwartet: Karl
Baedeker warnt mich beizeiten vor diesem traurigen Phänomen der Natur; was aber, sagen Sie, wäre mit mir, wenn ich
unterwegs nach Kirsanow auf ein Lager der schwarzbraunen
Papuahorde stieße, was, übrigens, bald in Frankreich so sein
wird, denn Frankreich bewaffnet im stillen schwarze Horden
und führt sie gen Europa – Sie werden sehen: übrigens, das
kommt Ihnen gelegen – Ihrer Theorie der Verrohung und der
Zerschlagung der Kultur: erinnern Sie sich? .. Im Café in
Helsingfors hörte ich Ihnen mit Interesse zu.«
Aleksandr Iwanowitsch wurde immer unwohler: ihn schüttelte
Fieber; als besonders abscheulich empfand er den Hinweis auf
seine längst aufgegebene Theorie; nach dem entsetzlichen
Traum in Helsingfors stand die Verbindung dieser Theorie
zum Satanismus ihm deutlich vor Augen; all das hatte er, als
Krankheit, verworfen; und all das gab ihm jetzt, als er wieder
krank war, die schwarze Kontur aufs widerlichste im Über-
schuß zurück.
Die schwarze Kontur, dort, vor dem Grund des Fensters, in der
vom Mond beleuchteten Stube wurde immer dünner, immer
luftiger, leichter; sie war wie ein Blättchen dunkles, schwarzes
Papier, das reglos am Fensterrahmen klebte; ihre schallende
Stimme tönte, außerhalb ihrer, für sich inmitten des Zimmer-
quadrats; doch am verwunderlichsten war der Umstand, daß
auf vernehmlichste Weise das Zentrum der Stimme sich im
Raum verschob – fort vom Fenster – auf Aleksandr Iwanowitsch zu; das war ein selbständiges, unsichtbares Zentrum, aus
dem ohrenzerreißende Töne brausten:
– »Also, was wollte ich? Ja . . . Über den Papua: der Papua ist,

sozusagen, ein erdgeborenes Wesen; die Biologie des Papua, wenn sie auch ziemlich primitiv ist, ist auch Ihnen, Aleksandr Iwanowitsch, nicht fremd. Mit einem Papua können Sie sich noch immer verständigen; nun, und sei es mithilfe des geistigen Getränks, dem Sie die Ehre gaben all diese letzten Tage und das unserer Begegnung die günstigste Atmosphäre schuf; mehr noch: auch in Papualand gibt es irgendwelche Statuten juristischer Institutionen, vielleicht gutgeheißen vom Papua-Parlament...«

Aleksandr Iwanowitsch dachte, daß das Betragen des Besuchers ganz ungebührlich war, weil der Klang der Stimme des Besuchers sich auf höchst unanständige Weise vom Besucher losgelöst hatte; und schon war der Besucher selbst, reglos erstarrt auf dem Fensterbrett – oder trogen ihn seine Augen? – sichtlich zu einer Schicht Ruß geworden auf dem vom Mond beleuchteten Glas, während seine Stimme, die immer hallender wurde und einen Stich von Grammophon-Kreischen annahm, unmittelbar an seinem Ohr erklang.

– »Der Schatten ist nicht einmal ein Papua; die Biologie der Schatten ist noch nicht erforscht; und darum – kann man sich niemals mit einem Schatten verständigen: seine Forderungen sind unbegreiflich; in Petersburg tritt er in Sie ein mit den Bazillen von allerlei Krankheiten, die man schon mit dem Leitungswasser schluckt...«

– »Und dem Wodka«, – warf Aleksandr Iwanowitsch ein und dachte mechanisch: »Was rede ich da? Oder bin ich dem Fieberwahn aufgesessen? Reagiere, antworte?« Sofort beschloß er im stillen, sich endgültig loszusagen von diesem Quatsch; würde er diesen Quatsch nicht umgehend auflösen im Bewußtsein, dann würde das Bewußtsein selbst sich in Quatsch auflösen.

– »Nicht doch: mit dem Wodka führen Sie in Ihr Bewußtsein nur mich ein... Nicht mit dem Wodka, mit dem Wasser schlucken Sie Bazillen, aber ich bin kein Bazillus; und – nun: ohne den nötigen Paß sind Sie allerlei Folgen ausgesetzt: von den ersten Tagen Ihres Petersburger Aufenthalts an verdaut Ihr Magen nicht; Ihnen droht eine Cholerine... Und dann folgen

Probleme, vor denen nicht Bitten, noch Beschwerden im Petersburger Polizeirevier bewahren; Ihr Magen verdaut nicht? . . Und – die Tropfen von Doktor Inosemzew?! . . Bedrücken Sie Kummer, Halluzinationen, Schwermut – alles Folgen der Cholerine –, gehen Sie doch ins Theater *Farce* . . . Zerstreuen Sie sich ein wenig . . . Aber sagen Sie mir, Aleksandr Iwanytsch, unter Freunden, – an Halluzinationen leiden Sie doch?«

– »Das ist doch schon Hohn«, – dachte Aleksandr Iwanowitsch.

– »Sie leiden an einer Halluzination – dazu wird nicht der Polizist, sondern der Psychiater sich äußern . . . Kurz, Ihre Klagen, an die sichtbare Welt gerichtet, bleiben folgenlos, wie überhaupt alle Klagen: denn, ehrlich gesagt, wir leben nicht in der sichtbaren Welt . . . Die Tragödie unserer Lage wurzelt darin, daß wir trotz allem – in der unsichtbaren Welt uns befinden; kurz, Klagen an die sichtbare Welt bleiben folgenlos; und also können Sie Ihre Bitte nur achtungsvoll an die Welt der Schatten richten.«

– »Existiert sie denn?« – schrie herausfordernd Aleksandr Iwanowitsch und schickte sich an, aus der Stube zu springen und seinen Besucher einzusperren, der immer subtiler geworden war: in dieses Zimmer eingetreten war ein stämmiger Bursche mit drei Dimensionen; ans Fenster gelehnt, wurde er einfach zur Kontur (noch dazu – einer zweidimensionalen); dann: wurde er zur dünnen Schicht schwarzen Rußes, ähnlich dem, der aus der Lampe schlägt, wenn der Docht schlecht beschnitten ist; und jetzt verglomm dieser schwarze Fensterruß, der eine menschliche Kontur formte, ganz grau irgendwie, zu im Mondlicht schimmernder Asche; und schon flog die Asche davon: die ganze Kontur überzog sich mit grünen Flecken – Durchbrüchen in die Räume des Monds; kurz: die Kontur war verschwunden. Es war klar – hier vollzog sich die Auflösung der Materie selbst; diese Materie war vollständig, ohne Rest, in Lautsubstanz verwandelt, die betäubend schwatzte – aber wo nur? Aleksandr Iwanowitsch war, als schwatze sie – in ihm selbst.

– »Sind Sie, Herr Schischnarfne«, – sagte Aleksandr Iwanowitsch, an den Raum gewandt (Schischnarfne war ja schon verschwunden), – »vielleicht Paßbeamter des Jenseits?«

– »Originell«, – schwatzte, sich selbst antwortend, Aleksandr Iwanowitsch – besser, schwatzte es aus Aleksandr Iwanowitsch... – »Petersburg hat nicht drei Dimensionen – sondern vier; die vierte unterliegt der Unbekanntheit und ist auf Karten gar nicht verzeichnet, höchstens mit einem Punkt, denn der Punkt ist der Ort der Berührung der Fläche dieser Existenz mit der Kugeloberfläche eines riesigen astralen Kosmos; so kann jeder Punkt der Petersburger Räume im Nu einen Bewohner dieser Dimension ausspucken, vor dem keine Mauer schützt; so war ich vor einer Minute dort – an Punkten auf dem Fensterbrett, und nun bin ich aufgetaucht...«

– »Wo?« – wollte Aleksandr Iwanowitsch ausrufen, doch er konnte es nicht ausrufen, denn seine Kehle rief aus:

– »Bin ich aufgetaucht... aus dem Punkt Ihres Kehlkopfs...«

Aleksandr Iwanytsch sah verloren um sich, während seine Kehle, mechanisch, ohne ihm zu gehorchen, gellend ausspuckte:

– »Hier braucht man einen Paß... Übrigens sind Sie bei uns dort gemeldet: Sie müssen nur noch den Pakt besiegeln zur Erlangung des Passes; dieser Paß ist Ihnen eingeschrieben; die Unterschrift leisten Sie in sich selbst, durch einen extravaganten kleinen Schritt, wie zum Beispiel... Nun, der Schritt fällt Ihnen schon ein: Sie vollziehen ihn selbst: diese Art der Bescheinigung gilt bei uns als die beste...«

Hätte in dieser Minute mein toll gewordener Held sich von außen betrachten können, ihn hätte gegraut: in der grünlichen, vom Mond beleuchteten Stube hätte er sich selbst gesehen, sich den Bauch haltend und mit überschnappender Stimme in die absolute Leere vor sich schreiend; den Kopf hatte er in den Nacken geworfen, und die riesige Öffnung des brüllenden Mundes wäre ihm vorgekommen wie der schwarze Abgrund des Nichts; doch Aleksandr Iwanowitsch konnte aus sich nicht hinausspringen: und er sah sich nicht; die Donnerstimme, die aus ihm tönte, erschien ihm als fremde Maschine.

– »Seit wann bin ich dort bei Ihnen gemeldet«, – schoß ihm durchs Hirn (so hatte der Quatsch das Bewußtsein besiegt).

– »Seit damals: seit dem Akt«, – gellend riß sein Mund auf; und so aufgerissen, schloß er sich wieder.

Unvermittelt öffnete sich vor Aleksandr Iwanowitsch ein Schleier: an alles erinnerte er sich deutlich ... Dieser Traum in Helsingfors, als *sie* ihn durch irgendwelche ... trotz allem ... Räume trieben, die mit unseren Räumen verbunden waren am mathematischen Berührungspunkt, so daß er, weiterhin an den Raum gebunden, dennoch wahrhaftig davonfliegen konnte in die Räume – nun, also: als *sie* ihn durch andere Räume trieben ...

Er hatte *es* vollzogen.

Damit auch hatte er sich mit *ihnen* verbunden; Lippantschenko aber war nur eine Figur, die darauf verwies; er hatte *es* vollzogen; *damit* war die Kraft in ihn eingegangen; umlaufend von Organ zu Organ und im Körper die Seele suchend, bemächtigte sich diese Kraft nach und nach seiner ganz (er wurde zum Trinker, die Wollust begann zu spuken usw.).

Und während *das* mit ihm geschah, dachte er auch, daß *sie* ihn suchen; *sie* aber waren – in ihm.

Und während er so dachte, drängte aus ihm Gejaul, dem Gejaul von Automobilhupen ähnlich:

– »Unsere Räume sind nicht die Ihren; dort läuft alles andersherum ... Und ein russischer Iwanow wird zum Japaner, denn sein Name, liest man ihn andersherum – ist japanisch: Wonawi.«

– »Dann liest man wohl dich auch andersherum«, – schoß ihm durchs Hirn.

Und er begriff: Schischnarfne, Schisch-nar-fne ... Das war das bekannte Wort, das er ausgesprochen hatte im Vollzug des *Akts*; er mußte dieses traumhaft bekannte Wort nur umkehren.

Und in einem Anfall von unwillkürlicher Angst versuchte er zu rufen:

– »Enfranschisch.«

Tief aus ihm selbst, vom Herzen beginnend, doch vermittels des eigenen Kehlkopfapparats kam die Antwort:

– »Du hast mich gerufen... Nun – und da bin ich...«
Enfranschisch selbst kam nun seine Seele holen.
. . . .

Mit einem Affensatz sprang Aleksandr Iwanowitsch aus dem eigenen Zimmer: der Schlüssel klapperte; so ein Dummkopf – nicht aus dem Zimmer, aus dem Körper hätte er springen müssen; vielleicht war auch das Zimmer sein Körper, und er selbst bloß ein Schatten? Wahrscheinlich, denn hinter der verschlossenen Tür hervor dröhnte drohend die Stimme, die gerade noch aus seiner Kehle dröhnte:
– »Ja, ja, ja... Das bin ich... Ich – vernichte ohne Wieder-kehr...«
. . . .

Plötzlich beleuchtete der Mond die Stufen: in vollkommenster Dunkelheit traten kaum hervor und zeichneten nur eine Spur sich ab gräuliche, graue, weißliche, bleiche und schließlich auch phosphorglühende Flecken.

Der Dachboden

Durch ein Zufallsversäumnis war der Dachboden offen; und dorthin flüchtete sich Dudkin.
Hinter sich schlug er die Tür zu.
Nachts ist es seltsam auf dem Dachboden; der Fußboden ist mit Erde bestreut; leicht läufst du über Weiches; plötzlich: knallt dir ein dicker Klotz vor die Füße und wirft dich auf alle viere. Hell gespannt stehen Querstreifen Mondlicht, wie bleiche Balken: du läufst durch sie durch.
Plötzlich... –
Ein Querholz haut dir mit voller Wucht eins auf die Nase; du läufst Gefahr auf ewig mit gebrochener Nase zu bleiben.
Reglose, weiße Flecken – von Unterzeug, Handtüchern, La-ken... Kaum wirbelt ein Lüftchen, – schon plustern sich lautlos die weißen Flecken: von Unterzeug, Handtüchern, Laken.
Leer war alles.

Aleksandr Iwanowitsch war irgendwie gleich auf dem Dachboden gelandet; und auf dem Dachboden gelandet, wunderte er sich, daß der Dachboden offen war; da hatte wahrscheinlich die Hauswäscherin, ganz versunken in Gedanken an den Bräutigam, die Tür hinter sich nicht verschlossen. Als Aleksandr Iwanowitsch durch diese Tür gehuscht war, – war er beruhigt, war untergeschlupft: er seufzte erleichtert; weder laufende Schritte kamen ihm nach, noch das Abrakadabra des Grammophon-Kreischens; und nicht einmal eine knallende Tür. Durch die zerschlagenen Fensterscheiben klang nur von fern das Lied herüber:

> Liebste Mutter, kaufe mir
> Zum Kleide graue Seide...

Die dumpfschlagende Tür entpuppte sich als Herzschlag; und der Schatten, der ihn unten angefallen hatte – einfach als Schatten des Monds; alles andere war Halluzination; er mußte sich kurieren – sonst nichts.

Aleksandr Iwanowitsch lauschte. Und – was konnte er hören? Was er hören konnte, weißt du, natürlich, selbst: den vollkommen deutlichen Ton eines fortwährend knackenden Balkens; und – tiefes Schweigen: das heißt – ein Netz, ein Geflecht aus nichts als Geraschel; und zwar, erstens, in der Ecke Schscht und Pschscht; zweitens, eine Gespanntheit der Atmosphäre durch für das Ohr unhörbare Schritte; und – das Spuckeschlukken eines Maulaffen.

Kurz, lauter gewöhnliche Hausgeräusche: sich vor ihnen zu fürchten – bestand kein Grund.

Aleksandr Iwanowitsch war nun gefaßt; und er hätte zurückkehren können: im Zimmer – das wußte er sicher – war niemand, nichts (der Anfall seiner Krankheit war vorüber). Doch den Dachboden verlassen mochte er trotzdem nicht: vorsichtig trat er durch Unterzeug, Handtücher, Laken zum herbstlich spinnwebumwobenen Fenster und schob seinen Kopf durch das splitternde Glas: das, was er sah, flößte ihm nun Beruhigung ein und versöhnliche Traurigkeit.

Zu seinen Füßen lag hell – deutlich, geradezu blendend: das akkurate Quadrat des Hofs, das von hier aus wie Spielzeug aussah, und die silbrigen Klafter Espenholz, von denen er vor so kurzem zu seinen Fenstern aufsah voll wirklicher Furcht; doch vor allem: beim Hausknecht verlustierten sie sich noch; ein heiseres Liedchen klang aus der Hausknechtswohnung; dort krachte das Türgehäuse; zwei Figürchen erschienen: eines brüllte aus vollem Hals:

> Ich sehe, Herr, mein Unrecht ein:
> Lüge hat meine Augen getäuscht,
> Lüge mir die Augen geblendet...
> Es dauerte mich mein weißer Leib,
> Es dauerte mich mein buntes Kleid,
> Meine köstliche Speise,
> Der berauschende Trank –
> Ich, Pontius, spürte Furcht vor den Hohenpriestern,
> Ich, Pilatus, Angst vor den Pharisäern.
> Hab die Hände gewaschen, mein Gewissen ertränkt:
> Die Unschuld ans Kreuz heften lassen...

Da sangen: der Revierkopist Woronkow und der Keller-Schuster Bessmertnyj. Aleksandr Iwanowitsch dachte: »Soll ich zu ihnen hinuntergehen?« Und er wäre gegangen... Da war nur die Treppe.
Die Treppe macht ihm angst.
Der Himmel hatte sich aufgeklärt. Ein türkisenes Inseldach, irgendwo dort gelegen, unter ihm, seitlich – ein türkises, ein Inseldach wurde wunderlich umrissen von silberner Schuppung, dann verschmolz jene silberne Schuppung ganz mit der lebhaften Wallung der Newa-Wasser.
Und es brodelte die Newa.
Und sie schrie verzweifelt dort im Pfiff eines verspäteten Dampferchens, von dem nur das enteilende Auge der roten Laterne zu sehen war. Ferner, am anderen Newa-Ufer, streckte sich auch das Ufer hin: über den Kästen der gelben, grauen und braunroten Häuser, über den Säulen der grauen und braun-

roten Paläste, Rokoko und Barock, erhoben sich dunkel die Mauern der riesigen, menschengeschaffenen Kathedrale, die spitz in die Welt des Mondes ragte mit ihrer goldenen Kuppel – mit der steinernen, schwarzgrauen, zylindrischen und leicht erhöhten Gestalt ihrer Mauern, von Säulenreihen umgeben: der Isaak...

Und, kaum sichtbar, strebte pfeilgerade gen Himmel die goldene Admiralität.

Eine Stimme sang:

> Herr, erbarm Dich!
> Vergib mir, Christ!..
> An den Zaren geb ich zurück den Rang –
> bin allein um meine Seele bang,
> Verkaufe mein Haus – gebs an die Armen aus,
> Laß ziehen die Frau – nach Gott ich schau...
> Herr, erbarm Dich!
> Vergib mir, Christ!

. . . .

Wohl zur Mitternachtsstunde – dort, auf dem Platz, schnaufte tief schon der alte Grenadier, auf sein Bajonett gestützt; ans Bajonett war auch die Fellmütze gerutscht; und der Schatten des Grenadiers sank ruhig auf das Flechtwerk des Gitters.

Leer lag der Platz.

Um die Mitternachtsstunde fielen auf den Fels und klirrten metallene Hufe; das Pferd begann durch die Nüster zu schnauben in den glühenden Nebel; die eherne Kontur des Reiters löste sich nun von der Pferdekruppe, und die klirrende Spore stieß ungeduldig die Pferdeflanke, daß das Pferd springe vom Fels.

Und das Pferd sprang vom Fels.

Auf den Steinen ertönte *schwerdröhnender** Hufschlag – über die Brücke: zu den Inseln. In den Nebel flog der Eherne Reiter; in seinen Augen stand – grünliche Tiefe; die Muskeln seiner

* Puschkin

452

metallenen Arme – streckten sich, spannten sich; der kupferne Scheitel platzte; auf den Pflasterstein fielen die Pferdehufe, in ungestümen, in blendenden Bögen; das Pferdemaul sprengte betäubendes Wiehern, den Pfiffen einer Lokomotive ähnlich; dicker Dampf aus den Nüstern überlief die Straße als Lichtschaum; begegnende Pferde scheuten entsetzt; und die Passanten schlossen entsetzt die Augen.

Linie um Linie flog vorüber: vorüber flog ein Stück linkes Ufer – Landungsplätze, Dampferschlote und ein schmutziger Haufen hanfgefüllter Säcke; da flogen – Brachflächen, Schuten, Zäune, Zeltplanen, etliche Häuschen. Von der Küste her aber, vom Ende der Stadt, glänzte eine Wand auf im Nebel: die Seitenwand eines rastlosen Ausschanks.

Der älteste Holländer, in schwarzes Leder gekleidet, krümmte sich an der schimmelnden Türschwelle – in den kalten Hexentanz (der Mond war in einer Wolke verschwunden); und eine Laterne flimmerte in den Fingern unter dem bläulichen Gesicht in der schwarzen Lederkapuze: wahrscheinlich hatte von hier das feine Ohr des Holländers den Pferde-, den Hufschlag, das Lokomotiven-Gewieher gehört, denn der Holländer, der Seemann, hatte die anderen Schiffer verlassen, die die Gläser erklingen ließen von Morgen zu Morgen.

Er wußte wahrscheinlich, daß bis in den trüben Morgen hinein hier das irre, betrunkene Gelage dauert; er wußte wahrscheinlich, daß wenn die Uhren weit nach Mitternacht schlugen, auf das gedämpfte Gläserklingen der baumstarke Gast geflogen kommt: um einen feurigen Kümmel zu kippen; und so manche von Schiffstauen schwielige Hand zu drücken, die von der Kommandobrücke das schwere Dampferrad drehen wird unmittelbar vor den Kronstädter Forts; und dann wird dem schaumaufwühlenden Heck, das nicht antwortet auf das Signal, sein Gebrüll nachwerfen der Gußeisenschlund der Kanone.

Das Schiff aber ist nicht einzuholen: es verschwindet in eine weiße, ans Meer sich schmiegende Wolke; und verschmilzt mit ihr, zieht mit ihr – ins klare, ins Vortages-Blau.

All das wußte der älteste Holländer, der, in schwarzes Leder

gekleidet, in den Nebel aufragte von den schimmelnden Stufen: er betrachtete nun den Umriß des jagenden Reiters ... Der
Hufschlag war dort schon zu hören; und – Nüstern schnaub-
ten, die flammend den Nebel durchstießen mit lichter, mit
glühender Säule.
. . . .
Aleksandr Iwanowitsch trat vom Fenster weg, beruhigt, be-
sänftigt, durchfroren (ihn hatte durch das splitternde Glas ein
Lüftchen durchpustet); ihm entgegen aber schaukelten weiße
Flecken – von Unterzeug, Handtüchern, Laken; kaum wirbelt
ein Lüftchen ...
Schon regen die Flecken sich.
Schüchtern öffnete er die Dachbodentür; er war bereit, in die
Stube zurückzukehren.

Warum das gewesen war ...

Angestrahlt, ganz von phosphoreszierenden Flecken bedeckt,
saß er nun auf dem schmutzigen Bett und erholte sich von den
Angstanfällen: hier – war der Besucher gewesen; und hier –
kroch eine schmutzige Assel: kein Besucher war da. Diese
Angstanfälle! Im Laufe der Nacht hatte er drei, vier und fünf;
der Halluzination folgte nun ein Bewußtseins-Durchbruch.
Er war im Durchbruch, wie der Mond, der fern leuchtete, – vor
den enteilenden Wolken; und wie der Mond leuchtete das
Bewußtsein und erhellte so die Seele, wie der Mond das
Labyrinth der Prospekte erhellt. Weit voraus und zurück be-
leuchtete das Bewußtsein – kosmische Zeiten und kosmische
Räume.
In diesen Räumen war keine Seele: nicht Mensch, noch Schat-
ten. Und – leer waren die Räume.
In seinen vier zueinander senkrechten Wänden erschien er sich
selbst als in den Räumen gefangener Sträfling, insofern ein
gefangener Sträfling mehr als alle die Freiheit fühlt, insofern an
Umfang dem gesamten Weltenraum gleichkommt dieser enge
Binnenraum aus Wänden.

Der Weltenraum ist öde! Sein ödes Zimmer!... Der Weltenraum ist der letzte Gipfel des Überflusses... Eintöniger Weltenraum! Eintönigkeit hatte sein Zimmer immer gekennzeichnet... Die Bleibe eines Bettlers schiene überaus üppig vor der Bettlerausstattung des Weltenraums. Würde er nur wirklich sich von der Welt entfernen, dann erschiene die üppige Pracht der Welt vor diesen dunkelgelben Wänden als bettlerhaft...

. . . .

Aleksandr Iwanowitsch, von den Wahnanfällen erholt, verlor sich in Träumen, wie über dem Sinnentrug der Welt er sich hoch erhob. Eine höhnische Stimme widersprach:
– »Wodka?«
– »Tabak?«
– »Gefühle der Wollust?«
War er auf diese Weise erhoben über den Trug der Welt?
Er verlor den Mut: daher die Krankheiten, die Ängste, daher auch der Verfolgungswahn – von der Schlaflosigkeit, den Papirossy, dem Mißbrauch geistiger Getränke.
Er verspürte einen sehr heftigen Stich im kranken, in einem Backenzahn; er griff mit der Hand an die Wange.
Der Anfall akuten Wahnsinns erschien ihm in neuem Licht; der Wahrheit seines akuten Wahnsinns war er sich nun bewußt; der Wahnsinn selbst stand, im Grunde, vor ihm als Rapport der erkrankten Sinnesorgane – an das seiner selbst bewußte »Ich«; der persische Untertan Schischnarfne aber versinnbildlichte ein Anagramm; im Grunde ereilte, verfolgte und jagte nicht er ihn, vielmehr ereilten und überfielen das »Ich« schwer gewordene Körperorgane; und auf der Flucht vor ihnen wurde das »Ich« zum »*Nicht-Ich*«, denn durch die Sinnesorgane – nicht fort von den Sinnesorganen – kehrt das »Ich« zu sich zurück; Alkohol, Tabak und Schlaflosigkeit nagten am schwachen Körpergefüge; unser Körpergefüge ist eng mit den Räumen verbunden; und als es zu zerfallen begann, zerrissen alle Räume; in die Risse in den Empfindungen krochen nun Bazillen, und in den Räumen, die den Körper verschließen, – begannen Gespenster zu flattern...
Also: wer war Schischnarfne? In seiner Umkehrung ein Abrakadabra-Traum, Enfranschisch; dieser Traum aber kam

455

ohne Zweifel vom Wodka. Der Rausch, Enfranschisch, Schi-schnarfne waren nur Stadien des Alkohols.

– »Nicht rauchen, nicht trinken: und die Sinne werden wieder Dienst tun!«

Er – zuckte zusammen.

Heute hatte er verraten. Wie konnte ihm entgehen, daß er verraten hatte? Denn ohne Zweifel hatte er verraten: er hatte aus Angst Nikolaj Apollonowitsch an Lippantschenko ausge-liefert; er erinnerte sich deutlich an den häßlichen Kuhhandel. Ohne zu glauben, hatte er doch geglaubt, und darin lag der Verrat. Noch mehr Verräter war Lippantschenko; daß Lippan-tschenko sie verriet, wußte Aleksandr Iwanowitsch; doch er hatte sein Wissen vor sich verborgen (Lippantschenko besaß über seine Seele eine unerklärliche Macht); darin lag die Wurzel der Krankheit: in diesem schrecklichen Wissen, daß Lippan-tschenko ein Verräter war; Alkohol, Tabak und Laster waren nur die Folgen; die Halluzinationen beschlossen also nur die Glieder der Kette, mit der Lippantschenko ihn bewußt gefesselt hatte. Warum? Weil Lippantschenko wußte, daß er – *weiß*; nur aufgrund dieses Wissens klebte Lippantschenko an ihm.

Lippantschenko hatte seinen Willen versklavt; zur Versklavung des Willens war es darum gekommen, weil der entsetzliche Verdacht alles preisgegeben hätte; weil er den entsetzlichen Verdacht immer hatte zerstreuen wollen; er unterdrückte den entsetzlichen Verdacht durch intensiven Kontakt zu Lippan-tschenko; und, des Verdachts verdächtigend, ließ Lippan-tschenko ihn keinen Schritt allein tun; so hatten sich beide aneinander gebunden; er flößte Lippantschenko Mystik ein; und letzterer ihm – Alkohol.

Aleksandr Iwanowitsch erinnerte sich jetzt deutlich an die Szene in Lippantschenkos Kabinett; der dreiste Zyniker, der Schuft hatte ihn auch diesmal genasführt; er erinnerte sich an Lippantschenkos feisten und ekligen Hals mit der feisten ekligen Falte; der Hals schien dort unverschämt zu lachen, bevor sich Lippantschenko umdrehte und den Blick auf den Hals auffing; und als er den Blick auf seinen Hals auffing, verstand Lippantschenko alles.

Daher auch wollte er ihn verschrecken: verblüffte ihn mit einer Attacke und warf all seine Pläne über den Haufen; er beleidigte ihn durch die Verdächtigung tödlich und bot ihm dann einen einzigen Ausweg: so zu tun, als glaube er an Ableuchows Verrat. Und er, der Ungreifbare, glaubte daran.

Aleksandr Iwanytsch sprang auf; und in ohnmächtiger Wut schüttelte er die Fäuste; nun war es geschehen; es war vollendet!

Das war Inhalt des Alptraums.

. . . .

Aleksandr Iwanowitsch hatte nun den unausdrückbaren Alptraum ganz akkurat in die Sprache seiner Sinne übersetzt; die Treppe, das Zimmerchen, der Dachboden waren der abscheulich heruntergekommene Körper Aleksandr Iwanowitschs; der ruhelose Bewohner jener kläglichen Räume, der von *ihnen* überfallen wurde und vor *ihnen* floh, war das seiner selbst sich bewußt werdende »Ich«, schwer schleppend an den von ihm abgefallenen Organen; Enfranschisch aber war ein anders geartetes Wesen, das die Behausung der Seele, den Körper – mit dem Wodka betrat; sich als Bazillus entwickelnd, lief Enfranschisch von Organ zu Organ; es hatte all die Verfolgungsgefühle erzeugt, um später aufs Hirn zu schlagen und dort eine heftige Reizung zu erzeugen.

. . . .

Er besann sich auf seine erste Begegnung mit Lippantschenko; der Eindruck war nicht sehr angenehm; Nikolaj Stepanowitsch hatte, um die Wahrheit zu sagen, besondere Neugier für die menschlichen Schwächen seiner Kontaktpersonen gezeigt; ein Provokateur höchster Kategorie konnte durchaus dieses plumpe Äußere haben, und dieses Paar unverständig blinzelnder Äuglein.

Er sah wirklich aus wie ein Einfaltspinsel.

– »Lumpenpack... Oh, Lumpenpack!«

Und während er sich in Lippantschenko vertiefte, in die Betrachtung seiner Körperteile, seiner Manieren und Angewohnheiten, wuchs nicht ein Mensch vor ihm empor, sondern eine Tarantel.

Und nun trat etwas Stählernes in seine Seele:
– »Ja, ich weiß, was ich tun werde.«
Er hatte einen glänzenden Einfall: alles würde so einfach zuende gehen; wie war ihm das alles nicht früher gekommen; seine Mission stand ihm deutlich vor Augen.
Aleksandr Iwanowitsch lachte laut:
– »Das Lumpenpack dachte, es kann mich betrügen.«
Und er spürte wieder einen sehr heftigen Stich im Backenzahn: Aleksandr Iwanowitsch, aus seiner Verträumtheit gerissen, griff sich an die Wange; das Zimmer – der Weltenraum – erschien ihm wieder als armseliges Zimmer; das Bewußtsein erlosch (wie das Mondlicht in den Wolken); das Fieber schüttelte ihn in Unruhe und Ängsten, und langsam verstrichen Minuten; eine um die andere Papirossa wurde geraucht, – bis aufs Papier, auf die Pappe...
Und plötzlich... –

Der Gast

Aleksandr Iwanowitsch Dudkin hörte einen seltsamen dröhnenden Ton; der seltsame Ton erdröhnte von unten; und dann wiederholte er sich (fing er an, sich zu wiederholen) auf den Stufen: tönte Schlag um Schlag unter Pausen von Schweigen. Als würde jemand mit Wucht auf den Stein ein massives, vielpudschweres Metall stürzen; die metallenen Schläge, die Stein zersprengten, kamen immer höher, kamen immer näher. Aleksandr Iwanowitsch begriff, daß ein Einbrecher unten die Treppe entzweischlug. Er lauschte, ob nicht auf der Treppe eine Tür aufging, um dem Unfug des nächtlichen Herumtreibers Einhalt zu tun? Übrigens, kaum ein Herumtreiber...
Und es dröhnte Schlag um Schlag; Stufe um Stufe wurde zertrümmert; und es prasselten Steine unter den Schlägen des schweren Schritts: zur dunkelgelben Mansarde, von Podest zu Podest, stieg beharrlich jemand Metallenes, Drohendes; auf Stufe um Stufe fielen nun mit erschütterndem Poltern vieltausend Pud: die Stufen prasselten; und – schon: stürzte mit erschütterndem Poltern das Treppenpodest an der Tür.

Dann barst und zersprang die Tür: ein heftiges Prasseln, – sie flog aus den Angeln; melancholisch ergossen sich Trüben dort in rauchigen, tiefgrünen Schwaden; dort begannen die Räume des Mondes – an der zertrümmerten Tür, am Podest, so daß die Dachkammer selbst sich öffnete in Unsagbarkeiten, im Zentrum der Türschwelle aber, inmitten gesprengter Mauern, die kupfervitriolfarbene Räume einließen, – stand, den bekränzten, grünspanbedeckten Kopf gebeugt, den schweren grünspanbedeckten Arm ausgestreckt, ein gewaltiger, phosphorglühender Körper.

Der Eherne Gast war gekommen.

Der stumpfe metallene Mantel hing schwer – von den funkelnd schillernden Schultern und dem schuppigen Panzerhemd; die gegossene Lippe schmolz und zitterte zweideutig, denn nun wiederholte sich wieder Jewgenijs Geschick; so wiederholte sich das verflossene Jahrhundert – jetzt, im selben Moment, als jenseits der Schwelle des armseligen Eingangs die Mauern des alten Hauses zerfielen in Kupfervitriolräume; ganz genauso löste sich Aleksandr Iwanowitschs Vergangenheit los; er rief aus:

– »Ich erinnere mich ... Ich habe dich erwartet ...«

Der kupferhäuptige Gigant hatte ihn durch die Zeiträume getrieben bis zu diesem Moment und den ehernen Kreis geschlossen, und Vierteljahrhunderte verstrichen; den Thron betrat – Nikolaj; den Thron betraten – beide Aleksandr; Aleksandr Iwanytsch aber, ein Schatten, hatte unermüdlich denselben Kreis, alle Zeiträume zu bezwingen gesucht, er lief über Tage, Jahre, Minuten, die feuchten Petersburger Prospekte, lief – im Traum, im Wachen, lief ... qualvoll; und hinter ihm her, hinter allen her – donnerten Schläge von Metall, die Leben zersprengten: es donnerten Schläge von Metall – in den Brachen, den Dörfern; sie donnerten in den Städten; sie donnerten – auf Aufgängen, Absätzen, Stufen der mitternächtlichen Treppen.

Da donnerten die Zeiträume; dieses Donnern habe ich gehört. Hast – du es gehört?

Apollon Apollonowitsch Ableuchow – ein donnernder Steinschlag; Petersburg – ein Steinschlag; die Karyatide am Eingang, die dort abstürzen wird – derselbe Steinschlag; unausweichlich – die Verfolgung; und – unausweichlich die Schläge; auf dem Dachboden ist kein Versteck; den Dachboden hat Lippantschenko bereitet; und der Dachboden ist eine Falle; man muß ihn einreißen, einreißen – durch Schläge... auf Lippantschenko!

Dann wird alles sich wenden; unter dem Schlag von Metall, der Steine zersprengt, zerspringt Lippantschenko, bricht der Dachboden ein und birst Petersburg; die Karyatide birst unter dem Schlag von Metall; und der kahle Kopf Ableuchows zerplatzt vom Schlag auf Lippantschenko.

Alles, alles, alles erstrahlte jetzt, als nach zehn Jahrzehnten der Eherne Gast persönlich vorsprach und ihm lauttönend sagte:

– »Guten Tag, mein Sohn!«

Nur drei Schritt: dreimal Krachen der sich senkenden Balken unter dem Fuß des gewaltigen Gastes; mit seinem metallenen Gesäß krachte lauttönend auf den Stuhl der Kupferguß-Kaiser; sein grünender Ellbogen stützte mit allem Gewicht des Kupfers sich auf den billigen Tisch aus der Falte des Mantels, mit läutenden, mit Glockentönen; und zerstreut nahm langsam der Kaiser vom Kopf seinen kupfernen Lorbeerkranz; und der Kupferkranz, donnernd, brach von der Stirn.

Und klirrend und klingend zog die vielhundert Pud schwere Hand aus den Falten des Wamses ein rotglühendes Pfeifchen, und mit den Augen auf das Pfeifchen weisend, blinzelte sie dem Pfeifchen zu:

– »Petro Primo Catharina Secunda...«

Sie schob es zwischen die kräftigen Lippen, und ein grünes Fähnchen geschmolzenen Kupfers rauchte unter dem Mond.

Aleksandr Iwanytsch, Jewgenij, verstand nun zum ersten Mal, daß er ein Jahrhundert umsonst geflohen war, daß die Schläge hinter ihm donnerten ganz ohne Zorn – über Dörfer und Städte, über Aufgänge, Treppen; ihm war längst schon vergeben, und alles Gewesene zusammen mit dem erst Künftigen war nur illusorische Lektion bis zur Posaune des Erzengels.

Und – er fiel vor dem Gast auf die Knie:
– »Mein Lehrer!«
In den kupfernen Augenhöhlen des Gastes leuchtete kupferne
Melancholie; auf die Schulter fiel freundlich die steinezer-
sprengende Hand und brach ihm, rotglühend, das Schlüssel-
bein.
– »Tut nichts: stirb, erdulde...«
Der Metallene Gast, im Mondlicht erglüht auf tausend Grad
Glut, saß jetzt sengend vor ihm, rot-purpurn; und da, ganz
durchglüht, ergleißte er weiß und floß über den geduckten
Aleksandr Iwanowitsch als veraschender Strom; völlig wahn-
sinnig zitterte Aleksandr Iwanowitsch in der Umarmung der
vielhundert Pud: der Eherne Reiter hatte mit den Metallen sich
in seine Adern ergossen.

Die Schere

– »Herr: Sie schlafen?«
Aleksandr Iwanowitsch Dudkin spürte lange schon dunkel in
bewußtlosem Schlummer, daß man ihn knuffte.
– »Hallo, Herr?..«
Schließlich öffnete er die Augen und trat in den trüben Tag
ein:
– »Aber Herr doch!«
Ein Kopf war hinuntergebeugt zu ihm.
– »Was ist los?«
Aleksandr Iwanowitsch begriff erst jetzt, daß er ausgestreckt auf
dem Bettgestell lag.
– »Polizei?«
Ein Zipfel des heißen Kopfkissens ragte vor seinem Auge auf.
– »Keinerlei Polizei...«
Über das Kissen kroch davon ein dunkelroter Fleck – brr: und
ihm schoß ins Bewußtsein:
– »Eine Wanze...«
Er wollte sich auf den Ellbogen stützen, doch fiel wieder in
Schlummer.

— »Mein Gott, wachen Sie auf...«
Er stützte sich auf den Ellbogen:
— »Du, Stjopka?«
Er sah einen Dampfstrahl; der Strahl – schoß aus dem Teekessel: auf dem Tisch vor sich sah er Kessel und Tasse.
— »Ach, wunderbar: Tee.«
— »Was heißt wunderbar: Sie glühen, Herr...«
Aleksandr Iwanytsch bemerkte verwundert, daß er nicht ausgezogen war; selbst den Mantel hatte er an.
— »Wie kommst du denn hierher?«
— »Ich wollte zu Ihnen: sie streiken – in serre vielen Werken; Polizei ist zusammengezogen... Ich wollte zu Ihnen, das heißt, mit dem Meßbuch.«
— »Das Meßbuch ist doch, glaube ich, hier.«
— »Nicht doch, Herr: Sie haben geträumt...«
— »Haben wir uns nicht gestern gesehen...«
— »Zwei Tage haben wir uns nicht gesehen.«
— »Und ich dachte: mir schien...«
Was dachte er?
— »Heute komme ich zu Ihnen; sehe – Sie liegen und stöhnen; werfen sich, glühen im Fieber.«
— »Ich bin, Stjopka, gesund.«
— »Eine schöne Gesundheit!.. Ich habe Ihnen hier Tee gekocht; und Brot gebracht; einen heißen Kringel; trinken Sie – dann geht alles besser. Was denn sich hier herumwälzen...«
Nachts war kochend in seinen Adern flüssiges Metall geflossen (daran erinnerte er sich).
— »Ja – ja: das Fieber nachts, mein Freund, war ganz anständig...«
— »Kein Wunder...«
— »Hundert Grad Fieber...«
— »Sie werden noch kochen vom Alkochol.«
— »Im eigenen Saft? Ha-ha-ha...«
— »Was denn? Man erzählt: bei einem Alkocholischen stieg Rauch aus dem Mund... Und er wurde gekocht...«
Aleksandr Iwanowitsch lächelte ein ungutes Lächeln.
— »Saufen sich schon Teufelchen an...«

– »Teufelchen waren da . . . Darum bat ich auch um das Meß-
buch: sie zu bannen.«
– »Saufen sich noch bis zur Grünen Schlange . . .«
Aleksandr Iwanowitsch lächelte wieder schief:
– »Ganz Rußland, mein Freund, ist ja schon in der
Hand . . .«
– »Was?«
– »Der Grünen Schlange . . .«
Doch dabei dachte er:
– »Bin ich des Wahnsinns! . .«
– »Gar nicht wahr: in Christi Händen ist Rußland . . .«
– »Du faselst . . .«
– »Selbst faseln Sie: Saufen sich noch – bis zu *ihr, bis zur* . . .«
Aleksandr Iwanowitsch fuhr erschrocken auf.
– »Zu wem?«
– »Saufen sich noch – bis *zur weißen . . . zur Frau* . . .«
Daß der Säuferwahn lauerte, war kein Zweifel.
– »Ach! Weißt du was: lauf in die Apotheke . . . Kauf mir
Chinin: salzsaures . . .«
– »Wie Sie wollen . . .«
– »Aber merk dir: nicht schwefelsaures; schwefelsaures ist
nicht seriös . . .«
– »Hier nutzt Ihnen, Herr, kein Chinin . . .«
– »Mach dich – fort! . .«
Stepan – zur Tür, und Aleksandr Iwanowitsch – hinterher:
– »Und dann, Stepuschka, auch Himbeeren noch: Himbeer-
kompott zum Tee.«
Und dabei dachte er:
– »Himbeeren sind ein wunderbares schweißtreibendes Mit-
tel«, – und mit hurtigen, mit fließenden Gesten lief er zum
Wasserhahn; doch er hatte sich kaum gewaschen, da flammte in
ihm alles wieder auf und verwirrte Wirklichkeit und Wahn.
Ja. Solange er mit Stjopka sprach, war ihm dauernd gewesen, als
erwarte ihn vor der Tür: uralt Bekanntes. Vor der Tür, dort?
Und er tat einen Satz dorthin; vor der Tür aber lag das
Treppenpodest; und das Treppengeländer hing über dem Ab-
grund; nun stand Aleksandr Iwanowitsch über dem Abgrund,

ans Geländer gelehnt, mit der vollkommen holzigen, trok-
kenen Zunge schnalzend und vor Schüttelfrost zitternd. Er
hatte ein Geschmacksempfinden, einen Kupfergeschmack: im
Mund, und auch auf der Zungenspitze.
– »*Es* wartet wahrscheinlich im Hof...«
Doch im Hof war niemand, nichts.
Umsonst untersuchte er sämtliche Winkel und Pfade (zwischen
den Kuben gestapelten Holzes); silbrig schimmerte der Asphalt; silbrig schimmerten die Espen; niemand, nichts.
– »Wo war *es*?«
Dort kam mit den Einkäufen Stjopka gelaufen; er – hinters Holz
vor dem schlurfenden Stjopka, denn ihn hatte durchzuckt:
– »*Es* ist an einem metallischen Ort...«
Was war denn das für ein Ort, warum war *es* aus Metall? Das um
solcherlei kreisende Bewußtsein Aleksandr Iwanowitschs antwortete sehr trübe. Umsonst suchte er sich zu erinnern: da war
kein Gedächtnis geblieben an das in ihm wohnende Bewußtsein; nur eine Erinnerung war geblieben: tatsächlich war hier
ein anderes Bewußtsein; dieses andere Bewußtsein entfaltete
vor ihm sehr geregelt Bilder; in dieser Welt, die der unseren
durchaus unähnlich war, wohnte *es*...
Es wird wiederkommen.
Mit seinem Erwachen verwandelte sich jegliches andere Bewußtsein in einen mathematischen, nicht realen Punkt; und *es*
schrumpfte folglich bei Tage zusammen zum kleinen Teil eines
mathematischen Punkts; der Punkt jedoch besitzt keine Teile;
und folglich: existierte *es* nicht.
Es blieb das Gedächtnis an ein fehlendes Gedächtnis und eine
Sache, die er ausführen mußte, die keinen Aufschub duldete; es
blieb das Gedächtnis – woran?
An einen metallischen Ort...
Es hatte ihn etwas durchzuckt: und mit federnden, leichten
Schritten lief er zur Kreuzung zweier Straßen; an der Kreuzung
zweier Straßen (er wußte das) sprühte ein Schaufenster schil-
lernden Glanz... Nur wo war denn der Laden? Und – wo die
Kreuzung?
Dort glänzte etwas.

464

– »Ist das Metall?«

Eine wunderliche Leidenschaft!

Warum trat an Aleksandr Iwanowitsch eine solche Leidenschaft zutage? Tatsächlich: an der Ecke der Kreuzung glänzten Metalle; das war ein billiges Lädchen für allerlei Artikel: Messer, Gabeln, Scheren.

Er trat in das Lädchen.

Aus einem schmutzigen kleinen Kontor schleppte sich zur stahlglänzenden Theke eine verschlafene Fresse (wohl der Besitzer dieser Bohrer, Klingen und Sägen); schroff auf die Brust fiel der Kopf mit der niedrigen Stirn; in den Augenhöhlen, hinter der Brille verbargen sich rötlichbraune Äuglein:

– »Ich hätte gern, hätte gern . . .«

Und unschlüssig, was nehmen, blieb Aleksandr Iwanowitschs Hand an den Zähnen einer kleinen Säge hängen; Gefunkel, Gewinsel begann: »wiss-wiss-wiss«. Und der Kaufmannn schaute mißtrauisch auf den fremden Käufer; und kein Wunder, daß er mißtrauisch schaute: Aleksandr Iwanowitsch war ja unvermutet vom Dachboden losgerannt; wie er auf dem Bett lag im Mantel, so war er auch losgerannt: der Mantel aber war zerknautscht und von Schmutz verschmiert; doch vor allem: er trug keine Mütze; der struppige, ungekämmte Kopf mit den allzu strahlenden Augen hätte jeden erschreckt.

Und darum schaute der Kaufmann ihn mißtrauisch an, mit gerunzelter Stirn, die drückenden und von der Natur selbst plump gebauten Züge erhebend; mit unüberwindlichem Ekel starrte das Gesicht Dudkin an.

Doch dieses Gesicht überwand sich, es buhte kläglich:

– »Eine Säge?«

Die forschend bohrenden Äuglein aber sagten grimmig:

– »Ei, ei, ei! . . Im Säuferwahn: das ist ja ein Ding . . .«

Das schien nur so.

– »Nein, wissen Sie, eine Säge – das ist ungeschickt, mit der Säge . . . Ich hätte gern, wissen Sie, ein finnisches, ein geschliffenes Messer.«

Doch die Person versetzte grob:

– »Entschuldigung: finnische Messer habe ich nicht.«

Als sagten die bohrenden Äuglein entschlossen:
– »Ihnen ein Messer, dann stellen Sie mir...noch was an...«
Würden sie nur die Lider heben, dann wären die forschend bohrenden Äuglein einfach nur Äuglein; trotzdem verblüffte Aleksandr Iwanowitsch eine gewisse Ähnlichkeit: eine Ähnlichkeit –, denken Sie nur –, mit Lippantschenko. Nun drehte ihm die Figur aus irgendeinem Grund den Rücken zu; und sie musterte den Besucher mit einem Blick, der einen Bullen umgehauen hätte.
– »Nun, ganz gleich: eine Schere...«
Doch er dachte dabei: warum diese Wut, diese Ähnlichkeit mit Lippantschenko? Und gleich beruhigte er sich selbst: was denn im Grunde für eine Ähnlichkeit!
Lippantschenko rasierte sich, und der Dicke hier trug einen Krausbart.
Doch bei dem Gedanken an die *gewisse Person* erinnerte sich Aleksandr Iwanowitsch jetzt: klipp und klar – klipp und klar! Er erinnerte sich vollkommen deutlich, warum ihm der Einfall gekommen war, in den Laden für solche Artikel zu laufen. Was er zu tun vorhatte, war, im Grunde einfach: ratsch – und Schluß.
Er erbebte geradezu über der Schere:
– »Nicht einwickeln – nein, nein... Ich wohne ganz nah... Ich kann sie so: bringe sie so...«
Mit diesen Worten schob er eine Miniaturschere in die Tasche, mit der, wahrscheinlich, ein Geck sich am Morgen die Nägel schneidet, und – stürzte davon.
Verwundert, erschrocken, argwöhnisch sah ihm nach der quadratische Kopf mit der niedrigen Stirn (hinter der funkelnden Theke) mit hervortretendem Stirnbein; dieses Stirnbein trat hervor einzig in dem beharrlichen Streben – das Geschehene zu begreifen: zu begreifen, was auch immer, zu begreifen um jeden Preis; zu begreifen, oder... zu zerspringen.
Und das Stirnbein konnte unmöglich begreifen; die Stirn war kläglich: niedrig, voller Querfalten; es war, als weinte sie.

....

Ende des sechsten Kapitels

SIEBTES KAPITEL,
oder: die Ereignisse eines grauen Tages dauern immer noch fort

Bin müde, Freund, bin müd: das Herz will Ruh. Im Fluge
Ziehn Tag' um Tage hin...
                                                        A. Puschkin

Unermeßlichkeiten

Wir haben Nikolaj Apollonowitsch in dem Augenblick verlassen, als Aleksandr Iwanowitsch Dudkin, verwundert über den Strom der Geschwätzigkeit, der plötzlich aus Ableuchows Mund schlug, ihm die Hand drückte und flink in den schwarzen Strom der Melonen huschte, und Nikolaj Apollonowitsch fühlte, daß er wieder wuchs.

Wir haben Nikolaj Apollonowitsch in dem Augenblick verlassen, als seine quälenden Umstände sich unerwartet zum Guten wendeten.

Bis zu diesem Augenblick hatten Massive aus Fieberwahn und ungeheurem Trug sich getürmt; hatten drohend sich Gaurisankar-Berge von Begebenheiten getürmt und waren zusammengestürzt – binnen vierundzwanzig Stunden: das Warten im Sommergarten und das alarmierende Krächzen der Dohlen; die Verkleidung in roter Seide; der Ball, – das heißt: verschreckt durch die Säle fliegende, als Harlekinade fliegende – gestreifte, beschellte Harlekine, flammenfüßige Narren, ein gelbbuckliger Pierrot und ein totenbleicher Bajazzo, der die Fräulein erschreckte; eine hellblaue Maske, die knicksend tanzte, und knicksend ihm ein Billett übergab; und – die schändliche Flucht aus dem Saal bis fast in eine Latrine – am Torweg, wo ein schäbiges Herrchen ihn abfing; schließlich – Pepp Peppowitsch Pepp, das heißt: die Sardinenbüchse entsetzlichen Inhalts, die... immer noch... tickte.

Die Sardinenbüchse entsetzlichen Inhalts, die imstande war, rundum alles in puren, blutigen Matsch zu verwandeln.

Wir haben Nikolaj Apollonowitsch am Schaufenster verlassen;

doch wir haben uns nicht von ihm abgewandt; zwischen dem Senatorssohn und uns begannen sprenkelnde Tröpfchen zu tröpfeln; ein feines Netz zog auf von tröpfelndem Regen; in diesem feinen Netz verloren alle vertrauten Wuchten, Vorsprünge und Nischen, Karyatiden, Aufgänge und Karniese der Ziegelbalkone die Klarheit der Konturen, wurden langsam trüb und hoben sich kaum nur ab.

Man spannte die Schirme auf.

Nikolaj Apollonowitsch stand am Schaufenster und dachte, daß für die quälende Scheußlichkeit – die Worte fehlten: eine Scheußlichkeit, die den ganzen Tag anhielt, das heißt vierundzwanzig Stunden, oder – achtzigtausendsechshundert in der Tasche zirpender kurzer Sekunden: achtzigtausend Augenblicke, das heißt ebenso viele Punkte in der Zeit; doch kaum trat ein Augenblick ein und traten sie darauf ein, – Sekunde, Augenblick, Punkt, – da verwandelte er sich, munter rundum sich ausbreitend, langsam in eine kosmische, schwellende Kugel; diese Kugel zerplatzte; der Fuß glitt ab in Weltenleeren: der Wanderer durch die Zeiten stürzte, unbekannt wohin und -hinein, er fiel, vielleicht, in den Weltenraum, bis ... zu einem neuen Augenblick; so zog sich ein ganzer Tag, achtzigtausendsechshundert in der Tasche zirpender kurzer Sekunden, jede – zersprang: der Fuß glitt in Unermeßlichkeiten.

Ja, für die quälende Scheußlichkeit fehlten die Worte!

Lieber nicht denken. Und – es dachte irgendwo von allein; vielleicht – klopften im schwellenden Herzen solche Gedanken, die niemals im Hirn erstanden waren und doch erstanden waren im Herzen; das Herz dachte; es fühlte – das Hirn.

Von allein erstand ein höchst geistreicher, bis ins kleinste durchgearbeiteter Plan; und ein – vergleichsweise – ungefährlicher Plan, nur ... gemein: ja ... gemein!

Wer hatte ihn bloß erdacht? Konnte denn, konnte auf diesen Plan Nikolaj Apollonowitsch verfallen?

Es war so: –

all diese letzten Stunden schimmerten ihm von allein vor Augen stachelige Gedankensplitter, ständig schillernd als flammend-bunte Blitze und sternige Funken wie lustiges Christ-

baumlametta: unaufhörlich fielen sie an einen vom Bewußtsein beleuchteten Ort – aus dem Dunkel ins Dunkel; mal schnitt die Figur eines Narren Grimassen, mal sauste im Galopp ein zitronengelber Petruschka – aus dem Dunkel ins Dunkel – durch den vom Bewußtsein beleuchteten Ort; das Bewußtsein jedoch leuchtete leidenschaftslos allen schwärmenden Bildern; und als sie ineinander verschmolzen, da entwarf das Bewußtsein auf ihnen einen erschütternden, unmenschlichen Sinn; da hätte Nikolaj Apollonowitsch fast ausgespuckt vor Ekel:
– »Eine Idee?«
– »Da gab es nicht die geringste Idee...«
– »Nur gemeine Angst und den gemeinen animalischen Instinkt: die eigene Haut zu retten...«
– »Ja, ja, ja...«
– »Ich bin ein ausgemachter Halunke...«
Doch wir haben bereits gesehen, daß genau zu derselben Überzeugung allmählich auch sein achtbares Papachen kam.
. . . .
Lief etwa all *das* (was wir im folgenden sehen werden) bewußt ab, im Willen, im munter schlagenden Herzen und im entzündeten Hirn?
Nein, nein, nein!
Aber irgendwelche Schwärme sich selbst denkender Gedanken waren doch da; die Gedanken dachte nicht er, nein... sich selbst dachten die Gedanken... Wer war Urheber der Gedanken? Den ganzen Morgen konnte er darauf nicht antworten, doch... – es dünkte ihn, schien ihm, erschien; es hüpfte im klopfenden Herzen und bohrte im Hirn; es entstand über der *Sardinenbüchse* – eben dort: wahrscheinlich war all das aus der *Sardinenbüchse* gekrochen, als er erwachte aus einem nun vergessenen Traum und sah, daß sein Kopf auf der Sardinenbüchse ruhte – aus der *Sardinenbüchse* war es gekrochen; und da verbarg er die *Sardinenbüchse* – er wußte nicht mehr wo, doch... wahrscheinlich... im Schreibtisch; und da sprang er beizeiten aus dem verfluchten Haus, während alle noch schliefen; er rannte durch die Straßen, lief von Kaffeehaus zu Kaffeehaus.
Nicht der Kopf dachte, nein... die *Sardinenbüchse*.

Doch auf den Straßen erschien ihm *das* immer noch weiter, formend, umreißend, zeichnend; wenn sein Kopf dachte, dann hatte sein Kopf – auch er! – sich gleichfalls in eine Sardinenbüchse entsetzlichen Inhalts verwandelt, die ... immer noch ... tickte, oder nicht er lenkte seine Gedanken, sondern der donnernde Prospekt (auf dem Prospekt verwandeln alle persönlichen Gedanken sich in unpersönlichen Mischmasch); doch wenn auch der Mischmasch dachte, er hatte den Mischmasch nicht gehindert, über die Ohren einzudringen.

Darum auch dünkten ihn die Gedanken.

Etwas Graues, Weiches schwirrte schmerzhaft unter den Schädelknochen: weich und, vor allem, – grau, wie ... der Prospekt, wie die Steinplatten des Trottoirs, wie der von der Küste her ununterbrochen drängende neblige Filz.

Schließlich – tauchte der wohldurchdachte, in sämtlichen Hinsichten fertige Plan (über den wir im folgenden sprechen werden) auch im Feld des Bewußtseins auf – im ungeeignetsten Moment, als Nikolaj Apollonowitsch, der weiß Gott warum ins Foyer der Universität gelaufen war (wo die Kirche ist), nachlässig an einer der vier massiven Säulen lehnte, im Gespräch mit einem Dozenten, der sich zu ihm herunter beugte und, ihn mit Spucke besprühend, eilig bemüht war, ihm den Inhalt eines deutschen Artikels zu referieren, wo ... – ja: in seiner Seele unerwartet etwas platzte (so zerplatzt eine mit Wasserstoff aufgeblasene Puppe in schlaffe Fetzen Zelluloid, aus dem man Luftballons herstellt): und – er zuckte zusammen, fuhr zurück, riß sich los – und floh, ohne selbst zu wissen, wohin, denn – eben: zu dieser Zeit wurde klar: –

– der Urheber des Plans war ja – er ...

Er war ein ausgemachter Halunke! ..

Und als er das begriffen hatte, da stürzte er auf die Wassilij-Insel, zur Achtzehnten Linie; ihn kutschierte ein halbverhungerter Kutscher; und aus der Droschke, direkt im Rücken des Kutschers, kam abgerissenes, entrüstetes Flüstern:

– »Na? .. Sagen Sie bitte? .. Ein Heuchler ... Betrüger ... und Mörder ... Nur – um die eigene Haut zu retten ...«

Er entrüstete sich wahrscheinlich zu laut, denn der Kutscher drehte sich unwillig zu ihm um:
– »Was?«
– »Neinnein ... Nichts ...«
Und der Kutscher dachte:
– »Ein wirklich wunderlicher Herr ...«
Nikolaj Apollonowitsch, wie auch Apollon Apollonowitsch, redete mit sich selbst.
Die Winde bekräftigten:
– »Vatermörder! ..«
– »Betrüger! ..«
Außer sich, sprang Nikolaj Apollonowitsch aus der Droschke; den kleinen asphaltierten Hof durchmessend und die Klafter Espenholz, flog er zur Hintertreppe, um die Stufen hinauf zu stürzen und – unbekannt wozu; wahrscheinlich einfach aus Neugier: ihm in die Augen zu schauen, der am Vorfall schuld war, der ihm das Bündel herbeigeschleppt hatte, denn die »*Absage*«, die er sich ausgedacht hatte, war – natürlich – ein Vorwand: er hätte ihnen die »Absage« nicht ins Gesicht schleudern müssen (und so Zeit gewonnen).
Und hier prallte er mit Aleksandr Iwanowitsch zusammen: alles übrige haben wir gesehen.
. . . .
Für die quälende Scheußlichkeit fehlten die Worte!
Ja, – doch sein Herz, erwärmt von allem, was ihm geschehen war, taute langsam auf: der eisige Herzklumpen – wurde doch noch zum Herzen; früher schlug es unvernünftig; nun schlug es mit vernünftigem Grund; und es schlugen darin Gefühle; diese Gefühle zuckten unverhofft; diese Erschütterungen – erschütterten, veränderten nun seine ganze Seele.
Jener Häuserkoloß hatte gerade noch sich getürmt über der Straße als steinerner Berg von Ziegelbalkonen; liefe er über den Fahrdamm, dann könnte er mit der Hand seine steinerne Flanke befühlen: doch als ein Regen zu tröpfeln begann, da begann im Nebel seine steinerne Flanke zu verschwimmen.
Wie nun alles verschwamm.

Regen begann zu tröpfeln, – und der Koloß aus verbundenen Steinen entband sich schon; schon hebt er – aus dem Regen hervor in den Regen – ein Spitzengeflecht aus leichten Konturen und kaum nur angedeuteten Linien – einfach eine Art Rokoko: und das Rokoko vergeht in nichts.

Nasser Glanz erschien auf den Schaufenstern, auf den Fenstern, den Schloten: das erste Rinnsal sprudelte aus dem Abflußrohr; aus einem anderen Abflußrohr tropften sprenkelnde Tropfen: die blassen Trottoirs gingen über von feinem Getüpfel; langsam bräunte sich ihre trockene Starre; ein vorüberfliegender Reifen prustete Schmutz.

Und los gings, und los gings...

In der dunstigwehenden Nässe, verdeckt von den Schirmen der Passanten, verschwand Nikolaj Apollonowitsch: im Dunst verschwammen die Prospekte; es war, als würden die Häuserkolosse aus dem Raum gedrückt in einen anderen Raum; trüb schimmerten dort ihre Muster aus ineinanderfließenden – Karyatiden, Turmspitzen, Mauern. Ihm wurde schwindlig: er lehnte sich an ein Schaufenster; etwas in ihm war zerplatzt, zerstoben; und – ein Stück Kindheit erstand.

. . . .

Auf den zitternden Knien der Alten, Fräulein Nockert, – der Gouvernante – ruht, das sieht er, sein Kopf; die Alte liest unter der Lampe:

> Wer reitet so spät durch Nacht und Wind?
> Es ist der Vater mit seinem Kind...

Plötzlich – toben vor den Fenstern Unwetter-Böen; und dort wütet die Nacht, und dort wütet der Sturm: dort begibt sich, wahrscheinlich, die Jagd nach dem Kind; an der Wand zuckt der Schatten der Gouvernante.

Und noch einmal... –

Apollon Apollonowitsch – rührend klein, rührend grau, rührend alt – bringt Kolenka den französischen Kontertanz bei; leicht setzt er die Füße und, die Schrittchen zählend, schlägt mit den Händen den Takt: promeniert – nach rechts, nach links; promeniert – nach vorn und zurück; statt Musik skandiert er – haspelnd, laut:

> Wer reitet so spät durch Nacht und Wind?
> Es ist der Vater mit seinem Kind...

Und dann hebt er zu Kolenka seine haarlosen Brauen:
– »Wie geht denn, hm-hm, mein Täubchen, die erste Figur der Quadrille?«
Alles übrige war *Nacht und Wind*, denn die Verfolger hatten sie eingeholt: sie entrissen dem Vater den Sohn:

> In seinen Armen das Kind war tot...

Das gesamte vergangene Leben erwies sich als Spiel des Nebels nach diesem Moment. Das Stück Kindheit verschwand.
. . . .
Nasser Glanz schien auf den Schaufenstern, auf den Fenstern, den Schloten; ein Rinnsal sprang aus dem Ablußrohr; glänzend lag die graubraune Nässe des Trottoirs; ein Reifen prustete Schmutz. In der dunstig-wehenden Nässe, verdeckt von den Schirmen der Passanten, war Nikolaj Apollonowitsch verschwunden; es war, als würden die Häuserkolosse aus dem Raum gedrückt in einen anderen Raum; dort schimmerten fern ihre Muster aus ineinanderfließenden Linien – von Karyatiden, Turmspitzen, Mauern.

Die Kraniche

Nikolaj Apollonowitsch zog es jetzt in die Heimat, in sein Kinderzimmer, denn er hatte begriffen: er war ja ein Kind.
Er mußte *alles, alles* – abschütteln, vergessen, er mußte – alles, alles – neu erlernen, wie man lernt als Kind; die alte, vergessene Heimat – nun hörte er sie. Und – schon: erklang über allem plötzlich die Stimme der trostlosen und doch lieben Kindheit, eine Stimme, die seit langem nicht erklungen war; die erklungen war – jetzt.

Und der Klang dieser Stimme?

Unhörbar wie über der Stadt das Schrillen der Kraniche, so unhörbar auch er; die hoch oben fliegenden Kraniche – im Tosen der Stadt hört der Städter sie nicht; doch sie fliegen, überfliegen die Stadt, – die Kraniche!.. Irgendwo, vielleicht auf dem Newskij Prospekt, beim Gerüttel vorüberfliegender Droschken und dem Lärmen der Zeitungsverkäufer, wo über alles sich nur die Kehle eines Automobils erhebt, – unter all diesen metallenen Kehlen, zur Vorabendstunde, im Frühling, auf dem Fußweg, bleibt wie angewurzelt stehen ein Bewohner der Felder, der zufällig in die Stadt kam; er hält inne, – den zausigen, bärtigen Kopf legt er schief und hält dich an.

– »Tss!..«

– »Was gibt es?«

Er aber, der Bewohner der Felder, der zufällig in die Stadt kam, wird auf deine Verwunderung den bärtigen, zausigen Kopf schütteln und verschmitzt, verschmitzt schmunzeln:

– »Aber hören Sie nicht?«

– »?«

– »Hören Sie doch...«

– »Was? Ja was denn...«

Und er seufzt:

– »Dort... schreien... die Kraniche.«

Du hörst auch hin.

Zuerst hörst du nichts; und dann, irgendwo oben, in den Räumen hörst du plötzlich: einen vertrauten, vergessenen Ton – einen seltsamen Ton...

Dort schreien die Kraniche.

Beide hebt ihr die Köpfe. Dann hebt den Kopf ein dritter, ein fünfter, ein zehnter.

Zuerst blenden euch alle die Weltenräume; nichts, außer Luft... Und – doch: da ist etwas, außer Luft... denn unter all diesem Blau tritt dort deutlich hervor – etwas dennoch Bekanntes: gen Norden... fliegen... die Kraniche!

Rundum – ein ganzer Ring von Neugierigen; alle haben die Köpfe erhoben, das Trottoir ist überflutet; ein Schutzmann

bahnt sich den Weg; und – nein: er verbirgt seine Neugier
nicht; bleibt stehen, legt den Kopf zurück; er – schaut.
Und ein Murmeln:
– »Die Kraniche!..«
– »Sie kommen zurück...«
– »Die lieben...«
Über den verfluchten Petersburger Dächern, über dem höl-
zernen Pflaster, über der Menge – dieses Vorfrühlingsbild, die
bekannte Stimme!

. . . .

So klingt – die Stimme der Kindheit!
Sie ist oft nicht zu hören; und ist doch da: das Schrillen der
Kraniche über den Petersburger Dächern – nein-nein – es wird
doch erklingen! Wie die Stimme der Kindheit.
So etwas hörte nun deutlich auch Nikolaj Apollonowitsch.
Als hätte eine traurige Gestalt, die Nikolaj Apollonowitsch
noch niemals gesehen hatte, um seine Seele einen guten, er-
füllenden Kreis gezogen und wäre eingetreten in seine Seele;
und die Seele erhellte das helle Licht ihrer Augen. Nikolaj
Apollonowitsch erbebte; etwas weitete sich, das in seiner Seele
zusammengepreßt war; ins Grenzenlose ging es nun leicht
hinaus; ja, hier war Grenzenloses, das gleichmütig sagte:
– »Ihr alle vertreibt mich!..«
– »Was, was, was?« – auch Nikolaj Apollonowitsch versuchte
jene Stimme deutlich zu hören; das Grenzenlose aber sprach
gleichmütig:
– »Ich behüte euch alle...«
So sprach es.
Nikolaj Apollonowitsch musterte erstaunt den Raum, als erwarte er den Besitzer der gleichmütig tönenden Stimme vor
sich zu sehen; doch er sah etwas anderes; und zwar: er sah eine
flutende Masse – Melonen, Schnurrbärte, Kinne; und dahinter
– einfach in Nebel gehüllt den Prospekt; darin schwammen die
Blicke, wie alles jetzt schwamm.
Der in Nebel gehüllte Prospekt schien ihm bekannt und lieb;
ei-ei-ei – wie traurig erschien der in Nebel gehüllte Prospekt;
und der Strom der Melonen mit seinen Gesichtern? All die

Gesichter, die hier vorüberliefen – liefen versonnen vorüber, unbeschreiblich traurig.

Der Besitzer der Stimme jedoch war verschwunden.

. . . .

Nur wer war das dort? Auf der anderen Seite? Da an diesem Häuserkoloß? Und – unter dem steinernen Berg der Balkone?

Ja, dort steht jemand.

So wie er, Nikolaj Apollonowitsch; und gleichfalls – am Schaufenster, steht da – unter dem aufgespannten Schirm . . . Na ja: er schaut nur . . . anscheinend; sein Gesicht ist nicht zu erkennen. Und was ist daran Besonderes? Hier auf dieser Seite steht – Nikolaj Apollonowitsch, nur so, zum Vergnügen . . . Nun und jener – nein doch: wie Nikolaj Apollonowitsch, wie alle, die hier vorüberlaufen, – nur ein zufälliger Passant; und er ist auch traurig und lieb (so wie alle nun lieb sind); schaut ab und zu mit würdiger Miene herüber: Ihr lernt mich noch kennen, beim Bart! . . Nein, – ohne Bart . . . Die Kontur seines Mäntelchens erinnert, aber . . . woran? Und dann nickt er? . .

Einfach mit solch einem Schirmmützchen.

Und wo war das gewesen?

Sollte er nicht zu ihm hingehen, zu dem lieben Besitzer der Schirmmütze? Denn der Prospekt ist öffentlich; nun wirklich! Und für alle ist Platz auf diesem öffentlichen Prospekt . . . Nur so, – hingehen: die Gegenstände betrachten, die dort . . . hinter Glas im Schaufenster. Jeder hat schließlich das Recht . . .

Dort neben ihm gleichgültig stehen, und bei Gelegenheit mit vorgetäuschtem, wie zerstreuten, in Wirklichkeit aber wachsamem Auge, –

      – ihn mustern!

Sich vergewissern: was, sozusagen, ist das?

Nein, nein, nein! . . Die sicherlich frostklammen Finger berühren, und weinen vor dummem Glück! . .

Auf dem Fußweg sich bis zur Erde verneigen!

– »Ich bin krank, taub, beladen . . . Erquicke mich, Lehrer, schütze mich . . .«

Und zur Antwort hören:

– »Stehe auf...«
– »Gehe...«
– »Sündige nicht...«
. . . .
Nein, natürlich, es kommt keine Antwort.

Natürlich – nichts wird der Traurige antworten, denn es kann
auch noch gar keine Antworten geben; eine Antwort kommt
später – in einer Stunde, einem Jahr, in fünf, und vielleicht
mehr noch – in hundert, in tausend Jahren; doch eine Antwort – kommt! Und nun wird die traurige lange Gestalt,
niemals gesehen in Träumen, die sich einfach als Unbekannter
erwies, doch ein Unbekannter nicht nur so, sondern, sozusagen, ein rätselhafter Unbekannter – die traurige lange Gestalt
wird ihn einfach anschauen und den Finger an die Lippen
legen. Ohne zu schauen, ohne stehenzubleiben, wird sie dort
durch den Schneematsch gehen...
Und im Schneematsch verschwinden...
. . . .
Doch es kommt der Tag.

In einem Nu wird sich all das ändern. Und alle Unbekannten,
Passanten, – jene, die voreinander vorübergingen (irgendwo,
im Gäßchen) in einer Minute der Todesgefahr, jene, die von
dem unbeschreiblichen Augenblick sprachen mit unbeschreiblichen Blicken und dann ins Grenzenlose verschwanden – alle,
sie alle werden sich begegnen!

Dieses Glück der Begegnung nimmt ihnen niemand.

Ich, meinerseits, gehe... ich behindere niemand...

– »Was bin ich«, – dachte Nikolaj Apollonowitsch – »zur
Unzeit ins Träumen gekommen...«
Er durfte jetzt keine Zeit verlieren... Die Zeit läuft, und die
Sardinenbüchse tickt vor sich hin; er sollte direkt zum Schreib-
tisch; alles vorsichtig in Papier einschlagen, in die Tasche stek-
ken, und in die Newa...
Und schon wandte er die Augen von dem Häuserkoloß, wo

seinerseits der Unbekannte stand unter dem Steinberg der Ziegelbalkone mit aufgespanntem Schirm, denn wieder begann zu strömen die berüchtigte Masse von Rümpfen auf ihren Vielfüßlerfüßen – Masse von menschlichen Körpern, die hier liefen in Frühlingen, Sommern und Wintern: von immer denselben Körpern.

Und er hielt es nicht aus, sah wieder hin.

Der Unbekannte war nicht vom Fleck gewichen; er wartete, sichtlich, wie Nikolaj Apollonowitsch wartete: wartete auf das Ende des Regens; plötzlich rührte er sich, plötzlich geriet er in den Menschenstrom – in diese Paare und Vierergruppen; ein Dreispitz, blitzend vor Glanz, verdeckte ihn; hilflos ragte der Schirm.

– »Sich umdrehen, und einfach weggehen! Hol ihn der Kukkuck, den Unbekannten – nun, wirklich!«

Kaum aber hatte er das gedacht, als (das bemerkte er) zwischen dem blitzenden Dreispitz und vorüberlaufenden Schultern das lockende Schirmmützchen wieder heraussah; bei Gefahr, unter eine Kutsche zu kommen, rannte es über den Fahrdamm; es streckte drollig den Schirm voraus, den der Wind zauste.

Nun, wie da sich umdrehen? Wie einfach weggehen?

– »Was macht er da?« – dachte Nikolaj Apollonowitsch, und zur eigenen Überraschung wunderte er sich:

– »Ah, so also sieht er aus?«

Aus der Nähe hatte der Unbekannte ohne Zweifel verloren; aus der Ferne wirkte er vorteilhafter; sein Äußeres war rätselhafter; war trauriger; die Bewegungen langsamer.

– »Ach!.. Ich bitte Sie: sieht er idiotisch aus? Ei, das Schirmmützchen! Nun, das Schirmmützchen! Läuft da auf Kranichfüßen: das Mäntelchen zappelt, der Schirm ist zerrissen; und die eine Galosche ist ihm zu groß...«

– »Tchch!« – würde unartikuliert sich hier äußern ein sich achtender Bürger und weitergehen, die Lippen beleidigt zusammengepreßt mit gleichgültigem Ausdruck; ein sich achtender Bürger hätte unbedingt ein *bestimmtes* Gefühl – in der Art wie:

– »Nun von mir aus! . . Ich, meinerseits, gehe . . . Ich behindere niemand . . . Ich kann notfalls auch Platz machen. Aber daß ich? . . Von wegen: ich gehe meinen eigenen Weg . . .«

Als sich achtender Bürger fühlte, ehrlich gesagt, Nikolaj Apollonowitsch nicht im geringsten (was denn schon für eine Achtung!); doch wahrscheinlich fühlte sich so der Unbekannte, trotz des Mäntelchens, trotz des Schirmchens und der vom Fuß gerutschten Galosche.

Als ob er sagte:

– »Nun ja, und: ich, meinerseits, bin ein unbeteiligter Passant, doch ein sich achtender Passant . . . Und ich, meinerseits, lasse niemanden auf die Straße . . . Lasse niemanden durch . . .«

Nikolaj Apollonowitsch spürte nun Ablehnung; schon entschlossen, zur Seite zu treten, änderte er seine Taktik: er trat nicht zur Seite; so stießen sie fast mit den Nasen zusammen; Nikolaj Apollonowitsch – verblüfft; der Unbekannte – ganz ohne Verblüffung; erstaunlich: seine große, erstarrte Hand (mit Gänsehaut) wurde zur Schirmmütze gehoben; und ein hölzerner, heiserer Trommelwirbel artikulierte entschlossen:

– »Ni-ko-laj A-pol-lo-no-witsch!! . .«

Nun erst nahm Nikolaj Apollonowitsch wahr, daß das entschlossen auf ihn zusteuernde Subjekt (vielleicht ein Kleinbürger) die Kehle verbunden hatte; wahrscheinlich saß an der Kehle ein Furunkel (Furunkel entstehen ja bekanntlich, die Bewegungsfreiheit beschränkend, höchst peinlicherweise am Adamsapfel, am Rückgrat (zwischen den Schulterblättern) – entstehen . . . an einer unbeschreiblichen Stelle! . .)

Doch ein genaueres Nachdenken über die Eigenschaften tükkischer Furunkel wurde unterbrochen:

– »Sie erkennen mich offenbar nicht?«

(Ei, ei, ei!) . . .

– »Mit wem habe ich die Ehre«, – begann Nikolaj Apollonowitsch erst, beleidigt die Lippen zusammengepreßt, doch nach einigem Mustern des Unbekannten stutzte er plötzlich, lüftete den Hut und rief mit verzerrtem Gesicht:

– »Nein . . . Sind Sie das? . . Ja was für ein Unfall? . .«

Er hatte wahrscheinlich ausrufen wollen: »Was für ein Zufall«...

Natürlich: im zufälligen Passanten, der das Aussehen eines Bettlers hatte, war Sergej Sergejitsch zu erkennen doch schwer, denn erstens trug Lichutin Zivilkleid, und es hing an ihm, wie der Sattel auf der Kuh; zweitens: hatte sich Sergej Sergejitsch – ei, ei, ei! – rasiert: das vor allem! Anstelle des gewellten, blonden Kinnbarts starrte eine picklige, unansehnliche Leere; und – wo war der Schnurrbart? Eben diese haarlose Stelle (zwischen Mund und Nase) verwandelte die bekannte Physiognomie in eine unbekannte Physiognomie, – einfach in eine unangenehme Leere.

Das Fehlen des eigenen lichutinschen Kinnbarts und des eigenen lichutinschen Schnurrbärtchens gab dem Leutnant das erschütternde Aussehen eines Idioten:

– »Nein... Trügen mich etwa meine Augen, doch... mir scheint, Sergej Sergejewitsch, daß... Sie...«

– »Ganz richtig: ich bin in Zivil...«

– »Nicht davon, Sergej Sergejitsch... Nicht davon... Nicht das ist bestürzend... Bestürzt bin ich trotzdem...«

– »Was ist bestürzend?«

– »Sie sind irgendwie ganz verwandelt, Sergej Sergejitsch... Sie werden mich, bitte, entschuldigen...«

– »Das sind alles Lappalien...«

– »Oh, natürlich, natürlich... Ich wollte nur... Ich wollte sagen, Sie haben sich den Bart abrasiert...«

– »Ach, was heißt denn«, nun war Lichutin beleidigt, – »ach, was heißt denn ›abrasiert‹: und warum auch nicht? Nun, ich habe mich rasiert... Ich habe die ganze Nacht nicht geschlafen... Warum soll ich mich da nicht rasieren?..«

An der Stimme des Leutnants frappierte Nikolaj Apollonowitsch einfach eine gewisse Bosheit, eine erdrückende Folgenschwere, die so gar nicht paßte zur Bartlosigkeit.

– »Nun, ich habe mir den Bart abrasiert...«

– »Natürlich, natürlich...«

– »Nun, und wenn schon!« – Lichutin beruhigte sich nicht. – »Ich quittiere den Dienst...«

– »Wie quittieren?.. Warum denn quittieren?..«
– »Aus privaten Gründen, die nur mich betreffen... Sie, Nikolaj Apollonowitsch, betreffen diese Bagatellen nicht... Unsere privaten Dinge betreffen Sie nicht.«
Leutnant Lichutin rückte nun näher.
– »Übrigens, es gibt etwas, das...«
Nikolaj Apollonowitsch, mit dem Rücken Passanten stoßend, wich merklich zurück:
– »Es gibt etwas, Sergej Sergejitsch?«
– »Etwas, das, mein Herr...«
Einen merklich unheilkündenden Ton erhaschte Nikolaj Apollonowitsch in der heiseren Stimme des Leutnants; und ihm war, als gedenke jener sichtlich zu bestimmtem Behuf seine Hände zu fassen.
– »Sie haben sich erkältet?« – wechselte er jäh das Thema und sprang vom Trottoir; zur Erläuterung seiner Bemerkung faßte er sich an den eigenen Hals, Lichutins verbundene Kehle meinend, irgend so eine Kehlkopfkältung – nun, Angina, oder Influenza...
Doch Sergej Sergejewitsch wurde rot, sprang entschlossen vom Trottoir und setzte seinen Angriff fort, um... um... um...
Ein paar Passanten blieben stehen und schauten:
– »Ni-ko-laj Apollo-nowitsch!..«
– »?«
– »Ich bin Ihnen wirklich nicht nachgelaufen, damit wir uns hier über irgendeinen, zum Teufel, Hals unterhalten...«
Ein dritter, ein fünfter, ein zehnter blieb stehen, wohl in dem Glauben, ein Taschendieb sei gefaßt worden.
– »Damit hat all das nichts zu tun...«
Ableuchows Aufmerksamkeit war geschärft; er flüsterte leise:
– »So-so-so?.. Und was hat denn damit zu tun?« Und Lichutin ausweichend, fand er sich wieder auf dem nassen Trottoir.
– »Worum geht es denn?«
Wo war sein Gedächtnis?
Etwas sehr Ernstes stand mit dem Leutnant bevor. Ja – der Domino doch! Zum Teufel, der Domino! Den *Domino* hatte

Nikolaj Apollonowitsch gründlich vergessen; jetzt erst erinnerte er sich:
— »Es gibt etwas, ja . . .«
Sofja Petrowna Lichutina hatte zweifellos den Vorfall im unbeleuchteten Treppenflur ausgeplaudert; auch den Vorfall am Winterkanal hatte sie ausgeplaudert.
Und damit wird ihm Lichutin jetzt kommen.
— »*Das* hat nur noch gefehlt . . . Ach, zum Teufel: wie zur Unzeit all das kommt! . . Nun wirklich zur Unzeit! . .«
Und plötzlich war alles verfinstert.
Dunkler wurden die Melonenschwärme; rachsüchtig funkelten die Zylinder; von allen Seiten sprang wieder die Bürgernase herbei: Nasen strömten in Mengen vorüber: Adler-, Hahnen-, Hühnernasen, grünliche, graublaue; und – eine Nase mit Warze: unsinnig, eilig und riesig.
Nikolaj Apollonowitsch, den Blick Lichutins vermeidend, musterte all das und versenkte sich dann ins Schaufenster.
Und Sergej Sergejitsch Lichutin, der sich der Hand Ableuchows bemächtigt hatte und sie halb drückte, halb einfach nur preßte, rundum eine Menge von neugierigen Gaffern versammelnd – skandierte unterdessen unerbittlich, unermüdlich mit hölzerner Fistelstimme: wirklich die reinsten Trommelschlegel!
— »Ich . . . ich . . . ich . . . habe die Ehre, Ihnen mitzuteilen, daß ich . . . ich . . . ich . . . schon seit dem Morgen . . .«
— »?«
— »Ihren Spuren folge . . . Und ich war: war überall – unter anderem bei Ihnen . . . Man hat mich in Ihr Zimmer geführt . . . Ich habe dort gesessen . . . Eine Notiz hinterlassen . . .«
— »Ach, wie ärg . . .«
— »Trotzdem«, – unterbrach ihn der Leutnant (wirklich die reinsten Trommelschlegel), – »da ich ein Anliegen habe: ein unaufschiebbares ernstes Gespräch . . .«
— »Da, jetzt beginnt es«, – scheute es zurück in Ableuchows Hirn, und er spiegelte sich im großen Schaufenster zwischen Handschuhen, zwischen Schirmen und ähnlichen Dingen.

Unterdessen pfiff über den Newskij ein kalter Hexentanz, überfiel und zirpte und tuschelte mit kleinen, feinen, sprenkelnden Tropfen auf Schirmen, auf finster gebeugten Rücken, übergoß die Haare, übergoß die frierenden ädrigen Hände von Kleinbürgern, Studenten, Arbeitern; unterdessen pfiff über den Newskij ein kalter Hexentanz, überzog die Schilder mit giftigem, höhnischem, metallischem Lichtfleck, um zu Trichtern zu drehen Milliarden nasser Stäubchen, Windhosen zu winden und durch die Straßen zu jagen und jagen, an den Steinen zerschlagend; und weiter, um den Fledermausflügel aus Wolken von Petersburg durch die Brachen zu jagen; und schon tanzte über der Brache ein kalter Hexentanz; mit keckem, räuberischem Pfiff spazierte er in den Weiten – um Samara, Tambow, Saratow – in den Schrunden, im Sand, in den Disteln, im Wermut, von den Dächern das Stroh wegreißend, getürmte Heuhaufen wegreißend und auf der Tenne seine klebrige Fäule verbreitend; die schwere, körnige Garbe – läßt er überwachsen; den natürlichen Quellbrunnen – läßt er verstopfen; Asseln breiten sich aus; und durch Reihen von feuchten Dörfern geht Typhus um.

Dann zerriß der Flügel aus Wolken; der Regen war vorüber; die Nässe versiegte...

Das Gespräch hatte eine Fortsetzung

Unterdessen hatte das Gespräch eine Fortsetzung:
– »Ich habe an Sie ein Anliegen... Will sagen – eine Aussprache, die keinen Aufschub duldet; ich habe mich überall erkundigt, wie wir uns denn treffen könnten: übrigens, ich war und habe mich erkundigt nach Ihnen bei... wie war noch?.. bei unserer gemeinsamen Bekannten, Warwara Jewgrafowna...«
– »Solowjowa?«
– »Ganz genau... Mit Warwara Jewgrafowna hatte ich eine sehr schwierige Klärung – in bezug auf Sie... Verstehen Sie mich?.. Um so schlimmer... Doch was wollte ich... Ja, –

Solowjowa also, Warwara Jewgrafowna, (übrigens, ich habe sie unter Druck gesetzt) gab mir eine Adresse: eines Freundes von Ihnen ... Dudkin? .. Nun, ganz gleich ... Ich habe Sie natürlich – unter dieser Adresse, noch ehe ich ankam bei dem Herrn – Dudkin, nicht wahr? – auf dem Hof getroffen ... Sie rannten hinaus ... Ja ... Und zwar – nicht allein, sondern mit einer mir unbekannten Person ... Nein, lassen Sie, nomina sunt odiosa ... Sie sahen aufgeregt aus, und der Herr ..? Nomina sunt odiosa ... sah kränklich aus ... Ich wollte Ihr Gespräch nicht unterbrechen mit dem Herrn ... Entschuldigen Sie – Sie können den Namen dieses Herrn für sich behalten ...«

– »Sergej Sergejewitsch, ich ...«

– »Warten Sie! .. Ich wollte das Gespräch nicht unterbrechen, natürlich, obwohl ... um die Wahrheit zu sagen, es hat mich solche Mühe gekostet, Sie aufzufinden ... Nun also: ich bin Ihnen nachgegangen; selbstverständlich in einigem Abstand, um nicht zufällig Zeuge des Gesprächs zu sein: ich stecke, Nikolaj Apollonowitsch, meine Nase nicht gern ... Doch darüber später ...«

Nun versank Lichutin in Gedanken, er drehte sich um und blickte in die Tiefe des Newskij.

– »Ich bin gegangen ... Bis zu dieser Stelle hier ... Sie haben fortwährend zu zweit über etwas gesprochen ... Ich – bin Ihnen gefolgt und habe mich, ehrlich gesagt, geärgert ... Hören Sie«, – unterbrach er seinen Bericht, der einem Satz von Drucklettern glich, zufällig ausgestreut, wieder aufgereiht und zufällig gelesen, – »hören Sie nicht?«

– »Nein ...«

– »Tss! .. Hören Sie hin ...«

– »Was ist das?«

– »Irgendein Ton – auf ›u‹ ... Da ... da ... hat es zu tuten begonnen ...«

Nikolaj Apollonowitsch wandte den Kopf; seltsam – in welch fliegender Hast die Droschken vorüberflogen – und alle in eine Richtung; schneller wurde der Laufschritt der Fußgänger (andauernd wurden sie gestoßen); manche machten plötzlich kehrt; prallten auf die Entgegenkommenden; das Gleichgewicht war vollkommen gestört; er sah um sich und hörte Lichutin nicht zu.

– »Dann blieben Sie allein und lehnten an einem Schaufenster; da begann es zu regnen ... An einem Schaufenster lehnte auch ich, auf der anderen Seite ... Sie haben mich, Nikolaj Apollonowitsch, die ganze Zeit angestarrt, doch taten, als hätten Sie mich gar nicht bemerkt ...«

– »Ich habe Sie nicht erkannt ...«

– »Ich habe mich verbeugt ...«

– »In der Tat«, – fuhr Nikolaj Apollonowitsch fort sich zu ärgern, »er stellt mir nach ... Er will mich ...«

Was will er?

Nikolaj Apollonowitsch hatte vor zweieinhalb Monaten von Sergej Sergejitsch ein Briefchen erhalten, worin Sergej Sergejitsch Lichutin ihn inständig bat, nicht die Ruhe seiner heißgeliebten Gattin zu stören – das war schon nach der *Brücke*; einige Ausdrücke in dem Briefchen waren dreifach unterstrichen; davon ging etwas sehr-sehr Ernstes aus – es herrschte so ein unangenehmer sprachlicher Luftzug, ohne Anspielungen, nur – so ... Und im Antwortbrief hatte Nikolaj Apollonowitsch versprochen ...

Er hatte ein Versprechen gegeben, und – es gebrochen.

Was war das?

Das Trottoir überflutend, blieben die Passanten stehen; der weite Prospekt war frei von Droschken; man hörte weder das eilige Klackern der Reifen, noch Pferdehufklappern: die Droschken waren vorübergeflogen und bildeten dort, von fern, einen schwarzen, reglosen Pulk, bildeten hier eine kahle Häuserfront, an die wieder der Hexentanz in Kaskaden klatschende Schwärme von Tröpfchen warf.

– »Schauen Sie doch?«

– »Ach, wie seltsam, wie seltsam?«

Als hätten im Nu sich hier gewaltige granitene Kiesel entblößt, über die jahrtausendelang die weiße Gischt eines Wasserfalls flog; doch von dort, aus der Tiefe des Prospekts, aus vollständigster Leere und Glätte, zwischen beiden Zeilen des menschenschwarzen Trottoirs, über das ein tausendstimmiges, an-

wachsendes Brummen lief (wie das Brummen eines Hummel-
schwarms), – von dort sauste eine schmucke Kutsche; halb
sitzend, halb stehend krümmte sich darauf ein bartloser, aus-
gemergelter Herr ohne Mütze und umklammerte einen schweren und langen Schaft: und zerrend am hölzernen Schaft durchgruben rudernd die Luft, flatterten und tanzten leichtpfeifende
Bahnen roten Kattuntuchs – in die riesige, in die kalte Leere;
ein seltsamer Anblick, das fliegende rote Banner über dem
leeren Prospekt; und als die Droschke durchgejagt war, da
begannen alle Melonen, Zylinder, Dreispitze, Mützenbesätze,
Schirmmützen, Federn und mandschurischen Fellmützen – zu
brummen, begannen zu schurren, mit den Ellbogen zu stoßen
und fluteten plötzlich vom Trottoir in die Mitte des Prospekts;
aus zerrissenen Wolken ergoß eine blasse Sonnenscheibe für
einen Moment ihren strohgelben Abglanz – auf die Häuser, die
spiegelnden Scheiben, auf die Melonen, die Mützenränder.
Der Hexentanz war durchgesaust. Der Regen war vorüber.
Die Menge hatte sie beide, Ableuchow wie Lichutin, vom
Trottoir gefegt; getrennt durch ein Paar Ellbogen, liefen sie,
wohin alle liefen; das Gedränge nutzend, beabsichtigte Nikolaj
Apollonowitsch, sich der Aussprache zur Unzeit zu entziehen,
in die erste dort hinten stehende Droschke zu springen und,
ohne kostbare Zeit zu verlieren, in Richtung nach Hause
davonzufahren: denn die Bombe . . . im Schreibtisch . . . tickte
ja! Solange sie nicht in der Newa lag, gab es keine Ruhe!
Die Laufenden stießen ihn mit den Ellbogen; schwarze Figürchen strömten aus Läden, Höfen, Friseurgeschäften und kreu-
zenden Prospekten; und in die Läden, Höfe und Seitenpro-
spekte liefen die schwarzen Figürchen eilig zurück; sie heulten,
sie brüllten und trampelten: kurz – eine Panik; von fern, über
den Köpfen dort, schien Blut zu sprudeln; allseits entfalteten
sich aus dem schwarzen Ruß lauter brausende rote Kämme, wie
peitschende Flammen, wie Hirschgeweihe.
Und, ach wie zur Unzeit!
Hinter zwei-drei Schultern, auf einer Höhe mit ihm, sah das
verhaßte Schirmmützchen vor und starrten zwei wachsame
Augen ihn unruhig an: Leutnant Lichutin behielt ihn auch

im Tumult im Blick, sich nach Kräften schlagend, um sich durchzuschlagen zu Ableuchow, der fort von ihm durch die Menge sich durchschlug: Ableuchow hatte gerade erleichtert aufseufzen wollen:

– »Gehen Sie mir nicht verloren... Nikolaj Apollonowitsch; übrigens, ganz gleich... ich lasse Sie nicht aus den Augen.«

– »In der Tat«, – überzeugte sich jetzt endgültig Ableuchow, »er stellt mir nach: niemals wird er mich laufenlassen...«
Und schlug sich durch zu einer Droschke.

Hinter ihnen aber, aus der Tiefe des Prospekts, über den Köpfen und dem Stimmengeräusch leckten Banner hervor, wie fließende Zungen, wie fließende Hellen; und plötzlich blieben alle – Flammen und Banner – stehen, erstarrten: vernehmlich erschallte Gesang.

Nikolaj Apollonowitsch hatte sich durch die Menge schließlich zu einer Droschke durchgeschlagen; kaum aber wollte er den Fuß anheben und den Kutscher so nötigen, weiter sich durch die Menge zu schlagen, als er spürte, wie ihn wieder über eine fremde Schulter hinweg die Hand des Leutnants packte; nun stand er da wie angewurzelt und sagte, Gleichgültigkeit simulierend, mit gezwungenem Lächeln:

– »Eine Kundgebung!...«

– »Ganz gleich: ich habe ein Anliegen.«

– »Ich... sehen Sie... Ich... bin mit Ihnen auch vollkommen einig... Wir haben über etwas zu sprechen...«
Plötzlich flogen irgendwo aus der Ferne Salven zerstreuten Geknatters vorüber; und aus der Ferne, in Stücke gerissen, warfen all die im Ruß über den Köpfen der Menge erstandenen Hellen über den Köpfen der Menge sich hin und her; dort wallten rote Strudel von Bannern und zerstreuten sich rasch in einsam ragende Kämme.

– »Dann, Sergej Sergejewitsch, unterhalten wir uns doch im Kaffeehaus... Warum sollten wir nicht im Kaffeehaus...«

– »Wieso im Kaffeehaus...«, – empörte sich Lichutin. – »Ich bin nicht gewohnt, an solchen Orten Aussprachen zu haben...«

– »Sergej Sergejewitsch? Wo sonst?..«

– »Und dann denke ich auch ... Wo Sie die Droschke bestiegen haben, fahren wir doch einfach zu mir in die Wohnung ...«

Der Ton dieser Worte war offenbar heuchlerisch: bis aufs Blut biß Nikolaj Apollonowitsch sich nun auf die Lippen:

– »Bei Ihnen, bei Ihnen ... Wie denn das – bei Ihnen? Das hieß mit dem Leutnant sich unter vier Augen zurückziehen und Rechenschaft geben von unangebrachten Streichen an Sofja Petrowna; vielleicht im Beisein Sofja Petrownas dem entrüsteten Gatten Rechenschaft geben über den Bruch des Versprechens ... Offenkundig: war das eine Falle ...«

– »Aber, Sergej Sergejewitsch, ich glaube, daß einiger Umstände halber, die Ihnen vollkommen deutlich sind, es mir unangenehm ist bei Ihnen ...«

– »Ach, genug jetzt!«

Zu seiner Ehre – widersetzte Nikolaj Apollonowitsch sich nicht länger; er sagte ergeben: »Ich bin bereit.« Und blieb ruhig; eine Spur nur bebte der Unterkiefer – nur das.

– »Als aufgeklärter, humaner Mensch werden Sie, Sergej Sergejewitsch, mich verstehen ... Kurz, kurz ... auch bezogen auf Sofja Petrowna.«

Plötzlich, sich verhaspelnd, brach er ab.

Sie waren in die Droschke gestiegen. Und – es war Zeit: dort, wo eben noch Banner sich warfen und sich Salven trockenen Geknatters zerstreuten, war schon kein einziges Banner mehr; und von dort strömte solch eine Menge und drückte auf die Vorauslaufenden, daß die zum Pulk gescharten Droschken, die hier gestanden hatten, in die Tiefe des Newskij flogen – in die Gegenrichtung, wo die Zirkulation schon wieder hergestellt war, wo die Straße entlang graue Quartalsaufseher liefen und auf den Pferden Gendarmen tänzelten.

Sie fuhren.

Nikolaj Apollonowitsch sah, daß hier der menschliche Vielfüßler strömte, als sei nichts geschehen; wie er strömte hier über Jahrhunderte; die Zeiten liefen dort, oben; auch ihnen war eine Grenze gesetzt; und keine solche Grenze kannte der menschliche Vielfüßler; er wird kriechen, wie er kriecht; und kriecht, wie er kroch: Einzelne, Paare, Vierergruppen; und Paare um Paare: Melonen, Federn, Schirmmützen; Schirm-mützen, Schirmmützen, Federn; Dreispitz, Zylinder, Schirm-mütze; Kopftuch, Regenschirm, Feder.

Dann war alles verschwunden: sie waren abgebogen vom Pro-spekt; oberhalb der steinernen Häuser warfen sich ihnen am Himmel entgegen flockige Wolken mit hängenden Regenguß-Striemen; Nikolaj Apollonowitsch duckte sich unter der Last der unerwartet niedergegangenen Wucht; eine flockige Wolke kroch heran; und als der graue, bläuliche Striemen über sie kam, – da begannen zu trommeln, zu zirpen, zu lispeln rastlose Tröpfchen, und schlugen auf glucksenden Pfützen ihre kalten Blasen; Nikolaj Apollonowitsch saß geduckt in der Droschke, eingewickelt bis übers Gesicht in seinen italienischen Mantel; einen Augenblick hatte er vergessen, wohin er fuhr; geblieben war ein dunkles Gefühl: er fuhr – unfreiwillig.

Die quälenden Umstände stürzten nun wieder auf ihn ein.

Quälende Umstände – kann man so die Pyramide der Ereig-nisse nennen, die sich angehäuft hatten diese vierundzwanzig Stunden, wie Massiv auf Massiv? Eine Pyramide von Massiven, die die Seele zertrümmern, und ausdrücklich – eine Pyrami-de! . .

Die Pyramide hat etwas, das alle menschlichen Vorstellungen übersteigt; die Pyramide ist Fieberwahn der Geometrie, das heißt unermeßbarer Wahnsinn; die Pyramide ist ein vom Menschen geschaffener Trabant des Planeten; sie ist gelb, sie ist tot, wie der Mond.

Die Pyramide ist Fieberwahn, gemessen in Ziffern.

Es existiert ein Ziffern-Grauen – das Grauen von dreißig aneinandergehängten Zeichen, wo das Zeichen, natürlich, die Null ist; dreißig Nullen an einer Eins ist Grauen; Sie streichen die Eins, und es stürzen die dreißig Nullen.

Es bleibt – null.

In der Eins liegt zugleich auch kein Grauen; an sich ist die Eins eine Nichtigkeit; eben – Eins! . . Doch die Eins plus dreißig Nullen entwickelt sich zur Scheußlichkeit einer Quintillion: die Quintillion – o, o, o! – hängt an einem dünnen, schwarzen

Strichlein; die Eins der Quintillion wiederholt sich mehr als eine Milliarde Milliarden mal mehr als eine Milliarde mal.
Durch Unermeßbares schleppt sie sich.
So schleppt sich der Mensch durch den Weltenraum aus ewigen Zeiten in ewige Zeiten.
Ja, –
als menschliche Eins, das heißt als dieses magere Strichlein, lebte bis jetzt in den Räumen Nikolaj Apollonowitsch, auf der Flucht aus ewigen Zeiten –

      – Nikolaj Apollonowitsch
   im Adamskostüm war ein Strichlein; aus Scham über
   seine Magerkeit ging er niemals mit jemand ins Dampf-
   bad –
     – in ewige Zeiten!

Und diesem Strichlein nun fiel auf die Schultern die Scheußlichkeit einer Quintillion, das heißt: mehr als eine Milliarde Milliarden mal mehr als eine Milliarde mal; ein unansehnliches *Etwas* nahm ein kolossales *Nichts* in sich auf; und der Koloß des *Nichts* blähte sich in ansehnlicher Gestalt aus ewigen Zeiten –

     – so bläht sich der Magen, infolge der Entwicklung
   von Gasen, unter denen alle Ableuchows litten –

           – in ewige
  Zeiten!

Ein unansehnliches *Etwas* nahm ein kolossales Nichts in sich auf; und das *Etwas* blähte sich durch den Koloß, den hohlen, die Nullen, ins Grauenvolle. Es wuchsen wahrhafte Gaurisankar-Berge; und er, Nikolaj Apollonowitsch, platzte wie eine Bombe.
Was? Eine Bombe? Die Sardinenbüchse?..
Im Nu raste wieder dasselbe vorüber, das schon am Morgen gerast war: durch den Kopf flog sein Plan.
Was für ein Plan?

Ja, ja, ja!..
Die Sardinenbüchse unterschieben: sie dem Vater unters Kopf-
kissen legen; oder – nein: sie an entsprechender Stelle unter die
Matratze legen. Dann – wird die Erwartung nicht trügen: für
Pünktlichkeit garantiert das Uhrwerk.
Zu ihm selbst aber:
– »Gute Nacht, Papachen!«
Und zur Antwort:
– »Gute Nacht, Kolenka!..«
Ein schmatzender Kuß auf den Mund, und zurück in sein
Zimmer.
Ungeduldig sich ausziehen – unbedingt ausziehen! Die Tür mit
dem Schlüssel absperren und den Kopf unters Deckbett stek-
ken.
Wie Vogel Strauß.
Doch im warmen, im Daunenbett zu zittern anfangen, abge-
rissen zu atmen – von den Herzschlägen; sich grämen, sich
ängstigen, lauschen: wie es da ... knallt, wie es ... polternd dort
fällt – hinter der Ansammlung steinerner Mauern; erwarten,
wie es knallt, wie es fällt, die Stille zerreißend, das Bett, den
Tisch und die Mauer zerreißend; zerreißend, vielleicht... –
zerreißend, vielleicht...
Sich grämen, sich ängstigen, lauschen... Und ein bekanntes
Pantoffel-Schlurfen hören zu... einem mit nichts zu vergleichenden Ort.
Nach der französischen leichten Lektüre – einfach zur Baum-
wollwatte greifen und sich mit der Watte die Ohren stopfen:
den Kopf unters Kissen stecken. Sich endgültig überzeugen:
nun hilft nichts mehr! Plötzlich das Deckbett von sich schleudern, den schweißbedeckten Kopf hinausstrecken – und im
Abgrund der Angst einen weiteren Abgrund graben.
Warten und warten.
Jetzt bleibt nur noch kaum eine halbe Stunde; da – schon die
grünliche Helle vor Tagesanbruch; das Zimmer wird blau,
wird grau; die Kerzenflamme wird kleiner; und – nur noch

fünfzehn Minuten; nun die Kerze gelöscht; langsam verstrei-
chen Ewigkeiten, nicht Minuten, wahrhaft – Ewigkeiten;
dann reißt ein Zündholz an: fünf Minuten verstrichen...
Sich beruhigen, daß *all das* nicht bald kommt, in zehn lang-
samen Umdrehungen der Zeiten erst, und erschütternd sich
täuschen, denn –

      – ein unwiederholbarer, nie je gehörter, an-
ziehender Ton wird dennoch... –

           – erdröhnen!!..

. . . .

Dann: –
in aller Eile mit nackten Beinen in die Unterhosen geschlüpft
(nein, wieso Unterhosen: lieber so, ohne Unterhosen!) – oder
sogar nur im Hemd, mit verzerrtem, vollkommen weißem
Gesicht –

      – ja, ja, ja! –

           – aus dem angewärmten Bett springen
und mit bloßen Füßen in den geheimniserfüllten Raum:
den tiefschwarzen Korridor stapfen; blitzschnell – sausen
und sausen: zu dem nicht wiederholten Ton, an die Bedienten prallend und in die Brust den besonderen Geruch
einsaugend: eine Mischung aus Rauch, Brandgeruch und
Gas mit... *noch etwas*, das entsetzlicher ist als Brandgeruch und als Gas und als Rauch.
Übrigens, Geruch wird, wahrscheinlich, keiner sein.
Ins raucherfüllte und eiskalte Zimmer laufen; an lautem Husten fast erstickend, von dort zurückspringen, um bald wieder
durch das schwarze Leck in der Wand sich zu drängen, das auf
den Ton entstandene (in seiner Hand wird ein irgendwie ange-
zündeter Kandelaber tanzen).
Dort: hinter dem Leck... –
an der Stelle des verwüsteten Schlafzimmers, wird eine rot-
orange Flamme beleuchten... eine wahrhafte Bagatelle beleuchten: rundum in Schwaden puffenden Rauch!
Und außerdem wird noch beleuchtet... – nein!.. Vor dieses
Bild einen Schleier werfen – aus Rauch, aus Rauch!.. Weiter
nichts: Rauch und Rauch!

Trotzdem...

Unter den Schleier nur einen Moment sich durchdrängen, und – au, au! Eine vollkommen rote Wandhälfte: diese Röte rinnt; die Wände sind, also, naß; und, also – sie kleben, sie kleben... All das wird der erste Eindruck des Zimmers sein; und wahrscheinlich der letzte. Dazwischen, zwischen beiden Eindrücken, prägt sich ein: Putz, Späne zerspellter Parkettdielen und zerrissene Fetzen der versengten Teppiche; diese Fetzen – glimmen. Nein, lieber nicht, aber... ein Schienbein?

Warum war allein das nur erhalten geblieben, nicht die übrigen Teile?

All das wird im Nu sein; und hinter ihm – im Nu: idiotisches Stimmengewirr, ungleiches Stampfen von Füßen in der Tiefe des Korridors, das verzweifelte Schluchzen – denken Sie nur! – der Geschirrwäscherin; und – das Rasseln des Telephons (da läuten sie wohl bei der Polizei)...

Den Kandelaber fallen lassen... In der Hocke kauern und zucken am Leck vom Oktoberwind, der ins Leck drängt (mit dem Ton waren alle Fensterscheiben zersprungen); und – zucken, das Nachthemd an sich zurechtzupfen, bis ein mitleidsvoller Lakai –

        – vielleicht der Kammerdiener, eben jener, auf den dann sehr bald es am leichtesten sein wird, alles abzuwälzen (auf ihn wird ohne Zweifel ein Schatten fallen) –

        – bis ein mitleidsvoller Lakai ihn gewaltsam ins Nachbarzimmer schleppt und gewaltsam ihm kaltes Wasser einflößt...

Doch, vom Boden aufstehend, sehen: –

vor den Füßen *noch immer die* dunkelrote Klebrigkeit, die hierher geschwappt war nach dem lauten Ton; sie schwappte durchs Leck samt dem Fetzen heruntergerissener Haut... (wohl von welcher Stelle?) Den Blick heben – und über sich sehen, wie an der Wand festklebt...

Brr!.. Nun plötzlich in Ohnmacht fallen.

. . . .

Die Komödie zuende spielen.

Nur einen Tag später vor dem luftdicht vernagelten Sarg (denn es gibt nichts zu beerdigen) – vor dem Sarg einen Akathistos murmeln, über eine Kerze gebeugt in taillierter Uniform.

Nur zwei Tage später frisch rasiert, marmorbleich, das gottgleiche Gesicht in den Pelz der Nikolajewka gesteckt, beim Katafalk erscheinen, auf der Straße, mit dem Ausdruck eines unschuldigen Engels; in den weißen Glacéleder-Fingern die Schirmmütze drücken und, in Begleitung der ganzen vornehmen Suite, gramvoll zum Friedhof schreiten... hinter dem Blumenmeer (dem Sarg). Auf eigenen zitternden Händen werden dieses Meer die Treppe hinunter schleppen die goldbrüstigen, weißbehosten Greise – mit Degen und Bänderschmuck.

Dieses Meer werden schleifen acht kahle Greise.

. . . .

Und – ja, ja!

Bei der Voruntersuchung aussagen, doch so, daß... auf wen auch immer (selbstverständlich nicht gezielt)... doch ein Schatten geworfen sein wird; und es muß ein Schatten geworfen sein – Schatten auf wen auch immer; andernfalls – fällt der Schatten auf ihn... Wie denn sonst?

Ein Schatten wird geworfen sein.

. . . .

> Dummerchen, Hummelchen
> Kolenka da tanzt es:
> Setzt sich sein Schiffchen auf
> Auf dem Roß da stampft es.

. . . .

Und ihm wurde klar: jener Augenblick selbst, als Nikolaj Apollonowitsch heroisch sich dazu verurteilte, Vollstrecker der Hinrichtung zu sein – einer Hinrichtung *im Namen der Idee* (so dachte er), dieser Augenblick, und nichts sonst, war der Urheber solch eines Plans, keineswegs der graue Prospekt, über den er den ganzen Morgen gerannt war; die Handlung im Namen der Idee verband sich, bei all seiner Aufregung, mit

teuflischer kaltblütiger Heuchelei und, vielleicht, mit Verleumdung: mit der Verleumdung vollkommen unschuldiger Personen (am günstigsten des Kammerdieners: ihn besuchte ja manchmal sein Neffe, Zögling der Gewerbeschule und offenbar parteilos, doch … immerhin …).
Ein Spekulieren auf Kaltblütigkeit war doch da. Zum Vatermord kam hier die Lüge, kam auch Feigheit; doch – vor allem, – Gemeinheit.

. . . .

Wohlgestalt und blaß und edel,
Haare weiß wie Flachs,
Reich das Denken, arm das Fühlen,
Wer ist … N. A. A.?

. . . .

Er war ein Schuft …

. . . .

Alles, was sich zutrug in diesen zwei Tagen, waren Fakten, und ein Faktum war ein Ungeheuer; ein Haufen Fakten, das heißt ein Rudel von Ungeheuern; Fakten hatte es keine gegeben bis zu diesen zwei Tagen; kein Ungeheuer verfolgte ihn. Nikolaj Apollonowitsch schlief, las und aß; er begehrte sogar: Sofja Petrowna; kurz: alles hielt sich im Rahmen.
Aber, und – aber! ..
Er aß anders als andere, liebte anders als andere; anders als andere erfuhr er das Begehren: seine Träume waren schwer und dumpf; das Essen schien fade, selbst das Begehren gewann nach der Brücke einen äußerst häßlichen Unterton – der Verhöhnung mithilfe des *Domino*; und außerdem: er haßte – den Vater. Da war etwas, das er an sich hatte, das ein besonderes Licht warf auf den Vollzug all seiner Funktionen (warum zuckte er dauernd, warum schlenkerten seine Arme wie Peitschen? Und sein Lächeln wurde das eines Froschs); dieses *Etwas* war kein Faktum, doch ein Faktum blieb; dieses Faktum lag im *Etwas*.
Worin lag das *Etwas*?

In dem Versprechen an die Partei? Sein Versprechen hatte er nicht zurückgenommen; und obwohl er nicht daran dachte, doch... die anderen dachten nun wahrscheinlich (wir wissen, was Lippantschenko dachte); denn, nun, er aß seltsam und schlief seltsam, er begehrte und haßte ebenfalls seltsam... Ebenso seltsam erschien sein kleines Figürchen – auf der Straße; mit im Wind flatternder Pelerine der Nikolajewka, und wie bucklig...

Also, in dem Versprechen, das an der Brücke zustande kam – dort, dort: in der Zugluft des Newa-Winds, als er hinter sich Melone, Stock und Schnurrbart gewahrte (die Bewohner Petersburgs zeichnen sich durch – hm-hm – Eigenschaften aus!..)

Und außerdem war das Stehen an der Brücke selbst nur Folge dessen, was ihn auf die Brücke getrieben hatte; ihn trieb das Begehren; die leidenschaftlichsten Gefühle erlebte er *irgendwie anders*, er entflammte *anders, ungut*, kalt.

Es lag also an der Kälte.

Die Kälte hatte sich eingenistet seit seiner Kindheit, als sie ihn, Kolenka, noch nicht Kolenka nannten, sondern Brut seines Vaters! Er begann sich zu schämen. Später enthüllte sich ihm der Sinn des Wortes »*Brut*« ganz (durch Beobachtung einer schändlichen Unart im Leben der Haustiere) und, er erinnert sich, – Kolenka weinte; die Schande seiner Geburt übertrug er auch auf den Schuldigen an seiner Schande: auf den Vater.

Er stand manchmal stundenlang vor dem Spiegel und sah zu, wie seine Ohren wuchsen: groß und größer wurden.

Und da auch begriff Kolenka, daß alles, was lebendig ist auf der Welt, »*Brut*« ist, daß es keine Menschen gibt, weil sie alle »*Ausgeburt*« sind; selbst Apollon Apollonowitsch, auch er erwies sich als »*Ausgeburt*«; das heißt als unangenehme Summe von Blut, Haut und Fleisch – unangenehm, weil die Haut – schwitzt, das Fleisch – in der Wärme verdirbt; und Blut verströmt einen Duft nicht von Maiveilchen.

So wurde ihm die seelische Wärme zur unübersehbaren Eiswüste, zur Antarktis vielleicht; er aber – ein Peary, Nansen, Amundsen – trudelte dort in der Eiswüste; oder seine Wärme wurde zu blutigem Matsch (der Mensch ist, bekanntlich, in Haut vernähter Matsch).

Eine Seele gab es, folglich, nicht.

Das eigene Fleisch und Blut – haßte er; das fremde aber – begehrte er. So züchtete er von frühester Kindheit in sich Larven von Ungeheuern: und als sie herangereift waren, da schlüpften sie binnen vierundzwanzig Stunden und umstanden ihn – als Fakten entsetzlichen Inhalts. Nikolaj Apollonowitsch wurde lebendigen Leibes gefressen; er ging ein in die Ungeheuer.

Kurz, selbst wurde er zu den Ungeheuern.

– »Froschjunges!«

– »Monstrum!«

– »Roter Narr!«

Eben das: man narrte ihn mit dem Blut und nannte ihn »*Brut*«; und da begann das eigene Blut zu narren – der »Narr«; der »Narr« war keine Maske, Maske war »Nikolaj Apollonowitsch« . . .

Zu früh verfaulte in ihm das Blut.

Zu früh verfaulte es; und darum weckte er, offenbar, Abneigung; und darum wirkte seine Figur seltsam auf der Straße.

Dieses schwächliche, spröde Gefäß mußte platzen: und es platzte.

Die Behörde

Die Behörde . . .

Jemand hat sie begründet; seit der Zeit existiert sie; vor der Zeit existierte – allein jene Zeit. So kündet uns das »Archiv«.

Die Behörde . . .

Jemand hat sie begründet, davor herrschte Finsternis, jemand schwebte über der Finsternis; es war Finsternis und es ward Licht – das Zirkular Nummer eins, und das Zirkular des letzten Jahrfünfts trug die Unterschrift: »Apollon Ableuchow«; im Jahre neunzehnhundertundfünf war Apollon Apollonowitsch Ableuchow die Seele der Zirkulare.

Licht scheint in der Finsternis. Die Finsternis umfing ihn nicht.
. . . .

Die Behörde...
Und – der Rumpf einer bocksfüßigen Karyatide. Seit der Zeit,
als vor seiner Freitreppe eine Kutsche vorfuhr, gezogen von
einem Paar schäumender Rappen, seit der Zeit, als der Hoflakai
mit schief aufgesetztem Dreispitz und im Mantel mit Pelerine
zum ersten Mal den lackierten, mit dem Stempel versehenen
Wagenschlag aufriß und die Tür, klappend, das mit Krönchen
geschmückte Wappen bewegte (ein Einhorn, das einen Ritter
erlegt); seit der Zeit, als von den Trauerkissen der Kutsche den
Granit des Aufgangs mit der Stiefelette eine pergamentgesich-
tige Statue betrat; seit der Zeit, als zum ersten Mal, grüßend, die
Hand, ins Leder des Handschuhs gehüllt, den Rand des Zylinders berührte: – seit der Zeit drückte eine noch stärkere
Macht auf die Behörde, die über Rußland ihre starke Macht
geworfen hatte.
Paragraphen standen auf, in Staub begrabene.
Mich verblüfft die bloße Gestalt des Paragraphen: auf ein
Aktenstück fallen zwei verkuppelte Häkchen, – und Stapel
von Akten werden vernichtet; der Paragraph ist ein Aktenstück-
fresser, das heißt eine Aktenstück-Reblaus; ins Gutdünken
dunkler Bodenlosigkeit saugt sich, wie eine Zecke, der Paragraph, – und wirklich: er hat etwas Mystisches: er ist das
dreizehnte Tierkreiszeichen.
Über einem riesigen Teil Rußlands vermehrte sich im Paragraphen ein kopfloser Gehrock, und es wuchs der Paragraph,
aufgeblasen als Senatorskopf – über dem gesteiften Vorhemd;
in den weißsäuligen ungeheizten Sälen und auf den roten
tuchbedeckten Stufen begann eine kopflose Zirkulation, und
diese Zirkulation dirigierte Apollon Apollonowitsch.
Apollon Apollonowitsch war der populärste Beamte Rußlands
mit Ausnahme... Konaschins (dessen immergleiche Unterschrift Sie auf Banknoten bei sich tragen).
Also: –
Die Behörde existiert. Darin existiert Apollon Apollonowitsch:
richtiger »existierte«, denn er ist tot... –

– Ich war kürzlich an
seinem Grab: über einem wuchtigen schwarzmarmornen
Block erhebt sich ein schwarzmarmornes russisches Kreuz;
unter dem Kreuz ein deutliches Hochrelief, ein riesiger
gemeißelter Kopf, der uns mißtrauisch durchbohrt mit
dem Loch der Pupillen; ein dämonischer, mephistopheli-
scher Mund! Darunter die bescheidene Unterschrift: »Apollon Apollonowitsch Ableuchow – Senator«... Geburtsjahr,
Todesjahr... Ein verwildertes Grab!.. –

– Apollon Apollo-
nowitsch existiert: er existiert im Direktorenzimmer: Tag für
Tag weilt er dort, mit Abzug der Tage mit Hämorrhoiden.
Außerdem existieren in der Behörde Kabinette... der Versunkenheit.

Und dann existieren einfach Zimmer; vor allem – der Saal;
Tische in jedem Saal. An den Tischen Kopisten; pro Tisch ein
Paar; vor jedem: Feder und Tinte und ein achtbarer Stapel
Aktenstücke; der Kopist kratzt übers Aktenstück, wendet
Blätter um, raschelt mit einem Blatt und knötert mit der Feder
(ich denke, das Unglücksgewächs Knöterich kommt von knö-
tern); so geht der Herbstwind, der schlimme, den die Winde
beginnen – durch die Wälder und Schluchten; so geht auch
das Rascheln des Sands – in den Brachen, den Salzmorast-
Weiten – um Orenburg, Samarkand und Saratow; –

– dassel-
be Rascheln lag über dem Grab: das traurige Rascheln der
Birken; ihre Kätzchen, ihr junges Laub fiel aufs schwarz-
marmorne, russische Kreuz, und – Friede seiner Asche! –
Kurz: die Behörde existiert.

. . . .
Nicht die herrliche Proserpina wird entführt ins Reich Plutos
durch das Land, wo weißschäumend Kokytos braust; Tag für
Tag wird in den Tartaros entführt der durch Charon geraubte
Senator auf zottigen, schäumenden, schwarzmähnigen Rap-
pen; über der Pforte des traurigen Tartaros hängt die bärtige
Karyatide Plutos. Es plätschern die Wellen des Phlegethon: die
Aktenstücke.

In seinem Direktorzimmer sitzt Apollon Apollonowitsch Ableuchow Tag für Tag mit geschwollener Schläfenader, Bein über Bein geschlagen, die ädrige Hand im Aufschlag des Gehrocks; Scheite knistern im Kamin, der achtundsechzigjährige Greis atmet den Bazillus des Paragraphen, das heißt, der Vereinigung zweier Häkchen: und dieser Atem fliegt durch die riesigen Räume Rußlands: Tag für Tag bedeckt den zehnten Teil unserer Heimat ein Fledermausflügel von Wolken. Apollon Apollonowitsch Ableuchow, ergriffen von einem glücklichen Einfall, Bein über Bein geschlagen, die Hand im Aufschlag des Gehrocks, bläst dann die Backen auf; und er scheint zu blasen (er hat nun mal diese Gewohnheit); kühle Lüftchen blasen durch die ungeheizten Säle; Windhosen-Trichter beginnen zu wirbeln aus unterschiedlichen Aktenstücken; in Petersburg erhebt sich ein Wind, und irgendwo an der Peripherie entlädt sich ein Orkan.

Apollon Apollonowitsch sitzt in seinem Kabinett ... und bläst.

Und die Rücken der Kopisten krümmen sich: und die Blätter rascheln: so laufen die Winde – über grimmige Föhrenhöhen ... Dann zieht er die Backen ein; und alles – raschelt: eine trockene, papierene Schar, wie schicksalhafter Laubfall, jagt von Petersburg ... bis zum Ochotskischen Meer.

Es wirft sich der kalte Hexentanz – über Felder und Wälder und Dörfer, um zu heulen, anzufallen, laut zu lachen, um als Hagel, als Regen, als Glatteis in Pfoten und Hände zu beißen – den Vögeln, wilden Tieren, dem Wanderer, und auf ihn die gestreiften Balken der Schlagbäume zu kippen, – als gestreifter Werstpfahl aus der Gosse zu springen auf die Chaussee, sich aufzublähen als feixende Ziffer, die Unbehaustheit und Unendlichkeit des Wegs zu enthüllen und düstere Reusen zu legen von flirrenden Irrbildern ...

Norden, vertrauter Norden! ..

Apollon Apollonowitsch Ableuchow ist ein Stadtmensch und durchaus manierlicher Herr: er sitzt in seinem Zimmer, während sein Schatten, den Stein der Mauer durchdringend ...

sich auf den Feldern auf Fußgänger wirft: mit keckem, räuberi-schem Pfiff spaziert er in den Weiten – um Samara, Tambow, Saratow – in Schrunden und gelbem Sand, in den Disteln, im Wermut, oder im wilden Bärenohr, legt Sandglatzen bloß, reißt an getürmten Heuhaufen, entfacht in der Darre ein verdäch-tiges Feuerchen; den roten Dorfhahn – läßt er erscheinen; den natürlichen Quellbrunnen – läßt er verstopfen; kaum berührt er die Saat als verderblicher Tau, – verkümmert die Saat; das Vieh – siecht dahin ...

Er multipliziert und gräbt neue Schluchten.

Witzbolde würden zutreffend sagen: nicht Apollon Apollono-witsch, nein ... Aquilon Apollonowitsch.

· ·

Die Multiplikation der Anzahl pro Tag vor dem Kopisten vorüberfliegender Aktenstücke, die es herausbläst durch die Tür der Behörde, die Multiplikation dieser Aktenstücke mit der Anzahl der diese Aktenstücke fertigenden Kopisten bildet ein Produkt, das heißt eine Aktenproduktion, die nicht kar-ren-, nein, fuhrenweise abzufahren ist.

Und jedes Aktenstück trägt die Unterschrift: »Apollon Ableu-chow«.

Dieses Aktenstück saust die Eisenbahnlinien entlang vom Eisenbahnzentrum: von Sankt-Petersburg; und – bis in die Gouvernementsstadt; hat er seine Schar zerstreut über die entsprechenden Zentren, schafft Apollon Apollonowitsch in diesen Zentren neue Herde der Aktenstückproduktion.

Gewöhnlich zirkuliert ein Aktenstück mit (der nämlichen) Unterschrift bis zur Gouvernementsverwaltung; dort erhalten das Aktenstück alle Zivilen (will sagen Staatsräte): die Tschi-tschibabins, Swertschkows, Schestkows, Teterkos, Iwantschi-Iwantschewskijs; von der Gouvernementsstadt verschickt schon entsprechend Iwantschi-Iwantschewskij die Aktenstük-ke in die Städte: Muchojedinsk, Lichowo, Gladowo, Morowe-trinsk und Pupinsk (alles Kreisstädte); Koslorodow, der Asses-sor, erhält dann das Aktenstück.

Und das Blatt wendet sich.

Sobald Koslorodow, der Assessor, das Aktenstück erhält, müßte er sich auf der Stelle selbst in eine Kalesche setzen, in ein Kabriolett oder eine rüttelnde Droschke, um über Radspuren zu tanzen – über Felder und Wälder, durch Dörfer und Sümpfe, – und allmählich zu versinken im Lehm oder braunen Sand, sich dem Überfall gestreifter, erhobener Werstpfähle aussetzend und gestreifter Schlagbäume (in den Brachen überfällt Apollon Apollonowitsch die Wanderer); statt dessen aber stopft Koslorodow das Ersuchen Iwantschi-Iwantschewskijs einfach in seine Seitentasche.

Und er geht in den Klub.

Apollon Apollonowitsch ist allein: und so vertausendfacht er sich schon in den Werstpfählen; er allein schafft es nicht; und es schaffen auch nicht die Iwantschi-Iwantschewskijs. Die Koslorodows zählen nach Tausenden; hinter ihnen steht der Bürger, vor dem Ableuchow sich fürchtet.

Und darum zerschlägt Apollon Apollonowitsch nur die Grenzmale seines Gesichtskreises: ihre Stelle verlieren – die Iwantschewkijs, Teterkos, Swertschkows.

Koslorodow bleibt unabsetzbar.

Jenseits aller Erreichbarkeit – hinter Schluchten, Radspuren, Wäldern – spielt er Wint in Pupinsk.

Gut nur, daß er *vorläufig* Wint spielt.

Er spielt nicht mehr Wint

Apollon Apollonowitsch ist allein.

Er schafft es nicht. Und der Pfeil seines Zirkulars dringt nicht in die Kreise: er zerbricht. Dort wird nur, vom Pfeil durchbohrt, irgendwo Iwantschewskij stürzen; und die Koslorodows werden gegen Swertschkow eine Hetzjagd beginnen. Apollon Apollonowitsch wird aus Palmyra, aus Sankt-Petersburg, sich entladen als Aktenstück-Kanonade, – und (in der letzten Zeit) sich vertun.

Die Bürger haben diese Bomben und Pfeile längst getauft auf den Namen: Seifenblasen.

Der Pfeilewerfer, – vergeblich schickte er den gezackten Blitz

Apolls; die Geschichte hat sich gewendet; an die alten Mythen glaubt man nicht mehr; Apollon Apollonowitsch Ableuchow ist durchaus nicht Gott Apoll: er ist Apollon Apollonowitsch, ein Petersburger Beamter. Und – vergeblich beschoß er die Iwantschewskijs.

Die Aktenstück-Zirkulation wurde all diese letzten Tage geringer; ein Gegenwind blies, und nach Druckschrift riechende Aktenstücke untergruben nun die Behörde – mit Gesuchen, Eingaben, ungesetzlicher Drohung und Einspruch; und so weiter, so weiter: mit dergleichen Verrat.

Nun und was auch für ein schändlicher Umgang mit der Obrigkeit zirkulierte unter den Bürgern? Ein Proklamationston kam auf.

Und – was bedeutete das?

Sehr vieles: der unzugängliche, unerreichbare Koslorodow, der Assessor, war irgendwo dort frech geworden; und war aus den Provinzen vorgerückt gegen die Iwantschi-Iwantschewskijs: an irgendeinem Punkt im Raum zerlegte die Menge einen Stakentenzaun in hölzerne Pfähle, und Koslorodow... war nicht da; an einem anderen Punkt wurden sämtliche Scheiben einer Staatlichen Behörde eingeschlagen, und Koslorodow war wieder nicht da.

Von Apollon Apollonowitsch trafen Vorschläge ein, trafen Ratschläge ein, trafen Weisungen ein: es hagelte Weisungen salvenweise; all diese letzten Wochen saß Apollon Apollonowitsch mit geschwollener Schläfenader im Kabinett und diktierte Weisung um Weisung; und Weisung um Weisung fuhr als rasender Blitzespfeil ins provinzielle Dunkel; doch das Dunkel brach an; zuvor drohte es nur von den Horizonten; nun überflutete es die Kreise und ergoß sich nach Pupinsk, um von dort, von Pupinsk, dem Zentrum des Gouvernements, zu drohen, woher, überflutet von Dunkel, ins Dunkel Iwantschewskij fiel.

Zu der Zeit erschien in Petersburg selbst, auf dem Newskij, die Finsternis der Provinz in Gestalt der dunklen mandschurischen Mütze; diese Mütze schwärmte zusammen und spazierte gemeinschaftlich auf den Prospekten; auf den Prospekten provozierte sie mit Lappen von rotem Kattuntuch (so ein Tag kam vor): an diesem Tag auch unterbrach der Ring der vielschlotigen Fabriken den Auswurf von Rauch.

Wie Sisyphos hatte Apollon Apollonowitsch das riesige Rad dieses Mechanismus gedreht; den Steilhang der Geschichte hinan rollte er fünf Jahre das Rad ununterbrochen aufwärts; die mächtigen Muskeln versagten; immer häufiger aber schaute aus den Muskeln der Macht ein unbeteiligtes Gerippe, das heißt schaute – Apollon Apollonowitsch Ableuchow, wohnhaft am Englischen Ufer.

Denn er fühlte sich wirklich als abgenagtes Gerippe, von dem Rußland sich abgelöst hatte.

Um die Wahrheit zu sagen: Apollon Apollonowitsch war schon vor dieser schicksalhaften Nacht manchem hohen Beamten, der ihn beobachtete, irgendwie angekratzt erschienen, geplagt von einer geheimen Krankheit, durchbohrt (erst in der letzten Nacht war er aufgeschwollen); Tag für Tag warf er sich unter Stöhnen in die kohlrabenschwarze Kutsche, im kohlrabenschwarzen Mäntelchen und mit – kohlrabenschwarzem Zylinder; zwei schwarzmähnige Rappen trugen den blassen Pluto davon.

Über Phlegethons Wellen trugen sie ihn in den Tartaros: hier, in den Wellen, zappelte er.

Schließlich – schlugen mit vielen Dutzend Katastrophen (den Ablösungen, beispielsweise, der Iwantschewskijs und den Ereignissen in Pupinsk) die Phlegethon-Wellen aus Aktenstücken an das Rad der gewaltigen Maschinerie, das der Senator drehte; an der Behörde trat eine Bresche zutage – an einer Behörde, wie sie in Rußland so selten waren.

Und nach diesem, mit nichts zu vergleichenden Skandal, wie es später hieß – da entfloh aus dem vergänglichen Körper des Trägers brillantbesetzter Orden binnen vierundzwanzig Stunden das Genie; viele fürchteten gar, er sei übergeschnappt. Binnen vierundzwanzig Stunden, nein – zwölf Stunden vielleicht, nicht mehr (von Mitternacht bis zum Mittag) – trudelte Apollon Apollonowitsch Ableuchow rapide die Stufen seiner dienstlichen Laufbahn hinab.

Er war gefallen im Ansehen vieler.

Später hieß es, Grund dessen sei der Skandal um seinen Sohn: ja, zum Abend bei den Zukatows war noch ein Staatsmann erschienen; doch als zutage trat, daß sein Sohn von dem Abend geflohen war, da traten zutage auch alle Unzulänglichkeiten des Senators, von der Art zu denken bis hin – zu seinem Wuchs; und als früh am Morgen die druckfrischen Zeitungen erschienen und die Zeitungsjungen durch die Straßen rannten und schrien »*Das Geheimnis des roten Domino*«, da gab es schon keinerlei Zweifel mehr.

Apollon Apollonowitsch Ableuchow war endgültig gestrichen von der Liste der Kandidaten auf den verantwortlichen Posten von exklusiver Bedeutung.

Die berüchtigte Zeitungsnotiz – doch hier ist sie: »Ermittlungen der Geheimpolizei ergaben, daß die bestürzenden Gerüchte der letzten Tage vom Auftritt eines unbekannten Domino auf Petersburgs Straßen auf unbestreitbaren Fakten beruhen; eine Spur des Betrügers ist gefunden: man verdächtigt den Sohn eines hohen Beamten, der einen Verwaltungsposten innehat; die Polizei hat Maßnahmen ergriffen.«

Und mit diesem Tag begann der Niedergang des Senators Ableuchow.

Apollon Apollonowitsch Ableuchow wurde achtzehnhundertundsiebenunddreißig geboren (im Todesjahr Puschkins); seine Kindheit verbrachte er im Gouvernement Nishnij-...gorod, auf einem alten Herrengut; achtzehnhundertundachtundfünfzig schloß er sein Jus-Studium ab; achtzehnhundertundsiebzig wurde er zum Professor der Sankt-Petersburger Universität auf den Lehrstuhl für R...Ph... berufen; achtzehnhundertundfünfundachtzig wurde er Vize-Direktor und achtzehnhundertundneunzig Direktor des N. N. Departements; im folgenden Jahr wurde er durch kaiserlichen Erlaß in den Dirigierenden Senat berufen; im Jahr neunzehnhundert wurde er Chef der Behörde.

Das ist sein Curriculum vitae.

Das war schon die grünliche Morgenhelle, und Semjonytsch – hatte kein Auge zugetan in der Nacht! In seiner Kammer hatte er immerzu geächzt, sich herumgewälzt, sich zu schaffen gemacht; er mußte gähnen, sich kratzen und – vergib uns unsere Sünden, o Herr! – niesen; und bei alledem – dergleichen Gedanken:

– »Anna Petrowna ja, unsere Gute, ist aus Hispanien gekommen – zu Besuch gekommen...«

Zu sich selbst Semjonytsch dazu:

– »Ja... Da öffne ich, jawohl, die Tür... Sehe, jawohl, eine fremde Herrin... Eine unbekannte und in fremdländischem Gewand... Und sie, jawohl, zu mir...«

– »Uaaa...«

– »Jawohl, zu mir...«

– »Vergib uns unsere Sünden, o Herr!«

Und das Gähnen überkam ihn.

Schon hatte Tetjurins Schlot sich gemeldet (von Tetjurins Fabrik); schon hatten die Dampferchen gepfiffen; die Elektrizität auf der Brücke: wie ausgepustet... Semjonytsch warf das Deckbett von sich und richtete sich auf: er bohrte den großen Zeh in den Vorleger.

Und tuschelte.

– »Ich zu ihm: Euer, sage ich, Hohe Exzellenz, Herr – so und so, sage ich... Und er, jawohl – ja...«

– »Keinerlei Beachtung...«

– »Und unser junger Herr: mit Hut so groß... Und – vergib uns unsere Sünden, o Herr! – ein weißlippiger Milchbart und Nichtsnutz.«

– »Keine Herren, – Filousophen...«

So brummelte Semjonytsch herum; und – zurück mit dem Kopf unters Kissen; langsam vergingen die Stunden; rosige Wölkchen, sich füllend mit Sonnengefunkel, liefen hoch über der von Gefunkel erfüllten Newa... Und Semjonytsch unter der warmen Decke – immer murmelte er, immer grämte er sich:

– »Keine Herren, ... Physiker...«

Und als dort knallte, als dort zuschlug die Korridortür: nicht etwa Diebe?.. Den Kaufmann Awgijew haben sie bestohlen, den Kaufmann Awgijew haben sie bestohlen.

Auch den Moldauer Haha wollten sie abstechen.

Semjonytsch warf das Deckbett von sich und streckte den schweißnassen Kopf heraus; eilig mit den Beinen in die Unterhosen fahrend, sprang er mit ängstlich beleidigtem Ausdruck und mit mümmelnder Kinnlade aus dem warmen Bett und schlurfte mit bloßen Füßen in den geheimniserfüllten Raum: in den tiefschwarzen Korridor.

Und – ja was?

Dort klackte der Riegel des... Watercloset: Hohe Exzellenz, Apollon Apollonowitsch, der Herr, geruhte mit einer brennenden Kerze von dort zu schreiten – ins Schlafzimmer.

Blauer schon graute im Korridor der Raum, es leuchteten die übrigen Zimmer; und funkelte Kristall: halb acht; die Bulldogge kratzte sich und riß mit der Pfote am Hundehalsband, und mit geblecktem, getigerten Maul schnappte sie nach seinem Rücken.

– »Herrgott, Herrgott!«

– »Den Kaufmann Awgijew haben sie bestohlen!.. Den Kaufmann Awgijew haben sie bestohlen!.. Den Provisor Haha wollten sie erstechen!..«

. . . .

Unbändig funkelten Strahlen am kristallenen, hallenden, am blauenden Himmel.

Apollon Apollonowitsch Ableuchow warf die Höschen ab, dann verfranste er sich unbeholfen in den himbeerroten Quasten, als er den halbzerschlissenen mausgrauen Steppschlafrock umnahm und aus leuchtend-himbeerroten Aufschlägen das unrasierte (übrigens gestern noch glatte) Kinn reckte, das mit stachligen, dichten, schneeweißen Stoppeln besprenkelte, wie mit über Nacht gefallenem Rauhreif, der die dunklen Augenhöhlen betonte und auch die Höhlen unter dem Jochbein, die sich – bemerken wir unsererseits – über Nacht stark vergrößert hatten.

Er saß auf dem Bett, mit offenem Mund, mit klaffender haariger Brust, und zog anhaltend ein und stieß ruckhaft aus die nicht in die Lungen dringende Luft; jeden Augenblick fühlte er sich den Puls und sah auf die Uhr.

Ihn quälte, sichtlich, ein ungelöster Schluckauf.

Und ohne den mindesten Gedanken an die Serie höchst alarmierender Telegramme, die von überall zu ihm eilten, oder daran, daß der verantwortliche Posten ihm auf ewig entgleitet, oder – selbst! – an Anna Petrowna, – dachte er wahrscheinlich daran, woran man denkt vor einem geöffneten Schächtelchen schwärzlicher Tabletten.

Das heißt – er dachte, daß der Schluckauf, die Herzstöße, das Stolpern und die beengte Atmung (der Durst nach Luft), die, wie immer, ein Stechen und leichtes Kitzeln der Handflächen bewirkten, bei ihm nicht vom Herzen rührten, sondern von der Entwicklung von Gasen.

An den dumpfen Schmerz im linken Arm und die stechende linke Schulter versuchte er all diese Zeit nicht zu denken.

– »Wissen Sie? Das ist einfach der Magen!«

So hatte es ihm einmal der Kammerherr Saposhkow zu erklären versucht, ein achtzigjähriger Greis, der kürzlich an Herzangina starb.

– »Die Gase, wissen Sie, treiben den Magen auf: und das Zwerchfell krampft sich zusammen... Daher die Stöße, daher der Schluckauf... Das ist alles die Entwicklung von Gasen...«

Kürzlich einmal, im Senat, beim Prüfen eines Rapports, wurde Apollon Apollonowitsch blau, begann zu röcheln und wurde hinausgeführt; auf das beharrliche Drängen, zum Arzt zu gehen, erklärte er ihnen allen:

– »Das sind, wissen Sie, die Gase... Daher auch die Stöße.«

Indem sie die Gase absorbierte, half ihm mitunter die schwarze und trockene Tablette, nicht immer, übrigens.

. . . .

– »Ja, das sind die Gase«, – und er machte sich auf zum... zum...: es war halb neun.

Und dieses Geräusch nahm Semjonytsch wahr.

Kurz darauf – rumste, knallte die Korridortür und schlug dumpf von fern eine andere; Apollon Apollonowitsch Ableuchow nahm das gestreifte Plaid von den frierenden Knien und setzte sich wieder in Bewegung, lief zur Tür seines geschlossenen Schlafzimmerchens, riß die Tür auf und streckte das schweißüberströmte Gesicht heraus, um direkt an der Tür – auf genau solch ein schweißüberströmtes Gesicht zu stoßen:
– »Sind Sie das?«
– »Jawohl...«
– »Was suchen Sie?«
– »Ich gehe umher...«
– »Aa: ja, ja... Und warum so früh...«
– »Es braucht immer ein Auge...«
– »Was ist los, sagen Sie?..«
– »?«
– »Ein Geräusch...«
– »Und was?«
– »Da schlug etwas zu...«
– »Ach so, das?«
Nun packte Semjonytsch mit der Hand den Bund seiner schlotternden Unterhosen und schüttelte mißbilligend den Kopf:
– »Das war nichts...«
. . . .
Zehn Minuten zuvor nämlich hatte Semjonytsch verwundert bemerkt: aus der Tür des jungen Herrn schob sich ein weißblonder Kopf: sah nach rechts, sah nach links, und – verschwand.
Und dann – huschte der junge Herr im Hüpfschritt zur Tür des alten Herrn.
Er stand da, schöpfte Luft, schüttelte mehrmals den Kopf und drehte sich um, ohne Semjonytsch bemerkt zu haben, der sich in einen schattigen Winkel des Korridors drückte; er stand da, schöpfte nochmals Luft, und mit dem Kopf – ans von innen erleuchtete Schlüsselloch: ja – wie er festklebt und nicht von der Tür weicht! Nicht nach Herrenart linste der junge Herr, war nicht richtig, – nicht normal...

Was war denn das für ein Schnüffler? Und dann doch – irgendwie ungebührlich?

Vermutlich sah er dort nicht nach irgendwem Fremden, der
sich verstecken mochte – er sah nach dem eigenen, dem bluts-
verwandten Papachen; er mochte, womöglich, nach seiner
Gesundheit sehen; nun, und trotzdem: man spürte, hier war
nicht Sohnessorge im Spiel, sondern so: Müßiggang. Und dann
hieß das nur eins: so ein Maulaffe!

Nicht irgendein Lakai war er – Generalssöhnchen, französisch
erzogen. Nun räusperte sich Semjonytsch.

Und der junge Herr – wie fuhr er zusammen!

– »Säubern Sie mir«, – sagte er ärgerlich, – schleunigst den
Gehrock...«

Und von Papachens Tür – in sein Zimmer: einfach ein Maulaffe!

– »Jawohl«, – mißbilligend mümmelte Semjonytsch mit den
Lippen, bei sich aber dachte er:

– »Da ist die Mutter zurückgekommen, und er so früh am
Morgen – ›säubern Sie mir den Gehrock‹.«

– »Ungut ist das, unanständig!«

– »Einfach irgendwelche Hamlets... Ach du, mein Gott...
durchs Schlüsselloch spähen!«

. . . .

All das wimmelte plötzlich im Kopf des Alten, als er, den Bund
seiner rutschenden Hosen raffend, mißbilligend den Kopf
schüttelte und zweideutig vor sich hinmurmelte:

– »Ach so?.. Das?.. Da schlug etwas zu: das steht fest...«

– »Was schlug zu?«

– »Das war nichts: geruhen sich nicht zu beunruhigen...«

– »?«

– »Nikolaj Apollonowitsch...«

– »Ja?«

– »Schlug beim Weggehen die Tür zu: ist frühmorgens gegangen...«

Apollon Apollonowitsch Ableuchow sah Semjonytsch an,
machte Anstalten etwas zu fragen, aber schwieg, doch...
mümmelte greisenhaft mit dem Mund: bei der Erinnerung

510

an die vor kurzem hier stattgehabte höchst mißlungene Aussprache mit dem Sohn (das war ja der Morgen nach dem Abend bei den Zukatows) hingen ihm unter den Mundwinkeln plötzlich beleidigte Hautsäckchen. Dieser unangenehme Eindruck war Apollon Apollonowitsch offenbar reichlich zuwider: er verscheuchte ihn.

Und schüchtern richtete er einen bittenden Blick auf Semjonytsch:

– »Er hat ja Anna Petrowna gesehen, der Greis . . . Hat mit ihr – schließlich – gesprochen . . .«

Dieser Gedanke blitzte zudringlich auf.

– »Bestimmt hat sich Anna Petrowna verändert . . . Ist abgemagert, älter geworden; und womöglich auch grauer: hat mehr Falten bekommen . . . Vielleicht irgendwie vorsichtig mich erkundigen, hintenrum . . .«

– »Und – nein, nein! . .«

Plötzlich löste sich das Gesicht des achtundsechzigjährigen Herrn unnatürlich in Falten auf, der Mund feixte bis zu den Ohren, und die Nase verschwand in den Runzeln.

Und der Sechzigjährige – war zum Tausendjährigen geworden: mit einer Anstrengung, die ans Schrille grenzte, ging diese graue Ruine daran, sich mit Gewalt einen Kalauer abzupressen:

– »Me-me-me . . . Semjonytsch . . . Sie . . . me-me . . . laufen barfuß?«

Der zuckte beleidigt zusammen.

– »Verzeihung, Hohe Exzell . . .«

– »Mir geht es . . . me-me-me . . . ja nicht«, – suchte Apollon Apollonowitsch den Kalauer zusammenzubringen.

Doch den Kalauer brachte er nicht zusammen und stand da, die Augen in den Raum gebohrt; und er ging eine Spur in die Knie, und er sprudelte eine Ungeheuerlichkeit heraus:

– »Äh . . . sagen Sie . . .«

– »? «

– »Ihre Fersen sind gelb?«

Semjonytsch, beleidigt:

– »Gelb sind die Fersen, Herr, nicht bei mir: nur bei ihnen, den bezopften Chinesen . . .«

– »Hi-hi-hi... Dann vielleicht rosig?«
– »Menschlich...«
– »Nein – gelb sind sie, gelb!«
Und Apollon Apollonowitsch, tausendjährig, zitternd, kurz, stampfte beharrlich mit dem Pantoffel auf.
– »Nun, überhaupt was für Fersen?.. Nichts als Schwielen, Hohe Exzellenz... Du fährst in den Schuh, und da sticht es und brennt es...«
Doch er dachte dabei:
– »Ach, was heißt Fersen?.. Geht es vielleicht hier um Fersen?.. Schau an, der Herr, der alte Pilz, der die ganze Nacht kein Auge zutut... Und die Herrin nicht fern, in Wartestellung... Und der Sohn – ein Filousophist... Von wegen – Fersen!.. Schau an, gelb... Hast selbst gelbe Fersen... Eine schöne – ›Person‹!..«
Und war noch beleidigter.
Apollon Apollonowitsch aber hatte, wie immer, in den Kalauern, Dummheiten, Albernheiten (wenn es ihn manchmal überkam) einfach eine gewissen Frechheit gezeigt: manchmal, um sich Mut zu machen, wurde der Senator (immerhin Wirklicher Geheimrat, Professor und Träger brillantbesetzter Orden) – zum Unruhegeist, zur Tummeltaube, zur Nervensäge, zur Plage, er glich in diesen Minuten den Fliegen, die dir ins Auge kriechen, ins Nasenloch, ins Ohr – vor einem Gewitter, an einem stickigen Tag, wenn eine graublaue Wolke qualvoll hervorquillt über den Linden; solche Fliegen schlägst du zu Dutzenden tot – auf den Armen, auf dem Schnurrbart – vor einem Gewitter, an einem stickigen Tag.
– »Aber ein Fräulein – hi-hi-hi... Ein Fräulein...«
– »Was ist mit dem Fräulein?«
– »Hat...«
Solch ein Unruhegeist!
– »Was hat es?«
– »Rosige Fersen...«
– »Ich weiß nicht...«
– »Dann schauen Sie nur hin...«
– »Wunderlich, wirklich, der Herr...«

– »Das kommt bei ihr von den Strümpfchen, wenn das Füßchen schwitzt.«
Und ohne den Satz zu beenden, trappelte Apollon Apollonowitsch Ableuchow, – Wirklicher Geheimrat, Professor, Chef
der Behörde, – mit den Schuhen in sein Schlafzimmer; und –
klack: schloß sich ein.
Hinter der Tür, dort – ging er in sich, verstummte, erschlaffte
er.
Und hilflos begann er sich umzusehen: ach, und wie war er
geschrumpft! Ach, und wie war er doch bucklig geworden? Und
wie ungleich die Schultern (als wäre die eine Schulter gebrochen). An die pochende, an die schmerzende Seite – drückte er
ab und zu eine Hand.
. . . .
Ja! . .
Alarmierende Meldungen aus der Provinz . . . Und, wissen Sie,
– der Sohn, der Sohn! . . Dem Vater . . . einfach solche Schande
gemacht . . . Eine entsetzliche Lage, wissen Sie . . .
Diese alte Kuh, Anna Petrowna, haben sie beklaut: irgendein
Skomorochen-Schuft, mit Schabenschnurrbart . . . Und da ist
sie zurückgekommen . . .
Tut nichts! . . Irgendwie! . .
Ein Aufstand, der Untergang Rußlands . . . Und sie – wollen
schon: einen Anschlag . . . Irgendein Abiturient dort mit Augen
und Schnurrbärtchen dringt ins geachtete, altadlige Haus . . .
Und dann – die Gase, die Gase! . .
Nun schluckte er die Tablette . . .
. . . .
Die Sprungfeder, mit Gewichten überlastet, verliert ihre Span-
nung; die Spannkraft hat eine Grenze: der menschliche Wille
hat auch eine Grenze; es schmilzt auch ein eiserner Wille; im
Alter erweicht das menschliche Hirn. Wenn jetzt Frost einsetzt,
sprüht der harte, der Schneeklumpen – strahlende Funken;
und aus eisigen Schneeflocken formt er eine blitzende menschliche Büste.
Bricht dann Tauwetter an – wird der Klumpen braun und
porös: er verwittert, wird glitschig; und – schrumpft.

Apollon Apollonowitsch Ableuchow fror schon als Kind: fror und verhärtete sich; unter der eisigen Nacht der Hauptstadt, – schien schroffer, härter, drohender seine blitzende Büste, – die strahlende, funkelnde, immer höher aufsteigende über der nördlichen Nacht bis zu jenem fauligen Windchen, von dem sein Freund fiel und das im Laufe der letzten Zeit als Orkan zu feuern begann.

Apollon Apollonowitsch Ableuchow war aufgestiegen vor dem Orkan; auch – *danach* ...

Einsam, lange und stolz hielt sich unter dem Feuerschlund des Orkans Apollon Apollonowitsch Ableuchow – strahlend, vereist und hart; doch alles hat seine Grenze: selbst Platin schmilzt.

Apollon Apollonowitsch Ableuchow war in einer Nacht bucklig geworden; in einer Nacht war er verfallen und ließ den großen Kopf hängen; auch ihn, den wie eine Sprungfeder spannkräftigen, hatte es gefällt; und davor? Unlängst noch hatten auf faltenlosem Profil, dem herausfordernd gen Himmel gestreckten dem Unheil entgegen, die roten Fackeln der Flamme gezappelt, von der sich ... ganz Rußland ... entzünden konnte! ..

Doch nur eine Nacht war vergangen.

Und vor dem feurigen Grund des brennenden Russischen Reiches stand anstelle des starken Staatsmanns in Golduniform ein hämorrhoidaler Greis, mit klaffender, ruckhaft-atmender haariger Brust, – unrasiert, ungekämmt, schweißnaß, – im Schlafrock mit Quasten, – er konnte natürlich (durch Schlaglöcher, Radspuren, Gruben) den Lauf unseres schlingernden Staatsrads nicht lenken! ..

Fortuna war ihm untreu geworden.

Doch natürlich, – nicht die Ereignisse des persönlichen Lebens, nicht der ausgemachte Halunke, sein Sohn, und nicht die Angst zu fallen unter der Bombe, wie der einfache Krieger im Felde fällt, nicht die Ankunft einer Anna Petrowna, einer wenig bekannten Person, die einfach auf keinem Gebiet reüssiert hatte – nicht die Ankunft der Anna Petrowna (im schwarzen, gestopften Kleid und mit Ridicul) und durchaus nicht der rote Lappen hatten den Träger brillantbesetzter Orden in ein bloßes geschmolzenes Klümpchen verwandelt.

Nein – die Zeit...

. . . .

Haben Sie bereits kindisch werdende, doch noch immer berühmte Männer gesehen – Greise, die ein halbes Jahrhundert standhaft Schläge pariert haben – weißgelockte (doch öfter kahle) und in Kampfeisen geschlagene Koryphäen?

Ich habe sie gesehen.

Auf Versammlungen, Sitzungen, auf Kongressen kletterten sie aufs Katheder in schneeweißem gesteiften Vorhemd und ihren glänzenden Fräcken mit falschen Schultern; bucklige Greise mit hängenden Kinnladen, mit falschen Zähnen, zahnlose –

    – habe ich gesehen –

              – ergriffen nach alter Gewohnheit die Herzen und fanden am Katheder zu Haltung.

Und dann habe ich sie zu Hause gesehen.

Mit blödsinniger Betriebsamkeit mir im Flüsterton kranke, dumme Witze zunuschelnd, umgeben von Vasallen, schlurften sie in ihr Arbeitszimmer und brüsteten sich dort geifernd mit dem Bücherbrett ihrer gesammelten Werke, der in Saffian gebundenen, die auch ich einmal gelesen habe, mit denen sie mich und sich selbst bewirtet haben. Mir ist traurig zumute!

. . . .

Punkt zehn erklang Läuten: nicht Semjonytsch machte auf; jemand ging dort – in Nikolaj Apollonowitschs Zimmer; er saß dort, er hinterließ dort eine Notiz.

Ich weiß, was ich tue

Punkt zehn nahm Apollon Apollonowitsch im Speisezimmer seinen Kaffee.

Ins Speisezimmer eilte er, wie wir wissen, stets – eisig, streng, rasiert, den Duft von Eau de Cologne verbreitend und den Kaffee am Chronometer ausrichtend; mit den Pantoffeln über

den Fußboden schlurfend, schleppte er sich heute im Schlafrock zum Kaffee: unparfümiert und unrasiert.

Von halb neun bis zehn Uhr nach Mitternacht hatte er im
verschlossenen Zimmer gesessen.

Die Korrespondenz ließ er unbeachtet, die Begrüßungen der
Dienerschaft ließ er, gegen seine Gewohnheit, unerwidert: und
als die geifernde Schnauze der Bulldogge sich ihm auf die Knie
legte, da verschluckte der rhythmisch murmelnde Mund –

> Er ruft nach mir, der liebe Delwig,
> Gefährte kecker Jugendzeit,
> Gefährte auch in Traurigkeit,

– da verschluckte der rhythmisch murmelnde Mund sich nur
mit Kaffee:

– »Ach . . . hören Sie: entfernen Sie doch den Hund . . .«

Das Butterhörnchen zerrupfend und krümelnd, starrte er mit
versteinernden Augen in den schwarzen Kaffeesatz.

Um halb zwölf begann Apollon Apollonowitsch, als wäre ihm
etwas eingefallen, zu zappeln und auf dem Stuhl zu rutschen;
ruhelos ließ er die Augen schweifen, an eine graue Maus
erinnernd; er sprang auf, – und mit winzigen Schrittchen,
zitternd, rannte er in sein Arbeitszimmer und entblößte dabei
unter dem klaffenden Schlafrockschoß halbzugeknöpfte Unterhosen.

Ins Arbeitszimmer schaute bald auch der Lakai, um daran zu
erinnern, daß angespannt war; er schaute hinein – und wie
angewurzelt blieb er auf der Schwelle stehen.

Voll Verwunderung betrachtete er, wie von Regal zu Regal, über
die samtigen, hier überall ausgebreiteten Teppiche Apollon
Apollonowitsch eine schwere Büroleiter rollte, – seufzend,
ächzend, stolpernd und schwitzend, – wie er die Leiter er-
klomm und wie er, hinaufgeklettert, unter Gefahr für das
eigene Leben mit den Fingern den Staub auf den Bänden
prüfte; beim Anblick des Lakaien mümmelte Apollon Apollonowitsch voller Ekel mit den Lippen und erwiderte nichts auf
die Mahnung an die Ausfahrt.

Mit einem Buchumschlag ans Regal klopfend, verlangte er Lappen.

Zwei Lakaien brachten ihm Lappen; diese Lappen mußten sie ihm überreichen auf einer hoch erhobenen Bohnerbürste (er ließ niemanden zu sich hoch und kam selbst nicht herunter); zwei Lakaien ergriffen je ein Stearinlicht; zwei Lakaien standen zu beiden Seiten der Leiter mit in die Höhe gerecktem versteinertem Arm.

– »Heben Sie doch das Licht . . . Doch nicht so . . . Und so auch nicht . . . Nein, – höher doch, noch höher . . .«

Um diese Zeit ballten sich hinter den Bauten des anderen Newa-Ufers flockige Wolken, wälzten sich ihre düsteren filzigen Schwaden herüber; in die Scheiben schlug Wind; im grünlichen, verdüsterten Zimmer herrschte Halbdunkel; es heulte der Wind; und höher und höher wurden zwei Stearinlichter gereckt zu beiden Seiten der Leiter, die zur Decke hinauflief; in einer Wolke aus Staub, unmittelbar unter der Decke, wuselten dort mausgraue Rockschöße und baumelten himbeerfarbene Quasten.

– »Hohe 'xzellenz!«

– »Ist das Ihre Sache? . .«

– »Geruhen sich zu bemühen . . .«

– »Ja, erlauben Sie . . . Hat man das schon gesehen? . .«

Apollon Apollonowitsch Ableuchow, Wirklicher Geheimrat, konnte sie dort aus der Wolke von Staub gar nicht hören: von wegen! Alles auf der Welt vergessend, rieb er mit dem Lappen die Buchrücken ab und klopfte erbittert mit den Bänden auf die Leiterstufen: zum Schluß – mußte er niesen:

– »Hap – schtieb, schtieb, schtieb . . .«

– »Siehst du . . . Siehst du! . .«

– »Und jetzt aber . . . mit dem Lappen: so, so, so . . .«

– »Sehr gut! . .«

Und stürzte sich auf den Staub mit dem schmutzigen Lappen in der Hand.

Dringlich rasselte das Telephon: da telephonierte man aus der Behörde; doch aus dem gelben Haus antwortete man auf das dringliche Rasseln des Telephons:

– »Hohe Exzellenz?.. Ja... Geruht den Kaffee zu nehmen...
Werden vortragen... Ja... Es ist angespannt...«
Und abermals rasselte das Telephon; auf das abermalige Rasseln
des Telephons antwortete man abermals:
– »Ja...Ja... Sitzt noch immer bei Tisch... Wir haben bereits
vorgetragen... Werden vortragen... Es ist angespannt...«
Man antwortete auch auf das dritte, schon ungehaltene Ras-
seln:
– »Nein!«
– »Ist mit dem Ordnen der Bücher beschäftigt...«
– »Die Pferde?«
– »Sind angespannt...«
Die Pferde hatten eine Weile gestanden und trollten sich in den
Stall; der Kutscher spuckte: zu fluchen wagte er nicht...
. . . .
– »Jetzt putze ich ordentlich!«
– »Ei, ei, ei!.. Belieben vielleicht zu sehen?«
– »Hatschi...«
Und die zitternden gelben Hände, mit Büchern bewaffnet,
klopften auf das Regal.
. . . .
Im Vorzimmer surrte die Klingel: unterbrochenes Surren; ein
Schweigen sprach zwischen zwei Klingelschüben; als Mahnung
durchflog dieses Schweigen – Mahnung an etwas Vergessenes,
Vertrautes – den Raum der lackierten Zimmer; und – trat
ungebeten ins Arbeitszimmer; sehr, sehr Altes – stand im
Raum; und – stieg die Leiter empor.
Ein Ohr wurde aus dem Staub gestreckt, der Kopf wurde
gedreht:
– »Hören Sie?.. Hören Sie!..«
Wer weiß, wer das war?
Vielleicht: war es Nikolaj Apollonowitsch, der entsetzliche
Halunke, Wüstling und Lügner; vielleicht auch German Ger-
manowitsch, mit Aktenstücken; oder Kotoschi-Kotoschinskij;
oder womöglich Graf Nolden: vielleicht war es übrigens – me-
me-me – auch Anna Petrowna...
Es schellte.

– »Ja hören Sie nicht?«
– »Hohe Exzellenz, wie denn nicht hören: dort wird man wohl öffnen . . .«
Auf das Surren reagierten die Lakaien erst jetzt; steinern leuchteten sie noch immer.
Nur Semjonytsch, der durch den Korridor wanderte (immer murmelte er, immer grämte er sich) und aus Überdruß die Richtungen der Utensilien der herrschaftlichen Toilette in der Kommode durchging: – »Nordost: schwarze Krawatten und weiße Krawatten . . . Krägen, Manschetten – Ost . . . Die Uhr – Nord« – nur Semjonytsch, der durch den Korridor wanderte (immer murmelte er, immer grämte er sich), nur er – stutzte, wurde unruhig, reckte sein Ohr nach dem Klingelsignal; und kam ins Arbeitszimmer getrappelt.
Ein treues Schlachtroß reagiert so auf das Hornsignal:
– »Ich erkühne mich zu bemerken: es klingelt . . .«
Die Lakaien reagierten nicht.
Jeder streckte sein Licht – unter die Decke; oben unter der Decke, vom Ende der Leiter, schaute ein kahler Kopf aus den Staubwolken; eine brüchige, erregte Stimme reagierte:
– »Ja! Ich habe es auch gehört.«
Apollon Apollonowitsch, sich losreißend von einem dicken, eingebundenen Band, – er allein reagierte:
– »Ja, ja, ja . . .«
– »Wissen Sie . . .«
– »Da klingelt . . . die Klingel . . .«
Etwas Unsagbares, aber beiden doch Klares, spürten sie hier wohl beide, denn sie zuckten – beide – zusammen: »Beeilen Sie sich – laufen Sie – schnell! . .«
– »Die gnädige Frau . . .«
– »Das ist Anna Petrowna!«
Beeilen Sie sich, laufen Sie, schnell: es hat wieder geklingelt!
Nun stellten die Lakaien die Lichter ab und stapften in den tiefdunklen Korridor (vorneweg stapfte Semjonytsch). Von ganz oben unter der Decke ließ nun im grünlichen Licht des Petersburger Morgens Apollon Apollonowitsch Ableuchow – ein mausegrauer Haufen – ruhelos die Augen schweifen, er

schnaufte, begann mühsam herunterzuklettern, ächzte und legte sich auf die Leiterstufen mit der haarigen Brust, mit Schulter und stachligem Kinn; unten angekommen – wie rannte er da mit trippelnden Schrittchen zur Treppe, den schmutzigen Staublappen in der Hand und mit klaffendem Schlafrockschoß, in der Luft hingestreckt als phantastischer Keil. Und dann stolperte er, und da stand er und schnaufte und fühlte sich mit dem Finger den Puls.

. . . .

Die Treppe hinauf aber stieg schon ein Herr mit buschigen Koteletten, im zugeknöpften, taillierten Uniformrock, mit blendend weißen Manschetten, mit Annenstern auf der Brust, von Semjonytsch ehrerbietig geleitet; auf einem Tablett, das kaum zitterte in den Händen des Greises, lag eine glänzende Visitenkarte mit Adelskrone.

Apollon Apollonowitsch, mit klaffendem Schlafrockschoß, schaute unruhig hinter der Niobe-Statue vor auf den vornehmen, buschigen Greis.

Und wirklich, er glich einer Maus.

Wie ein Verrückter

Petersburg ist ein Traum.

Wenn du im Traum schon in Petersburg warst, kennst du zweifellos das gewichtige Vestibül: es hat Eichentüren mit spiegelnden Scheiben; diese Scheiben sehen die Passanten; aber hinter die Scheiben kommen sie nie.

Ein schwerer kupferner Stockknauf blitzt lautlos durch den Spiegel dieser Scheiben.

Dort sitzt – eine geneigte, achtzigjährige Schulter: sie erscheint über Jahre im Traum jenen zufälligen Passanten, für die alles Traum ist und die Traum sind; auf diese geneigte Schulter des achtzigjährigen Greises fällt auch der dunkle Dreispitz; der achtzigjährige Portier blitzt von dort auch hell mit den silbernen Tressen und sieht aus wie ein Bediensteter beim Büro für Trauerzüge nach Verrichtung des Diensts.

So ist es immer.

Der kupferne schwere Stockknauf ruht friedlich an der achtzigjährigen Schulter des Portiers; der vom Dreispitz gekrönte
Portier schlummert Jahre über dem »Börsenblatt«. Später wird
der Portier sich erheben und die Tür weit öffnen. Ob du
tagsüber, morgens, gegen Abend vorüberspazierst an der Eichentür – tagsüber, morgens, gegen Abend wirst du auch den
kupfernen Stockknauf sehen; du siehst die Tressen; und du
siehst – den dunklen Dreispitz.

Voll Verwunderung bleibst du stehen vor immer demselben
Traumbild. Dasselbe hast du schon bei deiner vorigen Ankunft
gesehen. Fünf Jahre sind inzwischen vergangen: dumpf ru-
morten die Ereignisse; China ist unterdessen erwacht; und
Port Arthur gefallen; von Gelbgesichtern überflutet ist unser
Land am Amur; erwacht sind die Sagen von Tschingis Khans
eisernen Reitern.

Doch das Traumbild der alten Zeiten blieb unverändert, beständig: achtzigjährige Schulter, Dreispitz, Tressen, Bart.

Im Nu, – wenn hinter der Scheibe der weiße Bart sich bewegt,
wenn blendend die silbernen Tressen funkeln, wie aus den
Blechrinnen sickernde giftige Rinnsale, die dem Bewohner
der Kelleretage mit Typhus und Cholera drohen, – wenn all
das kommt, und die alten Zeiten sich ändern, dann wirst du,
wie ein Verrückter, über die Petersburger Prospekte kreiseln.

Das giftige Rinnsal aus der Blechrinne wird dich begießen mit
dumpfiger Oktober-Kälte.

Hätte dort, hinter dem spiegelnden Eingang, entschlossen der
schwere Stockknauf gefunkelt, lägen sicher, ganz sicher hier
nicht Typhus und Cholera in der Luft: hätte China sich nicht
erhoben; wäre Port Arthur nicht gefallen: unser Land am Amur
wäre nicht überflutet von Schlitzaugen; und Tschingis Khans
Reiter wären nicht erstanden aus ihren vielhundertjährigen
Särgen.

Doch hör nur, hör hin: Getrappel … Getrappel aus den Steppen hinter dem Ural. Das Getrappel kommt näher.

Das sind die eisernen Reiter.

Über Jahre erstarrend am Aufgang des schwarzgrauen, vielsäu-

ligen Hauses, hängt noch immer am Aufgang dieselbe Karyatide: buschbärtiger, steinerner Koloß.

Mit traurigem tausendjährigen Lächeln, mit der dunklen Leere
den Tag durchdringender Augen hängt er über Jahre: hängt er
qualvoll; hundert Jahre fällt das Karnies des Balkonvorsprungs
auf den Nacken des Bärtigen und auf die Ellbogen der steinernen Arme. Steingehauenes Weinlaub und Trauben aus Stein
überwuchsen seine Lenden. Fest in die Mauer gedrückt sind die
schwarzbehuften, bockshaften Füße.

Alter, steinerner Bärtiger!

Viele Jahre lächelte er über dem Straßenlärm, viele Jahre über-
ragte er Sommer, Winter und Frühlinge – in den runden
Schnörkeln des Stuckornaments. Sommer, Herbst, Winter:
wieder – Sommer und Herbst; er ist derselbe; auch im Sommer
ist er porös, übereist, im Winter war er eisgekörnt; in den
Frühlingen träufelten von diesen Körnchen und Eiszapfen
Tropfen. Doch er ist derselbe: die Jahre berühren ihn nicht.

Die Zeit selbst reicht der Karyatide bis zum Gürtel.

Aus der Zeitlosigkeit, wie über der Linie der Zeit, hängt sie
gebückt über dem geraden Pfeil des Prospekts. Auf ihren Bart
hat sich eine Krähe gesetzt: monoton krächzt sie hinab zum
Prospekt; der schlüpfrige, nasse Prospekt schillert mit metallischem Glanz; in den nassen Steinplatten, so unfroh beleuchtet
vom Oktobertag, spiegeln sich: grünlicher Wolkenschwarm,
grünliche Passanten-Gesichter und silbrige Rinnsale, die aus
surrenden Blechrinnen fließen.

Der steinerne Bärtige, erhoben über den Strudel der Ereignisse,
stützt Tage, Wochen und Jahre den Aufgang der Behörde.

. . . .

Was für ein Tag!

Schon am Morgen begannen Tröpfchen zu trommeln, zu
zirpen, zu lispeln; von der Küste her drängte grauer nebliger
Filz; paarweise liefen Kopisten vorüber; der Portier mit dem
Dreispitz öffnete ihnen; sie hängten die Hüte und feuchten
Kleider an Kleiderhaken, eilten über das rote Tuch der Stufen,
eilten durchs weißmarmorne Vestibül und erhoben die Augen
zum Ministerporträt; und sie liefen durch ungeheizte Säle – bis

zu ihren kalten Tischen. Doch die Kopisten kopierten nicht: es gab nichts zu kopieren; aus dem Direktorzimmer kam kein Papier; das Zimmer war leer; im Kamin prasselten Scheite.

Über dem wuchtigen Eichentisch schwollen dem kahlen Kopf nicht die Schläfenadern; er sah nicht mißtrauisch dorthin, wo als muntere Schar im Kamin kornblaue Kohlengas-Blumen lohten: im vereinsamten Kabinett lohten dennoch im Kamin müßig Kohlengasflämmchen über dem glühenden Haufen der prasselnden Flämmchen; dort zerrissen sich, rissen und zerrten – rote Hahnenkämme und flogen entschlossen in den Rauchschlot, um über den Dächern zu verschmelzen mit Brandgeruch und vergiftetem Ruß und beständig über den Dächern zu hängen als drückende, ätzende Trübe. Das Zimmer war leer.

An diesem Tag schritt Apollon Apollonowitsch nicht in sein Direktorzimmer.

Man war auch das Warten schon leid: von Tisch zu Tisch flatterte unschlüssiges Flüstern; Gerüchte kursierten; und – Irrbilder flirrten; im Kabinett des Vizedirektors rasselte der Telephonapparat:

– »Ist er losgefahren?.. Kann nicht kommen?.. Tragen Sie vor, seine Anwesenheit sei unerläßlich... kann nicht kommen...«

Und abermals rasselte das Telephon:

– »Haben vorgetragen?.. Sitzt noch immer bei Tisch?.. Tragen Sie vor, daß die Zeit drängt...«

Der Vizedirektor stand mit bebender Kinnlade; unschlüssig hob er die Arme; nach ein- oder anderthalb Stunden stieg er die samtenen Stufen hinab im überhohen Zylinder. Die Vestibültür wurde aufgerissen... Er sprang in die Kutsche.

Zwanzig Minuten darauf, die Stufen des gelben Hauses ersteigend, sah er voll Verwunderung, wie Apollon Apollonowitsch Ableuchow, sein unmittelbarer Vorgesetzter, mit klaffendem Rockschoß seines ekligen, mausgrauen Schlafrocks unruhig hinter der Niobe-Statue vorsah.

– »Apollon Apollonowitsch«, – schrie der weißhaarige Kavalier des Annenordens, als er hinter der Statue das stopplige Kinn

des Senators entdeckte, und er richtete eilig den großen Hals-
orden unter der Krawatte.
– »Apollon Apollonowitsch, aber wie denn, aber wo? Und ich
habe, wir haben, es wurde bei Ihnen – angeläutet, telephoniert.
Sie wurden – erwartet...«
– »Ich... me-me-me«, – begann der gebeugte Greis zu mümmeln, – »ordne meine Bibliothek... Sie entschuldigen schon,
mein Bester«, – fügte er knurrig hinzu, – »daß ich so, im
Hauskleid.«
Und er wies auf seinen verschlissenen Schlafrock.
– »Was denn, sind Sie krank? Tss, tss, tss – ja Sie wirken
geschwollen... Tss, das sind wohl Ödeme?« – ehrerbietig
berührte der Gast einen staubbedeckten Finger.
Sein schmutziges Staubtuch hatte Apollon Apollonowitsch
aufs Parkett fallen lassen.
– »Ganz zur Unzeit geruhen Sie krank zu werden... Ich habe
für Sie eine Nachricht... Meinen Glückwunsch: Generalstreik
in Morowetrinsk...«
– »Wie kommen Sie denn?.. Ich... me-me-me... bin gesund«, – hier zerfiel das Greisengesicht unzufrieden in Falten
(die Nachricht vom Streik nahm er gleichgültig auf: augenscheinlich konnte er sich über nichts mehr wundern) – »und
treten Sie näher: hier hat sich, wissen Sie, Staub ange-
setzt«...
– »Staub?«
– »Da will ich ihn – mit dem Lappen.«
Der Vizedirektor mit den buschigen Koteletten beugte sich
nun ehrerbietig vor dieser buckligen Ruine und wollte zur
Darlegung einer ungemein wichtigen Akte schreiten, die im
Salon vor ihm ausgelegt lag auf dem Perlmutt-Tischchen.
Doch Apollon Apollonowitsch unterbrach ihn wieder:
– »Staub, wissen Sie, enthält Mikroben von Krankheiten...
Da will ich ihn – mit dem Lappen...«
Und plötzlich, sie hatte kaum im Empiresessel Platz genom-
men, fuhr diese graue Ruine ungestüm hoch, eine Hand auf die
Lehne stützend; ungestüm stupfte die andere Hand mit dem
Finger aufs Aktenstück.

– »Was ist das?«
– »Wie ich Ihnen soeben vortrug...«
– »Nein, erlauben Sie...« – Apollon Apollonowitsch klebte erbittert am Aktenstück: er sah jünger aus, weißer, – blaßrosa (rot werden konnte er schon nicht mehr).
– »Warten Sie!.. Sind die denn alle verrückt geworden?.. Meine Unterschrift ist erforderlich? Unter solch einer Unterschrift?!«
– »Apollon Apollonowitsch...«
– »Die Unterschrift leiste ich nicht.«
– »Das ist doch ein Aufruhr!«
– »Iwantschewskij absetzen...«
– »Iwantschewskij ist bereits abgesetzt: haben Sie das – vergessen?«
– »Die Unterschrift leiste ich nicht.«
Apollon Apollonowitsch, mit verjüngtem Gesicht und mit unziemlich klaffendem Schlafrockschoß, schlurfte im Salon hin und her, die Hände hinter dem Rücken verborgen, die Glatze tief gesenkt: dicht herantretend an den verwunderten Gast, sprühte er Spucke:
– »Wie konnten die denken? Die eine Sache ist eine starke Amtsgewalt, und eine andere Sache... – die Verletzung der unmittelbaren, gesetzlichen Ordnung.«
– »Apollon Apollonowitsch«, – der Kavalier des Annenordens suchte ihn zur Vernunft zu bringen, – »Sie sind ein entschlossener Mann, Sie sind Russe... Wir haben gehofft... Nun, Sie werden gewiß unterschreiben...«
Doch Apollon Apollonowitsch drehte auf einmal einen Bleistift zwischen zwei Fingerknöcheln; er hielt ein, sah das Aktenstück scharf an: und mit einem Knack brach der Bleistift; erregt band er sich nun die Schlafrockquasten mit zornig bebender Kinnlade.
– »Mein Bester, ich bin ein Mann der Plehwe-Schule... Ich weiß, was ich tue... Die Eier belehren die Hühner nicht...«
– »Me-emme... Ich leiste die Unterschrift nicht.«
Schweigen.
– »Me-emme... Me-emme...«

Und er blies seine Backen zur Blase auf...

Der Herr mit den buschigen Koteletten stieg unschlüssig die Treppe hinunter; für ihn war klar: die Karriere Senator Ableuchows, aufgebaut über Jahre, war zunichte. Nach der Abfahrt des Vizedirektors der Behörde rannte Apollon Apollonowitsch weiter in heftigem Zorn um die Empiresessel. Rasch entfernte er sich; rasch erschien er zurück: unterm Arm schleppte er zum Perlmutt-Tischchen einen gewichtigen Aktendeckel, Deckel und Arm an die immer noch schmerzende Seite gepreßt; er legte den Aktendeckel vor sich aus, und dann klingelte Apollon Apollonowitsch und befahl, unverzüglich vor ihm ein Licht anzuzünden.

Über Merkzeichen, Fragezeichen, Paragraphen und Strichlein hinweg, über die *schon letzte* Arbeit hinweg hob zum Kaminfeuer sich der tote Kopf; die Lippen murmelten vor sich hin:

– »Tut nichts... Nun ja...«

Aufbrausend, und brausendes Prasseln und Funkeln abgebend, prustete der Hitze wehende Haufen – himbeerrot, golden; zu Holzkohlestücken zerfielen die Scheite.

Der kahle Kopf hob sich zum Kamin mit sardonischem, mit lächelndem Mund und zugekniffenen Augen und stellte sich vor, wie nun durch den Matsch von ihm davonfuhr der aufgebrachte, der ausgemachte Karrierist, der ihm, Ableuchow, einen wirklich gemeinen Kuhhandel vorschlug mit dem eigenen unbefleckten Gewissen.

– »Meine Herren, ich bin ein Mann der Plehwe-Schule... Und ich weiß, was ich tue... So ist das, meine Herren...«

Der scharf gespitzte Bleistift – nun sprang er in den Fingern; der scharf gespitzte Bleistift fiel in Scharen von Fragezeichen aufs Aktenstück; das war seine letzte Amtshandlung; in einer Stunde wird diese Amtshandlung abgeschlossen sein; in einer Stunde wird er in die Behörde schmettern – durchs Telephon: eine unfaßbare Nachricht.

. . . .

Die Kutsche fuhr vor bei der Karyatide am Aufgang, die Karyatide – war nicht vom Fleck gewichen: der alte, steinerne Bärtige stützte den Aufgang der Behörde.

Das Jahr achtzehnhundertundzwölf hatte ihn aus den Gerüsten befreit. Das Jahr achtzehnhundertundfünfundzwanzig wütete mit den Dezembertagen; sie hatten zuende gewütet; dann wüteten Januartage so kürzlich: das war das Jahr neunzehnhundertundfünf.

Steinerner Bärtiger!

Alles war gewesen unter ihm und alles hatte unter ihm aufgehört zu sein. Das, was er gesehen hat, wird er niemandem erzählen.

Er erinnert sich auch, wie der Kutscher sein rassiges Zweigespann zügelte, wie Dampf aufstieg von den schweren Pferdekruppen; ein General im Dreispitz, im biberbesetzten Pelerinenmantel, sprang graziös aus der Kutsche und rannte unter »Hurra«-Geschrei durch die offene Tür.

Und anschließend trat der General unter »Hurra«-Geschrei den Boden des Balkonvorsprungs mit dem weißen Elchlederfuß. Jenen Namen verrät der Bärtige nicht, der das Karnies des Balkonvorsprungs stützt; der steinerne Bärtige weiß diesen Namen bis heute.

Doch er wird davon nicht erzählen.

Niemandem, niemals wird er erzählen von den Tränen der heutigen Prostituierten, die nachts Zuflucht suchte unter ihm auf den Stufen des Aufgangs.

Er wird niemandem erzählen von den jüngsten Besuchen des Ministers: er kam im Zylinder; und in seinen Augen war grünliche Tiefe; beim Aussteigen aus dem Pferdeschlitten strich sich der ergraute Minister den gepflegten Schnurrbart mit einem grauen schwedischen Handschuh.

Dann lief er entschlossen durch die offene Tür und blieb nachdenklich an den Fenstern stehen.

Ein bleicher, bleicher Gesichtsfleck, an die Scheiben gedrückt, war zu sehen – von draußen; der zufällige Passant, der den Fleck ansähe, hätte im angedrückten Fleck nicht erkannt – ein zufälliger Passant hätte im angedrückten Fleck den Gebieter nicht erkannt, der von hier aus Rußlands Geschicke lenkte.

Der Bärtige kennt ihn; und – erinnert sich; doch erzählen – erzählen wird er es – niemandem, niemals!..

Mein Freund, s' ist Zeit nun, Zeit. Das Herz will Ruh,
                              im Fluge
Ziehn Tag' um Tage hin, und jeder nimmt im Zuge
Ein Stückchen Dasein mit. Ich wollte doch mit dir
Zusammen leben – sieh... Und alles stirbt: auch wir.

Das sagte manchmal zu seinem einsamen Freund der ergraute,
einsame Minister, der nun im Tod ruht.

Er ist nicht mehr – sein Rußland mußt er lassen...
Das er so stolz erhob...

Und – Friede seiner Asche...
Doch der Portier mit dem Stockknauf, der über dem »Börsenblatt« schlummert, kannte gut das gequälte Gesicht: an Wjatscheslaw Konstantinowitsch erinnert man sich, Gott sei Dank,
noch in der Behörde, an Kaiser Nikolaj Pawlowitsch seligen
Angedenkens jedoch erinnert sich in der Behörde schon niemand mehr: nur die weißen Säle, die Säulen, die Geländer.
Und der steinerne Bärtige.
Aus der Zeitlosigkeit, wie über der Linie der Zeit, hängt er
gebückt – über dem geraden Pfeil des Prospekts, oder über
einer bitteren, salzigen, fremden – menschlichen Träne?

Glück gibt's nicht in der Welt, doch Freiheit gibt's und
                              Frieden...
Schon lange träumt ich mir ein Los, wie keins hienieden:
Schon lang sann sehnend ich auf Flucht, der Knechtschaft
                              müd',
Fernhin, wo reine Lust, wo stilles Schaffen blüht.

. . . .
Der kahle Kopf erhebt sich, – der mephistophelische, bleiche
Mund lächelt greisenhaft ins Gestiebe; vom Gestiebe purpurt
das Gesicht; die Augen sind dennoch entflammt; und dennoch
steinerne Augen: blau – und in grünen Gruben! Kalte, verwunderte Blicke; und – leer, leer. In Irrbildern erglühen die

Zeiten, die Sonnen, die Welten. Das ganze Leben ist nur ein Irrbild. Also lohnt es denn? Nein, es lohnt nicht:
– »Ich bin, meine Herren, aus der Plehwe-Schule… Ich bin, meine Herren… Ich bin – me-me-me…«
Der kahle Kopf fällt.

. . . .

In der Behörde sprang Geflüster über von Tisch zu Tisch; plötzlich öffnete sich die Tür: zum Telephon lief ein Beamter mit vollkommen weißem Gesicht.
– »Apollon Apollonowitsch… tritt in den Ruhestand…«
Alle sprangen auf; der Abteilungsvorsteher Legonin brach in Tränen aus; und all das begann: idiotisches Stimmengeheul, ungleiches Füßegetrappel, aus dem Zimmer des Vizedirektors eine belehrende Stimme; und – Telephonrasseln (ins neunte Departement); der Vizedirektor stand da mit bebender Kinnlade; in seiner Hand tanzte achtlos der Telephonhörer: Apollon Apollonowitsch Ableuchow war eigentlich schon nicht mehr Chef der Behörde.
Eine Viertelstunde darauf gab der weißmähnige Vizedirektor im zugeknöpften, eng taillierten Uniformrock mit dem Annenstern auf der Brust schon Befehle; zwanzig Minuten darauf trug er ein frischrasiertes und durch die Aufregung verjüngtes Gesicht durch die Säle.
So vollzog sich ein Ereignis von unbeschreiblicher Bedeutung.

Die Natter

Die brausenden Wasser des Kanals warfen sich an jene Stelle, wo von den mutwilligen Weiten des Marsfelds der Wind ins aststöhnende Dickicht schlug: was für eine entsetzliche Stelle!
Die entsetzliche Stelle krönte ein herrliches Palais; mit dem emporgereckten Turm sah es aus wie ein wunderliches Schloß: rosarot, schwersteinern; ein Gekrönter wohnte in diesen Mauern; nicht zu unserer Zeit war das; jener Gekrönte ist schon nicht mehr.
In Deinem Reich gedenke seiner Seele, oh, Herr!

Das rosarote Palais ragte mit der emporgereckten Spitze aus
dem dröhnenden Dickicht der knotigen, völlig blattlosen Äste;
die Äste reckten sich dort zum Himmel in dunklen Impulsen
und hangelten, taumelnd, nach treibenden Nebelflocken;
krächzend schoß eine Krähe empor; sie flog auf, taumelte über
den Flocken, und stürzte sich wieder hinab.
Eine Droschke durchschnitt diese Stelle.
Ihr entgegen flogen zwei zierliche rote Häuschen, die eine Art
Ausfahrtstor bildeten auf dem Platz vor dem Palais; links des
Platzes drohte das Hölzergestrüpp mit Gedröhn; und schien
sich zu neigen mit schräg gelegten Wipfeln; die hohe Turm-
spitze ragte heraus aus den nebelnden Flocken.
Eine Reiterstatue hob sich undeutlich ab vom umnebelten
Platz; durchreisende Besucher Petersburgs schenken dieser
Statue keine Beachtung; ich stehe jedesmal lange davor: eine
herrliche Statue! Schade nur, daß irgendein törichter Spötter
bei meinem letzten Besuch ihr den Sockel vergoldet hat.
Seinem großen Urahn errichtete diese Statue der Selbstherrscher und Urenkel, der Selbstherrscher wohnte in diesem
Schloß; hier auch endeten seine unglücklichen Tage – im
rosasteinernen Schloß; er hat hier nicht lange geschwelgt; er
konnte nicht schwelgen hier; zwischen launischer Unrast und
Anwandlungen von Edelmut zerriß es seine Seele; aus dieser
zerrissenen Seele entflog ein kindlicher Geist.
Wahrscheinlich zeigte der stupsnasige weiße Lockenkopf sich
manchmal in einer Fensternische; dieses Fensterchen da – wohl
aus diesem? Und der stupsnasige Lockenkopf blickte schwel-
gerisch in die Weiten hinter den Fensterscheiben; und die
Augen versanken ins rosa Verlöschen des Himmels; oder: die
Augen verweilten auf dem silbernen Spiel und dem Brausen der
Mondabglanze im dichtlaubigen Dickicht; an der Tür stand
ein paulinischer Posten im Dreispitz mit Krempe und *präsentierte* das Gewehr beim Heraustreten eines Generals mit gold-
glänzender Brust und Andreasband, der zur goldenen, aquarell-
geschmückten Kutsche schritt; flammend-rot ragte der Kutscher auf vom erhöhten Kutschbock; auf den hinteren Tritten
der Kutsche standen dicklippige Neger.

Und Kaiser Pawel Petrowitsch, wenn er all das gemustert hatte, kehrte zurück zum sentimentalen Gespräch mit einem Musselin-und-Gaze-Fräulein, und das Fräulein lächelte; auf ihren Wangen erschienen zwei schelmische Grübchen, und – ein schwarzes Schönheitspflaster.

In jener schicksalhaften Nacht floß in dieselben Scheiben das Silber des Monds und fiel auf die schweren Möbel im kaiserlichen Schlafgemach; es fiel aufs Bett und umstrahlte eine schelmische, funkensprühende Putte; und auf dem bleichen Kissen zeichnete sich ab ein wie mit Tusche skizziertes Profil; irgendwo schlug eine Turmuhr; von irgendwo waren Schritte zu hören ... Noch nicht drei Augenblicke waren vergangen, – und das Bett war zerdrückt: an der Stelle des bleichen Profils lag schattenhaft der Abdruck des Kopfes; die Laken waren warm; der Schlummernde verschwunden; ein Häuflein weißlockiger Offiziere mit gezogenen Säbeln beugte die Köpfe über das leere Bett; man drang mit Gewalt durch die seitlich verschlossene Tür; eine Frauenstimme klagte; plötzlich hob die Hand eines rosenlippigen Offiziers den schweren Fenstervorhang; hinter dem heruntergelassenen Musselin, am Fenster, im schütteren Silber – bebte ein schwarzer, hagerer Schatten.

Und der Mond strömte weiter sein leichtes Silber, und es fiel auf die schweren Möbel im Schlafzimmer des Kaisers; es fiel aufs Bett und umstrahlte die am Kopfkissen funkelnde Putte; es fiel auch auf das Profil, das totenbleiche, wie tuschegezeichnete ... Irgendwo schlug eine Turmuhr; in einiger Ferne trappelten überall Schritte.

. . . .

Nikolaj Apollonowitsch starrte unsinnig auf diese düstere Stelle, ohne überhaupt zu bemerken, daß die bartlose Physiognomie des ihn verschleppenden Leutnants sich von Zeit zu Zeit, mit Verlaub zu sagen, ihrem Nachbarn zuwandte; der Blick, mit dem Leutnant Lichutin sein verschlepptes Opfer maß, schien von Neugier erfüllt; unruhig wand er sich den ganzen Weg; den ganzen Weg über stieß er ihn mit der Schulter. Nikolaj Apollonowitsch kam allmählich dahinter, daß es Sergej Sergejewitsch unerträglich war ihn zu berühren ... und sei es nur mit der Schulter; und so drängelte er und bedachte den Weggefährten mit einem Wirbel von Püffen.

Nun riß der Wind Ableuchow den italienischen Krempenhut vom Kopf, und mit einer unwillkürlichen Bewegung fischte er ihn von Sergej Sergejewitschs Knien; einen Augenblick berührte er auch die frostklammen Finger, doch Sergej Sergejitschs Finger zuckten und sprangen mit deutlichem schreckerfüllten Ekel plötzlich zur Seite; der eckige Ellbogen sperrte sich. Leutnant Lichutin fühlte jetzt auf der Haut wahrscheinlich nicht die Berührung des alten Kinder- und, man kann sagen, des früheren Busenfreunds, sondern ... einer Natter, die man ... auf der Stelle ... totschlägt ...

Ableuchow bemerkte die Geste; auch er seinerseits begann voller Schreck den Kinderfreund zu studieren, mit dem er sich einmal *duzte*; dieses *du*, *Serjoshka*, das heißt Sergej Sergejitsch Lichutin, hatte sich seit ihrem letzten Gespräch um, nun, ungelogen – gut acht Jahre verjüngt und sich in »*Serjoshka*« zurückverwandelt von Sergej Sergejitsch; nun aber lauschte dieser »*Serjoshka*« nicht mehr unterwürfig den Höhenflügen des Ableuchowschen Denkens, wie *damals*, im Holunder, im großväterlichen alten Park vor – acht Jahren; acht Jahre waren vergangen; und alles veränderten diese acht Jahre: der Holunder war lange gefällt, und er ... – er sah heute Sergej Sergejitsch unterwürfig an.

Ihr ungleiches Verhältnis war umgeschlagen; und alles, alles – lief nun umgekehrt; das idiotische Aussehen, das Mäntelchen, die Püffe des eckigen Ellbogens und sonstige Gesten der Nervosität, die Nikolaj Apollonowitsch als Gesten der Verachtung las, – all, all das brachte ihn auf traurige Gedanken über die Unbeständigkeit menschlicher Verhältnisse; auf traurige Gedanken brachte ihn auch diese abscheuliche Stelle: das rosarote Palais, der wild heulende und eine Krähe in den Himmel schießende Garten, zwei rote Häuschen und die Reiterstatue; übrigens, Garten, Schloß und Statue lagen bereits hinter ihnen.

Ableuchow sah hohlwangig aus.

– »Sie quittieren, Sergej Sergejewitsch, den Dienst?«

- »Wie?«
- »Den Dienst...«
- »Wie Sie sehen...«

Und Sergej Sergejewitsch maß ihn mit einem Blick, als hätte er Ableuchow bisher nicht gekannt; er maß ihn von oben bis unten.

- »Ich würde Ihnen raten, Sergej Sergejewitsch, den Kragen hochzuschlagen: Sie haben sich den Hals erkältet, und bei diesem Wetter braucht es, wahrhaftig, nicht viel – kann man leicht...«
- »Was denn?«
- »Leicht sich eine Angina holen.«
- »Und zwar in Ihrer Sache«, – murmelte dumpf Lichutin; sein hektisches Schnauben war zu hören.
- »?«
- »Ich rede ja nicht vom Hals... Ich quittiere den Dienst *in Ihrer Sache*, das heißt nicht in Ihrer Sache, sondern ausdrücklich: Ihretwegen.«
- »Eine Anspielung«, – hätte Nikolaj Apollonowitsch fast ausgerufen und fing wieder einen Blick auf: Bekannte schaut man niemals so an, so schaut man, vielleicht, ein unerhörtes exotisches Wunderding an, das in die Kunstkammer gehörte (und nicht in die Kutsche, und auf den Prospekt – um so weniger...).

Mit solchem Ausdruck erheben die Passanten den Blick auf Elefanten, die zuweilen spät abends durch die Stadt geführt werden, – vom Bahnhof zum Zirkus; sie blicken auf, taumeln rückwärts, und – trauen ihren Augen nicht; zu Hause werden sie erzählen:

- »Stellt euch vor, wir haben auf der Straße einen Elefanten gesehen!«

Doch alle lachen sie aus.

Und solch eine Neugierde drückten Lichutins Blicke aus; darin war keine Empörung; es war, vielleicht, Ekel (wie von der Nähe einer Boa); kriechende Nattern erregen ja keine Wut – man schlägt sie tot, mit dem nächstbesten Ding: auf der Stelle...

Nikolaj Apollonowitsch wägte die vom Leutnant hervorgesto-

ßenen Worte, der Leutnant quittiere den Dienst – allein seinetwegen; ja, Sergej Sergejitsch Lichutin wird auch den Zugang
zum Staatsdienst verlieren nach dem, was nun dort vorfallen
wird zwischen ihnen beiden; die kleine Wohnung wird, offenbar, leer sein (und dort auch wird man die *Natter* zerquetschen)... Gleich wird so etwas geschehen, so etwas... Nikolaj
Apollonowitsch fürchtete sich nun ernstlich; er rutschte auf
seinem Platz herum und – und: krallte sich mit allen zehn
Fingern, den zitternden, kalten, in den Ärmel des Leutnants.
– »Wie?.. Was?.. Warum das?«
Nun tauchte ein Häuschen auf, ein mehlspeisenfarbenes Häuschen, von unten bis oben mit grauem Stuck besetzt: mit
Rokokoschnörkeln (vielleicht diente es einst als Zufluchtsort
für das Fräulein mit schwarzem Schönheitspflaster und zwei
schelmischen Grübchen auf den lilienweißen Wangen).
– »Sergej Sergejitsch... Ich, Sergej Sergejewitsch... Ich muß
Ihnen gestehen... Ach, wie leid es mir tut... Sehr, sehr betrüblich: ist mein Betragen... Ich, Sergej Sergejitsch, habe
mich... Sergej Sergejewitsch... schändlich, jämmerlich betragen... Doch ich habe, Sergej Sergejewitsch, eine Entschuldigung: ja, ja, ich habe eine Entschuldigung. Als aufgeklärter,
humaner Mensch, als lichte Persönlichkeit, und nicht irgendein, Sergej Sergejewitsch, – werden Sie alles verstehen... Ich
habe diese Nacht nicht geschlafen, das heißt, ich wollte sagen,
ich leide an Schlaflosigkeit... Die Ärzte fanden mich« – er
erniedrigte sich bis zur Lüge, – »das heißt meine Lage – sehrsehr gefährlich... Hirnübermüdung mit Pseudohalluzinationen, Sergej Sergejewitsch (aus irgendeinem Grund fielen ihm
Dudkins Worte ein)... Was sagen Sie?«
Doch Sergej Sergejewitsch sagte nichts: ohne Empörung sah er
ihn an; und im Blick war Ekel (wie von der Nähe einer Boa);
Nattern erregen ja keine Wut: man schlägt sie... auf der
Stelle... tot...
– »Pseudohalluzinationen...«, – wiederholte flehentlich Ableuchow, verschreckt, klein, tolpatschig, mit den Augen die
Augen suchend (die Augen sprachen nicht an auf die Augen); er
wollte sich unverzüglich erklären; und – hier, in der Kutsche:

sich hier erklären – nicht in der Wohnung; schon so nah war der schicksalhafte Treppenflur; und käme er bis zum Treppenflur nicht überein mit dem Offizier, wäre alles, alles, alles: zuende! Zu-en-de!! Dann geschähe ein Mord, eine tätliche Beleidigung oder gäbe es einfach eine furchtbare Prügelei:

– »Ich ... ich ... ich ...«

– »Steigen Sie aus: wir sind da ...«

Nikolaj Apollonowitsch sah vor sich hin mit trüben, aufgerissenen Augen – sah auf die bläulichen Flocken Nebel, aus dem immerzu Tröpfchen plumpsten, die auf glucksenden Pfützen metallische Blasen schlugen.

Leutnant Lichutin, aufs Trottoir gesprungen, warf dem Kutscher das Geld zu, er stand jetzt vor der Kutsche und wartete auf das Senatorssöhnchen; das hielt sich irgendwie auf.

– »Warten Sie, Sergej Sergejewitsch: ich hatte meinen Stock dabei ... Ach? Wo ist er? Habe ich etwa den Stock verloren?«

Er suchte wirklich seinen Stock; doch der Stock war spurlos verschwunden; Nikolaj Apollonowitsch, völlig bleich, ließ die flehenden Augen aufgeregt in alle Richtungen schweifen.

– »Nun? Was ist?«

– »Ja mein Stock.«

Ableuchows Kopf verschwand tief in den Schultern, und die Schultern wiegten sich; der Mund aber stand schief aufgeklappt; Nikolaj Apollonowitsch sah vor sich hin mit trüben, aufgerissenen Augen auf die bläulichen Flocken Nebel; und – rührte sich nicht.

Nun begann Sergej Sergejitsch Lichutin böse und ungeduldig zu schnaufen; er griff Ableuchow am Ärmel und fing an, delikat zwar, aber fest, ihn vorsichtig aus der Kutsche zu ziehen, was die sichtliche Neugier des Hausknechts erregte, – fing an ihn herauszuziehen, wie einen prall gefüllten Warenballen.

Doch wie krallte der herausgezwungene Nikolaj Apollonowitsch die Nägel in Lichutins Hand: sobald sie eintreten würden durch diese Tür, – könnte die Hand ja im Dunkeln womöglich eine unziemliche Pose einnehmen bezüglich seiner, Nikolaj Apollonowitschs, Wange; im Dunkeln springst du ja nicht weg; und – zuende: die Körperbewegung wird sich voll-

ziehen; das Geschlecht der Ableuchows bleibt für immer besudelt (man hatte sie niemals geschlagen).

Und schon griff nun Leutnant Lichutin (dieser Rasende!) mit
der freien Hand nach dem Kragen des italienischen Umhangs;
und Nikolaj Apollonowitsch wurde bleicher als Leinwand.

– »Ich komme, ich komme, Sergej Sergejitsch . . .«

Mit dem Absatz grub er sich instinktiv in die Seite der Ein-
gangsstufe; übrigens, er besann sich sofort, um sich nicht zum
Gespött zu machen.

Die Haustür schlug zu.

Höllenfinsternis

Höllenfinsternis umfing sie im unbeleuchteten Treppenflur (so
ist es im ersten Moment nach dem Tod); sogleich aber war im
Dunkeln das Keuchen des Leutnants zu hören, begleitet von
kleinen perlenden Ausrufen.

– »Ich . . . hier habe ich gestanden: ganz genau – hier gestanden . . . Nur so gestanden, wissen Sie . . .«

– »Was denn, Nikolaj Apollonowitsch? . . Was denn, mein
Herr? . .«

– »In einem völlig nervösen Anfall, unter krankhaften begriff-
lichen Assoziationen . . .«

– »Assoziationen? . . Warum rühren Sie sich nicht? . . Wie
sagten Sie – Assoziationen? . .«

– »Der Arzt hat gesagt . . . Wieso ziehen Sie mich? Ziehen Sie
mich nicht: ich kann selber laufen . . .«

– »Und wieso greifen Sie nach meinem Arm? . . Bitte greifen
Sie nicht«, – tönte es schon höher . . .

– »Ich habe nicht vor . . .«

– »Sie greifen . . .«

– »Ich sage Ihnen ja . . .«, – tönte es noch höher . . .

– »Der Arzt hat gesagt, – der Arzt hat gesagt: eine extrreme –
Hirnstörung, so etwas, so etwas: der Domino und das übrige
alles . . . eine Hirnstörung . . .«, – quakte es schon von irgendwo
oben.

Doch noch weiter oben rief eine unerwartete wohlgenährte Stimme laut:

– »Guten Morgen!«

Das war unmittelbar an Lichutins Tür.

– »Wer ist da?«

Sergej Sergejitsch Lichutin erhob aus dem tiefsten Dunkel unzufrieden seine Stimme.

– »Wer ist da?«, – erhob seine Stimme auch Nikolaj Apollonowitsch mit der größten Erleichterung; zugleich spürte er: die ihn greifende Hand ließ ihn los, fiel ab; und – erleichternd ratschte ein Zündholz.

Die unbekannte, wohlgenährte Stimme tat weiter kund:

– »Und ich stehe hier . . . Ich klingle und klingle – und niemand macht auf. Und dann, sagen Sie bitte: bekannte Stimmen.«

Als das Zündholz anriß, zeigten sich rundlich-weiße Finger mit einem Gebinde höchst luxuriöser Chrysanthemen; und dahinter, im Dunkeln, zeigte sich auch die stattliche Gestalt Wergefdens – aus irgendeinem Grund war er hier um diese Stunde.

– »Wie das? Sergej Sergejewitsch?«

– »Sie haben sich rasiert? . .«

– »Wie das! .. In Zivil . . .«

Und indem er so tat, als bemerke er Ableuchow erst jetzt (er hatte, sagen wir unsererseits, Ableuchow sofort bemerkt), riß Wergefden ein Zündholz an und begann mit hoch erhobenen Brauen ihn zu mustern hinter den schwankenden Chrysanthemen in seiner Hand.

– »Nikolaj Apollonowitsch ist auch hier? .. Wie fühlen Sie sich, Nikolaj Apollonowitsch? .. Nach dem gestrigen Abend, dachte ich, ehrlich gesagt . . . Ihnen war doch nicht wohl? .. Vom Ball sind Sie etwas geräuschvoll verschwunden? .. Seit dem gestrigen Abend . . .«

Wieder riß ein Zündholz an; durch die Blumen starrten zwei spöttische Augen: Wergefden wußte sehr gut, daß Nikolaj Apollonowitsch im Hause Lichutin nicht verkehrte; bei seinem Anblick, des so offensichtlich zur Tür Gezerrten, beeilte sich Wergefden aus mondänen Rücksichten des guten Tons:

– »Ich störe Sie nicht? .. Ich will nämlich nur auf eine Minute . . . Ich bin auch in Eile . . . Wir sind eingedeckt bis über die Ohren . . . Apollon Apollonowitsch, Ihr Herr Vater, erwartet mich . . . Allen Anzeichen nach steht ein Streik bevor . . . Arbeit – bis über die Ohren . . .«

Sie konnten ihm nicht mehr antworten, weil die Tür sich entschlossen öffnete; eine allzu gesteifte Leinenschleife zeigte sich in der Tür, – die Schleife thronte auf einer Haube.

– »Mawruschka, komme ich zur Unzeit?«

– »Bitte, die gnädige Frau ist zu Hause . . .«

– »Nein, nein, Mawruschka . . . Überreichen doch Sie der gnädigen Frau diese Blumen . . . Das ist eine Schuld«, – er lächelte Sergej Sergejitsch an und zuckte die Schultern, wie man die Schultern zuckt und von Mann zu Mann sich anlächelt nach einem gemeinsam in der mondänen Gesellschaft von Damen verbrachten Tag . . .

– »Ja, meine Schuld gegenüber Sofja Petrowna – für die Zahl der geäußerten *Fifkas* . . .«

Und er lächelte wieder: und – besann sich plötzlich:

– »Nun, auf Wiedersehen, mein Freund. Adieu, Nikolaj Apollonowitsch: Sie sehen übermüdet aus, nervös . . .«

Wirbelnd verschwanden die Schritte nach unten; und von dort, vom unteren Absatz, flog noch einmal herauf:

– »Und Sie sollten nicht immer über den Büchern . . .«

Nikolaj Apollonowitsch hätte beinahe nach unten geschrien:

– »Ich auch, German Germanowitsch . . . Ich muß auch nach Hause . . . Haben wir nicht denselben Weg?«

Doch die Schritte entschwanden, und – baz: schlug die Tür.

Nun fühlte Nikolaj Apollonowitsch sich wieder allein; und wieder – gegriffen; ja, – diesmal endgültig; aufgegriffen vor Mawruschka. Auf seinem Gesicht stand nun Grauen, und Mawruschkas Gesicht – Unschlüssigkeit und Schreck, während eine aufrichtige satanische Freude ganz deutlich auf dem Gesicht des Leutnants stand; schweißüberströmt, zog er mit einer freien Hand sein Taschentuch aus der Tasche – und die andere freie Hand drückte, preßte an die Wand, schleppte, zog und stieß das widerstrebende Figürchen des Studenten.

Seinerseits zeigte das widerstrebende Figürchen sich biegsam, wie ein Aal; seinerseits sprang das Figürchen, unwillkürlich widerstrebend, von der Tür – fort-fort; gestoßen, – stieß es sich ab, drückte sich ab; so springen wir, mit dem Fuß in einen Ameisenhaufen geraten, instinktiv zurück vor den Tausenden roter Ameisen, die unruhig wimmeln im vom Fuß zertretenen Haufen; aus dem Haufen kommt dann ein ekliges Rascheln; hatte sich etwa für Nicolas Ableuchow das einmal verlockende Haus – in einen vom Fuß zertretenen Ameisenhaufen verwandelt? Was sollte hier die verwunderte Mawruschka denken?

Und schließlich wurde Nikolaj Apollonowitsch hineingestoßen.

– »Bitte, willkommen ...«

Und schließlich wurde er hineingestoßen; doch im Vorzimmer, sich die letzten Krümel von Würde bewahrend, die gelbe bekannte Kunsteiche-Garderobe betrachtend und an der Schublade vor dem Spiegel betrachtend den ebensolchen gesprungenen Griff, bemerkte er:

– »Ich werde ... eigentlich ... nicht lange ...«

Fast hätte er schon seinen Mantel Mawruschka übergeben (puuh – Dampfheizungshitze und -geruch); und – der rosa Kimono!.. Ein Stück Atlas flatterte vorüber vom Flur ins Nachbarzimmer: ein Stück von Sofja Petrowna selbst: genauer – von Sofja Petrownas Kleid ...

Es war keine Zeit zu denken.

Der Mantel wurde nicht übergeben, weil Sergej Sergejitsch Lichutin unter Mawruschkas Händen auftauchte und abgehackt krächzte:

– »In die Küche ...«

Und ohne Wahrung der elementaren Manieren eines gastlichen Hausherrn stieß Sergej Sergejewitsch den breiten Krempenhut und den flatternden Mantel direkt ins Fudschijama-Zimmer. Müßig hinzufügen, daß unter dem Krempenhut und den Falten des flatternden Mantels ins Zimmer auch der Besitzer des Mantels flog, Nikolaj Apollonowitsch.

Nikolaj Apollonowitsch, der ins Eßzimmer flog, sah einen Augenblick in der Tür verschwinden: den Kimono; dann – schlug die Tür vor dem Stück Kimono.

Nikolaj Apollonowitsch sauste durchs Fudschijama-Zimmer, ohne hier eine wesentliche Veränderung zu bemerken, ohne die Putzspuren auf dem bunten, gestreiften Teppich zu bemerken; sie wurden dort unter den Füßen zertreten – *nach dem Vorfall*; die Teppiche hatte man später gereinigt; doch Putzspuren blieben. Nikolaj Apollonowitsch bemerkte nichts: nicht die Putzspuren noch das Flechtwerk der streuenden Decke. Das feige Blecken seines Mundes dem ihn schleifenden Peiniger zugewandt, bemerkte er plötzlich... –

Dort wurde die Tür einen Spaltbreit geöffnet – aus Sofja Petrownas Zimmer, dort schob sich durch den Türspalt ein Kopf: Nikolaj Apollonowitsch sah einzig – zwei Augen: voller Grauen wandten sich die Augen auf ihn aus einem Schwall schwarzer Haare.

Sobald er sich aber den Augen zuwandte, da wandten die Augen sich von ihm ab; und ein Schrei ertönte:

– »Au, au!«

Sofja Petrowna sah: im Alkoven schleppte der schweißüberströmte Leutnant sich über Teppiche und Dielen mit seinem geflügelten Opfer (Nikolaj Apollonowitsch wirkte im Mantel geflügelt), dem ebenfalls schweißüberströmten, – einem Opfer, dem unter der Pelerine hervor äußerst unanständig ein grünes Hosenbein schlackerte und verräterisch einen Steg preisgab.

– »Trrr«, – schleiften die Absätze über den Teppich; und der Teppich schlug Falten.

Da auch wandte Nikolaj Apollonowitsch seinen Kopf, und als er Sofja Petrowna sah, rief er ihr weinerlich zu:

– »Lassen Sie uns, Sofja Petrowna: das macht man unter Männern aus«, – und da flog ihm der Mantel davon und landete locker auf der Liege als phantastisches zwiegeflügeltes Wesen.

– »Trrr«, – schleiften die Absätze über den Teppich.

Er spürte eine heftige Erschütterung, und einen Moment schwebte Nikolaj Apollonowitsch im Raum, mit den Beinen zappelnd, dann... – löste sich, weich klatschend, von seinem Kopf der breite Krempenhut. Er selbst aber, mit den Beinen zappelnd und einen Bogen beschreibend, schlug an die unversperrte Tür des geschlossenen Kabinetts; der Leutnant wurde hier quasi zur Schleuder, und Nikolaj Apollonowitsch zum Stein: wie ein Stein schlug er an die Tür; die Tür sprang auf: er verschwand im Ungewissen.

Der Bürger

Schließlich stand Apollon Apollonowitsch auf.

Irgendwie unruhig sah er sich um; er riß sich los von den Päckchen parallel gestapelter Aktenstücke: von Merkzeichen, Paragraphen, Frage- und Ausrufezeichen; zum Ende zitterte und sprang seine Hand mit dem Bleistift – über dem vergilbten Blatt, über dem Perlmutt-Tischchen; die Stirnbeine spannten sich an, einzig in dem beharrlichen Streben: zu begreifen, was auch immer, um jeden Preis.

Und – er begriff.

Die lackierte Kutsche mit dem Wappen wird schon nicht mehr vorfahren bei der alten, steinernen Karyatide; dort, hinter den Scheiben, werden ihm nicht entgegenkommen: achtzigjährige Schulter, Dreispitz, Tressen und kupferner Stockknauf; aus den Ruinen wird Port Arthur nicht wiedererstehen; doch – empört wird sich China erheben; husch – hör hin: wie ein fernes Getrappel; das sind Tschingis Khans Reiter.

Apollon Apollonowitsch hörte hin: fernes Getrappel; nein, nicht Getrappel: Semjonytsch geht dort umher durch die kalte Pracht der blinkenden Zimmer; er tritt ein, schaut sich um, geht umher; sieht – den gesprungenen Spiegel: quer hinüber war im Zickzack ein glitzernder silberner Pfeil geschossen; und – für immer erstarrt.

Semjonytsch geht vorüber.

Apollon Apollonowitsch liebte nicht seine geräumige Wohnung mit dem ewigen Ausblick auf die Newa: als grünlicher Schwarm jagten dort die Wolken; sie verdichteten sich zuweilen zu gelblichem Rauch, der sich auf die Küste legte; die dunkle Tiefe der Wasser schlug mit dem Stahl ihrer Schuppen hart ans Granitbett; in den grünlichen Schwarm ragte die reglose Turmspitze... von der Petersburger Seite. Apollon Apollonowitsch sah sich unruhig um: diese Wände! Hier würde er für lange Zeit sitzen – mit Ausblick auf die Newa. Hier war sein heimischer Herd; seine Diensttätigkeit war zu Ende. Und nun?

Die Wände sind Schnee, keine Wände! Wirklich, ein wenig kalt... Und nun? Das Familienleben; das heißt: Nikolaj Apollonowitsch, der entsetzlichste, sozusagen...; und – Anna Petrowna, die im Alter... einfach Gott weiß wer geworden ist! Me-emme...

Apollon Apollonowitsch drückte fest seinen Kopf in den Fingern, mit dem Blick entfliehend in den prasselnden und Hitze wehenden Kamin: müßiges Hirnspiel!

Es entfloh – entfloh hinter die Grenzen des Bewußtseins: dort stiebte es weiter empor in Schwärme chaotischer Schwaden; und Nikolaj Apollonowitsch fiel ihm ein – klein gewachsen, mit so wißbegierig-blauen Blicken und mit einem Knäuel (man muß ihm Gerechtigkeit widerfahren lassen) vielfältigster geistiger Interessen, aufs höchste verwirrter.

Und – eine junge Frau fiel ihm ein (das war – vor dreißig Jahren); ein Schwarm von Verehrern; darunter ein noch relativ junger Mann, Apollon Apollonowitsch Ableuchow, schon Staatsrat und ein hoffnungsloser Bewunderer.

Und – die erste Nacht: das Grauen in den Augen der bei ihm gebliebenen Gefährtin – ein Ausdruck des Ekels und der Verachtung, überdeckt von ergebenem Lächeln; in dieser Nacht vollzog Apollon Apollonowitsch Ableuchow, schon Staatsrat, einen schändlichen, formal gerechtfertigten Akt: er vergewaltigte die junge Frau; die Gewaltsamkeit dauerte Jahre an; und in einer der Nächte wurde Nikolaj Apollonowitsch empfangen – zwischen zwei ungleichen Lächeln: zwischen dem Lächeln der Lüsternheit und der Ergebenheit; was Wunder, daß Nikolaj Apollonowitsch später zur Verbindung von Ekel, Schreck und Lüsternheit wurde? Sie hätten sogleich herangehen müssen an die vereinte Erziehung des Grauens, des von ihnen erzeugten: und das Grauen vermenschlichen.

Sie aber machten es größer...

Und als sie das Grauen unendlich vergrößert hatten, liefen sie vor dem Grauen auseinander; Apollon Apollonowitsch – die Geschicke Rußlands zu lenken; und Anna Petrowna – ihren Geschlechtstrieb mit Mantalini (dem italienischen Künstler) zu befriedigen; Nikolaj Apollonowitsch – in die Philosophie; und von dort – auf Versammlungen von Abiturienten nicht-existierender Anstalten (zu all diesen Schnurrbärtchen!). Ihr heimischer Herd war nun verkehrt in Verwüstung des Greuels.

Und in dieses nun verödete Greuel würde er nun zurückkehren; anstelle von Anna Petrowna würde er nur die verschlossene Tür antreffen zu ihren Räumen (falls nicht Anna Petrowna plötzlich den Wunsch empfände zurückzukehren – ins nun verödete Greuel); der Schlüssel zu den Räumen war bei ihm (diesen Teil des kalten Hauses hatte er – zweimal betreten: um dort zu sitzen; beide Male holte er sich dort einen Schnupfen).

Anstelle des Sohnes aber wird er ein blinzelndes, sich entziehendes Auge sehen – riesig, leer und kalt: und kornblumenblau; mal spitzbübisch; mal aufs höchste verschreckt; Grauen wird sich darin verbergen – dasselbe Grauen, das bei der Neuvermählten aufblitzte in der Nacht, als Apollon Apollonowitsch Ableuchow, der Staatsrat, zum ersten Mal…

Und so weiter, so weiter…

Nach seinem Ausscheiden aus dem Staatsdienst werden diese Paradezimmer, wahrscheinlich, ebenfalls alle verschlossen werden; also wird es den Korridor geben mit den anliegenden – Zimmern für ihn und Zimmern für seinen Sohn; sein ganzes Leben wird sich beschränken auf den Korridor: dort wird er mit den Pantoffeln schlurfen; und – ihm bleiben: Zeitungslektüre, der Vollzug der organischen Funktionen, ein mit nichts zu vergleichender Ort, letzte Aufzeichnungen und die Tür, die zu den Zimmern des Sohnes führt.

Ja, ja, ja!

Durchs Schlüsselloch schauen; und – zurückspringen, sobald ein verdächtiges Rascheln ertönt; oder – nein: an entsprechender Stelle mit einer Ahle ein kleines Loch bohren; und – die Erwartung wird nicht trügen: das Leben des Sohnes hinter der

Wand eröffnet sich ihm mit eben derselben Präzision, wie dem Blick sich ein zerlegtes Uhrwerk öffnet. Anstelle der staatlichen Belange erwarten ihn neue Belange – von diesem Observationspunkt.

All das wird es geben:
– »Guten Morgen, Papachen!«
– »Guten Tag, Kolenka!«
Und – jeder geht in sein Zimmer.

Und – dann, und dann: wird er die Tür mit dem Schlüssel abschließen und sich ans gebohrte Loch drücken, um zu sehen und zu hören und manchmal zu zittern, ruckhaft zusammenzuzucken – von dem brennenden, offenbarten Geheimnis; sich grämen, sich ängstigen, lauschen: wie sie einander die Seelen auftun – Nikolaj Apollonowitsch und dieser Unbekannte, mit dem Schnurrbärtchen; nachts wird er, das Deckbett von sich schleudernd, den schweißbedeckten Kopf hinausstrecken; und, das Abgelauschte bedenkend, wird er keuchen von Herzstößen, die das Herz in Stücke sprengen, wird Tabletten schlucken und rennen ... zu dem mit nichts zu vergleichenden Ort: durch den Korridor schlurfen mit den Pantoffeln bis ... zu einem neuen Morgen.
– »Guten Morgen!«
– »Ja, Kolenka...«
Das ist das Leben des Bürgers!
. . . .
Ein unüberwindlicher Drang zog ihn ins Zimmer des Sohnes; schüchtern quietschte die Tür: vor ihm lag das Empfangszimmer; er blieb auf der Schwelle stehen; rührend – klein, rührend – alt; er zupfte mit zitternder Hand an den himbeerfarbenen Quasten des Schlafrocks und musterte die Ungereimtheit: einen Bauer mit grünen Papageien, und einen arabischen Schemel mit Intarsien aus Kupfer und Elfenbein; und er sah – die Abgeschmacktheit: ringsum entfalteten sich von dem Schemel die brausenden roten Falten des locker fallenden Domino, wie peitschende Flammen und fließende Hirschgeweihe – direkt vor dem Maul des gefleckten Leoparden, der auf dem Boden gebreitet lag, mit geblecktem Maul; Apollon

Apollonowitsch stand ein wenig, mümmelte mit den Lippen, kratzte sein wie mit Rauhreif bestreutes Kinn und spuckte voll Abscheu aus (die Geschichte des Domino kannte er ja); närrisch und kopflos lag er ausgebreitet mit Atlasschößen und armlosen Ärmeln; an einem rostigen Sudanpfeil war die Larve aufgehängt.

Apollon Apollonowitsch fand es stickig: statt mit Luft war das Zimmer erfüllt mit Blei; als hätte man hier entsetzliche, unerträgliche Gedanken gedacht... Ein unangenehmes Zimmer!.. Und – eine drückende Atmosphäre!

Hier – der leidend lächelnde Mund, hier – die kornblumenblauen Augen, hier – die lichthellen Haare: in seine Uniform gehüllt mit außerordentlich schmaler Taille, in der Hand einen Handschuh aus Weißglacéleder drückend, litt Nikolaj Apollonowitsch, glatt rasiert (vielleicht parfümiert), mit Degen, in seinem Rahmen: Apollon Apollonowitsch sah aufmerksam auf das Porträt, das im letzten, vergangenen Frühjahr gemalt war, und – schritt weiter ins Nachbarzimmer.

Der unverschlossene Schreibtisch erregte die Aufmerksamkeit Apollon Apollonowitschs: eine Schublade war geöffnet; Apollon Apollonowitsch packte instinktive Neugier (ihren Inhalt zu prüfen); mit schnellen Schritten lief er zum Schreibtisch und nahm – ein riesiges, auf dem Tisch vergessenes Porträt auf, das er in tiefster Versunkenheit in den Händen zu wenden begann (eine Zerstreutheit hatte seinen Gedanken vom Inhalt der Schublade abgelenkt); das Porträt zeigte eine Dame – eine Brünette...

Die Zerstreutheit rührte von der Betrachtung einer abstrakten Materie, denn diese Materie entwickelte sich zum Gedankengang, auf den der Senator sich konzentrierte; dieser Gedankengang hatte weder zu tun mit dem Zimmer des Sohnes, noch dem Stehen im Zimmer des Sohnes, wohin Apollon Apollonowitsch wahrscheinlich mechanisch eingedrungen war (ein unüberwindlicher Drang ist eine mechanische Handlung); mechanisch ließ er später die Augen sinken und sah, daß seine Hand nicht das Porträt mehr drehte, sondern einen schweren Gegenstand, während sein Denken jenen Typus von Staatsmännern prüfte, die in der Sprache des einfachen Volkes wohl Karrieristen heißen und mit deren Vertreter er kürzlich das Unglück hatte sich auszusprechen: zu Zeiten des verstorbenen Ministers waren sie mit ihm solidarisch, jetzt aber wollen sie ihn – Ableuchow – ...

Was wollen sie?

Der schwere Gegenstand erinnerte in der Form an eine Sardinenbüchse: ergriffen worden war er von der Hand des Senators mechanisch; mechanisch hatte Apollon Apollonowitsch nach dem Kabinettporträt gegriffen, doch er tauchte auf aus seinem Gedanken – mit dem eckigrunden Gegenstand: darin klirrte etwas; am allerwenigsten dachte der Senator hier an den Abgrund (oft trinken wir über dem Abgrund Kaffee mit Sahne), doch er musterte den eckigrunden Gegenstand mit größter Aufmerksamkeit, den Kopf darüber geneigt und auf das Ticken des Ührchens lauschend: ein Uhrwerk – in einer schweren Sardinenbüchse ...

Der Gegenstand gefiel ihm nicht ...

Den Gegenstand trug er zur näheren Prüfung – durch den Korridor in den Salon, – den Kopf darüber gebeugt und an einen mausgrauen Haufen erinnernd; dabei dachte er an immer denselben Typus von Staatsmännern; Leute dieses Typus schützen sich zum Schutz vor Verantwortung mit äußerst leeren Phrasen, wie »*bekanntlich*«, wo noch gar nichts bekannt ist, oder: »*die Wissenschaft lehrt uns*«, wo uns die Wissenschaft nichts lehrt (sein Denken versprühte beständig solche Gifte auf die feindliche Partei) ...

Apollon Apollonowitsch lief mit dem Gegenstand an jenes Ende des Salons, wo auf Löwenfüßen sich ein Intarsien-Tischchen erhob; steif ragte dort auf dem Tisch eine langbeinige Bronzeplastik; auf dem kleinen chinesischen Lacktablett legte er den schweren Gegenstand ab, den kahlen Kopf geneigt, über dem der Lampenschirm sich verbreitete mit blaß-violettem Glas, fein bemaltem.

Doch das Glas war gedunkelt von der Zeit; und die feine Bemalung war von der Zeit gleichfalls gedunkelt.

. . . .

Nikolaj Apollonowitsch flog in Lichutins Kabinett und schlug mit voller Wucht mit den Absätzen auf den Fußboden; der Stoß übertrug sich aufs Genick; er schlotterte am ganzen Leib; unfreiwillig fiel er auf die Knie und plättete mit dem dunkelgrünen Tuch das unangenehm glatte Parkett; und – verletzte sich. Er war hingefallen und... –

                – sofort sprang er auf, schwer atmend und hinkend, stürzte vor Schreck zu dem schweren eichenen Sessel und stellte eine plumpe und ziemlich absurde Figur dar mit zitternder Kinnlade, mit deutlich zitternden Fingern und mit dem einzigen instinktiven Drang – es zu schaffen: zu schaffen, sich an den Sessel zu klammern, um im Fall eines Angriffs von hinten schnell um den Sessel herumzulaufen, hin und her springend hinter dem hin und her springenden, unerbittlichen Gegner, dessen Bewegungen sämtlich den Konvulsionen an Tollwut Erkrankter glichen; es zu schaffen, sich an den Sessel zu klammern!..

Oder aber, mit diesem Sessel bewaffnet, den Gegner umzurennen, und während der zappelt unter den schweren Eichenfüßen, schleunigst zum Fenster zu springen (lieber die Scheibe zertrümmern und aus der zweiten Etage auf die Straße stürzen, als allein zu bleiben mit... mit...)...

Schwer atmend und hinkend sprang er zum eichenen Sessel.

Kaum aber war er am Sessel, als der heiße Atem des Leutnants ihm den Hals verbrannte; im Umdrehen noch erkannte er einen bleichen, verzerrten Mund und die fünffingrige Hand, die sich anschickte ihm auf die Schulter zu fallen: ein vor Wut purpurn anlaufendes Gesicht, das Gesicht eines Rächers, mit geschwollenen Adern starrte ihn an mit versteinerndem Auge; in diesem scheußlichen Gesicht hätte niemand das weiche Gesicht des Leutnants erkannt, der gleichmütig *Fifka* um *Fifka* von sich gab. Die fünffingrige, nun, nicht Hand, diese riesige Pranke, wäre Ableuchow unbedingt auf die Schulter gefallen, ihm die Schulter zerschmetternd; doch rechtzeitig sprang er über den Sessel.

Die fünffingrige Pranke fiel auf den Sessel.

Und der Sessel krachte; zu Boden stürzte der Sessel; in die Ohren tönte ihm – ein unwiederholbarer, nie je gehörter, nicht menschlicher Ton:

– »Denn hier ist eine menschliche Seele verurteilt zugrunde zu gehen!«

Und der linkische Körper flog dem abgeprallten Figürchen hinterher; aus der Spucke verspritzenden Mundöffnung schoß eine Salve prasselnden Röchelns, brodelten und explodierten feine Hahnennoten – stimmlos und irgendwie rot...

– »Denn... ich... habe mich eingemischt... verstehen Sie? In die ganze Sache... Die Sache... Verstehen Sie?.. Die Sache ist derart... Ist nicht meine Sache... Das heißt doch: sie ist es... Ja verstehen Sie denn?..«

Und der verrückt gewordene Leutnant, bei seinem Opfer angekommen, hob über dem zusammengeduckten Figürchen, das auf eine Maulschelle wartete, zwei zitternde Handflächen (unter dem gebückten Rücken versuchte das Figürchen immerzu seinen schweißnassen Kopf zu schützen), ballte sie nervös zu Fäusten und hing mit dem ganzen Rumpf über dem unter seinen Händen gekauerten Häufchen aus Muskeln; das *Häufchen* aber mit feige geblecktem Mund bog und beugte sich, jeden Rhythmus der Arme mitmachend und mit der Hand seine rechte Wange schützend:

– »Ich verstehe, verstehe... Sergej Sergejewitsch, beruhigen Sie sich«, – quakte es aus dem Häufchen, – »aber leise doch, ich flehe Sie an, leise: mein Täubchen, ich flehe Sie an...«

Dieses Häufchen aus Körper (Nikolaj Apollonowitsch wich zurück, unnatürlich verbogen) – dieses Häufchen aus Körper trippelte auf zwei knickrigen Beinchen; und nicht zum Fenster – fort vom Fenster (das Fenster verstellte der Leutnant); zugleich sah dieses Häufchen im Fenster – (wenn auch seltsam, das war dennoch Nikolaj Apollonowitsch) – auch den Schlot eines aufragenden Dampferchens; er sah auf der anderen Seite des Kanals – das feuchte Dach eines Hauses; über dem Dach stand riesige und kalte Leere...

Er war in die Ecke zurückgewichen und – denken Sie nur: die

bleiernen fünffingrigen Hände fielen ihm auf die Schultern (eine Hand, seinen Hals hinabgleitend, verbrannte ihm den Hals mit vierzig Grad Fieber); so ging er nieder – in der Ecke auf alle viere, überströmt von eiskaltem Schweiß.

Schon wollte er die Augen zukneifen, sich die Ohren zuhalten, um das halbverrückte purpurne Gesicht nicht zu sehen und die Schreie der stimmlosen Hahnenstimme nicht zu hören:

– »Aaa... Eine Sache... in die jeder anständige Mensch, wo... aaa... jeder anständige Mensch... Was habe ich gesagt? Ja – anständige... sich einmischen muß, ohne Ansehen des guten Tons, der gesellschaftlichen Position...«

Es war seltsam, die abgerissene Folge der doch vernünftigen Worte zu hören bei der Unvernunft aller Gesichtszüge, aller Bewegungen; Nikolaj Apollonowitsch dachte:

– »Soll ich schreien, soll ich rufen?«

Nein, wozu schon schreien; und wen rufst du schon; nein – zu spät; Augen und Ohren verschließen; und im Nu ist alles zuende; baz: schlug die Faust an die Wand über Ableuchows Kopf.

Nun klappte er kaum die Augen auf.

Vor sich sah er: beide Beine standen so weit gespreizt (er kauerte ja auf allen vieren); ein schwindelerregender Gedanke – und: ohne die Folgen zu bedenken, mit feige geblecktem, wie lachenden Mund, mit flachsweißen, zerzausten Haaren kroch Nikolaj Apollonowitsch entschlossen zwischen beiden weit gespreizten Beinen hindurch; er sprang auf, – und stürzte blindlings zur Tür (im Fenster schoß vorüber die Zinnkante eines Dachs), doch... die fünffingrigen, bei Berührung verbrennenden Pranken packten ihn schmachvoll am Rockschoß; sie rissen daran: das teure Tuch krächzte.

Ein Stück abgerissener Rockschoß flog irgendwie zur Seite:

– »Warten Sie... Warten Sie... Ich... ich... ich... bringe Sie... nicht um... Bleiben Sie stehen... Ihnen droht keine Gewalt...«

Und Nikolaj Apollonowitsch wurde grob zurückgestoßen; mit dem Rücken prallte er in die Ecke; dort stand er in der Ecke, schwer atmend, fast weinend von der quälenden Scheußlichkeit des Geschehenen; und es war, als wären seine Haare nicht Haare, sondern irgendwelche lichten Hellen auf dem purpurnen Grund der verräucherten Kabinett-Tapeten; und die sonst dunkel-kornblumenblauen Augen schienen jetzt schwarz von dem gewaltigen, kalten Schreck, denn er begriff: da wütete über ihm nicht Lichutin, nicht ein von ihm beleidigter Offizier, nicht einmal ein Feind, der erstickte an rachsüchtiger Wut, sondern ... ein schwer Gestörter, mit dem zu sprechen unmöglich war; dieser schwer Gestörte, der kolossale Muskelkräfte besaß, stürzte sich jetzt nicht auf ihn; doch wahrscheinlich würde er sich stürzen.

Und dieser schwer Gestörte, der ihm den Rücken zukehrte (jetzt ihn einfach kaltmachen), schlich auf Zehenspitzen zur Tür; und – das Schloß schnappte: dahinter waren Geräusche zu hören – ob Weinen, ob Schlurfen von Schuhen. Und – alles verstummte. Der Rückzug war ihm verstellt: blieb das Fenster.

Im abgeschlossenen Zimmerchen begannen sie schweigend zu schnaufen: Vatermörder und Halbverrückter.

. . . .

Im Zimmer mit dem abgebröckelten Putz war es leer; vor der zugeschlagenen Tür lag der weiche Krempenhut, und von der Liege hing die Pelerine eines phantastischen Mantels; doch als im kleinen Kabinett dumpf der Sessel umfiel, da wurde von der anderen Seite, aus Sofja Petrownas Zimmer, quietschend die Tür aufgerissen; und von dort stapfte mit den Schuhen Sofja Petrowna Lichutina im Wasserfall der auf ihren Rücken herabfallenden schwarzen Haare; ein durchscheinender Seidenschal, an strömende Helle erinnernd, schleppte sich hinter ihr her; auf der winzig kleinen Stirn von Sofja Petrowna trat so deutlich eine Falte hervor.

Sie war ans Schlüsselloch geschlichen; sie hatte sich hingehockt an die Tür; sie schaute und sah: nur zwei Paar sich bewegender Beine und zwei ... Hosenstege; die Beine stapften in die Ecke; die Beine waren nirgends zu sehen, doch aus der Ecke kam, gurgelnd, leises Geröchel und schien eine Kehle zu glucksen: ein unwiederholbares, nicht menschliches Hahnengeflüster.

Und die Beine stapften wieder vorüber; direkt vor dem Auge Sofja Petrownas, auf der anderen Seite der Tür, tönte das metallische Geräusch des schnappenden Schlosses.

Da brach Sofja Petrowna in Tränen aus, sprang von der Tür zurück und sah – Schürze und Häubchen: Mawruschka stand hinter ihr, das Gesicht mit der sauberen schneeweißen Schürze bedeckend; und – Mawruschka weinte:

– »Was ist denn da los? . . Mein Täubchen, gnädige Frau? . .«

– »Ich weiß nicht . . . Ich weiß gar nichts . . . Was ist denn da los? . . Was tun sie da, Mawruschka?«

. . . .

Halb drei nachmittags.

In seinem einsamen Arbeitszimmer über dem wuchtigen Eichentisch hebt sich ein kahler Kopf, der auf der harten Handfläche lag; und – sieht mißtrauisch dorthin, wo als muntere Schar im Kamin kornblaue Kohlengasblumen lohen über dem glühenden Haufen von prasselnden Kohlen, und wo sich reißen, zerreißen und zerren – rote Hahnenkämme – beißend und leicht, und entschlossen in den Rauchschlot fliegen, um zu verschmelzen über den Dächern mit Brandgeruch, mit vergiftetem Ruß, und beständig zu hängen als drückende, ätzende Trübe.

Der kahle Kopf erhebt sich, – der mephistophelische bleiche Mund lächelt greisenhaft ins Gestiebe; vom Gestiebe purpurt das Gesicht; die Augen sind dennoch entflammt; und dennoch steinerne Augen: blau – und in grünen Gruben! Daraus blickt kalte, riesige Leere; sie haftet an ihnen, blickt aus ihnen, ohne die Irrbilder loszulassen; als Irrbild breitet sich vor ihr aus diese Welt.

Kalte, verwunderte Blicke; und leer, leer: in Irrbildern erglühten davon die Zeiten, die Sonnen, die Welten; von den Zeiten lief die Geschichte bis hin zu diesem Augenblick, als –

– der kahle Kopf, der auf der harten Handfläche lag, sich erhob über dem Tisch und mißtrauisch blickte als riesige, kalte Leere, – dorthin, wo als muntere Schar im Kamin kornblaue Kohlengasblumen strömten. Der Kreis war geschlossen.

Was war das?

Apollon Apollonowitsch besann sich, wo er war, was geschehen war zwischen zwei Momenten des Gedankens; zwischen zwei Bewegungen der den Bleistift drehenden Finger; der fein gespitzte Bleistift – nun springt er in den Fingern.

– »Nun ja... Tut nichts...«

Und der gespitzte Bleistift fällt in Scharen von Fragezeichen aufs Aktenstück.

. . . .

Weiß der Kuckuck was murmelnd, tobte der Halbverrückte noch immer, weiß der Kuckuck was murmelnd, trampelte er noch immer: durchschritt er noch immer die Diagonale des stickigen Kabinetts. Nikolaj Apollonowitsch, flach an die Wand gedrückt in der schattigen Ecke dort, verfolgte noch immer die Bewegungen des armen Halbverrückten, der dennoch zum wilden Tier werden konnte.

Jedesmal, wenn mit schroffer Bewegung dort Hand oder Ellbogen aufflog, fuhr er zusammen; und der Halbverrückte, – hörte auf zu trampeln, blieb stehen, sprang heraus aus der schicksalhaften Diagonalen: zwei Schritt von Nikolaj Apollonowitsch begann wieder die dürre und drohende Hand zu schwanken. Nikolaj Apollonowitsch wich zurück: die Hand berührte die Ecke – trommelte in der Ecke an die Wand.

Doch der verrücktgewordene Leutnant (kläglich eher als brutal) setzte ihm nicht mehr zu; er kehrte ihm den Rücken und stemmte die Ellbogen auf die Knie, wovon sein Rücken sich krümmte und der Kopf in den Schultern verschwand; er seufzte tief; er versank tief in Gedanken.

Es entfuhr ihm:

– »Mein Gott!«

Und es stöhnte wieder:

– »Rette und erbarme dich!«

Dieses Abklingen des Wahnsinns nutzte Nikolaj Apollonowitsch vorsichtig.

Er erhob sich ganz leise und, bemüht lautlos zu bleiben, – richtete sich auf; der Kopf des Leutnants drehte sich nicht um, wie er sich gerade umgedreht hatte und dabei riskiert – nun, wirklich! – sich vom Hals abzuschrauben; man sah, der rasende Paroxysmus war ausgebrochen; und – flaute jetzt ab: da humpelte Nikolaj Apollonowitsch, hinkend, lautlos zum Tisch, bemüht, daß sein Schuh nicht quietschte, daß die Diele nicht quietschte, – humpelte, eine ziemlich absurde Figur darstellend in der eleganten Uniform... mit zerrissenem Rockschoß, in neuen Gummigaloschen und noch immer mit Schal.

Er schlich sich heran: blieb am Tischchen stehen, lauschte auf das Klopfen des Herzens und das leise Gebetemurmeln des ruhiger werdenden Kranken: und mit unhörbarer Bewegung streckte sich seine Hand nach dem Tintenlöscher; doch zum Unglück: lag auf dem Tintenlöscher ein Briefpapierpäckchen.

Bloß nicht mit dem Ärmel am Papier hängenbleiben!

Zum Unglück blieb er am Briefpapier mit dem Ärmel doch hängen; verräterisches Rascheln war zu hören und das Briefpapier rutschte über den Tisch; das Papierrascheln weckte den in sich versunkenen Leutnant; der ausgebrochene und nun abklingende Paroxysmus brach mit neuer Kraft wieder aus; der Kopf drehte sich und sah Nikolaj Apollonowitsch dastehen mit ausgestreckter, tintenlöscherbewaffneter Hand; ihn verließ der Mut: Nikolaj Apollonowitsch sprang zurück vom Tisch, der Tintenlöscher blieb in seiner Faust – vorsichtshalber.

Mit zwei Sätzen flog Sergej Sergejitsch Lichutin zu ihm, schleuderte ihm die Hand auf die Schulter und begann seine Schulter zu pressen: kurz – er machte sich an das Gehabte:

– »Ich muß um Entschuldigung bitten... Entschuldigen Sie: ich habe mich ereifert...«

– »Beruhigen Sie sich...«

– »Sehr ungewöhnlich ist all das schon... Nur, bitte, – tun Sie mir den Gefallen: fürchten Sie sich nicht... Nun, was zittern Sie denn?.. Ich flöße Ihnen wohl Angst ein? Ich... ich... ich... habe Ihnen den Rockschoß zerrissen: das... das war unabsichtlich, weil Sie, Nikolaj Apollonowitsch, die Absicht zeigten, einer Erklärung auszuweichen... Nur, verstehen Sie doch, Sie können unmöglich hier fortgehen, ohne erklärt zu haben...«

– »Aber ich weiche doch gar nicht aus«, – begann nun Nikolaj Apollonowitsch flehentlich, in der Hand noch immer den Tintenlöscher, – »vom Domino habe ich selbst angefangen im Treppenflur: ich suche selbst eine Erklärung; Sie, Sergej Sergejewitsch, Sie sind es, der es verzögert: Sie selbst geben mir keine Möglichkeit zu erklären.«

– »Mm . . . ja, ja . . .«

– »Glauben Sie doch, dieser Domino ist zu erklären durch Übermüdung der Nerven; und ist keineswegs ein Bruch des Versprechens: nicht freiwillig stand ich im Treppenflur, und . . .«

– »Für den Rockschoß entschuldigen Sie«, – unterbrach ihn wieder Lichutin, der nur gezeigt hatte, daß er wirklich nicht zurechnungsfähig war (trotzdem ließ er Ableuchows Schulter vorläufig in Ruhe) . . . – »Der Rockschoß wird Ihnen angenäht; wenn Sie wollen, – von mir selbst: ich besitze Nadel und Faden . . .«

– »Das fehlte noch«, – schoß es Ableuchow durch den Kopf: verwundert betrachtete er den Leutnant und überzeugte sich durch den Augenschein, daß der Paroxysmus doch vorüber war.

– »Es geht doch nicht darum: nicht um Nadel und Faden . . .«

– »Das ist, Sergej Sergejewitsch, im Grunde . . . Das ist Unsinn . . .«

– »Ja, ja: Unsinn . . .«

– »Unsinn gegen das Hauptthema unserer Aussprache: gegen mein Stehen im Treppenflur . . .«

– »Aber doch nicht das Stehen im Treppenflur!«, – ärgerlich winkte der Leutnant ab und fing an, in noch immer derselben Richtung zu laufen: über die Diagonale des stickigen Kabinetts.

– »Nun, Sofja Petrowna . . .«, Ableuchow trat aus der Ecke und wurde jetzt merklich kühner.

– »Nicht . . . nicht . . . Sofja Petrowna . . .«, – schrie ihn der Leutnant drohend an: – »Sie haben mich vollkommen mißverstanden!! . .«

– »Ja was denn?«

– »Das ist alles bloß Unsinn!.. Vielmehr kein Unsinn, aber Unsinn gegen das Thema unseres Gesprächs...«

– »Was ist denn das Thema?«

– »Das Thema, sehen Sie«, – der Leutnant blieb vor ihm stehen und richtete seine blutunterlaufenen Augen auf die schreckgeweiteten Augen Ableuchows... »Die Hauptsache, sehen Sie, ist, daß Sie eingesperrt sind...«

– »Aber... Warum bin ich denn eingesperrt?« – und der Tintenlöscher wurde wieder gedrückt in der Faust...

– »Wozu ich Sie eingesperrt habe? Wozu ich Sie, sozusagen, halb gewaltsam hierhergeschleppt habe?.. Ha-ha-ha: das hat nicht das Geringste zu tun weder mit dem Domino, noch mit Sofja Petrowna...«

– »Er ist entschieden übergeschnappt: er hat alle Gründe vergessen, sein Hirn folgt nur krankhaften Assoziationen: er will mich ja...«, – schoß es Nikolaj Apollonowitsch durch den Kopf, doch Sergej Sergejewitsch, als hätte er seinen Gedanken verstanden, beeilte sich ihn zu beruhigen, was eher als Spott erscheinen konnte und böse Verhöhnung:

– »Wie gesagt, Sie sind hier in Sicherheit... Nur der Rockschoß...«

– »Er verhöhnt mich«, – dachte Nikolaj Apollonowitsch und ihm schoß seinerseits ein verrückter Gedanke durchs Hirn: den Tintenlöscher auf den Kopf des Leutnants zu schlagen; dem Bewußtlosen dann die Hände zu fesseln, und durch diesen Gewaltakt das eigene Leben zu retten, das er zumindest darum brauchte, weil ja ...die Bombe...im Schreibtisch...tickte!!..

– »Sehen Sie: Sie – können hier nicht raus... Und ich... ich werde den Raum verlassen mit einem von mir diktierten Brief – und mit Ihrer Unterschrift... Ich gehe zu Ihnen, in Ihr Zimmer, wo ich morgens schon war, aber nichts bemerkt habe... Dort bei Ihnen stelle ich alles auf den Kopf; für den Fall, daß meine Suche vollkommen fruchtlos bleibt, werde ich Ihren Vater warnen... denn« – er wischte sich die Stirn – »nicht um Ihren Vater geht es; es geht um Sie: ja, ja, ja – Sie allein, Nikolaj Apollonowitsch!«

Mit dem steifen Finger stupfte er ihn in die Brust und stand jetzt mit hochgezogener Braue (nur einer Braue).

– »Das, hören Sie, darf nicht sein: darf nicht sein, Nikolaj Apollonowitsch, – niemals!«

Und auf dem rasierten, purpurnen Gesicht spielte:

– »?«

– »!«

– »!?!«

Vollkommen gestört!

Doch seltsam: diesem völligen Fieberwahn hatte Nikolaj Apollonowitsch zugehört; und etwas in ihm fuhr zusammen: wahrhaftig – war das Fieberwahn? Eher Anspielungen, verworren geäußerte; Anspielungen aber – worauf? Nicht etwa Anspielungen auf... auf... auf...?

Ja, ja, ja...

– »Sergej Sergejewitsch, wovon reden Sie denn?«

Und der Mut verließ ihn: Nikolaj Apollonowitsch spürte, daß seine eigene Haut nicht einen Körper umhüllte, sondern... einen Haufen Pflastersteine; anstelle des Hirns – ein Pflasterstein; und ein Pflasterstein – im Magen.

– »Wie wovon?.. Von der Bombe natürlich...« – und Sergej Sergejewitsch trat zwei Schritte zurück, aufs höchste verwundert.

Der Tintenlöscher fiel Ableuchow aus der geöffneten Faust; einen Augenblick vorher war es Nikolaj Apollonowitsch geschienen, als umhülle die eigene Haut nicht einen Körper, sondern – einen Haufen Pflastersteine; jetzt aber überschritt das Grauen die Grenze; er fühlte, wie in die Quintillionenwucht (zwischen Nullen und Eins) deutlich sich etwas schnitt; es blieb eine Eins.

Die Quintillion aber wurde Null.

Die Wucht entzündete sich plötzlich: die den Körper ausstopfenden Pflastersteine, zu Gasen geworden, sprühten im Nu aus den Öffnungen aller Poren der Haut, wanden wieder Spiralen von Ereignissen, doch wanden sie rückwärts: spulten auch den Körper selbst zu einer entfliegenden Spirale; so wurde auch die Empfindung des Körpers selbst *Null*-Empfindung; die Gesichtskonturen traten hervor, vergeistigten sich unglaublich und offenbarten in dem jungen Mann das Gesicht eines sechzigjährigen Greises: sie traten hervor, vergeistigten sich, schienen wie gemeißelt; das Gesicht – weiß, blaß-weiß – wurde zum strahlenden Antlitz, übergießend mit strahlendem Brausen; umgekehrt: wurde das Gesicht des Leutnants lebhaft mohrrübenfarben; die Bartlosigkeit noch dümmer, und das kurze Röckchen noch kürzer...

. . . .

– »Ich, Sergej Sergejewitsch, wundere mich über Sie... Wie konnten Sie glauben, daß ich, daß ich... mir die Zustimmung zuschreibe zu einer entsetzlichen Gemeinheit... Während ich kein Schuft bin... Ich bin, Sergej Sergejitsch, wie mir scheint, noch kein hoffnungsloser Schurke...«

Nikolaj Apollonowitsch konnte sichtlich nicht weiterreden; und er – wandte sich ab; er wandte sich ab und wandte sich ihm wieder zu...

. . . .

Aus der schattigen Ecke, wie zusammengeschwärmt, trat eine stolze, bucklig-gebeugte Figur hervor, die, wie dem Leutnant schien, aus immerzu strömenden Hellen bestand, – mit leidend lächelndem Mund, mit kornblumenblauen Augen; die flachsweißen, lichthellen Haare bildeten einen durchschienenen, nimbusartigen Kreis über der schimmernden und überhohen Stirn; er stand mit nach oben gebreiteten Händen, entrüstet, beleidigt, schön, ganz erhöht irgendwie auf dem blutigen Grund der Tapeten: es waren Tapeten von roter Farbe.

Er stand da – den baumelnden Schal um den Hals, mit nur einem Rockschoß: der andere – oje – war ihm abgerissen...

So stand er: aus den riesigen Augengruben verfolgte den Leutnant unablässig kalte, gewaltige Leere und Dunkelheit; sie blieb haften und vereiste; Leutnant Lichutin spürte nun aus irgendeinem Grund, daß er mit all seiner physischen Kraft und Gesundheit (er dachte, er sei gesund) und mehr noch, mit seiner edlen Gesinnung, – nur ein flirrendes Irrbild war; so mußte nur Ableuchow mit jenem funkelnden Aussehen dem

Leutnant sich nähern, und der Leutnant, Sergej Sergejewitsch, begann deutlich vor ihm zurückzuweichen.

– »Ja ich glaube Ihnen, ich glaube Ihnen«, – verloren ruderte er mit den Armen.

– »Sehen Sie«, nun wurde er endgültig verlegen, – »ich habe kein bißchen gezweifelt... Es ist mir allerdings peinlich... Ich bin aufgeregt... Meine Frau hat erzählt... man hat ihr dieses Billett untergeschoben... Und sie hat es gelesen – sie hat es natürlich versehentlich entsiegelt«, – log er aus irgendeinem Grund, er wurde rot und schlug die Augen nieder...

– »Wenn mein Billett schon entsiegelt wurde«, – hier griff der Senatorssohn hämisch zu, – »dann«, – er zuckte die Schultern, – »dann hatte Sofja Petrowna natürlich das Recht (das klang ironisch) Ihnen, als ihrem Gatten, auch den Inhalt zu erzählen«, – stieß Nikolaj Apollonowitsch aufs hochmütigste zwischen den Zähnen hervor; und – setzte den Angriff fort.

– »Ich... ich... habe mich ereifert«, – verteidigte sich Lichutin: sein Blick fiel auf den unseligen Rockschoß, und an den Rockschoß klammerte er sich.

– »Ihren Rockschoß, keine Sorge: ich selbst nähe ihn an...«
Doch Nikolaj Apollonowitsch mit kaum, kaum nur lächelndem Mund – strahlend, wohlgestalt – fuchtelte weiter vorwurfsvoll mit den Händen durch die Luft:

– »Sie wußten nicht, was Sie tun.«
Seine dunklen kornblumen-, dunkelblauen Augen und lichthellen Haare drückten eine unklare, unerklärliche Trauer aus:

– »Gehen Sie hin: denunzieren, mißtrauen Sie!..«
Und er wandte sich ab...
Die breiten Schultern begannen ruckhaft zu zucken... Nikolaj Apollonowitsch weinte hemmungslos; zugleich: hatte Nikolaj Apollonowitsch, befreit von der schieren, animalischen Angst, alle Ängstlichkeit verloren; mehr noch: in dieser Minute wollte er leiden; so zumindest empfand er sich in dieser Minute; er empfand sich als Foltern erleidender Held, der öffentlich litt, schmachvoll; sein Körper war in den Empfindungen – ein gefolterter Körper; die Gefühle aber waren zerrissen, wie das

»Ich« selbst zerrissen war; aus dem Riß jedoch des »Ich« – das erwartete er – würde eine gleißende Fackel sprühen und eine vertraute Stimme von dort zu ihm sprechen, wie immer, – sprechen in ihm selbst: für ihn selbst:
– »Du littest für mich: ich halte die Hand über dich.«
Doch keine Stimme war da. Auch keine Fackel war da. Da war Dunkel. Das Gefühl selbst kam, wahrscheinlich, auch darum zustande, daß er jetzt erst begriff: von der Begegnung auf dem Newskij bis zu dieser letzten Minute hatte man ihn zu Unrecht beleidigt; mit Gewalt ihn hergeschafft, ins Kabinett geschleppt – geschleift: mit Gewalt; und – ihm hier, im Kabinett, den Rockschoß zerrissen; sowieso schon litt er ununterbrochen – vierundzwanzig Stunden: wofür nur mußte er obendrein noch die Angst vor tätlicher Beleidigung erleben? Warum war da keine friedvolle Stimme: »Du littest für mich«? Weil er für niemanden litt: er litt für sich selbst . . . er löffelte sozusagen den selbst angerührten Brei von scheußlichen Ereignissen aus. Und darum war keine Stimme da. Auch keine Fackel war da. An der Stelle des früheren »Ich« war Dunkel. Das ertrug er nicht: die breiten Schultern begannen ruckhaft zu zucken.
Er wandte sich ab: er weinte.
– »Wahrhaftig«, – ertönte hinter seinem Rücken friedvoll und sanft, – »ich war im Irrtum, begriff nicht . . .«
In dieser Stimme war dennoch auch ein Schatten von Ärger: Scham und . . . Ärger: und Sergej Sergejewitsch stand da, sich schmerzhaft auf die Lippe beißend; bedauerte der soeben besänftigte Lichutin schon, daß er im Irrtum gewesen war und daß er den Feind wohl nicht totschlagen sollte: nicht mit hier dieser Faust, noch mit edler Gesinnung; ganz so wirft sich ein rasender Stier, gereizt durch ein rotes Tuch, auf den Gegner und – knallt an die eisernen Riegel des Käfigs: und er steht, und er muht, und er weiß nicht, was tun. Auf dem Gesicht des Leutnants spiegelte sich ein Kampf zwischen unangenehmen Erinnerungen (selbstverständlich der Domino) und edlen Gefühlen; der Gegner aber, ihm den Rücken zukehrend und weinend, redete so unangenehm vor sich hin:

– »Ihre physische Überlegenheit nutzend, schleifen Sie mich... im Beisein einer Dame, wie... wie...«

Der edle Impuls obsiegte; Sergej Sergejitsch Lichutin durchquerte mit ausgestreckter Hand das Kabinett; Nikolaj Apollonowitsch aber, der sich umgewandt hatte (an seiner Wimper bebte eine Träne), mit einer Stimme, erstickt von der kürzlichen Raserei und – oje! – zu spät gekommener Eigenliebe, brachte so abgerissen vor:

– »Wie... wie... einen Waschlappen...«

Hätte er ihm die Hand hingestreckt, – Sergej Sergejitsch hätte sich für den glücklichsten Menschen gehalten: auf seinem Gesicht hätte vollkommene Sanftmut gespielt; doch der Impuls von edler Gesinnung, genauso wie der Raserei, verschloß sich sofort in seiner Seele; in leeres Dunkel fiel der Impuls von edler Gesinnung.

– »Sie wollten sich, Sergej Sergejewitsch, überzeugen?.. Daß ich kein Vatermörder bin?.. Nein, Sergej Sergejewitsch, nein: da hätten Sie früher nachdenken müssen... Sie haben mich hier, wie... wie einen Waschlappen. Und mir den Rockschoß zerrissen...«

– »Den Rockschoß kann man nähen!«

Und ehe Ableuchow sich besann, stürzte Sergej Sergejewitsch zur Tür:

– »Mawruschka!.. Schwarzen Faden!.. Eine Nadel...«

Doch die offene Tür wäre fast an Sofja Petrowna geprallt, die hier lauschte hinter der Tür; ertappt, sprang sie zurück, doch – zu spät: ertappt und rot, wie eine Pfingstrose, war sie überrumpelt; und sie maß sie – sie beide, mit entrüstetem, vernichtenden Blick.

Zwischen all ihnen dreien lag der Rockschoß.

– »Ach?.. Sonetschka...«

– »Sofja Petrowna!..«

– »Ich habe gestört?..«

– »Denk nur... Hier Nikolaj Apollonowitsch... Weißt du... hat sich den Rockschoß zerrissen... Man sollte...«

– »Nein, bemühen Sie sich nicht, Sergej Sergejitsch; Sofja Petrowna – seien Sie so gut...«

– »Man sollte ihn annähen.«
Doch schon erschien, den Mund von der dummen Lage ver-
ziehend, mit dem Ärmel die verräterischen Wimpern wischend
und lahmend auf dem noch immer hinkenden Bein, Nikolaj
Apollonowitsch im Fudschijama-Zimmer... im zerknitterten
Gehrock, mit nur einem hängenden Rockschoß; er nahm den
italienischen Mantel auf, hob den Kopf, und beim Anblick des
Flechtwerks der Decke wandte er zwecks Wahrung des guten
Tons den verzogenen Mund zu Sofja Petrowna.
– »Aber sagen Sie, Sofja Petrowna, hier ist irgendeine Verän-
derung: an der Decke haben Sie etwas... Einen Schaden:
waren Maler im Haus?«
Doch Sergej Sergejewitsch unterbrach:
– »Ich, Nikolaj Apollonowitsch: ich habe... die Decken re-
pariert...«
Doch er dachte dabei:
– »Was? sagen Sie bitte: heute nacht – habe ich mich nur halb
erhängt; mich nur halb erklärt – habe ich jetzt...«
Nikolaj Apollonowitsch, im Aufbruch, hinkte durchs Zimmer;
von der Schulter fallend, schleifte hinter ihm als schwarze
Schleppe sein phantastischer Mantel.
. . . .
Über Merkzeichen, Fragezeichen, Paragraphen und Strichlein
hinweg, über die *schon letzte* Arbeit hinweg hebt sich ein kahler
Kopf; und – fällt wieder herunter. Brausend, und brausendes
Prasseln und Funkeln sprühend prustete der Hitze wehende
Haufen – himbeerrot, golden; zu Holzkohlestücken zerfielen
die Scheite, – und der kahle Kopf hob sich zum Kamin mit
sardonisch lächelndem Mund und mit zugekniffenen Augen;
plötzlich strafften sich die Lippen erschrocken.
Was war das?
Nach allen Seiten entwickeln sich rote, brausende Fackeln –
peitschende Flammen, fließende Hirschgeweihe: sie verzwei-
gen sich und lecken von allen Seiten hervor, – baumartig,
golden, durchscheinend; sie werfen sich aus dem roten Kamin-
schlund; werfen sich an die Wände: es entflieht, es weitet sich
der Kamin, verwandelt sich in einen steinernen Kerker, wo

erstarrt sind (plötzlich erstanden, plötzlich erstorben) alle fließenden Hellen, Flammen, dunkel-kornblumenblauen Koh-
lengase und Kämme: im durchleuchteten Licht – dort
schwärmte eine Figur, erhoben unter das hohe Gewölbe und
bucklig gestreckt; es strecken sich rote, fünffingrige Hände –
versengen mit der Berührung der Feuer.
Was war das?
– Da – ein leidend lächelnder Mund, da – kornblumenblaue
Augen, da – lichthelle Haare: gehüllt in die Raserei der Feuer,
mit weit gebreiteten, von einem Funken in die Luft genagelten
Armen, in der Luft geöffneten Händen – durchbohrten Händen, –

    – leidet ein kreuzförmig hingebreiteter Nikolaj Apollo-
    nowitsch dort aus dem Licht der Hellen und weist mit den
    Augen auf die roten Wunden der Hände; doch aus dem auf-
    gegangenen Himmel gießt ihm der kühle, breitflügelige Erz-
    engel – Tau in den glühenden Ofen... –

                       – »Er weiß nicht,
was er tut...«
Plötzlich... – schwindelerregendes Krachen, Zischen, Pru-
sten: die lichten Hellen sind aufgeflackert, sie zerplatzen, zer-
stieben das Leidensbild in Strudeln von Funken.
. . . .
Eine Viertelstunde darauf befahl er die Pferde anzuspannen;
vierzig Minuten darauf schritt er zur Kutsche (das haben wir im
vorigen Kapitel gesehen); eine Stunde darauf stand die Kutsche
inmitten der müßigen Menge; und – der nur müßigen?..
Etwas war hier geschehen.
Ein Raum von einem halben Werschok, oder die Wand der
Kutsche, trennte Apollon Apollonowitsch von der rebellischen
Menge; die Pferde schnaubten, und in den Fenstern der Kutsche sah Apollon Apollonowitsch nichts als Köpfe: Melonen,
Schirmmützen und, vor allem, mandschurische Mützen; er sah
ein Paar auf sich gerichteter, entrüsteter Augen; er sah auch den
aufgerissenen Mund eines abgerissenen Subjekts: einen singen-
den Mund (sie sangen). Das Subjekt, als es Ableuchow sah,
schrie irgendwie grob:

– »Sie da, aussteigen, sehen Sie: keine Durchfahrt.«
Der Stimme des Subjekts gesellten sich Stimmen von Subjekten zu.
Da mußte Apollon Apollonowitsch Ableuchow, zur Vermeidung von Unannehmlichkeiten, unter dem Druck der Menge einen Spaltbreit die Kutschentür öffnen; die Subjekte sahen einen aussteigenden Greis mit zitternder Lippe, der mit dem Handschuh den Rand des Zylinders hielt: Apollon Apollonowitsch sah vor sich brüllende Münder und einen hohen Schaft: zerrend am hölzernen Schaft, durchgruben rudernd die Luft, flatterten und tanzten leichtpfeifende Bahnen roten Kattuntuchs, in die Leere klatschend:
– »Sie da, Mütze ab!«
Apollon Apollonowitsch nahm den Zylinder ab und begann sich eilig zum Trottoir zu drängeln, Kutsche und Kutscher verlassend; bald trippelte er in Gegenrichtung zur zusammenschwärmenden Masse; schwarze Figürchen strömten nun aus Läden, Höfen, Seitenprospekten, Schenken; Apollon Apollonowitsch schlug sich nach Kräften: und schlug sich in die Seiten-, die leeren Prospekte, von wo . . . auf ihn zu . . . Kosaken flogen . . .
. . . .
Schon flog der Kosakentrupp vorüber; geleert hatte sich der Platz; zu sehen waren die Rücken in Richtung Kattuntuch rasender Kosaken; und zu sehen war der Rücken eines rennenden kleinen Greises im überhohen Zylinder.

Eine kleine Patience

Auf dem Tisch stand ein brausender Samowar; vom Serviergestell warf metallischen Glanz ein anderer, nagelneuer, blitzblanker; der brausende Samowar auf dem Tisch war ungeputzt, schmutzig; der nagelneue Samowar wurde Gästen serviert; ohne Gäste stellte man auf den Tisch schlicht ein schiefes Monstrum: es röchelte, prustete lautstark; und schoß ab und zu aus den Löchern mit rotem Funken. Eine unerzogene Hand hatte Kügelchen aus Weißbrot gerollt; und sie plattgedrückt auf dem knittrigen Tischtuch zu Flecken; unter einem halbvollen Glas mit versauertem Tee (von Zitrone versauert) prangte ein feuchter Fleck; und ein Teller stand da mit Resten von kaltem Kotelett und kaltem Kartoffelpüree.

Doch wo waren die üppigen Haare geblieben? An ihrer Statt starrte ein Schwänzchen.

Wahrscheinlich trug Soja Sacharowna Fleisch eine Perücke (selbstverständlich vor Gästen); und – übrigens: wahrscheinlich schminkte sie sich ungeniert, denn wir sahen sie als Brünette mit üppigem Haar, mit emaillierter, allzu glatter Haut; jetzt aber hatten wir vor uns schlicht eine alte Frau mit schwitzender Nase und Rattenschwänzchen; sie trug eine kurze Jacke: und ebenfalls schmutzig (wahrscheinlich die Nachtjacke).

Lippantschenko saß, halb vom Teetischchen abgewandt, und kehrte Soja Sacharowna wie dem schmutzigen Samowar den quadratischen, leicht krummen Rücken zu. Vor Lippantschenko lag eine halbausgelegte Patience, die vermuten ließ, daß Lippantschenko sich nach dem Abendessen dem gewohnten Zeitvertreib hingeben wollte, der wohltuend wirkt auf die Nerven, doch – er wurde gestört: unwillig riß er sich los von den Karten; es erfolgte ein langes Gespräch, über das natürlich vergessen wurden: das Glas Tee, die Patience, alles übrige.

Nach diesem Gespräch nun wandte Lippantschenko den Rücken: wandte dem Gespräch den Rücken.

Er saß ohne gesteiften Kragen, ohne Rock, mit geöffnetem Gürtel, der ihm offensichtlich den Bauch gequetscht hatte, weshalb zwischen Weste und rutschender Hose (der dunkelgelben – noch immer derselben) verräterisch ein Zipfel des lästig gesteiften Hemds heraushing.

Wir erwischten Lippantschenko in einem Moment, als er versunken betrachtete, wie von der Uhr herab raschelnd der schwarze Fleck einer Schabe kroch; die gab es auf der kleinen Datscha: riesige, schwarze; gab es in Fülle, – in solch unerträglicher Fülle, daß, trotz des Lampenlichts, – es sowohl in der Ecke raschelte, als auch aus der Ritze des Buffets ab und zu ein Fühler hervorlugte.

Vom Betrachten der kriechenden Schabe wurde Lippantschenko losgerissen durch die weinerlichen Klagen seiner Gefährtin.

Geräuschvoll schob Soja Sacharowna das Teetablett von sich, daß Lippantschenko zusammenfuhr.

– »Nun? . . Und was ist das? . . Und warum das? . .«

– »Was ist los?«

– »Hat etwa eine treue Frau, eine vierzigjährige Frau, die Ihnen ihr Leben geopfert hat, – eine Frau wie ich . . .«

Und sie sank mit den Ellbogen auf den Tisch: ein Ellbogen hatte ein Loch, und durch das Loch war die alte, verwelkte Haut zu sehen und darauf ein zerkratzter, wahrscheinlich, Flohbiß.

– »Was stammeln Sie da, meine Gute: sprechen Sie klarer . . .«

– »Hat etwa eine Frau, eine Frau wie ich, nicht das Recht zu fragen? . . Eine alte Frau« – und mit den Händen bedeckte sie ihr Gesicht: nur die Nase schaute heraus und zwei störrische schwarze Augen.

Lippantschenko drehte sich im Sessel um.

Offenbar hatten ihn ihre Worte getroffen; einen Augenblick erschien auf seinem Gesicht etwas wie Gewissensbisse; ob aus träger Schüchternheit, oder einfach aus kindlichem Eigensinn blinzelte er mit beiden Äuglein; offenbar wollte er etwas sagen; und offenbar – fürchtete er es zu sagen; er begriff jetzt langsam irgend so etwas, – womöglich, wie dieses furchtbare Eingeständnis in der Seele der Gefährtin wirken würde; der Kopf Lippantschenkos senkte sich; er prustete und blickte mißtrauisch.

Doch der Aufruf zur Wahrheit brach ab; und die Wahrheit selbst fiel auf tauben seelischen Grund. Er wandte sich seiner Patience zu:

– »Hm: ja, ja . . . Auf die Sechs jetzt die Fünf . . . Und die Dame? . . Hier die Dame . . . Und der Bube versperrt . . .«

Plötzlich warf er auf Soja Sacharowna einen prüfenden, ahnenden Blick, und die kurzen Finger mit dem goldenen Haarflaum legten ein Kartenpäckchen um: von Kartenpäckchen zu Kartenpäckchen.

– »Na, eine schöne Patience...« – ärgerlich legte er weiter Reihen von Karten aus.

Eine blankgeriebene Schale trug Soja Sacharowna behutsam zum Serviergestell, mit den Schuhen schlurfend.

– »Na?.. Und warum sich denn ärgern?«

Nun begann sie, mit den Schuhen schlurfend, durchs Zimmer zu laufen; es gab ein vernehmliches Klatschen (ein Schaben-Schnurrbart verschwand in der Buffet-Ritze).

– »Ich ärgere mich doch nicht, meine Gute«, – und wieder warf er einen prüfenden Blick auf sie: die Hände vorm Bauch, schob sie den korsettungestützten achtbaren Bauch vor sich her, im Gehen bebte ihr schlaffes Kinn; sanft trat sie zu ihm heran, sanft berührte sie seine Schulter:

– »Fragen Sie lieber, warum ich Sie frage?.. Weil alle mich fragen... Und die Schultern zucken... Darum denke ich schon«, – sie wälzte sich auf den Sessel mit Bauch und mit Brüsten, – »lieber sollte ich alles erfahren«...

Doch Lippantschenko biß sich die Lippe und legte in rastloser Rührigkeit Reihe um Reihe die Karten aus.

Er, Lippantschenko, wußte ja, daß der morgige Tag für ihn von besonderer Bedeutung war; konnte er diese morgen vor ihnen nicht nachweisen, die bedrohliche Last der gegen ihn aufgetauchten Dokumente nicht abwerfen, dann war er schachmatt. Und all das wissend, prustete er nur durch die Nase:

– »Hm: ja, ja... Hier ein freier Platz... Nichts zu machen: den König auf den freien Platz...«

Und – er hielt es nicht aus:

– »Sagen Sie doch, was fragt man Sie?..«

– »Und Sie dachten – daß nicht?«

– »Und sie kommen in meiner Abwesenheit?..«

– »Sie kommen, sie kommen: und zucken die Schultern...«

Lippantschenko ließ die Karten sein:

– »Geht nicht auf: alle Zweien versperrt...«

Man sah, daß er aufgeregt war.

Da klirrte es kläglich aus Lippantschenkos Schlafzimmer, als hätte dort jemand ein Fenster geöffnet. Beide wandten die

Köpfe in Richtung Lippantschenkos Schlafzimmer; vorsichtig schwiegen beide: wer konnte das sein?
Sicher Tom, der Bernhardiner.
– »So begreifen Sie doch, Sie seltsame Frau, Ihre Fragen« – nun stand Lippantschenko ächzend auf – sei es, um sich Gewißheit zu verschaffen über den Grund des seltsamen Tons, oder um sich der Antwort zu entziehen.
– »Verletzen die Partei...« – er schlürfte einen Schluck völlig sauren Tee – »diszipiln...«
Er reckte sich und ging durch die offene Tür – nach hinten, ins Dunkle...
– »Aber was denn, Kolenka, unter uns für eine Parteidisziplin«, – widersprach Soja Sacharowna, mit der Hand das Gesicht unterstützend, und senkte den Kopf, sie stand immer noch über dem nun leeren Sessel... – »Denken Sie nur...«
Nun verstummte sie, denn der Sessel war leer; Lippantschenko stapfte ins Schlafzimmer; und zerstreut überflog seine Karten – sie.
Die Schritte Lippantschenkos näherten sich.
– »Zwischen uns gab es keine Geheimnisse...« – Das sagte sie zu sich selbst.
Gleich aber drehte sie den Kopf zur Tür – zum Dunklen, nach hinten – und fing aufgeregt an zu reden dem stampfenden Schritt entgegen:
– »Sie haben mich ja auch nicht gewarnt, daß wir beide, im Grunde, über gar nichts reden dürfen (Lippantschenko war in der Tür erschienen), daß Sie jetzt Geheimnisse haben, aber mir...«
– »Nein, das war nichts: im Schlafzimmer ist niemand«, – unterbrach er sie.
– »Mir machen sie Ärger: nun und – Blicke, Bemerkungen, Fragen... Es gab sogar...«
Seinen Mund sprengte gelangweiltes Gähnen; und die Weste aufknöpfend, murmelte er verärgert durch die Nase:
– »Nun, und wozu dieses Szenen?«
– »Es gab sogar Drohungen gegen Sie...«
Pause.

– »Es ist doch natürlich, daß ich frage . . . Weshalb schreien Sie so? Was habe ich denn getan, Kolenka? . . Liebe ich dich nicht? . . Ängstige ich mich nicht?«

Nun umschlang sie den dicken Hals mit den Armen. Und schluchzte:

– »Ich bin eine alte Frau, eine treue Frau . . .«

Und er sah auf seinem Gesicht ihre Nase; eine Habichtsnase; besser – habichtartig; eine Habichtsnase, wäre nicht ihre Fleischigkeit: eine großporige Nase; diese Poren glänzten von Schweiß; zwei kompakte Räume in Gestalt der hängenden Wangen, mit verschwommenen Falten der Haut überzogen (wenn schon nicht Creme, noch Puder da waren) – einer Haut, die nicht so sehr welk war als unangenehm und stumpf; zwei Falten schnitten sich deutlich von der Nase bis unter die Lippen und zogen diese Lippen nach unten; und ihm in die Äuglein starrten die Augen; man kann sagen, die Augen glotzten und drängelten zudringlich – wie zwei schwarze, zwei gierige Knöpfe; und die Augen leuchteten nicht.

Sie – drängelten nur.

– »Nun, lassen Sie . . . Lassen Sie . . . Schluß jetzt . . . Soja Sacharowna . . . Lassen Sie mich . . . Ich leide doch an Kurzatmigkeit: Sie ersticken mich . . .«

Nun umfaßte er mit den Fingern ihre Arme und löste sie von seinem Hals; und sank in den Sessel; und begann schwer zu atmen:

– »Sie wissen doch, wie sentimental und nervenschwach ich bin . . . Und jetzt habe ich wieder . . .«

Sie verstummten.

Und in tiefem, lastendem Schweigen, das eintritt nach einem langen, trostlosen Gespräch, wenn schon alles gesagt, alle Angst vor den Worten überwunden ist und nur dumpfe Ergebenheit bleibt, – in tiefem Schweigen spülte sie nacheinander ein Glas, eine Untertasse, zwei Teelöffel.

Er aber saß, halbabgewandt vom Teetischchen, und kehrte Soja Sacharowna und dem schmutzigen Samowar den quadratischen Rücken zu.

– »Sagen Sie, Drohungen?«

Und – wie sie zusammenzuckte.

Wie sie sich ganz vornüberlehnte: hinter dem Samowar hervor; ihre Lippen verzogen sich wieder nach unten: die beunruhigten Augen wären fast aus den Höhlen gesprungen; beunruhigt liefen sie über das Tischtuch, krochen die dicke Brust hinauf und drangen in die zwinkernden Äuglein; und – was hatte die Zeit angerichtet?

Ja, was hatte sie angerichtet?

Diese hellbraunen Äuglein, diese Äuglein, die mit Humor und verschmitzter Fröhlichkeit nur mit fünfundzwanzig gefunkelt hatten, waren trübe geworden, waren eingesunken und mit einem drohenden Schleier bezogen; waren getränkt mit den Dünsten der übelsten Umgebungen: dunkelgelber, safrangelber; natürlich, ein Vierteljahrhundert ist keine kurze Frist, und trotzdem – zu ermatten, so zu verschrumpeln! Und unter den Äuglein hatte dieses Vierteljahrhundert stumpfe Fettsäcke ausgebeult; fünfundzwanzig Jahre sind keine kurze Frist; doch... – warum dieser vorspringende Adamsapfel unter dem runden Kinn? Der rosige Teint war gelb geworden, ölig geworden, welk – er erschreckte mit grauer Leichenblässe; die Stirn war zugewachsen; und gewachsen waren die Ohren; schließlich gibt es doch einfach anständige Greise? Und schließlich war er kein Greis...

Was hast du angerichtet, Zeit?

Der blonde, rosige, zwanzigjährige Pariser Student – der Student Lipenskij – verwandelte sich, bis zum Alptraumhaften anschwellend, beharrlich in einen fünfundvierzigjährigen, unanständigen Spinnenbauch: in Lippantschenko.

Unbeschreibliche Sinne

Der Busch brauste... Am sandigen Ufer kräuselten sich hier und dort kleine Salzwasserseen.

Von der Bucht flogen immerzu weißmähnige Streifen: der Mond beleuchtete sie, Streifen um Streifen brauste dort in der Ferne auf und polterte dort; und dann legte er sich, unmittelbar bis ans Ufer fliegend als flockiger Schaum; von der

Bucht her breitete der fliegende Streifen sich auf dem flachen Ufer aus – demütig, durchsichtig; er leckte den Sand: schnitt den Sand – schliff ihn ab; wie eine feine und gläserne Klinge glitt er über den Sand; hier und da plätscherte dieser gläserne Streifen bis zu einem kleinen Salzwassersee; und füllte ihn an mit Salzlösung.

Und schon lief er zurück. Ein neuer donnerschäumender Streifen warf ihn wieder auf.

Der Busch brauste...

– Und – hier, und – auch dort, standen Hunderte Büsche; in gewisser Entfernung vom Meer reckten schwarze und trockene Buscharme sich; diese blattlosen Arme erhoben sich in den Raum mit halbverrücktem Gefuchtel; ein schwärzliches Figürchen ohne Galoschen und ohne Hut rannte erschrocken dazwischen; im Sommer verströmten sie liebliches und säuselndes Rascheln; das Rascheln war längst verwelkt, so daß Knirschen und Stöhnen sich erhoben von dieser Stelle; Nebel stiegen auf von hier; und Nässen stiegen auf von hier; die Baumknorren aber streckten sich alle – aus Nebel und Nässe; aus Nebel und Nässe begann vor dem Figürchen sich eine knotige Hand zu gebärden, mit Gerten bewachsen, wie mit Fell.

Schon beugte sich das Figürchen zum Hohlstamm – in einen Schleier von schwarzer Nässe; hier verlor es sich kummervoll in Gedanken; und hier ließ es den störrischen Kopf in die Hände sinken:

– »Meine Seele«, – entstieg seinem Herzen: – »meine Seele, – du hast mich verlassen... Gib mir Antwort, meine Seele: arm bin ich...«

Es entstieg seinem Herzen:

– »Vor dir falle ich mit zerbrochenem Leben... Denk an mich: arm bin ich...«

Die Nacht, durchstoßen von einem funkelnden Punkt, erfüllte sich hell; und es zuckte ab und zu ein kaum merkliches Pünktchen am äußersten Meereshorizont; offenbar hielt ein Handelsschoner auf Petersburg zu; aus dem nächtlichen Durchstich schwoll ein Lämpchen und füllte sich an mit Licht wie, von Grannen umstrahlt, eine schwellende Ähre.

Nun hatte es sich schon verwandelt in ein großes, purpurnes Auge, das den dunklen Schiffsrumpf verriet hinter sich und darüber – einen Wald von Takelwerk.

Und über dem schwärzlichen verzagten Figürchen, dem fliegenden Trugbild entgegen, flogen unter dem Mond empor die hölzernen, gertigen Arme; ein buschiger Kopf, ein knotiger Kopf reckte sich in den Raum, spinnwebhaft schaukelnd sein Netz schwarzer Zweiglein; und – es schaukelte am Himmel; der leichte Mond verfing sich im Netz, fing zu zittern an, blendend zu glitzern: und schien eine Träne zu weinen: nun füllten sich mit phosphoreszierendem Funkeln die luftigen Astlücken, Unsagbares zeigend, und daraus entstand eine Figur; – entstand er – begann er: ein riesiger Körper, phosphorglühend im kupfervitriolfarbenen Mantel, der davonflog in den nebligen Rauch; die gebieterische Hand, in die Zukunft weisend, streckte sich in Richtung des Lämpchens, das dort blinzelte aus dem Datscha-Gärtchen, wo die biegsamen Gerten der Büsche ans Gitter schlugen.

Das Figürchen blieb stehen, es reckte sich flehend den phosphoreszierenden Astlücken zu, die den Körper umrissen:
– »Aber erlaube, erlaube; so geht es doch nicht – auf den bloßen Verdacht, ohne Aussprache . . .«
Gebieterisch wies die Hand auf das leuchtende Fensterchen, das die schwarzen und knirschenden Äste durchschoß.

Das schwärzliche Figürchen schrie nun auf und floh in den Raum; ihm nach aber stürzte der schwarze knorrige Umriß, sich fügend am sandigen Ufer zu eben jenem seltsamen Ganzen, das aus sich auspressen konnte ungeheuerliche, unbeschreibliche Sinne, die nirgendwo existierten; das schwärzliche Figürchen schlug mit der Brust an das Gitter des Gärtchens, es kletterte über den Zaun und glitt nun lautlos, mit den Füßen in den tauigen Gräsern stolpernd, – zu der grauen kleinen Datscha, wo es vor so kurzem noch war, wo jetzt alles sonderbar war.

Vorsichtig schlich es sich zur Terrasse, preßte die Hand an die Brust; und lautlos, mit zwei Sätzen, war es an der Tür; die Tür war nicht verhängt; da schmiegte sich das Figürchen ans Fenster; dort, hinter den Fenstern, strahlte Licht.

Dort saßen sie ... –

           – Auf dem Tisch stand der Samowar; am Samowar stand ein Teller mit Resten von kaltem Kotelett; und eine weibliche Nase schaute hervor mit unangenehmem, verlegenen, leicht niedergedrückten Ausdruck; die Nase schaute schüchtern hervor; und – schüchtern verbarg sie sich: eine – Habichtsnase; an der Wand schwankte ein weiblicher Schattenkopf mit kurzem Schwänzchen; dieser klägliche Kopf hing von einem gebeugten Hals. Lippantschenko stützte den einen Arm mit dem Ellbogen auf den Tisch; der andere Arm lag locker über der Sessellehne; die plumpe Hand – ging auf und ab; sie verblüffte durch ihre Breite; sie verblüffte durch die Kürze der fünf wie abgehackten Finger, mit fransigen Häutchen und brauner Farbe an den Nägeln ... –

           – Das Figürchen sprang mit zwei Sätzen von der Tür; und – hockte in den Büschen; eine Anwandlung unbeschreiblichen Mitleids ergriff es; da warf sich ein stirnloser, knorriger Großkopf – aus dem Hohlstamm, unter zwei Ästen zum Figürchen; dann stöhnten die Winde im fauligen Trichter des Buschs.

Und das Figürchen begann erbittert zu flüstern unter den Busch:

– »Ja man darf doch nicht einfach ... Ja wie kann das sein ... Ja es ist doch noch gar nichts bewiesen ...«

Ein Schwanengesang

Abgewandt von der seufzenden Soja Sacharowna mit dem ganzen Rumpf, streckte Lippantschenko seine Hand – nun, denken Sie nur! – nach der hier an der Wand hängenden Geige:

– »Hast du draußen allerlei Verdruß ... Kommst nach Hause, um dich auszuruhen, und – bitte sehr ...«

Er holte das Bogenharz hervor: mit einem Ingrimm geradezu, der jedes Maß überstieg, – warf er sich auf das Stück Bogenharz;

genüßlich hielt er zwischen den Fingern das Stück Bogenharz; mit einer schuldbewußten Miene, die nicht im mindesten paßte weder zu seiner Stellung in der Partei, noch zum eben gewesenen Gespräch, machte er sich daran, am Bogenharz seinen Bogen zu reiben; danach machte er sich an die Geige:
– »Man wird sozusagen – mit Tränen empfangen...«
Er drückte die Geige an seinen Bauch und beugte sich darüber, ihr breites Ende auf die Knie stemmend; das schmale Ende klemmte er sich unters Kinn; mit einer Hand begann er genüßlich die Seiten zu spannen, mit der anderen Hand – entlockte er ihnen einen Ton.
– »Dong!«
Sein Kopf war gebeugt und dabei zur Seite geneigt; mit fragendem Ausdruck, ob nun spaßig, ob kläglich (jedenfalls kindlich), sah er Soja Sacharowna an und schnalzte mit den Lippen; so als wollte er fragen:
– »Hören Sie?«
Sie setzte sich auf den Stuhl: mit fragendem, halb gerührtem, halb verstocktem Gesicht schaute sie Lippantschenko an und den Finger Lippantschenkos; der Finger prüfte die Saiten; und die Saiten – klirrten.
– »Schon besser!«
Und er lächelte; sie lächelte auch; beide nickten einander zu; er – mit verjüngtem Übermut; und sie – mit einem Anflug von Schüchternheit, der sowohl einen unklaren Stolz verriet, als auch alte Vergötterung seiner Person (Lippantschenkos?), – und sie rief:
– »Ach, was sind Sie doch...«
– »Pling-pling...«
– »Für ein unverbesserliches Kind!«
Und bei diesen Worten drehte Lippantschenko, obwohl er aussah wie ein wahres Rhinozeros, mit entschlossener wie geschickter Bewegung der linken Hand seine Geige um; in den Winkel zwischen der riesigen Schulter und dem zur Schulter gesenkten Kopf wurde blitzschnell ihr breites Ende geschoben; das schmale Ende lag in den laufenden Fingern:
– »Also dann.«

Herbei flog die Hand mit dem Bogen; und – blieb in der Luft: sie erstarb und berührte mit innigster Bewegung des Bogens eine Saite; und der Bogen zog über die Saiten; dem Bogen nach zog – der ganze Arm; dem Arm nach zog der Kopf; dem Kopf – der dicke Rumpf; alles verzog sich zur Seite.

Zum Häkchen gekrümmt blieb der kleine Finger: er – berührte den Bogen nicht.

Der Sessel knackte unter Lippantschenko, der, so schien es, sich mühte in einem einzigen beharrlichen Streben: einen innigen Ton zu erzeugen; sein leicht heiserer und doch angenehm milder Baß erfüllte unerwartet das Zimmer, übertönte das Schnarchen des Bernhardiners wie das Rascheln der Schabe.

– »Führe mich nicht uuum-soonst«, – sang Lippantschenko.

– »In Veersuuu-uuuu . . .« – fielen innig, leise seufzend die Saiten ein.

– »chung« – sang der zur Seite geneigte Lippantschenko, der, so schien es, sich mühte in einem einzigen beharrlichen un-bändigen Streben: einen innigen Ton zu erzeugen.

Schon in jungen Jahren hatten sie oft diese alte Romanze gesungen, die man jetzt nicht mehr sang.

. . . .

– »Tsss!«

– »Hör mal?«

– »Das Fenster? . .«

– »Ich muß gehen: und nachschauen.«

. . . .

In rauchigen und tiefgrünen Schwaden liefen dort melancho-lisch Trüben vorüber; der Mond ging auf hinter einer Wolke; und alles, was vorher dastand als Trübe, – war zerfallen, ver-fallen; die Skelette der Büsche ragten schwarz in den Raum: und als zottige Flocken fielen auf die Erde ihre Schatten; entblößt stand phosphoreszierende Luft in den Fluchten aus Ästen; alle luftigen Flecken verbanden sich – da war er, da war er: der Körper, der phosphorglühende; gebieterisch wies er ihm mit der Hand das Fenster; das Figürchen hüpfte zum Fenster; das Fenster war unverriegelt, beim Aufgehen klirrte es eine Spur; und das Figürchen hüpfte zurück.

In den Fenstern regten sich Schatten; jemand trug eine Kerze –
an den verhängten Fenstern vorüber; erleuchtet wurde auch
dieses – das unverriegelte – Fenster; der Vorhang wurde beiseite gezogen; eine dicke Figur stand da und schaute dorthin –
in die phosphoreszierende Welt; es war, als schaue das Kinn,
denn – das Kinn ragte vor; die Äuglein waren nicht zu sehen;
anstelle der Äuglein dunkelten zwei Höhlen; zwei brauenlose
Brauenbögen glänzten unnatürlich im Mondlicht. Der Vorhang wurde zugezogen; jemand Riesiges und Dickes lief zurück
hinter den verhängten Fenstern; bald hatte sich alles beruhigt.
Geigengeklirr und die Stimmen klangen wieder aus der Datscha.

Der Busch brauste. Ein stirnloser knorriger Großkopf schob
sich ins Mondlicht in einem einzigen beharrlichen Streben: zu
begreifen – was auch immer, um jeden Preis; zu begreifen, oder
– zu zerspringen; aus dem hohlen Stämmchen trat diese alte,
stirnlose Beule vor, bewachsen mit Moos und Kruste; sie reckte
sich unter dem Wind; sie flehte um Schonung – was auch sei,
um jeden Preis. Vom hohlen Stämmchen löste sich wieder das
Figürchen; und schlich sich ans Fenster; der Rückzug war ihm
versperrt; ihm blieb nur: das Begonnene zu vollenden. Jetzt
versteckte es sich . . . in Lippantschenkos Schlafzimmer wartete
es voller Ungeduld auf Lippantschenkos Ankunft – im Schlafzimmer.

. . . .

Auch Halunken haben ja das Bedürfnis sich einen Schwanen-
gesang zu singen.

– »Wer diie Ent-täääu . . . schuuung keennt . . . weiß nii-
ii-chts . . . von den Freuden vergaaangener . . . Taaage . . . Iich
glaaube . . . nicht mehr . . . den Schwüü-reen . . .«

– »Glaaube . . . nicht mehr an Liie-be . . .«

Wußte er, was er sang? Und – was er da spielte? Warum war er
wehmütig? Warum schnürte sich ihm die Kehle zu – bis zum
Schmerz? . . Von den Tönen? Lippantschenko begriff das nicht,
wie er auch die innigen, von ihm erzeugten Töne nicht begriff . . . Nein, das Stirnbein konnte es nicht begreifen: die Stirn
war klein, voller Querfalten: es war, als weinte sie.

So sang in einer Oktobernacht Lippantschenko seinen Schwa-
nengesang.

Ausblick

Nun – also!
Er hatte gesungen, gespielt; er hatte die Geige hingelegt und
wischte sich mit dem Taschentuch den schweißnassen Kopf;
langsam wogte sein Spinnenbauch, der unanständige, fünfundvierzigjährige; schließlich nahm er die Kerze und begab
sich ins Schlafzimmer; auf der Schwelle wandte er, unentschlossen, sich noch einmal um, seufzte und stand gedankenverloren;
die ganze Figur Lippantschenkos drückte trübe, unsagbare
Wehmut aus.
Und – Lippantschenko versank in der Finsternis.
Als die Flamme der Kerze sich unerwartet ins vollkommen
dunkle Zimmer schnitt (die Vorhänge waren heruntergelas-
sen), da zerschnitt sie das Dunkel; und – die Höllenfinsternis
zerriß in gelb-purpurnen Schein; um die Peripherie des flammend tanzenden Zentrums drehten in kreisender Bewegung
sich lautlos nun Stücke der Dunkelheit als Schatten sämtlicher
Gegenstände; und hinter den dunklen Streifen her, hinter den
Schatten der Gegenstände, rannte ein dicker Schattenriese, der
sich losriß unter Lippantschenkos Sohlen, in geschäftiger Bewegung im Kreis.
Zwischen Wand, Tisch und Stuhl schleuderte der häßliche,
lautlose Dicke hin und her, brach sich an den Streifen und
wurde quälend zerrissen, als erlitte er nun sämtliche Qualen des
Purgatoriums.
So wird, kaum hat sie, als nun schon unnötigen Ballast, den
Körper abgestoßen – so wird, kaum hat sie den Körper abgestoßen, von Orkanen sämtlicher seelischen Regungen die Seele
ergriffen: Orkane durchlaufen die seelischen Räume. Unser
Körper ist ein Schiffchen; und es flitzt über den Seelenozean
von einem geistigen Kontinent – zum anderen geistigen Kontinent.

So... –

Stellen Sie sich ein unendlich langes Seil vor; und stellen Sie sich vor, man umschlinge Ihren Körper in der Taille mit dem Seil; dann – beginnt man das Seil zu drehen: in rasender, in unbeschreiblicher Schnelligkeit; emporgeworfen, in weiter, immer größer werdenden Kreisen, Spiralen zeichnend im Raum, fliegen Sie in die Atmosphäre jenseits der Luft, mit dem Kopf nach unten, mit dem Rücken voraus; und Sie werden, Trabant der Erde, davonfliegen von der Erde in Welt-Unermeßlichkeiten, vieltausendste Räume überwindend – im Augenblick, und sich selbst in diese Räume verwandeln.

Von solch einem Orkan also werden Sie augenblicklich ergriffen, wenn die Seele den Körper abstößt als nun schon unnötigen Ballast.

Und wir stellen uns noch vor, daß jeder Punkt des Körpers den verrückten Drang verspürt sich maßlos auszubreiten, entsetzlich auszubreiten (zum Beispiel im Durchmesser einen Raum einzunehmen, der der Umlaufbahn des Saturn entspricht); und wir stellen uns noch vor, daß wir bewußt empfinden nicht nur einen einzelnen Punkt, sondern sämtliche Punkte des Körpers, daß sie sämtlich aufgebläht sind, – gelichtet, erglüht – und die Stadien der Körperausdehnung durchlaufen: vom festen zum gasigen Zustand, daß Planeten und Sonnen vollkommen frei zirkulieren in den Lücken der Körpermoleküle; und wir stellen uns noch vor, daß wir die zentripetalen Empfindungen ganz und gar verloren haben; und daß, in dem Drang uns körperlich maßlos auszubreiten, wir in Stücke zerspringen, und in Einheit nur unser Bewußtsein bleibt: das Bewußtsein zersprungener Empfindungen.

Was würden wir empfinden?

Wir würden empfinden, daß unsere fliegenden und brennenden zerstreuten Organe, nicht mehr in Einheit verbunden, Milliarden Werst voneinander getrennt sind; jedoch bindet unser Bewußtsein jene schreiende Scheußlichkeit – bei gleichzeitiger Zwecklosigkeit; und während wir im Rückgrat, dem bis zur Leere gelichteten, das Brausen der Massen Saturns hören, fressen sich grimmig in unser Hirn die Sterne der Sternbilder; im Zentrum aber des brausenden Herzens hören wir sinnlose, krankhafte Stöße, – eines solch riesigen Herzens, daß die Feuerströme der Sonne, ausfliegend von der Sonne, nicht die Oberfläche des Herzens erreichten, schöbe sich die Sonne hinein in dieses feurige, sinnlos pochende Zentrum.

Wenn wir uns körperlich all das vorstellen könnten, erstünde vor uns das Bild der ersten Stadien des Lebens der Seele nach Abwurf des Körpers: die Empfindungen wären um so stärker, je gewaltsamer vor uns zerfiele unser Körpergefüge...

Schaben

Lippantschenko blieb mitten im dunkelnden Zimmer stehen mit der Kerze in der Hand; die Schattenstreifen blieben mit ihm stehen; der dicke Schattenriese, Lippantschenkos Seele, hing mit dem Kopf an der Decke; nicht für die Schatten der Gegenstände, noch den eigenen Schatten verspürte Lippantschenko Interesse; mehr interessierte ihn ein Geraschel – ein gewohntes, keineswegs rätselhaftes.

Er empfand ekligen Widerwillen gegen die Schabe; und jetzt – sah er – Dutzende dieser Geschöpfe; in ihre dunklen Ecken rannten sie raschelnd, überrumpelt vom Kerzenlicht. Und – Lippantschenko grollte:

– »Ihr verfluchten...«

Und er stapfte in die Ecke nach der Bohnerbürste, die einen erzlangen Stock vorstellte mit borstigem Schrubber am Ende:

– »Habt ihr noch nicht genug?!.«

Er stellte die Kerze am Boden ab; die Bohnerbürste in der Hand, stieg er auf einen Stuhl; der schwere, keuchende Körper ragte jetzt über dem Stuhl; von der Anstrengung platzten Gefäße, die Muskeln spannten sich; Haare sträubten sich; den enteilenden Händchenvoll jagte er mit dem borstigen Ende des Schrubbers nach; eins, zwei drei! und – es knackte unter dem Schrubber: an der Decke, an der Wand; selbst – in der Ecke des Büchergestells.

– »Acht... Zehn... Elf« – raschelte drohendes Flüstern; und knackend fielen die Flecken zu Boden.

Jeden Abend vor dem Rückzug in den Schlaf schlug er Schaben tot. Nach dem Totschlagen eines stattlichen Häufleins von ihnen legte er sich zur Ruhe.

Schließlich, in die Schlafkammer gestürmt, sperrte er die Tür mit dem Schlüssel ab; dann: sah er unters Bett (seit einiger Zeit bildete diese seltsame Sitte einen festen Bestandteil seines Entkleidens), vor sich stellte er die tropfende Kerze.

Nun war er entkleidet.

Er saß auf dem Bett, haarig und nackt, die Beine gespreizt; weibliche gerundete Formen zeichneten sich deutlich ab auf der zottigen Brust.

Lippantschenko schlief nackt.

Schräg gegenüber der Kerze, zwischen Fensterwand und Kommode, in einer schattigen dunklen Nische erschien die bizarre Kontur: der hier hängenden Hosen; und sie bildete die Gestalt – eines von hier Schauenden; mehrmals hängte Lippantschenko seine Hosen um; und jedesmal kam heraus: die Gestalt – eines von hier Schauenden.

Diese Gestalt erkannte er jetzt.

Und als er die Kerze ausblies, da erbebte die Kontur und trat klarer hervor; mit der Hand griff Lippantschenko zum Vorhang am Fenster; der Vorhang wurde zur Seite geschoben: der zurückgezogene Kaliko raschelte; das Zimmer erstrahlte in grünlichem Kupferschein; dort, von dort: aus dem weißen Zinn der Wölkchen brach eine glühende Scheibe ins Zimmer: und... –

Auf dem Grund der vollkommen grünen und wie kupfervitriolenen Wand – dort! – stand ein Figürchen, im Mantel, mit kreidebleichem erstarrtem Gesicht: wie ein Clown; und lachte mit weißen Lippen. Auf die Tür hin trappelte Lippantschenko mit bloßen Füßen, doch mit Bauch und Brüsten platschte er mit voller Wucht an die Tür (er hatte vergessen, daß abgesperrt war); nun wurde er zurückgezerrt; ein kochender Wasserstrahl ritzte ihm den nackten Rücken vom Schulterblatt bis zum Gesäß; im Fallen aufs Bett begriff er, daß man ihm den Rükken zerschnitten hatte: so zerschneidet man die weiße haarlose Haut von kaltem Ferkel mit Meerrettich; und kaum hatte er begriffen, was mit dem Rücken geschehen war, da fühlte er den kochenden Strahl – unterm Nabel.

Und dorther zischte so etwas spöttisch; und es dachte irgendwo, daß das Gase sind, denn der Bauch war aufgeschlitzt; den Kopf über den wackelnden Bauch gebeugt, der sinnlos in den Raum sah, sackte er schläfrig in sich zusammen, die flüssigen Klebrigkeiten betastend – auf Bauch und Laken.

Das war der letzte bewußte Eindruck der gewöhnlichen Wirklichkeit; nun weitete sich das Bewußtsein; seine ungeheuerliche Peripherie sog Planeten in sich ein; und empfand sie – als die voneinander getrennten Organe; die Sonne schwamm in den Weitungen des Herzens; das Rückgrat glühte in der Berührung der Massen Saturns; im Bauch explodierte ein Vulkan.

Währenddessen saß der Körper sinnlos mit auf die Brust gesunkenem Kopf und starrte in den gespaltenen Bauch; plötzlich kippte er – mit dem Bauch aufs Laken; die Hand hing über dem blutbesudelten Vorleger, im Mondlicht schillernd mit rötlichem Fell; der Kopf mit der hängenden Kinnlade war zurückgeworfen in Richtung Tür und schaute die Tür an mit starrer Pupille; braunlos glänzten die Brauenbögen; auf dem Laken prangte der Abdruck von fünf blutbesudelten Fingern; eine dicke Ferse ragte empor.

. . . .

Der Busch brauste: weißmähnige Streifen flogen von der Bucht; sie flogen ans Ufer als flockiger Schaum; sie leckten den Sand; wie feine und gläsernde Klingen glitten sie über den Sand; sie plätscherten bis zu einem kleinen Salzwassersee und füllten ihn an mit Salzlösung; und liefen zurück. Durch die Zweige des Busches war zu sehen, wie ein Segelschiff zu schaukeln begann, – türkisen, trugbildhaft; als dünnes Blatt zerschnitt es die Räume mit spitzflügligen Segeln; auf der Fläche des Segels verdichtete sich ein nebliges Rauchwölkchen.

. . . .

Als man eintrat am Morgen, war Lippantschenko nicht mehr, da war eine Pfütze Blut; da war eine Leiche; und da war das

Figürchen eines Mannes – mit lächelndem weißen Gesicht, außer sich; es trug ein Schnurrbärtchen; das war aufwärts gesträubt; sehr seltsam: der Mann saß rittlings auf dem Toten; in der Faust drückte er eine Schere; diesen Arm hielt er ausgestreckt; auf seinem Gesicht – über Nase und Mund – kroch ein Schabenfleck davon.

Offenbar war er übergeschnappt.

Ende des siebten Kapitels

ACHTES KAPITEL,
und letztes

Vergangenes geht ruhig mir vorüber.
Einst flog es noch im Sturm, voll von Geschicken,
In Wellen wie der Ozean, das Meer!
Jetzt ist es ohne Laut und still geworden:
Nicht viel Gesichter wahrt mir das Erinnern,
Nicht viele Worte dringen bis zu mir...
                                            A. Puschkin

Doch zuerst...

Anna Petrowna!
Wir haben sie vergessen: aber Anna Petrowna war zurück;
und nun wartete sie... doch zuerst: –
                                            – diese vierundzwanzig
   Stunden! –
               – diese vierundzwanzig Stunden haben sich in
      unserer Erzählung erweitert und in den seelischen Räu-
      men verteilt: als höchst scheußlicher Traum; sie verstell-
      ten im Umkreis das Blickfeld; und in den seelischen
      Räumen verwirrte sich der Blick des Autors; er wurde
      verstellt.
Mit ihm verschwand auch Anna Petrowna.
Wie finstere, bleierne Wolken schleppten bleierne Hirnspiele
sich dahin im geschlossenen Blickfeld, dem Kreis, den wir
umrissen haben, – ohne Ausweg, ohne Aussicht, ausdau-
ernd –
         – all die vierundzwanzig Stunden!..
Und über diesen finster flutenden und ungesunden Ereignissen
flatterte die Nachricht von Anna Petrowna vorüber als Abglanz
eines weichen Lichts – von irgendwo. Da blieben wir traurig
gedankenverloren – einen Augenblick nur; und – vergaßen; wir
sollten uns aber erinnern... daß Anna Petrowna zurück war.
Diese vierundzwanzig Stunden!
Das heißt Tag und Nacht: ein – relativer Begriff, ein Begriff, –

der aus einer Vielfalt von Augenblicken besteht, wo der Augenblick –

     – ein minimaler Zeitabschnitt ist, oder aber – etwas, nun, Anderes, Seelisches, definiert durch die Fülle an seelischen Ereignissen, – nicht durch eine Ziffer; wenn aber durch eine Ziffer, dann ist er präzise, zwei Zehntelsekunden; und – in diesem Fall stabil; definiert durch die Fülle an seelischen Ereignissen, ist er eine Stunde, oder – Null: das Erlebnis wächst sich im Augenblick aus, oder – ist nicht vorhanden im Augenblick –

          – wo der Augenblick in unserer Erzählung einem Überfluß an Ereignissen glich.

Doch die Ankunft von Anna Petrowna ist ein Faktum; und – ein bedeutsames; allerdings hat es keinen entsetzlichen Inhalt, wie die anderen vermerkten Fakten; darum auch haben wir, der Autor, Anna Petrowna vergessen; und, wie üblich, haben mit uns Anna Petrowna vergessen auch die Helden des Romans. Und trotzdem ... –

Anna Petrowna war zurück; die von uns beschriebenen Ereignisse hatte sie nicht erlebt; von diesen Ereignissen – ahnte sie nicht, wußte sie nicht; ein einziger Vorfall bewegte sie: ihre Rückkehr; und er sollte auch die von mir beschriebenen Personen bewegen; diese Personen sollten doch sofort reagieren auf diesen Vorfall; sie mit Billetts überhäufen und Briefen, dem Ausdruck von Freude oder Wut; doch Billetts oder Boten gab es nicht: den bedeutsamen Vorfall beachteten – weder Nikolaj Apollonowitsch, noch Apollon Apollonowitsch.

Und – Anna Petrowna war traurig.

. . . .

Nach draußen ging sie nicht; ein Gasthof von prunkvollem Stil hielt sie eingesperrt in ein winziges Zimmer; und Anna Petrowna saß Stunden auf dem einzigen Stuhl; und Anna Petrowna saß Stunden und starrte auf die Tapetentüpfel; diese Tüpfel sprangen ins Auge; sie wandte die Augen zum Fenster; und das Fenster ging hinaus auf eine zudringlich blickende Wand in olivbraunen Tönen; anstelle des Himmels war gelber Dunst; nur in der Luke dort, schräg gegenüber, sah man Berge schmutziger Teller, einen Spülkübel und hochgekrempelte Ärmel an Armen durch den Abglanz der Scheiben...

Weder – Brief, noch – Visite: vom Mann oder Sohn.

Manchmal klingelte sie; ein Irrwisch erschien im Schleifenhäubchen.

Und Anna Petrowna geruhte – zum wievielten Mal! – zu verlangen:

– »Bitte, aufs Zimmer, *thé complet.*«

Dann erschien ein Lakai im schwarzen Frack, im gesteiften Vorhemd und vor Frische glänzendem Schlips – mit übergroßem Tablett, präzise plaziert: auf Handteller und Schulter; verächtlich musterte er das Zimmerchen, das ungeschickt unternähte Kleid der Bewohnerin, die bunten spanischen Lumpen, die auf dem Doppelbett lagen, und das schäbige Köfferchen; unfreundlich, doch geräuschlos riß er sich das übergroße Tablett von der Schulter; und ohne jedes Geräusch sank auf den Tisch der »*thé complet*«. Und ohne jedes Geräusch verschwand der Lakai.

Niemand, nichts: dieselben Tapetentüpfel; dasselbe Lachen und Hin und Her aus dem Nachbarzimmer, ein Gespräch zweier Stubenmädchen auf dem Flur; ein Flügel – von irgendwo unten (im Zimmer einer gastierenden Pianistin, die sich anschickte ihr Konzert zu geben); und sie wandte die Augen – zum wievielten Mal – zum Fenster, und das Fenster ging hinaus auf eine zudringlich blickende Wand in olivbraunen Tönen; anstelle des Himmels war Dunst, nur in der Luke dort, schräg gegenüber, sah man durch den Abglanz der Scheiben –

    – (plötzlich ein Klopfen an der Tür; plötzlich verschüttete Anna Petrowna verwirrt ihren Tee auf die reinen Servietten des Tabletts) –

    – nur in der Luke dort, schräg gegenüber, gab es Berge schmutziger Servietten, einen Spülkübel und hochgekrempelte Ärmel an Armen.

Das Stubenmädchen flog ins Zimmer und reichte ihr eine Visitenkarte; Anna Petrowna erglühte; geräuschvoll stand sie vom Tischchen auf; ihre erste Geste war *jene* Geste, die von jung

auf angenommene: eine schnelle Bewegung der Hand, die die Haare richtet.
– »Wo ist er?«
– »Er wartet im Korridor.«
So erglüht, mit der Hand von den Haaren zum Kinn fahrend (eine kürzlich erst angenommene Geste, und wahrscheinlich bedingt durch Kurzatmigkeit), sagte Anna Petrowna:
– »Ich bitte.«
Sie schnaufte und wurde rot.
Man hörte – Lachen, Hin und Her aus dem Nachbarzimmer, ein Gespräch zweier Stubenmädchen auf dem Flur und einen Flügel von irgendwo unten; man hörte schnell-schnell eilende Schritte zur Tür; die Tür tat sich auf: Apollon Apollonowitsch Ableuchow, ohne die Schwelle zu übertreten, suchte vergeblich etwas zu unterscheiden im Halbdunkel des Zimmerchens; und das erste, was er sah, war eine Wand in olivbraunen Tönen, die ins Fenster blickte; und – Dunst anstelle des Himmels; nur in der Luke dort, schräg gegenüber, sah man durch den Abglanz der Scheiben Berge schmutziger Teller, einen Spülkübel und hochgekrempelte Ärmel an Armen, die etwas wuschen.
. . . .
Das erste, das auf ihn einstürzte, war das dürftige Mobiliar des billigen Zimmerchens (die Schatten fielen irgendwie so, daß Anna Petrowna versteckt war); solch ein Zimmerchen – in einem erstklassigen Hotel! Wie denn das? Man hat keinen Grund sich zu wundern; solche Zimmerchen gibt es in allen erstklassigen Hotels – der erstklassigen Metropolen: pro Hotel ist es eines, höchstens zwei; doch die Anzeigen künden von ihnen in jedem Verzeichnis. Sie lesen, zum Beispiel: »Savoy Premier ordre. Chambres depuis 3 fr.« Das bedeutet: der niedrigste Preis für ein leidliches Zimmer liegt nicht unter fünfzehn Francs; doch zum Schein finden Sie irgendwo in den Zwischengeschossen unbedingt einen ungenutzten Winkel, unaufgeräumt, schmutzig, – in allen erstklassigen Hotels der erstklassigen Metropolen; und von diesem auch kündet das Verzeichnis *»depuis trois francs«*; dieses Zimmer läßt man herunterkommen; wohnen kann man nicht darin (statt dessen geraten Sie an ein

Zimmer für fünfzehn Francs); im »*depuis trois francs*« mangelt es an Luft wie an Licht; auch die Dienerschaft würde es verschmähen, nicht nur Sie, der Herr; an Mobiliar und was auch immer – mangelt es gleichfalls; wehe Ihnen, wenn Sie dort wohnen: es wird Sie verachten der zahlreiche Stab der Stubenmädchen, Kellner, Hotelboys.

Und Sie siedeln um in ein zweitklassiges Hotel, wo Sie für sieben-acht Francs in Reinlichkeit, Komfort und Freundlichkeit ausspannen können.

»Premier ordre – depuis 3 francs« – Gott bewahre Sie!

Und nun – Bett, Tisch und Stuhl; in Unordnung lagen verstreut auf dem Bett Ridicul, ein paar Gürtel, ein schwarzer Fächer aus Spitze, ein geschliffenes venezianisches Väschen, umwickelt – denken Sie nur – mit einem langen Strümpfchen (aus reinster Seide), Plaid, Gürtel und ein Knäuel zitronenfarbener knallbunter spanischer Fetzen; all das mußten, nach Apollon Apollonowitschs Meinung, Reiseutensilien sein und Souvernirs aus Granada und Toledo, höchstwahrscheinlich einmal teuer gewesen und nun schon ohne allen Reiz, allen Glanz, –

 – die dreitausend Silberrubel, vor so kurzem nach Granada geschickt, waren, sichtlich, nicht erhalten worden –

  – so daß es für eine Dame von *ihrer Position in der Welt* einfach unpassend war, diese alten Lumpen herumzutragen; und – das Herz krampfte sich ihm zusammen.

Jetzt sah er den Tisch, prunkend mit einem Paar reinster Servietten und prunkend mit dem »*thé complet*«: Hotelutensil, salopp hier hereingetragen. Aus den Schatten aber trat eine Silhouette: wieder krampfte sein Herz sich zusammen, denn auf dem Stuhl –

  – nein, nicht auf dem Stuhl! –

   – aufgestanden vom Stuhl sah er nun – dieselbe? – Anna Petrowna, gesetzter geworden, korpulenter und stark ergraut; das erste, was er begriff, war ein äußerst betrübliches Faktum: nach den zweieinhalb Jahren in Spanien (und – wo sonst noch,

wo sonst?) – quoll merklicher über dem Ausschnitt hervor
ein Doppelkinn, und unter dem Rand des Korsetts hervor
quoll merklicher ein runder Bauch; nur die zwei himmelblauen Augen des einst wunderschönen und vor kurzem
noch schönen Gesichtchens glänzten dort wie früher; auf
ihrem Grund spielten nun höchst komplexe Gefühle:
Schüchternheit, Wut, Sympathie, Stolz, Erniedrigung
durch die karge Möblierung des Zimmers, unterdrückte
Bitterkeit und ... Angst.

Apollon Apollonowitsch hielt diesen Blick nicht aus: er senkte
die Augen und walkte den Hut in der Hand. Ja, diese Jahre mit
dem italienischen Künstler hatten sie verändert; wo war die
Gediegenheit geblieben, die angeborene Würde, die Liebe zu
Ordnung und Reinlichkeit; Apollon Apollonowitsch ließ die
Augen durchs Zimmer schweifen; in Unordnung lagen verstreut – Ridicul, ein paar Gürtel, ein schwarzer Fächer aus
Spitze, ein Strümpfchen und ein Knäuel zitronengelber Fetzen,
wahrscheinlich aus Spanien.

. . . .

Vor Anna Petrowna ... – ja war das er? Die zweieinhalb Jahre
hatten auch ihn verändert; vor zweieinhalb Jahren zuletzt sah
sie vor sich ein präzise aus grauem Stein gemeißeltes Gesicht,
das sie kalt anblickte über dem Perlmutt-Tischchen (bei der
letzten Aussprache); jeder kleinste Zug hatte sich ihr präzise
eingeprägt als vereisender Frost; nun aber zeigte das Gesicht –
den kompletten Mangel an Zügen.

(Wir unsererseits sagen: Gesichtszüge waren vor kurzem noch
da; und am Anfang unserer Erzählung haben wir sie beschrieben ...)

Vor zweieinhalb Jahren war Apollon Apollonowitsch zwar
schon ein Greis, doch ... er hatte etwas Altersloses; und sah
aus wie ein Staatsmann; jetzt aber – wo war der Politiker? Wo
war der eiserne Wille, wo das Steinerne des Blicks, das nur
Wirbelwinde verströmte, kalte, fruchtlose Hirnwinde (nicht
Gefühle) – wo war das Steinerne des Blicks? Nein, alles war dem
Alter gewichen; alles überwog der Greis: die Position in der
Welt und den Willen; es verblüffte eine schreckliche Magerkeit;

es verblüffte eine leichte Buckligkeit; es verblüfften – das Zittern des Unterkiefers, das Zittern der Finger; und vor allem – die Farbe des Mäntelchens; nie hatte er zu ihrer Zeit Kleidung von dieser Farbe bestellt.

So standen sie sich gegenüber: Apollon Apollonowitsch – ohne die Schwelle zu übertreten; und Anna Petrowna – hinter dem Tischchen: mit der zitternden, halbverschütteten Tasse starken Tee in den Händen (sie hatte den Tee aufs Tischtuch verschüttet).

Schließlich hob Apollon Apollonowitsch den Kopf; er mümmelte mit den Lippen und sagte stockend:

– »Anna Petrowna!«

Er konnte sie nun ganz mustern (die Augen hatten sich eingestellt auf das Halbdunkel); und er sah: all ihre Züge erhellten sich für einen Augenblick wunderschön; und dann überzogen die Züge sich wieder mit Fältchen, Schwellungen, Fettsäckchen: die klare Schönheit der kindlichen Züge bedeckten sie so mit der Grobheit des Alters; einen Augenblick aber erhellten sich all ihre Züge wunderschön, und zwar – als sie mit schroffer Bewegung den aufgetragenen Tee von sich schob; und ihm irgendwie ganz entgegenstrebte; doch trotzdem: rührte sie sich nicht vom Fleck; sie sagte nur hinter dem Tischchen hervor zu dem dort mit den Lippen mümmelnden Greis:

– »Apollon Apollonowitsch!«

Apollon Apollonowitsch lief ihr entgegen (genauso war er ihr entgegengelaufen auch die zweieinhalb Jahre, um zwei Finger hinzustrecken, sie zurückzuziehen und ihr die kalte Schulter zu zeigen); er lief ganz zu ihr, durchs Zimmer – im Mäntelchen, den Hut in der Hand; ihr Gesicht beugte sich zur Glatze; kahl wie ein Knie, rief die Fläche des riesigen Schädels mit zwei abstehenden Ohren in ihr etwas wach, und als der kalte Mund ihre Hand berührte, die naß war vom verschütteten Tee, da löste den komplexen Ausdruck auf ihren Zügen nun unverhüllte Befriedigung ab: denken Sie nur, – etwas Kindliches flammte auf in den Augen, spielte einen Moment und verschwand.

Und als er sich aufgerichtet hatte, da stand vor ihr sein Figürchen sogar übermäßig präzise, behangen von Höschen und Mäntelchen (von niemals gewesener Farbe) und einer Unzahl neuer Fältchen, zweien, die das gesamte Gesicht durchfurchten, und irgendwie neuen Blicken; diese beiden gewölbten Augen erschienen ihr nicht, wie früher, als zwei lichtdurchlässige Steine; darin zeigte sich: eine unbekannte Stärke und Kraft.

Doch die Augen wurden gesenkt. Apollon Apollonowitsch, mit den Augen flatternd, suchte nach Worten:

– »Ich, wei...« – dachte er und endete: – »ssen Sie...«

– »?«

– »Bin gekommen, Anna Petrowna, um mich Ihnen zu empfehlen...«

– »Und Sie zu beglückwünschen zu Ihrer Ankunft...«

Und Anna Petrowna erhaschte einen verlorenen, staunenden, einfach irgendwie weichen, sympathischen Blick – von dunklem Kornblumenblau, wie von warmer Frühlingsluft.

Aus dem Nachbarzimmer ertönten: Lachen, Hin und Her; hinter der Tür – das Gespräch derselben Stubenmädchen; und ein Flügel – von irgendwo unten; in Unordnung lagen verstreut: ein paar Gürtel, Ridicul, ein schwarzer Fächer aus Spitze, ein geschliffenes venezianisches Väschen und ein Knäuel knallbunter zitronengelber Fetzen, die sich als kurze Jacke entpuppten; es starrten die Tapetentüpfel; es starrte das Fenster, das hinausging auf eine zudringlich blickende Wand in olivbraunen Tönen; statt des Himmels war – Dunst, und im Dunst – Petersburg: Straßen, Prospekte; Trottoirs und Dächer; Sprühregen setzte sich dort auf ein blechernes Fensterbrett; kalte Rinnsale schossen aus Blechrinnen.

– »Hier bei uns...«

– »Vielleicht möchten Sie Tee?..«

– »Kommt ein Streik...«

Die Tür ging weit auf.

Nikolaj Apollonowitsch stand im Vorzimmer, aus dem er frühmorgens in solcher Eile geflohen war; an den Wänden blinkte wild ein Ornament aus alten Waffen: hier rosteten Schwerter; dort geneigte Hellebarden: Nikolaj Apollonowitsch wirkte fassungslos; mit einem schroffen Schwung der Hand riß er sich den italienischen Krempenhut herunter; der flachsweiße Haarschopf milderte dieses kalte, fast grausame Äußere mit dem ihm eingeprägten Trotz (es war schwer, Haare von diesem Farbton bei einem erwachsenen Menschen zu finden; oft trifft man diesen Farbton bei Bauernkindern – besonders in Weißrußland); mager, kalt und klar traten die Linien seines vollkommen weißen Gesichts hervor, das einem Ikonenantlitz glich, als er für einen Moment ins Grübeln kam, den Blick dorthin gerichtet, wo unter dem rostgrünen Schild mit dem Pickel blitzte ein litauischer Helm, wo der Kreuzgriff eines Ritterschwerts funkelte.

Nun erglühte er; und im feuchten, zerknitterten Umhang flog er, hinkend, die Stufen der teppichbelegten Treppe hinauf: warum nur erglühte er immer wieder in flammender Röte, was sonst niemals passierte? Und er – hustete; und er – keuchte; Fieber schüttelte ihn: man steht tatsächlich nicht ungestraft im Regen; das Interessanteste war, daß am Knie des Beins, auf dem er hinkte, der Stoff aufgerissen war; und – ein flatternder Fetzen; der Studentengehrock war hochgerutscht unter dem Umhang und buckelte Rücken und Brust; zwischen dem heilen und dem abgerissenen Rockschoß stand eine tanzende Strippe heraus; und wirklich, wirklich: Nikolaj Apollonowitsch wirkte hinkebeinig, bucklig, und hatte ein Schwänzchen, als er aus Leibeskräften die weiche Stufentreppe hinaufflog, mit dem flachsweißen Haarschopf wehend – an den Wänden vorüber, wo geneigt – Pistole und Hetmansstab hingen.

Vor der Tür mit der geschliffenen Kristallklinke rutschte er aus; und als er vorüberlief an den lackglänzenden Zimmern, da war es, als erstünde rund um ihn die Illusion nur von Zimmern;

dann verflog sie spurlos und errichtete jenseits der Grenze des Bewußtseins ihre nebligen Flächen; und als er die Korridortür zuschlug hinter sich und mit den Absätzen durch den hallenden Korridor stapfte, da war ihm, als pochten seine Schläfenadern: das rasche Pulsieren dieser Adern kündete deutlich auf der Stirn von einer verfrühten Sklerose.

Er flog außer sich in sein buntes Zimmer: und verzweifelt schrien im Bauer und schlugen mit den Flügeln kleine grüne Papageien; dieses Geschrei unterbrach seinen Lauf; einen Augenblick starrte er vor sich; und er sah: einen bunten Leoparden, der ihm zu Füßen hingestreckt lag mit aufgerissenem Rachen; und – begann in den Taschen zu kramen (er suchte das Schlüsselchen zum Schreibtisch).

– »Na?«
– »Zum Teufel…«
– »Verloren?«
– »Liegengelassen?!«
– »Sagen Sie, bitte.«

Und hilflos rannte er durchs Zimmer, das vergessene tückische Schlüsselchen suchend, dabei völlig ungelegene Gegenstände des Zimmerschmucks befingernd, wie das dreifüßige goldene Rauchfaß in Gestalt einer gelöcherten Kugel mit Halbmond oben, vor sich hin murmelnd: Nikolaj Apollonowitsch, genauso wie Apollon Apollonowitsch, sprach mit sich selbst.

Erschrocken stürzte er ins Nachbarzimmer – zum Schreibtisch: unterwegs blieb sein Fuß am arabischen Schemel hängen mit Intarsien aus Elfenbein; der krachte zu Boden; ihn verblüffte, daß der Schreibtisch nicht abgesperrt war; verräterisch ragte die Schublade vor; sie war halb aufgezogen; ihn verließ der Mut: wie konnte er fahrlässig abzusperren vergessen? Er riß an der Schublade… Ei-ei-ei…

Nein: und nein doch!

In der Schublade lagen in Unordnung Gegenstände; auf den Tisch geworfen lag schräg ein Kabinettporträt; doch… keine Sardinenbüchse war da; heftig, erbittert, erschreckt erschienen über der Schublade die Linien des purpurn gefärbten Gesichts mit blauen Ringen um die riesigen, irgendwie schwarzen Augen: schwarz – durch Erweiterung der Pupillen; so stand er zwischen einem Sessel mit dunkelgrünem Bezug und der Büste: natürlich, Kants.

Und – zum anderen Tisch. Und – die Schublade aufgezogen; in der Schublade lagen in vollkommener Ordnung Gegenstände: gebündelte Briefe, Papiere; er warf all das – auf den Tisch; doch ... keine Sardinenbüchse war da ... Nun versagten ihm die Beine den Dienst; und wie er war, im italienischen Umhang, in Galoschen, – fiel er auf die Knie und ließ den heißen Kopf in die kalten, nassen, vom Regen klammen Hände fallen; einen Augenblick – erstarb er so: der flachsblonde Haarschopf stand dort so seltsam tot, regungslos, als gelber Fleck im Halbdunkel des Zimmers zwischen Sesseln mit dunkelgrünem Bezug.

Und – wie er aufsprang! Und – zum Schrank! Und den Schrank – weit aufgerissen; achtlos flogen auf den Teppich Gegenstände; doch auch dort war keine Sardinenbüchse; wie ein Wirbelsturm schoß er durchs Zimmer, einem gewandten Äffchen gleich in der Behendigkeit seiner Bewegungen (wie sein hochexzellentes Papachen) und dem unscheinbaren Wuchs. Tatsächlich: das Schicksal machte sich über ihn lustig; von Zimmer – zu Zimmer; vom Bett (hier wühlte er unter den Kissen, der Decke, der Matratze) – zum Kamin: hier beschmierte er sich die Hände mit Asche; vom Kamin – zu den Reihen der Bücherregale (und auf kupfernen Rädchen glitt leichte Seide, die die Buchrücken schützte); hier schob er die Hände zwischen die Bände; und zahlreiche Bände flogen raschelnd und krachend zu Boden.

Doch nirgendwo – eine Sardinenbüchse.

Bald taumelte sein Gesicht, beschmiert mit Asche und Staub, schon ohne jeglichen Sinn und Verstand über einem Haufen Gegenstände, zusammengeworfen zu einem sinnlosen Berg und durchsucht von langen Spinnenfingern, die an zitternden Händen liefen; diese Hände zappelten über den Boden aus dem ausgebreiteten italienischen Umhang; in dieser gebeugten Pose, ganz zitternd, schweißnaß, mit geschwollenen Halsadern hätte er, wirklich-wirklich, jeden an eine dickbauchige Spinne erinnert, eine Fliegenfresserin; so wird der Beobachter, der eine feine Spinnwebe zerreißt, ein Schauspiel sehen: das gestörte Rieseninsekt zuckt am silbernen Fädchen im Raum von der Decke und bis zum Boden und fängt plump an, umherzulaufen über den Boden auf haarigen Füßen.

Und in dieser Pose – über einem Berg von Gegenständen – wurde Nikolaj Apollonowitsch überrascht: von Semjonytsch, der ins Zimmer gelaufen kam.

– »Nikolaj Apollonowitsch!.. Junger Herr!..«

Nikolaj Apollonowitsch, immer noch in der Hocke kauernd, drehte sich um; beim Anblick Semjonytschs bedeckte er mit behender Geste mit dem Umhang die zum Berg aufgehäuften Gegenstände – Blätter und klaffende Bände, – einer Glucke auf ihren Eiern gleich: der flachsblonde Haarschopf stand dort so seltsam tot, regungslos, als gelblicher Fleck im Halbdunkel des Zimmers.

– »Was gibt es?..«

– »Erkühne mich vorzutragen...«

– »Nicht jetzt: Sie sehen, daß... ich beschäftigt bin...«

Den Mund bis zu den Ohren gedehnt, glich er ganz dem Kopf des bunten Leoparden, der dort auf dem Boden die Zähne bleckte:

– »Ich sortiere hier Bücher.«

Doch Semjonytsch konnte nicht lockerlassen:

– »Bitte sehr: dort... fragt man nach Ihnen...«

– »?«

– »Ein frohes Familienereignis: unsere gute Herrin nämlich, Anna Petrowna, geruht selbst, uns zu besuchen.«

Nikolaj Apollonowitsch erhob sich mechanisch; der Umhang glitt von ihm ab; auf der aschebeschmierten Kontur des Iko-nenantlitzes – durch Asche und Staub – flammte blitzartig Röte; Nikolaj Apollonowitsch stellte ein absurdes und lächer-liches Figürchen dar im von zwei Buckeln gespreizten Studen-tengehrock mit nur einem Rockschoß – und mit tanzender Strippe, als er – einen Hustenanfall bekam; irgendwie heiser, durch den Husten rief er:

– »Mama? Anna Petrowna?«

— »Sitzt bei Apollon Apollonowitsch; im Salon ... Gerade jetzt hat sie geruht...«
— »Sie ruft mich?«
— »Apollon Apollonowitsch bittet.«
— »Ja, ich komme ... Ich komme ... Nur schnell noch ...«

. . . .

In diesem Zimmer hatte sich vor so kurzem noch Nikolaj Apollonowitsch zum sich selbst überlassenen Zentrum entwickelt – zur Reihe dem Zentrum entspringender logischer Prämissen, die alles bedingen: die Seele, den Gedanken und hier diesen Sessel; vor so kurzem noch war er hier das einzige Zentrum des Universums; doch zehn Tage waren vergangen; und sein Selbstbewußtsein war schändlich versunken in diesen zum Berg aufgehäuften Gegenständen: so versinkt eine freie Fliege, die über den Tellerrand krabbelt auf ihren sechs Beinchen, plötzlich hoffnungslos mit Beinchen wie Flügeln in klebriger Honigmasse.

. . . .

— »Tss! Semjonytsch, Semjonytsch – hören Sie«, – Nikolaj Apollonowitsch war nun flink durch die Tür gehuscht, Semjonytsch nach, über den umgeworfenen Schemel gesprungen und klammerte sich an den Ärmel des Greises (solche klammrigen Finger!).
— »Haben Sie hier nicht – es ist nämlich so ...« – er verhedderte sich, in die Knie gehend und den Alten von der Tür zum Korridor wegziehend – »ich habe vergessen ... Einen Gegenstand haben Sie nicht gesehen? Hier, im Zimmer... So einen Gegenstand: ein Spielzeug...«
— »Ein Spielzeug...«
— »Ein Kinderspielzeug ... eine Sardinenbüchse...«
— »Eine Sardinenbüchse?«
— »Ja, ein Spielzeug (in Gestalt einer Sardinenbüchse) – ein schweres, mit Aufziehwerk: dann tickt noch ein Ührchen darin ... Hierher habe ich es gelegt: das Spielzeug...«
Semjonytsch drehte sich langsam um, befreite seinen Ärmel von den klammernden Fingern, starrte einen Moment an die Wand (an der Wand hing ein Schild – ein Negerschild: aus dem

Panzer eines einst erlegten Nashorns), überlegte und versetzte geringschätzig:

– »Nein!«

Nicht mal »nein, junger Herr«: einfach : »nein«...

– »Und ich dachte schon...«

Du liebe Zeit: Glück, ein frohes Familienereignis; selbst der Herr strahlt, der *Minister*: zu solcher Gunst... Und dann: eine Sardinenbüchse... eine schwere... mit Aufziehwerk... ein Spielzeug: und selbst – mit zerrissenem Rockschoß!..

– »Dann erlauben Sie vorzutragen?«

– »Ich – komme, ich – komme...«

Und die Tür schloß sich: Nikolaj Apollonowitsch stand nun, ohne zu begreifen, wo er war, – am umgeworfenen dunkelbraunen Schemel, vor der Wasserpfeife; vor ihm an der Wand hing ein Schild, ein Negerschild, aus dem dicken Leder eines erlegten Nashorns, und daneben hing ein rostiger Sudanpfeil.

Ohne zu begreifen, was er tat, beeilte er sich den verräterischen Gehrock zu tauschen gegen einen ganz neuen Gehrock; zuerst aber wusch er die Asche von Händen und Gesicht; beim Waschen und Anziehen murmelte er:

– »Wie kann denn das sein, was kann denn das sein... Wo habe ich sie denn wirklich versteckt...«

Nikolaj Apollonowitsch war sich noch nicht der ganzen Fülle des über ihn kommenden Entsetzens bewußt, das das zufällige Verschwinden der Sardinenbüchse heraufrief; nur gut, daß ihm vorläufig nicht in den Sinn kam: *in seiner Abwesenheit war man im Zimmer gewesen, hatte dort die Sardinenbüchse entsetzlichen Inhalts gefunden und diese Sardinenbüchse vorsorglich an sich genommen.*

Nun wunderten sich die Lakaien

Und genau dieselben Häuser ragten dort empor, und dieselben grauen Menschenströme zogen dort vorüber, und derselbe grüngelbe Nebel hing dort in der Luft; konzentriert liefen dort

Gesichter vorüber; die Trottoirs flüsterten und schlurften –
unter der Rotte steinerner Riesen-Häuser; ihnen flogen entgegen – Prospekt um Prospekt; und die sphärische Oberfläche des
Planeten schien umfangen, wie mit Schlangenringen, von
schwärzlich-grauen Hauskuben; und das Netz paralleler Prospekte, durchschnitten von einem Netz von Prospekten, wuchs
sich aus zu kosmischen Abgründen aus den Oberflächen von
Quadraten und Kuben: ein Quadrat pro Bewohner.

Doch Apollon Apollonowitsch schaute nicht auf seine Lieb-
lingsfigur: das Quadrat; er ergab sich nicht der gedankenlosen
Betrachtung von steinernen Parallelepipeden und Kuben;
schaukelnd auf den weichen Polstern der Mietkutsche, sah er
aufgeregt Anna Petrowna an, die er selbst – ins lackierte Haus
brachte; was sie dort beim Tee gesprochen hatten im Hotel, blieb
auf immer für alle ein tiefes Geheimnis; nach diesem Gespräch
auch hatten sie beschlossen: Anna Petrowna würde gleich morgen umziehen ans Ufer; und heute brachte Apollon Apollonowitsch Anna Petrowna – zur Begegnung mit dem Sohn.

Und Anna Petrowna war verlegen.

In der Kutsche sprachen sie nicht; Anna Petrowna schaute dort
aus den Kutschenfenstern: zweieinhalb Jahre hatte sie diese
grauen Prospekte nicht gesehen: dort, durch die Fenster, sah
man die Hausnummerierung; und es lief die Zirkulation; dort,
von dort – funkelten an klaren Tagen blendend von fern, fern:
die goldene Nadel, die Wolken, der Strahl des purpurnen
Abendrots; und dort, von dort, an nebligen Tagen, – niemand,
nichts.

Apollon Apollonowitsch lehnte sich mit unverhohlener Zu-
friedenheit an die Wände der Kutsche, vom Straßengesindel
getrennt in diesem geschlossenen Kubus; hier war er geschützt
vor vorüberflutenden Menschenmengen und den trübsinnig
durchweichten roten Umschlägen, die da hinter der Kreuzung
verkauft wurden; seine Augen flatterten; nur manchmal erhaschte Anna Petrowna: einen verlorenen, staunenden Blick,
und denken Sie nur – einfach irgendwie weich: dunkel-,
dunkelblau, kindlich, unverständig sogar (war er nicht kindisch
geworden?).

596

– »Ich habe gehört, Apollon Apollonowitsch: Sie sind zum Minister ausersehen?«

Doch Apollon Apollonowitsch unterbrach:

– »Woher kommen Sie jetzt, Anna Petrowna?«

– »Nun, aus Granada...«

– »So, so, so...« – und, sich schneuzend, – fügte er hinzu... – »Ja wissen Sie: das Amt: dienstlicher, wissen Sie, Ärger...«

Und – was war das? Auf der Hand spürte er eine warme Hand: man streichelte ihm die Hand... Hm-hm-hm: Apollon Apollonowitsch verlor den Kopf; er wurde verlegen, bekam sogar irgendwie Angst: es wurde ihm sogar unangenehm... Hm-hm: fünfzehn Jahre ungefähr hatte man ihn so nicht mehr behandelt... Da streichelte sie tatsächlich... Das hatte er, ehrlich gesagt, nicht erwartet von einer Person... hm-hm... (Apollon Apollonowitsch hatte in diesen zweieinhalb Jahren ja diese Person für... eine leichtlebige... Person... gehalten...).

– »Und ich trete in den Ruhestand...«

War etwa das Hirnspiel, das sie so viele Jahre getrennt und sich unheilkündend verdichtet hatte die zweieinhalb Jahre, – endlich entschlüpft aus dem sturen Hirn? Und verdichtete sich schon außerhalb des Hirns in den dunklen Wolken über ihnen? Entlud sich schließlich rundum in nie gewesenen Stürmen? Doch außerhalb des Hirns sich entladend, versiegte es im Hirn; langsam befreite sich das Hirn; in dunklen Wolken sehen Sie manchmal einen seitlich beginnenden himmelblauen Spalt – durch die Regengußstriemen; soll der Regenguß trommeln über Ihnen; sollen polternd zerspringen die dunklen Schwaden der Wolke in purpurnem Blitz! Der himmelblaue Spalt erscheint; blendend wird bald die Sonne durchschauen; sie erwarten schon das Gewitterende; plötzlich – wie es aufflammt, wie es kracht: in eine Föhre schlug der Blitz.

Durch die Fenster der Kutsche drang das grünliche Licht des Tages; Menschenströme liefen dort als wogenartige Brandung; und die menschliche Brandung war drohende Brandung.

Hier hatte er den Rasnotschinzen gesehen; hier hatten die Augen des Rasnotschinzen geglänzt, ihn erkannt, vor nun –

schon zehn Tagen (ja, zehn Tagen nur: in zehn Tagen hatte sich alles verändert; verändert hatte sich Rußland!) . . .

Fliegen und Tosen vorübergeflogener Droschken! Melodische Läufe der Automobilhupen! Und – eine Polizeiabteilung! . .

Dort, wo nur allein fahlgraue Fäule hing, zeichnete sich erst matt ab und zeigte sich dann ganz: der schmutzige, schwärzlich-graue Isaak . . . Und verschwand zurück in den Nebel. Und – es öffnete sich der Raum: Tiefe, grünliche Trübe, wohin die schwarze Brücke davonstürzte, wo der Nebel kalte vielschlotige Fernen verhängte und woher eine Woge nahte von andrängenden Wolken.

. . . .

Tatsächlich: nun – wunderten sich die Lakaien!

So erzählte es später der verschlafene Grünschnabel Grischka, der im Vorzimmer Dienst tat:

– »Da sitze ich und zähl an den Fingern ab: von Fürbitte also bis – bis Mariä Geburt . . . Das heißt, es kommt raus . . . Von Mariä Geburt – bis Heiligen Nikolaj . . .«

– »Dann erzähl doch: Mariä Geburt, Mariä Geburt!«

– »Tu ich doch! Mariä Geburt ist unser Dorffeiertag – unsere Kirchweih . . . Also macht das: ich zähle . . . Und, horch, – da fährt jemand vor; ich – zur Tür. Reiße, also, die Tür auf: und – ach, du meine Güte! Nämlich der Herr selbst, in einer Mietkutsche (und so eine miese Kutsche!); nämlich mit ihm eine Herrin von achtbaren Jahren im billigen Waterproof.«

– »Kein Waterproof, Schlingel: heute trägt man keine Waterproofs mehr.«

– »Bringt ihn nicht durcheinander: er ist so schon verdattert.«

– »Kurz – im Mantel. Der Herr aber hastet: von der Droschke – pfui, der Kutsche – gesprungen, reicht er der Herrin die Hand, – lächelt: so ritterlich; erweist allerlei Hilfe.«

– »Sieh an . . .«

– »Auch das . . .«

– »Ich denke, sie haben sich zwei Jahre nicht gesehen« – tönten ringsum Stimmen.

– »Versteht sich: die Herrin steigt aus der Kutsche; nur ist die

Herrin – sehe ich – bestürzt bei solch einer *Gunst*: lächelt da – nicht so ganz; sich selbst der Courage halber: greift sie ans Kinn; und arm, sage ich euch, gekleidet; in den Handschuhen Löcher; nicht gestopft, sehe ich, die Handschuhe: vielleicht hat sie keinen zum Stopfen: in Hispanien stopfen sie vielleicht nicht...«

– »Erzähl, ist ja gut!...«

– »Ich rede ja schon: der Herr aber, unser Herr, Apollon Apollonowitsch, hat alle Stattlichkeit abgeworfen; steht an der Kutsche, über einer Pfütze, im Regen: ein Regen – Du mein Gott! Der Herr fröstelt, läuft wie auf der Stelle, trappelt mit den Schuhspitzen auf der Stelle; und wie die Herrin beim Runtersteigen vom Trittbrett sich ganz auf den Arm ihm gestützt hat – die Herrin ist ja stark –, hat unser Herr sich sogar ganz hingehockt; von winzigem Wuchs ist der Herr; und, wie kann er denn, denke ich, so eine Starke halten! Die Kraft hat er gar nicht...«

– »Quatsch keinen Unsinn: erzähl.«

– »Ich quatsch keinen Unsinn: ich rede doch schon; und was soll ich schon reden... Jetzt kann Mitrij Semjonytsch erzählen: er hat sie empfangen im Vorzimmer... Und was soll ich erzählen? Der Herr hat zur Herrin überhaupt bloß gesagt: bitte sehr, hat er gesagt, – bemühen sich hierher, Anna Petrowna... Da habe ich sie auch wiedererkannt.«

– »Ja, na und?«

– »Sie ist alt geworden... Erstens hab ich sie gar nicht erkannt; und dann hab ich sie erkannt, weil ich weiß noch: sie hat mich mit Naschwerk gefüttert.«

So redeten später die Lakaien.

. . . .

Doch tatsächlich!

Ein unverhofftes, unerwartetes Faktum: es war zweieinhalb Jahre her, daß Anna Petrowna ihren Gatten verließ mit einem italienischen Künstler; und nach zweieinhalb Jahren nun, verlassen vom italienischen Künstler, kam sie von Granadas prächtigen Palästen über die Kette der Pyrenäen, die Alpen, die Berge Tirols im Expreß zurückgeeilt; doch das Allererstaunlichste war,

man durfte vor dem Senator Anna Petrowna nicht erwähnen weder die mehr als zwei Jahre, noch auch nur – vor zweieinhalb Tagen (gestern noch hatte er sich gesträubt!); zweieinhalb Jahre hatte Apollon Apollonowitsch im Bewußtsein selbst den Gedanken an Anna Petrowna vermieden (und dennoch hatte er an sie gedacht); die bloße Lautfolge »Anna Petrowna« zerschlug am Trommelfell seiner Ohren genauso, wie an der Lehrerstirn ein unter der Schulbank hervor geworfener Knallbonbon zerschlägt; nur klopft der Schullehrer erzürnt mit der Faust aufs Katheder; Apollon Apollonowitsch aber preßte bei dieser Lautfolge verächtlich die Lippen zusammen. Weshalb aber war bei der Nachricht von ihrer Rückkehr das gewohnte Zusammenpressen der dürren Lippen in ein aufgeregt-wütendes Zittern der Kiefer zerrissen (gestern nacht – beim Gespräch mit Nikolenka); weshalb hatte er in der Nacht nicht geschlafen? Weshalb hatte im Lauf eines halben Tages diese Wut sich irgendwohin verflüchtigt und verkehrt in beklommene Traurigkeit, die in Aufregung überging? Warum hielt er das Warten nicht aus und fuhr selbst ins Hotel? Überredete sie – selbst: brachte selbst sie her. Was war dort passiert – im Hotelzimmer; ihr festes Versprechen hatte auch Anna Petrowna vergessen: dieses Versprechen gab sie sich – hier, gestern: hier im lackierten Haus (als sie dort war und niemanden antraf).
Sie hatte sich das Versprechen gegeben: doch – kam zurück.
Anna Petrowna und Apollon Apollonowitsch waren bewegt und verlegen von der Aussprache miteinander; darum tauschten sie beim Eintreten ins lackierte Haus keine reichen Gefühlsergüsse; Anna Petrowna sah ihren Mann von der Seite an: Apollon Apollonowitsch begann sich zu schneuzen ... unter dem rostigen Helm; er tat einen Trompeten-Ton und begann die Koteletten zu blähen. Anna Petrowna erwiderte gnädig die ehrfurchtsvollen Verbeugungen der Lakaien, mit einer Zurückhaltung, die wir eben an ihr nicht gesehen haben; nur Semjonytsch umarmte sie und schien weinen zu wollen; doch mit einem erschreckten, verlorenen Blick auf Apollon Apollonowitsch bezwang sie sich: ihre Finger streckten sich nach dem Ridicul, doch das Taschentuch ließen sie stecken.

Apollon Apollonowitsch stand über ihr auf den Stufen und warf den Lakaien gebieterisch strenge Blicke zu; solche Blicke warf er in Minuten der Verlorenheit: zu gewöhnlichen Zeiten war Apollon Apollonowitsch mit den Lakaien fast beleidigend höflich und steif (ausgenommen die Scherze). Solange hier die Dienerschaft stand, blieb er beim Ton der Gleichgültigkeit: nichts war geschehen – bislang hatte die Herrin im Ausland geweilt zur Kräftigung ihrer Gesundheit; nur das: und nun war die Herrin zurückgekehrt... Was gab es? Nun – und wunderbar!..

Übrigens, hier war ein Lakai (alle anderen hatten gewechselt, ausgenommen Semjonytsch und Grischka, der Grünschnabel); der – erinnerte, was er erinnerte: er erinnerte sich, mit welchen Umgangsformen die Herrin ihre Abreise ins Ausland vollzog – ohne jegliches Wort an die Dienerschaft: mit einer kleinen Reisetasche in der Hand (und das – auf zweieinhalb Jahre!); am Vorabend aber der Abreise – schloß sie sich ein vor dem Herrn; und zwei Tage vor der Abfahrt saß bei ihr dort der *Buhler*, der *Schnurrbart*: ihr schwarzäugiger Besucher – wie war noch? Mindalini (er hieß Mantalini), der bei ihr irgendwelche unrussischen Lieder sang: »Tra-la-la... Tra-la-la...« Und kein Trinkgeld gab.

Eben dieser Lakai, der sich noch daran entsann, küßte mit besonderer Achtung das hochexzellente Händchen, aus Schuldgefühl, daß die Einzelheiten der Flucht – der Abreise vielmehr – aus seinem Kopf nicht verschwunden waren; er fürchtete nämlich ernstlich, seine Tage seien gezählt im lackierten Haus – infolge der glücklichen Rückkehr Ihrer Exzellenz ins lackierte Haus.

Und sie sind im Saal; vor ihnen blinkt das Parkett, wie ein Spiegel, mit seinen Quadraten: diese zweieinhalb Jahre wurde hier selten geheizt; unerklärliche Traurigkeit weckten die Weiten dieser Zimmerflucht; Apollon Apollonowitsch saß immer mehr in seinem Arbeitszimmer und schloß sich ein; immer war ihm gewesen, als käme von hier – nach dort jemand Bekanntes und Trauriges zu ihm gelaufen; und jetzt dachte er, daß er nicht mehr allein war; nicht allein würde er hier umherspazieren über die Quadrate des Parkettbodens, sondern . . . mit Anna Petrowna.

Über die Quadrate des Parkettbodens war Apollon Apollonowitsch mit Nikolenka selten umherspaziert.

Den Arm zum Kringel gekrümmt, geleitete Apollon Apollonowitsch seinen Gast durch den Saal: nur gut, daß er den rechten Arm gereicht hatte; der linke – stach und zog von den heftigen, rastlosen Herzstößen; Anna Petrowna aber hielt ihn zurück, geleitete ihn zur Wand und zeigte auf ein blaßtöniges Gemälde, sie lächelte ihn an:

– »Ach, noch immer dieselben! . . Erinnern Sie sich, Apollon Apollonowitsch, an dieses Fresko?«

Und – eine Spur sah sie ihn von der Seite an, eine Spur errötete sie; seine Kornblumen-Blicke starrten hier in zwei himmelblaue Augen; und – Blick und Blick: etwas Liebes, Gewesenes, Uraltes, das alle Menschen vergessen haben, doch das selbst niemanden vergessen hat und *an der Tür* steht – etwas solches stand plötzlich zwischen ihren Blicken; das war nicht in ihnen; und entstand – nicht in ihnen; doch es stand – *zwischen ihnen*: umwehte sie gleichsam als Frühlingswind. Möge der Leser mir verzeihen: das Wesen dieses Blicks benenne ich mit einem höchst banalen Wort: *Liebe*.

– »Erinnern Sie sich?«

– »Natürlich . . .«

– »Wo?«

– »In Venedig . . .«

– »Dreißig Jahre ist das her! . .«

Die Erinnerung an die neblige Lagune, an eine Arie, die in der Ferne schluchzte, ergriff ihn: vor dreißig Jahren. Erinnerungen an Venedig ergriffen auch sie, und spalteten sich: vor – dreißig Jahren; und vor – zweieinhalb Jahren; nun errötete sie von der ungelegenen Erinnerung, die sie verscheuchte; und anderes brach hervor: Kolenka. In den letzten zwei Stunden hatte sie Kolenka vergessen; das Gespräch mit dem Senator hatte alles andere einstweilen verdrängt: vor zwei Stunden jedoch dachte sie einzig an Kolenka voller Zärtlichkeit; voller Zärtlichkeit und Verdruß, daß von Kolenka – weder Gruß kam, noch Echo.

– »Kolenka...«

Sie traten in den Salon; von überall stürzten auf sie ein Vitrinen voll Porzellanfigürchen; es blinkten die Plättchen der Intarsien – Perlmutt und Bronze – auf Konsolen und Simsen an der Wand.

– »Kolenka, Anna Petrowna – ist nicht übel... so... es geht ihm vorzüglich«, – und er lief – seitwärts ab.

– »Und ist er zu Hause?«

Apollon Apollonowitsch, soeben in einen Empiresessel gesunken, wo auf dem blaßblauen Atlas des Sitzes Kränzchen sich wanden, stand unwillig aus dem Sessel auf und drückte den Klingelknopf:

– »Warum hat er mich nicht besucht?«

– »Er war, Anna Petrowna... mme-emme... seinerseits, sehr-sehr«, – der Senator verheddert sich irgendwie seltsam und zog dann sein Taschentuch hervor: sehr lange schneuzte er sich mit irgendwelchen Trompeten-Tönen; die Koteletten blähend, stopfte er sehr lange in die Taschen sein Taschentuch:

– »Kurz, er war erfreut.«

Schweigen trat ein. Der kahle Kopf taumelte dort unter einer kalten und langbeinigen Bronze: der Lampenschirm, im violetten Ton seiner feinen Bemalung, schimmerte stumpf: das Geheimnis dieser Farbe hatte das neunzehnte Jahrhundert verloren: das Glas war gedunkelt von der Zeit; die feine Bemalung war von der Zeit gleichfalls gedunkelt.

Auf das Klingeln erschien Semjonytsch:

– »Ist Nikolaj Apollonowitsch zu Hause?«

– »Jawohl...«

– »Mm... hören Sie: sagen Sie ihm, daß Anna Petrowna bei uns ist; und – bittet sich zu bemühen...«

– »Vielleicht gehen wir selbst zu ihm«, – bewegt stand Anna Petrowna mit zu ihren Jahren nicht passender Flinkheit vom Sessel auf; doch Apollon Apollonowitsch, jäh zu Semjonytsch gewandt, unterbrach sie hier:

– »Me-emme... Semjonytsch: ich sage mal...«

– »Sehr wohl!..«

– »Die Frau des Vetters – vermute ich – ist wer?«

– »Ich vermute, die Vetterin...«
– »Nein – eine Vettel!..«

. . . .
– »He-he-he...«

. . . .
– »Mit Kolenka, Anna Petronwna, bin ich unzufrieden...«
– »Ja wie das?«
– »Kolenka benimmt sich schon lange – keine Sorge – benimmt sich: geradezu – bitte keine Sorge – seltsam...«
– »?«
Goldene Pfeilerspiegel schluckten von überall den Salon in
ihren grünlichen Spiegelflächen.
– »Kolenka hat sich irgendwie verschlossen... Kche-kche«, –
und im Hustenanfall trommelte Apollon Apollonowitsch mit
der Hand auf das Tischchen, er erinnerte sich an etwas –
eigenes, runzelte die Stirn, begann mit der Hand die Nasenwurzel zu reiben; übrigens, er besann sich schnell: und mit
übertriebener Fröhlichkeit schrie er beinahe heraus:
– »Im übrigen – nein: tut nichts... Bagatellen.«
Zwischen den Spiegeln funkelte von überall ein Perlmutt-
Tischchen.

Es herrschte komplette Gedankenleere

Nikolaj Apollonowitsch, mit dem heftigsten Schmerz im Kniegelenk kämpfend (er hatte sich ja angeschlagen), hinkte eine
Spur; er rannte durch die hallenden Korridor-Weiten.
Die Begegnung mit der Mutter!..
Wirbel von Gedanken und Sinnen überwältigten ihn; oder
nicht einmal Wirbel von Gedanken und Sinnen: einfach Wirbel der Gedankenleere; so bewirken Kometenpartikel, den
Planeten durchdringend, nicht einmal eine Veränderung in
der Beschaffenheit des Planeten, sofern sie mit gewaltiger
Schnelligkeit fliegen; die Herzen durchdringend, bewirken
sie nicht einmal eine Veränderung im Rhythmus der Herz-
schläge; doch verringert sich die Geschwindigkeit des Kome-

ten: dann zerreißen die Herzen: dann zerreißt selbst der Planet; dann wird alles zu Gas; hemmten wir nur einen Augenblick den gedankenleeren kreisenden Wirbel im Kopf Ableuchows, dann entlüde sich diese Gedankenleere in ungestüm schwellenden Gedanken.

Und – hier sind die Gedanken.

Der Gedanke, erstens, an das Entsetzliche seiner Lage; die entsetzliche Lage – war nun entstanden (infolge des Verschwindens der Sardinenbüchse): die Sardinenbüchse, das heißt die Bombe, war verschwunden; ganz klar – verschwunden; und folglich: hatte jemand die Bombe an sich genommen; wer nur, wer? Jemand von den Lakaien; und – folglich: lag die Bombe bei der Polizei; und ihn würde man – verhaften; das jedoch war nicht das Wichtigste, das Wichtigste war: die Bombe hatte an sich genommen – Apollon Apollonowitsch selbst: und hatte sie an sich genommen in dem Moment, als die Sache mit der Bombe erledigt war; und er – wußte es: wußte alles.

Alles – was war das? Gar nichts war doch gewesen; ein Mordplan? Es gab keinen Mordplan; Nikolaj Apollonowitsch bestritt diesen Plan entschieden: gemeine Verleumdung war dieser Plan.

Blieb das Faktum der gefundenen Bombe.

Wenn der Vater ihn ruft, wenn die Mutter ihn – nein, er kann es nicht wissen: und die Bombe hat er nicht aus dem Zimmer getragen. Und auch die Lakaien . . . Die Lakaien hätten längst schon alles verraten. Aber niemand – nichts. Nein, sie wissen nichts von der Bombe. Nur – wo ist sie, wo ist sie? Hat er sie wirklich in diesen Tisch getan, nicht irgendwo unter den Teppich gelegt, mechanisch, aus Zufall?

Ihm passierte so etwas.

In einer Woche wird sie von selbst auftauchen . . . Übrigens, nein: von ihrer Anwesenheit irgendwo wird sie heute künden – mit entsetzlichstem Krachen (Krachen konnten die Ableuchows absolut nicht ertragen).

Irgendwo, vielleicht – unterm Teppich, unterm Kissen, im Regal, würde sie von sich künden: krachen und platzen; er mußte die Bombe finden; doch er hatte jetzt gar nicht die Zeit zu suchen: Anna Petrowna war da.

Zweitens: er war beleidigt worden; drittens: dieser schäbige Pawel Jakowlewitsch, – er hatte ihn wohl gerade irgendwo gesehen, auf dem Rückweg von der Wohnung an der Mojka; Pepp Peppowitsch Pepp aber – ja, viertens: Pepp – das entsetzliche Wachstum des Körpers, die Weitung der Adern, das Brausen im Kopf...

Ach, alles hatte sich verwirrt: Gedankenwirbel kreisten mit unmenschlicher Schnelligkeit und rauschten in den Ohren, so daß es auch keine Gedanken gab: es herrschte komplette Gedankenleere.

Und mit diesem doch gedankenleeren Brausen im Kopf, ohne den eilig übergeworfenen Gehrock zurechtzuziehen, lief Nikolaj Apollonowitsch durch den hallenden Korridor und bot sich dem Blick als brustbuckliges Hinkebein dar, das auf dem rechten Bein mit dem dumpf schmerzenden Kniegelenk humpelte.

Mama

Er öffnete die Tür zum Salon.

Das erste, was er sah, war... war... Doch was soll man da sagen: er sah das Gesicht seiner Mutter im Sessel und zwei ausgestreckte Hände: das Gesicht war gealtert, und die Hände bebten im Spitzengeflecht der goldenen Laternen, die eben angezündet waren – vor den Fenstern.

Und er hörte die Stimme:

– »Kolenka: mein Lieber, mein Kind!«

Er ertrug es nicht länger und strebte ganz zu ihr:

– »Bist du es, mein Junge...«

Nein, er ertrug es nicht länger: auf die Knie gesunken vor ihr, umfaßte er ihre Gestalt mit klammernden Händen; das Gesicht in ihren Schoß gedrückt, brach er in krampfhaftes Schluchzen aus – Schluchzen unbekannt worüber: und willenlos, hemmungslos, zügellos bebten die breiten Schultern (erinnern wir uns: Nikolaj Apollonowitsch hatte keine Liebkosung erfahren diese letzten drei Jahre).

– »Mama, Mama...«

Sie weinte auch.

Apollon Apollonowitsch stand dort, im Halbdunkel der Nische; und berührte mit dem Finger ein Püppchen aus Porzellan – einen Chinesen: der Chinese wiegte den Kopf; Apollon Apollonowitsch trat heraus dort aus dem Halbdunkel der Nische; und er hüstelte leise; mit winzigen Schrittchen näherte er sich dem weinenden Paar; und überraschend surrte er über dem Sessel:

– »Beruhigt euch, meine Freunde!«

Er hatte, offen gestanden, diese Gefühle nicht erwarten können von dem kalten, verschlossenen Sohn, – auf dessen Gesicht er diese zweieinhalb Jahre allein nur Grimassen sah; einen Mund, bis zu den Ohren aufgerissen, und einen gesenkten Blick; Apollon Apollonowitsch machte kehrt und lief sorgenvoll aus dem Zimmer – etwas holen.

– »Mama... Mama...«

Die Angst, die Erniedrigungen des ganzen Tages, der Verlust der Sardinenbüchse und schließlich das Gefühl der vollkommenen Nichtigkeit, all das entfaltete sich, kreiselnd, augenblicks zu Gedanken; ertrank in der Feuchte des Wiedersehens:

– »Mein Lieber, mein Junge.«

. . . .

Eine eisige Berührung von Fingern an seiner Hand brachte ihn zu sich:

– »Hier für dich, Kolenka: nimm ein Schlückchen Wasser.«

Und als er vom Schoß sein verweintes Gesicht hob, sah er irgendwelche *Kinder*-Blicke des achtundsechzigjährigen Greises: der kleine Apollon Apollonowitsch stand hier im Miniaturjackett mit einem Glas Wasser; seine Finger tanzten; er versuchte es eher, Nikolaj Apollonowitsch zu tätscheln, als ihn wirklich zu tätscheln, – auf den Rücken, die Schulter, die Wangen; plötzlich streichelte er mit der Hand die flachsweißen Haare. Anna Petrowna lachte; ganz zur Unzeit richtete sie mit der Hand ihren Ausschnitt; die glücktrunkenen Augen führte sie: von Nikolenka – zu Apollon Apollonowitsch; und zurück: von ihm zu Nikolenka.

Nikolaj Apollonowitsch stand langsam von den Knien auf.
- »Entschuldigen Sie, Mamachen: ich bin nur...«
- »Das kommt, das kommt – von der Überraschung...«
- »Ich bin gleich... Tut nichts... Danke, Papa...«
Und trank einen Schluck.
- »So.«
Auf das Perlmutt-Tischchen stellte Apollon Apollonowitsch
das Glas ab; und plötzlich – lachte er greisenhaft auf, so wie
Knirpse, sich mit den Ellbogen schubsend, über die Schaber-
nacks eines lustigen *Onkels* lachen; zwei alte, vertraute Gesich-
ter!
- »So...«
- »So...«
- »So...«
Apollon Apollonowitsch stand dort am Spiegel, den mit dem
Flügelchen eine goldwangige Putte schmückte: unter der Putte
durchbohrten Lorbeer und Rosenblüten schwere flammende
Fackeln.
Doch blitzartig brach die Erinnerung durch: die Sardinen-
büchse!..
Wie denn das? Was war denn das? Und seine Beseeltheit
schwand wieder dahin.
- »Ich bin gleich... Ich komme...«
- »Was ist mit dir, Lieber?«
- »Tut nichts... Lassen Sie ihn, Anna Petrowna... Ich rate dir,
Kolenka, bleib mit dir allein... fünf Minuten... Ja, weißt
du... Und dann – komm zu uns...«
Und eine Spur die soeben erlebte Beseeltheit simulierend,
wankte Nikolaj Apollonowitsch, ließ theatralisch irgendwie
das Gesicht wieder in seine Finger fallen: der flachsblonde
Haarschopf stand dort so seltsam tot im Halbdunkel des
Zimmers.
Er ging schwankend hinaus.
Erstaunt sah der Vater die glückliche Mutter an.
. . . .
- »Im Grunde genommen habe ich ihn nicht wiedererkannt..
Diese, diese... Diese, sozusagen, Gefühle«, – Apollon Apol-

lonowitsch lief vom Spiegel zum Fensterbrett... – »Diese, diese... Beseeltheiten«, – und tätschelte sich die Koteletten.
– »Bekunden«, – er drehte sich jäh um und hob die Fußspitzen, einen Augenblick auf den Absätzchen balancierend und dann mit dem ganzen Körper auf die zu Boden gesenkten Fußspitzen fallend.
– »Bekunden«, – er legte die Arme auf den Rücken (unters Jackett) und drehte hinter dem Rücken die Hand (wovon das Jackett zu wedeln begann); und es war – als liefe Apollon Apollonowitsch mit wedelndem Schwänzchen durch den Salon:
– »Bekunden in ihm die Natürlichkeit des Gefühls und, sozusagen«, – hier zuckte er die Schultern, – »sein gutes Naturell«...
– »Das habe ich durchaus nicht erwartet...«
Eine Tabaksdose auf dem Tischchen erregte die Aufmerksamkeit des geachteten Staatsmanns; und in dem Wunsch, ihrem Platz auf dem Tisch mehr Symmetrie zu verleihen bezüglich des hier stehenden Tabletts, trat Apollon Apollonowitsch schnell-schnell zum Tischchen und nahm... vom Tablett ein Visitenkärtchen auf, das er wozu auch immer zwischen den Fingern zu drehen begann; seine Zerstreutheit rührte daher, daß im selben Moment ihm ein kluger Gedanke aufblitzte und sich entfaltete zum fortlaufenden Labyrinth von Entdeckungen. Doch Anna Petrowna, die mit selig verlorenem Ausdruck im Sessel saß, befand überzeugt:
– »Ich habe es immer gesagt...«
– »Ja, weißt du...«
Apollon Apollonowitsch stellte sich auf die Zehenspitzen mit angehobenem Jackett-Schwänzchen; und – rannte vom Tischchen zum Spiegel:
– »ssen Sie...«
Apollon Apollonowitsch rannte vom Spiegel in die Ecke:
»Kolenka hat mich erstaunt: und offen gestanden – dies sein Benehmen hat mich beruhigt«, – er runzelte die Stirn – »bezüglich... bezüglich«, – er zog die Hände hinterm Rücken hervor (der Jackettsaum senkte sich) und trommelte mit der Hand auf das Tischchen:

– »Mja! . . .«
Jäh unterbrach er sich:
– »Tut nichts.«
Er versank in Gedanken: sah Anna Petrowna an; und traf ihren
Blick; beide lächelten einander zu.

Dann erschallte ein Lauf

Nikolaj Apollonowitsch trat in sein Zimmer; er starrte auf den
umgefallenen arabischen Schemel: er studierte die Intarsien aus
Elfenbein und Perlmutt. Langsam trat er ans Fenster: und dort
strömte der Fluß; und es schwankte ein Kahn; und es klatschte
die Welle; aus dem Salon, von irgendwo fern, füllten unverhofft
perlende Läufe die Stille des Zimmers; so hatte sie früher schon
gespielt: und bei diesen Klängen war er manchmal über den
Büchern eingeschlafen.
Nikolaj Apollonowitsch stand über dem Berg von Gegenständen und fragte sich quälend:
– »Wo war denn das . . . Wie war denn das . . . Wohin habe ich
nur?«
Und – er konnte sich nicht entsinnen.
Schatten, Schatten und Schatten: grün schimmerten Sessel aus
den Schatten; aus den Schatten trat dort eine Büste: natürlich,
Kants.
Nun bemerkte er auf dem Tisch ein Blatt, auf ein Viertel
gefaltet: Besucher, die den Hausherrn zu Hause nicht antreffen,
hinterlassen auf dem Tisch auf ein Viertel gefaltete Blätter;
mechanisch nahm er das Zettelchen auf; mechanisch sah er die
Schrift – die bekannte, lichutinsche. Ja – in der Tat: er hatte ja
völlig vergessen, daß in seiner Abwesenheit, am Morgen, Lichutin hier gewesen war: gewühlt und durchsucht hatte (er
hatte ja selbst davon erzählt bei der unangenehmen Begegnung) . . .
Ja, ja, ja: er hatte das Zimmer durchsucht.
Ein Seufzer der Erleichterung entriß sich Nikolaj Apollonowitschs Brust. Alles erklärte sich im Nu: Lichutin! Nun –

natürlich, natürlich; ganz gewiß hatte er hier durchsucht; gesucht und gefunden; und den Fund mitgenommen; er hatte den offenen Schreibtisch gesehen; und hineingeschaut in den Schreibtisch; die Sardinenbüchse verblüffte ihn durch ihr Gewicht, durch ihr Aussehen, das Uhrwerk; und der Leutnant nahm die Sardinenbüchse mit. Es gab keinen Zweifel.

Erleichtert sank er in einen Sessel; in diesem Moment füllten wieder die Stille perlende Läufe; so war es auch früher: von dort perlten Läufe; auch vor nun – neun Jahren; auch vor nun – zehn Jahren: sie spielte Chopin (nicht Schumann), Anna Petrowna. Und ihm war jetzt, als hätte es Ereignisse gar nicht gegeben, wo sich alles so einfach erklärte: die Sardinenbüchse hatte Leutnant Lichutin mitgenommen (wer sonst, wenn man nicht annimmt, doch... – wozu annehmen!); Aleksandr Iwanowitsch wird sich um alles übrige kümmern (in diesen Stunden, wir erinnern daran, sprach sich gerade auf der Datscha Aleksandr Iwanowitsch Dudkin mit dem verstorbenen Lippantschenko aus); ja, Ereignisse – hatte es gar nicht gegeben.

Petersburg dort vor den Fenstern verfolgte ihn mit Hirnspiel und kläglicher Weite; dort warfen sich Schübe des feuchten und kalten Winds; dort nebelten riesige Nester Brillanten – unter der Brücke. Niemand – nichts.

Und es strömte der Fluß; und es klatschte die Welle; und es schwankte ein Kahn; es erschallte ein Lauf.

Auf der anderen Seite der Newa-Fluten erhoben sich Kolosse – im Umriß von Inseln und Häusern; und in die Nebel warfen sie Bernsteinaugen; und es war, als – weinten sie. Die Reihe der Uferlaternen vergoß Lichttränen in die Newa: brausendes Funkeln durchglühte den Wasserspiegel.

Melone ist ein Gemüse...

Nach zweieinhalb Jahren gab es ein Mittagessen zu dritt.

Die Kuckucksuhr kuckuckte; der Lakai trug die heiße Suppenterrine herein; Anna Petrowna strahlte vor Befriedigung; Apollon Apollonowitsch... – übrigens: den gebrechlichen Greis vom Morgen vor Augen, hätten Sie diesen alterslosen Mann nicht erkannt, der sich plötzlich erholt hatte, Haltung zeigte, der sich hier zu Tisch gesetzt hatte und mit federndem Schwung die Serviette aufnahm; sie saßen schon bei der Suppe, als die Seitentür aufging: Nikolaj Apollonowitsch, eine Spur gepudert, rasiert und sauber, humpelte von dort und gesellte sich der Familie zu im hochgeknöpften Studentengehrock mit überhohem Kragen (der an die Krägen der alexandrinischen, vergangenen Epoche erinnerte).

– »Was hast du, mon cher«, – Anna Petrowna riß affektiert das Pincenez zur Nase, – »ich sehe, du hinkst?«

– »Wie?..« – Apollon Apollonowitsch warf auf Kolenka einen Blick und griff nach der Pfefferbüchse. – »Tatsächlich...«
Mit irgendwie jugendlichem Schwung fing er an seine Suppe zu verpfeffern.

– »Bagatellen, maman: ich bin gestolpert... und jetzt schmerzt das Knie...«

– »Vielleicht brauchst du Bleilösung?«

– »Wirklich, Kolenka«, – Apollon Apollonowitsch blickte finster und führte einen Löffel Suppe zum Mund, – »mit Prellungen im Kniegelenk ist nicht zu spaßen; diese Prellungen können sich unangenehm...«
Und – schluckte einen Löffel Suppe.
Nikolaj Apollonowitsch, mit bezauberndem Lächeln, ging daran, seinerseits seine Suppe zu verpfeffern.

– »Verwunderlich ist das Muttergefühl«, – und Anna Petrowna legte den Löffel im Teller ab, riß die kindlichen, großen Augen auf, den Kopf in den Hals gedrückt (wovon unter dem Kragen hervor ein zweites Kinn erschien), – »verwunderlich: er ist schon erwachsen, und ich bin noch, wie früher, besorgt um ihn...«
Irgendwie war natürlich vergessen, daß sie zweieinhalb Jahre durchaus nicht um Kolenka besorgt war: Kolenka war ihr verstellt gewesen durch einen Fremden, brünett, langer Schnurrbart und Augen wie zwei getrocknete Pflaumen; natürlich, – hatte auch sie vergessen, wie sie mehr als zwei Jahre diesem fremden Mann täglich, dort in Spanien, die Krawatte

gebunden hatte: violette Seide; und zweieinhalb Jahre am Morgen ein Abführmittel verabreicht – *Hunyadi Janos.*

– »Ja, das Muttergefühl: erinnerst du dich, – während deiner Desintérie...« (»*Desintérie*« – sagte sie).

– »Natürlich, ganz deutlich... Sie meinen die Brotscheibchen?«

– »Ganz genau...«

– »Mit den Folgen der Desinteríe« – das »i« betonend, surrte aus seinem Teller Apollon Apollonowitsch, – »hast du, mein Freund, wohl noch heute zu tun?«
Und schluckte einen Löffel Suppe.

– »Beeren... verträgt er... bis heute nicht«, – ertönte hinter der Tür die zufriedene Stimme Semjonytschs; sein Kopf schaute vor: er spähte von dort – er bediente nicht.

– »Beeren, Beeren!« – tönte der Baß Apollon Apollonowitschs, und zu aller Überraschung drehte er sich mit dem ganzen Rumpf zu Semjonytsch: genauer gesagt, zum Schlüsselloch.

– »Beeren«, – und er begann mit den Lippen zu mümmeln.
Der hier diensttuende Lakai (nicht Semjonytsch) lächelte jetzt schon mit genau solchem Ausdruck, als wollte er allen erzählen:

– »Gleich wird etwas sein!«
Der Herr aber rief:

– »Sagen Sie doch, Semjonytsch: Melone ist eine Beere?«
Anna Petrowna ließ nur die Augen zu Kolenka wandern: nachsichtig, schelmisch verbarg sie ein Lächeln; sie wandte den Blick zum Senator, der nun erstarrt Richtung Tür saß, scheinbar ganz in Erwartung der Antwort auf seine absurde Frage; mit den Augen sagte sie:

– »Und das tut er noch immer?«
Nikolaj Apollonowitsch griff verlegen mit der Hand nach dem Messer, nach der Gabel, bis leidenschaftslos und deutlich aus der Tür eine Stimme kam, nicht verwundert über die Frage:

– »Melone, Hohe Exzellenz, ist durchaus keine Beere, es ist ein Gemüse.«
Apollon Apollonowitsch drehte schnell sich um mit dem gan-

zen Rumpf und sprudelte unerwartet – au, au, au! – aus dem
Stegreif hervor:

> Sicherlich, Semjonytsch
> Haben, alte Vettel
> Sie das so – entschieden
> Mit dem kahlen Schädel.

Anna Petrowna und Kolenka hoben die Augen nicht von den
Tellern; kurz, es war wie zu alten Zeiten!
. . . .
Apollon Apollonowitsch zeigte nach der Szene im Salon durch
seine Miene: alles war wieder normal; er aß gut, scherzte und
lauschte aufmerksam den Schilderungen der Schönheiten Spa-
niens; etwas Seltsames und Trauriges erhob sich im Herzen; als
wäre die Zeit nicht gewesen; und als wäre das gestern gewesen
(so schien es Kolenka): er, Nikolaj Apollonowitsch, ist fünf
Jahre alt; aufmerksam lauscht er den Gesprächen der Mutter
mit der Gouvernante (jener, die Apollon Apollonowitsch fortgejagt hatte); und Anna Petrowna – ruft begeistert:
– »Ich und Sisi; und hinter uns wieder *zwei Anhänger*; wir – auf
die Ausstellung; und die *Anhänger* uns hinterher, auf die Ausstellung...«
– »Nein, also so eine Frechheit!«
Und Kolenka sieht einen riesigen Saal vor sich, eine Menschenmenge, Kleidergeraschel et cetera (einmal wurde er mitgenommen auf eine Ausstellung): in einiger Entfernung aber,
im Raum stehend, segeln ihm aus der Menge entgegen
riesige, schwarz-braune *Anhänger*. Und – der Junge hat Angst:
Nikolaj Apollonowitsch konnte als Kind einfach nicht begreifen, daß die Gräfin Sisi ihre mondänen Verehrer *Anhänger*
nannte.
Doch diese absurde Erinnerung an im Raum stehende Anhänger rief in ihm das betäubte Gefühl der Bestürzung wach; er
müßte zu den Lichutins fahren: sich versichern, daß – wirklich...
Wieso – »wirklich?«.

In den Ohren tönte ihm ständig das Ticken des Ührchens: tiki-tak, tiki-tak; im Kreis lief das Härchen; lief natürlich nicht hier mehr – in diesen funkelnden Zimmern (zum Beispiel, irgendwo unter dem Teppich, wo jeder von ihnen aus Zufall den Fuß ...), sondern – in einer schwarzen Müllgrube, auf dem Feld, im Fluß: dort steht »tí-ki-ták«; läuft das Härchen im Kreis – bis zu der schicksalhaften Stunde ...

Was für ein Unsinn!

Das kam alles von dem entsetzlichen Scherz des Senators, dem wahrhaft grandiosen ... an Geschmacklosigkeit; damit fing alles an: die Erinnerung an die schwarz-braunen Anhänger, die im Raum ihm entgegensegeln, und – die Erinnerung an die Bombe.

– »Kolenka, du bist so zerstreut: und du ißt keine Creme? ...«

– »Ach, ja-ja ...«

. . . .

Nach dem Essen spazierte er durch diesen unbeleuchteten Saal; der Saal war eine Spur nur erhellt; vom Mondlicht und vom Spitzengeflecht der Laterne; er spazierte hier auf und ab über die Quadrattäfelchen des Parketts: Apollon Apollono-witsch; und mit ihm – Nikolaj Apollonowitsch; sie traten: aus dem Schatten – ins Spitzengeflecht des Laternenlichts: sie traten: aus diesem lichten Spitzengeflecht – in den Schatten. Mit ungewohnter zutraulicher Milde, den Kopf tief gebeugt, sprach Apollon Apollonowitsch: ob – zum Sohn, ob – zu sich selbst:

– »Wissen Sie – weißt du: eine schwierige Lage – Staatsmann zu sein.«

Sie machten kehrt.

– »Ich habe ihnen allen gesagt: nein, die Einfuhr amerikani-scher Selbstbinder zu unterstützen, ist keine solch nichtige Sache; darin liegt mehr Humanität als in weitschweifigen Reden ... Das Staatsrecht lehrt uns ...«

Sie liefen zurück über die Quadrattäfelchen des Parketts; sie traten: aus dem Schatten – in den schräg einfallenden Mond-schein.

– »Trotz allem, humanitäre Grundsätze brauchen wir; der Humanismus ist eine große Sache, unter Qualen errungen von Geistern wie Giordano Bruno, wie...«

Lange noch wanderten sie hier umher.

Apollon Apollonowitsch sprach mit brüchiger Stimme; manchmal nahm er den Sohn mit zwei Fingern am Gehrockknopf: und reckte sich bis an sein Ohr mit den Lippen.

– »Das sind, Kolenka, Schwätzer: Humanität, Humanität!.. In den Selbstbindern steckt mehr Humanität: wir brauchen die Selbstbinder!..«

Nun umfaßte er mit der freien Hand die Taille des Sohnes und zog ihn zum Fenster, – in den Winkel; er murmelte und schüttelte mit dem Kopf; auf ihn hörte man nicht, man brauchte ihn nicht:

– »Weißt du – man hat mich übergangen!«

Nikolaj Apollonowitsch wagte es kaum zu glauben: ja, wie natürlich war alles geschehen – ohne Aussprache, ohne Sturm, ohne Beichten: dieses Flüstern im Winkel, diese väterliche Güte.

Warum war er nur diese Jahre... –?

– »Also, Kolenka, mein Freund: laß uns offener sein miteinander...«

– »Wie bitte? Ich verstehe nicht...«

An den Fenstern vorüber flog gellend der verrückte Pfiff eines Dampferchens; ein grell flammendes Hecklaternchen, irgendwie schräg, eilte davon in den Nebel; rubinrote Ringe weiteten sich. So, mit zutraulicher Milde, den Kopf tief gebeugt, sprach Apollon Apollonowitsch: ob – zum Sohn, ob – zu sich selbst. Sie traten: aus dem Schatten – ins Spitzengeflecht des Laternenlichts; sie traten: aus diesem lichten Spitzengeflecht – in den Schatten.

. . . .

Apollon Apollonowitsch – klein, kahl und alt, – bestrahlt von den Blitzen verglühender Kohlen, legte auf dem Perlmutt-Tischchen eine Patience; zweieinhalb Jahre hatte er keine Patiencen gelegt; so hatte er sich Anna Petrowna ins Gedächtnis gegraben; und das war vor – zweieinhalb Jahren: vor dem schicksalhaften Gespräch; das kahle Figürchen saß an demselben Tischchen, vor derselben Patience.

– »Die Zehn...«

– »Nein, mein Täubchen, belegt... Und im Frühling – ja: vielleicht sollten wir, Anna Petrowna, nach Proljotnoje fahren« (Proljotnoje war das Stammgut der Ableuchows: Apollon Apollonowitsch war zwanzig Jahre nicht in Proljotnoje gewesen).

Hinter Eis und Schnee dort und der gezackten Linie des Waldes wäre er durch einen dummen Zufall beinahe erfroren, vor – fünfzig Jahren; in dieser Stunde seines einsamen Erfrierens schienen jemandes kalte Finger sein Herz zu streicheln; es lockte die eisige Hand; hinter ihm – liefen in Unermeßlichkeiten die Zeiten; vor ihm – eröffnete die eisige Hand: Unermeßlichkeiten; Unermeßlichkeiten flogen ihm entgegen. Die eisige Hand!

Und – nun: taute sie.

Apollon Apollonowitsch, der den Dienst aufgab, erinnerte sich ja zum ersten Mal: an die trostlosen Weiten der Kreise, die Rauchwölkchen der Dörfer; und – die Dohle; und er wollte sie sehen: die Rauchwölkchen der Dörfer; und – die Dohle.

– »Ja, fahren wir nach Proljotnoje: dort sind so viele Blumen.«

Und Anna Petrowna ließ sich abermals fortreißen und sprach bewegt von den Schönheit der Alhambra-Paläste; doch im Schwung der Begeisterung vergaß sie, offen gestanden, daß sie sich im Ton vergriff, daß anstelle von ich sie *wir* sagte und »*wir*«; das heißt: »ich« und Mindalini (Mantalini, – anscheinend).

– »*Wir* kamen morgens an in einer entzückenden Kalesche, von Eseln gezogen; am Geschirr, Koletschka, hatten *wir* solche großen Pompons; und wissen Sie, Apollon Apollonowitsch, wir hatten uns angewöhnt...«

Apollon Apollonowitsch hörte zu, legte Karten um; und – gab auf: die Patience spielte er nicht zuende; bucklig, krumm saß er im Sessel, angeleuchtet vom lebhaften Purpur der Kohlen; mehrmals faßte er, kurz vor dem Aufspringen, an die Lehne des Empiresessels; dennoch sah er, offenbar, rechtzeitig ein, daß

617

es taktlos wäre, würde er diesen Wortstrom im unvollendeten Satz unterbrechen; und er ließ sich erneut in den Sessel sinken; und gähnte.

Schließlich bemerkte er kläglich:

– »Was mich angeht: ich bin offen gestanden müde«...

Und setzte sich um vom Sessel – in den Schaukelstuhl.

. . . .

Nikolaj Apollonowitsch erbot sich, seine Mutter zum Hotel zu bringen; beim Verlassen des Salons drehte er sich zum Vater um; aus dem Schaukelstuhl – sah er (so schien ihm) – einen traurigen Blick, auf ihn gerichtet; Apollon Apollonowitsch, im Schaukelstuhl sitzend, schaukelte eine Spur den Schaukelstuhl mit einem Zeichen des Kopfes und einer Bewegung des Fußes; das war der letzte bewußte Eindruck; im Grunde genommen sah er danach seinen Vater nicht mehr; auf dem Dorf, wie am Meer, – in den Bergen, den Städten, – in den blendenden Sälen bedeutender europäischer Museen – kam dieser Blick ihm in den Sinn; und es war: als hätte sich Apollon Apollonowitsch dort bewußt verabschiedet – mit einem Zeichen des Kopfes und einer Bewegung des Fußes: dieses alte Gesicht, leises Quietschen des Schaukelstuhls; und – der Blick, der Blick!

Das Ührchen

Seine Mutter begleitete Nikolaj Apollonowitsch bis zum Hotel; danach – bog er ein in die Mojka; die Fenster der kleinen Wohnung waren finster: die Lichutins waren nicht da; nichts zu machen: er schlug den Nachhauseweg ein.

Nun humpelte er schon in sein Schlafzimmer; und in völligster Dunkelheit stand er da: Schatten, Schatten und Schatten; das Spitzengeflecht des Laternenlichts schnitt sich in die Decke; aus Gewohnheit zündete er eine Kerze an; und legte das Ührchen ab; zerstreut sah er darauf: drei Uhr.

Und alles erhob sich von neuem.

Er begriff – seine Ängste waren nicht überwunden; die Zuversicht, die den ganzen Abend gehalten hatte, war irgendwohin verschwunden; und alles kam ins Wanken; er wollte Brom nehmen; er hatte kein Brom; er wollte die »Offenbarung« lesen; er hatte die »*Offenbarung*« nicht; zu dieser Zeit flog an sein Ohr ein deutlicher, beunruhigender Ton; tiki-tak, tiki-tak – klang es halblaut; etwa – die Sardinenbüchse?

Und dieser Gedanke festigte sich.

Doch nicht er quälte ihn, ihn quälte etwas anderes: ein altes Gefühl, ein Alptraum; vergessen bei Tag; und zur Nacht erscheinend:

– »Pepp Peppowitsch ... Pepp...«

Der durchdrang nun, sich blähend zum Koloß, aus der vierten Dimension das gelbe Haus; und sauste durch die Zimmer; klebte mit seiner Außenhaut an der Seele; und die Seele wurde zur Außenhaut: ja, zur Außenhaut einer riesigen, schnell wachsenden Blase, aufgetrieben zur Bahn des Saturn ... au-au-au: Nikolaj Apollonowitsch wurde deutlich kühler; an seine Stirn wehten Winde; und dann platzte alles: es wurde einfach.

Und – das Ührchen tickte.

Nikolaj Apollonowitsch reckte sich nach dem belästigenden Ton: er suchte den Ort des Tons; mit den Stiefeln quietschend, schlich er leise zum Schreibtisch; das Ticken wurde deutlicher; am Tisch aber – verschwand es.

– »Tiki-tak«, – tönte es halblaut aus dem schattigen Winkel; und er schlich sich zurück: vom Tisch – in den Winkel; Schatten, Schatten und Schatten; Grabesstille ...

Nikolaj Apollonowitsch keuchte, er schoß mit der vorgestreckten Kerze hin und her inmitten des Tanzes der Schatten; er suchte den umherflatternden Ton (so jagen Kinder mit Keschern einem gelben Falterchen nach).

Nun hatte er die richtige Richtung gefunden; der seltsame Ton war entdeckt: das Ticken war deutlich: ein Augenblick – und er würde es haben (dieses Mal wird der Falter nicht auffliegen).

Wo, wo, wo?

Und als er den Ursprungspunkt des Tons suchte, da fand er sofort diesen Punkt: im eigenen Bauch; tatsächlich: ein Riesengewicht beschwerte den Magen.

Nikolaj Apollonowitsch sah, daß er am Nachttisch stand; und

auf der Höhe des Bauchs, auf der Platte des Nachttischs, tickte . . . seine abgelegte Uhr; zerstreut sah er darauf: vier Uhr.

Er schnurrte zusammen auf seine Grenzen (die verfluchte
Bombe hatte Leutnant Lichutin mitgenommen); verschwun-
den war das Alptraum-Gefühl; verschwunden war auch das
Gewicht im Magen; schnell warf er den Gehrock ab; mit
Genuß knöpfte er auch das Gesteifte auf: Krägelchen, Hemd;
er zog die Unterhosen hinunter: am Bein, auf der Höhe des
Knies, saß ein Bluterguß; das Knie war geschwollen; und schon
steckten die Beine im schneeweißen Laken, doch – er versank in
Gedanken, auf den Arm gestützt; klar hoben sich ab weiß auf
weiß die Züge seines Ikonenantlitzes.

Und – die Kerze erlosch.

Die Uhr tickte; vollkommenes Dunkel umgab ihn; im Dunkeln aber flatterte das Ticken wieder auf, wie ein von der Blume
sich hebender Falter: einmal – hier; einmal – dort; und – es
tickten die Gedanken; an wechselnden Stellen des entzündeten
Körpers – schlugen die Gedanken als Pulse: im Hals, in der
Kehle, in den Armen, im Kopf; im Sonnengeflecht sogar.

Über den Körper liefen Pulse und jagten einander.

Und sich lösend vom Körper, waren sie außerhalb des Körpers
und bildeten rund um ihn eine pochende und bewußte Kontur;
einen halben Arschin stark; und – mehr; nun begriff er ganz
deutlich, daß nicht er hier dachte, das heißt: nicht das Hirn
dachte, nein, diese außerhalb seines Hirns umrissene, pochende bewußte Kontur; in dieser Kontur wurden alle Pulse, oder
Projektionen von Pulsen, augenblicklich zu selbst ausgedach-
ten Gedanken; im Augapfel, wiederum, tobte stürmisches
Leben; gewöhnliche Punkte, bei Licht zu sehen und in den
Raum projiziert, – blitzten nun auf als Funken; sie sprangen aus
den Augenhöhlen in den Raum; begannen rundum zu tanzen
und bildeten lästiges Lametta, bildeten einen schwärmenden
Kokon – aus Licht: einen halben Arschin stark; und – mehr;
und das war – das Pulsieren: jetzt blitzte es auf.

Und das waren Schwärme sich selbst dünkender Gedanken.

Das Spinnengewebe dieser Gedanken – begriff er – denkt ja
durchaus nicht das, was der Besitzer dieses Gewebes hätte

denken wollen, das heißt durchaus nicht das, was er versuchte zu denken mit Hilfe des Hirns und was – aus dem Hirn entlaufen war (um die Wahrheit zu sagen, – die Hirnwindungen bliesen sich nur auf; Gedanken waren keine darin); es dachten nur die Pulse, verstreute Brillanten – von Fünkchen und Sternchen; auf diesem goldenen Schwarm lief ein Lichtfüßler, der in ihm als Bestätigung wirkte.

– »Doch es tickt ja, es tickt...«

Und ein anderer lief...

Gedacht wurde die Bestätigung jener Lage, die sein Hirn verneinte, gegen die es hartnäckig kämpfte: die Sardinenbüchse ist hier, die Sardinenbüchse ist hier; und darauf läuft ein Härchen; das Härchen ist müde zu laufen: es läuft bis zum schicksalhaften Punkt (dieser Punkt ist schon nah)... Die flatternden Lichtpulse zerstoben hier rasend, wie die Funken des Feldfeuers stieben, wenn du heftig ins Feuer schlägst mit dem Knüppel, – sie zerstoben hier: darunter trat eine blaue Dinglosigkeit zutage, woraus ein funkelndes Zentrum augenblicklich den schweißbedeckten Kopf eines hier schlummernden Menschen schob und das mit seinen stachligen und bebenden Lichtern an eine gigantische Spinne erinnerte, herbeigelaufen aus Welten und – sich spiegelnd im Hirn: –

– und es wird unerträgliches Krachen ertönen, das du vielleicht nicht mehr hören wirst, denn bevor es ans Trommelfell schlägt, wirst du ein zerrissenes Trommelfell haben (und noch etwas) –

– Die blaue Dinglosigkeit ist verschwunden; mit ihr – das funkelnde Zentrum unter des anlaufenden Lamettas aus Licht; doch mit einer irren Bewegung schoß hier Nikolaj Apollonowitsch aus dem Bett: in Pulse hatte sich augenblicklich verkehrt das Strömen der nicht von ihm gedachten Gedanken; die Pulse schmiegten sich an und pochten: in der Schläfe, der Kehle, im Hals, in den Armen, nicht jedoch... außerhalb dieser Organe.

Er stapfte mit nackten Füßen; und traf daneben: nicht die Tür, – den Winkel.

Es tagte.

Schnell zog er die Unterhosen über und stapfte in den dunkelnden Korridor: warum das, warum das? Ach, er hatte nur Angst... Ihn ergriff nur ein animalisches Gefühl für sein kostbares Leben; und aus dem Korridor wollte er nicht mehr zurück; der Mut in seine Zimmer zu schauen – fehlte ihm; von neuem nach der Bombe zu suchen hatte er schon weder die Kraft, noch die Zeit mehr; in seinem Kopf war alles verwirrt, und er wußte schon weder genau die Minute, noch die Stunde mehr des Ablaufs der Frist: der schicksalhafte konnte – jeder Augenblick sein. Ihm blieb nur, bis zum hellichten Tag hier zu zittern im Korridor.

Und er ging in den Winkel und hockte sich hin.

Doch die Augenblicke verflossen dort langsam; Minuten erschienen wie Stunden; und schon vielhundert Stunden waren vergangen; der Korridor blaute; der Korridor graute: der helllichte Tag brach an.

Nikolaj Apollonowitsch überzeugte sich immer mehr von der Unsinnigkeit der sich selbst dünkenden Gedanken; diese Gedanken befanden sich nun im Hirn; und das Hirn bewältigte sie; und als er befunden hatte, daß die Frist längst vorüber war, ergoß sich die Version von der Mitnahme der Sardinenbüchse durch den Leutnant irgendwie von selbst um ihn in Dämpfen glückseligster Bilder, und Nikolaj Apollonowitsch, im Korridor hockend, – ob vom Gefühl der Sicherheit, ob vor Müdigkeit – war gerade eben: eingeschlummert.

Er wachte auf von einer glitschigen Berührung der Stirn; und die Augen öffnend, sah er – die geifernde Schnauze der Bulldogge: vor ihm schnaufte die Bulldogge und wedelte mit dem Stummelschwanz; gleichgültig schob er die Bulldogge weg und wollte sich an das Gehabte machen: etwas solches da weiterführen; solche Windungen zuende winden, um eine Erfindung zu machen. Und – plötzlich begriff er: warum saß er hier auf dem Boden?

Warum denn war er im Korridor?

Im Halbschlaf schleppte er sich in sein Zimmer: auf dem Weg

zum Bett wand er noch weiter seine schläfrigen Windungen...
– Es krachte: er begriff alles.
. . . .
– An den langen Winterabenden kehrte Nikolaj Apollono-
witsch dann viele Male zurück zu dem grausamen Krachen; das
war ein besonderes Krachen, mit nichts zu vergleichen; ohrenbetäubend und – nicht im mindesten prasselnd; ohrenbetäubend und – dumpf; mit metallischem, drückendem Baß-Ton;
dann war alles erstorben.

. . . .
Bald hörte man Stimmen, holperndes Stampfen nackter Füße
und das leise Winseln der Bulldogge; das Telephon rasselte:
endlich öffnete er eine Spur seine Tür; an die Brust schlug ihm
ein kalter Luftzug; und zitronengelbe Rauche erfüllten das
Zimmer; im Luftzug und in den Rauchen stolperte er ganz
zur Unzeit über irgendeine Spalte; und er spürte mehr, als daß
er begriff, das war ein Stück der zerrissenen Tür.
Dann ein Berg kalter Ziegel, und dann laufende Schatten: aus
Rauch; die versengten Teppichfetzen – wie waren sie hierher-
gekommen? Nun fuhr einer der Schatten, durch den Rauch-
schleier stoßend, ihn grob an.
– »Hej, was stehst du: siehst doch das Unglück im Haus!«
Und noch eine Stimme hörte man dort; und – sie tönte:
– »Man sollte sie alle, die Schurken!«
– »Ich bin es«, – versuchte er.
Man fiel ihm ins Wort.
– »Eine Bombe...«
– »Au!«
– »Ist von selbst... geplatzt...«
– »?«
– »In Apollon Apollonowitschs... Arbeitszimmer...«
– »?«
– »Gottseidank, heil und unversehrt...«
Wir erinnern den Leser: Apollon Apollonowitsch hatte zer-
streut in sein Arbeitszimmer aus dem Zimmer des Sohnes die
Sardinenbüchse getragen; und sie völlig vergessen; selbstver-

ständlich war er in Unkenntnis über den Inhalt der Sardinenbüchse.

Nikolaj Apollonowitsch rannte zur Stelle, wo noch eben die
Tür war; und wo jetzt keine Tür mehr war: ein riesiger Abgrund war da, aus dem Rauchschwaden stiegen; hätten Sie auf
die Straße geschaut, Sie hätten gesehen: eine Menge war zu-
sammengelaufen; ein Schutzmann drängte sie vom Trottoir;
die Gaffer aber schauten, die Köpfe zurückgelegt, wie aus den
schwarzen Fensterlöchern und einem klaffenden Mauersprung
unheilkündende gelblich-zitronige Schwaden schlugen.
. . . .
Nikolaj Apollonowitsch, ohne selbst zu wissen warum, rannte
vom Abgrund zurück; und geriet selbst nicht wissend wohin . . . –

– auf dem schneeweißen Bett (immerhin auf dem
Bettkissen) saß Apollon Apollonowitsch, die nackten Beinchen an die haarige Brust gedrückt; und er war im Unterhemd; die Knie mit den Armen umfassend, – schluchzte,
nein, heulte er haltlos; im allgemeinen Krachen hatte man
ihn vergessen; bei ihm waren weder ein Lakai, noch auch
nur . . . Semjonytsch; niemand beruhigte ihn; und so mußte
er, mutterseelenallein . . . bis zum Krampf, bis zum Röcheln . . . –

– Nikolaj Apollonowitsch stürzte zu diesem
kraftlosen Körperchen, wie die Amme sich auf dem Fahrdamm stürzt auf den dreijährigen hingefallenen Tropf, der
ihr anvertraut wurde und den sie vergessen hat auf dem
Fahrdamm; doch wie springt dieses kraftlose Körperchen
– der Tropf – beim Anblick des rennenden Sohnes – vom
Kissen und – wie beginnt es mit den Armen zu rudern: in
unbeschreiblichem Grauen und mit nicht kindlicher
Schnellfüßigkeit.

Und – wie es in den Korridor springt, auf die Flucht sich begibt
aus dem Zimmer!

Nikolaj Apollonowitsch mit dem Schrei »haltet ihn« – hinterher: hinter diesem verrückten Figürchen (übrigens, wer war
verrückt von ihnen?); beide sausten sie in den Korridor, vorüber

an Rauchen und Fetzen und Gesten der brüllenden Menschen (man löschte dort etwas); gruselig war das Vorüberhuschen dieser seltsam schreienden Figürchen – im Korridor; im Laufen wehte das Hemdchen; sie trappelten, ihre Sohlen huschten vorüber; Nikolaj Apollonowitsch nahm die Verfolgung hüpfend auf, auf dem rechten Bein humpelnd; die eine Hand hielt die rutschenden Unterhosen; und die andere suchte den tanzenden Saum des väterlichen Hemdchens zu greifen.

Er rannte und schrie:

– »Warten Sie...«

– »Wohin?«

– »Bleiben Sie stehen.«

An der Tür angekommen, die zu einem mit nichts zu vergleichenden Ort führte, klammerte sich Apollon Apollonowitsch mit ganz unglaublicher List an die Tür; und fand sich schnellstens verschlagen an jenen Ort: hatte sich verdrückt an den Ort.

Nikolaj Apollonowitsch prallte einen Moment lang zurück von der Tür; einen Moment lang prägten sich deutlich ein: eine Drehung des Kopfes, die schweißnasse Stirn, Lippen, Koteletten und ein Auge, blitzend wie geschmolzener Stein; die Tür schlug zu; alles war verloren; der Riegel klapperte hinter der Tür; er hatte sich verdrückt an diesen Ort.

Nikolaj Apollonowitsch trommelte verzweifelt an die Tür; und er bettelte – bis zum Krampf, bis zum Röcheln:

– »Machen Sie auf...«

– »Lassen Sie mich rein...«

Und –

– »Aaa... aaa... aaa...«

Er fiel um vor der Tür.

Die Hände sanken in den Schoß; den Kopf warf er in die Hände; nun fiel er in Ohnmacht; trappelnd rannten Lakaien herbei. Sie schleppten ihn ins Zimmer.

Hier setzen wir einen Punkt.

Wir beschreiben hier nicht, wie der Brand gelöscht wurde, wie der Senator im heftigsten Herzanfall mit der Polizei sprach; nach diesem Gespräch gab es ein Ärztekonsilium: die Ärzte entdeckten bei ihm eine Erweiterung der Aorta. Und trotzdem: während sämtlicher Streiktage tauchte er auf in Kanzleien, in Arbeitszimmern, Ministerwohnungen – abgezehrt, mager; überzeugend polterte sein kräftiger kleiner Baß – in Kanzleien, in Arbeitszimmern, Ministerwohnungen – mit dumpfem, ziehendem Unterton. Wir sagen nur: es gelang ihm etwas solches zu beweisen. Man verhaftete irgendwen; und dann – ließ man ihn mangels Beweisen frei; Beziehungen wurden spielen gelassen; und die Sache wurde vertuscht. Man rührte niemand mehr an. All die Tage lag sein Sohn in Anfällen von Nervenfieber und kam gar nicht zu Bewußtsein; als er zu sich kam, sah er, er war mit der Mutter allein; im lackierten Haus war sonst niemand. Apollon Apollonowitsch war aufs Dorf übersiedelt und saß dort den ganzen Winter im Schnee, im unbefristeten Urlaub; aus dem Urlaub trat er in den Ruhestand. Für den Sohn waren vorsorglich vorbereitet: Auslandspaß und Geld. Ableuchowa, Anna Petrowna, begleitete Nikolenka. Erst im Sommer kam sie zurück: Nikolaj Apollonowitsch kehrte nicht nach Rußland zurück bis zum Tod seines Vaters.

Ende des achten Kapitels

Die Februarsonne geht unter. Stachlige Kakteen stehen hier und da verteilt. Bald, bald schon kommen aus der Bucht zum Ufer die Segel geflogen; sie fliegen: spitzflügelig, schaukelnd; in Kakteen versinkt eine kleine Kuppel.

Nikolaj Apollonowitsch, in blauer *Gandura*, mit hellrotem arabischem *Fes*, sitzt erstarrt in der Hocke; eine überlange Troddel hängt herab vom Fes; deutlich sticht seine Silhouette vom Flachdach ab; ihm zu Füßen ein Dorfplatz und »Tam-tam«-Klänge: sie schlagen ans Ohr, ein dumpfer gedehnter Ton.

Überall die weißen Kuben der Dorfhäuschen; mit Geschrei treibt seinen Esel ein fluchender Berber; ein Berg Zweige schimmert silbern auf dem Esel; der Berber ist Olivenhändler.

Nikolaj Apollonowitsch lauscht nicht den Klängen des »Tam-tam«; und er sieht nicht den Berber; er sieht das, was vor ihm steht: Apollon Apollonowitsch – rührend kahl, rührend klein, rührend alt, – im Schaukelstuhl sitzend, schaukelt den Schaukelstuhl mit einem Zeichen des Kopfes und einer Bewegung des Fußes; an diese Bewegung – erinnert er sich . . .

Von fern schimmert rosa ein Mandelbaum; der gezackte Gipfel dort – leuchtet lila-bernstein; dieser Gipfel ist der Zaghouan, und das Kap dort – das von Karthago. Nikolaj Apollonowitsch hat von einem Araber ein Häuschen gemietet in einem Dorf an der Küste bei Tunis.

. . . .

Unter der Last der funkelnden Schneemützen biegen sich die Tannenzweige: stachlig und grün; geradeaus steht ein hölzernes Haus mit fünf Säulen; das Terrassengeländer versinkt unter buckligen Schneebergen; darauf liegt der rosige Abglanz des Februar-Abendrots.

Ein gebücktes Figürchen ist aufgetaucht – in warmen Filzstiefeln, in Fausthandschuhen, auf den Stock gestützt; hochgeklappt ist der Pelzkragen; die Pelzmütze über die Ohren gezogen; es müht sich über einen geräumten Pfad; man führt es am Arm; die Figur, die es führt, hält ein warmes Plaid.

Hier im Dorf trägt Apollon Apollonowitsch eine Brille; sie beschlägt bei Frost und er sieht durch sie nicht die gezackte Waldesferne noch die Rauchwölkchen der Dörfer, noch – die Dohle: er sieht Schatten und Schatten; dazwischen – schräg einfallenden Mondschein und die Quadrattäfelchen des Parketts; Nikolaj Apollonowitsch – liebevoll, aufmerksam, feinfühlig, – den Kopf tief gebeugt, tritt: aus dem Schatten – ins Spitzengeflecht des Laternenlichts; tritt: aus diesem lichten Spitzengeflecht – in den Schatten.

Am Abend sitzt der kleine Greis zu Hause am Tisch unter runden Rahmen; in den Rahmen stecken Porträts: eines Offiziers in Elchlederhosen und einer alten Frau in Atlaskopfputz; der Offizier in Elchlederhosen ist sein Vater; die alte Frau im Kopfputz – die verstorbene Mutter, eine geborene Swargina. Der kleine Greis verfaßt seine Memoiren, damit sie im Jahr seines Todes erscheinen.

Sie sind erschienen.

Höchst geistreiche Memoiren: sie kennt ganz Rußland.

. . . .

Die Glut der Sonne ist ungestüm: es purpurt in den Augen: wende dich ab – und rasend schlägt sie auf den Hinterkopf; und die Wüste erscheint davon grünlich und leblos; übrigens – auch das Leben ist leblos; es ist gut, hier für immer zu bleiben – am wüsten Strand.

Mit dickem Korkhelm und im Wind flatterndem Schleier hat Nikolaj Apollonowitsch sich auf einen Sandhaufen gesetzt; vor ihm der riesige, mürbe Kopf wird – im Nu – zerbröseln als tausendjähriger Sandstein; – Nikolaj Apollonowitsch sitzt stundenlang vor der Sphinx.

Nikolaj Apollonowitsch ist seit zwei Jahren hier: er arbeitet im Museum von Bulak. Das »Totenbuch« und die Denkschriften Manethos werden falsch kommentiert; vor dem forschenden Auge liegt hier ein weites Feld; Nikolaj Apollonowitsch ist hängengeblieben in Ägypten; und im zwanzigsten Jahrhundert, das sieht er voraus, ist Ägypten, die ganze Kultur – wie dieser mürbe Kopf: alles ist tot; nichts ist geblieben.

Gut, daß er so beschäftigt ist: manchmal, wenn er sich losreißt von den Konzepten, beginnt ihm zu scheinen, daß nicht alles schon tot sei; es gibt solche Töne; diese Töne donnern in Kairo: ein besonderes Donnern; es erinnert – an jenen Ton: ohrenbetäubend und – dumpf: als metallischer, gedehnter Baß-Ton; und Nikolaj Apollonowitsch – strebt zu den Mumien; zu den Mumien führte ihn dieser »Vorfall«. Kant? Kant ist vergessen.

Es ist Abend geworden: und in die blicklose Dämmerung ragen die Kolosse von Gizeh häßlich und drohend; alles ist größer geworden an ihnen; und alles wird durch sie – größer; im schwebenden Staub in der Luft leuchten dunkelbraune Lichter auf; und – es ist schwül.

Nikolaj Apollonowitsch lehnt gedankenvoll an der toten, der Pyramidenseite.

. . . .

Im Sessel, an der sonnigsten Stelle, saß unbeweglich ein kleiner Greis; mit riesigen Kornblumen-Augen sah er immer zu einer alten Frau; seine Beine waren in ein Plaid gehüllt (offensichtlich waren die Beine gelähmt); auf die Knie hatte man ihm Büschel weißen Flieders gelegt; der kleine Greis strebte immer zur Alten, mit dem Rumpf aus dem Sessel ragend:

– »Sie sagen, er ist fertig? .. Vielleicht kommt er dann?«

– »Ja: er ordnet noch seine Papiere...«

Nikolaj Apollonowitsch hatte endlich seine Monographie zuende geführt.

– »Wie heißt sie?«

Und – der kleine Greis strahlte auf:

– »Die Monographie heißt... me-emme... ›Über die Schrift Dauphsechruts‹.« Apollon Apollonowitsch vergaß entschieden alles: er vergaß die Namen gewöhnlicher Gegenstände; dieses Wort aber – Dauphsechrut – erinnerte er fest; über »Dauphsechrut« – schrieb Kolenka. Leg den Kopf in den Nacken, und das Gold der ergrünenden Blätter dort: braust heftig: Bläue und Schäfchen; auf dem Weg läuft eine Bachstelze.

– »In Nazareth, sagst du, ist er?«

Und ein richtiges Dickicht von Glockenblumen! Die Glockenblumen sperrten die lila Mäuler auf; mittendrin, in den

Glockenblumen, stand ein Liegestuhl; darin saß der faltige Apollon Apollonowitsch mit unrasierten Stoppeln, die silbrig schimmerten auf den Wangen, – unter einem Segeltuchschirm.

. . . .

Im Jahr 1913 lief Nikolaj Apollonowitsch noch immer tagelang übers Feld, über Wiesen, durch Wälder, überwachte in finsterer Trägheit die Feldarbeiten; er trug eine Mütze; er trug ein kamelhaarfarbenes Wams; seine Stiefel quietschten; ein goldener Vollbart hatte ihn verblüffend verändert; an seinem Haarschopf frappierte eine deutliche vollkommen silberne Strähne; diese Strähne war plötzlich erschienen; seine Augen waren in Ägypten erkrankt; er trug seitdem eine blaue Brille. Seine Stimme war rauher geworden, sein Gesicht war von Sonnenbräune bedeckt; das Flinke der Bewegungen war verschwunden; er lebte allein; niemanden lud er zu sich ein; niemanden besuchte er; man sah ihn in der Kirche; es hieß, er lese in allerletzter Zeit den Philosophen Skoworoda.
Seine Eltern waren tot.

Ende

Nachwort

Andrej Belyjs Roman »Petersburg« gehört zu den zweifellos originellsten literarischen Schöpfungen des frühen 20. Jahrhunderts: als Bewußtseinsroman und polyphone Wortsymphonie nimmt er Errungenschaften von James Joyce' »Ulysses« vorweg, als Hommage an die Newa-Kapitale setzt er sowohl Puschkins »Ehernen Reiter« wie Gogols groteske Erzählung »Newskij Prospekt« fort, als Darstellung der Revolution von 1905 bewegt er sich zwischen Apokalypse und Phantasmagorie, Rußland zum Kampfplatz ost-westlicher Auseinandersetzungen stilisierend.

Belyj hatte ursprünglich vor, »Petersburg« zum zweiten Teil einer »Osten oder Westen« betitelten geschichtsphilosophisch-symbolistischen Romantrilogie zu machen, an deren Anfang »Die silberne Taube« (1909) stand. Dieser Gedanke – in der ersten rudimentären Romanfassung von 1912 noch spürbar – wurde schließlich hinfällig, und als »Petersburg« 1913-1914 in drei Fortsetzungen bei Sirin (und 1916 ebendort in Buchform) erschien, behauptete es sich als eigenständiges Werk von hoher Komplexität und von stupender sprachlicher Virtuosität.

Die Urfassung (oder »Sirinsche« Fassung) geriet außer acht, als Belyj den Roman im Hinblick auf die erste deutsche Übersetzung massiv kürzte und 1922 in Berlin herausgab. Indes wirkt sie üppiger und kühner, gewissermassen »con tutta forza«, da sie die Motive breiter exponiert und die Sprache barocker inszeniert. (Vorliegende Übersetzung beruht – anders als alle vorangegangenen – auf der ursprünglichen Version, deren reiche Orchestrierung sie minutiös nachvollzieht.) Belyj begann den umfangreichen Roman 1911, im Alter von 31 Jahren, nach einer längeren Orientreise, die er mit Assja Turgenjewa, seiner späteren Frau, unternommen hatte, im Zuge intensiver Beschäftigung mit religiös-mystischen Fragen. Hinter ihm lag die Veröffentlichung mehrerer Gedichtbände (»Asche«, »Die Urne«) und Essaysammlungen (»Der Symbolismus«, »Die grüne Wiese«, »Arabesken«) sowie des Sektenromans »Die silberne Taube«, die seine vielfältigen Interessen spiegeln: an Nietzsche und der Theosophie, an Sprach- und Kulturphilosophie, an Okkultismus und Versologie. Mit dem Projekt »Petersburg« strebte Belyj gleichsam eine Synthese an: die Bündelung literarischer und geschichtsphilosophischer Mythen auf der Inhaltsebene, musikalischer Leitmotive auf der Sprachebene, wobei auch aktuelle persönliche Erfahrungen (Ägypten-Impressionen, Bekanntschaft mit Rudolf Steiners Anthroposophie) Eingang in die Arbeit fanden.

Schauplatz des »Romans in acht Kapiteln mit Prolog und Epilog« ist die chimärenhafte »Hauptstadt des russischen Reiches Petersburg oder Sankt-Petersburg oder Piter«, ein aus dem Sumpf gestampftes steinernes Monstrum mit schnurgeraden Prospekten und ungesunder Ausdünstung, bewohnt von Schattenwesen bzw. marionettenhaft agierenden Gestalten. In diesem perfekten Dekor für Fieberträume und Halluzinationen aller Art wütet die Revolution von 1905.

Das in vielfach fragmentierter Weise dargebotene Geschehen kreist um Senator Apollon Ableuchow und seinen Sohn Nikolaj, einen innerlich zerrissenen Intellektuellen, der sich sozialistischen Kreisen anschließt und in deren Auftrag seinen Vater mit einer Zeitbombe ermorden soll. Der Vater-Sohn-Konflikt beruht sowohl auf Wesensähnlichkeit wie auf Wesensverschiedenheit: Während der Senator apollinisch nach bürokratischer Ordnung strebt, sucht der dionysische Sohn im Kantschen Rationalismus nach Überwindung des Chaos. Beide verkörpern jedoch – wie schon ihr tatarischer Name andeutet – den »Mongolismus«, ein anarchisch-destruktives Prinzip. In den Mordanschlag, der kläglich mißlingt, sind zwei weitere Figuren involviert: der geckenhaft-brutale Provokateur Lippantschenko und der von ihm abhängige Alkoholiker Dudkin, eingeführt als der »Unbekannte« oder der »Rasnotschinze« (Bezeichnung für einen nichtadligen Intellektuellen). Bevor Dudkin schließlich zum Mörder an Lippantschenko wird, erlebt er sich im Traum als den verzweifelten Helden aus Puschkins Poem »Der eherne Reiter«, als jenen armen Jewgenij, der durch die Überflutung der Stadt seine Geliebte und den

Verstand verlor und fortan der Reiterstatue Peters des Großen, diesem »stolzen Götzenbild«, grollte. Figurenüberblendung hier, Symbolismus dort: Die hübsche Sofia Lichutina, Nikolaj Ableuchows vergeblicher Schwarm, erscheint als Parodie von Wladimir Solowjows »Sophia«, während ihr Mann, der Offizier Lichutin, für naive Rechtschaffenheit steht. Da sind ferner Stepka, der Sektierer, und die Terroristin Warwara, der Doppelagent Morkowin-Woronkow und Anna Petrowna, die Ex-Frau des Senators. Da sind die Masken und die Passanten, die Straßen und die Massen, die Skandale, Betrüge und Verwechslungen, von Belyj in ein bewegtes Handlungskräftespiel einbezogen, das revolutionären Umbruch signalisiert.

Nirgends geht es Belyj um exakte Zeitanalyse. Sein Anliegen ist ästhetischer Natur, liegt in der Beschwörung einer zwischen Wahnsinn und Traum, zwischen Grausamkeit und Groteske oszillierenden Welt, deren Apokalyptik sich ebenso in den Köpfen wie auf den Plätzen ereignet. So entfaltet sich der Roman bezeichnenderweise auf der Bewußtseins- bzw. Unterbewußtseinsebene, durch Digressionen und Visionen, Symbole und Leitmotive, welche die Fabel überwuchern.

Zu den zahlreichen kompositorischen Leitmotiven gehören die Newabrücken, der Eherne Reiter (Falconnets Standbild von Peter dem Großen), die beleuchtete Kutsche des Senators, der rote und weiße Domino, die geometrischen Formen und Figuren – Quadrate, Kuben, Dreiecke, Prismen –, die Bombe, aber auch der zirkulierende Browning, die Fellmütze aus der Mandschurei, rote Skandalblätter, Fabrikschlote sowie Schlangen, Heuschrecken, Küchenschaben und der »menschliche Tausendfüßler«. Hinzu kommen Leitmotive zur Figurencharakterisierung – Lippantschenkos wulstige Lippen, Apollon Ableuchows »wie Lack glühende Glatze«, Nikolajs Froschgesicht und »Marmorprofil« – und lautliche Leitmotive. Apollon Apollonowitsch Ableuchow sind die Laute »pll-pll-bl« zugeordnet, dem Provokateur Lippantschenko deren Umkehrung »lpp«, während der grassierende Vokal »u« das lautliche Leitmotiv des Schreckens und Abscheus, der Revolution und der Streiks darstellt.

Was die Symbolik betrifft, bietet »Petersburg« eine Überfülle. Allein schon die Farbensymbolik ist exuberant: die Grundfarben bilden Schwarz und Grau – als Symbolfarben der alten zaristischen Ordnung –, gefolgt von Gelb, das für die Mongolengefahr und das Chaos, und von Rot, das für Revolution und Untergang steht. Auffallend sind ferner apokalyptische Symbole (Feuer, Brand, Rauch, Asche) sowie Symbole der Einsamkeit (Zelle, Kutsche, Dunkel, Nebel, Nacht) und der Fremdheit (Maske, Spiegel), die Belyj zu einem komplexen Symbolgewebe verflicht. Es ist das Zusammenspiel von Leitmotivik, Symbolik und sprachlich-musikalischer Instrumentierung, die dem halluzinatorischen Text Struktur und Ganzheitscharakter verleiht.

Zur musikalischen Orchestrierung hat sich Belyj vielfach selber geäußert, sie war ihm Grundlage der Dichtung. Im Roman »Petersburg«, wo die Musik übrigens auch als Thema auftritt – ob es sich um Chopin oder Beethoven handelt, um russische Romanzen oder die ironische Erwähnung von »Siegfrieds Tod« –, gelingt Belyj mittels Wiederholung, Kontrapunkt, Rhythmisierung, Wort- und Lautinstrumentierung eine poetische Prosa, die gleichsam das literarische Pendant einer Wagner-Oper darstellt. Wie präzise der Autor gearbeitet hat, zeigt etwa die syntaktische Rhythmisierung: sie basiert auf einem dreiteiligen metrischen Schema, unter Verwendung von Amphibrachys und Anapäst. (Keine Frage, daß sich die Übersetzung diesen Rhythmus aneignen muß, auch wenn die sogenannte Lesbarkeit dadurch erschwert scheint.)

Zweifellos tendiert Belyj in »Petersburg« zu einer Überinstrumentierung, d. h. zu einer Ausreizung sämtlicher poetischer Mittel. Zu einem Zeitpunkt, da der Symbolismus seinen Höhepunkt überschritten hatte, schreibt er eine hochgradig ornamentale Prosa, die freilich alles andere als dekorativ ist: indem sie Wohlklang und Regularität immer wieder bricht und zur satirisch-grotesken Verzerrung neigt.

Hier die Beschreibung von Nikolaj Apollonowitsch Ableuchows Empfangszimmer:

»Nikolaj Apollonowitschs Empfangszimmer gab den kompletten Kontrast ab zum strengen Arbeitszimmer: es war ebenso bunt, wie... wie der bucharische Schlafrock; Nikolaj Apollonowitschs Schlafrock setzte sich, gleichsam, in allen Utensilien des Zimmers fort: zum Beispiel, im niedrigen Diwan; er ähnelte eher einem orientalischen buntgewebten Ruhelager; der Bucharer Schlafrock setzte sich fort in einem Schemel in dunkelbraunen Tönen; ihn zierten Intarsien aus feinen Streifen Elfenbein und Perlmutt; der Schlafrock setzte sich weiter fort im Negerschild aus dem dicken Leder eines einst erlegten Nashorns und im rostigen Sudanpfeil mit massivem Handgriff; zu irgendeinem Zweck hatte man ihn hier an die Wand gehängt; schließlich setzte sich der Schlafrock fort im Fell des bunten Leoparden, der zu ihren Füßen hingestreckt lag mit aufgerissenem Rachen; auf dem Schemel stand eine dunkelblaue Wasserpfeife und ein dreifüßiges goldenes Rauchfaß in Gestalt einer löchrigen Kugel mit Halbmond oben; das Erstaunlichste aber war ein bunter Bauer, in dem von Zeit zu Zeit kleine grüne Papageien mit den Flügeln schlugen.«

Unbelebtes gerät bei Belyj belebt, Belebtes unbelebt, wobei hier – wie bei seinen Vorbildern Gogol und Dostojewskij – die Metonymie dominiert:

»Jener Aufruhr, der Petersburg wie ein Ring umschloß, drang irgendwann auch in Petersburgs Zentren, ergriff erst die Inseln, schwang sich über die Litejnyj- und Nikolaj-Brücke; und von dort ergoß er sich auf den Newskij Prospekt: und obwohl auf dem Newskij Prospekt noch dieselbe Zirkulation des menschlichen Tausendfüßlers herrschte, hatten die Glieder des Tausendfüßlers doch verblüffend gewechselt: der geübte Blick des Beobachters bemerkte schon längst das Auftauchen der schwarzen Fellmütze, in die Stirn gedrückt und hergeschafft von den Feldern der blutgeröteten Mandschurei: kaum begann auf dem Newskij Prospekt ein redseliges Subjekt auszuschreiten, schon sank plötzlich der Prozentsatz vorübergehender Zylinder; das redselige Subjekt bewies hier seine ureigene Eigenschaft: die Finger der durchfrorenen Hände in die Ärmel gestopft, rempelte es mit den Schultern; auf dem Newskij begannen auch die rastlosen Schreie regierungsfeindlicher Grünschnäbel, die aus

Leibeskräften rannten, vom Bahnhof bis zur Admiralität, und Blättchen von roter Farbe schwenkten.«

Belyj inszeniert Aufruhr und Katastrophe auf eine karnevaleske Weise, der ganze Roman steht im Zeichen von Hyperbel, Groteske und Parodie. Verfremdet ist vor allem der Zugriff auf Puschkin (»Der eherne Reiter«, »Pique-Dame«), Gogol (»Newskij Prospekt«, »Der Mantel«) und Dostojewskij, dessen Zentralvokabel »plötzlich« hier ihre eigene Heftigkeit entfaltet. In zahllosen Anspielungen, Paraphrasen, Halbzitaten bezieht sich Belyj auf die Schöpfer des literarischen Petersburg-Mythos, um diesen karikierend fortzuschreiben. Leicht parodistisch verfährt er auch mit der von Wladimir Solowjow in seinen »Drei Gesprächen« beschworenen Endzeitvision, wonach der Untergang Europas durch den mongolischen Osten droht, indem er sie dem träumenden Gehirn des Diabolikers Dudkin entspringen läßt:

»Ihren Stammsitz werden fliehen in diesen Tagen alle Völker der Erde; eine große Schlacht wird kommen, eine Schlacht, die die Welt noch nie sah: gelbe Heerscharen von Asiaten, von den angestammten Sitzen sich rührend, werden Europas Felder röten mit Ozeanen von Blut; es kommt, es kommt Tsuschima, es kommt eine neue Kalka!.. Schnepfenfeld, ich erwarte dich!«

Aus dem Gewirr intertextueller Bezüge kristallisiert sich Belyjs Meinung heraus, Rußland könne seine Eigenart weder in der von Peter dem Großen forcierten Europäisierung – für die das »kranke«, »explosive« Petersburg steht – noch im wilden Asiatentum finden, sondern es müsse sich *zwischen* Ost und West behaupten. Revolution meint nicht zuletzt das Ringen um diesen Ort, ein Ringen, das Belyj weitgehend subjektiviert, d. h. ins Bewußtseinsinnere seiner Figuren verlegt.

Es ist die Dynamik des Umbruchs, das sich jagende Miteinander von Mythos und Mystik, Wahn und Gewalt, die den Roman bestimmt und ihm seine Form diktiert. Belyj verbindet – vor der Folie eines »visionär-historisierenden Weltmodells« (Dagmar Burkhart) – Dekonstruktion mit Experiment, Verfahren der Zerlegung bzw. Offenlegung mit symphonisch-symbolischen Strukturen, Zitat mit Wortneuschöpfung. Er stellt sich in bestimmte literarisch-geistesgeschichtliche Traditionen und transzendiert sie zugleich, wagt also – mit berechnendem Furor – das Novum einer durch und durch künstlerischen Prosa, die temporeich *und* verspielt einem Wirbel gleicht.

Für den Übersetzer stellt »Petersburg« mithin eine immense Herausforderung dar. Lautorganisation und Rhythmisierung, Leitmotivik und Symbolik müssen detailgetreu wiedergegeben werden – mit dem Material einer andern, nicht-kongruenten Sprache. Die zahlreichen Wortspiele verlangen nach erfinderischen Lösungen. Gabriele Leupold ist das Wagnis eingegangen, mit radikaler Konsequenz. Und so lesen wir einen Text, wie es ihn auf deutsch noch nie gegeben hat: befremdlich nahe am Original, irritierend großartig, ganz dazu angetan, Belyj erstmals bewußt zu entdecken: als einen der kühnsten Experimentatoren des modernen Romans.

Ilma Rakusa

Quellennachweis

Andrej Belyj zitiert z. T. mit kleinen Ungenauigkeiten; ebenso wurden die zitierten Übersetzungen bei Bedarf minimal verändert.

Andrej Belyj: *Kotik Letajew.* Aus dem Russischen von Gabriele Leupold. Frankfurt: Fischer 1993 (S. 326). – Andrej Belyj: *Petersburg.* Roman. Deutsch von Günter Dalitz. Berlin: Aufbau 1982. Übernommen wurden die Puschkin-Zitate auf S. 40, 41, 78, 111, 112, 153 (Vers 1-4), 208, 516, 528; sowie die Verse Belyjs auf S. 150 (in Anlehnung), 430, 431, 432, 450, 451. – Alexander Sergejewitsch Puschkin: *Gesammelte Werke in sechs Bänden.* Hg. von Harald Raab. Frankfurt: Insel 1973. Band 1. *Gedichte.* Übersetzt von Martin Remané u. a. (S. 298, 467, 528). – Band 2. *Poeme und Märchen.* Übersetzt von Friedrich Bodenstedt u. a. (S. 9 und 360: *Der eherne Reiter).* – Band 3. *Eugen Onegin. Dramen.* Übersetzt von Theodor Commichau u. a. (S. 301, 582).